Einführung

Räume und Strukturen. Die Schulgeographie hat die Aufgabe, dem Schüler das Zusammenwirken raumprägender Faktoren bewußt zu machen. Sie vermittelt Kenntnisse und Grundeinsichten, die zum Erfassen wesentlicher Beziehungen zwischen den Menschen und ihrem Lebensraum notwendig sind. Wichtige Fragestellungen dabei sind, wie sich der Mensch der Erde anpaßt, wie er sie nutzt und gestaltet und dadurch neue räumliche Strukturen schafft. Unter allen Raumwissenschaften nimmt die Geographie eine Sonderstellung ein, weil sie in ganzheitlicher Betrachtungsweise den Raum als komplexes Wirkungsgefüge aus Natur- und Kulturfaktoren betrachtet. Sie erfüllt daher in besonderem Maße fächerübergreifende Aufgaben.

Das Schulfach Erdkunde orientiert sich nicht nur an der Fachwissenschaft, sondern auch an pädagogischen, psychologischen und gesellschaftlichen Kriterien. Ein wesentliches Erziehungsziel besteht darin, dem heranwachsenden jungen Menschen und Staatsbürger einen inneren Zugang zu Landschaften und Menschen zu eröffnen, um ihn zu einer verantwortungsbewußten Mitgestaltung seiner Welt heranzuführen.

Ihrer Aufgabe kann die Geographie in zweifacher Weise gerecht werden: einmal unter mehr allgemeiner Fragestellung (allgemeine Geographie), zum anderen durch eine regional ausgerichtete Betrachtungsweise (regionale Geographie/Länderkunde). Im vorliegenden Unterrichtswerk tritt der regionale Aspekt stärker in den Vordergrund – jedoch nicht in Form einer traditionellen Länderkunde, sondern in Form einer problemorientierten regionalen Geographie.

Ziele, Aufgaben und Aufbau des Buches. Der Gliederung des Buches liegt der derzeit gültige Lehrplan des Grundkurses zugrunde. Das Buch möchte dem Schüler ein kritisches Verständnis für Räume, ihre Probleme und Prozesse, insbesondere für solche geoökologischer, wirtschaftlicher und politischer Art vermitteln. Es zielt auf die Vermittlung von Grundwissen, auf den Erwerb von Verständnis und Kritikfähigkeit und auf die Aneignung von Arbeitstechniken und Methoden ab, um räumliche Lebenssituationen zu erfassen und zu bewältigen.

Den ausführlichen Raumbeispielen sind teilweise zusammenfassende Übersichten (Null-Kapitel) vorangestellt, die eine grundlegende Einführung zum jeweiligen Themenkomplex und eine weltweite Betrachtung ermöglichen. Eine ähnliche Funktion kommt der Einleitung mancher Raumbeispiele zu.

Die Arbeitsaufträge innerhalb der Kapitel sind nur Angebote, bieten Beispiele für die Arbeit mit dem Buch im Unterricht oder beim Selbststudium. Sie beanspruchen keinesfalls, daß mit ihnen die Gesamtproblematik der dargestellten Raumbeispiele erarbeitet werden kann. Ergänzende Fragestellungen und Vertiefungen müssen sich aus der jeweiligen Unterrichtssituation entwickeln.

Neben der Vermittlung von Stoffwissen kommt in der Sekundarstufe II der Methodenbeherrschung besondere Bedeutung zu. Da inhalts- und methodenbezogene Kenntnisse und Fähigkeiten nicht getrennt voneinander erworben werden können, erfolgt die Methodenschulung zum einen im Rahmen der stofflichen Erarbeitung der Raumbeispiele, zum anderen in den gesondert eingeschobenen Methodenkapiteln.

Das nach Kapiteln gegliederte Literaturverzeichnis enthält ausgewählte Titel für die Hand des Schülers zum vertiefenden Selbststudium und zur Anfertigung von Referaten.

Das Register am Ende des Buches soll die Arbeit erleichtern. Verwiesen wird auf die Seitenzahl, wo der Begriff defeniert wird bzw. im wichtigen Zusammenhang auftaucht.

Inhaltsverzeichnis

1 Entwicklungsprobleme in der Dritten Welt

1.0 Die Nord-Süd-Beziehungen

Der Begriff Nord-Süd-Konflikt bezeichnet, analog zu dem unter der Führung der beiden Weltmächte USA und UdSSR seit dem Zweiten Weltkrieg ausgetragenen Ost-West-Konflikt, die gegenwärtige Konfrontation zwischen den westlichen und östlichen Industrieländern auf der einen und den Entwicklungsländern auf der anderen Seite. Dieser Konflikt ist in den letzten beiden Jahrzehnten zu einem der zentralen Probleme der internationalen Politik geworden und hat in manchen Bereichen den Ost-West-Konflikt in den Hintergrund gerückt.
Art und Ausmaß des Nord-Süd-Konflikts werden bereits deutlich, wenn man sich vor Augen hält, daß in den Entwicklungsländern etwa drei Viertel der Menschheit leben, die aber nur rund ein Fünftel des Bruttosozialprodukts der Welt erwirtschaften, während in den Industrieländern ein Viertel der Menschheit über vier Fünftel des BSP verfügt.

1.0.1 Was ist ein „Entwicklungsland"?

Es ist unmöglich, eindeutig zu definieren, was ein Entwicklungsland ist. Umstritten ist sowohl die Frage, welche Merkmale als Grundlage einer Definition heranzuziehen sind, als auch der Versuch einer sauberen Abgrenzung zwischen „Industrieländern" und „Entwicklungsländern" einerseits und zwischen verschiedenen „Entwicklungsländern" andererseits.
Der Entwicklungsstand eines Landes wird bestimmt durch das Zusammenwirken recht unterschiedlicher Faktoren – geographischer, wirtschaftlicher, sozialer und historischer Art. Die meisten dieser Faktoren lassen sich aber nicht gewichten und statistisch erfassen. Die Fülle von Land zu Land unterschiedlich stark vertretener Faktoren verbietet es auch, von dem Entwicklungsland schlechthin zu sprechen. Die „Dritte Welt" setzt sich vielmehr aus weit über 100 Ländern mit z. T. erheblichen Unterschieden im Entwicklungsstand und jeweils eigenen charakteristischen Merkmalen zusammen.
Ein einigermaßen zuverlässiges Bild von der Struktur eines Entwicklungslandes ist entsprechend nur dann zu gewinnen, wenn man eine möglichst große Zahl bestimmender Faktoren berücksichtigt und sie zueinander in Beziehung setzt. Nachfolgend sind wichtige Merkmale aufgeführt. Zu beachten ist, daß die einzelnen Merkmale in der entwicklungspolitischen Diskussion je nach politischem und theoretischem Standort ganz unterschiedlich bewertet werden.

Strukturmerkmale von Entwicklungsländern

Als wichtigster Indikator der „Unterentwicklung" wird in fast allen Untersuchungen das Pro-Kopf-Einkommen (BSP geteilt durch die Bevölkerung eines Landes) genannt. Seine Aussagekraft ist jedoch begrenzt. Es mißt z. B. nur marktwirtschaftlich bewertete Güter und Dienstleistungen, beachtet aber nicht die in den Entwicklungsländern weit verbreitete Subsistenzwirtschaft und gibt auch keine Auskunft über die Einkommensverteilung.

Tab. 1: Kennzahlen zum Entwicklungsstand ausgewählter Länder

		Bevölkerung (in Mio.)	Durchschnittliches jährliches Bevölkerungswachstum (in%)			Stadtbevölkerung In % der Gesamtbevölkerung		Stadtbevölkerung Durchschnittliche jährliche Zuwachsraten in %		Alphabetenquote für Erwachsene (in %)	Lebenserwartung bei der Geburt (in Jahren)
		Mitte 1981	1960-70	1970-81	1980-2000	1960	1981	1960-70	1970-81	1980	1981
I	1 Indien	690,2	2,3	2,1	2,0	18	24	3,3	3,7	*36*	52
	2 China	991,3	2,3	1,5	1,0	*18*	*21*	·	·	*69*	67
	3 Haiti	5,1	1,6	1,7	2,0	16	28	4,3	3,6	23	54
	4 Sudan	19,2	2,1	3,1	3,0	10	26	6,7	7,1	32	47
II	5 Indonesien	149,5	2,1	2,3	2,0	15	21	3,6	4,0	*62*	54
	6 Brasilien	120,5	2,8	2,1	2,1	46	68	4,7	3,9	*76*	64
	7 Venezuela	15,4	3,4	2,4	2,3	67	84	4,7	4,2	*82*	68
	8 Israel	4,0	3,5	2,6	1,5	77	89	4,3	3,1	·	73
III	9 Ver. Arab. Emirate	1,1	9,3	16,6	2,0	40	73	12,7	16,6	56	63
IV	10 Japan	117,6	1,0	1,1	0,6	62	79	2,4	2,0	99	77
	11 USA	229,8	1,3	1,0	0,6	70	77	1,8	1,5	*99*	75
	12 BR Deutschland	61,7	0,9	0,0	0,1	77	85	1,4	0,5	*99*	73
V	13 UdSSR	268,0	1,2	0,9	0,8	49	63	2,7	1,8	*100*	72
	14 DDR	16,7	–0,1	–0,2	0,2	72	77	0,1	0,2	·	73

		BSP pro Kopf Dollar	BSP pro Kopf Durchschnittl. jährlicher Zuwachs (in %)	Anteile an der Warenausfuhr in % Brennstoffe, Mineralien und Metalle		Sonstige Rohstoffe		Textilien und Bekleidung		Maschinenbau, Elektrotechnik, Fahrzeuge		Übriges verarbeitendes Gewerbe	
		1981	1960-81	1960	1980	1960	1980	1960	1980	1960	1980	1960	1980
I	1 Indien	260	1,4	10	*7*	45	*34*	35	*22*	1	*7*	9	*30*
	2 China	300	5,0	·	25	·	28	·	16	·	5	·	26
	3 Haiti	300	0,5	–	·	100	·	–	·	–	·	–	·
	4 Sudan	380	–0,3	–	1	100	96	–	1	–	2	–	o
II	5 Indonesien	530	4,1	33	76	67	22	–	1	o	o	o	1
	6 Brasilien	2 220	5,1	8	11	89	50	–	4	o	17	3	18
	7 Venezuela	4 220	2,4	74	98	26	o	–	o	–	o	o	2
	8 Israel	5 160	3,6	4	2	35	16	8	8	2	13	51	61
III	9 Ver. Arab. Emirate	24 660	·	·	·	·	·	·	·	·	·	·	·
IV	10 Japan	10 080	6,3	11	2	10	2	28	4	23	55	28	37
	11 USA	12 820	2,9	10	9	27	23	3	2	35	40	25	26
	12 BR Deutschland	13 450	3,2	9	7	4	7	4	5	44	45	39	36
V	13 UdSSR	·	·	24	·	28	·	1	·	21	·	26	·
	14 DDR	·	·	·	·	·	·	·	·	·	·	·	·

Gruppe I – V entspricht der Weltbankeinteilung (vgl. S. 331); Anordnung der Länder innerhalb der Gruppen nach der Höhe des Pro-Kopf-Einkommens.
Kursiv geschriebene Angaben gelten für andere als die angegebenen Zeiträume oder Jahre; Abweichung in der Regel nicht mehr als um ein Jahr.

Einwohner je Arzt	Tägliches Kalorienangebot pro Kopf in % des Bedarfs	Quote der Bevölkerung im arbeitsfähigen Alter (15–64 Jahre) in %		%-Anteil der Erwerbspersonen in Landwirtschaft		Industrie		Dienstleistungssektor		Durchschnittliche jährliche Zunahme der Erwerbspersonenzahl in %		
1980	1980	1960	1981	1960	1980	1960	1980	1960	1980	1960-70	1970-81	1980-2000
3 640	87	54	57	74	69	11	13	15	18	1,7	1,9	2,2
1 920	107	56	*62*	·	69	·	*19*	·	*12*	1,7	1,8	1,6
8 200	102	55	53	80	74	6	7	14	19	0,6	1,3	2,1
8 800	101	53	53	86	72	6	10	8	18	2,0	2,7	3,1
11 530	110	56	57	75	55	8	15	17	30	1,7	2,5	2,0
1 700	109	54	55	52	30	15	24	33	46	2,7	1,0	3,0
950	112	51	55	35	18	22	27	43	55	2,8	4,0	3,1
370	118	59	58	14	7	35	36	51	57	3,6	2,5	2,0
900	·	·	53	·	·	·	·	·	·	·	·	·
780	124	64	68	33	12	30	39	37	49	1,9	1,3	0,8
520	139	60	66	7	2	36	32	57	66	1,8	1,9	0,9
450	133	68	67	14	4	48	46	38	50	0,2	0,8	0,1
280	132	63	66	42	14	29	45	29	41	0,7	1,2	0,6
520	144	65	64	18	10	48	50	34	40	–0,2	0,5	0,3

Verteilung des Bruttoinlandsprodukts (%) Landwirtschaft		Industrie		Dienstleistungssektor		Ausstehende und ausgezahlte öffentliche Auslandsverschuldung in Mio. $	in % des BSP	Energieverbrauch pro Kopf (in kg Steinkohleeinheiten)	
1960	1981	1960	1981	1960	1981	1981	1981	1960	1980
50	*37*	20	*26*	30	*37*	17 975	10,8	114	210
47	35	*33*	46	*20*	20	·	·	*340*	618
·	·	·	·	·	·	360	22,9	16	88
·	38	·	14	·	48	4 807	59,3	58	101
50	24	25	42	25	34	15 529	19,0	129	266
16	*13*	35	*34*	49	*53*	43 821	16,0	385	1 102
6	6	22	45	72	49	11 352	16,9	3 014	3 039
11	*5*	32	*36*	57	*59*	13 868	64,4	1 006	2 813
·	*1*	·	*77*	·	*22*	·	·	·	·
13	*4*	45	*43*	42	*53*	·	·	1 354	4 649
4	3	38	34	58	63	·	·	8 408	11 626
6	2	53	46	41	49	·	·	3 859	6 053
·	·	·	·	·	·	·	·	2 896	6 422
·	·	·	·	·	·	·	·	4 609	7 412

– Keine Einheit, o weniger als die Hälfte der angegebenen Einheit, · über den Wert liegen keine offiziellen Angaben vor. Energieverbrauch: Verwendung von Brennholz nicht berücksichtigt.

Nach Weltbank (Hrsg.): Weltentwicklungsbericht 1983. Washington, D. C.: Weltbank 1983

Aussagekräftig ist das Verhältnis von Bevölkerungswachstum und der Entwicklung des Pro-Kopf-Einkommens besonders für die Bewertung der Entwicklungschancen.
Die Daten über den Anteil der Erwerbspersonen in den drei Wirtschaftssektoren Landwirtschaft, Industrie, Dienstleistungen und die Verteilung des Bruttoinlandsproduktes (das BIP mißt die Gesamtsumme der von der Wirtschaft eines Landes erzeugten Güter und Dienstleistungen, gleichgültig ob von Inländern oder Ausländern erbracht) geben einen Hinweis unter anderem über den Industrialisierungsgrad eines Landes oder die Produktivität der einzelnen Wirtschaftszweige. Indem man z. B. den Anteil der Landwirtschaft am BIP durch die Anzahl der Erwerbstätigen in diesem Sektor dividiert, erhält man den Leistungsfaktor der Landwirtschaft, der eine gute Vergleichsbasis mit der Landwirtschaft anderer Länder bietet.
Eine wichtige Ergänzung zur Bewertung des volkswirtschaftlichen, besonders industriellen Entwicklungsstandes stellen die Angaben über den Pro-Kopf-Energieverbrauch dar.
Der Bildungsstand, gemessen an der Analphabetenquote (Zahl der Lese- und Schreibunkundigen über 15 Jahre), ermöglicht Rückschlüsse z. B. auf das Potential von Facharbeitern, Ärzten etc. oder auf die Bereitschaft der ländlichen Bevölkerung zu Innovationen in der Landwirtschaft.
Ein besonders wichtiges Indiz ist die Arbeitslosenquote (Zahl der Arbeitslosen in Prozent der Erwerbstätigen). Die statistischen Angaben sind jedoch besonders hier äußerst vorsichtig zu interpretieren, da sie vielfach frisiert sind und die versteckte Arbeitslosigkeit in der Regel nicht erfassen.
Von besonderer Aussagekraft sind Angaben zur Lebenserwartung, Kindersterblichkeit, ärztlichen Versorgung, Kalorien- und Proteinaufnahme, Trinkwasserversorgung und zu anderem mehr. Sie geben oft einen besseren Aufschluß über die tatsächliche Situation der Bevölkerung als alle wirtschaftlichen Indikatoren.
Ein besonderes Gewicht kommt der Kapitalkraft zu: Kann das Land notwendige Investitionen tätigen? Ist es auf Kapital- und Entwicklungshilfe angewiesen? Wie hoch ist es durch Fremdkapitalaufnahme verschuldet? (Vgl. das Beispiel der OPEC-Staaten.)
Maßgeblich für die Bewertung sind schließlich auch Daten über die Außenhandelsstruktur: Anteil am Welthandel, Art der Export- bzw. Importgüter (z. B. Exporteinseitigkeit mit Schwerpunkt bei den Rohstoffen), Terms of Trade etc. (Mit dem Begriff Terms of Trade beschreibt man das internationale Austauschverhältnis im Handel. Es gibt an, wie viele Einheiten an Importgütern ein Land im Austausch gegen eine Einheit seiner Exportgüter erhält.)

Einteilung der Entwicklungsländer. Schwierig erweist sich auch eine Unterteilung der Entwicklungsländer. Die meisten Ordnungssysteme beruhen auf ökonomischen Vergleichsbasen und berücksichtigen zuwenig die sozialen Verhältnisse bzw. lassen interne Disparitäten völlig außer acht. Darin liegt eindeutig ihre Schwäche, und keine dieser Einteilungen hat sich weltweit durchsetzen können.

Die „fünfgeteilte Welt“
- westliche Industrieländer = Erste Welt
- östliche Planwirtschaftsländer = Zweite Welt
- Die Entwicklungsländer, früher generell als Dritte Welt bezeichnet, werden wieder unterteilt in:
  Dritte Welt – rohstoffreiche Entwicklungsländer mit beginnender Industrialisierung
  Vierte Welt – rohstoffarme Entwicklungsländer mit kaum Industrialisierung, aber Ansätzen einer wirtschaftlichen Aufwärtsentwicklung
  Fünfte Welt – Entwicklungsländer auf besonders niedriger Entwicklungsstufe und kaum Aussicht auf eine Verbesserung ohne massive Unterstützung von außen

UNO-Einteilung der Entwicklungsländer (LDC Less Developed Countries):
- LLDC (Least Developed Countries): Einteilungskriterien: Pro-Kopf-Einkommen unter 100 $ (1976), Industrieanteil am BSP unter 10%, Analphabetenquote über 80%.
- MSAC (Most Seriously Affected Countries): Indikatoren: niedriges Pro-Kopf-Einkom-

men, geringer Industrieanteil am BSP, einseitige Exportstruktur bei gleichzeitiger Verschlechterung der Terms of Trade, hohe Verschuldung.

- NIC (Newly Industrialized Countries, auch Schwellenländer oder Take-Off Countries genannt): Entwicklungsländer mit einem fortgeschrittenen wirtschaftlichen Entwicklungsstand, schnellem industriellem Wachstum und zunehmender Integration in die Weltwirtschaft. Wichtigster Indikator: Pro-Kopf-Einkommen mindestens 630 US-$ (1976). Typisch für viele Schwellenländer ist die Tatsache, daß die soziale Entwicklung mit der wirtschaftlichen Entwicklung vielfach nicht Schritt gehalten hat.
- Als eigene Gruppe ausgewiesen werden die Länder der OPEC (Organization of Petroleum Exporting Countries). Aufgrund struktureller Kriterien werden sie trotz der wirtschaftlichen und politischen Machtstellung zu den Entwicklungsländern gezählt.

Weltbankeinteilung
Weit verbreitet ist derzeit eine Einteilung, die die Weltbank in ihren Weltentwicklungsberichten trifft. Wichtigstes Abgrenzungskriterium ist das Pro-Kopf-Einkommen. Unterschieden werden (vgl. Übersicht S. 8/9):

- Low Income Countries
- Middle Income Countries
- Oil Exporting Countries with High Income
- Industrialized Market Countries
- Central Planned Industrialized Countries

Um der Vielschichtigkeit der Erscheinung „Unterentwicklung" gerecht zu werden, muß eine Vielzahl von Indikatoren herangezogen und zueinander in Beziehung gesetzt werden. Ein solches Verfahren wählten die Geographen P. Bratzel und H. Müller. Mit Hilfe von 52 Merkmalen aus den Bereichen Wirtschaft, Bildungs- und Gesundheitswesen, Bevölkerung und Ernährung, Verkehr, Transport und Kommunikation errechneten sie einen Indexwert, der für das einzelne Land den Stand der Entwicklung bzw. Unterentwicklung angibt (siehe Geographische Rundschau, H. 4, 1979).

1.0.2 Entwicklungstheorien – Entwicklungsstrategien

Entwicklungstheorien. Die Frage nach den Ursachen der Unterentwicklung wird in der entwicklungspolitischen Diskussion kontrovers beantwortet. Neben verschiedenen gesellschaftspolitischen Grundeinstellungen und Wirtschaftsideologien verursachen unterschiedliche Wertvorstellungen und Differenzen in der Sichtweise (Perspektive aus der Sicht der Betroffenen in der Dritten Welt – Bewertungsmaßstäbe aus unserer westlichen Sicht, Eurozentrismus) die Vielfalt der Entwicklungstheorien (vgl. Tab. 2).
Vereinfachend lassen sich die Theorien einteilen in: Modernisierungstheorien, Imperialismustheorien, Dependenztheorien. Der Plural soll die große Spannweite innerhalb der einzelnen Lager deutlich machen.
Die Kritik an den Entwicklungstheorien setzt vor allem dort an, wo sie auf Totalerklärungen abzielen und partiell zutreffende Deutungen verallgemeinern. Manche der Theorien fußt auf einer ideologisch verankerten, monokausal orientierten Ursachenforschung. Viele Theorien bewegen sich zudem auf einem so hohen Abstraktionsniveau, daß dadurch ihre Anwendbarkeit in Frage gestellt wird.
Zwischen den einzelnen Theorien läßt sich nicht einfach mit Bewertungen wie falsch oder richtig entscheiden. Dies trifft vor allem auf die Frage der exogenen oder endogenen Verursachung zu. Im konkreten Einzelfall liegt immer eine Ursachenkombination vor. So ist gegenwärtig auch eine Annäherung der kontroversen Standpunkte zu erkennen.

Entwicklungsstrategien. Die Kenntnis der verschiedenen Theorien ist vor allem wichtig, um die Ursachen der räumlichen Disparitäten zu erfassen und daraus Strategien zu ihrer Überwindung zu erstellen. Wie die Tabelle 2 zeigt, besteht ein direkter Zusammenhang zwischen den verschiedenen Entwicklungstheorien und -strategien.

Tab. 2: Entwicklungstheorien im Überblick (idealtypische Darstellung)

	Modernisierungs-theorien	Imperialismus-theorien	Dependenztheorien
gesellschaftstheoretische Perspektive	bürgerlich-idealistisch	marxistisch	marxistisch/materialistisch national
Ursachen/Verursacher	endogen traditionsverhaftete Wirtschafts- und Gesellschaftsformen Rückstand Unterentwicklung, ein frühes Stadium auf dem Wege zur Industriegesellschaft	exogen Unterentwicklung ist koloniales Erbe, Folge des Imperialismus und der weltweiten Expansion des Kapitalismus Verelendung der Entwicklungsländer durch Ausbeutung (direkt und indirekt)	exogen Unterentwicklung ist Folge der Abhängigkeit (Dependenz) Ausbeutung durch die postkoloniale Weltarbeitsteilung, durch ungleichen Tausch (Rohstoffe gegen Fertigprodukte) und Gewinntransfer (Multis) Herausbildung von sozialen und regionalen Disparitäten (Zentrum – Peripherie)
Entwicklungsstrategien	Aufholstrategie Entwicklung = wirtschaftliches Wachstum und Modernisierung nach westlichem Vorbild Entwicklungshilfe bes. in Form von Kapitalhilfe und Technologietransfer	Klassenkampf und Revolution Aufbau des Sozialismus Entwicklungshilfe = der Dritten Welt Mittel an die Hand geben für den Klassenkampf (Waffenexport)	verschiedene Strategien – gemäßigt bis radikal: Neue Weltwirtschaftsordnung, Grundbedürfnisstrategie, Self-Reliance, Abkoppelung, autozentrierte Entwicklung, Aufbau einer eigenständigen Wirtschafts- und Gesellschaftsform Machtverlagerung von den Zentren zur Peripherie durch Massenmobilisierung

Aufholstrategie. Solange Unterentwicklung als wirtschaftliche Armut und Rückständigkeit definiert wurde, hieß Entwicklungspolitik Abbau des wirtschaftlichen Gefälles zwischen Industrie- und Entwicklungsländern, Modernisierung durch Wachstum. Hauptinstrument war die Entwicklungshilfe, besonders in Form der Kapitalhilfe.

Man ging von der Annahme aus, daß die durch Kapitaltransfer in den Entwicklungsländern ausgelösten Wachstumsprozesse (gemessen am Pro-Kopf-Einkommen) zu der Masse der Armen „durchsickern“ und deren Lebensverhältnisse verbessern würden („Trickle-Down-Theorie“).

Grundbedürfnisstrategie. Die negativen Erfahrungen mit der Aufholstrategie führten in den 70er Jahren zu einer verstärkten Diskussion über Ziele und Strategien der Entwicklung. Man forderte eine Orientierung an den elementaren Bedürfnissen der Ärmsten wie Nahrung, Kleidung und Wohnung. Entwicklungspolitik sollte vorrangig die absolute Armut bekämpfen. Eine wichtige Rolle spielte dabei die Mobilisierung der Masse der Bevölkerung zur Selbsthilfe; Entwicklungshilfe in Form von Kapital sei nur dort zu leisten, wo diese Selbsthilfe nicht ausreiche. Grundbedürfnisstrategien haben inzwischen etliche Organisationen und Staaten aufgenommen, so die UNO und die Bundesrepublik

Deutschland, die 1978 ein Grundbedürfniskonzept entwickelte.
Die Regierungen vieler Entwicklungsländer begegnen der Grundbedürfnisstrategie jedoch mit Mißtrauen. Sie behaupten, daß die Industrieländer diese Strategie als Alibi benutzten, um ihre Entwicklungshilfe zu reduzieren, die Industrialisierung in den Entwicklungsländern zu verhindern und sich durch Auflagen in die inneren Angelegenheiten der Empfängerländer einmischen zu können.
Nach ihrer Meinung ist die Ursache der Unterentwicklung in der kolonialen Unterdrückung und der ungerechten Struktur des gegenwärtigen internationalen Wirtschaftssystems zu suchen. Sie fordern eine neue Weltwirtschaftsordnung.

Abb. 1: Welthandel 1981 (in %)

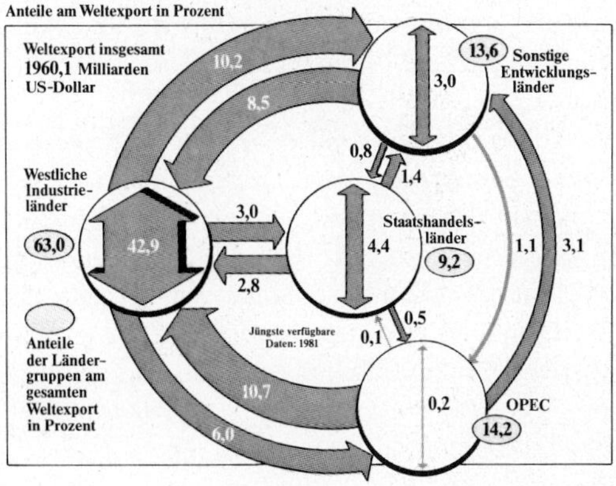

Institut der deutschen Wirtschaft (Hrsg.): iwd No. 30, 1983

Die Neue Weltwirtschaftsordnung (NWWO) umfaßt ein Paket von Einzelforderungen, die 1974 und 1975 in mehreren UN-Resolutionen festgeschrieben wurden. Die wichtigsten Forderungen sind:
- Anerkennung der politischen und wirtschaftlichen Souveränität eines jeden Staates einschließlich des Rechts der Nationalisierung ausländischen Eigentums,
- weltweiter Abbau von Handelsschranken (z. B. Zolltarife), Öffnung der Märkte der Industrieländer für Halb- und Fertigwaren, Regelung und Kontrolle der Tätigkeiten der multinationalen Konzerne,
- Abkommen für einzelne Rohstoffe (Preisstabilisierung) als Bestandteil des „Integrierten Rohstoffprogramms", Billigung von Rohstoffkartellen,
- Steigerung der Investitionen im industriellen Sektor mit dem Ziel eines höheren Anteils der Entwicklungsländer an der Weltindustrieproduktion, Förderung angepaßter Technologien,
- größeres Mitspracherecht bei der Reform des internationalen Währungssystems und Maßnahmen zur Minderung der Verschuldung der Entwicklungsländer,
- vermehrte Entwicklungshilfe zu verbesserten Bedingungen (Verwirklichung der Entwicklungshilfeziele seitens der Industrieländer von 0,7% des BSP an öffentlichen Hilfen).

Die meisten Industrieländer stehen der Forderung nach einer NWWO sehr reserviert gegenüber. Sie weisen darauf hin, daß einzelne Maßnahmen mit dem Prinzip eines freiheitlichen Welthandels nicht zu vereinbaren seien, andere Maßnahmen den Interessen vieler Entwicklungsländer zuwiderlaufen könnten (Inflationierung durch die Preisgarantie im Rohstoffabkommen, Begünstigung einer kleinen Gruppe rohstoffreicher Entwicklungsländer – und Industrieländer – auf Kosten besonders der ärmsten Länder).
Kritik an der NWWO kommt auch aus vielen Entwicklungsländern selbst. Nach ihrer Meinung kann eine veränderte wirtschaftliche Ordnung die bestehenden Mißstände und die einseitige Abhängigkeit der Entwicklungsländer nicht beseitigen. Der Masse der Bevölkerung brächte sie überhaupt keine Verbesserung. Ihr alternativer Lösungsvorschlag lautet: Abkoppelung („Dissoziation") vom Weltmarkt und eigenständige („autozentrierte") Entwicklung.

Abkoppelungsstrategie. Durch die Herauslösung aus dem Weltmarkt soll eine eigenständige Wirtschafts- und Gesellschaftsform in den Ländern der Dritten Welt aufgebaut werden, gestützt auf die eigenen Ressourcen, ausgerichtet auf die eigenen Bedürfnisse („self-reliance"). Im einzelnen heißt Abkoppelung: Einbindung

der Landwirtschaft und der Rohstoffproduktion in die Binnenmarkterschließung, Bruch mit der exportorientierten Industrie und Ausrichtung auf die Nachfrage der Masse der verarmten Menschen.
Abkoppelung heißt nicht, völlige und permanente Selbstversorgung. Vorgesehen ist eine verstärkte Zusammenarbeit zwischen den Entwicklungsländern. Die Herauslösung aus dem Weltmarkt soll nur so lange dauern, bis die Wirtschaft so weit gefestigt ist, daß ein gleichgewichtiger Austausch mit den Industrieländern möglich ist.

1.0.3 Die Entwicklung der Nord-Süd-Beziehungen

Nach Abschluß der Entkolonialisierung haben die Entwicklungsländer – im Bewußtsein ihrer eigenen Problem- und Interessenlage – in mehreren Anläufen versucht, auf internationaler Ebene ein Gegengewicht gegen die Industrieländer in Ost und West zu schaffen und sich als einen eigenständigen Machtfaktor zu organisieren.
Blockfreiheit. Anfang der 60er Jahre kam es zur Bewegung der „blockfreien Staaten" (Konferenz von Bandung 1955), die zunächst als Ausdruck der Unabhängigkeit gegenüber den Großmächten USA und UdSSR und ihren Bündnissen gedacht war. In den 70er Jahren verlagerte sich das Wirkungsfeld schwerpunktmäßig von den Fragen der Dekolonialisierung und des Ost-West-Konfliktes auf den Nord-Süd-Konflikt: Fragen der wirtschaftlichen Abhängigkeit und Unterentwicklung, Forderung einer neuen Weltwirtschaftsordnung. Heute gehören den Blockfreien mehr als 90 Staaten an.
Gruppe der 77. Die repräsentativste Interessenvertretung der Länder der Dritten Welt ist heute die Gruppe der 77. Von ihr gehen die entscheidenden Impulse für die Politik der Entwicklungsländer gegenüber den Industrieländern aus. Die Gruppe konstituierte sich 1967 im Anschluß an die erste Welthandelskonferenz (UNCTAD I). Heute gehören ihr nahezu alle Entwicklungsländer an.
UNCTAD. Die Unzufriedenheit der Entwicklungsländer mit dem von den Industrieländern beherrschten Welthandels- und Weltwährungssystem führte 1964 zur Einberufung der ersten Welthandelskonferenz (United Nations Conference for Trade and Development). Die Konferenzen finden in der Regel alle vier Jahre statt (1964 Genf, 1968 Neu-Delhi, 1972 Santiago de Chile, 1976 Nairobi, 1979 Manila, 1983 Belgrad). Sie sind das wichtigste Forum der Entwicklungsländer zur Durchsetzung ihrer Ziele. Zentrales Thema der bisherigen Konferenzen waren die Verhandlungen über die NWWO.
Infolge der Unbeweglichkeit (über 150 Mitgliedsstaaten), der geringen Koordination zwischen den einzelnen Gremien und der gegensätzlichen Verhandlungsstrategien (Defensivstrategie von seiten der Industrieländer, Strategie der Konfrontation von seiten der Entwicklungsländer durch unnachgiebige Maximalforderungen und einseitige Polemik gegen die westlichen Staaten) haben die bisherigen Konferenzen insgesamt wenig Erfolg gebracht. Der Spottname für die UNCTAD – Under No Circumstances Take Any Decision – kennzeichnet in etwa diese Situation.
Die Nord-Süd-Kommission, nach ihrem Vorsitzenden Willy Brandt auch „Brandt-Kommission" genannt, ist der Versuch, den Nord-Süd-Konflikt im Wege von Verhandlungen zu entschärfen und den ins Stocken geratenen Nord-Süd-Dialog wieder zu beleben. Sie wurde 1977 als unabhängige Kommission mit dem Auftrag gebildet, Lösungsmöglichkeiten für die dringendsten Nord-Süd-Probleme zu erarbeiten. Ihr gehören 18 Mitglieder an (10 aus Entwicklungsländern, 8 aus Industrieländern), wobei darauf geachtet wurde, daß möglichst verschiedene Ländergruppen vertreten sind (einschl. OPEC und Vertreter der LLDC). Eine Beteiligung Chinas und des Ostblocks konnte nicht erreicht werden. 1980 legte die Kommission ihren Bericht „Das Überleben sichern" vor, der die entwicklungspolitische Diskussion der Gegenwart entscheidend beeinflußt hat.
Der Bericht untersucht die globale soziale und wirtschaftliche Situation vor allem in ihren Auswirkungen auf die Entwicklungsländer, stellt die gemeinsamen Interessen der Industrie- und

Entwicklungsländer heraus und unterbreitet zahlreiche Vorschläge zur Lösung der als dramatisch dargestellten internationalen Lage.
Die Vielzahl der angesprochenen Themen macht noch einmal die Bandbreite des Nord-Süd-Konflikts deutlich: Armut und Bevölkerungswachstum, Stagnation der Weltwirtschaft und weltweite Inflation, Arbeitskräftemigration und erzwungene Mobilität, Probleme der Energie- und Rohstoffversorgung, Währungswirrwarr und steigende Verschuldung der Entwicklungsländer, Fragen der Abrüstung und Entwicklung, der Industrialisierung und der Umweltgefährdung.

1.0.4 Die Entwicklungspolitik der Bundesregierung

Die entwicklungspolitischen Grundlinien. Infolge der mehrfachen Ölpreiserhöhungen und der weltweiten Wirtschaftskrise hat sich die entwicklungspolitische Lage in den 70er Jahren wesentlich geändert. Trotz guter Wachstumsergebnisse einzelner Entwicklungsländer sind die Entwicklungsaussichten insgesamt unsicherer und ungünstiger geworden.
Der Entwicklungsunterschied zwischen den einzelnen Entwicklungsländern hat sich weiter vergrößert, besonders zwischen den Ölländern und den LLDC, aber auch innerhalb der Gruppe der Schwellenländer, die von den weltwirtschaftlichen Problemen wie Inflation, hohes Zinsniveau (vgl. Auslandsverschuldung) und Verfall einer Reihe von Rohstoffpreisen recht unterschiedlich getroffen wurden. In weiten Teilen der Dritten Welt wuchsen die Probleme der Armut und der Ernährungssicherung. Die in den letzten Jahren eingetretene Verschärfung des Ost-West-Gegensatzes macht sich zunehmend auch in der Dritten Welt bemerkbar. Schließlich gewinnen nichtökonomische Fragestellungen wie Umweltschutz, Energiereserven und kulturelle Wirkungen des Entwicklungsprozesses eine immer stärkere Bedeutung.
Ihre Antwort auf diese neue Situation gab die Bundesregierung am 9. Juli 1980 mit der Verabschiedung der „Entwicklungspolitischen Grundlinien". Sie stellen die Ziele, Aufgaben und Schwerpunkte für die entwicklungspolitische Arbeit der Bundesrepublik in den 80er Jahren dar.

Die zentrale politische Aussage der „Grundlinien" ist:
„Entwicklungspolitik soll einen Beitrag leisten zur wirtschaftlichen und sozialen Entwicklung in der Dritten Welt. Sie trägt zu der auf Abbau von Spannungen, Sicherung des Friedens und auf partnerschaftliche Zusammenarbeit ausgerichteten Außenpolitik der Bundesrepublik Deutschland bei. Durch Unterstützung der Blockfreiheit der Länder der Dritten Welt soll deren Eigenständigkeit gestärkt werden."

Bundesministerium für wirtschaftliche Zusammenarbeit: Fünfter Bericht zur Entwicklungspolitik der Bundesregierung, März 1983. Deutscher Bundestag – Drucksache 9/2411, S. 30.

Vorrangiges Ziel der deutschen Entwicklungspolitik ist die Bekämpfung der absoluten Armut mit den Mitteln einer Grundbedürfnisstrategie: Ansatz bei der Zielgruppe der armen Bevölkerungsschichten und nicht primär Förderung eines allgemeinen Wachstums, das im Sinne der Modernisierungstheorie über Ausbreitungseffekte schließlich die Mehrheit der Bevölkerung erreichen würde.
Drei Bereiche haben nach den „Grundlinien" Priorität:
- „Ländliche Entwicklung (einschließlich Aufbau dezentraler Handwerks- und kleingewerblicher Produktionsbetriebe),
- Energie: Förderung konventioneller Energiequellen (Wasser, Kohle, Gas, Erdöl) und nichterschöpflicher Energiequellen (Wind, Sonne, Biomasse, Erdwärme),
- Schutz der natürlichen Ressourcen (Erhaltung natürlicher Ökosysteme, Bekämpfung der Erosion und Wüstenbildung, Aufforstungsprogramme)."

Bundesministerium für wirtschaftliche Zusammenarbeit: a.a.O., S. 31

Schwerpunktregionen sind die Länder in den Armutsgürteln Afrikas und Asiens, wobei der Zusammenarbeit mit den LLDC eine Sonderstellung eingeräumt wird.

Tab. 3: Leistungen der Bundesrepublik Deutschland 1981, 1982 und 1950–1982 (Netto-Auszahlungen in Millionen DM)

	1981	1982	1950–1982
Öffentliche Entwicklungszusammenarbeit (ODA)[1]	7 192,6	7 680,8	78 708,0
1. Bilateral	5 073,8	5 501,6	57 043,1
a) Zuschüsse	3 050,0	3 226,4	31 271,5
– Technische Zusammenarbeit	1 986,3	2 113,4	19 756,5
– Sonstige Zuschüsse	1 063,7	1 113,0	11 515,0
b) Kredite und sonstige Kapitalleistungen	2 023,8	2 275,2	25 771,6
2. Multilaterale Zuschüsse und Kredite	2 118,8	2 179,2	21 664,9
a) Beiträge an internationale Organisationen	1 321,1	1 389,2	11 853,0
b) Zahlungen auf gezeichnetes Kapital	792,2	792,9	9 413,1
c) Kredite	5,5	−2,9	398,8
Sonstige öffentliche Leistungen (OOF)	1 511,7	1 315,5	12 362,8
1. Bilateral	1 511,7	1 361,2	9 677,1
– Kredite der KfW*	695,1	1 461,7	6 500,4
– Refinanzierung des BMF**	756,2	−118,5	2 875,0
Darlehen der DEG***	60,4	18,0	301,7
2. Multilateral (Kredite der Bundesbank)	–	−45,7	2 685,7
Private Entwicklungszusammenarbeit[2]	839,1	949,2	7 318,8
Leistungen der privaten Wirtschaft	8 740,8	6 982,9	106 967,6
1. Bilateral	7 958,3	6 073,9	89 190,4
– Investitionen und privater bilat. Kapitalverkehr[3]	5 852,8	5 645,6	63 075,1
– Öffentlich garantierte private Exportkredite	2 105,5	428,3	26 115,3
2. Multilateral	782,5	909,0	17 777,2
Gesamte Leistungen	18 284,2	16 928,4	205 357,2

* Kreditanstalt für Wiederaufbau
** Bundesministerium der Finanzen
*** Deutsche Gesellschaft für wirtschaftliche Zusammenarbeit
[1] Bi- und multilaterale Zuschüsse sowie Kredite zu Vorzugsbedingungen; ab 1979 einschließlich Verwaltungskosten
[2] Leistungen gemeinnütziger, nicht-staatlicher Organisationen aus Eigenmitteln und Spenden
[3] Nach den DAC-Richtlinien auf der Basis der Zahlungsbilanz-Statistik erfaßt. Hierzu gehören auch Investitionen deutscher Firmen, die über AWV § 55/56 nicht erfaßt werden

Bundesministerium für wirtschaftliche Zusammenarbeit: Entwicklungspolitik. Jahresbericht 1982, S. 13

Tab. 4: Regionale Verteilung der bilateralen Öffentlichen Entwicklungszusammenarbeit (ODA) der Bundesrepublik Deutschland 1978, 1980, 1982

Erdteil	1978		1980		1982	
	in Mill. DM	in %	in Mill. DM	in %	in Mill. DM	in %
Europa	517,3	10,5	722,1	17,1	311,2	5,6
Afrika	1 883,3	38,4	1 501,2	35,6	2 195,6	39,9
Amerika	392,8	8,0	506,5	12,0	691,5	12,6
Asien	1 843,7	37,5	1 139,9	27,0	1 859,8	33,8
Ozeanien	37,5	0,8	16,9	0,4	21,2	0,4
Überregional	237,3	4,8	322,4	7,9	422,3	7,7
Insgesamt	4 911,9	100,0	4 219,0	100,0	5 501,6	100,0

Bundesministerium für wirtschaftliche Zusammenarbeit: Deutsche Entwicklungspolitik im Jahre 1982. Memorandum der Bundesregierung zur DAC-Jahresprüfung 1983/84 und Vierte Bericht zur Entwicklungspolitik der Bundesregierung. März 1980. Deutscher Bundestag – Drucksache 8/3582

Kriterien der Vergabe. Bei der Verteilung ihrer Hilfe legt die Bundesregierung eine Reihe von quantitativen und qualitativen Kriterien zugrunde. Dazu zählen unter anderem die wirtschaftliche Situation und das Entwicklungspotential, der Finanzierungsbedarf und das Vorhandensein geeigneter Projektansätze, die Bereitschaft der einzelnen Entwicklungsländer zu sozialen und wirtschaftlichen Reformen sowie die Zulassung pluralistischer Strukturen und marktwirtschaftlicher Elemente.

Abb. 2: Ablaufschema für ein gefördertes öffentliches Entwicklungsprojekt

KfW = Kreditanstalt für Wiederaufbau · Reg. = Regierung
GTZ = Deutsche Gesellschaft für Technische Zusammenarbeit
EL = Entwicklungsland · Org. = Organisation · dt. = deutschen
BRH = Bundesrechnungshof

Nach Bundesministerium für wirtschaftliche Zusammenarbeit: Entwicklungspolitik. Jahresbericht 1982, S. 14

Solidarität mit den Entwicklungsländern oder Eigeninteresse?

Wegen ihrer hohen Außenhandelsabhängigkeit ist die Bundesrepublik Deutschland an der Entwicklung der Nord-Süd-Beziehungen besonders interessiert. Mehr als 20% des Außenhandels erfolgen mit Ländern der Dritten Welt. Er ist damit viermal so groß wie der Osthandel.

Abb. 3: Höhe des Handels der Bundesrepublik Deutschland mit Entwicklungsländern sowie Umfang der öffentlichen und privaten Leistungen in Milliarden DM

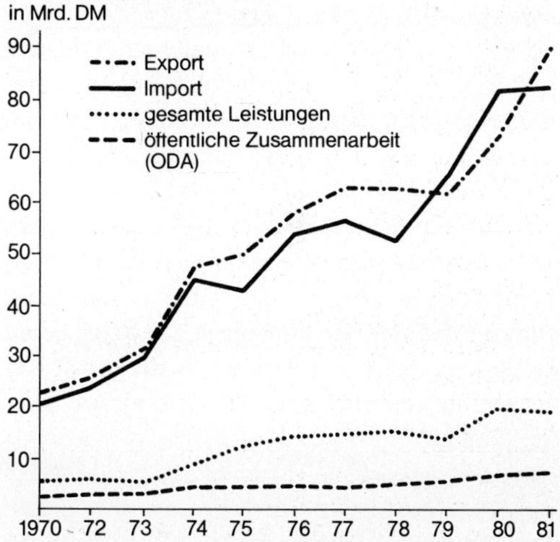

Nach Politik der Partner, Aufgaben, Bilanz und Chancen der deutschen Entwicklungspolitik. Bundesministerium für wirtschaftliche Zusammenarbeit (Hrsg.). Bonn 1982, S. 46, ergänzt.

„Die Entwicklungspolitik der Bundesregierung zielt darauf ab, daß die entwicklungspolitisch sinnvolle Verwendung der Mittel auch mit den deutschen wirtschaftlichen Interessen in Einklang steht. Insbesondere in Zeiten knapper Haushaltsmittel besteht zwischen der Erhaltung der Leistungsfähigkeit der deutschen Wirtschaft und der Höhe der deutschen finanziellen und technischen Leistungen für die Dritte Welt ein enger Zusammenhang. In allen dafür geeigneten Fällen soll bei der Vergabe von Lieferungen und Leistungen die Beschäftigungswirksamkeit in der Bundesrepublik Deutschland beachtet werden. Dabei bleibt die Bundesregierung dem Prinzip des freien Wettbewerbs verpflichtet."

Bundesministerium für wirtschaftliche Zusammenarbeit: Entwicklungspolitik. Jahresbericht 1982, S. 8

1.1 Indien – Entwicklung des ländlichen Raumes

Für viele Beobachter ist Indien das Entwicklungsland schlechthin: Symbol für Armut, Hunger, Krankheit und Elend. Das Bild ist jedoch widersprüchlich. In den letzten Jahren wird wiederholt von Rekordernten berichtet, von den Erfolgen einer „Grünen Revolution", die landwirtschaftliche Erträge gebracht habe, mit denen es dem Land gelungen sei, den permanenten Kampf gegen den Hunger zu gewinnen. In der Tat: Seit Mitte der sechziger Jahre konnte Indien beträchtliche Steigerungen in der Getreideproduktion erzielen, so daß das von Nahrungsmittelimporten abhängige Land sich heute selbst versorgen und darüber hinaus noch Reserven für unvorhergesehene Krisenjahre anlegen kann.
In der Weltrangliste ist Indien heute führend in der Erzeugung von Tee, Zuckerrohr, Raps, Erdnüssen und Sesam, steht an zweiter Stelle bei Reis, Hirse, Bananen, Jute und Hanf und an dritter bzw. vierter Stelle bei Weizen, Baumwolle und Kopra. Mit 182,5 Mio. Stück (1980) ist es der größte Rinderhalter der Erde (ein Siebentel des Weltbestandes).
Indische Politiker verweisen gerne auf die Industrieleistungen ihres Landes. Gemessen an der absoluten Produktion, kann Indien tatsächlich unter die führenden zehn Industriestaaten der Erde eingereiht werden.

All diese zahlenmäßigen Erfolge können aber nicht über die Tatsache hinwegtäuschen, daß
- 40% der Inder unter der Armutsgrenze (weniger als 15 Mark Monatseinkommen) und weitere 20% an ihrem Rande leben,
- 30% permanent unterernährt sind,
- der gesundheitliche Zustand des größten Teils der Bevölkerung infolge des chronischen Mangels an Nahrungsmitteln unzureichend ist,
- die Sterblichkeitsrate bei Kindern bis zum vierten Lebensjahr 40% beträgt (täglich sterben etwa 6500 Kinder dieses Alters an Mangelernährung und daraus resultierenden Krankheiten),
- 40–45% der im erwerbsfähigen Alter stehenden Inder arbeitslos oder unterbeschäftigt sind,
- 65% der Bevölkerung Analphabeten sind.

„Das wahre Wohlergehen eines Volkes läßt sich nicht am Wachstum der industriellen Produktion oder an Exporterlösen messen, sondern an der Frage, ob alle Menschen so viel erzeugen oder verdienen, daß sie ein menschenwürdiges Dasein führen können."
(Mahatma Gandhi)
Für Indien ist die Antwort negativ. Die Hälfte der Bevölkerung, so darf man sagen, lebt nicht, sie vegetiert.

1.1.1 Bevölkerungswachstum und Ernährungspotential

Der Wettlauf mit dem rapiden Bevölkerungswachstum ist das wirtschaftliche (und politische) Hauptproblem des Landes. 1981 zählte die Indische Union 683,8 Mio. Menschen; das ist fast ein Sechstel der gesamten Menschheit, das auf nur etwas mehr als einem Fünfzigstel der Landfläche der Erde wohnt. Jährlich wächst die Bevölkerung um ca. 2%. Damit ist die Zunahme innerhalb eines einzigen Jahres größer als die gesamte heutige Einwohnerzahl des Kontinents Australien. Allein im letzten Jahrzehnt betrug die Zuwachsrate 25%. Das bedeutet, daß die indische Bevölkerung bei anhaltender Wachstumsrate und gleichzeitiger Verbesserung der hygienischen und medizinischen Versorgung sich in 36 Jahren gegenüber 1980 verdoppelt haben wird. Mit diesem bedrohlichen Tempo kann die vergleichsweise langsame wirtschaftliche und gesellschaftliche Entwicklung nicht Schritt halten, was schließlich zu wachsenden Diskrepanzen zwischen dem erforderlichen und tatsächlich vorhandenem ökonomischen und ökologischen Potential führen muß.

Abb. 1: Geburten- und Sterbeziffer sowie Säuglingssterblichkeit in Indien 1872–1981

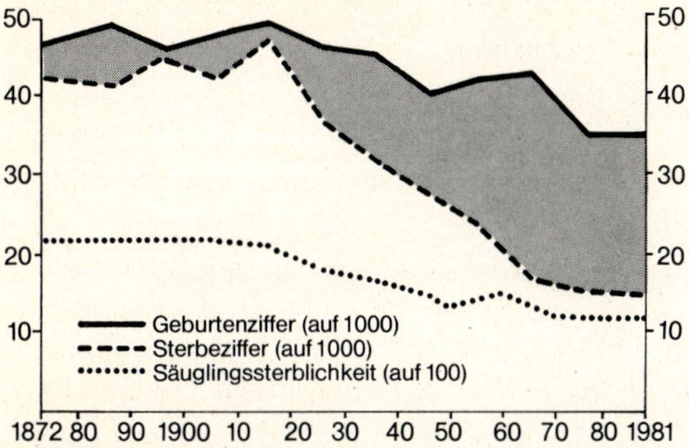

Die von staatlicher Seite durchgeführten Maßnahmen zur Eindämmung des Bevölkerungswachstums haben bislang nicht den erwarteten Erfolg gebracht, da sie sich weitgehend nur auf die Familienplanung mittels Geburtenkontrolle beschränkten, die unbedingt notwendigen flankierenden Maßnahmen einer sozialen Absicherung aber nicht bedachten. Wegen unzureichender, auf dem Lande de facto nicht existenter gesetzlicher Altersversicherung bleibt die zahlreiche Nachkommenschaft vielfach die einzige Vorsorge für das Alter. Der Wunsch nach mehreren Kindern erklärt sich auch aus Motiven, die in der Tradition und in der Religion wurzeln. Viele Kinder zu haben gilt als „gottgewollt"; nur ein Sohn kann bestimmte für das Familienleben notwendige Riten ausführen.
Das rasche Bevölkerungswachstum schlägt sich in der für die meisten Entwicklungsländer typischen Altersstruktur der Bevölkerung nieder, aus der besondere Probleme erwachsen.

Abb. 2: Altersstruktur der Bevölkerung Indiens und der Bundesrepublik Deutschland (1979)

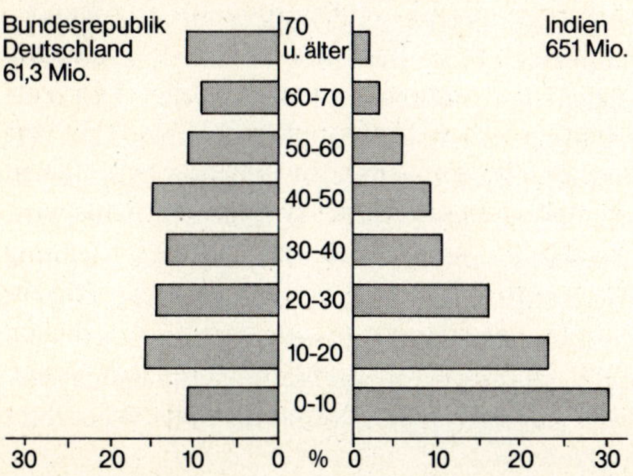

Folgen des rapiden Bevölkerungswachstums. Der Anstieg der landwirtschaftlichen Produktion reicht nicht aus, um auch nur ein gleichbleibendes Versorgungsniveau auf lange Sicht zu erreichen. Die zur Verfügung stehende Kalorienmenge pro Kopf der Bevölkerung ist gegenüber 1950 nicht gewachsen und liegt deutlich unter der von der UNO als Minimum für Indien angegebenen Menge von 2250 Kalorien pro Tag (vgl. Tab. 1, S. 8/9)

Tab. 1: Ernährungssituation Indiens 1893–1978

Jahr:	Bevölkerungszahl (Mio.)	Index (1893–95 = 100)	Nahrungsgetreideproduktion (Gramm/Tag/Kopf)	Index (1893–95 = 100)
1893–1895	236	100	729	100
1926–1935	283	120	573	79
1950/51	363	154	395	54
1960/61	443	188	468	64
1965/66	496	210	403	55
1966/67	507	215	396	54
1967/68	519	220	502	69
1968/69	531	225	485	67
1969/70	543	230	502	69
1970/71	555	235	532	73
1971/72	563	239	512	70
1972/73	574	243	463	64
1973/74	586	248	490	67
1974/75	598	253	457	63
1975/76	610	258	543	74
1976/77	622	264	462	63
1977/78	634	269	480	66
1978/79	646	274	573	79

Hans-Georg Bohle: Die Grüne Revolution in Indien – Sieg im Kampf gegen den Hunger? Fragenkreise 23554, Paderborn: Schöningh 1981, S. 8 und 14 (gekürzt)

Zwanzig Millionen Bevölkerungszuwachs wie von 1980 bis 1981 bedeutet, daß mindestens acht Millionen neue Arbeitsplätze in jedem Jahr zu schaffen sind, wenn das Millionenheer von Arbeitslosen sich nicht noch weiter vergrößern soll. Die genaue Zahl von Arbeitslosen in Indien ist unbekannt; sie wird auf 30–40 Millionen geschätzt, nicht eingerechnet die Zahl der Unterbeschäftigten in ländlichen Gebieten, die das Ausmaß der städtischen Arbeitslosigkeit weit übersteigt.

Abb. 3: Die Niederschlagsvariabilität auf dem indischen Subkontinent

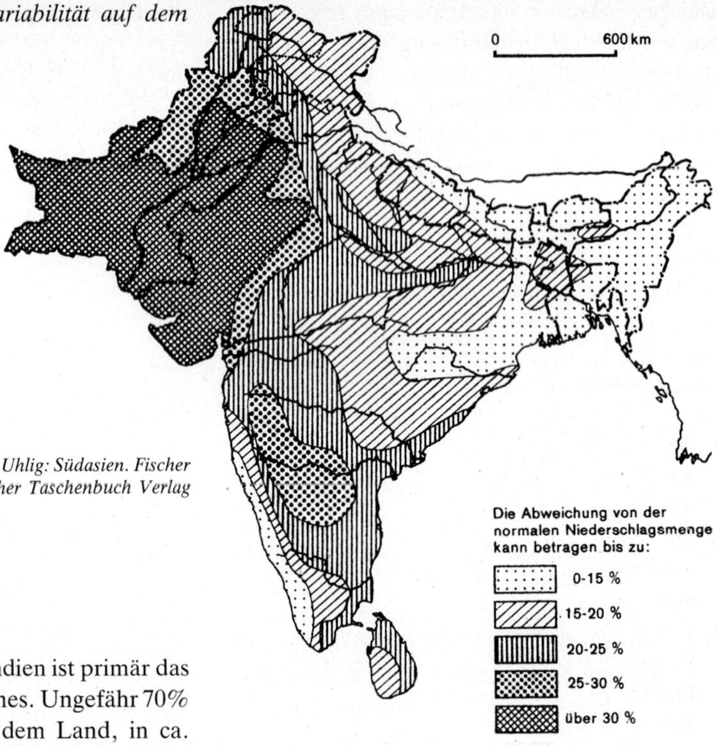

Jürgen Blenck, Dirk Bronger, Harald Uhlig: Südasien. Fischer Länderkunde Bd. 2. Frankfurt: Fischer Taschenbuch Verlag 1977, S. 54

Das Problem der Armut in Indien ist primär das Problem des ländlichen Raumes. Ungefähr 70% der Bevölkerung leben auf dem Land, in ca. 570000 Dörfern. Etwa die Hälfte dieser Dörfer hat keinen Anschluß an das Straßennetz, und ca. zwei Drittel sind noch ohne elektrischen Strom. Dennoch: Der Agrarsektor bildet – trotz aller industriellen Fortschritte des Landes – immer noch das Rückgrat der indischen Wirtschaft. Er beschäftigt rund 75% aller Erwerbstätigen, die aber nur 32% (1979) des Volkseinkommens erwirtschaften.

Da im ländlichen Raum die Entwicklungsprobleme wie Armut, Hunger und Arbeitslosigkeit am weitesten verbreitet sind und die Erwerbsbevölkerung sich auf dem Lande konzentriert, kommt der Entwicklung der Landwirtschaft und des ländlichen Raumes auf lange Sicht die Hauptaufgabe des wirtschaftlichen Aufbaus zu.

Ökologische Hemmnisse einer gesicherten Nahrungsmittelversorgung. Die unzureichende Nahrungsmittelversorgung erklärt sich zu einem erheblichen Teil aus dem eingeschränkten natürlichen Potential. Besonders die Unsicherheiten im Witterungsablauf und die eingeschränkte Bodenfruchtbarkeit wirken sich hemmend auf einen großflächigen Intensivanbau aus.

Der Rhythmus der Monsunniederschläge und die regional stark variierenden Mengen – ca. 85% der Jahresniederschläge fallen in den vier Sommermonaten Juni bis September – ermöglichen eine nur saisonale und zudem meist nur unsichere Landbestellung im Regenfeldbau. Die Regenmengen können jedoch von Jahr zu Jahr, aber auch während der Monsunperiode selbst, stark schwanken. Ein verspätetes Einsetzen oder der verfrühte Rückzug des Monsuns bedeuten eine verkürzte Anbauperiode und in der Regel Dürren und Mißernten als Folgen.

Unter den Hauptbodentypen nehmen die Roterden den größten Teil des Landes ein. Weit verbreitet sind sie im südlichen tropischen Teil und im Osten des Dekkan-Plateaus. Sie sind in der Regel wenig fruchtbar und neigen zu Laterisierung und Erosion. Infolge der geringen Wasserspeicherfähigkeit und der starken Oberflächenverkrustung (Eisenoxidation durch starke Verdunstung im wechselfeuchten Klima) lassen sie sich nur schwer für den Ackerbau nutzen.

Die Schwarzerden (Regur) des nordwestlichen und mittleren Dekkan sind aufgrund ihres Nährstoffreichtums, ihrer günstigen Wasserhaltefähigkeit und hohen Austauschkapazität potentiell zwar sehr fruchtbar, durch die jahrhundertlange Überbewirtschaftung aber in weiten Teilen ausgelaugt.
Als wirklich fruchtbar können nur die verbleibenden ca. 20% Schwemmlandböden in der Brahmaputra- und Gangesebene sowie an der Koromandel- und Malabarküste angesprochen werden. Auf ihnen wird über die Hälfte des Nahrungsgetreides angebaut.

1. *Wie läßt sich der offensichtliche Widerspruch zwischen den Erfolgsmeldungen der Landwirtschaft einerseits und der Bilanz der Armut und des Hungers andererseits erklären? Stellen Sie Hypothesen aufgrund Ihrer Vorkenntnisse auf.*
2. *Worin zeigt sich in Indien der Zustand der Unterentwicklung? Stellen Sie eine Liste von Indikatoren der Unterentwicklung auf, vgl. Tab. 1, S. 8/9.*
3. *Zeigen Sie die natürlichen Hemmnisse der Agrarwirtschaft Indiens.*
4. *„Indiens Schicksal entscheidet sich auf dem Land.“ Erläutern Sie das Zitat, und nehmen Sie Stellung dazu.*

1.1.2 Agrarstruktur und Sozialordnung des ländlichen Raumes

Eine Studie des Internationalen Arbeitsamtes (ILO), die 1977 die „Armut und Landlosigkeit in ländlichen Gebieten Asiens“ untersuchte, sieht die Gründe für die Unterentwicklung des ländlichen Raumes Indiens in:
- der statischen, hierarchisch strukturierten Sozialordnung (Kastensystem),
- der ungleichen Verteilung von Land und anderen Produktionsmitteln,
- den Verteilungsmechanismen, die sich zugunsten der Besitzenden auswirken,
- der Kapitalarmut der Betriebe und den daraus resultierenden rückständigen Produktionsmethoden,
- einer Investitionsstruktur zum Nachteil der arbeitenden Bevölkerung.

Das Kastensystem

„Das Kastensystem, besonders auf dem Lande in den über 570000 Gemeinden noch weitgehend intakt, durchdringt alle Lebensbereiche, es reglementiert das Verhalten des einzelnen, die Beziehungen der Kastenmitglieder untereinander und der verschiedenen Kasten miteinander z. T. bis in kleinste Einzelheiten: Essen, Trinken, Heirat, in der ganz überwiegenden Anzahl der Fälle der Beruf, ferner der Platz, den der einzelne in der sozialen Stufenleiter innerhalb der Gemeinde einnimmt: Alles dies wird durch die Kastenzugehörigkeit mit der Geburt bestimmt. Die Kaste überwacht die Einhaltung dieser Gebote, indem sie Gerichtsbarkeit über ihre Mitglieder ausübt. Somit liegt in der möglichst detaillierten Kenntnis dieses komplexen und zudem erhebliche regionale Unterschiede und Besonderheiten aufweisenden sozialen Systems ein Schlüssel zum Verständnis der sozialen und wirtschaftlichen Zustände Indiens. Ohne Berücksichtigung dieses Phänomens ist damit auch das Gefüge der Kulturlandschaft Indiens nicht zu verstehen.“

Jürgen Blenck, Dirk Bronger, Harald Uhlig: a.a.O., S. 99

Untersuchungen in mehreren indischen Dörfern haben in der Tat gezeigt, daß ein ursächlicher Zusammenhang besteht zwischen
- Kaste und Beruf: Die überwiegende Mehrzahl der Kasten sind reine Berufskasten,
- Kastenzugehörigkeit und sozialem Status: Die sozialen Schichten – von den Grundeigentümern bis zu den landlosen Kulis – sind weitgehend kastenkonform.
- Kastensystem und Landbesitz: Der größte Teil des Grundbesitzes verteilt sich in der Regel auf nur wenige Familien der höheren Kasten, während die große Masse der unteren Kasten Pächter, Landarbeiter bzw. landlos sind,
- Kastensystem und Landnutzung: Infolge ihres größeren Besitzes können die oberen Kasten cash crops anbauen, während die unteren Kasten gezwungen sind, auf ihrem kleinen Landbesitz ausschließlich für den Eigenbedarf zu produzieren.

Als ein weiterer entwicklungshemmender Faktor wird der Hinduismus genannt, der die Kastenordnung stützt und aufgrund seiner weltverneinenden Lehre und der religiösen Tabus („Heilige Kühe") die Menschen physisch und psychisch immobil mache.
Diese einseitige deterministische Erklärung ist jedoch nur bedingt zutreffend. Die Kastenteilung spielt zwar im Alltagsleben – besonders auf dem Lande – nach wie vor eine desintegrierende Rolle, doch wirken Schule, Gesetze oder Einflüsse von außen immer stärker ausgleichend. Festzuhalten ist auch, daß die Beschäftigung in der Landwirtschaft grundsätzlich den Mitgliedern aller Kasten, auch den „outcasts" offensteht. Auf dem Dorfe sind Landbesitz und Wasserrechte die Hauptkriterien, die über Status und Wohlergehen einer Familie bestimmen. Landbesitz und Wasserrechte hängen aber nicht zwingend von der Zugehörigkeit zu einer bestimmten Kaste ab.

Besitzverhältnisse. Vorherrschend ist der Kleinbesitz. Etwa 70% aller landwirtschaftlichen Betriebe sind kleiner als 2 ha, doch bewirtschaften sie nur 21% (1970/71) der gesamten landwirtschaftlichen Nutzfläche, meist minderwertiges Land, das sich durch die intensive Nutzung zunehmend verschlechtert. Die für die Selbstversorgung ausreichende Betriebsgröße ist in Indien aber im Durchschnitt bei mindestens 4 ha anzusetzen. Das heißt: Über 80% der Betriebe erreichen nicht einmal die Mindestgröße (Ackernahrung). Nur 30% der Agrarbevölkerung sind überhaupt im Besitz des Bodens, den sie bearbeiten. Die meisten müssen Land dazupachten, wobei der Pachtzins in der Regel durch Naturalien oder unbezahlte Arbeit erbracht werden muß. Besonders betroffen sind hiervon die ca. 120 Millionen landlosen Landarbeiter. Sie machen etwa ein Viertel der gesamten ländlichen Bevölkerung aus und finden meist nur wenige Monate im Jahr eine Beschäftigung.

Die heutigen Besitzverhältnisse sind im wesentlichen das Ergebnis der traditionellen, vom Kastenwesen geprägten Agrarsozialstruktur, der in Indien vorherrschenden Realteilung und der kolonialzeitlichen Steuerpolitik (Zamidarsystem).
Zum Zwecke einer effektiven Steuererhebung hatte die britische Kolonialverwaltung die Möglichkeit des Zu- oder Verkaufs von Boden eingeführt, der ursprünglich gemeinsamer Besitz der Dorfgemeinschaft bzw. der Großfamilien war. Steuereintreiber, die sogenannten Zamidari, wurden zu Grundeigentümern (landlords), indem sie durch hohe Bodenrenten und Wucherzinsen die Bauern in ihre Abhängigkeit brachten. Besonders die große Masse der Klein- und Kleinstbauern wurde infolge ihrer Verschuldung und anschließenden Enteignung des verpfändeten Bodens zu landlosen Arbeitern (Kulis). Da die Nahrungsversorgung dieser landlosen Familien nun ausschließlich von den zur Verfügung stehenden Geldmitteln bestimmt wurde, die wiederum von den Beschäftigungsmöglichkeiten abhingen, ist hier auch endlich der Grund für die Arbeitslosigkeit, die Armut und den Hunger im ländlichen Raum zu sehen.

Tab. 2: Landwirtschaftliche Besitzverhältnisse 1970/71

	1000 Betriebe	%	Mio. ha Anbaufläche	%
Landwirtschaftliche Fläche	70 493	100,0	162,1	100,0
nach Größenklassen				
Kleinstbesitz <1,0 ha	35 682	50,6	14,5	9,0
Kleinbesitz 1,0–2,0 ha	13 432	19,1	19,3	11,9
Halbgr.-mittl. Besitz 2,0–4,0 ha	10 681	15,1	30,0	18,5
Mittlerer Besitz 4,0–10,0 ha	7 932	11,2	48,2	29,8
Großer Besitz 10,0–20,0 ha	2 135	3,0	28,5	17,6
Großbesitz >20 ha	631	1,0	21,6	13,4

Länderkurzbericht Indien 1982. Statistik des Auslandes. Stat. Bundesamt (Hrsg.). Stuttgart, Mainz: Kohlhammer 1982, S. 21

Abb. 4: Modell: Absinken von Kleinbauern zu Landlosen

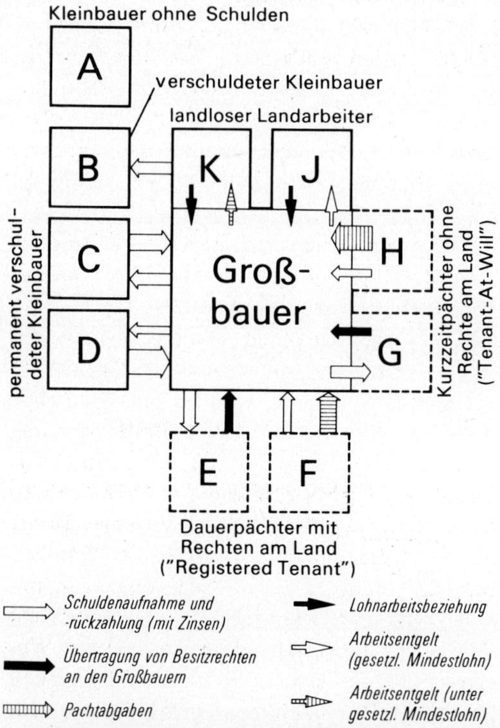

A Kleinbauer mit 1 acre Naßland – ohne Schulden, ohne Rücklagen
B Familie in Not durch Mißernte, Krankheit – Kreditaufnahme
C Überhöhte Zinslast schwächt Finanzkraft – Kreditaufnahme auch für Saatgut, Dünger, Umpflanzarbeit, Dorffeste – Permanenz der Verschuldung durch steigende Zinslast
D Vorfinanzierung der Ernte unter Marktpreis – zunehmende Schwächung der Finanzkraft – Anwachsen der Schulden und der Zinslast
E Familie erneut in Not durch Mißernte, Krankheit, Tod des Zugochsen – Verpfändung des Ackerlandes an Großbauern – Kleinbauer behält als Dauerpächter noch Rechte am Land
F Dauerpächter auf eigenem Land – 40% Pachtabgabe – beschleunigte Verschuldung durch Zinslast und Pachtabgaben
G Geldbedarf durch Begräbnis, Heirat Tochter o. ä. – Dauerpächter überträgt seine Rechte am Boden endgültig an Großbauern – wird zu Kurzzeitpächter auf seinem ehemaligen Land
H Weiter beschleunigte Verschuldung durch Zinslast plus erhöhte Pachtabgaben (60%) – allmählicher Verlust aller Produktionsmittel
J Ohne Produktionsmittel Absinken zu landlosem Landarbeiter – Erhalt von gesetzlichem Mindestlohn
K Weitere Verschuldung des Landarbeiters – abhängiges Arbeitsverhältnis – Arbeitsentgelt unter gesetzlichem Mindestlohn – Schuldknechtschaft entsteht

Hans-Georg Bohle: Bewässerung und Gesellschaft im Cenvery-Delta (Südindien). Geographische Zeitschrift, Beihefte, Erdkundliches Wissen, Heft 57. Wiesbaden: Steiner 1981 S. 97

5. *Wie beeinflussen Bodenrechts- und Grundbesitzverhältnisse den landwirtschaftlichen Produktionsprozeß?*
6. *„Hunger in Indien – ein gesellschaftliches, kein produktionstechnisches Problem." Versuchen Sie eine Erklärung.*

1.1.3 Reformversuche und Entwicklungsprojekte

Gemäß ihrer Schlüsselstellung kommt der Entwicklung der Agrarwirtschaft die Hauptaufgabe beim wirtschaftlichen Aufbau Indiens zu. Vordringliches Ziel ist es, die Ernährungslage zu sichern, die Arbeitslosigkeit zu überwinden und eine auf mehr Gleichheit beruhende Gesellschaftsordnung zu schaffen. Dazu dient eine Reihe von Programmen, die zum Teil während der britischen Kolonialzeit eingeleitet wurden.

Bewässerungsprojekte. Durch staatliche Kanalbewässerungsprojekte, den Bau von Brunnen und Stauteichen zur Speicherung von Regenwasser (Tanks) konnte die bewässerte Agrarfläche von 1950 bis 1979 um 29 Mio. ha oder fast 140% vergrößert werden; das ist mehr als die Gesamtfläche der Bundesrepublik. In vielen Gebieten wurde das Land so unabhängiger von den Zufälligkeiten und der zeitlichen Begrenztheit der Monsunniederschläge. Unter besonders günstigen Bedingungen ist Mehrfachanbau bis zu drei Ernten im Jahr möglich.
Einschränkend ist jedoch zu sagen, daß das bewässerte Land auch heute noch nur 27% der gesamten LF ausmacht, daß infolge der geringen Regenverläßlichkeit die Landwirtschaft somit nach wie vor ein „gamble with the monsoon", ein Glücksspiel ist, wie z. B. die katastrophale Dürre 1976/78 in Südindien beweist. Trotz beachtlicher Steigerungen gehören die Hektarerträge Indiens zu den niedrigsten der Welt.

Tab. 3: Entwicklung der Bewässerungsflächen in Mio. ha

Künstlich bewässerte Fläche Wirtschaftsjahr 1. Juli bis 30. Juni	Art der Wasserentnahme					
	insgesamt	Kanäle staatlich	Kanäle privat	Zisternen	Brunnen	andere
1950/51	20,8	7,2	1,1	3,6	6,0	3,0
1955/56	22,7	8,0	1,4	4,4	6,7	2,2
1960/61	24,6	9,2	1,2	4,6	7,3	2,4
1965/66	26,3	9,9	1,1	4,3	8,7	2,5
1972/73	31,9	12,2	0,9	3,6	13,0	2,2
1977/78	49,8	k. A.	k. A.	k. A.	k. A.	k. A.
	Nach ausgewählten Feldfrüchten					
Erntefläche auf Bewässerungsland (in Mio. ha)	insgesamt	Reis	Weizen	Gerste	Zuckerrohr	Baumwolle
1950/51	22,6	9,8	3,4	1,4	1,2	0,5
1955/56	25,6	11,0	4,2	1,5	1,3	0,8
1960/61	28,0	12,5	4,2	1,3	1,7	1,0
1965/66	30,9	12,9	5,4	1,3	2,0	1,3
1972/73	39,1	14,4	10,8	1,2	1,9	1,7
1977/78	52,2	16,2	13,8	1,1	2,6	2,0

Länderkurzbericht Indien 1982. Statistik des Auslandes. Stat. Bundesamt (Hrsg.). Stuttgart, Mainz: Kohlhammer 1982, S. 21

Agrarreform. Schon bald nach Erlangung der Unabhängigkeit (1948) versuchte die indische Regierung Bodenreformen durchzuführen. Großbetriebe sollten aufgelöst und das Land an Kleinbauern und Landlose verteilt werden. Den Kleinpächtern erhoffte man durch gerechtere Konditionen und den Landarbeitern durch gesetzlich garantierte Mindestlöhne mehr Sicherheit zu verschaffen. Die meisten Maßnahmen sind jedoch gescheitert. Das Zamidarsystem wurde zwar aufgehoben, indem der Staat die Eigentumsrechte übernahm und die Zamidaris entschädigte, aber die Besitzverhältnisse konnten nicht entscheidend geändert werden. Die Großgrundbesitzer verstanden es, die verabschiedeten Gesetze wirksam zu umgehen. Große Besitzungen wurden z. B. durch Scheinübertragungen auf die Mitglieder der Großfamilie überschrieben, Pächter durch Kündigung vom Land vertrieben oder als Tagelöhner verdingt. Da in Indien Pachtverträge meist nur mündlich geschlossen werden, können die Landbesitzer weiterhin kleine Parzellen im jährlichen Wechsel an Kleinstbauern und Landlose geben und bis zur Hälfte der Ernten als Pacht fordern.

Das Community Development Programme. 1952 lief ein groß angelegtes Programm zur „Erneuerung des indischen Dorfes“ an, das „Community Development Programme“ (CDP). Durchschnittlich hundert Dörfer mit insgesamt 60000 Einwohnern wurden zu einem „Community Development Block“ zusammengefaßt, der von einem Entwicklungsstab betreut wurde. Mit diesem Konzept sollte das traditionelle System der dörflichen Selbstverwaltung, das „panchayat raj“ (Herrschaft durch Dorfräte), wiederbelebt werden. Man erwartete, daß diese lokalen Selbstverwaltungsorgane mit den staatlichen Entwicklungsbehörden (für die Durchführung des CDP hatte man ein eigenes Bundesministerium geschaffen) zusammenarbeiten würden, um so die ländliche Entwicklung auf unterster Ebene vorantreiben zu können. Dazu gehörten neben sozialen Aufgaben die Einführung verbesserter Anbaumethoden und Bewässerungstechniken oder der Bau von Gemeinschaftseinrichtungen, Lagerhäusern und Trinkwasseranlagen. Erfolge erhoffte man sich besonders von dem Zusammenschluß landwirtschaftlicher Kleinbetriebe zu Kooperativen, als

Voraussetzung für die Anwendung moderner Produktionsmethoden und mit dem weiteren Ziel einer Nivellierung der sozialen Unterschiede auf dem Land. Untersuchungen in mehreren Bundesstaaten haben jedoch gezeigt, daß in der Regel nur wenige Familien den Kooperativen beitraten, und hier vor allem nur die kleinen Landbesitzer, so daß kaum bessere produktionstechnische Grundlagen geschaffen wurden. Da die meisten Mitglieder zudem der gleichen Kaste entstammten, muß das zweite Ziel, die Nivellierung der gesellschaftlichen Unterschiede als gescheitert angesehen werden.

„Der Hauptgrund des immer offensichtlicher zutage tretenden Fehlschlagens ist darin zu sehen, daß die dominanten, wirtschaftlich und sozial herausgehobenen Gruppen der Dorfgemeinschaft es verstanden, ihren Einfluß geltend zu machen, um selbst in erster Linie aus dem Programm Nutzen zu ziehen. Die neuen Panchayats mit ihren gewählten Vertretern auch niederer Kasten waren in der Praxis häufig nur die ausführenden Organe der hinter der Szene agierenden dörflichen Einflußgruppen. So erklärt es sich, daß das Community Development Programme, das für die Wohlfahrt aller und insbesondere der schwächeren Glieder der ländlichen Gesellschaft gedacht war, in Wirklichkeit oft nur die wohlhabenden Bauern begünstigte."

Hans-Georg Bohle: Bewässerung und Gesellschaft im Cauvery-Delta (Südindien). Geographische Zeitschrift, Beihefte, Erdkundliches Wissen, Heft 57. Wiesbaden: Franz Steiner Verlag 1981, S. 133/134

Die Grüne Revolution. Große Hoffnungen verknüpfte man mit der Einführung der „Grünen Revolution" in Indien Mitte der sechziger Jahre. Unter Grüner Revolution versteht man eine besonders für den tropischen Raum entwickelte Agrartechnologie, die durch Verbindung von hochertragreichem Saatgut, Kunstdünger, Pflanzenschutz, Bewässerung und modernen Bodenbearbeitungsmethoden zu einer erheblichen Steigerung der Hektarerträge führen kann. Die Erfolge der Grünen Revolution in Indien sind eindrucksvoll. Die Getreideproduktion erhöhte sich von 1965 bis 1982 um ca. 70%. Überdurchschnittlich sind die Steigerungsraten mit 80% beim Reis und mit mehr als 200% beim Weizen. Die Fläche des Mehrfachanbaus unter Bewässerung konnte von 20 Mio. ha (1966) auf über 30 Mio. ha (1980) erweitert werden. Der Wettlauf mit dem Bevölkerungswachstum schien damit endgültig gewonnen.

Die Erfolgszahlen sind jedoch kritisch zu beurteilen.
Vom Aufschwung sind nur die beiden Getreidesorten Reis und Weizen betroffen, während andere wichtige Nahrungsgetreide wie z. B. Hirse und Hülsenfrüchte kaum eine Produktionserhöhung erbrachten, so daß die qualitative Ernährung (Hülsenfrüchte als Haupteiweißlieferant) nach wie vor unzureichend ist.
Die Reformprogramme beschränken sich auf einige von Natur aus ohnehin begünstigte Regionen, in denen traditionell Weizen und Reis angebaut werden und bereits vorher gut ausgebaute Bewässerungssysteme bestanden, d.h. vor allem die Flußebenen Nordindiens und die Küstenebenen Südostindiens. Große Teile des Landes haben kaum Anteil an den Programmen, besonders das von Dürren und Hungersnöten betroffene Binnenland.
Den entscheidenden Beitrag zur Produktionssteigerung leistete der verstärkte Einsatz von Kapital, besonders in Form von Kunstdünger und motorgetriebenen Pumpen. Die neuen Reissorten verlangen z. B. ca. 100 kg Stickstoffdünger pro Hektar; 1965/66 betrug der durchschnittliche Einsatz von Handelsdünger weniger als 6 kg/ha. Entsprechend stiegen die Importe an Handelsdünger zwischen 1960 und 1977 um das Zehnfache. Ähnliches gilt für Dieselöl zum Betrieb der Motorpumpen.
„Gab man für die Einfuhr von Erdöl und Düngemitteln im Jahre 1966/67 noch 50 bzw. 117 Millionen Dollar an knappen Devisen aus, so erhöhten sich diese Beträge bis 1975/76 auf 1256 bzw. 519 Millionen Dollar. Zusammen machen allein diese beiden Importgruppen damit fast 30% der Gesamteinfuhren Indiens aus, und sie verschlingen nahezu 40% der Exporterlöse des Landes."

Hans-Georg Bohle: Die grüne Revolution in Indien – Sieg im Kampf gegen den Hunger? Fragenkreise 23554, Paderborn: Schöningh 1981, S. 22

Abb. 5: Resultate der Grünen Revolution in Indien

Die Säulen auf der linken Seite der Diagramme zeigen den Weizenanbau, auf der rechten Seite den Reisanbau. Die schraffierten Flächen kennzeichnen die Entwicklung von 1949/52 bis zum Beginn der Grünen Revolution 1967/68. Die schwarzen Flächen verdeutlichen dann die Zuwachswerte unter der Grünen Revolution bis 1975/76.

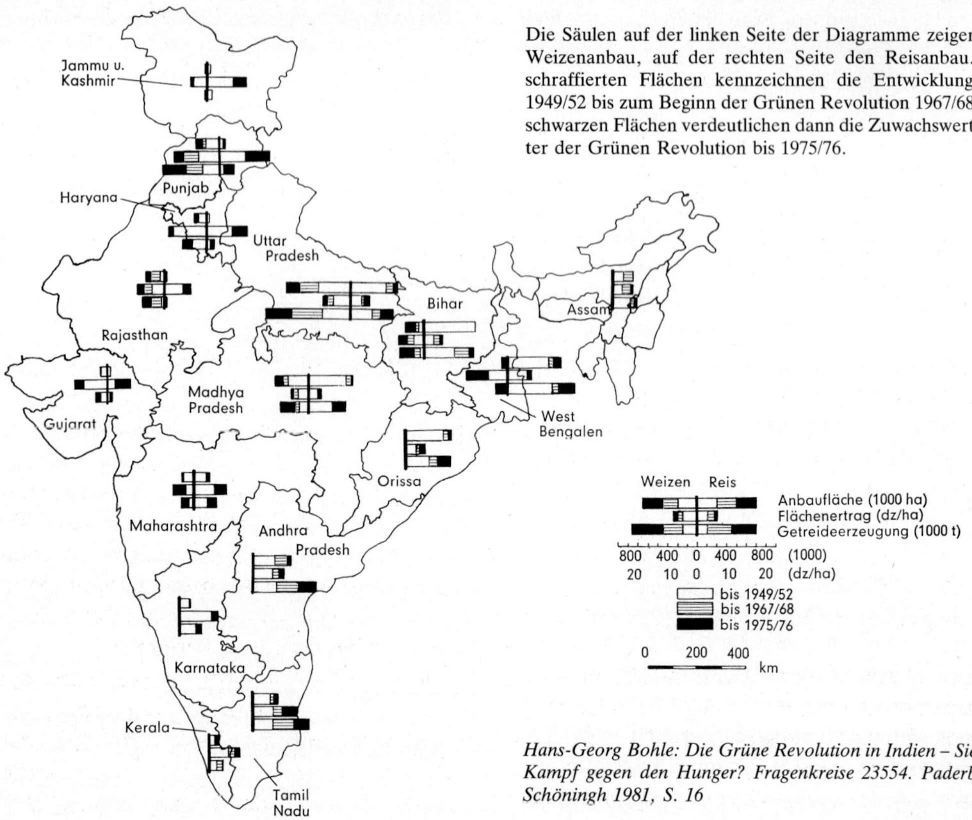

Hans-Georg Bohle: Die Grüne Revolution in Indien – Sieg im Kampf gegen den Hunger? Fragenkreise 23554. Paderborn: Schöningh 1981, S. 16

Quellen: Dantwala, 1961 (für 1949/52); Länderbericht Indien 1971 (für 1967/68); Statistical Abstract of India 1977 (für 1975/76)

Durch die Ausweitung der kapitalintensiven Produktionsformen sind in erster Linie die reichen Großbauern begünstigt, da sie sowohl über ausreichend Bewässerungsland als auch die finanziellen Mittel zur Nutzung der neuen Agrartechnik verfügen. Kleinbetriebe und Subsistenzbauern haben in der Regel kaum Anteil am Fortschritt. Am stärksten benachteiligt sind wiederum die landlosen Arbeiter, denen vielfach durch die zunehmende Mechanisierung die Verdienstmöglichkeiten genommen werden. Die Beschäftigungssituation auf dem Land wird dadurch weiter verschärft, und die Einkommensdisparitäten vergrößern sich.

1.1.4 Auswirkungen der Grünen Revolution – das Beispiel Karuppur

Die durch die Grüne Revolution erzielten Erfolge, aber auch Probleme lassen sich anschaulich am Beispiel des Dorfes Karuppur aufzeigen. Karuppur liegt an der südindischen Ostküste im Deltagebiet des Cauvery. Aufgrund fruchtbarer Schwemmlandböden und eines reichlichen Wasserangebots zählt die Region zu den ertragreichsten Reiskammern Südindiens. Bereits Anfang der 60er Jahre wurde das Cauvery-Delta als Versuchsfeld und Demonstrationsmodell für die Grüne Revolution ausgewählt. Umfassende Maßnahmen im organisatorischen und agrartechnischen Bereich führten zu beträchtlichen Produktionssteigerungen.

Tab. 4: Karuppur: Anbauverhältnisse 1890/91–1974/75

Jahr	Anbaufläche (brutto) (ha)	Naßreisanbau (ha)	(%)	(davon 2. Frucht, ha)	Anbauinten. Naßreis (%)
1890/91	222	204	92	0	100
1920/21	277	253	91	47	123
1962/63	335	328	98	124	161
1973/74	515	348	68	140	167
1974/75	426	349	82	142	168

Hans-Georg Bohle: Bewässerung und Gesellschaft im Cauvery-Delta (Südindien). Geographische Zeitschrift, Beihefte, Erdkundliches Wissen, Heft 57. Wiesbaden: Franz Steiner Verlag 1981, S. 200

Die durchschnittlichen Flächenerträge stiegen beim Reis sprunghaft von ca. 1500 kg/ha auf über 2000 kg/ha 1971/73 an, und die Gesamtproduktion hat sich in nur wenigen Jahren weit mehr als verdoppelt.
Wie kommen die Gewinne der Bevölkerung des Dorfes zugute? Haben sich die Lebensverhältnisse für alle Teile der Bevölkerung in Karuppur seit Beginn der Grünen Revolution verbessert?

„Diese offensichtlich beträchtlichen Gewinne aus der Grünen Revolution verteilen sich jedoch äußerst ungleich auf die rund 350 Familien des Dorfes. Nur etwa ein Drittel von ihnen gehört zu den Landeigentümern. Allein ein einziger Großgrundbesitzer, ein reicher, 300 km entfernt in Madras lebender Brahmane, verfügt mit 100 ha an Ackerland nahezu über die Hälfte der dörflichen Anbaufläche. 14 der 24 Rohrbrunnen von Karuppur liegen auf seinem Land, das unter der Aufsicht von zwei Verwaltern mit Lohnarbeitern und unter Verwendung moderner Maschinen, u. a. einem Traktor, bestellt wird. Die Verwalter, beide erfahrene Agrarspezialisten, sorgen für eine optimale Bewirtschaftung der Felder und erzielen mit hohen Düngergaben und gezielter Bewässerung die höchsten Erträge im Dorf. Mehr als die Hälfte der gesamten Getreideproduktion von Karuppur entfällt damit auf diesen einen großen Landbesitzer.
Der Rest verteilt sich auf die übrigen etwa 100 landbesitzenden Familien von Karuppur. Einige wenige unter ihnen sind größere Bauern, die bis zu 10 ha an Reisland besitzen und durch Rohrbrunnenbewässerung und moderne Betriebsmittel ihr Einkommen ebenfalls wesentlich erhöhen konnten. Der überwiegende Teil der Landeigentümer besteht aber aus Kleinstbauern, die über weniger als einen Hektar Ackerland verfügen. Sie sind gezwungen, ihren Lebensunterhalt durch zusätzliche Kulidienste zu verdienen, und sie haben durch die Grüne Revolution kaum Gewinne erzielen können.
Die gleiche Feststellung gilt auch für die größte soziale Gruppe von Karuppur, die landlosen Landarbeiter, die etwa 40% der Dorfbevölkerung ausmachen. Fast alle der etwa 400 Unberührbaren des Dorfes („harijans“) gehören dazu. . . .
Zusammenfassend ist festzustellen, daß sich in Karuppur seit Beginn der Grünen Revolution die bereits bestehende krasse Ungleichheit in Wohlstand und Einkommen der Dorfbevölkerung noch einmal deutlich verschärft hat. Die große Mehrheit der schwächeren dörflichen Schichten erfuhr dabei bestenfalls eine geringfügige Verbesserung ihrer Situation. Karuppur steht damit beispielhaft für den westlichen und mittleren Teil des Deltas, in dem die Grüne Revolution zu beträchtlichen Produktionssteigerungen geführt hat.“

Hans-Georg Bohle: Die Grüne Revolution in Indien – Sieg im Kampf gegen den Hunger? Fragenkreise 23554. Paderborn: Schöningh 1981, S. 30/31

Zur Erklärung der ungleichen Verteilung müssen die sozioökonomischen Verhältnisse in Karuppur und das System der Verteilung der Erträge herangezogen werden.

Abb. 6: Siedlungs-, Sozial- und Landbesitzstruktur in Srirangarajapuram (Srirangarajapuram ist der westliche Teil des Dorfes Karuppur)

Nach Hans-Georg Bohle: Bewässerung und Gesellschaft im Cauvery-Delta (Südindien). Geographische Zeitschrift, Beihefte, Erdkundliches Wissen, Heft 57. Wiesbaden: Franz Steiner Verlag 1981, Beilage 5

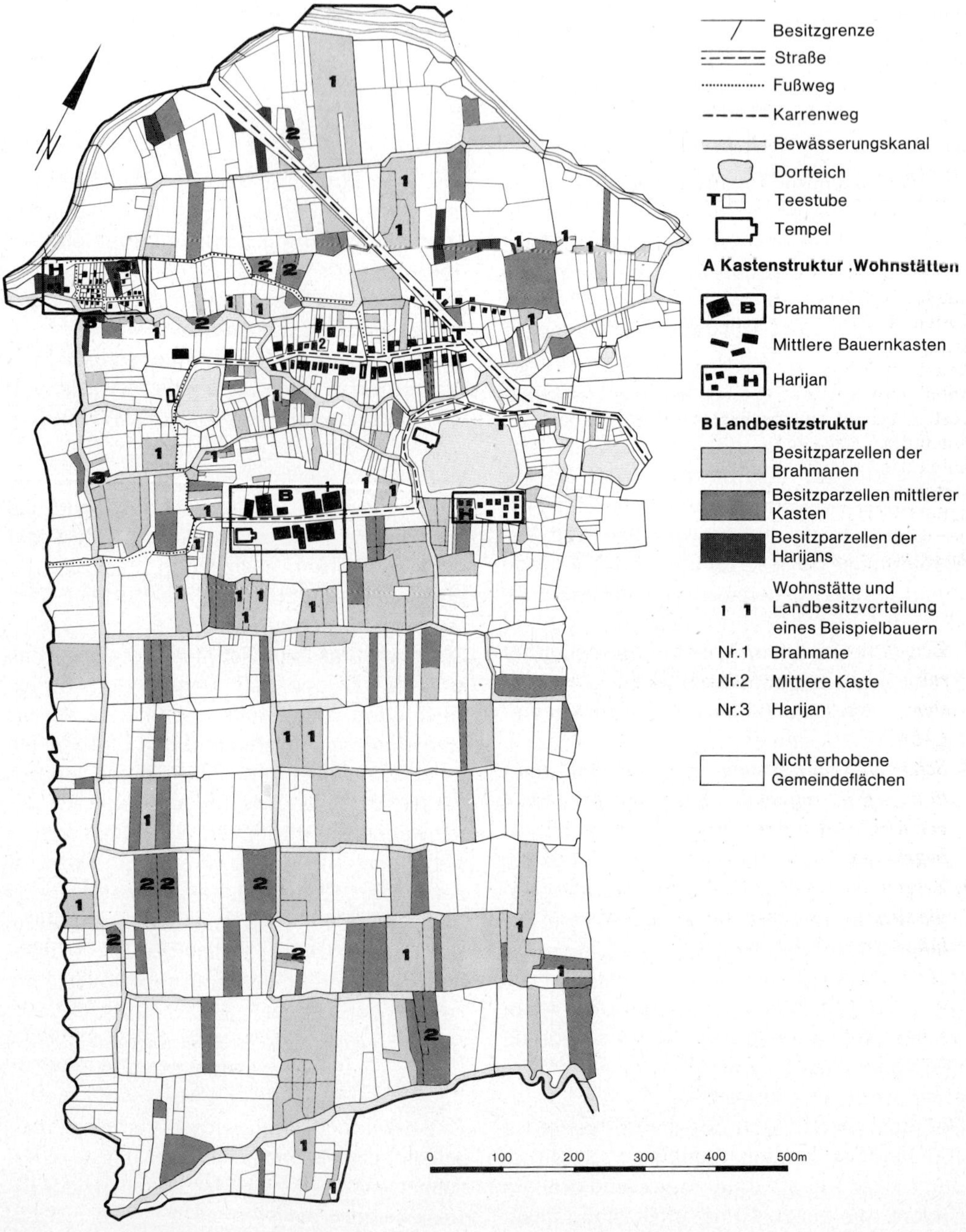

Tab. 5: Kastenmäßige Landverteilung in Srirangarajapuram

Kastengruppe	Zahl der Familien	Landbesitz (ha)	Anteil an den Familien im Dorf (%)	Anteil des Landes an der Dorfflur (%)	Durchschnittliche Besitzfläche pro Familie (ha)
Brahmanen	7	18,4	7	23	2,6
Bauernkasten	62	62,0	61	76	1,0
Unberührbare	32	0,8	32	1	0,03

Hans-Georg Bohle: a. a. O., S. 232

Tab. 6: Verteilung der Reisproduktion zwischen Pächter und Verpächter in einem südindischen Dorf des Cauvery-Deltas 1971/72

	Hochertragreiche neue Reissorten	Traditionelle Reissorten	Steigerung %
Anteil des Verpächters am Ertrag und an den Kosten für Düngemittel und Pestizide	2/3	1/2	
Ertrag (kg)	5 727	2 720	+ 110,6
Anteil des Verpächters	3 818	1 360	+ 180,7
Anteil des Pächters	1 909	1 360	+ 40,4
Kosten, Dünger und Pestizide	993	384	+ 158,6
Anteil des Verpächters	662	192	+ 244,8
Anteil des Pächters	331	192	+ 72,4
Nettoanteil des Verpächters	3 156	1 168	+ 170,2
Nettoanteil des Pächters	1 578	1 168	+ 35,1

Hans-Georg Bohle: a. a. O., S. 153

7. *Zeigen Sie am Beispiel von Srirangarajapuram den Zusammenhang zwischen Kastensystem, Siedlungsstruktur und Landbesitz (Abb. 6 und Tab. 5).*

8. *Schätzen Sie die Resultate der Grünen Revolution in ihrer regionalen Verbreitung ab, und versuchen Sie die regionalen Unterschiede zu begründen (Abb. 5).*

9. *Zeigen Sie mögliche Probleme und Gefahren, die sich mit der Einführung der Grünen Revolution ergeben können.*

1.1.5 Das Entwicklungszentrum Gandhigram

Im folgenden sollen am Beispiel des südindischen Selbsthilfezentrums Gandhigram Ziele, Wege und Erfolge eines ländlichen Entwicklungsprojektes exemplarisch aufgezeigt werden.

Raum und Landwirtschaft. Gandhigram (gram = Dorf) liegt im Distrikt Madurai im Bundesstaat Tamil Nadu, etwa 60 km nordöstlich von Madurai. Die Lage im Lee der Westghats bestimmt im wesentlichen das Klima und das landwirtschaftliche Potential. Der winterliche Nordostmonsun (bzw. Passat) ist der Hauptregenbringer. Die mittlere Niederschlagsmenge beträgt weniger als 800 mm, ist für einen ertragreichen Regenfeldbau also unzureichend, wenn man den jahreszeitlichen Gang und die hohe

Tab. 7: Durchschnittliche Niederschlagsverteilung

	Madurai District		Tamil Nadu	
	abs. (mm)	%	abs. (mm)	%
Juni–September (Südwestmonsun)	156,9	19,5	261,2	27,5
Oktober–Dezember (Nordostmonsun)	513,3	63,7	582,2	61,3
Januar–Februar (kühle Jahreszeit)	53,5	6,6	43,6	4,6
März–Mai (heiße Jahreszeit)	82,1	10,2	62,8	6,6

Da für den engeren Raum von Gandhigram keine Daten vorliegen, werden hier und in den folgenden Tabellen stellvertretend die Werte für den Gesamtdistrikt Madurai herangezogen.
Tab. 7–10 nach *Unterlagen des Agricultural College & Research Institute Madurai*

Verdunstung (Äquatornähe) in Rechnung zieht. Die Schwankungen vom jährlichen Mittel können zudem beträchtlich sein (über 200%). Das Gebiet ist zur Trockensavanne zu rechnen. Vorherrschend sind geringmächtige rote Sandböden, in edaphisch feuchteren Lagen auch Rotlehme (Wechselklima!).

Die Landwirtschaft ist fast einziger Erwerbszweig in dieser Region. Die Hauptanbauprodukte sind: Reis, Baumwolle, Erdnüsse, Hirse und Zuckerrohr. Reis und Zuckerrohr werden fast ausschließlich auf Bewässerungsland angebaut, Baumwolle zu etwa 50%, Hirse und Erdnüsse zu etwa 70–90% im Trockenfeldbau.

Tab. 8: Landnutzung 1975/76 und Art der Bewässerung 1978/79

	Madurai District		Tamil Nadu	
	abs. (1000 ha)	%	abs. (1000 ha)	%
Erntefläche	637,9	50,4	7 235	56,6
davon mit Mehrfachanbau	62,5	4,9	1 246	9,6
Bruttobewässerungsfläche*	251,6	39,4	3 376	46,6
Nettobewässerungsfläche	193,9	30,4	2 565	35,4
Brachflächen	162,3	12,8	1 416	10,0
kultivierbares Ödland	25,9	2,0	385	3,0
Wald	240,5	19,1	1 972	15,2
Gesamtfläche	1 266,0		12 999	
Bewässerung durch Brunnen	125,7	52,1	1 069,0	37,2
Kanäle	54,5	22,6	919,1	32,0
Tanks (Stauteiche)	59,2	24,5	841,9	29,3
übrige	1,8	0,8	43,3	1,5
Nettobewässerungsfläche	241,2		2 873,3	

* Fläche errechnet durch Mehrfachzählung des bewässerten Landes bei mehrfachem Anbau unter Bewässerung im selben Jahr.

Tab. 9: Landwirtschaftliche Betriebsgrößenstruktur 1970/71

	Madurai District		Tamil Nadu	
	Zahl (100)	Fläche (100 ha)	Zahl (100)	Fläche (100 ha)
unter 1 ha	2 700	1 233	31 253	13 216
1–1,9 ha	1 018	1 442	11 093	15 776
2–3,9 ha	594	1 640	6 956	19 143
4–10 ha	292	1 717	3 249	18 927
über 10 ha	59	971	592	10 030
Gesamt	4 663	7 003	53 143	77 092
Durchschnittsgröße	1970/71	1,50 ha		1,45 ha
	1976/77	1,34 ha		1,26 ha

Zur Geschichte Gandhigrams. Gandhigram wurde 1947 von Anhängern Mahatma Gandhis als Ausbildungszentrum für verwitwete und verstoßene Frauen gegründet. Angeschlossen wurden bald nach Beginn ein Waisenhaus, eine Grundschule und ein Krankenhaus. Ziel des Projektes war und ist es, nach der Lehre Gandhis, eine Gesellschaft ohne Klassen und Kasten zu schaffen. Ausgehend von dem obersten Gebot der Selbstverwirklichung des einzelnen, forderte Gandhi eine Wirtschaftsstruktur, die sich an den primären Bedürfnissen des einzelnen zu orientieren habe; Entwicklung nicht durch Industrialisierung, sondern durch Ausbau der Dorfdemokratie und der Dorfwirtschaft.

Heute ist Gandhigram eine Anlage (campus) mit 3000 Einwohnern und den unterschiedlichsten Einrichtungen: vom Waisenhaus über die Schule bis zur Universität, vom Seminar für Lehrer und Sozialfürsorger bis zum Forschungsinstitut für Familienplanung, vom Krankenhaus bis zur Dorfindustrie.

Von Gandhigram gehen Entwicklungsimpulse auf die ländliche Umgebung mit einem Einzugsbereich von mehr als 100000 Menschen in 35 Dörfern aus. Die gegenwärtigen Aktivitäten erstrecken sich auf folgende fünf Bereiche:

- Sozialfürsorge,
- Erziehung und Ausbildung,
- Gesundheitswesen und Familienplanung,
- Entwicklung der Landwirtschaft und Dorfindustrie,
- Entwicklungshilfe in den umliegenden Dörfern.

Finanziert wird Gandhigram zu 50% aus staatlichen Zuschüssen, in- und ausländischen Spenden und zu 50% aus Eigenleistungen, vor allem den Einkünften der Dorfindustrie. Das Jahresbudget betrug 1980 600000 Rupien (ca. 150000 DM).

Die Einrichtungen Gandhigrams im Überblick (1982):

– Sozialfürsorge	
2 Heime für Waisen und notleidende Kinder	308 Kinder
Taubstummenschule	85 Kinder
Heim und Ausbildungsstätte für Verstoßene	185 Frauen und Mädchen
– Bildung	
Kinderkrippe	25 Kleinkinder
Vorschule	47 Kinder
Grundschule	364 Schüler
Sekundarschule (mit Internat für 230 Schüler)	961 Schüler
Lehrerausbildungsseminar	100 Studenten
– Gesundheitswesen	
Krankenhaus	160 Betten
6 Gesundheitszentren auf den Dörfern für	ca. 30000 Menschen
Familienwohlfahrtszentrum	
– Dorfindustrie	
54 Betriebe (in Gandhigram und Subzentren)	2888 Beschäftigte
– ständige Mitarbeiter (Verwaltung, Lehrer, Ärzte, Fürsorger, Arbeiter etc.)	541
Landfläche	133 ha

Das Krankenhaus und die sechs „Mini-Health-Centres" auf den umliegenden Dörfern haben sich besonders der Aufgabe der Kinderfürsorge und Familienplanung gewidmet. Nächst einem Hospital in Bombay kann das Krankenhaus in Gandhigram die höchsten freiwilligen Sterilisierungsziffern in ganz Indien aufweisen, so daß die Geburtenrate in seinem Einzugsbereich zwischen 1960 und 1980 um nahezu 50% gesenkt werden konnte. Dieser Erfolg wird unter anderem ermöglicht durch umfangreiche Aufklärungskampagnen der Bevölkerung und durch die Integrierung der Familienplanung in ein Paket verschiedener Dienstleistungen wie Familienwohlfahrt, Kinderfürsorge und durch gezielte Aufklärung besonders der weiblichen Bevölkerung.

Abb. 7: Geburtenziffer

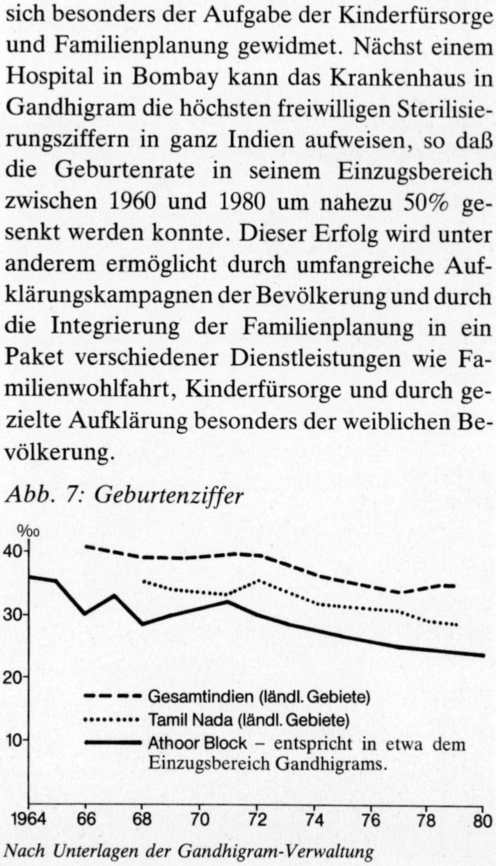

Nach Unterlagen der Gandhigram-Verwaltung

Abb. 8: Schematische Lageskizze von Gandhigram

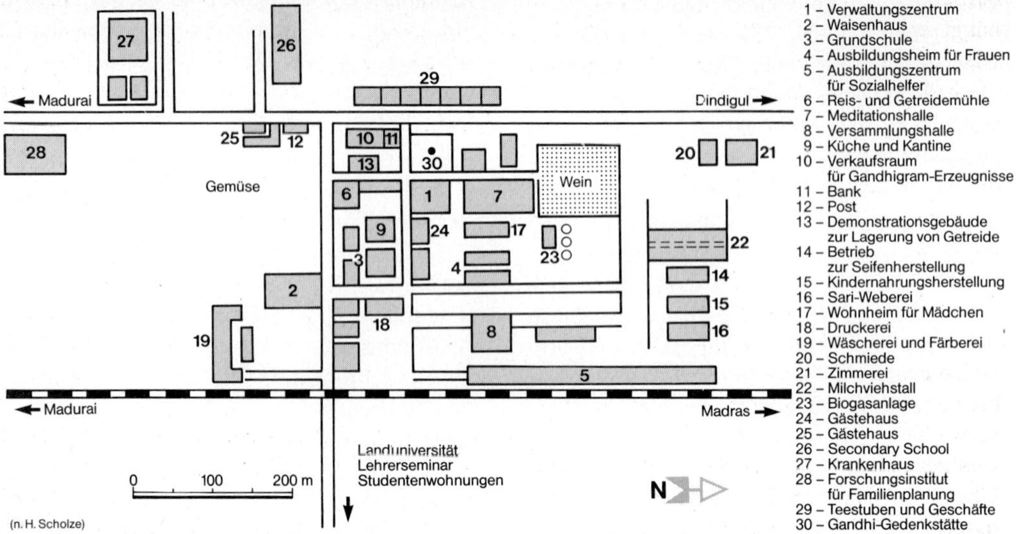

Ein „Forschungsinstitut für Familienplanung und Gesundheitswesen" wurde 1964 in Gandhigram gegründet. Neben der Forschungsarbeit liegt der Schwerpunkt dieses Instituts bei der Ausbildung von ländlichen Entwicklungshelfern.

Eine besondere Stelle nimmt die Village University in Gandhigram ein (1982: 700 Studenten). Sie ist die einzige dieser Art in Indien und unterscheidet sich von anderen „Landuniversitäten", indem sie akademische Studien mit der praktischen Arbeit in den Dörfern verbindet. Etwa die Hälfte ihrer Studienzeit verbringen die Studenten auf dem Lande, wo sie ein konkretes Projekt durchzuführen haben, z. B. in der Gesundheitsfürsorge, der Erwachsenenschulung, beim Aufbau der Dorfindustrie oder bei der Einführung neuer Agrartechniken. Entsprechend sind auch die sieben Fakultäten der Universität weitgehend auf die Entwicklung des ländlichen Raumes im allgemeinen und die der Landwirtschaft im besonderen ausgerichtet, z. B. ländliche Sozialwissenschaften, Fakultät für Ackerbau und Viehzucht, ländliche Entwicklungsarbeit.

Abb. 9: Biogasanlage

Sieben verschiedene Versuchstypen liefern aus Fäkalien von Mensch und Tier Gas zum Kochen und zur Beleuchtung. Der in der Anlage anfallende Schlamm wird anschließend als Dünger verwendet, geht also nicht – wie sonst üblich – als Brennmaterial verloren. Die Anlagen sind recht einfach gebaut und können von den Dörfern ohne großen Kapitalaufwand selbst installiert werden.

Biogas = Faulgas, das sich bei der Gärung von organischen Abfällen bildet.

Dorfindustrie. Das Auskommen der Mehrzahl der landarmen und landlosen Dorfbevölkerung hängt entscheidend vom Aufbau alternativer Beschäftigungsmöglichkeiten auf dem Lande ab. Deshalb versucht Gandhigram verstärkt, Arbeitsplätze auch außerhalb der Landwirtschaft zu schaffen: durch Förderung der Dorfindustrie, die mit einfachen Techniken und möglichst geringem Kapitaleinsatz vielen Menschen Arbeit bietet, z. B. bei der Verarbeitung von Getreide und Hülsenfrüchten, beim Pressen von Ölsamen, bei der Herstellung von Seife und Zucker, oder bei der Jute- und Lederverarbeitung. Als Prinzipien gelten: Die Gewinne sollen im Dorf verbleiben, die Dorfindustrie soll lokale Rohstoffe verwenden, die Produktion ist auf den Konsumbedarf der Landgemeinden auszurichten.
Über Produktionszweige und Zahl der Beschäftigten gibt die folgende Tabelle Auskunft. Zu der Zahl der Beschäftigten kommen noch mindestens weitere 500, die mit dem Sammeln von Heilpflanzen oder Ölfrüchten für die Dorfindustrie eine saisonale Arbeit finden.

Tab. 10: Dorfindustrie des Gandhigram Trust. Zahl der Beschäftigten 1981

Spinnereien	1754
Webereien	402
andere Textilbranchen	69
Herstellung von Seifen, Medizin und Babynahrung	43
Nahrungsmittelproduktion	33
Streichholzherstellung	75
Herstellung von Schuhen und Artikeln aus Fasern und Palmblättern	21
Tischler, Schmiede	11
Drucker	9
Steine und Baumaterialien	6
andere Branchen (z. B. Gerber, Kalkbrenner)	392

Nach Jahresbericht 1981 des Gandhigram Trust

Außenarbeit. Besondere Bedeutung kommt den „External Activities" zu, d. h. der Entwicklungsarbeit in den umliegenden Dörfern. Jedes der oben genannten Institute führt hier gezielte Programme durch. Der „Gandhigram Trust" unterhält u. a. 22 Waisenhäuser, 6 Kinderhorte, 6 Krankenstationen (die genannten Mini Health Centres). Er organisiert berufsorientierte Schulungskurse in mindestens 20 Dörfern, hilft mit Krediten z. B. beim Hausbau, für den Erwerb von Pumpen oder Zugochsen, für Bodenmeliorationen, den Brunnenbau oder andere landwirtschaftliche Investitionen. Durch Aufträge werden Weber, Gerber oder andere Berufsgruppen unterstützt.
Ein Prinzip bei den „External Activities" – und hier unterscheidet sich die Arbeit Gandhigrams vom Community Development Programme – ist es, daß in den unterstützten Dörfern eigene Kräfte nach Ausbildung im Zentrum tätig werden, damit das Neue aus der Bevölkerung selbst erwächst.

„Der fremde Projektträger darf keinesfalls die Rolle des Wohltäters spielen, der gleichsam Geschenke unter die Menge verteilt. Unser Ziel ist es, persönliches Engagement und den Stolz der Dorfbewohner auf die Neuerungen in der Gemeinde zu wecken. Durch die Zusammenarbeit muß das Gemeinschaftsgefühl gestärkt werden. So erwecken wir auch ein politisches Bewußtsein."

V. Krishnamurti, Geschäftsführer des Gandhigram Trust

Folgendes Aktionsschema hat sich bei den External Activities als besonders erfolgreich erwiesen:

1. Untersuchung der besonderen Notstände und Bedürfnisse eines Dorfes durch den Gandhigram Trust,
2. einflußreiche und interessierte Persönlichkeiten des Dorfes werden für das Aktionsprogramm gewonnen,
3. Führer werden im Zentrum für die Arbeit in ihrem Dorf ausgebildet,
4. Gründung von Komitees aus allen Schichten und Klassen,
5. Beratung in größeren und kleineren Versammlungen,
6. Ergänzungen und Korrekturen des Programms nach den Wünschen der Dorfmitglieder,
7. Durchführung des Programms.

Abb. 10: Harijan-Dorf Karutha-Kaundan-Patti (Schwarzkastedorf)

Harijan = Kinder Gottes, Bezeichnung Gandhis für die außerhalb der Kastenordnung Stehenden. Das ursprüngliche Dorf (ärmliche Lehm- und Palmblatthütten) wurde 1977 durch Überflutung zerstört. Neuaufbau (Kosten der Steinhäuser ca. 800,– DM) mit Gandhigram-Krediten und deutscher Hilfe. Jede Familie erhielt als „Startkapital“ einen Wasserbüffel. Als zusätzlichen Verdienst übernehmen landlose Einwohner Aufträge Gandhigrams im Weben und Gerben.

So gibt das Entwicklungszentrum Gandhigram der ländlichen Umgebung wichtige Impulse. Indem es sich besonders der unteren Schichten annimmt und Arbeitsplätze schafft, versucht es die Kastenbindung der Berufe zu beseitigen und die Kastengesellschaft aufzubrechen. Indem es die Dorfbevölkerung zur Selbsthilfe anregt, hofft es die Fehler des Community Development Programme zu vermeiden. Indem es die Dorfgemeinschaften wiederbelebt, möchte es die Entwicklung Indiens im Dorfe einsetzen lassen und vom Dorfe aus forttragen.

10. *„Die erste Grüne Revolution muß von einer zweiten abgelöst werden. Die Agrartechniker sind durch Agrarsoziologen zu ersetzen.“ Erklären Sie das Zitat, indem Sie Bezug auf Gandhigram nehmen.*

11. *Informieren Sie sich über Strategien zur Überwindung der Unterentwicklung, und versuchen Sie das „Modell“ Gandhigram einzuordnen (vgl. Kap. 1.0).*

1.2 Entwicklungsmodell China?

„Ein Dorf am Vorabend der kommunistischen Machtübernahme
Trotz vieler neuer Bauten bot das Dorf Changchuang (ca. 250 km südwestlich von Peking) wohl seit Jahrhunderten den immer gleichen verfallenden Anblick. Jede vernachlässigte Mauer, jedes vernachlässigte Dach, erbaut aus der gleichen Erde, auf der das Haus stand, kehrte unter den strömenden Sommerregen zur Erde zurück . . .
Die Zahl der Dorfbewohner schwankte stark. Eine schlechte Ernte reduzierte ihre Zahl nicht selten auf die Hälfte; ein Teil der Armen starb, und der Rest floh in einem verzweifelten Wettlauf mit dem Tod in eine andere Gegend . . . Angesichts des sehr niedrigen allgemeinen Lebensstandards genügte der Ertrag dieses Bodens in einem guten Erntejahr reichlich zur Ernährung eines Menschen. Die Armen jedoch, die Land pachteten oder sich als Landarbeiter verdingten, mußten mehr als die Hälfte der eingebrachten Ernte abliefern, während die Reichen den Überschuß von vielen Hektar Land erhielten . . . Die Grundlage der gesamten Landwirtschaft bildete der Dünger. Die wichtigste Quelle war die Familienlatrine, und diese wurde im gewissen Sinne der Mittelpunkt des Haushalts . . . Einen legendären Ruf hatten in der Gegend die Grundbesitzer, die so geizig waren, daß sie ihren Tagelöhnern das Verrichten der Notdurft auf den Feldern verboten; diese mußten den ganzen Weg zum Haus jener Familie zurücklegen, um dort ihre kostbare Last loszuwerden . . .
Der tierische Dung . . . war eine solche Kostbarkeit, daß die alten Leute und die Kinder Straßen und Wege ständig nach Mist absuchten, ihn aufsammelten und in Körben nach Hause trugen. Die Notwendigkeit, jeden Abfall aufzuheben und ihn zum Boden zurückkehren zu lassen, erklärte das trotz einstürzender Mauern und Dächer ständig saubere Aussehen der Straßen und Höfe . . .
Die Nahrung in Changchuang war sehr einfach. Da vor allem Mais angebaut wurde, aß

man morgens Maisklöße und mittags Maismehlbrei oder Nudeln aus Mais ... Nach der Weizenernte im Juli aßen alle Dorfbewohner mehrere Tage lang Nudeln, das galt aber als Luxus, und nur die Reichen konnten sie sich bis in den August hinein erlauben. Solche Familien aßen auch als einzige das ganze Jahr über drei Mahlzeiten am Tag. Die meisten Familien mußten sich auf zwei und mit Beginn des Winters sogar auf eine Mahlzeit beschränken. Unterernährt, wie sie waren, bewegten sie sich sowenig wie möglich und bemühten sich, bis zum Frühling bei Kräften zu bleiben.
Für jeden Tag, den man überlebte, war man dankbar, und so grüßte man sich in der Gegend in fetten und in mageren Jahren nicht mit ‚Guten Tag' oder ‚Wie gehts', sondern sehr einfach, aber aus ganzem Herzen mit dem Gruß: ‚Hast du schon gegessen?'"

William Hinton: „Fanshen, Dokumentation über die Revolution in einem chinesischen Dorf", 1. Band. Frankfurt: Ed. Suhrkamp 1972, S. 37–47

Die Wirtschaftskommission des amerikanischen Kongresses beurteilte im Jahre 1975 den Entwicklungsstand der VR China wie folgt: „Auf dem Stand vom Frühjahr 1975 hat sich die Wirtschaft der VR China als ein leistungsfähiger Mechanismus dafür erwiesen, die Grundbedürfnisse der Bevölkerung zu befriedigen". Diese Beurteilung ist um so höher einzustufen, wenn man sich die denkbar schlechte Versorgungs- und Ernährungslage der chinesischen Bevölkerung in den dreißiger Jahren verdeutlicht.
Wie konnte eine solche Verbesserung der Grundbedürfnisse erreicht werden, nachdem auch noch im gleichen Zeitraum die Bevölkerungszahl von ca. 500 Millionen auf 950 Millionen angestiegen ist?

1.2.1 Die Situation im ländlichen China vor 1949

Die eingangs geschilderte dramatische Versorgungslage der chinesischen Bevölkerung in den dreißiger Jahren unseres Jahrhunderts lag zum einen in den immer wieder auftretenden Dürren, Überschwemmungen und Erdbeben begründet, zum anderen spielten die agrarsozialen Verhältnisse eine ebenso wichtige Rolle.

Abb. 1: Anbauregionen und kultivierte Fläche

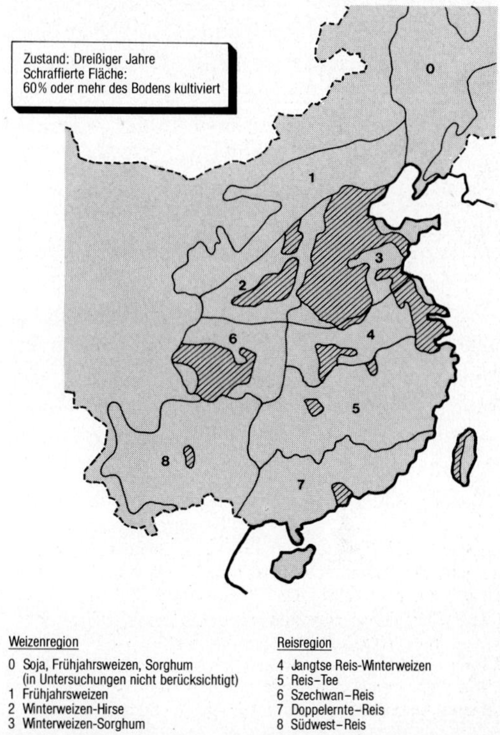

Nach Ulrich Menzel: Theorie und Praxis des chinesischen Entwicklungsmodells. Opladen: Westdeutscher Verlag 1978, S. 32, vereinfacht, S. 59, 67

Tab. 1: Parzellengröße, Parzellenzahl und Anteil des verpachteten Ackerlandes nach Anbauregionen (1929/33)

	durchschnittliche Größe der Parzellen in ha	Anzahl der Parzellen pro Bauer	Anteil des verpachteten Ackerlandes in %
China	0,198	11,6	28,7
Weizenregion	0,332	8,5	12,7
Reisregion	0,101	14,0	40,3
Frühjahrsweizen	0,510	9,3	8,4
Winterweizen – Hirse	0,210	8,7	17,3
Winterweizen – Sorghum	0,332	8,2	11,8
Yangtse-Reis–Winterweizen	0,150	10,4	39,4
Reis – Tee	0,069	14,1	42,1
Szechwan-Reis	0,081	23,7	49,1
Doppelernte-Reis	0,101	13,4	46,8
Südwest-Reis	0,049	18,4	26,8

Ulrich Menzel: a. a. O., S. 59, 67 (vereinfacht)

Im gesamten China dominierte die Erbsitte der Realteilung; eine extreme Besitzzersplitterung war in allen Landesteilen die Folge. Mit einer durchschnittlichen Parzellengröße von 0,081 ha und einer durchschnittlichen Zahl von 23,7 Parzellen lagen die Extremwerte in der Anbauregion „Szechwan – Reis" (Rotes Becken).
Entwicklungshemmend wirkten sich auch die Besitzverhältnisse aus: So betrug in Gesamtchina der Anteil des verpachteten Ackerlandes 28,7%, regionalisiert man auch hier mit Hilfe der Tabelle, so zeigt sich, daß dieser Anteil vor allem in der Reiszone mit 40,3% besonders hoch war. Günstigere Voraussetzungen wies demgegenüber die „Frühjahrsweizen-Zone" (vgl. Abb. 1) auf; dort betrugen diese Durchschnittswerte 0,51 ha bzw. 9,3 Parzellen pro Bauer. Wie kam es nun in den verschiedenen Anbauregionen zu diesen teilweise extremen Pachtverhältnissen?

Tab. 2: Ländliche Bevölkerung und Besitzverteilung vor 1949

Bevölkerungsgruppe	Anzahl der Familien in Mio.	in %	Land in Mio. ha	in %
Grundherren	2,4	4	44	50
Großbauern	3,6	6	16	18
Mittelbauern	12,0	20	13	15
arme Bauern u. Landarbeiter	42,0	70	15	17
zusammen:	60,0	100	88	100

Bernhard Großmann: Die wirtschaftliche Entwicklung der Volksrepublik China. Stuttgart: Gustav Fischer Verlag 1960, S. 24

„Mao Tsetung: Wie man die Klassen im Dorf unterscheidet (Oktober 1933)

I. Grundherren

Als Grundherren bezeichnet man jene, die Grund und Boden besitzen, selbst nicht arbeiten oder nur Nebenarbeiten verrichten und von der Ausbeutung der Bauern leben. Die Eintreibung des Pachtzinses ist die Hauptform der Ausbeutung durch die Grundherren, die daneben auch Leihgeschäfte betreiben, Landarbeiter einstellen oder Industrie- und Handelsunternehmen besitzen können . . .

II. Großbauern

Die Großbauern besitzen in der Regel Grund und Boden, manchen von ihnen gehört jedoch nur ein Teil des von ihnen bearbeiteten Bodens, während sie den anderen Teil hinzugepachtet haben; andere besitzen überhaupt kein eigenes Land und haben den ganzen von ihnen bebauten Boden in Pacht. Die Großbauern besitzen in der Regel relativ mehr und bessere Produktionsinstrumente und mehr Umlaufkapital, arbeiten selbst mit, jedoch die Quelle des Großteils oder eines Teils ihrer Einnahmen ist stets die Ausbeutung. Die Hauptform der Ausbeutung durch die Großbauern ist die Ausbeutung von Lohnarbeitern (Knechten) . . .

III. Mittelbauern

Viele Mittelbauern besitzen eigenes Land. Manche Mittelbauern besitzen nur einen Teil des von ihnen bearbeiteten Bodens, während sie den anderen Teil gepachtet haben; manche haben überhaupt kein eigenes Land und haben den ganzen von ihnen bearbeiteten Boden in Pacht. Die Mittelbauern besitzen in gewissem Umfang eigene Ackergeräte. Die Existenzquelle der Mittelbauern ist ausschließlich oder hauptsächlich ihre persönliche Arbeit. Die Mittelbauern beuten in der Regel keine fremde Arbeitskraft aus . . .

IV. Arme Bauern

Manche arme Bauern sind Eigentümer eines Teils des von ihnen bearbeiteten Bodens, aber sie haben nicht genügend Ackergeräte; andere besitzen überhaupt kein Land, sondern nur wenige Ackergeräte. Die armen Bauern sind in der Regel gezwungen, Boden zu pachten, und sie werden ausgebeutet, da sie Pachtzins und Darlehenszinsen zahlen und ihre Arbeitskraft zu einem kleinen Teil verkaufen müssen. Während die Mittelbauern in der Regel ihre Arbeitskraft nicht zu verkaufen brauchen, sind die armen Bauern in der Regel gezwungen, ihre Arbeitskraft zu einem kleinen Teil zu verkaufen – das ist das Hauptkriterium, durch das der Unterschied zwischen den Mittelbauern und den armen Bauern bestimmt wird.

V. Arbeiter
Die Arbeiter ... haben in der Regel weder Land noch Ackergeräte; nur manche von ihnen besitzen winzige Parzellen und einige Geräte. Die Arbeiter beziehen ihren Lebensunterhalt ausschließlich oder hauptsächlich durch den Verkauf ihrer Arbeitskraft."

Mao Tsetung: Ausgewählte Werke, Bd. I. Peking: Verlag für fremdsprachige Literatur 1968, S. 157–159

Die vorherrschende Form der Pachtabgabe war die Produkten- oder Ernterente, die unabhängig vom jeweilig erzielten Ernteertrag zu entrichten war. Dadurch wurde das Anbau- und Ernterisiko voll auf den Pächter übertragen. Durch die immer wieder auftretenden Dürren und Überschwemmungen konnten die Pächter oftmals die festgelegten Abgaben nicht voll leisten, sie waren gezwungen, Kredite zu stark überhöhten Zinsen aufzunehmen. Damit begann meist ein verhängnisvoller Kreislauf, aus dem die Bauern nicht mehr herauskamen: Zunächst mußten sie bei fortgesetzter Zahlungsunfähigkeit ihr oft bescheidenes Eigentumsrecht am Boden dem Kreditgeber abtreten, im Extremfall verloren sie gar das Pachtrecht und wurden somit landlos.
Eine Folge dieser völlig unzureichenden Versorgungs- und Einkommenssituation war die Einrichtung des Haus- und Nebengewerbes auf der Grundlage lokal vorkommender pflanzlicher Rohstoffe (Baumwolle, Bambus etc.). Die mit sehr einfachen Geräten hergestellten Produkte dienten einerseits der Eigenversorgung, so etwa der Herstellung von Kleidung und Haushaltsgegenständen, andererseits als ergänzende Einnahmenquelle, indem man sie auf dem wöchentlich stattfindenden Markt in den Landstädten verkaufte. Diese waren in der Regel maximal 4,5 Kilometer von den Dörfern entfernt und bildeten die eigentlichen Kommunikationszentren im ländlichen China. Hier wurden alle Güter des täglichen Bedarfs angeboten und durch eine Vielzahl weiterer Dienstleistungen (Friseur, Heiratsvermittler etc.) ergänzt; hier verhandelte man mit den Landlords über die Höhe der Pacht, und der Besuch der zahlreichen Teestuben ermöglichte die Weiterverarbeitung und Aufnahme neuester Informationen.

Die politischen Wirren und Machtkämpfe nach dem Sturz der Mandschu-Dynastie im Jahre 1911 wirkten sich verschärfend auf die zunehmende Verelendung der Bauern aus: Der von 1916 bis 1926 andauernde Bürgerkrieg der Generäle (War-Lords) im Norden sowie die von 1925 bis 1927 gegen diese Militärmachthaber geführten Feldzüge durch die im Süden herrschenden Kuomintang unter Tschiang Kai-Tschek führten aufgrund erzwungener, zusätzlicher Abgaben (Tributsystem) sowie durch Plünderungen ganzer Landstriche zu schweren Versorgungskrisen und vielfach auch zur Massenflucht der Bauern. Die japanische Besetzung der Mandschurei im Jahre 1931 und der Chinesisch-Japanische Krieg von 1937 bis 1945 hatten weitere enorme Versorgungsschwierigkeiten zur Folge.
Die darauffolgenden vier Jahre waren erneut durch einen Bürgerkrieg zwischen der 1921 gegründeten Kommunistischen Partei unter Mao Tsetung und den Kuomintang unter Tschiang Kai-Tschek geprägt, der mit dem Sieg der Kommunisten und der Gründung der VR China am 1. Oktober 1949 endete. Die nun folgenden Jahre brachten eine erste Konsolidierung dieses Landes, in denen wesentliche Reformen und Entwicklungsmaßnahmen eingeleitet werden sollten.

1. *Den in Abb. 1 aufgeführten Anbauregionen „Frühjahrsweizen" „Winterweizen-Hirse" usw. liegen die wichtigsten Feldfrüchte in den dreißiger Jahren zugrunde. Ordnen Sie diese Anbauregionen in die Großlandschaften der VR China ein (Atlas und Abb. 3).*

2. *Erläutern Sie die Ursachen und die Folgen der zunehmenden Verelendung der Bauern vor 1949 mit Hilfe der Abb. 1 und der Tabelle 1 sowie unter Heranziehung der wichtigsten politischen Ereignisse nach dem Sturz der Mandschu-Dynastie im Jahre 1911.*

1.2.2 Bodenreform, Kollektivierungsphasen und Volkskommunenentwicklung

Tab. 3: Einige Resultate der Bodenreform in China 1949–1952

	Anteil der Haushalte	Eigentumsanteil an der Anbaufläche		Durchschnittliche Anbaufläche im Eigentum der Bauern (in mu; 1 mu = 0,06 ha)	
		vor der Reform	nach der Reform	vor der Reform	nach der Reform
Grundherrn	2,6%	28,7%	2,1%	116,10	11,98
Reiche Bauern	3,6%	17,7%	6,4%	35,75	26,30
Mittelbauern	35,8%	30,3%	44,8%	15,81	18,53
Arme Bauern und Landarbeiter	57,1%	23,5%	46,8%	6,25	12,14
Andere	0,9%	0,0%	0,0%		

Jürgen Osterhammel: Das moderne China. Frankfurt: Diesterweg 1979, S. 63

In der ersten Phase der neuen chinesischen Wirtschaftspolitik nach der erfolgreichen Revolution wurden zwischen 1949 und 1952 die bisherige feudale Agrarstruktur zerschlagen und dabei nach sowjetischem Vorbild die Grundherren, Großbauern und zum Teil auch die Mittelbauern weitgehend liquidiert. Vielfach wurden Dorftribunale eingerichtet, vor denen sie sich verantworten mußten; häufig kam es zur Verurteilung und zur Verhängung der Todesstrafe.

Nach der Devise Maos „Alles Land dem Pflüger" wurde das enteignete Land hauptsächlich armen Bauern und Landarbeitern zugeteilt.

Dieser kurzen privatwirtschaftlichen Übergangszeit folgten die verschiedenen Stadien der Kollektivierung, deren wohl einschneidendster Schritt die zwangsweise Zusammenführung der damals 680000 Genossenschaften zu den 23630 Volkskommunen (VK) im Jahre 1958 bildete. Die „Volkskommunenbewegung" und der „Große Sprung nach vorn" waren die wichtigsten Bestandteile der damaligen Politik der „Drei Roten Banner", zu der auch die „Generallinie des sozialistischen Aufbaus" mit der sogenannten Massenlinie (Massenmobilisierung) gehört.

Die überhastete Schaffung von Volkskommunen dieser Größenordnung nach dem Motto „Je größer, desto sozialistischer" sowie die erzwungene Maßnahme, eine lokale Kleinindustrie (Roheisen-, insbesondere Zement- und Düngemittelherstellung) aufzubauen, erwiesen sich sehr bald als Fehlschlag. So war aus betriebswirtschaftlicher Sicht die Flächenausdehnung bei kaum vorhandener Mechanisierung viel zu groß; verwaltungstechnisch existierten keine entsprechenden organisatorischen Ebenen, und unter dem Aspekt der sozialen und wirtschaftlichen Beziehungen wurden die Marktgemeinden (Landstädte = Standard Market Towns), die die traditionellen Kommunikationszentren des ländlichen China darstellten, nicht berücksichtigt. Die sehr rasch einsetzende Dekollektivierung endete 1961 wieder bei den Einzelhaushalten. Ab 1963, der Reorganisierungsphase der Volkskommunen, griff man verstärkt auf die traditionelle ländliche Gliederung Nachbarschaft, Dorf und Marktgemeinde zurück, indem man diesen die Produktionsgruppe, die Produktionsbrigade bzw. Volkskommune zuordnete. Damit schuf man Rahmenbedingungen, die die traditionellen Voraussetzungen annähernd vollständig berücksichtigten: Die 74755 revidierten Volkskommunen im Jahre 1965 entsprechen recht genau den alten Marktgemeinden mit ihren Einzugsbereichen.

Nach dieser Konsolidierungsphase erfolgte zu Beginn der siebziger Jahre eine erneute Reduzierung der Volkskommunenzahl, um die bis dahin schon enormen Steigerungen im Landwirtschaftssektor durch Flächenzusammenlegung, verstärkte Mechanisierung und Spezialisierung nochmals zu vergrößern.

Tab. 4: Die Stadien der Kollektivierung in der chinesischen Landwirtschaft

Zeitraum	Organisationsform	Art der Unternehmungen	Durchschnittl. Anzahl von Haushalten und durchschnittl. Landbesitz	Form des Eigentums	Einkommen der Bauern oder Mitglieder
vor 1950	Einzelwirtschaft	individuelle Landwirtschaft, geringe gegenseitige Hilfe nur im Klan, Hauswirtschaft	∅-Landbesitz im Norden 0,31 ha, im Süden 0,087 ha je Kopf	reines Privateigentum der Familie	Haushaltseinkommen der Familie nach kollektiver Leistung auf eigenem Boden
1950–1955	Vereinigung der gegenseitigen Hilfe	saisonale und später längerfristige Nachbarschaftshilfe für die Landwirtschaft	wechselnd, 6–15 Haushalte. ∅-Landbesitz keine Angaben	Privateigentum der Familie, gemeinsame Nutzung von Zugvieh und landw. Gerät	Haushaltseinkommen aus der Produktion auf eigenem Boden
1952–1956	Landwirtschaftliche Produktionsgenossenschaft	landwirtschaftliche Produktion, wenig Nebengewerbe, Vieh- und Forstwirtschaft, wenig Wasserbau	schwankend von 10 bis 50 Haushalten, ∅-Landbesitz 37,5 ha	privates und genossenschaftliches Eigentum an Boden, Großvieh und Gerät, daneben privates Hofland	Haushaltseinkommen aus der Verzinsung der Genossenschaftsanteile und Verrechnung der Arbeitsleistung (Lohnanteil)
1953–1958	Fortgeschrittene Landwirtschaftliche Produktionsgenossenschaft (Sozialistische Genossenschaft)	landwirtschaftliche Produktion, größeres Nebengewerbe, kleinere agrotechnische Projekte	100–160 Haushalte, Unterteilung in Arbeitsgruppen zu je 10 Haushalten, ∅-Landbesitz 153 ha (Mitte 1958)	kollektives (genossenschaftl.) Eigentum an Boden, Großvieh und Gerät, nur geringes privates Eigentum an Küchengärten, Kleinvieh und Obstbäumen beim Haus	Einkommen des Haushalts aus dem gemeinsamen Arbeitseinsatz, keine, oder nur geringfügige Verrechnung der Genossenschaftsanteile
1958–1959	Volkskommune	landwirtschaftliche Produktion, Vieh- und Forstwirtschaft, Fischerei, Nebengewerbe, lokale Industrie, große agrotechnische Projekte, Verschmelzung mit staatlicher Verwaltung, Handel, Transport, soziale und medizinische Versorgung, Ausbildung, Verteidigung (Miliz), u.a.	mehr als 5000 Haushalte, Unterteilung in Brigaden und Arbeitsgruppen, Arbeitsgruppen zu etwa 15 Haushalten, ∅-Landbesitz der Kommune 4565 ha (Mitte 1959)	geringes staatliches Eigentum an höheren Schulen, Werkstätten, Fabriken u.ä. kollektives Eigentum an Bewässerungseinrichtungen, Versuchsbetrieben, landw. Maschinen u.ä., Brigade-Eigentum am Boden, Vieh, landw. Geräten, kollektives Produktionsgruppen-Eigentum an Zugvieh und Geräten, Ställen, Scheunen, Kinderkrippen u.ä., geringfügiges Eigentum an Küchengärten, Obstbäumen, Kleinvieh	individuelles Arbeitseinkommen der Kommunenmitglieder, 50 bis 75 vH. des Einkommens als freie Versorgung mit Nahrung, Kleidung etc., der Rest als Arbeitslohn direkt an die Mitglieder verrechnet nach Arbeitsleistung, Kompensation für Kinder und Arbeitsunfähige, Rechnungseinheit ist die Kommune

P. Rochlin, E. Hagemann: Die Kollektivierung der Landwirtschaft in der Sowjetunion und in der VR China. Deutsches Institut für Wirtschaftsforschung, Sonderheft 88, Berlin 1971, Seite 87 gekürzt

Tab. 5: Entwicklung der Volkskommunen

	1958	1965	1975	1979	1981
Anzahl der Volkskommunen	23 630	74 755	52 615	53 348	54 371
Anzahl der Produktionsbrigaden (in Tausend)		648	677	699	718
Anzahl der Produktionsgruppen (in Tausend)		5 412	4 826	5 154	6 004
Anzahl der Haushalte (in Mio.)	128,61	135,27	164,48	174,91	180,16
Anzahl der Personen (in Mio.)	560,17	591,12	777,12	807,39	818,80
durchschnittliche Zahl der Produktionsbrigaden pro Volkskommunen		8,7	12,9	13,1	13,2
durchschnittliche Zahl der Produktionsgruppen pro Produktionsbrigade		8,3	7,1	7,4	8,3
durchschnittliche Zahl der Personen pro Produktionsgruppe		109	161	157	136

Die Volksrepublik China. In: Informationen zur politischen Bildung, 1983, Folge 198, S. 14, ergänzt. Bundeszentrale für politische Bildung (Hrsg.), Bonn

Tab. 6: Landwirtschaftliche Produktion und Bevölkerung

	1949	1954	1956	1958	1959	1961	1966	1968	1972	1977	1979	1981
Bev.-Zahl (in Mio.)	536	596	625	655	669	694	767	802	880	966	971	996
Wachstumsziffer in ‰		23,1	24,2	22,1	20,8	15,4	21,6	22,9	22,0	15,3	12,2	13,9
Gesamtgetreideprod. (in Mio. t)	111	166	188	206	171	168	215	210	240	283	332,1	325,0
Reis (in Mio. t)	48,65	70,85	82,5	113,7	80,0	82,6	91,1	94,3	105,2	131,5	143,7	143,9
Weizen (in Mio. t)	13,8	23,35	24,8	29,0	31,3	16,5	25,7	27,0	34,5	40,0	62,7	59,6
Schweine (Mio. Stück)	57,8	101,7	84,0	160,0	180,8	90,0	200,0	218,0	261,0	291,8	k. A.	k. A.
Ackerfläche (in Mio. ha)	98,4	109,4	111,8	107,8	107,3	107,1	107	107	107	k. A.	99,5	99,0
Bewässerungsfläche (in Mio. ha)	k. A.	23,3	32,0	34,7	33,8	32,1	37,3	38,7	42,5	48,0	45,0	44,6
Erntefläche (in Mio. ha)	k. A.	147,9	159,2	156,3	151,6	142,2	155,6	156,1	160,4	169,0	k. A.	k. A.
Gesamtgetreideprod./Kopf d. Bevölk. (in kg)	207,0	278,5	300,8	314,5	255,6	242,0	280,3	261,8	272,2	292,9	341,9	326,3

Zeitraum 1949–1977: westliche Quellen; 1979 und 1981: offizielle chinesische Statistik

1.2.3 Gunst und Ungunst der Landesnatur

Die von Mao Tsetung geforderte „Zähmung der Natur“ durch den Einsatz der Massen war ein weiterer wichtiger Schritt auf dem Wege zur Stabilisierung und vor allem zur Erhöhung der Agrarproduktion. Diese großen Anstrengungen werden auf dem Hintergrund der natürlichen Voraussetzungen für die Landwirtschaft besonders deutlich.

Abb. 2: Anbauperiode in Tagen mit durchschnittlich über 6° C

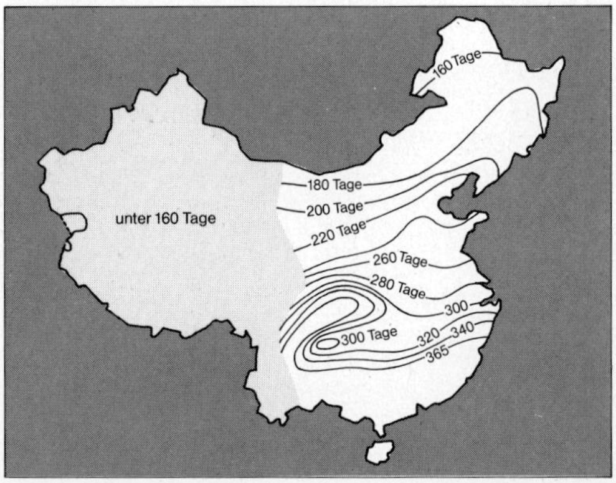

Abb. 3: Großlandschaften der VR China

Länderkurzbericht Volksrepublik China, 1980. Statistisches Bundesamt Wiesbaden (Hrsg.) Stuttgart, Wiesbaden: Kohlhammer 1980, S. 8

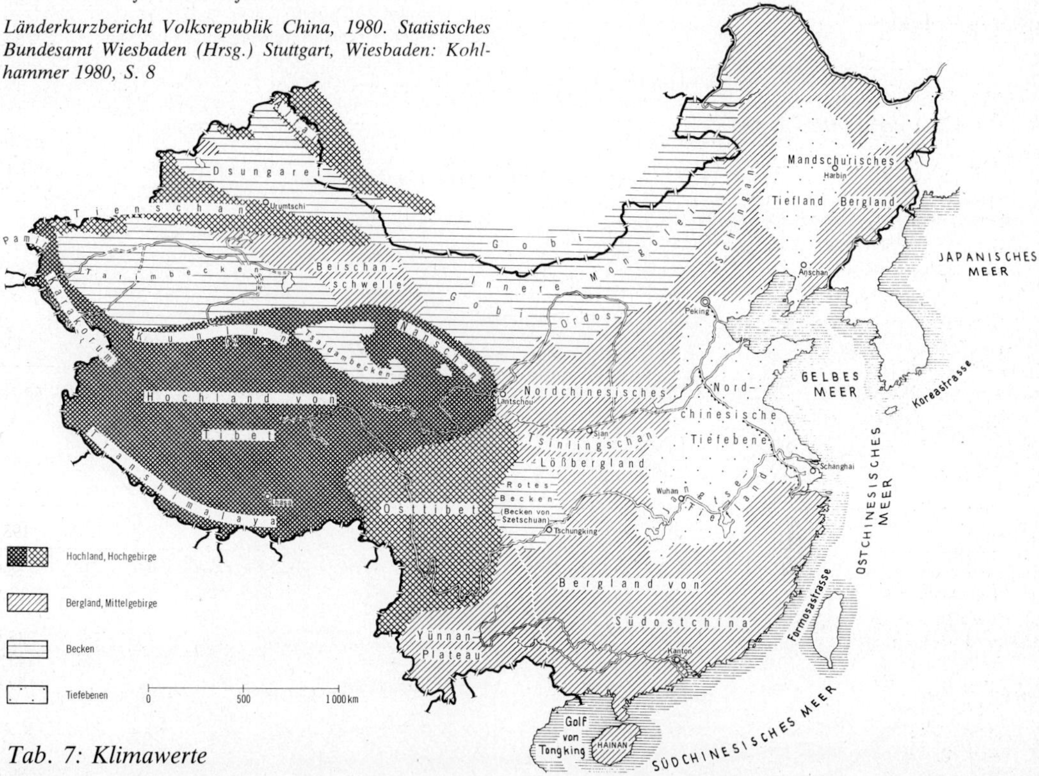

Tab. 7: Klimawerte

		J	F	M	A	M	J	J	A	S	O	N	D	Jahr
Harbin	°C	−20,1	−15,8	−6,0	5,8	14,0	19,8	23,3	21,6	14,3	5,7	−6,6	−16,7	3,3
143 m, 45°45'N,	mm	4	6	17	23	44	92	167	119	52	36	12	5	577
126°42'O	pot. Verd.[1]	0	0	0	27	85	127	154	132	70	21	0	0	616
Peking	°C	−4,7	−1,9	4,8	13,7	20,1	24,7	26,1	24,9	19,9	12,8	3,8	−2,7	11,8
52 m, 39°57'N,	mm	4	5	8	17	35	78	243	141	58	16	11	3	619
116°19'O	pot. Verd.	0	0	12	57	113	159	168	145	94	44	7	0	799
Tai-yuan	°C	−7,3	−3,2	4,2	11,6	18,5	22,8	25,0	22,8	17,4	10,4	2,2	−4,8	10,0
782 m, 37°55'N,	mm	4	4	11	15	27	40	108	104	50	18	11	4	396
112°34'O	pot. Verd.	0	0	11	51	104	136	157	138	82	38	5	0	722
Chungking	°C	8,1	9,7	14,1	18,8	22,7	25,1	28,7	28,8	24,2	18,7	14,2	9,9	18,6
261 m, 29°30'N,	mm	17	21	38	97	146	182	142	120	148	109	49	21	1090
106°33'O	pot. Verd.	0	0	23	55	96	133	149	122	76	47	6	0	707
Wuhan	°C	3,8	5,4	10,4	16,3	22,1	25,8	28,9	28,7	23,9	18,4	12,0	0,1	16,8
23 m, 30°33'N,	mm	25	54	92	140	166	216	173	110	69	74	46	29	1194
114°17'O	pot. Verd.	4	6	25	59	113	153	184	174	116	68	28	7	937
Guiyang	°C	5,0	6,6	11,7	16,4	20,4	22,5	24,7	24,1	21,0	15,6	11,7	7,2	15,6
1071 m, 26°34',	mm	21	28	40	94	200	204	187	138	120	110	47	24	1213
106°42'O	pot. Verd.	8	11	37	64	104	117	142	129	95	56	30	14	807
Kanton	°C	13,6	14,2	17,2	21,6	25,6	27,3	28,8	28,2	27,2	24,0	19,7	15,7	21,9
18 m, 23°00'N,	mm	27	65	101	185	256	292	264	249	149	49	51	34	1722
113°13'O	pot. Verd.	20	22	44	84	152	164	178	171	148	103	59	34	1179

Manfred J. Müller: Handbuch ausgewählter Klimastationen der Erde. Universität Trier, Forschungsstelle Bodenerosion. Trier 1983, Seite 113ff.

[1] nach Thornthwaite

Abb. 4: Verteilung und Nutzungsintensität der Ackerbaufläche

Nach Volksrepublik China. In: Informationen zur politischen Bildung, 1983, Folge 198, Kartenteil, S. VII. Bundeszentrale für politische Bildung (Hrsg.). Bonn

Qiqihar = Tsitsihar; Shenyang = Schenjang; Beijing = Peking; Baotou = Pautou; Lanzhou = Lantschou; Xi'an = Hsian; Jinan = Tsinan; Shanghai = Schanghai; Nanjing = Nanking; Chengdu = Tschengtu; Chongqing = Tschungking; Changsha = Tschangscha; Nanchang = Nantschang; Guangzhou = Kanton; Fuzhou = Futschou; Yumen = Jümen; Hotan = Khotan; Ürümqi = Urumtschi

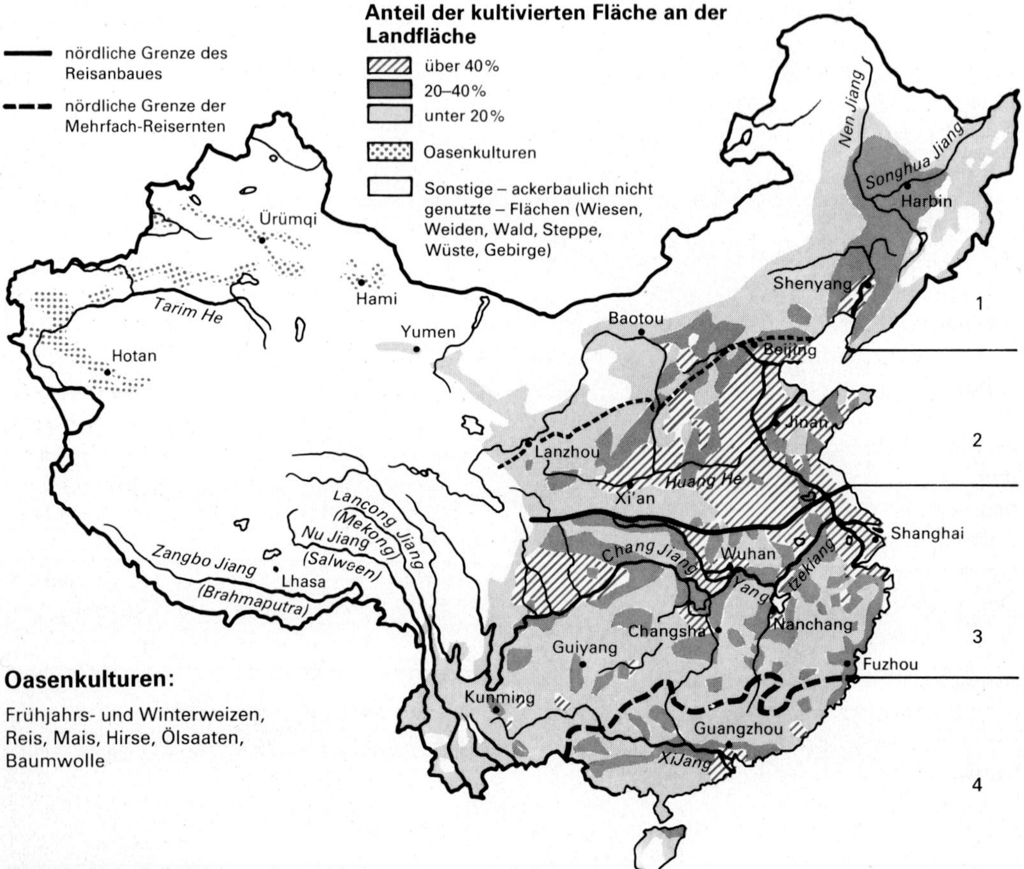

Hauptanbaufrüchte:

1	2	3	4
Mais, Hirse, Sojabohnen, Kaoliang, Frühjahrsweizen, Zuckerrüben	Winterweizen, Hirse, Mais, Reis Sojabohnen, Süßkartoffeln, Kaoliang, Erdnüsse, Baumwolle	Reis (1-2 Ernten), Mais, Winterweizen (n. Norden zu), Gemüse, Baumwolle, Zuckerrohr, Raps, Tee	Reis (bis zu 4 Ernten), Süßkartoffeln, Zuckerrohr, Erdnüsse

3. *Beschreiben Sie mit Hilfe der Tabelle 6 S. 40 die Entwicklung der Agrarproduktion Chinas von 1949 bis 1981.*

4. *Stellen Sie tabellarisch auf der Grundlage von Boden- und Klimakarten (vgl. Atlas) sowie der Abb. 2 über die Vegetationsperiode und die Klimawerte die natürlichen Gunst- und Ungunstfaktoren folgender Agrarregionen zusammen: Nordostchinesisches (Mandschurisches) Tiefland, Nordchinesische (Gelbe) Ebene, Lößbergland, Rotes Becken; Jangste-Tiefland; Südchinesische Berg- und Hügelländer sowie deren vorgelagerte Küstenebenen.*

1.2.4 Die Volkskommune Hungxing (Roter Stern)

Die Erfolge der chinesischen Agrarwirtschaft können nur dann einigermaßen richtig eingeschätzt werden, wenn man die wichtigste Betriebs- und Organisationsform – die Volkskommune – näher betrachtet.

Grunddaten zur Volkskommune Hungxing

Lage: ca. 20 Kilometer südlich von Peking, eingebettet in das Stromsystem des Hai-Ho

Gründung: 1958 durch Zusammenlegung von sieben fortgeschrittenen Produktionsgenossenschaften

Einwohnerzahl: 83000 (1977); 9 Produktionsbrigaden, 116 Produktionsgruppen

Gesamtfläche: 160 km^2, LF: 10800 ha, Restfläche: Flüsse, Kanäle, Wege und Siedlungsfläche

Vor 1949 konnte im Bereich des Stromsystems des Hai-Ho die landwirtschaftliche Nutzung nur unter äußerst ungünstigen Bedingungen betrieben werden: Im Zeitraum von 1368 bis 1948 weist das Katastrophenregister des Hai-Ho 387 Überschwemmungen auf.

Den kurzen, überraschenden Fluten während der Monsunzeit (Juni bis August), in der ca. 80 Prozent des gesamten Jahresniederschlages fallen, steht im Winter und Frühjahr eine ausgesprochene Trockenheit gegenüber. Durch den sehr hoch stehenden Grundwasserspiegel kam es zu flächenhaften Salzausblühungen, die weite Teile für die landwirtschaftliche Nutzung zusätzlich unbrauchbar machten.

Mit großangelegten Massenkampagnen wurden im Zeitraum von 1949 bis 1959 Maßnahmen zur Sicherung und Verbesserung der Lebensverhältnisse der dort lebenden Bevölkerung durchgeführt: Errichtung einer Vielzahl von Stauwerken im Bereich der Quellflüsse des Hai-Ho, die neben der Flutkontrolle auch kleine Kraftwerke speisen, um damit die Elektrizitätsversorgung dieses Raumes zu ermöglichen. Das Miyun-Reservoir, ca. 150 km nordöstlich von Peking, ist mit einem maximalen Fassungsvermögen von 41 Mrd. m^3 das größte im Einzugsbereich des Hai-Ho. Insgesamt sind sechs Kraftwerkseinheiten zu jeweils 15000 kW zur Gewinnung elektrischer Energie installiert worden.

Außerdem wurden neue Flutkanäle geschaffen und die alten Dämme und Deiche verstärkt. Die

Abb. 5: Das Stromsystem des Hai-Ho

Johannes Humlum: China meistert den Hunger, Geocolleg. Kiel: Hirt 1977, S. 11

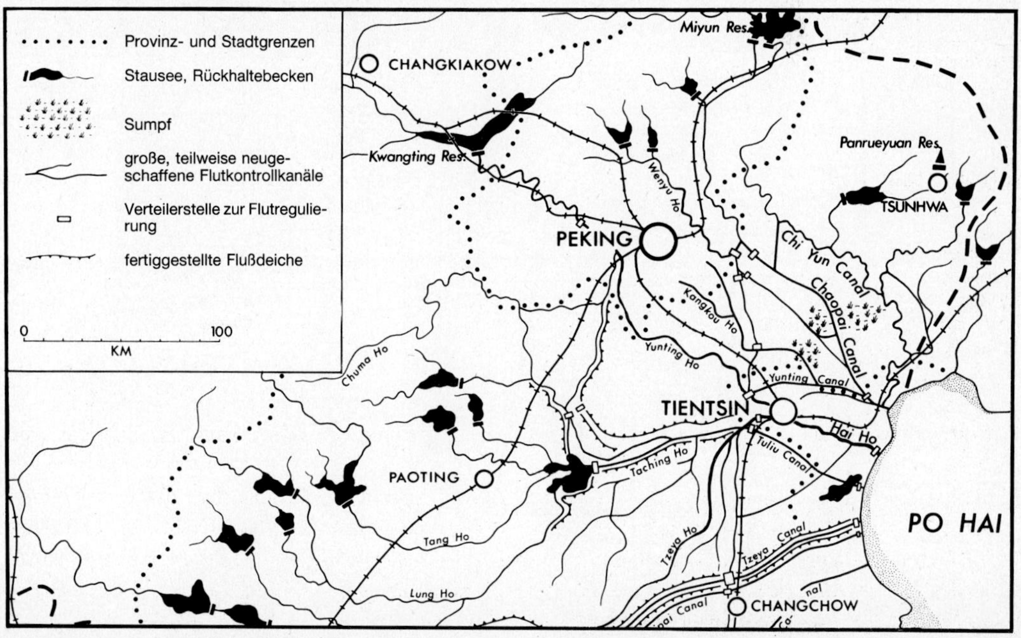

nur mit Schaufeln, Hacken und Schubkarren ausgerüsteten Bauern, Soldaten und Arbeiter haben alleine für die Dämme und Steinböschungen dieses Reservoirs 21 Mio. m^3 Material bewegt und verarbeitet!

All diese vorbeugenden Maßnahmen sollten jedoch nicht ausreichen. Im Jahre 1963 machte der Hai-Ho seinem Namen als „Unglücksfluß" alle Ehre: Es kam zu einer weiteren sehr schlimmen Überflutung; in einigen Teilen des Tieflandes stand das Wasser über zwei Monate hinweg vier bis fünf Meter über der Flur. Die daraufhin von Mao ausgerufene „vollständige Zähmung des Hai-Ho" hatte die Mobilisierung von 2 Mio. Menschen zur Folge, die die weitere Verstärkung der Dämme, vornehmlich am Taching Ho, die vollständige Kanalisierung einiger Flüsse, das Pflanzen von Weiden und Pappeln zur Verringerung der Erosionsgefahr, den Bau von 94 Pumpstationen für die Be- und Entwässerungskanäle sowie die Errichtung von weiteren 57 Bauwerken wie Schleusen und Brücken durchführten. Bis 1972 wurden 26 große Kanäle mit einer Gesamtlänge von 2160 km, 21 große Dämme mit einer Länge von 2340 km sowie zahlreiche kleinere Reservoire zusätzlich gebaut.

Die elementare Bedeutung dieser gesamten Maßnahmen für die landwirtschaftliche Nutzung von Hungxing wird durch die Struktur des Wasserverbrauchs deutlich, der das vorrangige Ziel, die vollständige Be- und Entwässerung der landwirtschaftlich genutzten Flächen, Wirklichkeit werden ließ.

Tab. 8: Wasserverbrauch in der Volkskommune 1971

	Mio. m^3	%
Totalverbrauch	115	100
davon:		
Miyun-Reservoir	58	51
Kwanting-Reservoir	12	10
Brunnenbohrungen	45	39

Johannes Humlum: a.a.O., S. 78

Abb. 6: Flächennutzung, Siedlungs- und Organisationsstruktur der VK Hungxing
Johannes Humlum: a.a.O., S. 78

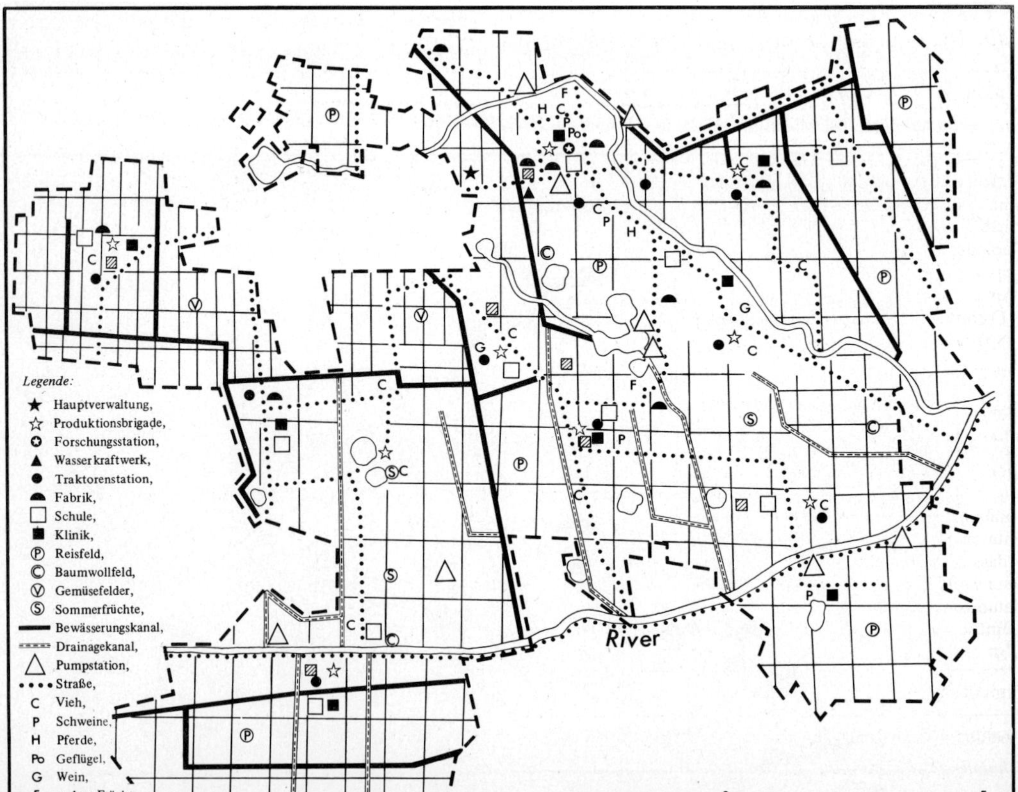

Die Umsetzung dieses Zieles erforderte jedoch weitere Anstrengungen: So wurden bis 1971 1400 elektrisch betriebene Tiefbrunnen sowie Be- und Entwässerungskanäle mit einer Gesamtlänge von 310 km geschaffen.

In der VK Hungxing erhöhte sich die Getreideproduktion im Vergleich zu Beginn der sechziger Jahre auf das Zweieinhalbfache. Dies verdeutlichen die auffallend hohen Flächenerträge bei Getreide: Sie liegen mit 56 dt/ha bei Reis und mit 27 dt/ha bei Weizen um 20,9 bzw. 13,3 dt/ha weit über dem Landesdurchschnitt. Ohne die kommuneeigenen 159 Traktoren zwischen 10 und 100 PS, die 492 Handtraktoren und 102 Lastwagen, mit denen die wichtigsten Arbeitsvorgänge mechanisiert worden sind, wäre trotz der intensiven Bewässerung eine solch hohe Flächenproduktivität nicht erreicht worden. Desgleichen steuert der intensive Kunstdüngereinsatz, die Verwendung natürlicher Düngemittel (Stallmist etc.) sowie der neuerdings praktizierte Abwassereinsatz aus Peking zur Stabilisierung der Ernteerträge bei.

Die breite Angebotspalette der Feldfrüchte, vor allem aber das zweite Bein der VK, die Viehhaltung und die Viehmast, verdeutlichen die starke Marktorientierung auf die Hauptstadt Peking.

Tab. 9: Viehhaltung in der VK Hungxing (1972)

	Anzahl	in Privatbesitz (in %)
Milchkühe	3 200	0
Zugtiere (Rinder)	900	0
Pferde	2 500	0
Maultiere	280	0
Esel	370	0
Großvieh zus.	7 250	0
Schweine	52 000	19
Hühner ca.	50 000	?
Enten ca.	100 000	0

Johannes Humlum: a.a.O., S. 82, gekürzt

Die insgesamt 130 mittleren und großen Schweinezuchtanlagen, die 8 Entenfarmen und die 9 Molkereien produzierten 1977 mehr als 70000 Schweine, 290000 Pekingenten und 12

Tab. 10: Ackerbau in der Volkskommune Hungxing (1971)

Feldfrucht	Wachstumsperiode[1]	Erntefläche ha	Erntemenge dt	Ernteertrag dt/ha	% der Erntefläche	% der gesamten Ernte	% der Getreidefläche	% der Getreideernte
Weizen	10 → 6	2 670	72 000	27	20	12	27	16
Mais	4 → 8/9	1 335	42 000	32	10	7	14	9
Hirse	4 → 9	13	190	14	0,1	0,03	0,1	0,02
Kaoliang	4 → 9	190	34 000	18	1,5	6	2	7
Reis		(5 600)	(315 600)	(56)	(42)	(53)	(57)	(68)
davon:								
Frühreis	3 → 5 → 8	4 000	228 000	57	30	38	41	49
Spätreis	4 → 6 → 8	1 600	87 600	55	12	15	16	19
Getreide zus.		9 805	463 790	47	74	78	100	100
Viehfutter { Mais / Gerste / Hafer }	4 → 7 / 3 → 5/6 / 4 → 6	393	20 650	53	3	3,4	–	–
Viehfutter { Gerste / Hafer }	3 → 5 / 3 → 6	2 100	47 100	23	16	8	–	–
Sojabohnen	4 → 8/9	28	254	10	0,2	0,04	–	–
Bataten	3 → 5 → 10	123	(5 074)	(41)	1,0	(0,8)	–	–
dass., Vollgewicht		–	25 370	206	–	4,0	–	–
Baumwollfasern	4 → 9/11	360	2 322	7	3	0,4	–	–
Baumwollkerne		–	4 645	13	–	0,8	–	–
Gemüse		335	25 000	75	2,6	4,0	–	–
Obst		115	?	?	1,2	?	–	–
Erntefläche zus.		ca. 13 300	ca. 600 000	ca. 46	100	100	–	–

[1] Zahlen = Monate

Johannes Humlum: a.a.O., S. 80

Mio. kg Frischmilch, mit denen die staatlichen Aufkaufstellen in Peking beliefert wurden. In den brigadeeigenen Molkereien wird ein Teil der Milch zu Butter und Kondensmilch weiterverarbeitet. Die insgesamt 18 kommuneeigenen Fabriken, die vornehmlich während des „Großen Sprungs nach vorn" gegründet worden sind, stellen hauptsächlich einfachere landwirtschaftliche Geräte sowie Konsumartikel her.
Zudem unterhält die VK eine eigene landwirtschaftliche Forschungsstation mit 400 Mitarbeitern, deren Schwerpunkt im Bereich der Saatgutzüchtung, der Bodenforschung sowie der Erforschung von Pflanzenkrankheiten bei Reis, Weizen und Mais liegt. Sie erhält aus allen chinesischen Landesteilen und aus dem Ausland Sorten, die als Basissaatgut zur Züchtung verwendet werden. Die endgültige Sortenprüfung und Sortenauswahl erfolgt dann durch die städtischen Saatgutstationen in Peking. Innerhalb der VK selbst werden nur zugelassene Sorten (Hochertragssorten) verwendet, dies erklärt auch mit die hohen und stabilen Erträge.
Die Bedeutung der VK als Basis der chinesischen Gesellschaft im ländlichen Raum, die weit über die rein landwirtschaftlichen Funktionen hinausgeht, wird in Hungxing im Bereich des Bildungssektors und in der medizinischen Versorgung besonders deutlich: Sie verfügt über insgesamt 12 Oberschulen und 59 Grundschulen, ein Krankenhaus und eine Vielzahl von Sanitätsstationen. Darüber hinaus kommen der VK weitere Funktionen zu, die in Musterstatuten verankert sind:

„Artikel 1
Die Volkskommune ist die Grundeinheit der Gesellschaft, in der sich die Werktätigen auf Grund freier Willensentscheidung und unter Führung der Kommunistischen Partei und der Volksregierung zusammenschließen. Ihre Aufgabe besteht in der Leitung der gesamten industriellen und landwirtschaftlichen Produktion des Handels, des Kultur- und Erziehungswesens und der Politik.

Artikel 2
Auf politischem Gebiet hat die Volkskommune die Aufgabe, das sozialistische System zu konsolidieren und energisch die Voraussetzungen für den allmählichen Übergang zum Kommunismus zu schaffen. Um dieses Ziel zu erreichen, müssen wir beharrlich alle unsere Energie darauf richten, die landwirtschaftliche und industrielle Produktion zu steigern, das Niveau des Kultur- und Erziehungswesens zu heben und dabei umfassendere, bessere und wirtschaftlichere Methoden anzuwenden. Wir müssen beharrlich danach streben, die technische und kulturelle Revolution durchzuführen und die Unterschiede zwischen Stadt und Land, zwischen körperlicher und geistiger Arbeit schrittweise abzubauen. Wenn die Gesellschaft einen Überfluß an Produktion zu schaffen vermag und die Menschen von einem hohen politischen Bewußtsein getragen sind, wird man auch von dem Prinzip ‚Von jedem nach seinen Fähigkeiten, jedem nach seiner Leistung' schrittweise zum Prinzip ‚Von jedem nach seinen Fähigkeiten, jedem nach seinen Bedürfnissen' übergehen können.

Artikel 3
Alle Bürger über 16 Jahre können Vollmitglieder der Kommune werden. Ehemalige Grundherren, reiche Bauern, Konterrevolutionäre und andere Personen, denen die politischen Rechte abgesprochen wurden, können als inoffizielle Mitglieder aufgenommen werden. Wenn sie nach dem Gesetz wieder in den Besitz ihrer politischen Rechte gelangt sind, können sie Vollmitglieder werden. Alle Mitglieder haben die Pflicht, die Beschlüsse der Kommune durchzuführen, die Arbeitsdisziplin einzuhalten und mit dem Kommuneneigentum sorgsam umzugehen. Mit Ausnahme von Mitgliedern, die nicht im Vollbesitz ihrer geistigen Kräfte sind, haben alle Vollmitglieder das Recht, zu wählen, gewählt zu werden, abzustimmen und über die Angelegenheiten der Kommune zu wachen. Die ‚inoffiziellen' Mitglieder sollten nicht das Recht besitzen, zu wählen, gewählt zu werden oder in der Kommune abzustimmen; in wirtschaftlicher Hinsicht jedoch sollten sie die gleichen Rechte wie Vollmitglieder besitzen.

Artikel 17
Zu den Aufgaben der Kommune gehört es, Kantinen, Kinderkrippen und Schneiderstuben einzurichten, um die Frauen von der Hausarbeit zu befreien. Um die Verwaltung zu erleichtern, sollen die Kantinen und Kinderkrippen im allgemeinen auf der Ebene der Produktionsbrigaden errichtet werden."

Wolfgang Keim: Variable Unterrichtsplanung am Beispiel Chinas. 2. Teil Frankfurt: Europäische Verlagsanstalt 1974, S. 119–120

Zunehmende Bedeutung für alle Lebens- und Wirtschaftsbereiche erhält die unterste Ebene der Volkskommune, die der Produktionsgruppe (= Produktionsmannschaft). Sie muß als Schlüssel zum Verständnis des heutigen politischen und gesellschaftlichen Systems gesehen werden:

„Der einzelne ist in China heute nicht in erster Linie Individuum, sondern Danwei-Mitglied. Die Frage nach der Danwei ist genauso wichtig wie die Frage nach dem Namen. Danwei ist diejenige ‚Einheit' (so die wörtliche Übersetzung), in der jeder seine Arbeit ableistet und zum Teil auch sein Leben führt, z. B. auf dem Land die Produktionsmannschaften, in der Stadt das Wohnviertel, die Fabrik und ihre Umgebung, der Universitätscampus etc. Am vollkommensten findet sich die Danwei auf dem Lande ausgeprägt, da hier Produktions- und Konsumtionssphäre in der Regel nahezu dekkungsgleich sind. In den Städten brechen beide Bereiche demgegenüber zwar manchmal auseinander, insofern der einzelne dort in einer Wohn- und zusätzlich in einer Arbeits-Danwei lebt, wobei letztere zur determinierenden Einheit wird . . .
Die Danwei ist im positiven wie im negativen Sinn ‚lebenslänglich': Man darf sich hier zu Hause und geborgen, man kann sich aber auch höchst eingesperrt fühlen. Es gibt in der Regel keinen ‚problemlösenden Tapetenwechsel'. Die Danwei weist nicht nur die Arbeit zu, verteilt die Löhne, Prämien und Arbeitspunkte, sondern greift auch in diejenige Sphäre ein, die im Westen dem Privatbereich vorbehalten ist. Unter anderem erteilt sie de facto die Heiratserlaubnis (Altersgrenze!), bestimmt im Rahmen der Familienplanung die Geburtenzuweisung, schlichtet bei Ehekrächen und gibt – falls ausnahmsweise einmal nichts mehr zu schlichten sein sollte – seufzend den Weg für die Ehescheidung frei. Doch auch die Geschiedenen werden sich dann jeden Tag im Danwei-Rahmen wieder begegnen . . .
Die soziale Kontrolle innerhalb der Danwei ist nahezu perfekt: Der Einheit und ihren Mitgliedern bleibt kaum ein Geheimnis in den Reihen verborgen. ‚Informelle Kommunikation', also: Flüsterpropaganda, Neugierde und Getuschel sind allgegenwärtig. Niemand bleibt ungetröstet, ob er dies nun will oder nicht, niemand aber auch ungeschoren, wenn er sich etwas hat zuschulden kommen lassen. Immer ist irgend jemand mit einem guten Rat zur Stelle. Der Große Bruder Orwells ist in China keine anonyme unberechenbare Macht, die von außen her schicksalhaft eingreift, sondern der Danwei-Genosse, der sich um alles, aber auch alles kümmert, ob er nun auf dem Dorf oder aber in der nach ‚Nachbarschaften' durchparzellierten Zwölf-Millionen-Stadt Shanghai lebt. Stadtluft macht in diesem Sinne keineswegs ‚freier' als Dorfluft."

Oskar Weggel: China. Zwischen Revolution und Etikette. Beck: München 1981, S. 78–79

5. *Beschreiben und begründen Sie die Notwendigkeit der im Bereich des Hai-Ho-Systems durchgeführten wasserbautechnischen Maßnahmen.*

6. *Zeigen Sie anhand der VK Hungxing deren Leistung im wirtschaftlichen und infrastrukturellen Bereich auf.*

7. *Die wichtigste Organisations- und „Kontrollebene" innerhalb der gesellschaftlichen Basiseinheit ist heute die Produktionsgruppe (Danwei). Zeigen Sie anhand des Danwei-Textes (Seite 47) deren Bedeutung im wirtschaftlichen und gesellschaftlichen Bereich auf.*

1.2.5 Realität des Entwicklungsmodells

Nach dem Tode Mao Tsetungs im Jahre 1976 kam es innerhalb der Kommunistischen Partei Chinas zu heftigen Auseinandersetzungen um den Führungsanspruch und damit um die politischen Leitlinien der weiteren Entwicklung zwischen den „Reformern" oder „Pragmatikern" und der maoistischen Linken (Hauptvertreter: sogenannte Viererbande mit Mao-Witwe Jiang Qing). Diese hatte in der vorangegangenen Phase der Großen Proletarischen Kulturrevolution (1966–1976) in entscheidendem Maße die gesellschaftliche und wirtschaftliche Entwicklung der VR China bestimmt. Dieser Machtkampf endete mit der Verhaftung der Viererbande. Von diesem Zeitpunkt an geriet das bis dahin überwiegend positiv dargestellte Entwicklungsmodell China beträchtlich ins Wanken.

„Ein Hauptverbrechen der Viererbande (d. h. der Führungsgruppe der maoistischen Linken) in ihrem stereotypen Geschreibsel war es, Lügen zu erzählen. Sie waren unehrlich in Worten und Taten, gaben falsche Berichte heraus, brauten gefälschte typische Fälle zusammen, gingen mit falschen Erfahrungsberichten hausieren, fabrizierten falsche Geschichten ... Sie setzten Gerüchte in die Welt, die auf nichts als dünner Luft beruhten, und fabrizierten Fakten ... Sie übertrieben, spielten falsche Modelle hoch und prahlten nach Belieben."

Zeitung der chinesischen Streitkräfte, Oktober 1977, zitiert nach Jürgen Domes: Politische Landeskunde der VR China, Berlin: Colloquium Verlag, 1982 S. 9

In diese schonungslose Kritik mit eingeschlossen war damit auch die Produktionsbrigade Dazhai, die bis dahin als das Ideal für die Entwicklung des ländlichen China galt. „Lernt in der Landwirtschaft von Dazhai!" lautete die Devise, die während der Großen Proletarischen Kulturrevolution in allen Landesteilen an den Mauern zu lesen stand ... Nach dem Prinzip „Von jedem nach seinen Fähigkeiten, jedem nach seinen Bedürfnissen" wurden die Brigademitglieder nach möglichst gleichen Anteilen, unabhängig von der erbrachten Leistung, entschädigt. Im Gegensatz zu anderen Produktionsbrigaden fehlte hier die private Tierhaltung und die Privatparzelle, die als „kapitalistische Überbleibsel" bezeichnet wurden.
Der neue politische Kurs, der mit dem Schlagwort „Vier Modernisierungen" (Landwirtschaft, Industrie, Technologie/Wissenschaft, Militär) bezeichnet wird, enthält umfassende Reformen und grundsätzliche Veränderungen gegenüber den Positionen während der Großen Proletarischen Kulturrevolution. Auf dem 3. Plenum des XI. Zentralkomitees der KPCh am 22. Dezember 1978 wurde betont, daß die Steigerung der landwirtschaftlichen Produktion nur durch die Abkehr von den gleichmacherischen Grundsätzen möglich sei. Das Prinzip „Jedem nach seiner Leistung" wurde zum obersten Grundsatz erhoben.
Außerdem wurden die Produktionsgruppen bzw. die Einzelhaushalte dahin gehend aufgewertet, daß sie zusehends für die Planung und die Durchführung des landwirtschaftlichen Anbaus verantwortlich zeichnen. Über diese Maßnahme soll insbesondere die Privatinitiative der Bauern verstärkt und damit die Erhöhung der landwirtschaftlichen Produktion erreicht werden.

Regionale Disparitäten oder gleichwertige Lebensbedingungen? Durch die Veränderung des Entlohnungssystems ist ein besonders wichtiger Aspekt in den Vordergrund der Betrachtung gerückt, nämlich die in den verschiedenen Landesteilen erzielten Einkommen aus kollektiver Arbeit, bezogen auf die einzelne Arbeitskraft, miteinander zu vergleichen. Mit diesem Indikator, der in den offiziellen Quellen als kollektiv erwirtschaftetes Pro-Kopf-Einkommen (KEPKE) bezeichnet wird, ist es erstmals möglich, den Lebensstandard im ländlichen China zu erfassen und verschiedene Regionen miteinander zu vergleichen.
In diesem KEPKE sind die an die Bauern verteilten Naturalien nach offiziellen Preisen umgerechnet zwar mit enthalten, nicht erfaßt dabei werden aber der eingesetzte Arbeitsaufwand, das Niveau der Lebenshaltungskosten und das zusätzliche Einkommen der Bauern aus privatwirtschaftlicher Tätigkeit.

Tab. 11: Bevölkerung unter der offiziellen Armutslinie 1979 (nach Provinzen)

Provinzgruppe I (Armut über 25% Bevölkerung)	
Guizhou	61,7% = 13,7 Mio.
Gansu	41,2% = 6,6 Mio.
Ningxia	32,4% = 0,9 Mio.
Henan	27,0% = 12,8 Mio.

Die Volksrepublik China. In: Informationen zur politischen Bildung, 1983, Folge 198, S. 198, S. 21. Bundeszentrale für politische Bildung (Hrsg.), Bonn

Provinzgruppe II (Armut 5–25% Bevölkerung)	
Fujian	22,6% = 4,6 Mio.
Anhui	22,4% = 9,5 Mio.
Yunnan	20,0% = 5,5 Mio.
Shandong	19,7% = 12,8 Mio.
Xinjiang	16,3% = 1,1 Mio.
Shaanxi	7,7% = 1,8 Mio.
Hebei	7,1% = 3,2 Mio.
Shanxi	5,8% = 1,2 Mio.
Guangxi	5,4% = 1,6 Mio.
Jiangxi	5,4% = 1,4 Mio.

Provinzgruppe III (Armut 1–5% Bevölkerung)	
Zhejiang	4,2% = 1,3 Mio.
Jiangsu	4,1% = 2,0 Mio.
Guangdong	3,9% = 1,7 Mio.
Sichuan	1,9% = 1,6 Mio.
Rest: Armut unter 1%	
Gesamt-China	12,4% = 99,2 Mio.

Als „arm" werden diejenigen Teile (= Kreise) der Provinzen bezeichnet, deren Bevölkerung im Jahr unter 50 Yuan (1 Yuan = ca. 1,30 DM) verdient.

Noch größere Gegensätze zeigen sich auf der Ebene der Produktionsbrigaden: Die PB Baoxing auf der Insel Chonguing vor Shanghai verteilte im Jahre 1979 1055 Yuan pro Person, während die PB Dingbao in der Provinz Hebei lediglich 33 Yuan auszahlen konnte. Das entspricht einem Extremverhältnis von 1:32!

„. . . im März 1981 erbat die Regierung der VR China von der Kommission der Europäischen Gemeinschaft in Brüssel Notstands-Getreidelieferungen mit dem Hinweis, daß in den beiden Provinzen Hopei und Hupei, (vgl. Abb. 7, Seite 51) ‚Millionen von Menschen am Rande des Verhungerns' seien. Wenige Wochen später schließlich berichtete der Pekinger Korrespondent der New York Times, James P. Sterba, aufgrund von Informationen durch chinesische Beamte, daß 130 Millionen Menschen in neun Provinzen Nord- und Zentralchinas an akuter Nahrungsmittelknappheit gefährlichen Ausmaßes litten."

Jürgen Domes: Politische Landeskunde der VR China. Berlin: Colloquium Verlag 1982 S. 10

Die Fragen nach den Ursachen dieser extremen regionalen Unterschiede sowie die mittel- und langfristige Strategie zum Abbau dieser Disparitäten stehen im Mittelpunkt eines programmatischen Textes von Zhan Wu, Direktor des Instituts für Agrarökonomie der chinesischen Akademie für Sozialwissenschaften, der mit erstaunlicher Offenheit unter anderem auch auf die Fehler, die in der Vergangenheit gemacht worden sind, eingeht.

„Die Produktionsgruppe ist im allgemeinen die Einheit, die am meisten auf Wirtschaftlichkeit achtet und die auch am besten mit den lokalen Bedingungen vertraut ist. Sie versteht sich darauf, entsprechend den lokalen Bedingungen Maßnahmen zur Steigerung der Produktion und des Einkommens zu ergreifen. Wirtschaftlichen Schaden erlitten die Produktionsgruppen meist dann, wenn ihr Selbstbestimmungsrecht eingeschränkt wurde. Die wichtigsten Formen solcher Einschränkungen sind folgende:

– Der unentgeltliche Abzug von Arbeitskräften, Finanzmitteln und Materialien aus den Produktionsgruppen belastet sie in ungerechtfertigter Weise zusätzlich.
– Zuweilen kommt es zu blindem Kommandismus. Im Kreis Taoyüan (Hunan) ging beispielsweise ein Sekretär in einer bestimmten Produktionsgruppe an die Basis und verlangte dort, daß die Getreideproduktion unabhängig von entstehenden Selbstkosten auf das staatliche Normniveau angehoben werden müsse. Er zwang die Gruppe, pro Hektar 32 statt 25 dt Kunstdünger zu geben. Das hatte

zur Folge, daß der Hektarertrag mit 60,5 dt wohl die Norm erreichte, aber für einen Arbeitstag konnten schließlich nur noch 0,148 Yuan vergütet werden. Die Produktion stieg also, während die Bauern weniger einnahmen ...

Wie kann dieses den Interessen der Bauern zuwiderlaufende, unökonomische Vorgehen eingedämmt werden? Ich meine, das wichtigste ist die Achtung des Selbstbestimmungsrechts der Bauern. Die Produktionsgruppen müssen wirklich die Verfügungsgewalt haben, entsprechend den konkreten zeitlichen und örtlichen Bedingungen den Ackerbau zu planen und durchzuführen; selbst über die erforderlichen Maßnahmen zu entscheiden; selbst die Form der Bewirtschaftung zu bestimmen; selbst über die ihnen zustehenden Produkte und Bargeldmittel zu verfügen; und schließlich müssen sie auch berechtigt sein, sich gegen blinden Kommandismus aller Führungsorgane und Führungspersonen zu stellen. Natürlich ist das kein Verzicht auf eine konkrete Führung und bedeutet auch keine Absage an wissenschaftliche und technische Anleitung ...

Unter den heutigen Bedingungen kann China nur beschränkt Finanzmittel, Devisen, Materialien und technische Kräfte in die landwirtschaftliche Modernisierung stekken. Deswegen sollen diese Mittel nicht gleichmäßig eingesetzt und breitflächig übers Land verstreut werden, sondern zunächst jenen Einheiten gegeben werden, die über relativ gute natürliche und wirtschaftliche Bedingungen verfügen, eine relativ hohe Handelsrate haben, in denen die Investitionen relativ großen Nutzen bringen, und die schließlich eine bestimmte regionale Bedeutung haben. Dies sind die Schwerpunkt-Staatsfarmen, die Außenbezirke von großen und mittleren Städten und insbesondere die Schwerpunktbasen, die gezielt für den Markt produzieren (Getreide, Wirtschaftspflanzen, Forst- und Viehwirtschaft, Fischerei, Obstanbau und Exportbasen). Erst danach soll die Modernisierung auf die anderen Einheiten ausgedehnt werden. Hierfür sprechen folgende Vorteile:

– Der Nutzen der landwirtschaftlichen Entwicklungsmaßnahmen ist größer und schneller sichtbar. Auch bezogen auf die landesweite Agrarproduktion und Modernisierung werden die Ergebnisse recht gut sein.
– Die Akkumulation erfolgt in diesen Einheiten etwas schneller; folglich kann den anderen Einheiten – insbesondere den armen Volkskommunen und Produktionsbrigaden – besser geholfen werden.
– Es können schneller erfolgreiche Modelleinheiten geschaffen werden, die anderen als Vorbild dienen.

Die Mechanisierung soll nicht nur eine erhebliche Steigerung des Gesamtertrages, sondern auch der Einkommen und der Arbeitsproduktivität bringen. Es folgen Beispiele für eine derartige Politik:

Ackerbau. In den von einem engen Fluß- und Kanalnetz durchzogenen Ebenen im Jangtse-Delta und in den Jianghan-Ebenen, die durch Überschwemmungen und Vernässung besonders gefährdet sind, steht die Mechanisierung der Bewässerung an absolut erster Stelle; nur so können die Bedingungen für eine stabile und hohe Produktion geschaffen werden. In den Regionen Nordosten, Nordchina und Südchina fällt die Ernte mit der Regenzeit zusammen. Bei ungünstigem Regen verfault schon reifes Getreide schnell, und enorme Verluste müssen in Kauf genommen werden. Hier ist deshalb die Mechanisierung der Ernte, des Dreschens und des Trocknens sehr dringend.

In den Berg- und Hügelgebieten stellt der Transport das größte Problem dar. Jährlich müssen ca. 30 bis 40% der Arbeitskräfte für die vielfältigsten Transportaufgaben abgestellt werden. Dennoch verzögert sich oft der Antransport der Produktionsmittel und der Abtransport von (schlecht lagerbaren) Lokalprodukten. Auch dies führt zu großen Verlusten. Hier ist also die Mechanisierung des Transportes vordringlich.

Viehwirtschaft. Im Winter fehlen in den weiten Viehzuchtgebieten Lagermöglichkeiten für Futtermittel und Einrichtungen zum Schutz gegen Kälte. Der traditionelle Zyklus

– fettes Vieh im Sommer, kräftiges Vieh im Herbst, abgemagertes Vieh im Winter und totes Vieh im Frühjahr – ist vielfach noch nicht durchbrochen, und alle Jahre kommt es zu großen Viehsterben. Das Problem der Heulagerung und entsprechender Verarbeitungsmaschinen muß dringend gelöst werden. Da auch Kühlhauser fehlen, können die Tiere weder, wenn sie fett sind, noch an Ort und Stelle geschlachtet werden. Entweder schlachtet man sie in den Wintermonaten oder treibt sie in die nächste Mittel- oder Großstadt. In beiden Fällen treten durch Gewichtsveränderung enorme Verluste ein. Auch gibt es sehr viele Milchkühe und -schafe, die wegen mangelnder Lagermöglichkeiten für Milch nicht ausreichend abgemolken werden können. Hier werden also dringendst Verarbeitungsmaschinen und Gefrieranlagen benötigt."

Zhan Wu: Der chinesische Weg zur landwirtschaftlichen Modernisierung. Geochina 5. München: Selbstverlag des Geographischen Instituts 1980, Auszüge aus den Seiten 14–26

Abb. 7: Wirtschaftsregionen und Provinzen in China

Heiner Dürr und Urs Widmer: Provinzstatistik der Volksrepublik China. Mitteilungen des Instituts für Asienkunde Hamburg, Nr. 131. Hamburg: Wittborn und Söhne 1983, Anhang

Nordost
(1) Heilungkiang (Heilongjiang)
(2) Kirin (Jilin)
(3) Liaoning (Liaoning)
Nord
(4) Schansi (Shanxi)
(5) Hopeh (Hebei)
(6) A. R. Innere Mongolei (Nei Mongol)
(7) Peking (Bejing)
(8) Tientsin (Tianjin)

Nordwest
(9) Schensi (Shaanxi)
(10) Kansu (Gansu)
(11) Tsinghai (Qinghai)
(12) A. R. Ningshia (Ningxia)
(13) A. R. Sinkiang (Xinjiang)
Südwest
(14) Jünnan (Yunnan)
(15) Kweitschou (Guizhou)
(16) Szetschwan (Sichuan)
(17) Tibet (Xizang)

Südost
(18) Kwangtung (Guangdong)
(19) Honan (Henan)
(20) Hupeh (Hubei)
(21) Hunan (Hunan)
(22) A. R. Kwangsi (Guangxi)
Ost
(23) Fukien (Fujian)
(24) Kiangsi (Jiangsi)
(25) Tschekiang (Zhejiang)
(26) Kiangsu (Jiangsu)
(27) Anhwei (Anhui)
(28) Schantung (Shandong)
(29) Schanghai (Shanghai)

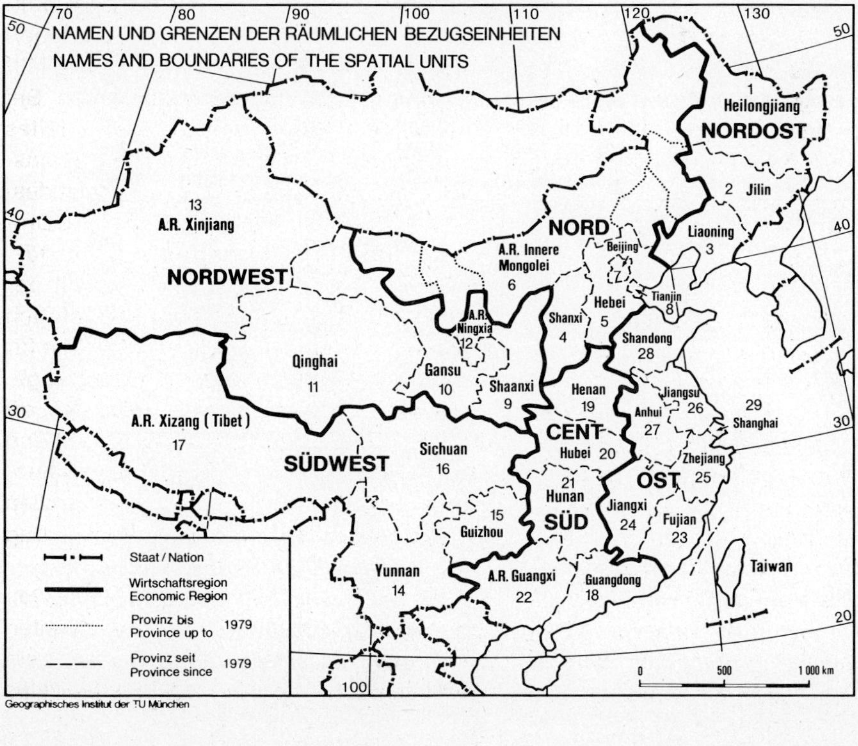

Geographisches Institut der TU München

Tab. 12: Gesamtgetreideproduktion ausgewählter Jahre und ausgewählte Agrarprodukte in 1000 t, 1981

Region/Provinz	Getreideproduktion 1949	1953	1957	1979	1981	Produktion ausgewählter Agrarprodukte Reis	Weizen	Mais	Soja	Knollen-frücht
Nordost										
(1) Heilongjiang	5 750	7 110	7 859	14 630	12 500	560	3 140	4 415	2 015	45
(2) Jilin	k. A.	5 853	5 434	9 030	9 220	1 125	155	5 275	790	24
(3) Liaoning	4 010	5 715	6 702	11 940	11 605	2 490	55	5 820	625	9
Summe		18 678	19 995	35 600	33 325	4 175	3 350	15 510	3 430	78
Nord										
(4) Shanxi	2 590	4 322	3 565	8 010	7 250	55	1 615	2 430	125	46
(5) Hebei	4 683	8 125	10 100	17 790	15 750	710	4 175	6 475	305	1 09
(6) Nei Mongol	1 850	3 544	2 957	5 100	5 100	40	1 000	1 425	195	37
(7) Beijing	410	123	197	1 730	1 805	215	560	785	10	2
(8) Tianjin	230	134	250	1 390	1 070	125	210	545	25	2
Summe	9 763	16 248	17 069	34 020	30 975	1 145	7 560	11 660	660	1 97
Nordwest										
(9) Shaanxi	3 310	4 740	4 523	9 090	7 500	530	3 540	2 025	105	49
(10) Gansu	2 100	3 025	5 065	4 620	4 350	15	2 320	675	35	32
(11) Qinghai	296	331	644	820	800		500	k. A.	k. A.	5
(12) Ningxia	321	0	0	1 060	1 265	370	540	65	10	4
(13) Xinjiang	870	1 720	2 034	3 940	3 900	260	2 225	1 230	15	2
Summe	6 897	9 816	12 266	19 530	17 815	1 175	9 125	3 995	165	93
Südwest										
(14) Yunnan	3 960	4 961	6 447	7 930	9 170	4 360	735	2 695	75	53
(15) Guizhou	2 000	3 773	5 356	6 230	5 675	2 870	320	1 825	100	38
(16) Sichuan	14 945	18 310	23 258	32 010	34 655	16 390	5 140	5 940	225	5 13
(17) Xizang	163	k. A.	k. A.	420	485	5	130	5	k. A.	k. A
Summe	21 068			46 590	49 985	23 625	6 325	10 465	400	6 05
Südost										
(18) Guangdong	7 240	10 265	12 266	17 380	16 555	14 790	140	65	120	1 36
(19) Henan	7 360	11 240	12 300	21 340	23 145	2 045	10 835	4 805	1 540	2 85
(20) Hubei	5 780	9 067	11 345	18 490	17 070	12 000	2 485	1 025	175	92
(21) Hunan	6 400	10 338	11 324	22 180	21 705	19 985	265	210	165	90
(22) Guangxi	4 325	5 450	5 405	11 730	11 495	9 815	20	1 200	140	18
Summe	31 105	46 360	52 640	91 120	89 970	58 635	13 745	7 305	2 140	6 21
Ost										
(23) Fujian	2 850	3 905	4 442	7 620	8 100	6 810	205	k. A.	90	94
(24) Jiangxi	k. A.	5 750	7 060	12 970	12 685	12 165	95	10	110	27
(25) Zhejiang	k. A.	7 155	7 904	16 120	14 195	11 810	745	160	115	72
(26) Jiangsu	7 390	11 750	12 229	25 140	25 115	13 065	5 260	1 735	475	1 58
(27) Anhui	6 392	9 085	12 350	16 090	17 875	9 450	4 355	395	905	2 20
(28) Shandong	8 830	11 077	12 968	24 720	23 125	650	8 700	7 940	830	4 28
(29) Shanghai	k. A.	44	33	2 590	1 855	1 250	175	30	5	k. A
Summe		48 766	56 986	105 250	102 950	55 200	19 535	10 270	2 530	10 01
Summe China	104 055	166 912	194 017	332 110	325 020	143 955	59 640	59 205	9 325	25 97

Heiner Dürr, Urs Widmer: a.a.O., S. 99–100, 111

8. *Erörtern Sie anhand der entsprechenden Textstellen die von Zhan Wu mit schonungsloser Offenheit angeprangerten Mängel und Fehlentwicklungen in der Vergangenheit im Bereich der landwirtschaftlichen Entwicklung.*

9. *Beschreiben und erklären Sie die von Zhan Wu aufgeführten Schritte und Instrumente, die zur regionalen Verwirklichung der Modernisierungsmaßnahmen in der Landwirtschaft und damit zum Abbau der regionalen Disparitäten ergriffen werden müssen. Wel-*

Tab. 13: Anbauflächen und Handtraktoren

	Gesamtfläche 1980 (1000 km²)	Ackerland in 1000 ha 1979	Ackerland in % der Gesamtfläche	Zahl der Ernten pro Jahr und Fläche (1979)	bewässerte Fläche in % der Ackerfläche	Handtraktoren, Bestand am Jahresende 1965–1981			
						1965	1975	1979	1981
Nordost									
(1) Heilongjiang	469	8 662	18,47	0,98	7	24	6 800	26 000	42 000
(2) Jilin	180	4 052	22,51	1,00	14	25	9 600	27 000	27 000
(3) Liaoning	146	3 787	25,93	1,05	21	160	24 300	47 000	44 000
Summe	795	16 501	20,75	1,00	12	209	40 700	100 000	113 000
Nord									
(4) Shanxi	156	3 924	25,15	1,10	29	22	7 400	30 000	34 000
(5) Hebei	185	6 659	35,99	1,39	55	62	19 400	106 000	118 000
(6) A.R. Mongol.	1 200	5 347	4,45	0,91	22	11	3 600	16 000	15 000
(7) Beijing	17	427	25,11	1,59	80	301	15 800	25 000	24 000
(8) Tianjin	11	468	42,54	1,47	81	0	2 900	8 000	8 000
Summe	1 569	16 825	10,72	1,18	40	396	49 100	185 000	199 000
Nordwest									
(9) Shaanxi	199	3 839	19,29	1,33	32	9	18 700	63 000	75 000
(10) Gansu	450	3 555	7,9	0,98	24	17	14 800	52 000	57 000
(11) Qinghai	720	579	0,8	0,88	27	6	5 200	13 000	14 000
(12) Ningxia	66	898	13,6	1,01	26	15	4 600	15 000	18 000
(13) Xinjiang	1 650	3 200	1,93	0,91	81	149	3 200	12 000	15 000
Summe	3 085	12 071	3,9	1,07	42	196	46 500	155 000	179 000
Südwest									
(14) Yunnan	390	2 781	7,1	1,48	33	19	11 000	31 000	34 000
(15) Guizhou	170	1 898	11,16	1,59	25	37	4 600	9 000	8 000
(16) Sichuan	570	6 625	11,62	1,79	45	333	26 100	82 000	106 000
(17) Xizang	1 200	230	0,19	0,97	67	0	800	4 000	6 000
Summe	2 330	11 534	4,95	1,66	39	389	42 500	126 000	154 000
Südcent									
(18) Guangdong	212	3 218	15,17	2,17	67	152	51 900	119 000	140 000
(19) Henan	167	7 139	42,74	1,53	51	311	34 300	106 000	150 000
(20) Hunei	187	3 755	20,08	2,07	63	280	43 800	98 000	114 000
(21) Hunan	212	3 470	16,63	2,42	71	60	17 400	56 000	71 000
(22) Guanxi	230	2 628	11,42	1,94	56	59	22 500	89 000	108 000
Summe	1 008	20 210	20,04	1,94	60	862	169 900	468 000	583 000
Ost									
(23) Fujian	120	1 295	10,79	2,04	68	118	21 000	56 000	72 000
(24) Jiangxi	167	2 533	15,16	2,25	65	86	6 100	48 000	60 000
(25) Zhejiang	100	1 832	18,32	2,47	83	59	34 900	80 000	110 000
(26) Jiangsu	102	4 650	45,58	1,83	72	551	103 900	225 000	285 000
(27) Anhui	139	4 456	32,05	1,80	57	25	28 800	101 000	123 000
(28) Shandong	150	7 260	48,4	1,47	61	410	32 100	96 000	126 000
(29) Shanghai	6	356	59,33	2,17	98	655	22 900	31 000	33 000
Summe	784	22 382	28,54	1,82	66	1 904	249 700	637 000	809 000
China	9 571	99 523	10,39	1,49	45	3 956	598 400	1 671 000	2 037 000

Heiner Dürr u. Urs Widmer: a. a. O., S. 4, 93, 176

che Rolle spielt in diesem Zusammenhang der von ihm geforderte Grundsatz „Jeder nach seinen Fähigkeiten, jeder bekommt entsprechend der Leistung"? Belegen Sie Ihre Aussagen anhand der entsprechenden Textstellen.

10. *Die Intensivierung und Mechanisierung der chinesischen Landwirtschaft war und ist eines der obersten Ziele der Agrarpolitik. Zeigen Sie anhand der Tabelle 13 die in diesem Bereich umgesetzten Maßnahmen.*

1.3 Sultanat Oman: Landesentwicklung in einem arabischen Erdölförderland

Abb. 1: „Steht nicht so herum – geht einkaufen" (aus Chicago Daily News)

Die vordergründige, weitverbreitete Einschätzung der Erdölförderländer auf der Arabischen Halbinsel wird über die Inhalte der Karikatur offensichtlich.

Diese Vorurteile werden vielfach durch Presseberichte in der breiten Öffentlichkeit noch verstärkt und gefördert: Man berichtet von überdimensionalen Entwicklungsprojekten wie beispielsweise der Werft von Bahrain, in der nur wenige Großtanker pro Jahr gewartet werden. Andererseits deuten diese Großprojekte darauf hin, daß Fragen der Landesentwicklung und damit der Schaffung von Arbeitsplätzen außerhalb der traditionellen Wirtschaftsbereiche wie Wanderweidewirtschaft (Nomadismus), Oasenwirtschaft sowie Handel und Handwerk sehr ernst genommen werden.

Unbestritten ist die Tatsache, daß diese Erdölförderländer heute aufgrund ihrer hohen Fördermengen und insbesondere aufgrund ihrer sehr hohen Reservemengen eine wichtige weltwirtschaftliche und weltpolitische Stellung einnehmen.

Tab. 1: Strukturdaten: Erdölförderländer der Arabischen Halbinsel

	Bevölkerung (1979, in Tsd.)	Fläche (in Tsd. km²)	LNF (in Tsd. km²)	Anteil der städt. Bevölk.	Prokopfeinkommen (1979 in US-$)	Außenh. in Mio. US-$ Einfuhr (1980)	Ausfuhr (1980)	Anteil des Erdöls an der Ausfuhr (in %)
Saudi-Arabien	8 396	2 149,7	7,0	21	6 590	30 177	109 111	95,5
Oman	867	212,5	0,36	5	2 790	1 387	2 284	87,5
Vereinigte Arab. Emirate	883	83,6	0,08	65	15 020	8 752	20 632	93
Kuweit	1 262	17,8	0,01	84	15 970	5 204	18 418	81,4
Katar	239	11,0	0,02	69	15 050	1 429	5 684	91,5
Bahrain	285	0,669	0,02	78	4 060	2	2	80,9

Nach Diercke Weltstatistik 82/83: Braunschweig: Westermann 1982, verschiedene Seiten

Tab. 2: Beschäftigtensituation nach Nationalitäten (1975)

	Einheimische Anzahl	in %	Ausländer Anzahl	in %	Gesamt
Saudi-Arabien	1 026 500	57	773 400	43	1 799 900
Kuweit	449 200	30,6	208 000	69,4	657 200
VAE	45 000	15,2	251 500	84,8	296 500
Oman	137 000	66	70 700	34	207 700
Bahrain	45 800	60,4	30 000	39,6	75 800
Katar	12 500	18,9	53 700	81,1	66 200

J. S. Birks and C. A. Sinclair: International migration and development in the Arab region. Geneva: International Labour Office 1980, S. 148

1.3.1 Landesentwicklung und traditionelle Wirtschaftsformen in Oman

Landesentwicklungskonzeption

In einer unblutigen Palastrevolution im Jahre 1970 setzte Omans junger Sultan Qaboos seinen Vater ab und leitete damit nach nahezu einhundertjähriger Isolation die Öffnung seines Landes ein. Seine erklärte Absicht war es, die seit dem Beginn der Erdölförderung im Jahre 1967 gehorteten Staatseinnahmen dem ganzen Volke zukommen zu lassen, um damit sein Land „aus dem Mittelalter in die Neuzeit“ zu führen.

In seiner ersten öffentlichen Rede am 23. Juli 1970 erläuterte Sultan Qaboos die anspruchsvollen Ziele der Landesentwicklung, die anschließend im 1. Fünfjahresplan präzisiert wurden:

- Schaffung eines omanischen Nationalbewußtseins durch Abbau der tribal-sozialen Denkstrukturen,
- Überwindung der, vor allem durch die Isolation verursachten, Rückständigkeit in Infrastruktur, Gesellschaft und Wirtschaft,
- Aufbau einer nicht einzig auf Erdöl basierenden, sondern auf Diversifizierung ausgerichteten Wirtschaft,
- Schaffung einer landesweit ausgeglichenen wirtschaftlichen, infrastrukturellen und administrativen Ausstattung,
- Schaffung von staatlichen Anreizen zur Förderung der privatwirtschaftlichen Aktivitäten,
- gleichmäßige Verteilung der staatlichen und privaten Investitionen in allen Landesteilen, dadurch
- Verhinderung der Abwanderung aus dem Hinterland in die zunächst schwerpunktmäßig zu entwickelnde Capital Area.

Nach Fred Scholz: Zur Entstehung von „Zentrum“ und „Peripherie“. Das omanische Entwicklungskonzept und Probleme bei seiner Realisierung. In: DGFK-Hefte, 12, S. 127/128

Abb. 2: Modell des omanischen Entwicklungsweges (schwerpunktmäßiger Ausbau der zentralen Orte mit unterschiedlichem Ausstattungsgrad, zunächst Capital Area mit Maskat und Matrah)

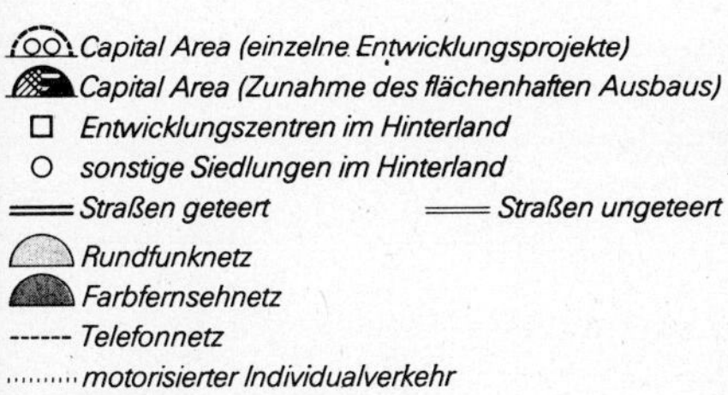

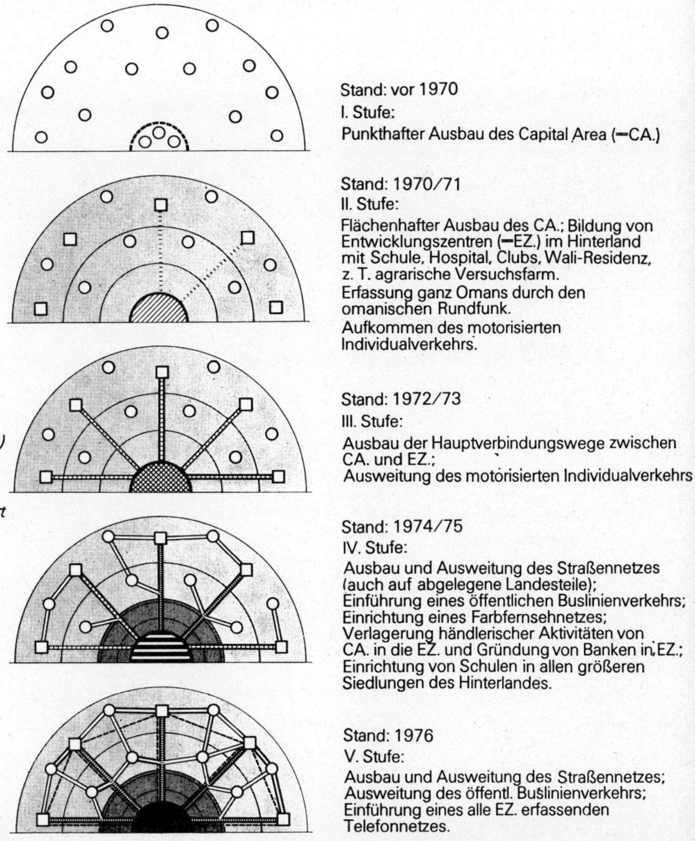

Fred Scholz: Sultanat Oman: Ein Entwicklungsland im Südosten der Arabischen Halbinsel. In: Die Erde, 108, 1977, S. 37. Berlin: Gesellschaft für Erdkunde

Die räumliche Umsetzung dieses politischen Konzepts sollte mit Hilfe eines Systems zentraler Orte unterschiedlichen Ausstattungsgrades erfolgen, wobei zunächst die Capital Area (Maskat, Matrah) und anschließend die traditionellen Siedlungszentren (Oasen) schwerpunktmäßig ausgebaut werden sollten.

Diese Entwicklungskonzeption ist nur verständlich auf dem Hintergrund der Erdölfördermengen und den damit verbundenen Steigerungen der Staatseinnahmen, insbesondere in den Jahren 1973 und 1979.

Offen bleiben in diesem Zusammenhang zunächst die Fragen, inwieweit diese anspruchsvollen Ziele in der angekündigten Form realisiert worden sind und in welcher Weise sich dadurch die traditionellen Gesellschafts- und Wirtschaftsformen verändert haben.

Tab. 3: Erdölförderung, Exportmengen und Staatseinkünfte 1967–1982

	Fördermenge in Mio. Barrels[1]	Exportmengen in Mio. Barrels	Erdöleinkünfte in Mio. Rials Omani[2]
1967	20,9	20,9	1,9
1969	119,7	119,2	38,5
1971	107,4	107,4	47,7
1973	107,0	107,0	60,6
1975	124,6	124,6	369,8
1977	124,1	122,0	482,2
1979	107,7	107,5	634,6
1981	119,7	120,0	1125,4
1982	122,5	118,8	1057,3

1) 1 barrel = 159 l, 2) 1 Rial Omani: ca. 7.50 DM (1975)
Statistical Yearbook, Sultanate Oman, Maskat 1982, Seite 127 und Second Five Year Plan, Maskat, 1981

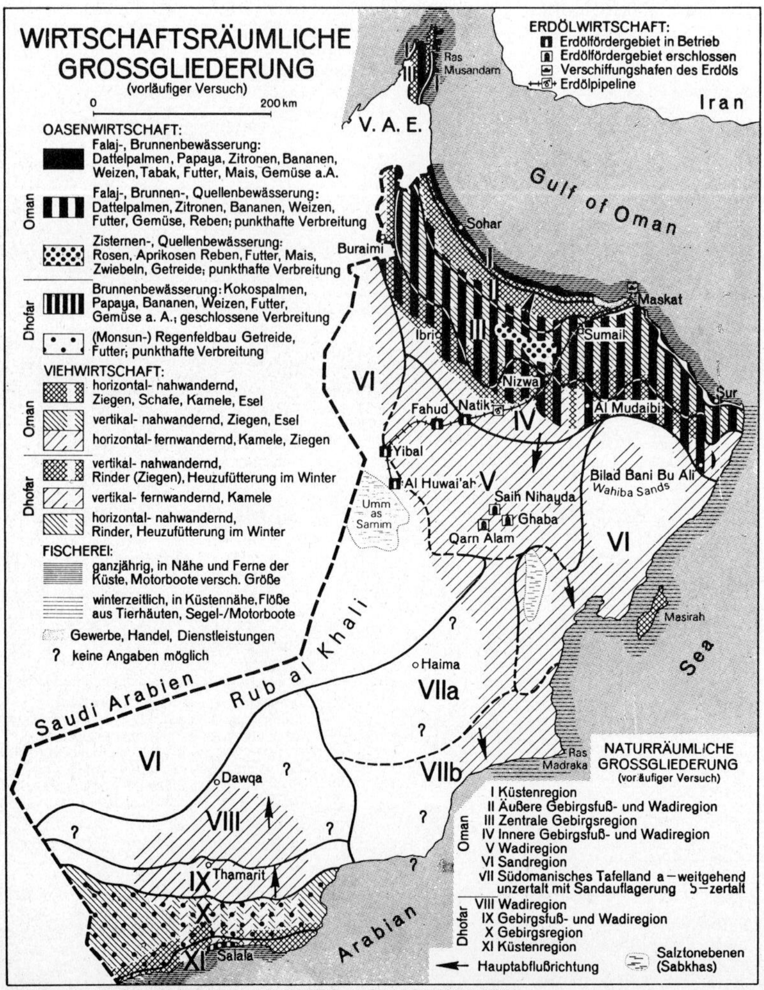

Quelle: Zusammengestellt nach: Topogr. Karte: Oman and United Arab Emirates 1:100 000 Joint Operations Graphic-Ground 1:250 000 Luftbilder von 1970, 1974, 1975; vgl. Text u. Karten d. Verf.

Abb. 3: Wirtschaftsräumliche Großgliederung

Fred Scholz: a.a.O., S. 30

Traditionelle Wirtschaftsformen und Naturraum

Die in weiten Teilen wüstenhafte Landesnatur bietet nur mobilen, Wanderweidewirtschaft treibenden Bevölkerungsgruppen eine wirtschaftliche Grundlage. Die Stammesgebiete der traditionell horizontal-fernwandernden Nomadengruppen liegen im Bereich Inner-Omans (Naturraum IV, V, VI).

Ihre saisonalen Wanderbewegungen verlaufen meist entlang der dortigen Wadiläufe, deren mächtige Schotterkörper ausgezeichnete Grundwasserspeicher sind. Diese bilden die Grundlage der lebenswichtigen Wasserversorgung für Mensch und Tier. Wadiläufe bilden aber auch die Grenzen zwischen den drei größten Stammesgebieten Inner-Omans: den Durus im Westen, den Jenabas im Zentrum und den Wahibas im Osten.

Die Sommeraufenthaltsgebiete dieser drei Stämme liegen in unmittelbarer Nähe der Oasenzone, die sich in einem breiten Band im nördlichen Teil der inneren Gebirgsfuß- und Wadiregion (Naturraum IV) erstreckt. Diese Oasen sind die traditionellen Plätze des Warenaustausches zwischen den Beduinen und den seßhaften Stämmen (hadr). Die männlichen Stammesangehörigen der Wahibas und Jenabas verdingen sich häufig während dieser Zeit aufgrund fehlenden Landbesitzes in den Oasen bei den Seßhaften zur Dattelernte. Die führenden Stammesmitglieder der Durus hingegen besitzen in den Oasen ihres Stammesbereichs ausgedehnte landwirtschaftliche Nutzflächen, meist mit umfangreichem Dattelpalmenbestand. Die Hadr-Stämme treten in diesem Fall als Pächter auf.

Weitere Unterschiede bestehen zwischen diesen Stämmen in ihren zusätzlichen wirtschaftli-

Abb. 4: Oase Bahla, innere Gebirgsfuß- und Wadi-Region. Ca. 25 km westlich von Nizwa

chen Aktivitäten. So betreiben die Durus neben der bedeutsamen Kamelzucht den Handel mit Salz, das sie im Bereich des Winteraufenthaltsgebietes in der Salztonebene Umm as Samim gewinnen, in die Oasen transportieren und dort verkaufen. Die Jenabas und die Wahibas betreiben in den Winteraufenthaltsgebieten an der Südostküste Fischfang. Die getrockneten und gesalzenen Fische dienen einerseits als zusätzliche Nahrungsgrundlage, andererseits werden sie als wertvolles Viehfutter, insbesondere für trächtige Kamele, verwendet.
Weitere Nomadenstämme, die sich bezüglich der Wanderungsdistanz, der Art der Wanderung sowie bezüglich der gehaltenen Tiere unterscheiden, kommen im Bereich der äußeren Gebirgsfuß- und Wadiregion, der Küstenregion sowie in der zentralen Gebirgsregion vor, ebenso im Übergangsbereich zwischen dem Oman-Gebirge und der inneren Gebirgsfuß- und Wadiregion (vgl. Abb. 4).

Die wirtschaftliche Grundlage der Oasen basiert auf den mächtigen Grundwasservorkommen in den Wadikörpern, die durch Brunnen- oder Falaj-Anlagen gesammelt und gefördert werden (Naturraum I und IV). Beim Falaj-Bewässerungssystem handelt es sich um künstlich geschaffene unterirdische Kanäle, die eine Länge von mehreren Kilometern erreichen können. Anbauprodukte sind Dattelpalme, Getreide, Zitrusfrüchte, Gemüse und Futterpflanzen.
Die vielfach heute noch vorhandenen Teile der Befestigungsanlagen der Oasensiedlungen Inner-Omans, insbesondere im nördlichen Teil der inneren Gebirgsfuß- und Wadiregion, verweisen auf deren ehemalige stadtstaatenähnliche Funktion.
Im Bereich der Küstenregion nehmen die Hafenstädte Maskat und Matrah eine führende Rolle als Handels- und Wirtschaftszentrum ein, während Sohar, Sur und Salalah ihre ehemalig dominierende Funktion eingebüßt haben.

1.3.2 Entwicklungstendenzen in der Capital Area

Abb. 5: Räumliche Entwicklung und funktionale Gliederung der Capital Area

Fred Scholz: Sultanat Oman: Ein Entwicklungsland im Südosten der Arabischen Halbinsel. In: Die Erde, 108, 1977, S. 38, Berlin: Gesellschaft für Erdkunde, verändert

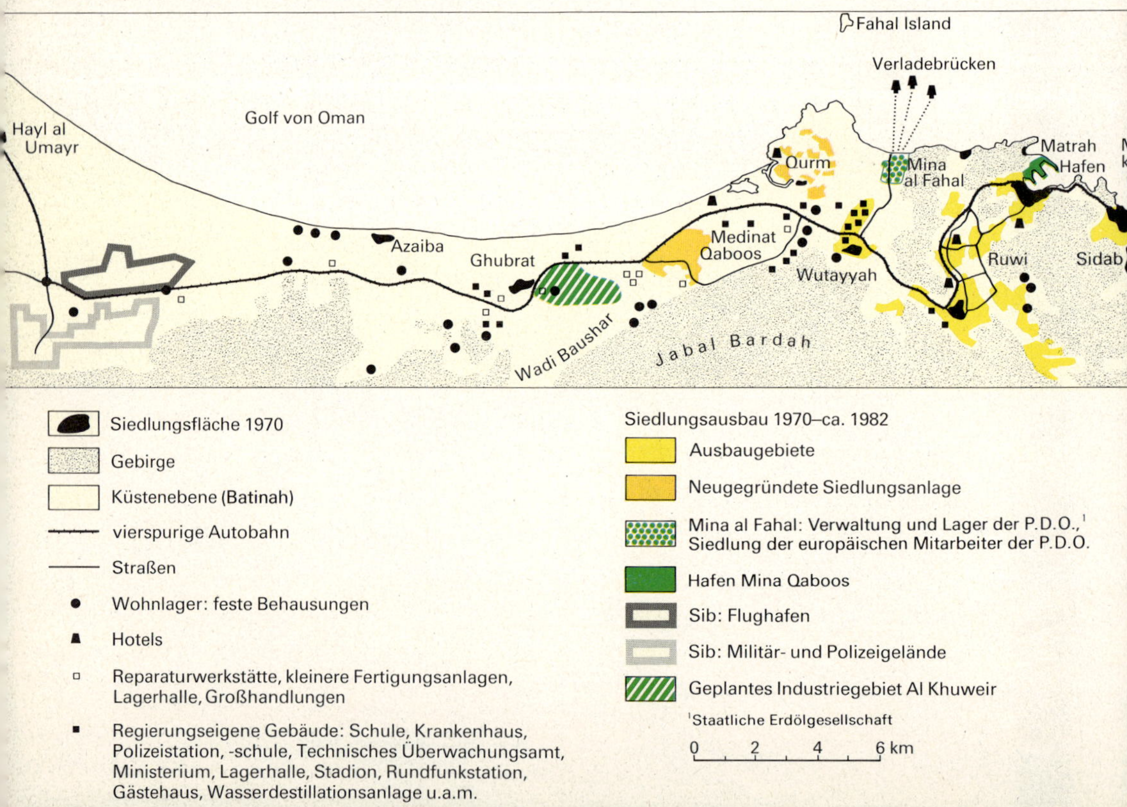

Erster und wichtigster Schwerpunkt im omanischen Entwicklungskonzept bildet die Capital Area mit den beiden Siedlungszentren Maskat und Matrah. Der Vergleich der räumlichen Ausdehnung und der funktionalen Veränderungen in den Jahren 1970 und ca. 1980 vermittelt einen ersten Eindruck von der Dynamik in diesem Raum.

Die angestrebten Ziele innerhalb der Capital Area zeichnen sich deutlich ab: Maskat mit dem Sitz des Sultans und wichtiger Ministerien soll hauptsächlich der Repräsentation dienen, während Matrah und Matrah-Ruwi zum wirtschaftlichen Zentrum des Landes ausgebaut werden sollen. Der Teilraum Wutayyah/Qurm weist vorwiegend Wohn- und kulturelle Funktion auf.

Die Fülle der neugeschaffenen Einrichtungen im technischen und sozialen Infrastrukturbereich ist für die starke Zunahme der Einwohnerzahl in der Capital Area verantwortlich: 1970 wohnten ca. 5000, um 1980 ca. 80–90000 Einwohner in dieser Region.

Matrah und Matrah-Ruwi: Wirtschaftszentrum Omans

Abb. 6: Matrah

Blickrichtung: von der Seeseite nach Südwesten, Hafen Mina Qaboos unter Beteiligung der deutschen Firma Hochtief 1974 fertiggestellt; Mittelgrund: Matrah mit neugebauter Uferstraße Corniche, dem Suq und den Wohngebieten; im Hintergrund, jenseits des Gebirgsriegels, liegt Matrah-Ruwi.

Physiognomische und funktionale Veränderungen im Suq von Matrah

Die überragende zentralörtliche Bedeutung von Matrah wird durch die Entwicklung des Haupteinkaufsbereichs, des Groß- und Einzelhandelssuq, deutlich. Seine Veränderungen spiegeln insbesondere die privaten Investitionstätigkeiten wider, zugleich aber ist er Ausdruck der gestiegenen Kaufkraft der Bevölkerung, sowohl im Bereich der Capital Area als auch in den übrigen Landesteilen.

Abb. 7: Aufriß und Stockwerksgliederung des Suq 1970 und 1977

Fred Scholz: Sultanate of Oman. Stuttgart: Klett 1980, S. 259, Part I

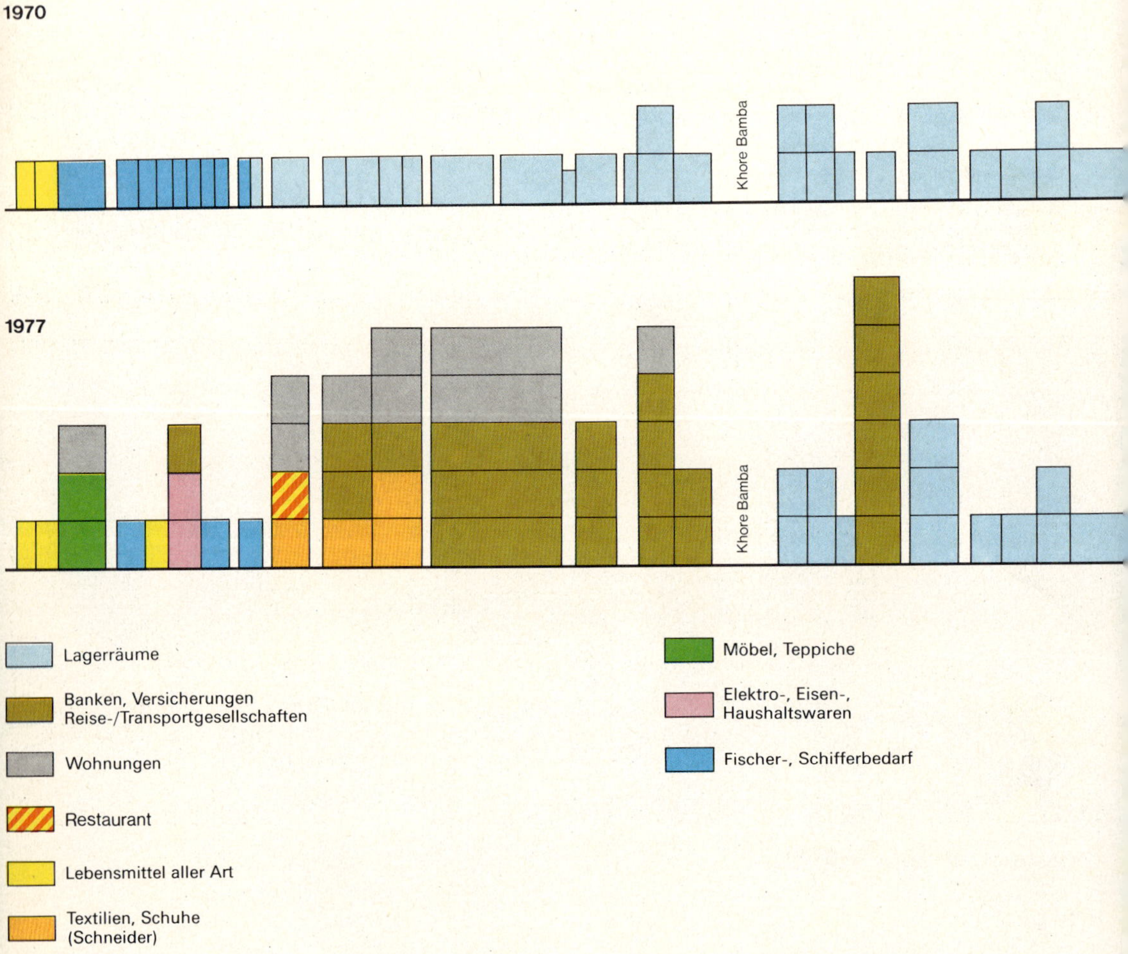

Abb. 8: Der Suq von Matrah 1970 und 1982

Fred Scholz: Sultanate of Oman. Stuttgart: Klett 1980, S. 258, Part I und unveröffentlichte Kartierung des Suqs, August 1982 (mit freundlicher Genehmigung)

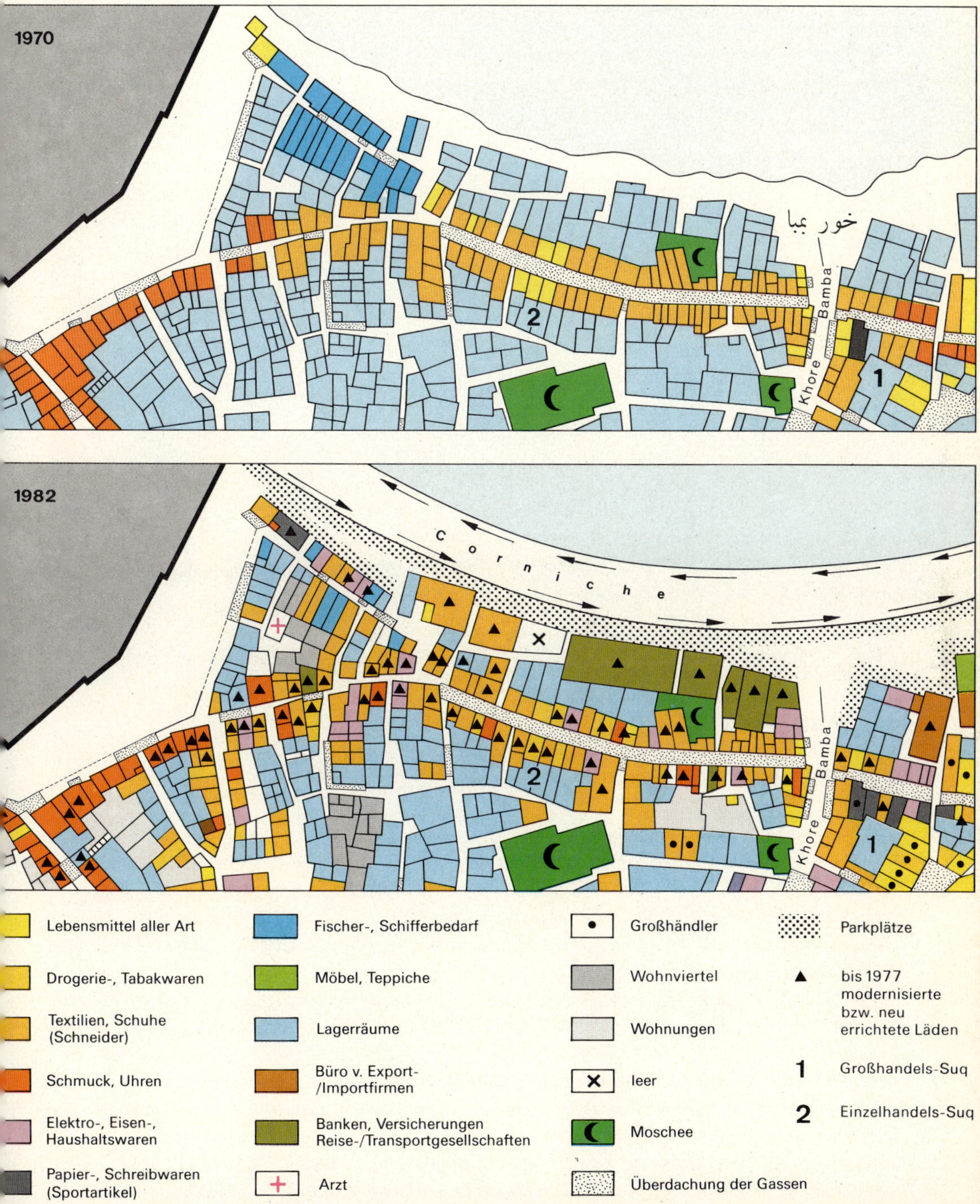

Abb. 9: Ausbaugebiet Matrah-Ruwi

1 Moschee; 2 Koreanische Botschaft; 3 Ministerium für Landschafts- und Stadtplanung; 4 reines Wohnviertel; 5 Botschaft der Arabischen Republik Jemen; 6 Al-Falaj-Hotel; 7 Postministerium, Justizministerium, Elektrizitäts- und Wasserministerium; 8 Diplomaten-Viertel mit den Handelsmissionen Chinas, den Botschaften Saudi-Arabien, Kuwaits und Griechenlands; im Osten, nicht mehr auf dem Luftbild: Verteidigungsministerium, Innenministerium mit ausgewiesenem Industriegebiet
Blickrichtung: von Süden nach Norden

1. *Ordnen Sie das Schrägluftbild von Matrah in die Übersichtskarte ein. Beschreiben Sie die funktionale Ausstattung des neuen Hafens Mina Qaboos. Welche Rückschlüsse lassen sich aus den festgestellten Funktionen ableiten?*

2. *Stellen Sie für die Jahre 1970 und 1982 die Anzahl und die Branchenzugehörigkeit der Läden im Suq von Matrah in Form einer Tabelle zusammen. Wie sind diese Veränderungen zu interpretieren?*

3. *Beschreiben Sie die physiognomischen und funktionalen Veränderungen im Teilbereich des Suq entlang der neuen Uferstraße (Corniche) und nennen Sie mögliche Gründe für diese Entwicklung.*

4. *Begründen Sie v. a. auf dem Hintergrund der räumlichen Ausdehnung von Matrah (vgl. Schrägluftbild Abb. 6) den Aufbau des neuen Stadtteils Matrah-Ruwi. Welche dominierenden Funktionen werden im Rahmen der Landesentwicklung diesem neuen Stadtteil zugeschrieben (Abb. 9)?*

1.3.3 Wandel im beduinischen Lebensraum Inner-Omans

Der alleinige Herrschaftsanspruch von Sultan Qaboos bei seiner Machtübernahme im Jahre 1970 erforderte zunächst ein sehr behutsames Vorgehen gegenüber den Stammesführern, um diese für seine Ziele zu gewinnen. Denn die traditionelle Gliederung der omanischen Gesellschaft war geprägt durch die Souveränität der einzelnen Stämme und deren Scheichs. Die Beziehungen zwischen ihnen und der Regierung beschränkten sich vor 1970 auf lose Kontakte; nur bei der Schlichtung von Stammeskonflikten trat die Regierung aktiv als Vermittler in Erscheinung. Ansonsten wurde bewußt darauf verzichtet, in die Stammespolitik und damit in die Machtbefugnisse der Scheichs einzugreifen. Die Stammespolitik (tribal policy) des Sultans war deshalb bis ca. 1975 durch eine Fülle von Zugeständnissen an die führenden Scheichfamilien geprägt:

- Diese erhielten Geldzahlungen (shaik subsidies) und Sachgeschenke (Kraftfahrzeuge, Grundstücke, Motorpumpen u. a.),
- die männlichen Mitglieder wurden bevorzugt in den Regierungsdienst (Militär, Polizei, Verwaltung) eingestellt,
- ihre Söhne konnten kostenlos weiterführende Schulen, ausländische Universitäten und die Militärakademie besuchen,
- ihnen wurde teilweise das Wali-Amt (Verwaltung der neugeschaffenen Distrikte) übertragen.

Abb. 10: Infrastrukturelle Ausstattung der traditionellen Siedlungszentren Inner-Omans

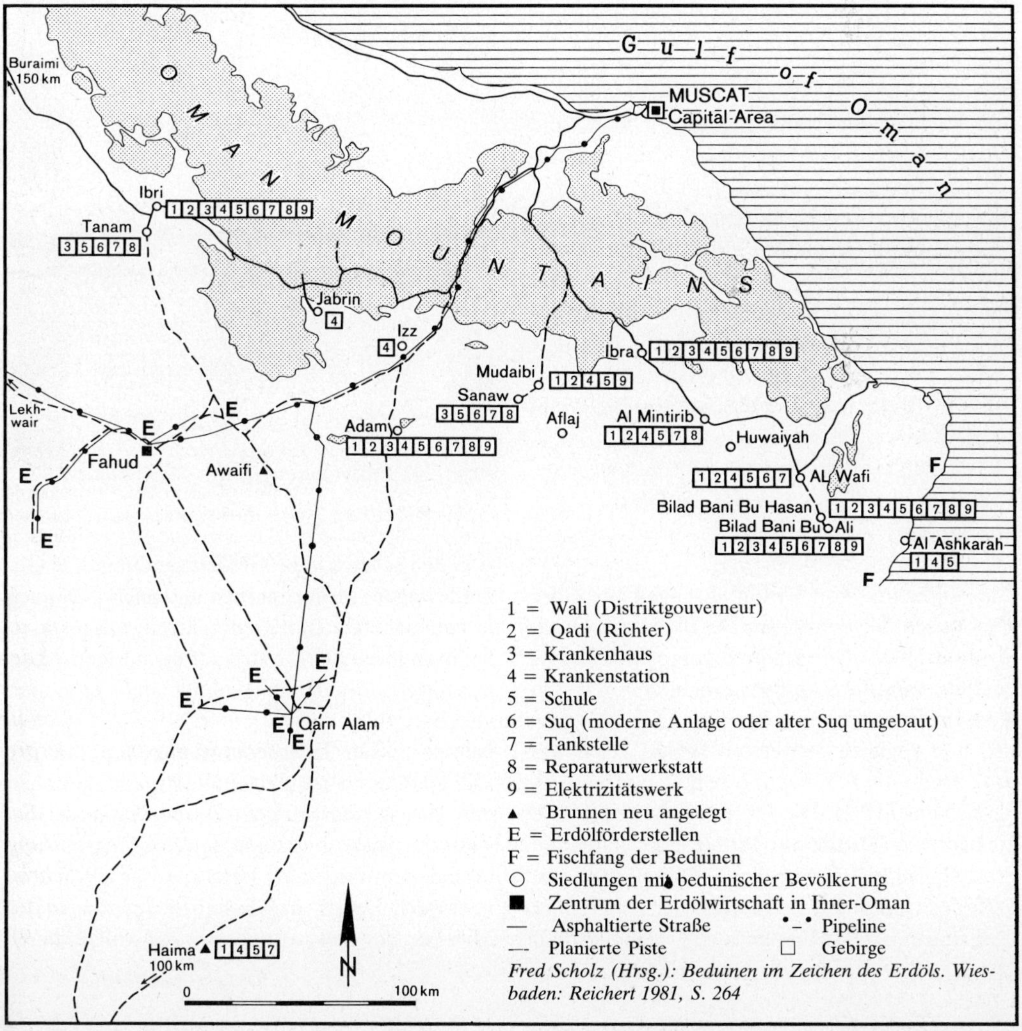

Kartographie: M. Hoffmann

Die infrastrukturelle Erschließung der traditionellen Siedlungszentren in den Sommeraufenthaltsgebieten der Durus, Jenabas und Wahibas verdeutlicht zunächst den festen Willen der Regierung, die Entwicklungsmaßnahmen gemäß der von Sultan Qaboos angekündigten Ziele landesweit durchzuführen.

Entwicklungstendenzen

„Ziel fast aller Beduinen, dieses Ergebnis haben die Befragungen übereinstimmend ergeben, ist heute Seßhaftwerdung in einer bodensteten Behausung in Form einer Hütte oder eines Gehöfts aus Zementformstein, möglichst in der Nähe eines eigenen Gartens und im Umland einer größeren, zentralen Siedlung innerhalb der Oasenzone."

Fred Scholz (Hrsg.): Beduinen im Zeichen des Erdöls. Wiesbaden: Reichert 1981, S. 297

Wie sind diese Bestrebungen in Einklang zu bringen mit der traditionellen Lebens- und Wirtschaftsweise der Beduinen? Kann sich tatsächlich innerhalb von zehn Jahren die über Jahrhunderte hinweg durchgeführte Wanderweidewirtschaft in dieser radikalen Form verändern?

Daß neben den staatlichen Infrastrukturmaßnahmen eine Fülle weiterer Einflußfaktoren die Seßhaftwerdung der Beduinen mit bedingen, soll am Beispiel des Duru-Stammes aufgezeigt werden.

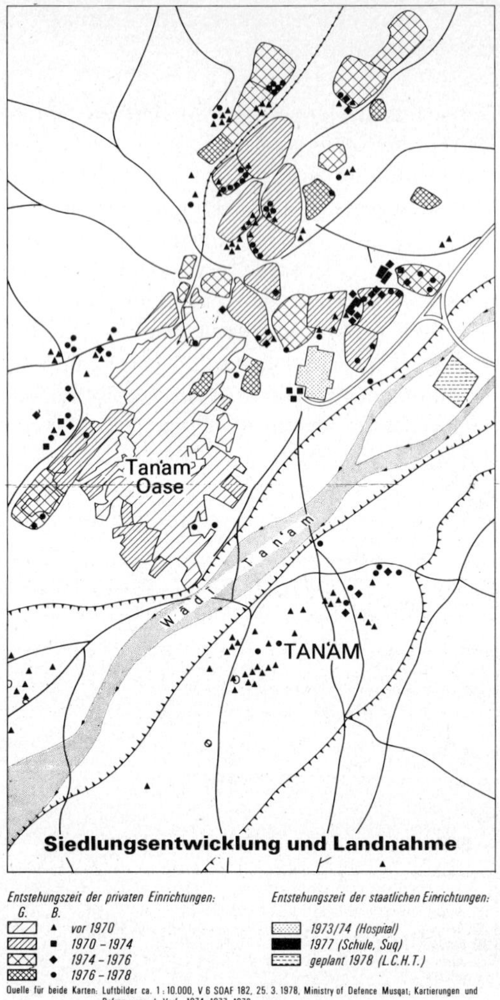

Abb. 11: Entwicklung in der Oase Tanam

Fred Scholz (Hrsg.): a.a.O., Kartentasche

Veränderungen im Stammesgebiet der Durus

Die Aufnahme von Erdölbohrungen im Jahre 1954 durch die Petroleum Development Organization (PDO) im Stammesgebiet der Durus bedeutete für die Stammesmitglieder den ersten Kontakt zu außerarabischen Bevölkerungsgruppen und zugleich den ersten Schritt des Wandels. Denn die PDO wurde von Regierungsseite aus verpflichtet, nur Durus als Arbeitskräfte einzustellen. Damit war für sie zum erstenmal die Möglichkeit gegeben, Tätigkeiten außerhalb der traditionellen Wanderweidewirtschaft nachzugehen. Insbesondere die Vorbildfunktion der Scheichs, die Geldzuwendungen in Geländewagen, Motorpumpen und nach 1970 auch in neuangelegte Dattelpalmgärten in den Oasen zu investieren, wirkte sich auf die übrigen Stammesmitglieder dahin gehend aus, es ihnen gleich zu tun.

Neben diesen Erwerbsmöglichkeiten bei der PDO nahmen Stammesmitglieder Tätigkeiten in den Erdölfördergebieten Saudi-Arabiens, Kuwaits und insbesondere in den Vereinigten Arabischen Emiraten auf. Verstärkt nach 1975 sind dort auch Durus in gehobenen Positionen des Militärs, der Verwaltung und der Polizei tätig.

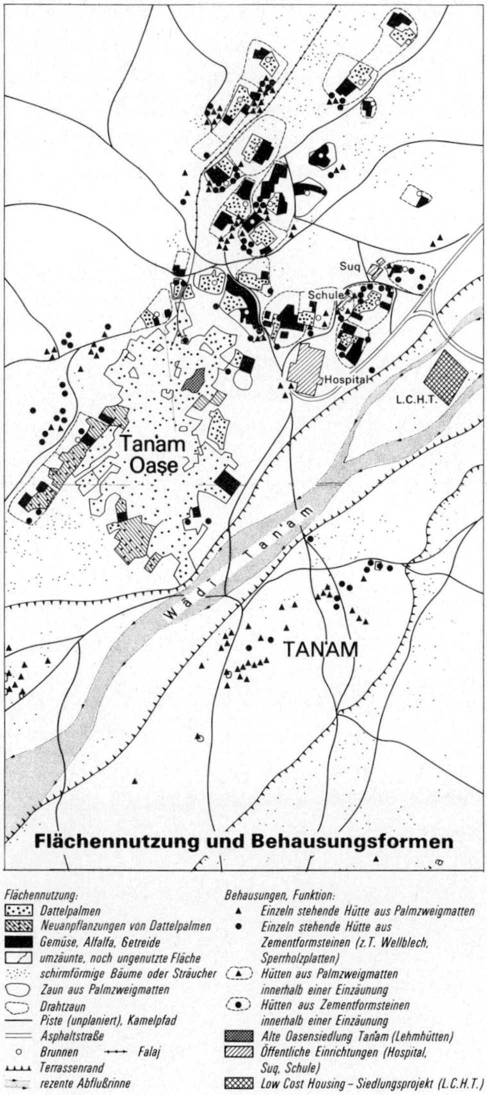

Die Oase Tanam liegt im gleichnamigen Wadi im Bereich der inneren Gebirgsfuß- und Wadiregion (vgl. Abb. 3 und Abb. 10). Sie befindet sich im Besitz des Duru-Scheichs Ali bin Hilal, sie ist das traditionelle Sommeraufenthaltsgebiet der Scheichfamilie. Die Seßhaften (hadr) sind als Pächter bei ihm angestellt. Außer ihren Lehmhütten gab es vor 1970 keine weiteren Wohnhäuser.

Siedlungsplatz Sagar südöstlich der Oase Tanam

„Bei dem ausgewählten Beispiel handelt es sich um den Siedlungsplatz Sagar. Er liegt südöstlich von Tanam am Rande des gleichnamigen Wadis. Die zugehörige Familie setzt sich aus dem Ältesten, Khalife bin Nrainish (Anzahl der Kinder = 7), dessen Bruder Zahar (5) und Maraish (2) sowie dem Schwager Jemil bin Wahay (4), Nachkomme eines ehemaligen Negersklaven, zusammen. Alle Söhne im schulpflichtigen Alter besuchen die Schule in Tanam. Mit Ausnahme von Jemil sind die Männer auswärts tätig. Khalife unterhält ein Fuhrunternehmen mit drei Lastkraftwagen. Zahar ist als Fahrer bei der PDO und Maraish als angelernter Arbeiter bei einem Subunternehmer der PDO tätig. Jeder von ihnen besitzt einen Geländewagen. Jemil hingegen versorgt den Garten, die 50 Ziegen und einige Schafe zählende Herde sowie die vier Kühe, die seit 1975 zur Milchproduktion gehalten werden. Das Futter für das Großvieh wird im Garten angebaut, auf dem Markt gekauft oder von den Kindern gesammelt.

Die Versuche von Jemil, ebenfalls bei der PDO tätig zu werden, finden bei den Schwagern keine Unterstützung. Sie begründen die Haltung damit, daß sie die Ehe von Jemil mit einer ihrer Schwestern in der Absicht arrangiert haben, eine männliche Arbeitskraft und einen Wächter des Lagerplatzes für die Zeit ihrer Abwesenheit zu haben. Um Jemil eigene Einkünfte zu ermöglichen, bekam er einen Geländewagen für kleinere, gelegentliche Taxifahrten und die Erlaubnis, all die Produkte aus Garten und Viehzucht, die in der Familie nicht verwendet werden können, im Suq von Ibri oder Tanam oder an das Krankenhaus zu verkaufen. Die Einkünfte von Jemil reichen nach dessen Aussagen nicht einmal aus, den Bedarf der Frau an Kleiderstoff zu decken. Schmuck, vor allem Goldschmuck, bei den Frauen der drei Brüder auffällig üppig vorhanden, besitzt die Frau von Jemil kaum. Sie war auch die einzige, die Teppiche für den Verkauf webte . . .

Bis zum Jahre 1973 unterhielt die Familie bei Sagar einige Palmzweigmattenhütten und einen kleinen Garten, der mit einem Gestrüppzaun eingefaßt war und mittels Ziehbrunnen bewässert wurde ...
Im Jahre 1973 erhielt Khalife auf seine Bitte hin von Shaikh Ali bin Hilal ein größeres Stück Land im Bereich von Sagar zugesprochen und die Erlaubnis, einen Brunnen, größeren Garten und feste Behausungen anzulegen. Noch im selben Jahr wurde der bestehende Brunnenschacht erweitert, vertieft und mit einer Motorpumpe ausgestattet. Das zur Nutzung vorgesehene Land wurde mit einem Drahtzaun umgrenzt, durch Bewässerungskanäle erschlossen, in Beete eingeteilt und z.T. mit Dattelpalmen bepflanzt. Als sich herausstellte, daß der Brunnen Wasser für eine größere als anfangs vorgesehene Anbaufläche lieferte, wurde 1974 und 1975 die Anlage erweitert.
Die zugewonnenen Flächen waren 1976 ausschließlich dem Getreideanbau vorbehalten. Außer Weizen wurden zum Zeitpunkt der Kartierung Zwiebeln, Alfalfa, Melonen und Kräuter angepflanzt. – Auffällig waren Stellen, die Versalzungserscheinungen zeigten...
Mit dem ebenfalls vorgesehenen Bau massiver Behausungen wurde erst Anfang 1975 begonnen. Zuerst entstand unmittelbar neben dem Garten das Haus von Khalife. Es umfaßt zwei Wohnräume der Familie mit überdachter Veranda und einen Gästeraum. Das Haus ist verputzt, bunt bemalt, mit Türen und Fenstern versehen und weist Vorrichtungen für den Einbau einer Klimaanlage auf. Als Küche und Bad wird eine Hütte in traditioneller Bauweise genutzt. – Noch im gleichen Jahr erfolgte der Bau der Häuser für die beiden Brüder. Zum Garten hin wurden diese Behausungen mit einem Drahtzaun abgegrenzt, zur anderen Seite, zu einer ca. 4 m hohen Sanddüne hin, wurde ein dichter Zaun aus Palmzweigmatten errichtet. Aus diesem Baumaterial bestehen auch die Hütten von Jemil".

Fred Scholz (Hrsg.): a.a.O., S. 361–364

Wandel in der Oase Firq. Eine etwas andere Entwicklung zeigt die ehemals stadtstaatenähnlich organisierte Oase Firq (s. Abb. 12). Sie liegt im unmittelbaren Einzugsbereich der Stadt Nizwa, die nach 1970 ebenfalls einen dynamischen Aus- und Aufbau erfahren hat.

5. *Erläutern Sie die Ursachen und Folgen des Wandels bezüglich Siedlungs-, Wirtschafts- und Mobilitätsverhaltens im beduinischen Lebensraum der Durus am Beispiel der Oase Tanam und des Siedlungsplatzes Sagar.*

6. *Welche grundsätzlichen Unterschiede bestehen bezüglich der Entwicklung der Oase Firq und Tanam? Welche Ursachen des Wandels sind für Firq anzuführen? (Vgl. dazu Abb. 12).*

1.3.4 Trends in der Landesentwicklung

Die zuvor aufgeführten Beispiele können nur schlaglichtartig bestimmte Entwicklungstrends innerhalb Omans aufzeigen. Es wäre vermessen, die gesamte Landesentwicklung daran zu bewerten! Dennoch ist es sinnvoll, die anspruchsvollen Ziele der wohlgemeinten Landesentwicklung mit den Trends innerhalb des Landes zu vergleichen, davon abweichende Tendenzen festzuhalten und die weiteren Problemkreise aufzuzeigen.

Tab. 4: Infrastrukturelle Entwicklung im Sultanat Oman 1970–1982

	1970	1975	1980	1982
Asphaltierte Straßen (in km)	10	708	2142	2875
Pisten (in km)	1817	5495	14703	18123
Schulen	3	176	363	473
Krankenhausbetten	12	1000	1784	2041
Telefonanschlüsse	557	3701	15044	19642
Stromerzeugung in der Capital Area (Mio. kWh)	8	122	642	883

Sultanate of Oman, Development Council: The Second Five-Year Development Plan 1981–1985. Maskat 1981, S. 75 u. Facts and figures. Maskat 1983, S. 4, 5, 7

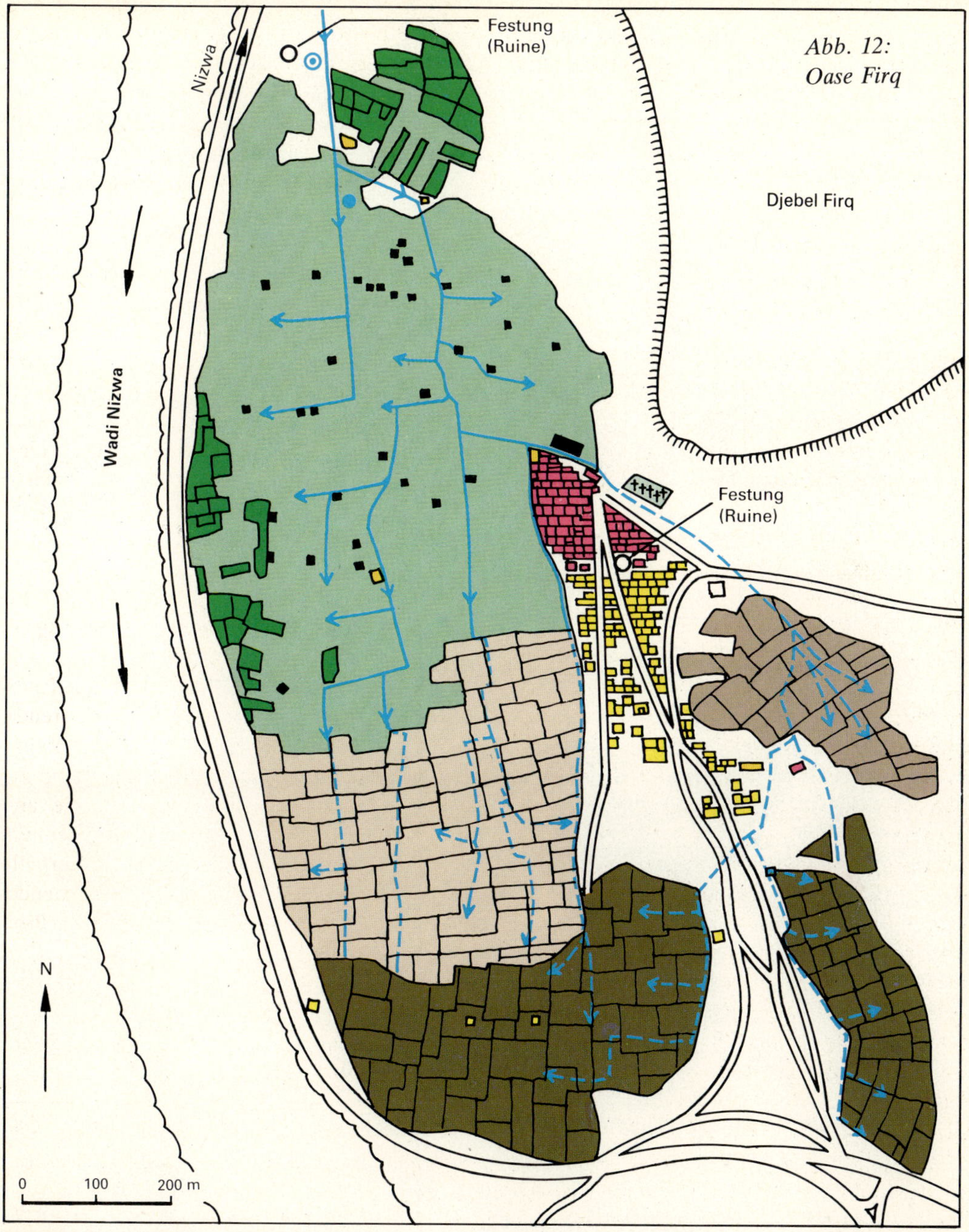

Abb. 12: Oase Firq

aufgelassene Siedlung (1980) z. T. mehrgeschossige Häuser

Neue Siedlung mit Suq und Koranschule, eingeschossige Häuser, z. T. außerhalb

Tiefbrunnen mit Dieselpumpe (Dorfbesitz)

Tiefbrunnen mit Motorpumpe (Privatbesitz)

Intakte Bewässerungskanäle

Aufgegebene Bewässerungskanäle

Sommerhäuser (Auswahl)

Landwirtschaftliche Nutzfläche

Dattelpalmen

Gemüse, Futterpflanzen

Brachland seit 1979 zuvor: Gemüse, Futterpflanzen

Brachland seit 1976 zuvor Getreide

vor 1976 brachgefallen

Friedhof

Moschee

Suq

Klaus-Peter Hartmann: Kartierung 1981, unveröffentlicht

Abb. 13: Investitionen in Oman

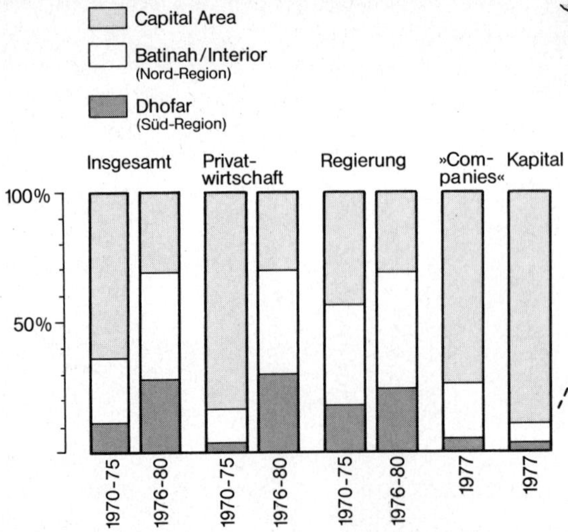

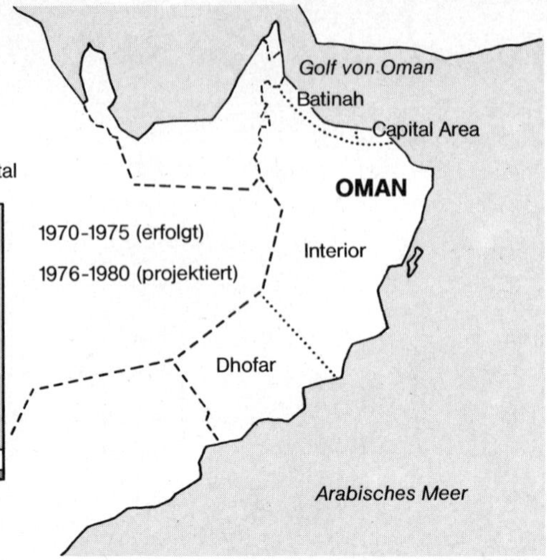

Nach Fred Scholz (Hrsg.): Beduinen im Zeichen des Erdöls. Wiesbaden: Reichert 1981, S. 239 und 240

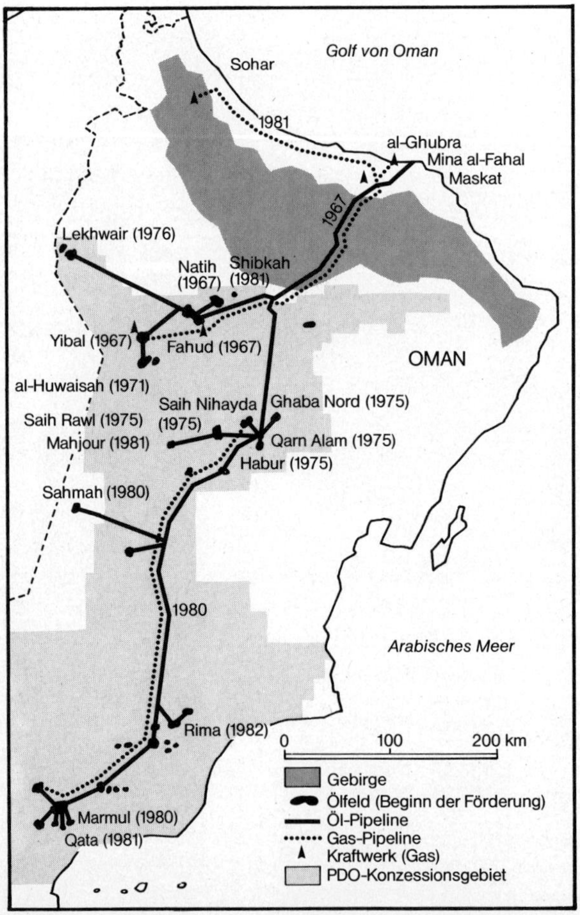

Abb. 14: Entwicklung der Erdölfördergebiete

Nach Petroleum Development Oman. Muskat 1981

Tab. 5: Anzahl ausländischer Arbeitskräfte im privatwirtschaftlichen Sektor

Nationalitäten	1976	1978	1980
Inder	47928	60196	80787
Pakistaner	30789	30595	30042
Bangladeshi	467	3254	8939
Ägypter	709	808	1083
Europäer	2901	3117	3926
übrige Länder	4193	4194	5469
Gesamt	86987	102164	130246

Statistical Yearbook, Sultanat Oman. Maskat 1981

Tab. 6: Ölförderstellen und Fördermenge

	Zahl der Förderstellen	durchschnittliche tägliche Fördermenge (in 1000 Barrels)
1967	21	57
1969	58	327
1971	79	294
1973	143	293
1975	213	314
1977	245	340
1979	325	295
1981	k. A.	328

Statistical Yearbook, Sultanat Oman. Maskat 1981

Interview mit einem europäischen Manager eines internationalen Getränkekonzerns, der in Oman Fruchtsäfte auf der Basis importierten Zitronenextraktes herstellt und vertreibt.

Frage: „Warum bemüht sich das Unternehmen nicht darum, die im Oman in großen Mengen angebotenen hochwertigen und aromatischen Limes (eine kleine Zitronenart) zur Getränkeerzeugung zu nutzen, um auf diese Weise heimische Ressourcen zu erschließen, die agrarische Produktion anzuregen und möglicherweise die Basis oder die Initiative für eine eigenständige Getränkeindustrie zu legen?“

Antwort: „Erstens hab ich die Interessen meiner (ausländischen) Firma und erst dann diejenigen der omanischen zu vertreten. Zweitens gehört z. B. der Zitronenextrakt zu der zweitwichtigsten Einnahmequelle des Unternehmens, so daß sich schon von daher eine Extraktproduktion in Oman verbietet, zumal die Herstellungslizenzen, falls sie überhaupt vergeben würden, das Endprodukt vom Preis her unverkäuflich machten. Drittens wäre zum Aufbau einer Aufbereitungsanlage für den Zitronenextrakt Kapital notwendig, das von der Firma nicht zur Verfügung gestellt würde. Viertens sind die Omanis an unsere Getränke gewöhnt und es gehört zum ‚Chic‘, sie zu trinken, warum dann der Aufwand, sie mit einem einheimischen zu quälen?“

Fred Scholz: Zur Entstehung von „Zentrum“ und „Peripherie“. Das omanische Entwicklungskonzept und Probleme bei seiner Realisierung. In: DGFK Hefte, 12, Seite 143

7. *Wie ist die Verteilung der privaten Investitionen auf dem Hintergrund des erklärten Zieles des Sultans zu bewerten, eine gleichmäßige Entwicklung in allen Landesteilen, auch mit Hilfe der privaten Investitionen, zu schaffen?*

8. *Beschreiben Sie die Entwicklung der ausländischen Arbeitskräfte in Oman im Zeitraum von 1976 bis 1980 (Tabelle 5). Die Überfremdung durch ausländische Arbeitskräfte ist ein bislang ungelöstes Problem. Nehmen Sie dazu Stellung!*

9. *Die ehrgeizigen Ziele der zukünftigen Landesentwicklung können nur realisiert werden, wenn die Erdölfördermengen konstant bleiben bzw. ansteigen und die Erdölreserven durch intensive Explorationstätigkeiten vergrößert werden. Wie sind diese Aussichten diesbezüglich zu bewerten?*

10. *Das Beispiel der ausländischen Getränkefirma und die Bewertung der Ansprüche der omanischen Bevölkerung durch den Firmenmanager ließe sich durch ähnliche Beispiele noch ergänzen. Welche Konsequenzen ergeben sich daraus für die traditionelle omanische Landwirtschaft?*

1.4 Brasilien – Entwicklungsstrategien in einem Schwellenland

Tab. 1: Brasilien im Überblick

Fläche: 8,51 Mio. km^2

Bevölkerung: 1950 53 Mio. 1981 120,5 Mio.
Geburtenziffer (je Tsd. E.): 1960 43 1981 30
Sterbeziffer (je Tsd. E.): 1960 13 1981 8

Bevölkerung nach Altersgruppen (1980):	
unter 15 Jahren:	40,2%
15–45 Jahre:	44,4%
45–65 Jahre:	12,0%
über 65 Jahren:	3,4%

Verstädterungsgrad: 1960 46% 1981 68%
Ethnische Gliederung: Weiße 60%, Mulatten 26%, Neger 10%, Indianer 2%

Bodennutzung (1979): Ackerland 7% (davon Dauerkulturen 14%, bewässerte Flächen 2,8%), Weideland 19%, Wald 68%, sonstige 6%

Erwerbstätigkeit:

Erwerbspersonen nach Wirtschaftsbereichen	1970	1979
Landwirtschaft, Forstwirtschaft, Fischerei	44,2%	33,6%
Produzierendes Gewerbe	17,9%	24,1%
Bergbau und Energie	1,1%	1,4%
Verarbeitendes und Baugewerbe	11,6%	22,6%
Handel und Banken	9,1%	9,5%
Verkehr	4,2%	3,7%
Öffentliche Verwaltung	3,9%	3,3%
andere Dienstleistungen	18,1%	23,4%
sonstige	2,6%	2,4%
Anzahl der Erwerbspersonen an Gesamtbevölkerung	31,7%	41,9%

Arbeitslose und Unterbeschäftigte: 35–40%

Wachstum der Produktion 1970–1980 (in % pro Jahr)
BIP 8,4
Landwirtschaft 5,2
Industrie 9,1
Tertiärer Sektor 8,3

Energiebilanz (1979): Wasserkraft 26%, Erdöl, Gas 45%, Kohle 4%, Holz, Zuckerrohr 25%
Energieeinfuhr in Prozent der Warenausfuhr: 1960 21 1979 53

Außenhandel (1980)
Ausfuhr: 23,2 Mrd. US-$ Einfuhr: 24,0 Mrd. US-$
Hauptausfuhrgüter in Prozent der Gesamtausfuhr (1979): Kaffee 12,6, Maschinen 9,5, Erze 8,4, Ölkuchen 7,7, Kraftfahrzeuge 4,6
Haupteinfuhrgüter in Prozent der Gesamteinfuhr (1979): Erdöl 34,1, Maschinen 19,0, chemische Erzeugnisse 4,8

Inflationsrate: Durchschnitt 1960–1970 46%, 1970–1979 32%, 1980 110%, 1981 95%

Preisindex für die Lebenshaltung (Rio de Janeiro) (1977 = 100): 1978: 139, 1979: 212, 1980: 387, 1981: 705

1.4.1 Brasilien – ein Schwellenland

Wenn in der entwicklungspolitischen Diskussion von Schwellenländern die Rede ist, also von jenen Entwicklungsländern, denen es inzwischen gelungen ist, typische Strukturmerkmale von Unterentwicklung abzubauen, wird als Beispiel oft spontan Brasilien genannt. Aufgrund seines verhältnismäßig fortgeschrittenen Entwicklungsstandes gilt es als ein „klassisches" Schwellenland. Bereits 1973 hatte es die magische Grenze des Pro-Kopf-Einkommens von 500 US-$ erreicht, die im internationalen Vergleich zu diesem Zeitpunkt die „entwickelten" Länder von den „unterentwickelten" trennte.
Andererseits weist Brasilien, wenn man unter „Entwicklung" die Teilnahme weiter Schichten der Bevölkerung am wirtschaftlichen und sozialen Fortschritt versteht, nach wie vor eklatante Entwicklungsdefizite auf.
Für Schwellenländer gibt es keine allgemeingültige und umfassende Definition. Die Merkmale sind fließend und nicht immer genau definierbar. Das Material auf S. 70 sowie die tabellarische Übersicht auf S. 8/9 (Kap. 1.0) umreißen solche Merkmale und geben erste Hinweise auf die für den speziellen Fall Brasilien sich ergebenden Probleme.

1. *Beschreiben Sie die Grundzüge der Landesnatur Brasiliens, und skizzieren Sie das natürliche Entwicklungspotential (Atlas).*
2. *Kennzeichnen Sie mit Hilfe der angegebenen Materialien die Wirtschafts- und Bevölkerungsstruktur Brasiliens.*
3. *Welche dieser Kriterien lassen es als gerechtfertigt erscheinen, Brasilien als Schwellenland einzustufen?*

1.4.2 Entwicklungsstrategien in Brasilien

Brasilien hat in den letzten beiden Jahrzehnten einen Wirtschaftsaufschwung erlebt, der in den Ländern der Dritten Welt nur wenig Parallelen findet. Die Entwicklung des Bruttoinlandsproduktes mit realen Steigerungsraten von durchschnittlich 10% pro Jahr zwischen 1966 und 1976 führte zur Bezeichnung „brasilianisches Wirtschaftswunder". Für viele Länder galt Brasilien damit als ein Musterbeispiel einer Wachstumsökonomie im modernisierungstheoretischen Sinne (vgl. Kap. 1.0).

Abb. 1: Wirtschaftswachstum und Wachstum der Industrieproduktion 1960–1980

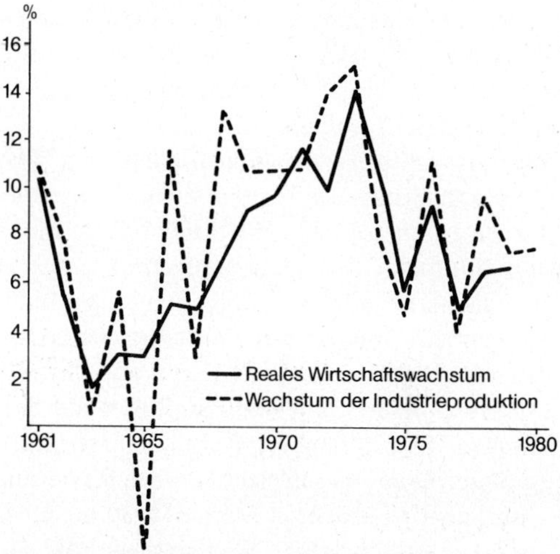

Berücksichtigt man bei der 10%igen Wachstumsrate den hohen Bevölkerungsanstieg von annähernd 3%, so bleibt immer noch ein Pro-Kopf-Zuwachs von 7%, während in den meisten Entwicklungsländern der materielle Fortschritt von der wachsenden Bevölkerung absorbiert wird oder das BIP pro Kopf sogar sinkt.
Wie ist dieses „Wirtschaftswunder" zustande gekommen?
Zur Erklärung müssen wir einen Blick auf die Wirtschaftsgeschichte und die Wirtschaftspolitik werfen.

Phasen der Wirtschaftsentwicklung vor 1965

Exportorientierte Produktionsstrukturen prägten bis ins 20. Jahrhundert die wirtschaftliche Entwicklung Brasiliens. Die Wachstumsimpulse gingen zunächst von der überseeischen Nachfrage nach pflanzlichen und bergbaulichen Rohstoffen aus. Dabei war jeweils ein Produkt vorherrschend, und zwar so lange, wie dessen Export lukrativ war. In Zyklen folgten aufeinander: der Zyklus des Brasilholzes (1500–1530), der durch Sklavenarbeit getragene Zuckerrohranbau (1530–1650), der Gold- und Edelsteinbergbau (1700–1780), der Zyklus des Kautschuks (1880–1944) und des Kaffees (seit Mitte des 19. Jahrhunderts). Mit der zeitlichen Abfolge der Zyklen erfolgten in der Regel auch eine räumliche Verlagerung der Wirtschaftszentren und die Entwicklung jeweils neuer produktionsbezogener Gesellschaftsstrukturen, die letztlich auch mitverantwortlich sind für die heutige wirtschafts- und sozialräumliche Differenzierung des Landes.

Importsubstituierende Industrialisierung. Der Zusammenbruch des Weltkaffeemarktes in den Jahren vor dem Ersten Weltkrieg infolge Preisverfalls durch Überangebot auf dem Weltmarkt und die wirtschaftliche Depression in den Industrieländern infolge der Weltwirtschaftskrise 1929 führten zum Kollaps der brasilianischen Agrarexportwirtschaft und damit zu einer drastischen Reduzierung seiner Importkapazität.

In dieser Situation sah sich die neue Regierung unter dem Präsidenten Vargas 1930 zu einer „national-bestimmten" Wirtschaftspolitik gezwungen. Durch die Stärkung des Inlandsmarktes und den Aufbau einer starken heimischen Industrie sollte die gesamtwirtschaftliche Entwicklung vorangetrieben werden. Gefördert wurden vor allem die Schwer- und Grundstoffindustrie sowie Betriebe, die vormals importierte Konsum- und Investitionsgüter herstellten, während der Exportsektor und die Landwirtschaft weitgehend vernachlässigt wurden.

Im Gefolge dieser „importsubstituierenden Industrialisierungspolitik" stieg die Industrieproduktion um durchschnittlich 10% pro Jahr, und schon bald konnte Brasilien seinen Bedarf an kurzlebigen und einige Jahre später auch an dauerhaften Konsumgütern weitgehend aus der Eigenproduktion decken.

Ermöglicht wurden diese Erfolge durch eine starke Abschirmung der heimischen Verbrauchsgüterindustrie vor der Konkurrenz aus dem Ausland und durch zum Teil massive Eingriffe des Staates in das Wirtschaftsgeschehen: hohe Zölle und Beschränkungen für Konsumgüterimporte, staatlich festgelegte Wechselkurse, öffentliche Investitionen, Investitionszuschüsse und Subventionen bzw. Steuererleichterungen für inländische Unternehmen.

Das „brasilianische Entwicklungsmodell"

Exportorientierte Industrialisierung. Ende der fünfziger Jahre erschöpften sich die Möglichkeiten der Importsubstitution. In vielen Sektoren lagen die Produktionskosten so hoch, daß Brasilien international nicht konkurrenzfähig war. Andererseits waren die Kosten für die Importe von Investitionsgütern (moderne Werkzeugmaschinen z. B.) zur Herstellung der importsubstituierenden Verbrauchsgüter rapide gestiegen.

In dieser Situation ging Brasilien Mitte der sechziger Jahre zu einer ausfuhrorientierten Strategie über. Diese Politik konnte jedoch nur mit Hilfe des massiven Einsatzes von ausländischem Kapital durchgeführt werden. So entstand allmählich das Modell einer „abhängigen Industrialisierung", das gekennzeichnet ist durch die massive Industrie- und Exportförderung einerseits und die Öffnung des Landes für Auslandskapital andererseits.

Zu dieser Zeit begann man auch mit der Verwirklichung der teuren und ehrgeizigen Pläne des Präsidenten Kubitschek zur wirtschaftlichen Erschließung des Binnenlandes (z. B. Bau der neuen Hauptstadt Brasilia).

Politisch fällt die wirtschaftliche Umorientierung in die Zeit der Machtübernahme durch das Militär 1964, das die Politik Kubitscheks der Öffnung des Landes für ausländische Direktinvestitionen fortsetzte, und durch eine strenge Gesetzgebung (z. B. Streikverbot) Investitionsanreize für ausländische Unternehmen schuf.

Nach der Devise „Zuerst Wachstum, dann mehr Gleichheit" erhofften die Technokraten, daß die Wachstumsprozesse durchsickern und sich so schließlich auch die Lebensverhältnisse der Masse der Bevölkerung verbessern würden.

„Grundlage aller Überlegungen in Brasilien – wie allgemein in Entwicklungsländern – war der Wunsch des Aufholens, der Verringerung des wirtschaftlichen *gap* zwischen Entwicklungs- und Industrieländern. Der von der Militärregierung im Jahre 1964 beschrittene Weg sollte als ‚brasilianisches Entwicklungsmodell' mit einer dynamischen Wirtschaftsentwicklung bei eindeutiger Priorität der Industrialisierung eine marktwirtschaftliche Alternative zum sozialistischen Weg für die Länder der Dritten Welt aufzeigen und damit richtungsweisend sein. Das wirtschaftliche Entwicklungsmodell zielt entsprechend den Forderungen einer wachstumsorientierten Wirtschaftstheorie auf die Erhöhung der gesamtwirtschaftlichen Investitionsquote ab, wobei Entwicklung, worunter leider fast ausschließlich wirtschaftliches Wachstum verstanden wird, durch den Anstieg bzw. die Höhe des Bruttosozialproduktes gemessen wird und die sozialen Komponenten nachgeordnet werden."

Gerd Kohlhepp: Wirtschafts- und sozialgeographische Aspekte des brasilianischen Entwicklungsmodells und dessen Eingliederung in die Weltwirtschaftsordnung. In: Die Erde 1978, S. 354. Berlin: Gesellschaft für Erdkunde

Der Wirtschaftsboom, der sich nach 1964 einstellte, scheint die Richtigkeit des „brasilianischen Entwicklungsmodells" zu bestätigen. Mit etwa 3,8 Mio. Beschäftigten (1977) und einer beachtlichen Produktionsbreite ist die brasilianische Industrie inzwischen führend in Lateinamerika und nimmt auch im internationalen Vergleich eine bedeutende Stellung ein. Von besonderer Bedeutung sind die sogenannten dynamischen Industrien: die chemische und pharmazeutische Industrie, die eisenschaffende und metallverarbeitende Industrie und vor allem der Fahrzeugbau, der in nur zwanzig Jahren gleichsam vom Nullpunkt zur beachtlichen zehnten Position in der Weltproduktion aufstieg.

Abb. 2: Außenhandelsstruktur Brasiliens 1967 und 1976

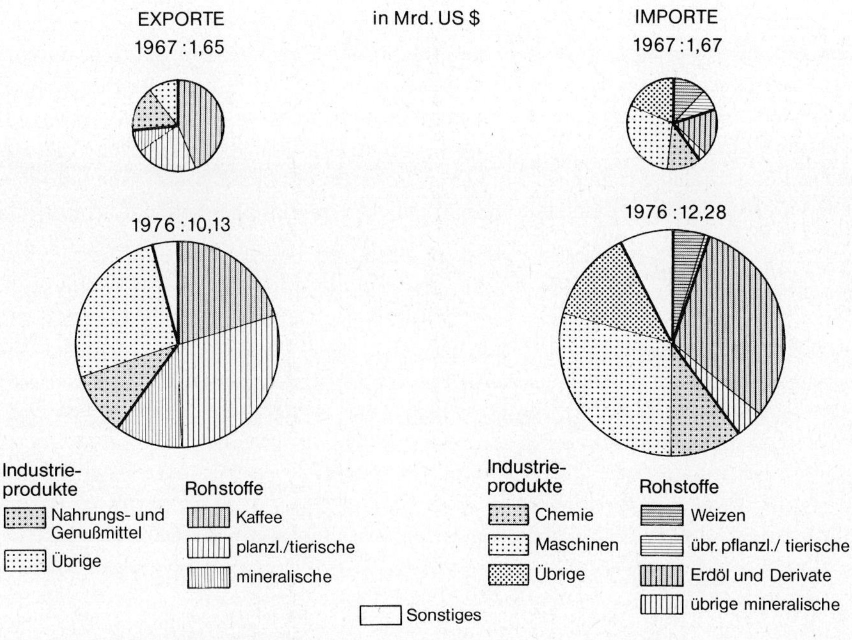

Nach Gerd Kohlhepp: a.a.O. S. 363

Die Rolle der Investitionen aus dem Ausland. Die Finanzierung der Entwicklungsvorhaben sollte zunächst durch interne Ersparnisse (direkte Zwangssparmaßnahmen und Konsumverzicht der Arbeitnehmer) und durch den Export von Bergbaurohstoffen und Industriegütern erfolgen. Für die notwendige hohe Investitionsquote reichte die inländische Kapitalbildung jedoch nicht aus. Brasilien war mehr und mehr auf ausländisches Kapital in Form von Direktinvestitionen angewiesen.

Tab. 2: Investitionen des Auslandes nach Herkunftsländern in Mio. US-$ 1978

	Direkt-investitionen	Re-investitionen	Insgesamt
Investitionen aus dem Ausland insgesamt	8 898	4 842	13 740
USA	2 281	1 541	3 822
Bundesrepublik Deutschland	1 452	645	2 097
Schweiz	973	656	1 629
Japan	1 293	110	1 403
Großbritannien	413	331	744
Kanada	414	284	698
Frankreich	299	280	579

Rüdiger Zoller: Direktinvestitionen und wirtschaftliche Entwicklung. Zur Rolle der Auslandsinvestitionen in Brasilien. In: Lateinamerika Studien Bd. 4, S. 110. München: Fink 1979

Unter Direktinvestitionen versteht man Kapitalanlagen von ausländischen Unternehmen durch direkten Eigentumserwerb, z. B. in Form von Zweigwerken, Beteiligungen an Unternehmen oder Erwerb von Geschäftsanteilen. Reinvestitionen sind Wiederanlagen von Gewinnen aus den Direktinvestitionen.

Durch den erzwungenen sozialen Frieden und durch steuerliche Anreize in Verbindung mit anderen Garantien für Kapitalanleger (Steuererleichterungen, günstige Kredite, hohe Gewinnmöglichkeiten) gelang es dem Militär, Brasilien unter allen Entwicklungsländern zu einem der attraktivsten Zielgebiete ausländischer Unternehmer zu machen.

Dadurch wuchsen allerdings die Belastungen, die infolge der laufenden Zins- und Schuldendienste sowie durch den Rücktransfer der Gewinne der ausländischen Unternehmen entstanden, sprunghaft an. Brasilien geriet in eine neue, jetzt finanzielle Abhängigkeit vom Ausland, besonders den USA, Kanada, den EG-Staaten und Japan.

Branchenmäßig entfällt der überwiegende Teil der ausländischen Investitionen auf die wachstumsstarken Industriezweige, die in der Regel kapitalintensiv sind und hohe Gewinne versprechen.

Unter den ausländischen Unternehmen stehen Firmen der Bundesrepublik Deutschland an zweiter Stelle. Ungefähr 800 deutsche Unternehmen, von der AEG, der BASF, Krupp, Mercedes und Siemens bis zum Volkswagenwerk, sind in Brasilien vertreten. Der Volkswagenkonzern ist mit über 20000 Beschäftigten nicht nur die marktbeherrschende Autofirma

Abb. 3: Siemens Brasilien – Standorte

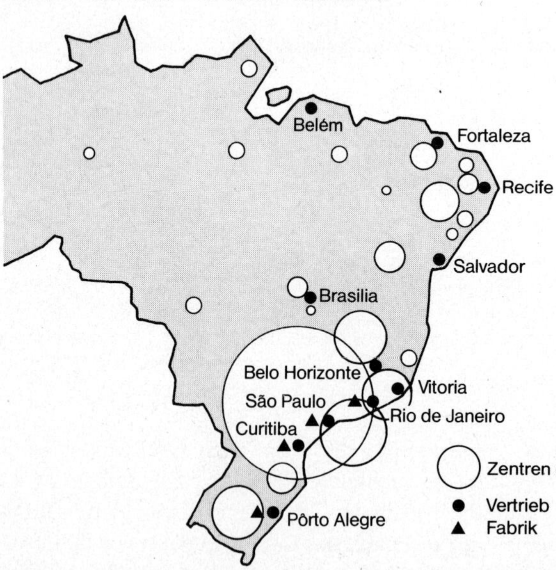

Beschäftigte	1976	1980
1) Fabriken		
São Paulo/Lapa	2265	3200
Curitiba	863	1500
Pôrto Alegre (Icotron)	2858	3900
Rio	306	600
Fabriken insgesamt	6292	9200
2) Betriebe (Montage, Konstruktion, Werkstätten)	1503	1800
3) Vertrieb/Verwaltung		
Vertriebsbüros (Filialen) Gesamt	880	
Zentrale u. Verwaltung (inkl. Lager)	886	
Gesamt	1766	2000
Brasilien gesamt	9561	13000

Dieter Tuchnitz: Engagement eines Industrieunternehmens in Brasillien: z. B. Siemens. In: Lateinamerika Studien Bd. 4, S. 93. München: Fink 1979. Zahlen für 1980 vorläufig

Brasiliens, sondern auch der größte Steuerzahler des Landes.

Tab. 3: Die Verteilung der Investitionen in der brasilianischen Industrie 1972 (in %)

Sektoren	ausländische Firmen	Staatsbetriebe	brasilianische Privatbetriebe
Bergbau	2,0 (1)	59,5 (1)	38,5 (8)
Nichtmetallische Mineralien	52,4 (5)		47,6 (5)
Eisen und Stahl	18,0 (3)	70,3 (4)	11,7 (3)
Elektro- und Übermittlungstechnik	61,3 (7)		38,7 (3)
Transportmittel	89,7 (8)		10,3 (2)
Holz	30,9 (3)		69,1 (7)
Möbel			100,0(10)
Gummi	81,0 (3)		19,0 (7)
Textilien	55,0 (5)		45,0 (5)
Nahrungsmittel	58,9 (6)		41,1 (4)
Getränke	7,6 (2)		92,4 (8)
Tabak	93,7 (5)		6,3 (5)
Graphische Industrie			100,0(10)
Baugewerbe	30,2 (2)		69,8 (8)
Raffination und Verteilung von Erdöl	12,9 (4)	80,0 (2)	7,1 (4)
Maschinenindustrie	72,0 (7)		28,0 (3)

Anmerkung: Die Zahlen hinter den Prozentangaben bedeuten die Anzahl unter den 10 größten Firmen, die am jeweiligen Sektor Anteil haben.

Jürg Müller: Manuskript zu „Brasilien" für die Reihe Länderprofile

Die infrastrukturellen Vorleistungen des Staates für den Industrieaufbau sind beträchtlich. Sie schufen erst die Rahmenbedingungen für das „Wirtschaftswunder". Die Vorleistungen konzentrieren sich vor allem auf zwei Bereiche: Energie und Verkehr.

„Durch die systematische Nutzung des hydroelektrischen Potentials ist die Produktionskapazität an elektrischer Energie zwischen 1960 und 1975 um das Vierfache auf 20000 MW gestiegen (83% Wasserkraft). Nach Produktionsbeginn der im Bau befindlichen 20 Wasserkraftwerke wird sich diese Kapazität auf 35000 MW erhöhen, und nach Fertigstellung des zusammen mit Paraguay am Rio Paraná errichteten Itaipú-Projekts (1985) und der ersten Atomkraftwerke wird sie ca. 51000 MW erreichen . . ."

Gerd Kohlhepp: Wirtschafts- und sozialgeographische Aspekte des brasilianischen Entwicklungsmodells und dessen Eingliederung in die Weltwirtschaftsordnung. In: Die Erde 1978, S. 360. Berlin: Gesellschaft für Erdkunde

Abb. 4: Entwicklung des Bundesstraßennetzes Brasiliens 1964–1976

Gerd Kohlhepp: Erschließung und wirtschaftliche Inwertsetzung Amazoniens. In: Geographische Rundschau H. 1, 1978, S. 3. Braunschweig: Westermann

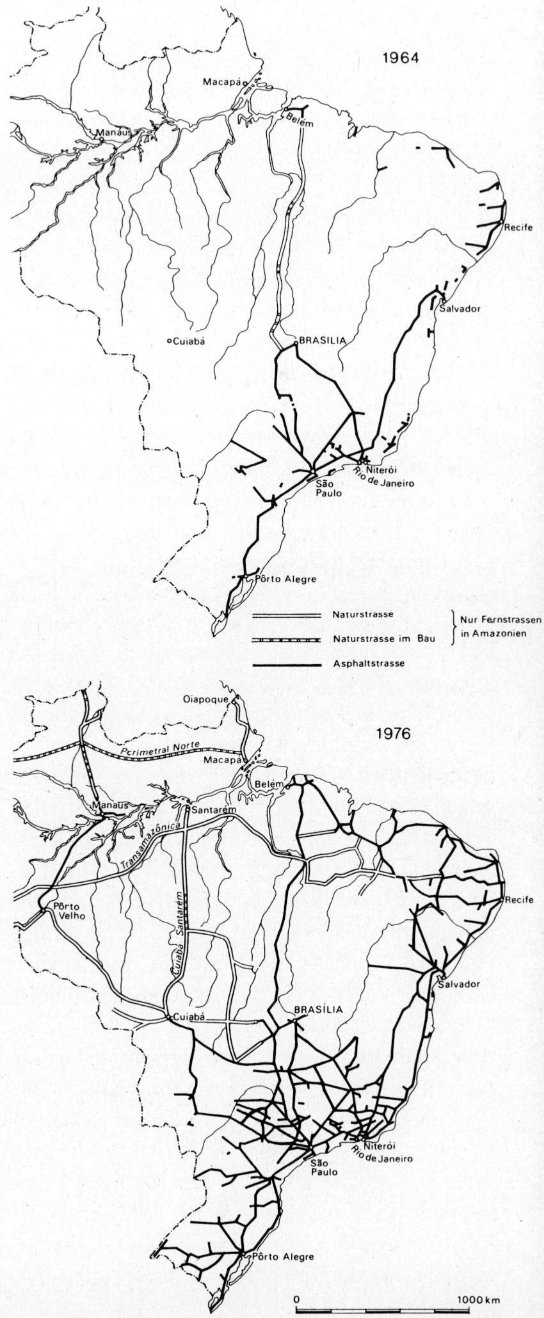

Da der inländische Kapitalmarkt für die infrastrukturellen Vorleistungen zu eng ist, war Brasilien gezwungen, im Ausland in großem Umfang Kredite aufzunehmen. Hier ist letztlich auch der Grund für die gegenwärtige extrem hohe Auslandsverschuldung zu sehen, die das Land in den Staatsbankrott gebracht hat.

4. *„Die Abfolge der Wirtschaftszyklen vor 1930 zeigt, daß die Unterentwicklung Brasiliens der Entwicklung gefolgt und ihr nicht vorausgegangen ist." Versuchen Sie, das Zitat zu erklären.*

5. *Listen Sie katalogartig positive und negative Ergebnisse der Importsubstitutionspolitik auf.*

6. *Nennen Sie mögliche positive und negative Wirkungen der ausländischen Direktinvestitionen.*

7. *Das „brasilianische Modell" wird vielfach als eine „gemischt marktorientierte Wirtschaft" bezeichnet. Versuchen Sie, eine Erklärung zu geben.*

1.4.3 Die Kehrseite des Wirtschaftswunders

Die Bewertung des brasilianischen Entwicklungsmodells ist sehr umstritten. Der wirtschaftliche Fortschritt war insgesamt und im Vergleich zu anderen Entwicklungsländern außerordentlich – wenn man ihn am rechnerischen Pro-Kopf-Einkommen, am industriellen Wachstum und an dem infrastrukturellen Ausbau des Landes mißt. In vielen Belangen blieben jedoch die erhofften positiven Folgewirkungen hinter den Erwartungen zurück. Einige Hauptziele wurden nicht erreicht; in manchen Bereichen verschärften sich sogar die Probleme. Selbst während der weltweiten Wirtschaftsrezession in den 70er Jahren erzielte Brasilien noch industrielle Wachstumsraten von 4–8%. 1981 änderte sich die Situation jedoch schlagartig (vgl. Tab. 4). Die industrielle Produktion sank um annähernd 10%, die jährliche Inflationsrate stieg auf knapp 100% (1983 mehr als 200%), ungefähr 1 Mio. Arbeitskräfte (hauptsächlich aus der Industrie) verloren ihren Arbeitsplatz.

Tab. 4: Reale jährliche Wachstumsraten verschiedener Industriezweige (%)

	1979	1980	1981
Metallindustrie	10,5	12,1	–15,6
Maschinenbau	7,2	15,3	–16,2
Elektroindustrie	7,8	5,2	–16,5
Transportmittel	5,3	2,0	–27,6
Chemie	9,0	3,9	– 9,0
Kunststoffindustrie	4,6	12,4	22,6
Gummi	6,6	9,0	–11,0
Pharmazeutika	6,1	13,1	5,0
Textilien	6,3	6,8	– 7,4
Nahrungsmittel	2,6	7,1	– 0,3
Total	6,7	7,6	– 9,6

Jürg Müller: Manuskript zu „Brasilien" für die Reihe Länderprofile

Die Ursachen für das plötzliche Ende des „Wirtschaftswunders" sind komplex. Sie reichen von den steigenden Erdölpreisen und dem hohen internationalen Zinsniveau bis zu den sinkenden Rohstoffpreisen auf dem Weltmarkt, die immer noch einen großen Teil der Exporte Brasiliens ausmachen. Zu einem erheblichen Teil sind sie jedoch auch in dem „brasilianischen Entwicklungsmodell" selbst begründet. Die negativen Folgen zeigen sich vor allem im sozialen Bereich. Sie lassen sich mit den Schlagwörtern zusammenfassen: Verschärfung regionaler und sozialer Disparitäten, Anwachsen absoluter Armut, Binnenwanderung und überschnelle Verstädterung.

Regionale Disparitäten

Unterschiede im Entwicklungsniveau ergaben sich schon aus der Abfolge der verschiedenen Produktzyklen vor der einsetzenden Industrialisierungsphase (vgl. S. 71 f.). Die Industrialisierungspolitik nach 1964 hat eine weitere Zunahme der regionalen Entwicklungsunterschiede gebracht, da mit Ausnahme einiger Betriebe der Schwer- und Petrochemie sowie anderer auf Bodenschätzen aufbauender Zweige die meisten industriellen Neugründungen im Südosten und Süden, und hier vor allem im Städtedreieck São Paulo – Belo Horizonte – Rio de Janeiro erfolgten.

Tab. 5: Ausgewählte Daten zum Entwicklungsstand einzelner Teilstaaten 1978

(Teilstaat, Auswahl)	Strom-verbrauch je Einw. in kWh	Zement-verbrauch je Einw. in kg	Anteil Gemeinden mit Wasser-anschluß	Personen mit höherer Schulbildung je 1000 Einw.	Telefon-anschlüsse je 1000 Einw.	Pkw je 1000 Einw.
Region NORDEN						
Pará	100	43	70%	30	4	6
Amazonas	120	10	50%	35	3	7
Region NORDOSTEN						
Maranhão	20	10	20%	16	1	1
Rio Grande do Norte	70	30	14%	25	3	3
Ceará	70	30	52%	23	7	3
Piaui	20	14	48%	6	2	1
Bahia	140	58	48%	23	5	5
Region SÜDOSTEN						
Minas Gerais	440	81	87%	53	13	12
São Paulo	970	180	85%	114	56	45
Rio de Janeiro	540	153	99%	53	11	16
Region SÜDEN						
Paraná	210	53	45%	41	6	13
Rio Grande do Sul	260	53	64%	81	9	24
Santa Catarina	250	55	27%	29	5	15
Region MITTELWESTEN						
Mato Grosso	150	110	61%	26	6	6
Goiás	110	81	30%	56	12	13

Aktuelle IRO-Landkarte 8/1982. München: IRO-Kartographische Verlagsgesellschaft 1982

Abb. 5: Regionale Verteilung der Industriebeschäftigten 1972

I: Amazonien; II: Maranhão, Piauí;
III: Nordosten ohne II u. IV;
IV: Bahia, Sergipe;
V: Minas Gerais, Espírito Santo;
VI: Rio de Janeiro; VII: São Paulo;
VIII: Paranã; IX: Santa Catarina, Rio Grande do Sul;
X: Mato Grosso, Goiás, Distrito Federal.

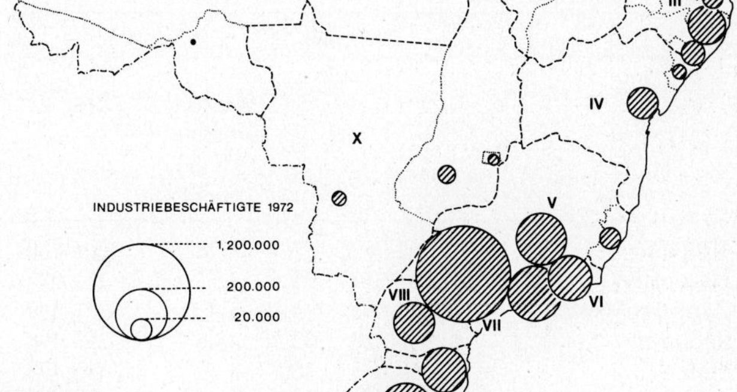

Gerd Kohlhepp: Wirtschafts- und sozialgeographische Aspekte des brasilianischen Entwicklungsmodells und dessen Eingliederung in die Weltwirtschaftsordnung. In: Die Erde 1978, S. 355. Berlin: Gesellschaft für Erdkunde

Binnenwanderung und Verstädterung. Infolge der ungleichen Regionalentwicklung kam es zu ausgeprägten Binnenwanderungen, vor allem aus dem Nordosten, dem „Armenhaus Brasiliens", in die großstädtischen Zentren des Südostens.

Abb. 6: Bevölkerungsdichte 1980

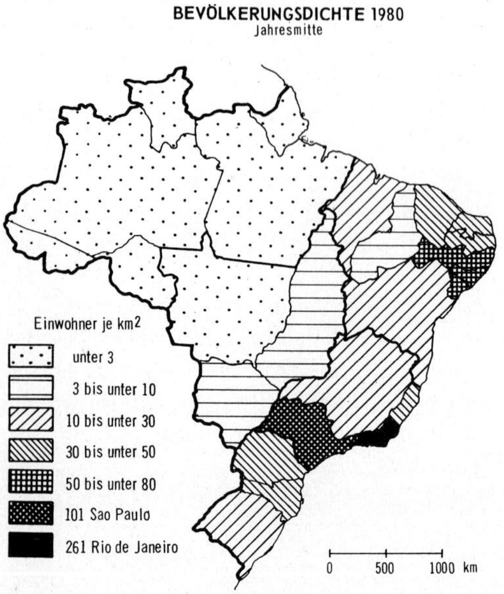

Statistisches Bundesamt Wiesbaden (Hrsg.): Länderkurzbericht Brasilien 1982. Wiesbaden: Kohlhammer 1982, S. 4

Abb. 7: Interregionale Wanderungen aus dem Nordosten 1960–1970

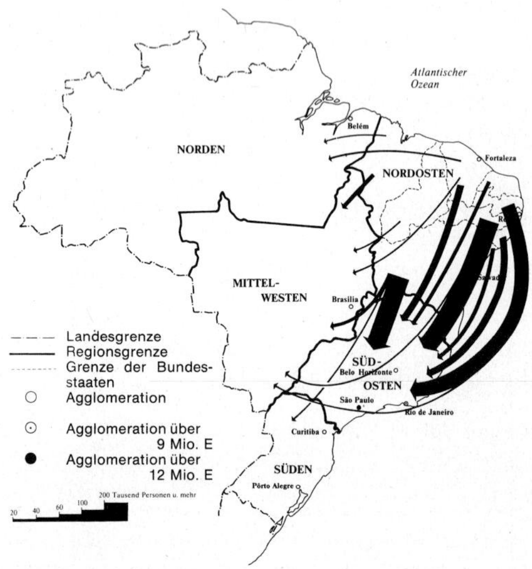

Günter Mertins: Determinanten, Umfang und Formen der Migration Nordostbrasiliens. In: Geographische Rundschau H. 8 1982, S. 353. Braunschweig: Westermann

Die starke Bevölkerungszunahme in den großstädtischen Zentren hat zu erheblichen Verdichtungen mit den für die meisten Entwicklungsländer typischen Folgewirkungen geführt, wie Infrastrukturüberlastung, Umweltverschmutzung und Expansion der Elendsviertel (favelas).

Tab. 6: Bevölkerungsentwicklung Brasiliens nach Regionen 1960–1980

	1960			1970			1980		
	abs.	%	Wachstumsrate 1950-60 %/J	abs.	%	Wachstumsrate 1960-70 %/J	abs.	%	Wachstumsrate 1970-80 %/J
Norden	2 561 782	3,7	3,28	3 603 860	3,9	3,53	5 890 633	5,0	5,04
Nordosten	22 181 880	31,6	2,32	28 111 927	30,2	2,20	34 855 745	29,3	2,16
Zentrum-Westen	2 942 992	4,2	5,40	5 073 259	5,4	5,60	7 551 668	6,3	4,04
Südosten	30 630 728	43,7	3,06	39 853 498	42,8	2,72	51 727 924	43,4	2,64
Süden	11 753 075	16,8	3,39	16 496 493	17,7	3,64	19 035 500	16,0	1,43
Brasilien	70 070 457	100	3,04	93 139 037	100	2,89	119 061 470	100	2,48

Günter Mertins: a.a.O., S. 354

Soziale Disparitäten

Einkommensverteilung. „Der Wirtschaft geht es gut, dem Volk geht es schlecht.“ Dieser Ausspruch des ehemaligen Präsidenten Medici kennzeichnet treffend die sozialen Auswirkungen des Entwicklungsmodells.
Die an sich schon extrem ungleiche Einkommensverteilung hat sich in den letzten zwanzig Jahren weiter verstärkt. Nach dem Weltentwicklungsbericht 1983 ist Brasilien das Land mit den größten Einkommensdifferenzen.

Abb. 8: Einkommensverteilung in Brasilien 1960 und 1972

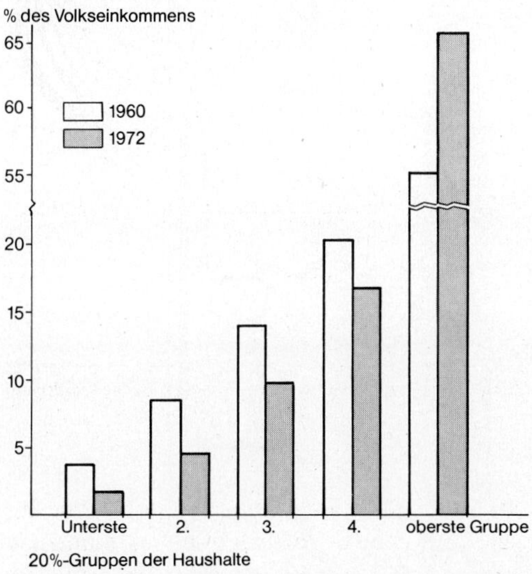

Nach C. Langoni: Distribucao da renda e desenvolvimento economico do Brasil. Rio de Janeiro 1973. Weltentwicklungsbericht 1983

Die Einkommenskonzentration auf eine schmale Bevölkerungsschicht ist beabsichtigt, denn nur eine starke Einkommenskonzentration kann nach Meinung der Technokraten die ausreichende Investitionsquote für ein rasches Wirtschaftswachstum sichern. Ihre Devise lautet entsprechend „Wachstum heißt Konzentration“.

Beschäftigungseffekt. Der Vorrang der Wachstumspolitik vor der Beschäftigungspolitik zeigt sich auch in der geringen Erwerbstätigkeit. Da zu Beginn der Industrialisierung (importsubstituierende Phase) traditionelle Handwerksbetriebe und Heimarbeit zurückgingen, verringerte sich sogar die Zahl der Arbeitsplätze. Die nach 1964 gegründeten Industriebetriebe waren vielfach kapitalintensiv; ihr Beschäftigungseffekt war entsprechend gering.
Genaue Angaben über die Zahl der durch die Industrialisierung geschaffenen Arbeitsplätze liegen nicht vor. Insgesamt liegt die Zahl jedoch deutlich hinter der Zahl der ins erwerbstätige Alter tretenden Bevölkerung zurück.
Die Vernachlässigung der Landwirtschaft im Entwicklungsmodell trug ebenfalls zur unbefriedigenden Beschäftigungslage bei.
Ausgedehnte Viehzuchtlatifundien mit sehr extensiver Wirtschaftsform auf der einen Seite und eine große Zahl unselbständiger Landarbeiter und landwirtschaftlicher Kleinstbetriebe auf der anderen Seite, deren Betriebsgrößen oft nicht einmal zur Selbstversorgung ausreichen und den Besitzern kaum eine ganzjährige Beschäftigung bieten, sind in vielen Gebieten vorherrschend.
Die 1964 gesetzlich beschlossene Agrarreform wurde bislang nicht angegangen. Statt dessen startete 1970 die Regierung unter der Parole „Land für alle in Amazonien“ umfangreiche Neulanderschließungs- und Agrarkolonisationsprogramme. Entsprechend den Wachstumsleitlinien des Entwicklungsmodells konzentrierte man sich jedoch dabei fast ausschließlich auf Großbetriebe mit extensiver Rinderhaltung, so daß trotz Betriebsflächen von insgesamt 80 000 km^2 nur ca. 17 000 Arbeitsplätze geschaffen wurden.

8. *Zeigen Sie die regionalen Disparitäten Brasiliens, und versuchen Sie, sie aus der Geschichte und dem Wirtschaftsmodell der Technokraten zu erklären.*

9. *Bewerten Sie das brasilianische Entwicklungsmodell*
a) aus der Sicht der Modernisierungstheorie,
b) aus der Sicht der Dependenztheorie.
Ziehen Sie zur Bearbeitung das Kapitel 1.0 heran.

10. *Kritiker des brasilianischen Entwicklungmodells sprechen von einer „Entwicklung der Unterentwicklung“.*
Erklären Sie das Zitat, und nehmen Sie Stellung dazu.

1.4.4 Das Amazonas-Projekt – Beispiel eines Entwicklungsprojektes

Abb. 9: Räumliche Ordnung staatlicher und privater Entwicklungsprojekte im brasilianischen Amazonasgebiet

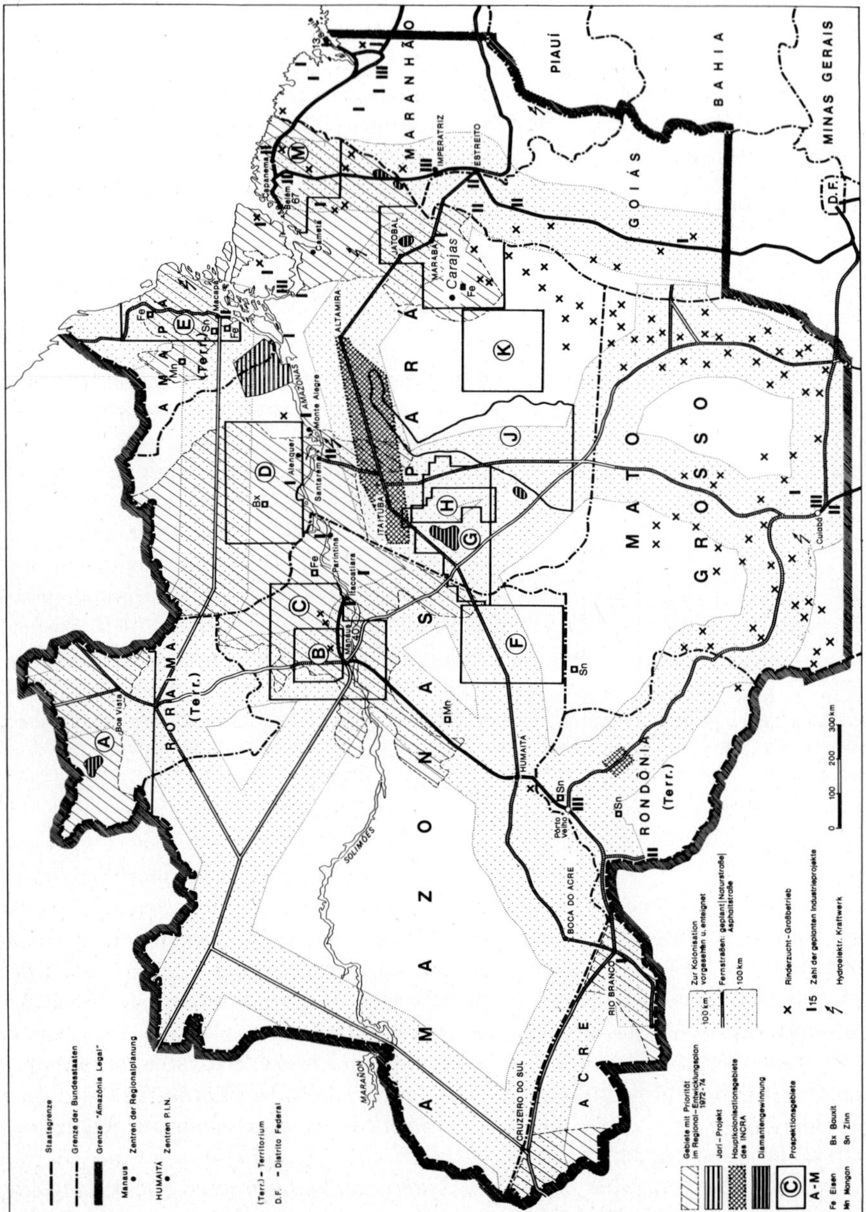

Gerd Kohlhepp: „Operation Amazonien". Zur Analyse der Planungskonzeption und Raumordnung der staatlichen und privaten Entwicklungsvorhaben in Nordbrasilien. In: Lateinamerika Studien Bd. 4, S. 253. München: Fink 1979

In direktem Zusammenhang mit der brasilianischen Entwicklungspolitik müssen die umfangreichen Erschließungsprojekte der Gegenwart gesehen werden. Das spektakulärste ist wohl das Amazonas Projekt, mit dem das bislang als siedlungsfeindlich geltende tropische Regenwaldgebiet des Amazonasbeckens und der unmittelbaren Randgebiete inwertgesetzt werden sollen. Die Planungsregion „Amazonia legal" umfaßt ca. 5 Mio. km^2, das ist mehr als die dreifache Fläche der EG Staaten.

Die Ziele des 1970 unter Präsident Medici eingeleiteten – in vielen Belangen realitätsfremden – Projektes sind der Abbildung 9 zu entnehmen.

Die Maßnahmen zur Erschließung und wirtschaftlichen Entwicklung lassen sich – getreu dem Entwicklungmodell – unterscheiden in:

1. staatliche Vorleistungen, d. h. Investitionen zur Schaffung der infrastrukturellen Einrichtung und zur Durchführung der Agrarkolonisation,
2. Aktivierung privatwirtschaftlicher Vorhaben durch finanzielle Anreize in Form von Steuererleichterungen etc.

Tab. 7: Industrielle Investitionen in Amazonien nach Industriebranchen bis Juli 1975

Industrie-branche	Zahl der Projekte	*Total* Investitionen in % Rangfolge	*Pará* Investitionen in % (soweit >5%)	*Amazonas* Investitionen in %	*Maranhão* Investitionen in %
Steine und Erden	9	14,8	32,1	·	·
Nahrungsmittel	40	14,6	17,7	5,5	27,2
Holz	21	12,4	23,1	5,8	13,1
Elektro	9	10,8	·	30,9	–
Chemische	17	9,5	·	9,5	14,4
Getränke	9	6,6	·	14,8	26,1
Textil	15	6,5	·	7,8	·
Metallverarbeitende	9	6,2	·	13,7	·
Pharmazeutische	2	3,8	·	·	16,1
Sonstige	34	14,8	27,1	11,9	3,1
Total	165	100,0	100,0	100,0	100,0

Gerd Kohlhepp: Erschließung und wirtschaftliche Inwertsetzung Amazoniens. In: Geographische Rundschau 1978, H.1, S. 10

Die Ergebnisse des Amazonas Projektes sind bislang in vielen Bereichen hinter den Erwartungen zurückgeblieben.

- Das Bundesstraßennetz wuchs nahezu um das Vierfache. Vielfach sind die neuen Straßen, wie z. B. Teile der 3500 km langen Transamazonica, unbefestigte Naturstraßen, die infolge der tropischen Regengüsse oft über weite Strecken unpassierbar sind.
- Gescheitert ist zum Teil das Projekt der Massenkolonisation. Die Angaben über die bis 1983 eingerichteten Siedlerstellen sind jedoch widersprüchlich; sie schwanken zwischen 8000 und 80000. Nach Angaben der Agrarkolonisationsbehörde INCRA konzentriert sich die organisierte Besiedlung entlang der Transamazonica zwischen Altamira und Itaituba, wo ca. 10000 Siedlerstellen eingerichtet wurden. Etwa 40000 Personen kamen bis 1982 in das Gebiet des Bergbauprojektes Serra dos Carajas im östlichen Amazonien (vgl. Abb. 9). Überwiegend handelt es sich hier jedoch um Squatter; die Zahl der offiziellen Siedlerstellen wird mit 10000 angegeben.

Die Gründe für das teilweise Scheitern liegen in organisatorischen Fehlplanungen sowie in den unzureichenden Erfahrungen der Siedler und der Fehleinschätzung der Fruchtbarkeit des tropischen Regenwaldbodens.

- Günstiger verlief die landwirtschaftliche Erschließung in den südlichen Randgebieten, wo mehrere Agrovilas (ländliche Mittelpunktsiedlungen) eingerichtet wurden und auf ausgedehnten Rodungsinseln große Rinderweidebetriebe entstanden. Diese sind meist im Besitz von Industriekonzernen (z. B. VW do Brasil), Banken oder anderen Großunternehmen. Die Betriebsgrößen schwanken zwischen 10000 und mehreren hunderttausend Hektar.
- Stark intensiviert wurde die bergbauliche Erschließung, vielfach getragen von sog. „joint ventures", d. h. Partnerschaftsunternehmen mit ausländischem und staatlichem inländischem Kapital.
- Die Industrieentwicklung brachte eine Diversifizierung der Branchenstruktur (vgl. Tab. 7). Die Industriegründungen konzentrieren sich jedoch fast ausschließlich auf die hauptstädtischen Zentren Belém, Manaus und São Luis.
- Außerordentlich gering ist die Zahl der durch die Projekte in Amazonien geschaffenen Arbeitsplätze. Sie wird für 1979 mit rd. 74000 angegeben (Kohlhepp). Diese Zahl steht beispielhaft für die sozialen Defizite des gesamten Entwicklungsvorhabens.

11. *Zeigen Sie die Ziele des Amazonas-Projektes (Abb. 9).*

12. *Bewerten Sie das Amazonasprojekt aus wirtschaftlicher, sozialer und ökologischer Sicht.*

13. *Eine Studie des brasilianischen Planungsministeriums beziffert die Gesamtinvestitionen, die in die Großprojekte flossen (und fließen) auf etwa 90 Mrd. US $. Diese Summe entspricht in etwa der gesamten Auslandsverschuldung Brasiliens 1983. Diskutieren Sie über diese Problematik.*

1.5 Haiti – Industrialisierungsbestrebungen in einem Entwicklungsland

Abb. 1

Handelsblatt vom 31. August 1973

Die Liste ähnlicher Anzeigen läßt sich beliebig fortsetzen. So wirbt der Nachbarstaat Haitis, die Dominikanische Republik, mit „disziplinierten, leicht anlernbaren Arbeitskräften", und das thailändische Investitionsbüro spricht von „im Überfluß vorhandenen billigen Arbeitskräften und extrem niedrigem Lohn". Eine Vielzahl der Länder der Dritten Welt versucht mit diesen Anreizen Unternehmen vor allem in Europa, Japan und den USA dazu zu bewegen, Teile ihrer arbeitsintensiven Fertigung in die betreffenden Länder zu verlagern.

Sinnvolle Industrialisierungsstrategie? Maßnahmen zum Abbau der hohen Arbeitslosigkeit? Wachstum ohne Entwicklung? Ausbeutung?

Tab. 1: Haiti im Überblick

Fläche: 27 695 km²

Bevölkerung: 1971: 4,33 Mio.	1980: 5,009 Mio.	
Geburtenziffer:	1965/70: 37,3‰	1975/80: 36,8‰
Sterbeziffer:	1965/70: 16,9‰	1975/80: 14,5‰
Bevölkerungswachstum in %:	1971: 2,2%	1980: 1,8%
Verstädterungsgrad:	1950: 12,2%	1980: 23,9%

Bevölkerung nach Altersgruppen (1971, letztes Volkszählungsergebnis)

unter 15 Jahren	41,2%
15–45 Jahre	42,5%
45–65 Jahre	11,8%
über 65 Jahren	4,5%

ethnische Zusammensetzung: 90% Neger, 10% Mulatten

Analphabeten (1971): 76% der Gesamtbevölkerung

Bodennutzung (1971): Ackerfläche 33% (davon 13% in den Ebenen, 20% im Bergland), Weideland 18%, Wald- und Buschland 9%, unkultivierte und unkultivierbare Fläche 39% (davon 17% durch Erosion unkultivierbar geworden, 21% Gebiete mit zu großer Hangneigung, zu geringen Niederschlägen oder zu wenig fruchtbaren Böden); Siedlungs- und Verkehrsflächen, Gewässer 1%

Erwerbstätigkeit nach Wirtschaftsbereichen (in 1000)	1971	1979
Land- und Forstwirtschaft, Fischerei	1 428,8	1 410,4
Produzierbares Gewerbe	138,7	136,8
Bergbau, Energie- und Wasserwirtschaft	2,3	2,3
Verarbeitendes und Baugewerbe	136,4	134,6
Handel, Banken, Versicherungen	185,3	184,5
Verkehr und Nachrichtenübermittlung	11,7	11,6
Öffentliche und private Dienstleistungen	157,1	153,7
Streitkräfte	4,6	.
Sonstige	7,1	7,1

Außenhandel (1978): Einfuhr: 220,7 Mio. US-$ Ausfuhr: 159,0 Mio. US-$

Wichtige Einfuhrprodukte in Mio. US-$		Wichtige Ausfuhrprodukte in Mio. US-$	
Erdöldestillationserzeugnisse	24,4	Kaffee	62,3
Kraftfahrzeuge	22,1	Bauxit	17,2
Getreide und Getreideerzeugnisse	16,4	Kinderwagen, Sportartikel Spielzeug	16,1
Molkereierzeugnisse und Eier	11,1	Ätherische Öle	9,7
Elektrische Maschinen, Apparate, Geräte	8,2	Kakao	6,0
Eisen und Stahl	7,7	Bekleidung	5,6
Sojaöl	7,4		

Länderkurzberichte Haiti 1981. Statistik des Auslandes. Statistisches Bundesamt (Hrsg.). Stuttgart, Wiesbaden: Kohlhammer 1981

Abb. 2: Republik Haiti

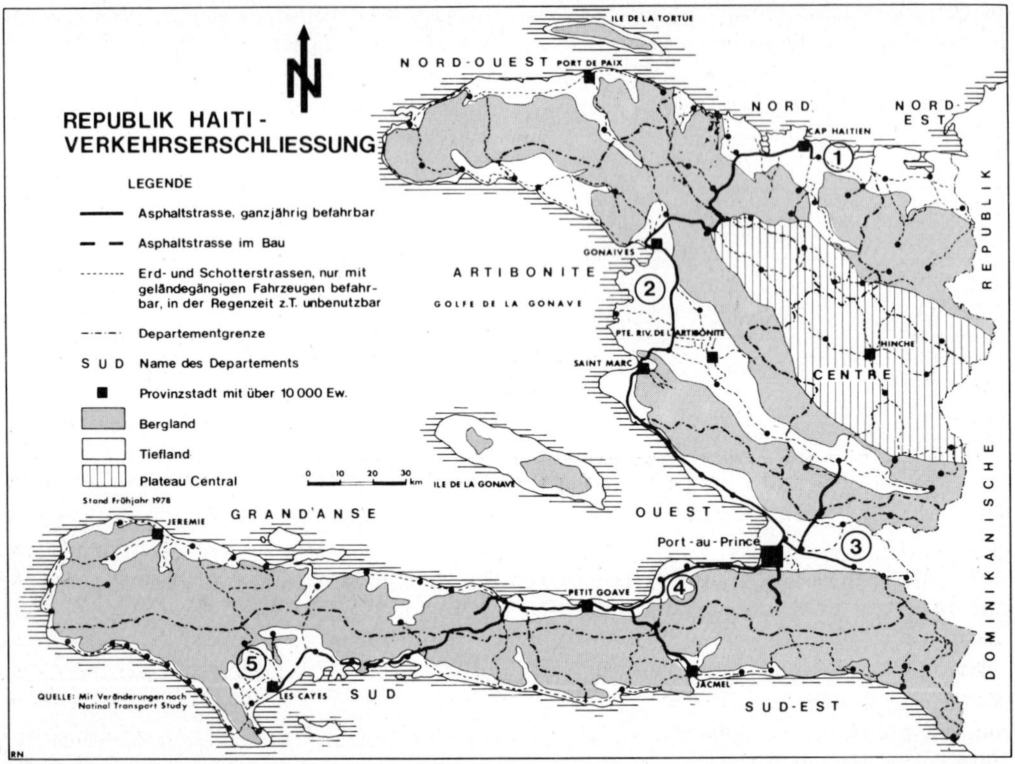

1 Plaine du Nord 2 Artibonite-Ebene 3 Cul-de-Sac-Ebene 4 Leogane-Ebene 5 Les-Cayes-Ebene

Rolf Nonnenmann: Haiti – Probleme der Wirtschaftsentwicklung in einem Land der Dritten Welt. Wirtschaftswissenschaftliche Forschung und Entwicklung, Band 74. München: V. Florentz GmbH 1981, Abb. 7, ergänzt

1.5.1 Die Entwicklung des Agrarsektors

Die französische Kolonie Saint-Domingue galt im 18. Jahrhundert als die reichste und gewinnträchtigste in der Karibik. Auf der Grundlage der Plantagenwirtschaft und des massiven Einsatzes von Negersklaven wurden vor allem Zuckerrohr, Kaffee, Baumwolle und Sisal angebaut und vollständig ins französische Mutterland exportiert. Dieses wiederum lieferte die dringend notwendigen Grundnahrungsmittel.
Die Französische Revolution 1789 und die damit verbundene Forderung nach der Gleichheit aller Menschen war der Beginn für die zahlreichen Sklavenaufstände, die im Jahre 1804 erfolgreich mit der Unabhängigkeit und mit der Ausrufung der Republik Haiti beendet wurden.
Die nach der Unabhängigkeit einsetzende Aufsiedlung der Plantagenflächen durch ehemalige Negersklaven sowie die staatliche Entlohnung der Offiziere und Soldaten der Befreiungsarmee durch Landschenkungen (ebenfalls ehemalige Plantagenflächen) führten zu einer extremen Besitzzersplitterung, die insbesondere durch die praktizierte Realteilung zusätzlich verschärft wurde.

Tab. 2: Landwirtschaftliche Betriebsgrößen in Haiti (1971)

Betriebsgrößen in carreaux[1]	Anzahl der Betriebe	Anteil der Gesamtzahl der Betriebe in %	Summen-prozent	Flächen der Betriebsklassen in carreaux[1]	Anteil der Betriebsklasse an der LN in %	Summen-prozent
0,01–0,25	160 350	26	26	32 755	4,9	4,9
0,26–0,50	133 375	21,6	47,6	61 265	9,1	14,0
0,51–1,00	144 270	23,4	71,0	123 855	18,5	32,5
1,01–2,00	110 260	17,9	88,9	175 030	26,1	58,6
2,01–3,00	36 630	5,9	94,8	96 170	14,4	73,0
3,01–4,00	12 740	2,1	96,9	47 220	7,1	80,1
4,01–7,75	14 250	2,3	99,2	76 510	11,5	91,6
7,76–15,00	3 945	0,6	99,8	38 090	5,7	97,3
>15,00	890	0,2	100,0	18 500	2,7	100,0

[1] 1 carreau: 1,29 ha

Rolf Nonnenmann: Haiti – Probleme der Wirtschaftsentwicklung in einem Land der Dritten Welt. Wirtschaftswissenschaftliche Forschung und Entwicklung, Band 74. München: Florentz 1981, S. 158, vereinfacht

Im Jahre 1972 waren 84,6% aller landwirtschaftlichen Betriebe im Eigentum der Bauern; mit 2,3 bzw. 3,0% war die Form der Geldpacht auf staatlichem bzw. privatem Grundbesitz im Gegensatz zu vielen anderen lateinamerikanischen Staaten minimal. Halbpächter mit 3,4%, Verwalter mit 2,9% und sonstige (nicht näher aufgeschlüsselt) mit 3,8% bilden die restlichen Formen des Grundbesitzes.

Diese extreme Besitzzersplitterung zog und zieht eine Fülle von Problemen in Haiti nach sich:

- Es erfolgte die Ausdehnung der landwirtschaftlichen Nutzfläche in den gebirgigen Gebieten Haitis durch Rodung der Wälder; eine zunehmende verheerende Bodenerosion war und ist die Folge.
- Obwohl die kleinbäuerlichen Mischkulturbetriebe vielfach nicht einmal zu einer gesicherten Eigenversorgung ausreichen, pflanzen die Bauern vor allem Kaffee als „cash crop" an, um dadurch bescheidene Einkünfte zu erzielen.
- Das hohe natürliche Bevölkerungswachstum (Durchschnitt der Jahre 1970–1981: 1,7%) und der damit verbundene enorme Bevölkerungsdruck auf die landwirtschaftlich genutzte Fläche sowie das Fehlen außerlandwirtschaftlicher Arbeitsplätze führten sehr früh zur Wanderarbeit. Im Jahre 1920 arbeiteten schätzungsweise 70000 Haitianer während der Zuckerrohrernte auf Kuba. 1967 waren ca. 30000 haitianische Arbeiter während der Zuckerrohrkampagne in der Dominikanischen Republik beschäftigt.
- „Ventil" der chronischen Unterbeschäftigung und völlig unzureichenden Einkommenssituation war und ist die Emigration: Im Zeitraum von 1950 bis 1970 verließen nach Schätzungen, teilweise illegal, ca. 477600 Haitianer ihr Heimatland. Wichtigstes Wanderungsziel waren die USA, insbesondere der Großraum New York. Verschärfend wirkte sich auf die wirtschaftliche und gesellschaftliche Lage zudem die andauernde politische Instabilität in Haiti aus: Kapitalflucht und Abwanderung waren die Folgen der vielfach brutalen Herrschaftsmethoden der jeweiligen Diktatoren. Dies führte während der Regierungszeit F. Duvaliers (1957 bis 1971) auch zur Einstellung der gesamten ausländischen Wirtschaftshilfe. Eine gewisse Stabilisierung im wirtschaftlichen Bereich brachte dann der Regierungsantritt von Jean-Claude Duvalier im Jahre 1971.
- Das nahezu vollständige Fehlen industrieller Ansätze, von der Zuckerherstellung und einigen ganz wenigen Betrieben zur Herstellung elementarer Konsumgüter abgesehen, machte das Land einseitig von Agrarexporten abhängig.

Tab. 3: Der Export Haitis nach wichtigen Waren 1950/51 – 1955/56 (in Mio. Gourdes)[1]

Warenart	Fiskaljahre (vom 1. 10.–30. 9.) 1950/51	1953/54	1955/56
Kakao	6,5	9,8	2,8
Kaffee	130,1	217,8	167,2
Baumwolle	3,1	3,2	1,2
Rizinussaat	5,1	1,4	1,5
Melasse	3,1	1,0	1,9
Sisal	60,5	24,6	31,6
Rohzucker	20,4	6,1	12,6
Bananen	4,9	1,2	0,4
Ziegenhäute	1,4	0,8	0,9
Sonstiges	12,9	11,8	12,5
Gesamt	248,0	277,7	232,6

[1] 5 Gourdes = 1 US-$; fester Wechselkurs seit 1921

Rolf Nonnenmann: a.a.O., S. 189, gekürzt

- Die sehr geringe Kaufkraft der überwiegend ländlichen Bevölkerung (durchschnittliches Pro-Kopf-Einkommen 1975: 51 US-$) schließt den haitianischen Binnenmarkt für den Absatz industrieller Fertigprodukte nahezu vollständig aus.

Die Republik Haiti zählt zu den ärmsten Ländern dieser Erde!

1.5.2 Traditionelle Industriezweige, Bergbau und Handwerk

Zuckerindustrie. Von den 210000 acres Zukkerrohrfläche dienen nur knapp 25% der Belieferung der drei Zuckerfabriken des Landes. Der weitaus größte Teil des Zuckerrohrs wird in den 1740 kleinen Zuckermühlen verarbeitet, von denen nur 90 mit Motorkraft arbeiten und in denen teilweise noch mit den Siedekesseln aus der französischen Kolonialzeit gearbeitet wird.

Alle drei Zuckerfabriken liegen in den ehemals wichtigen Anbaugebieten Haitis.Die Gründung der Haitian American Sugar Company (HASCO) geht zurück auf die US-amerikanische Besetzung (1914–1935), in der von den Amerikanern die Einrichtung agrarer Großbetriebe durch Landkauf gefordert und auch stattgegeben wurde.

Steigender Inlandsverbrauch an Zucker (Zukkerwasser als Grundnahrungsmittel der armen Bevölkerungsschichten, Vergrößerung der Getränkeindustrie u. a. durch ansteigenden Fremdenverkehr) führten nach 1975 zur Einstellung der Exporte. Verschärfend auf die Zuckerrohrernteergebnisse wirkten sich zudem Dürren in den Jahren 1975 und 1976/77 aus; Haiti war gezwungen, Zucker aus der Dominikanischen Republik sowie aus Brasilien und Guatemala einzuführen. Erst nach dieser Zeit konnten wieder geringfügige Mengen an Zucker exportiert werden.

Tab. 4: Betriebsdaten der drei Zuckerfabriken, Standortfaktoren, Probleme

Haitian American Sugar Company (HASCO)	Jahreskapazität: 70 000 t; Einzugsgebiet: Plaine Cul de Sac, Plaine de Leogane, betriebseigene Anbaufläche: ca. 9000 acres (= ca. 28% der benötigten Zuckerrohrmenge); eigenes Bahnsystem mit 160 Kilometer Schienenstrecke; 60% des Zuckerrohrbedarfs aus 10 Groß- und 100 Mittelbetrieben; 12% aus kleinbäuerlichen Betrieben (ca. 6000 Kleinbauern)
Centrale Dessaline in Les Cayes	Jahreskapazität: 12 000 t, kein eigenes Bahnsystem, keine eigene Anbaufläche; insgesamt 8000 ha von insgesamt 7000 Kleinbauern, größtes Problem: große Lieferschwankungen aufgrund der schwierigen Koordination zwischen der Vielzahl der Zulieferer und der Zuckerzentrale; Rohranlieferung mit Ochsenkarren und Lastwagen
Usine Citadelle Caldos, Cap Haitien, Plaine du Nord	Jahreskapazität: 10 000 t, keine eigene Anbaufläche, 5000 carreaux Zuckerrohranbaufläche von insgesamt 2000 Bauern, davon 600 < 1 carreaux; weiterer Betriebszweig: Rumherstellung aus anfallender Melasse

Tab. 5: Beschäftigte in der Zuckerindustrie Haitis (1978)

Zentrale	Gesamtbeschäftigte während der Erntekampagne	Anteil der Saisonarbeiter an den Gesamtbeschäftigten (%)
HASCO	1 700	90
Usine Citadelle Caldos	250	60
Centrale Dessalines	700	60
Gesamt	2 650	78

Rolf Nonnenmann: a.a.O., S. 222

Weitere Industriezweige und Betriebe (Auswahl):

- Sisalindustrie: Herstellung von Säcken, Seilen und anderen einfachen Konsumartikeln, teilweise Lieferung des Rohmaterials an weiterverarbeitende Handwerksbetriebe.
- Textil- und Bekleidungsindustrie: teilweise Verarbeitung haitianischer Baumwolle; landwirtschaftlicher Kleinbesitz sowie niedriger Baumwollpreis wirken sich nachteilig für die Belieferung aus.
- Betriebe zur Erzeugung ätherischer Öle: auf der Basis von Vetiver, Citron, Orange und Amyris; minimaler Beschäftigungseffekt: im Durchschnitt 10 bis 20 Arbeitskräfte; wie in der Zuckerindustrie auch hier große Saisonalität.
- Konservendosenfabrik: Firma Haiti Can in Port-au-Prince; Versuch, die Einfuhren aus der Dominikanischen Republik zu verringern.
- Zementfabrik (Ciment d'Haiti): Deckung des gesamten Inlandbedarfs; beliefert weitere Karibikstaaten (1977: Export von 100000 t Zement).
- Getreidemühle (Minoterie d'Haiti): seit 1969 in Staatsbesitz; Mehlherstellung; Getreideeinfuhren zu 100% aus den USA und aus Kanada.
- Betrieb zur Herstellung von Draht und Baueisen: Verarbeitung von Roheisenbarren aus der Bundesrepublik Deutschland.

Hinzu kommt noch eine Reihe von Unternehmen, die einfache Gebrauchsgüter wie Haushaltsgeschirr, Nägel, Seife, Kerzen u. a. herstellen.

Bergbau und Bodenschätze. Die einzig abbauwürdige Lagerstätte war das Bauxitvorkommen auf der Südhalbinsel Miragaone, dessen Vorräte im Jahre 1975 auf 18 bis 20 Mio. t geschätzt wurden. Ende 1980 gab das Abbauunternehmen, die Reynolds Haitian Mines Inc., eine Tochtergesellschaft von Reynolds Aluminium (USA), die Schließung des Bauxitbergwerkes bekannt. Es wird vermutet, daß die abbauwürdigen Teile der Lagerstätte erschöpft sind und sich somit eine wirtschaftliche Fortführung des Abbaus nicht mehr lohnt.

Außer der Trocknung des Bauxits fand aufgrund fehlender Kraftwerkskapazitäten keine weitere Verarbeitung statt. Das getrocknete Produkt wurde im eigens von Reynolds ausgebaggerten Hafen von Miragoane nach Corpus Cristi (Texas) exportiert.

Der Bauxitabbau brachte also keinerlei Impulse für die haitianische Industrie; der Beschäftigungseffekt war ebenfalls als minimal einzustufen, denn im Jahre 1978 waren gerade 207 Arbeitskräfte dort beschäftigt.

Für den Staatshaushalt allerdings gewann der Bauxitexport zunehmende Bedeutung: So erhöhten sich die staatlichen Einnahmen pro ausgeführte Tonne von 1,88 US-$ in den 60er Jahren auf 17,3 US-$ im Jahre 1978.

Weitere Rohstoffe wie Lignit (Braunkohlenart), Gold, Chrom, Eisenerz und Mangan sind zwar bekannt, diese Lagerstätten sind jedoch noch nicht bzw. nicht mehr abbauwürdig. Nur der Abbau von Kupfer im Norden des Landes scheint in der Zukunft rentabel zu werden; erste Konzessionen wurden an ausländische Unternehmen vergeben.

1.5.3 Industrialisierungsbestrebungen

Industrieansiedlung durch geradezu „schlaraffenlandähnliche" Fördermaßnahmen lautet die „Zauberformel" zur Überwindung der hohen Arbeitslosigkeit und damit zur Schaffung von Arbeitsplätzen im außerlandwirtschaftlichen Bereich. Die gesetzlichen Grundlagen hierfür bilden die Gesetze über Investitionsanreize (1960, 1963 und 1969) sowie deren Ergänzung durch die Investitionsfördergesetze aus dem Jahre 1977.

Tab. 6: Industriefördermaßnahmen (Übersicht)

Steuervergünstigungen	Zölle auf Einfuhr und Ausfuhr	Sonstige Anreize, mit denen Werbung betrieben wird
– reine Reexportbetriebe Betriebe im Industriepark: 8 Jahre Einkommenssteuerfreiheit, generelle Befreiung von Grund- und Gewerbesteuer Betriebe in Port-au-Prince: 5 Jahre Steuerfreiheit Betriebe außerhalb der Hauptstadt: 15 Jahre Steuerfreiheit Betriebe, die weniger als 25% des Inlandbedarfs decken: gleiche Bedingungen – Industriebetriebe, die für den Binnenmarkt produzieren konkurrierendes Importprodukt kann mit Sonderzoll oder mit Einfuhrbeschränkungen belegt werden – Importsubstituierende Betriebe in Ausnahmefällen Gewährung von Monopolen; Beispiele: Zementherstellung: 30 Jahre Herstellung von Baueisen und Draht: 25 Jahre generell für alle Betriebe: freier Kapitaltransfer; keine staatliche Aufsicht	Zollfreiheit für die Einfuhr und die für die Errichtung des Betriebs notwendigen Geräte, Ersatzteile, Fahrzeuge und sonstigen Betriebsmittel Freie Einfuhr der Rohstoffe und Halbfertigwaren, sofern diese nicht in Haiti hergestellt werden Völlige Zollfreiheit für die Ausfuhr, sofern keine lokalen Rohstoffe verwendet wurden Zollfreiheit gilt für die gesamte Dauer der Unternehmenstätigkeit	politische Stabilität außerordentlich niedrige Kriminalitätsrate weitgehend fehlende Rassengegensätze Verkehrsinfrastruktur in Port-au-Prince: – moderner Containerhafen – internationaler Flughafen – staatlicher Industriepark, günstige Mieten in vorgefertigten Hallen – überaus günstige Preise für Industriegelände – staatlich garantierter Mindestlohn – Fehlen von Gewerkschaften – Entlassung ohne besondere Schwierigkeiten; nur Zahlung einer gesetzlich vorgeschriebenen Abschlagszahlung, je nach Dauer der Betriebszugehörigkeit

Die eingeschlagene Industrialisierungsstrategie zeigt innerhalb kürzester Zeit große Erfolge: Im Zeitraum von 1970 bis 1978 erhöhte sich die Anzahl der Betriebe von 154 auf 380, die Zahl der Arbeitsplätze im sekundären Sektor stieg von 13000 auf ca. 55000.

„In den letzten zehn Jahren, hauptsächlich aber seit 1967, ist ein neuer Typ von Industrie im wirtschaftlichen Panorama von Haiti entstanden. Es handelt sich um arbeitsintensive Industrie, die auf der Basis von importierten Zulieferungen Exportprodukte herstellt und deshalb als Reexportindustrie bezeichnet wird. Die Entwicklung der Reexportindustrie in Haiti hat mehrere Gründe:
a) das Vorhandensein eines großen Reservoirs billiger Arbeitskräfte (. . .),
b) die Nähe Haitis zum US-Markt und das Vorhandensein ausreichender Transportverbindungen zwischen Haiti und den USA;
c) die allgemeine Tendenz, arbeitsintensive Industrie angesichts der internationalen Konkurrenz in unterentwickelte Länder zu verlagern.“

Bernhard Fatton: UNIDO, Training Workshop in Industrial Free Zones as Incentives to Promote Export-Oriented Industries, 24. März 1972. In: Folker Fröbel u. a.: Die neue internationale Arbeitsteilung. rororo aktuell, 4185. Reinbeck: Rowohlt 1977, S. 513

Tab. 7: Reexporte von Leichtindustrieprodukten im Fiskaljahr 1976/77

Produkt	Exportwert in Mio. Gourdes	Anteil an den Gesamtreexporten in %	Anteil der in die USA gelieferten Produkte in %
Baseballbälle	65,595	48,11	71,38
Elektronische Bauteile	23,358	17,13	86,69
Ober- u. Unterbekleidung	19,989	14,66	87,77
Sonstige Produkte	27,405	20,10	86,23
Gesamt	136,347	100,00	79,39

Rolf Nonnenmann: a.a.O., S. 212

Unternehmensformen: „Neben der Gründung von Filialen unter eigenem Namen und Jointventures spielt die Einrichtung von sog. Subcontracting-Betrieben eine immer wichtigere Rolle. In dieser Unternehmensform stellt ein – meist haitianischer – Partner ein Fabrikgebäude und sorgt für Arbeitskräfte und die nötigen Basisinfrastrukturen. Der meist US-amerikanische Auftraggeber stellt dem Subcontracting-Unternehmer neben den Aufträgen und den Halbfertigwaren auch meist die zur Produktion nötigen Maschinen zur Verfügung. Besonders verbreitet ist diese Unternehmensform bei der Herstellung von elektronischen Bauteilen. Der Auftraggeber bezahlt nach Stückzahl oder Arbeitszeit, der haitianische Partner bezieht seinen Profit aus der Differenz zwischen tatsächlichen und mit dem Auftraggeber abgerechneten Lohnkosten. Wichtigste Vorteile für den ausländischen Unternehmer sind beim Subcontracting das verminderte Risiko und die weitaus lockerere Bindung an das Niedriglohnland."

Rolf Nonnenmann: a.a.O., S. 233

1.5.4 Wirtschaftszentrum Port-au-Prince

Abb. 3: Port-au-Prince – Funktionale Gliederung

Nach Rolf Nonnenmann: a.a.O., Abb. 26 und Abb. 19

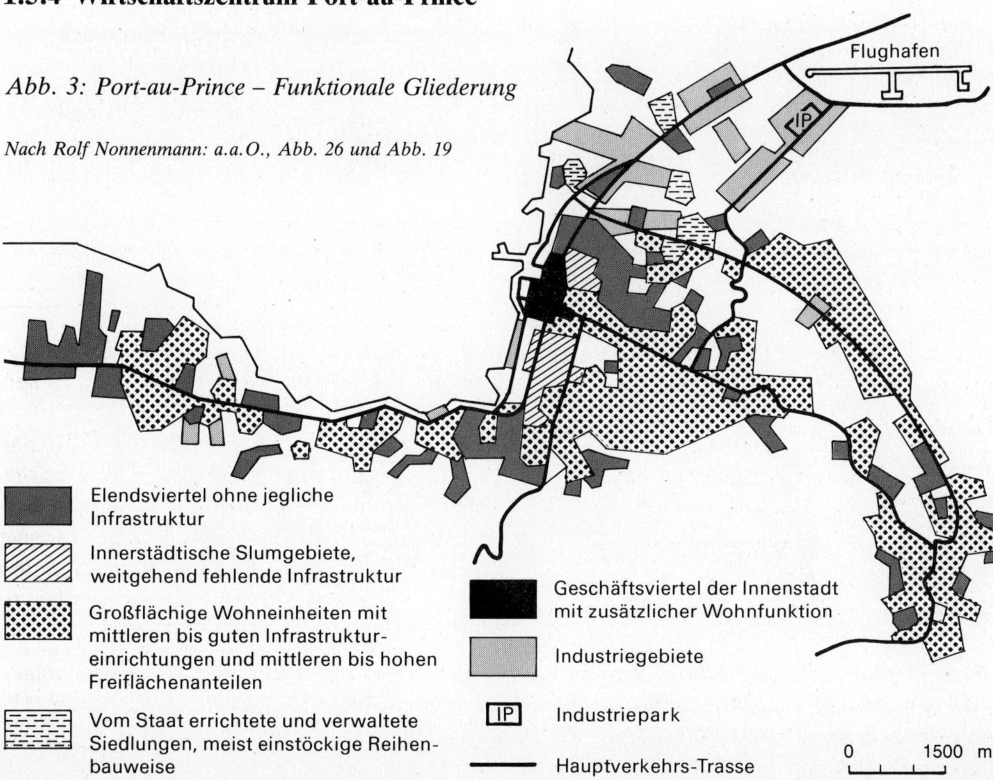

Von den im Zeitraum von 1974/75 bis 1977/78 neu gegründeten 153 Unternehmen siedelten sich allein 138 in der Hauptstadt Port-au-Prince an, und von den insgesamt 330 Betrieben der Hauptstadt im Jahre 1978 sind 180 Reexportbetriebe, deren Anteil an den ca. 50000 Beschäftigten sich auf 80% beläuft.

Der staatliche Industriepark in Port-au-Prince

Aufbau ab dem Jahre 1974 im Norden. Fläche (1978): 25 ha
Verkehrsanbindung: direkt neben dem internationalen Flughafen Dr. F. Duvalier, 3 km entfernt vom Hafen (u. a. Container-Hafen). Infrastruktur: asphaltiertes Wegenetz, Elektrizitäts- und Wasserversorgung, Kanalisation, Erste-Hilfe-Station, Bankfiliale
Fabrikationsgebäude: standardisierte 2400 m² große Hallen, Jahresmiete: 10,8 US-$/m².
Anzahl der Betriebe: 12 mit insgesamt 1253 Beschäftigten; bis 1979: weitere 20 Betriebe mit ca. 2000 Beschäftigten
geplante Erweiterung: 4 bis 6 Hallen

Abb. 4: Industriepark Port-au-Prince
Rolf Nonnenmann: a.a.O., Abb. 17

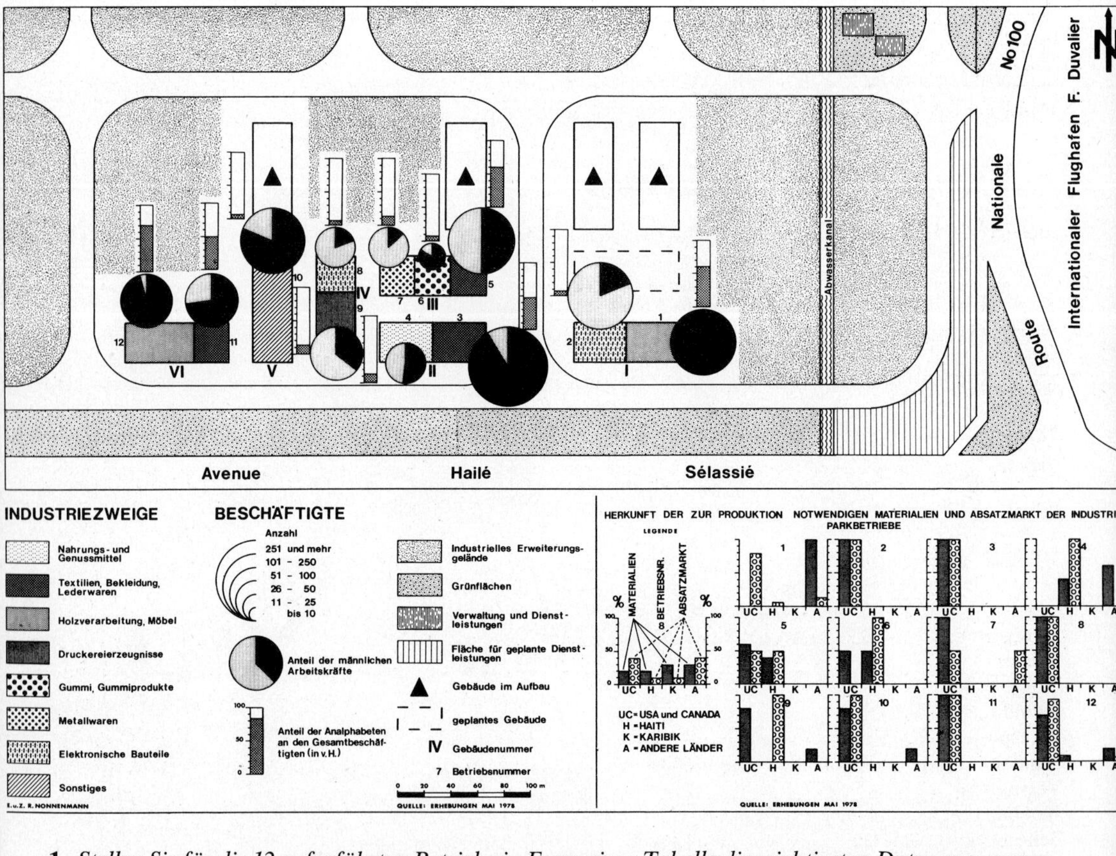

1. *Stellen Sie für die 12 aufgeführten Betriebe in Form einer Tabelle die wichtigsten Daten zusammen, und bewerten Sie diese (Beschäftigtenzahl, männliche/weibliche Arbeitskräfte, Analphabetenanteil; Branchenzugehörigkeit, Herkunft der Rohstoffe/Halbfertigwaren, Absatzmarkt der hergestellten Produkte).*

Pull-Effekt. Die massierte Ansiedlung von reexportierenden Montagebetrieben verstärkt den Pull-Effekt der Hauptstadtregion in unerwünschtem Maße. Die durchschnittliche Zahl der Zuwanderer pro Jahr übersteigt die Anzahl der neugeschaffenen Arbeitsplätze im sekundären Sektor um ein Vielfaches, ein Hereindrängen in den Dienstleistungssektor ist die Folge. Die dabei ausgeführten Tätigkeiten sind jedoch zu einem erheblichen Teil Klein- und Straßenhandel sowie „marginale Dienstleistungen im Microsecteur", also Tätigkeiten, die nur ein äußerst geringes und zudem unregelmäßiges Einkommen ermöglichen.

Tab. 8: Port-au-Prince – Arbeitsplätze, aufgegliedert nach Wirtschaftssektoren (1976)

Wirtschaftssektor	Bereich	Arbeitsplätze 1976	Anteil an der Gesamtzahl der Arbeitsplätze in %
Industrie und Handwerk	Montageindustrie	30 000	9,3
	übrige Industrie	10 000	3,1
	Handwerk	2 500	0,8
Baugewerbe		18 000	5,6
Verwaltung		26 000	8,0
öffentliche Dienste, Transport und Verkehr	öffentliche Dienste	2 000	0,6
	Tansport, Verkehr	3 500	1,1
Handel	Groß- und Einzelhandel (ohne Kleinhandel)	17 000	5,2
	Kleinhandel und Straßenhandel	40 000	12,4
sonstige Dienstleistungen	Hausangestellte	80 000	24,8
	marginale Dienstleistungen im Microsecteur	74 000	22,9
	übrige Dienstleistungen	20 000	6,2
Gesamt		323 000	100,0

Rolf Nonnenmann: a.a.O., S. 284

Tab. 9: Beitrag der Wirtschaft von Port-au-Prince zum Bruttoinlandsprodukt Haitis (1976)

Wirtschaftssektoren	Anteil der Wirtschaft von Port-au-Prince am Beitrag der Wirtschaftssektoren zum BIP
Landwirtschaft und Bergbau	3%
Industrie	78%
Baugewerbe	80%
öffentliche Dienste, Transport und Verkehr	80%
Handel	60%
Verwaltung	67%
Wohnungswesen und Beherbergungsgewerbe	70%
sonstige Dienstleistungen	85%
Gesamt	40%

Rolf Nonnenmann: a.a.O., S. 281

Diese einseitige Konzentration der Industrieansiedlung veranlaßte die Regierung, gesetzliche Maßnahmen zur Dekonzentration einzuleiten, indem sie in Cap Haitien, Les Cayes und Hinche neue Industrieparks errichten will.

Bewertung der Standortfaktoren aus der Sicht der investierenden Betriebe. Wie wird nun der Industriestandort Haiti von Unternehmerseite aus eingeschätzt? Eine von Rolf Nonnenmann im Jahre 1978 durchgeführte Industriebefragung in 80 Betrieben auf Haiti gibt wesentlichen Aufschluß darüber. 65 der interviewten Betriebe befinden sich in Port au Prince, 15 in den übrigen Gebieten; die Zahl der Beschäftigten dieser Betriebe betrug 19353, das entspricht 35% aller haitianischen Industriebeschäftigten.

Tab. 10: Beurteilung des Industriestandortes Haiti

Standortfaktoren	sehr wichtiger Standortfaktor, bedeutender Vorteil (1)	wichtiger Standortfaktor, Vorteil (2)	unwichtiger Standortfaktor, Nachteil (3)	Prozentsatz der positiven Einschätzungen: (1) + (2), bezogen auf die Gesamtzahl der Antworten
niedrige Löhne	51	15	13	83,5
Verfügbarkeit von Arbeitskräften	38	18	23	70,9
Steuerermäßigung u. sonstige Investitionsanreize	41	7	31	60,8
Nähe zum US-amerikanischen Markt	38	6	35	55,7
Verfügbarkeit von Industriegelände	24	20	35	55,7
günstige Transportmöglichkeiten	23	20	36	54,4
Absatzmöglichkeiten auf dem Binnenmarkt	30	8	41	48,1
Verfügbarkeit von Rohmaterialien	31	6	42	46,8
Mietkosten und Geländepreise	13	22	44	44,3
Vorhandensein von Mietfabriken	16	18	45	43,0
Kreditmöglichkeiten	13	15	51	35,4
ausreichende Wasserversorgung	14	13	52	34,2
Verfügbarkeit und Kosten für Brennstoffe und Elektrizität	11	13	55	30,4
Haltung der Regierung	8	8	63	20,3
Nachbarschaft anderer Industriebetriebe	2	7	70	11,4
Nähe zu Regierungsstellen u. öff. Einrichtungen	3	4	72	8,9
Haltung der Ansiedlungsgemeinde	0	2	77	2,6

Rolf Nonnenmann: a.a.O., S. 242

„Die in der Befragung festgestellte hohe Bereitschaft zu Betriebserweiterungen und zur Reinvestition beschränkt sich räumlich allerdings fast ausschließlich auf den Hauptstadtbereich. 72,5% der Unternehmer schlossen die Möglichkeit einer Betriebsgründung in der Provinz völlig aus. Als Folge für die weitere haitianische Industrialisierung muß aus dieser Haltung eine sich auch in der Zukunft immer mehr auf die Hauptstadtregion konzentrierende Industrie abgeleitet werden. Die Hoffnungen, durch eine dezentralisierte Industrieansiedlung die Provinz wirtschaftlich zu stärken und die Binnenwanderungsströme von Port-au-Prince abzulenken, müssen daher sehr skeptisch eingeschätzt werden . . .

Die entschiedensten Gegner einer Betriebsverlagerung aus der Hauptstadt heraus waren Vertreter der Montageindustrie. Für diese fast vollständig auf das Ausland orientierten Betriebe ist die Nähe zum internationalen Flughafen des Landes und zum leistungsfähigen Hafen der Hauptstadt von unverzichtbarem Interesse. In Anbetracht des desolaten Zustandes der Provinzhäfen und der hier völlig fehlenden Luftfrachtverbindungen bedeutet jede räumliche Trennung von der Hauptstadt zusätzliche Transportkosten und zunehmende Unregelmäßigkeiten und Verzögerungen . . .

Eine untergeordnete Rolle spielte überraschenderweise bei den Expansionsplänen der Unternehmer der Gedanke an eine Ansiedlung in einem staatlichen Industriepark . . .

Von offizieller haitianischer Seite sollte zu diesem Thema – vor allem bezüglich der geplanten Industrieparks in der Provinz – mehr Öffentlichkeitsarbeit betrieben werden. Dies um so mehr, als bei den im Industriepark der Hauptstadt vorgenommenen Betriebsinterviews weitgehend eine große Zufriedenheit mit dem hier gewählten Standort festgestellt werden konnte.

Klar zum Ausdruck kam in der vorgenommenen Befragung die starke Rohstoffabhängigkeit Haitis vom Ausland. Nur 16% der Betriebe konnten ihre Rohmaterialien zu 100% aus dem eigenen Land beziehen. Im wesentlichen handelt es sich hierbei um Betriebe der Nahrungs- und Genußmittelindustrie sowie um Betriebe, die ätherische Öle herstellen. Bei der Nahrungsmittelindustrie konnten jedoch nur 7 der insgesamt 18 befragten Betriebe ihre zur Produktion notwendigen Materialien vollständig in Haiti beziehen. Neben Flaschen, Büchsen, Plastikbechern, Etiketten und sonstigem Verpackungsmaterial müssen hier Konservierungsstoffe, aber auch teilweise die agrarischen Rohstoffe selbst aus dem Ausland eingeführt werden. So wurde in einigen vom Verfasser besuchten Betrieben aus dem Ausland – vornehmlich aus der Dominikanischen Republik und den USA – Fruchtsaftkonzentrat eingeführt, in ebenfalls importierte Behälter abgefüllt und dann auf dem haitianischen Markt abgesetzt. Ursache dieser Rohstoffknappheit ist die geringe Leistungsfähigkeit der einheimischen Landwirtschaft und die unbefriedigende Vermarktung der hier erzeugten Agrarprodukte.

Wichtigster Rohstofflieferant der Republik Haiti sind die Vereinigten Staaten. 41% der befragten Betriebe bezogen ihre Rohstoffe zu 100% aus den USA. Hierunter fielen fast alle Montagebetriebe. Weitere 34% bezogen ihre Rohstoffe überwiegend aus den Vereinigten Staaten, hatten daneben aber noch andere Lieferländer. 9% der Betriebe beschafften ihre Werkstoffe im In- und Ausland, jedoch nicht in den Vereinigten Staaten. Fast keine Rolle spielt der Import von Rohmaterialien aus den karibischen Nachbarländern.

Die starke Orientierung auf die Vereinigten Staaten zeigt sich auch bei den Absatzmärkten der Betriebe. 40% der Betriebe setzten ihre Produktion vollständig in den USA ab. In diese Gruppe fielen wiederum fast alle reexportierenden Montagebetriebe. Weitere 22,5% belieferten überwiegend den nordamerikanischen Kontinent. Zweitwichtigstes Absatzgebiet ist der Binnenmarkt. Hier setzten 26 Betriebe (= 32,5%) ihre gesamte Produktion ab. Den größten Anteil hieran hatte mit 13 Betrieben die Nahrungsmittelindustrie. Ähnlich bedeutungslos wie bei den Rohstoffimporten sind die karibischen Nachbarländer auch bei den Industrieexporten. Nur 7 Betriebe verkauften Teile ihrer Produktion in die Karibik. Einen sehr hohen Anteil hat das Flugzeug als Verkehrsmittel beim Im- und Export. 50% der exportierenden Betriebe führen ihre Produktion ausschließlich per Luftfracht aus. Weitere 18,5% exportieren sowohl per Schiff als auch per Flugzeug. Bei den Rohstoffimporten führten 37% der Betriebe ihre Materialien ausschließlich per Schiff ein. 33% importierten per Schiff- und Luftfracht und 25% allein durch Luftfracht. Der hohe Luftfrachtanteil beim Im- und Export läßt es wünschenswert erscheinen, den Flugplatz von Cap Haitien für den Frachtverkehr auszubauen."

Rolf Nonnenmann: a.a.O., S. 244–247

2. *Haiti zählt zu den ärmsten Ländern der Welt. Zeigen Sie mit Hilfe der Materialien (Kapitel 1.0) und der Übersicht (Tab. 1, S. 83) Merkmale der Unterentwicklung auf.*

3. *Die Zustände im Agrarsektor werden als die grundlegenden Hemmfaktoren der gesamten haitianischen Wirtschaft bezeichnet. Erläutern Sie deren nachteilige Auswirkungen. Welche Veränderungen sind nach Ihrer Meinung hier unbedingt notwendig?*

4. *Geben Sie eine kurze Definition folgender wichtiger Begriffe: Reexportbetriebe, Jointventures, Subcontracting-Betriebe.*

5. *Bewerten Sie die Standortvoraussetzungen des Industrieparks Port-au-Prince. Ziehen Sie dabei auch die Ergebnisse Ihrer Aufstellung aus dem Arbeitsauftrag (1) heran.*

6. *Bewerten Sie die in Haiti eingeschlagene Industrialisierungsstrategie auf dem Hintergrund der Tatsache, daß sich überwiegend Reexportbetriebe aufgrund der Fördermaßnahmen ansiedeln.*

1.6 Verstädterung in Ländern der Dritten Welt am Beispiel Caracas – (Venezuela)

Aus der Lebensgeschichte dreier vom Land in die Stadt zugezogener Familien:

Die erste Familie lebt in Baruta, einem Vorort von Caracas, der zwischen 1950 und 1980 von 6950 auf vermutlich 200 000 Einwohner angewachsen ist. Der Haushaltsvorstand, etwa 50 Jahre alt, verdient als ambulanter Gärtner bei wohlhabenden Familien etwa 600 Bs. (ein Bolivar entsprach 1982 etwa 0,50 DM) im Monat. Er wohnt mit Frau und sieben Kindern seit etwa 15 Jahren in einem eigenen Rancho (= Hütte) aus Holzbrettern mit Blechdach. Wie er erzählt, hat er schon 1000 Ziegel gespart und um sein Rancho gestapelt; außerdem möchte er gerne ein Fernsehgerät erwerben, was für andere Familien mit der gleichen Anwesenheitsdauer schon selbstverständliche Einrichtung ist.

Die zweite Familie ist vom Lande nach Baruta in ein über Nacht erstelltes Rancho zugezogen. Anfangs wurde der Lebensunterhalt durch die Arbeit des Vaters als Tagelöhner sowie durch den Anbau einiger landwirtschaftlicher Produkte bestritten. Die acht älteren, auf dem Lande aufgewachsenen Kinder sind nie zur Schule gegangen, die sechs in der Stadt dazugekommenen erhielten dagegen alle eine Schulbildung. Auch eine Generation nach dem Zuzug nach Baruta hat sich die Familie noch nicht ganz dem städtischen Leben angepaßt; die Familienbindung ist lose, der Zusammenhalt ist nur durch die Frauen gegeben, während die Männer häufig nach wenigen Jahren verschwinden und dann in anderen Teilen der Stadt neue Familien gründen.

Die dritte Familie wohnt seit drei Jahren am Stadtrand von Caracas. Der Vater der sechs Kinder hat die Familie im Stich gelassen, die Mutter muß für alle sorgen. Sie stammt aus einer vierzehnköpfigen Familie in Ciudad Bolivar und ist anläßlich eines Besuches ihrer in Caracas verheirateten Schwester wegen der besseren Verdienstmöglichkeiten in der Stadt geblieben. Die Frau arbeitet als Sozialarbeiterin (Grundlohn 900 Bs.) und fertigt auch Heimarbeiten an. Gelernt hat sie das in Abendkursen einer kirchlichen Organisation. Als tüchtige Wirtschafterin konnte sie allen Kindern eine gute Ausbildung (u. a. zum Ingenieur, Offizier, Lehrer) zuteil werden lassen. Sie wohnt im ersten Stock eines dreigeschossigen Hauses (Miete 350 Bs.). Die Wohnung enthält zahlreiche elektrische Geräte.

Tab. 1: Anteil der Migranten im Verhältnis zur Stadt- und zur Ranchobevölkerung in den acht größten Städten Venezuelas

		1971		1970		
	Einwohner	Geburtsort der Wohnbevölkerung (%)		Wohnbevölkerung in Hütten		
		im Ausland	nicht am Ort	in % der Stadt	Haushaltsvorstände	nicht a. Ort geboren(%)
Caracas	2 183 935	13,1	41,2	41,8	399 974	77,9
Maracaibo	651 574	5,6	12,0	63,1	101 044	61,1
Valencia	367 171	6,1	32,6	44,2	53 250	70,5
Barquisimeto	334 333	3,0	15,7	50,9	46 211	82,4
Maracay	255 134	5,9	40,2	48,5	36 874	85,5
San Cristóbal	152 239	12,1	7,0	45,2	20 340	68,5
Cd. Guayana (San Felix)	143 240	3,8	47,7	24,6	24 514	99,7
Maturin	121 662	1,8	18,0	48,2	14 570	70,9

Heinrich Pachner: Randliches Wachstum und zunehmende innere Differenzierung venezolanischer Städte. Marburger Geographische Schriften, 77, 1978, S. 180

1.6.1 Verstädterung in Venezuela

Abb. 1: Verstädterung in ausgewählten Ländern Lateinamerikas

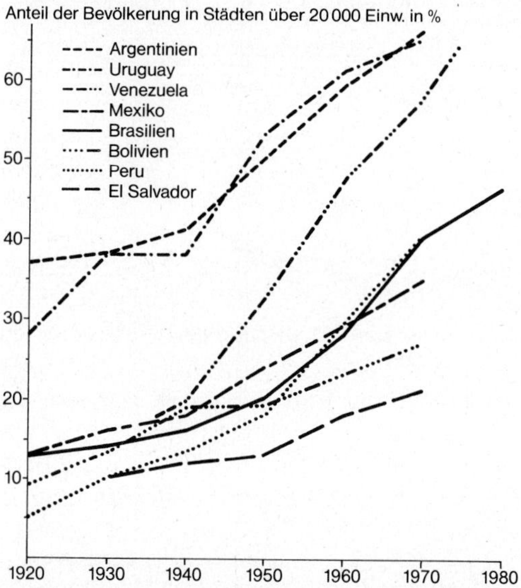

Nach Gerd Kohlhepp: Bevölkerungswachstum und Verstädterung in Lateinamerika. Der Bürger im Staat, H. 1, 1982. Landeszentrale für Politische Bildung Baden-Württemberg (Hrsg.), S. 28, ergänzt

Abb. 2: Veränderung der Bevölkerungsverteilung in Venezuela

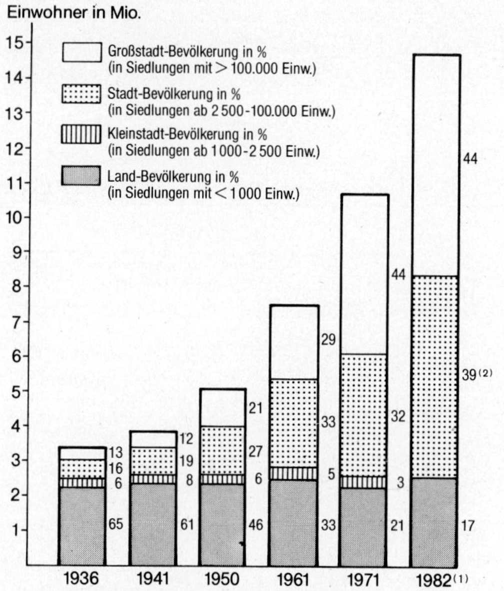

(1) Schätzung, da keine neue Volkszählung
(2) Siedlungen zwischen 1000 und 100 000 Einwohnern

Nach Heinrich Pachner: Hüttenviertel und Hochhausquartiere als Typen neuer Siedlungszellen der venezolanischen Stadt. Stuttgarter Geographische Studien, Bd. 99, 1982, S. 82, ergänzt

„**Die Ursachen des Verstädterungsprozesses** sind vielfältig und reichen bis in die Kolonialzeit zurück. Die zentralistische Kolonialverwaltung bevorzugte eine klare vertikale Rangordnung der Städte und damit vor allem die Hauptstadt und einige ausgewählte Regionalzentren. Die führenden Städte waren politisch und wirtschaftlich auf die Mutterländer in Übersee ausgerichtet und blieben auch in ihrem Sozialgefüge dem Umland entfremdet. Stadt und Land standen sich in starkem Kontrast gegenüber. Da ein Stadt-Land-Kontinuum europäischer Prägung fehlte oder auch aufgrund der riesigen Entfernungen nur unzureichend entwickelt war, entstanden regionale Disparitäten, die den Städten gleichsam eine herausragende inselhafte Stellung einräumten. Anstelle vielseitiger Stadt-Umland-Beziehungen verstärkten sich die Hauptstädte durch die starke Zuwanderung aus dem ländlichen Raum bis heute zu Ballungsräumen, die eine hypertrophe (= übermäßige) Konzentration von Funktionen aufweisen und zum Teil eine Entleerung des Hinterlandes bewirken."

Gerd Kohlhepp: Bevölkerungswachstum und Verstädterung in Lateinamerika. In: Der Bürger im Staat, H. 1, 1982, S. 27, Landeszentrale für Politische Bildung Baden-Württemberg (Hrsg.)

Tab. 2: Geburten- und Sterbeziffer in Venezuela

	1967	1972	1979
Geborene je 1000 Einwohner	43,5	37,1	35,6
Gestorbene je 1000 Einwohner	6,6	6,7	5,5
Gestorbene im 1. Lebensjahr je 1000 Lebendgeborene	·	51,7	33,1

Länderkurzbericht Venezuela 1983. Statistisches Bundesamt Wiesbaden (Hrsg.). Stuttgart: Kohlhammer, S. 13, ergänzt

Abb. 3: Städte und Straßen im nördlichen Venezuela 1936, 1950 und 1971

Erdmann Gormsen: Bevölkerungsentwicklung und Wirtschaftsstruktur in Venezuela. In: Geographisches Taschenbuch 1975/1976. Wiesbaden: Steiner 1975, Karte 4, ergänzt

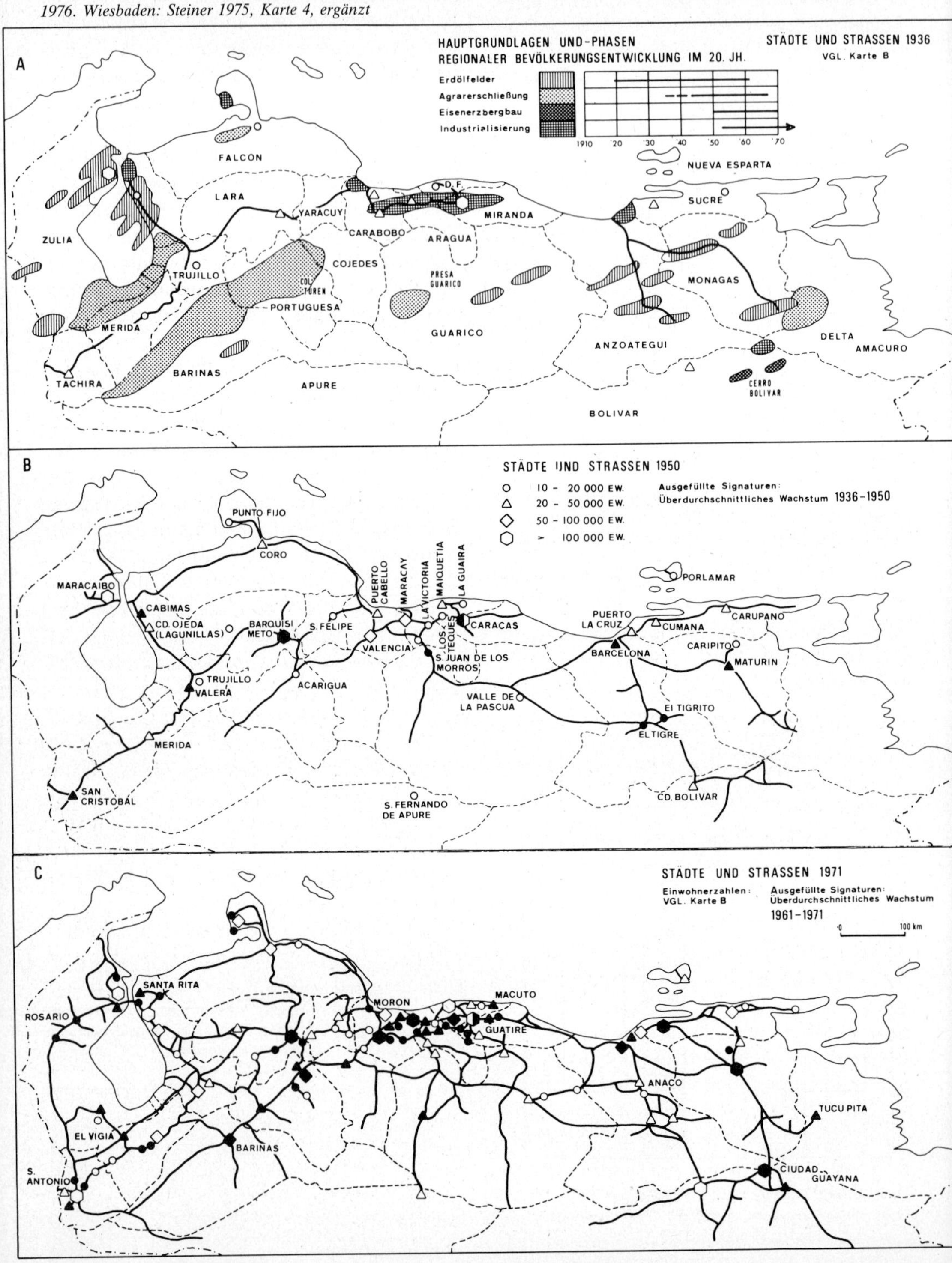

Push- und Pull-Faktoren. Das Städtewachstum läßt sich einerseits durch die Anziehungskraft erklären, die die Städte auf die Landbevölkerung ausüben (Pull-Faktoren), andererseits durch die Strukturschwächen und Probleme der ländlichen Gebiete (Push-Effekte).

Abb. 4: Verteilung des Familieneinkommens in Venezuela 1972

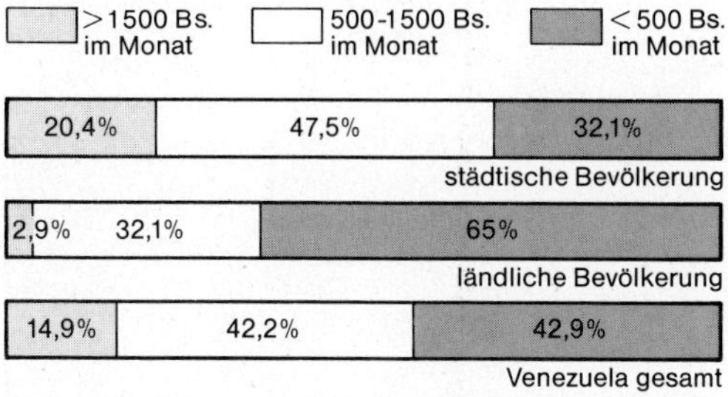

Nach Heinrich Pachner: Hüttenviertel und Hochhausquartiere als Typen neuer Siedlungszellen der venezolanischen Stadt. Stuttgarter Geographische Studien Bd. 99, 1982, S. 95

Die Industrie Venezuelas hält seit 1970 einen annähernd konstanten Anteil am Bruttoinlandsprodukt von etwa 16%. Die Industriestandorte liegen überwiegend in der zentralen Küstenregion um Caracas. Auf rund 2,4% der venezolanischen Fläche konzentrieren sich 37% der Einwohner und 73% der Industriebeschäftigten (1978). Die zentrale Region stellt den aufnahmefähigsten Absatzmarkt, besitzt die besten Verkehrsanschlüsse und kann die in Entwicklungsländern besonders wichtige Fühlungsvorteile bieten. Trotz der großen Ressourcen ist der Stand der Industrialisierung relativ bescheiden (1978: 433397 Beschäftigte in 10013 Betrieben mit fünf und mehr Beschäftigten).

„Die Pull-Faktoren ... sind aber auch in der Attraktion des städtischen Lebens, der Faszination des Modernen und Neuen zu suchen. Städtische Lebensformen nehmen in der Wertskala der ländlichen Bevölkerung ständig an Bedeutung zu. Aufgrund der besseren Kommunikationsmöglichkeiten und der Wirkungen der Reklame in den Massenmedien wird eine Erwartungshaltung erzeugt, die vor Ort meist bitter enttäuscht wird."

Gerd Kohlhepp: Bevölkerungswachstum und Verstädterung in Lateinamerika. In: Der Bürger im Staat, H. 1, 1982, S. 27. Landeszentrale für Politische Bildung Baden-Württemberg (Hrsg.).

„Der gesamte Lebensstandard ist außerordentlich niedrig. Das durchschnittliche Jahreseinkommen jener Bauernfamilien, deren landwirtschaftlicher Betrieb kleiner als 2 ha ist, wird mit 200–300 Bolivar angegeben. Lassen sich Teile des Landes bewässern, dann kann das Jahreseinkommen um vielleicht 100 Bolivar steigen. Für die Betriebe mit 2–5 ha wurde ein Jahreseinkommen von 400–600 Bolivar ermittelt, das bei teilweiser Bewässerung auch bei 750 Bolivar liegen kann. Selbst bei allerbescheidensten Ansprüchen reicht der finanzielle Ertrag der meisten Minifundien nicht aus, um eine Familie damit versorgen zu können. So sind viele Familien des municipios auf einen Nebenerwerb angewiesen ...

Die meisten, die sich nach einer zusätzlichen Einnahmequelle umsehen, gehen während der Trockenzeit ... für ein bis drei Monate als Saisonarbeiter weg. Viele suchen alljährlich die Gegend von Santa Cruz de Mora auf, wo sie bei der etwa Mitte Oktober beginnenden Kaffee-Ernte Beschäftigung finden... Einige versuchen in den nächstgelegenen Städten, vor allem in Mérida, Ejido oder El Vigía, als Gelegenheitsarbeiter Geld zu verdienen...

Wer wegwandert, bricht praktisch sämtliche Brücken hinter sich ab. Dadurch, daß die jungen Leute im elterlichen Betrieb nicht mehr mitarbeiten und in die Ferne ziehen, verzichten sie auf ihren Erbanteil am elterlichen Anwesen...

Nicht alle wagen den Sprung direkt in die Stadt. Viele versuchen sich als ocupantes, als selbständige Landwirte auf fremdem Grund und Boden, niederzulassen. Das geht freilich nur in den tieferen, heißen Zonen der Gebirgsflanken oder draußen im Vorland des Gebirges, wo Malariabekämpfung und Verkehrserschließung zu einer völlig neuen Inwertsetzung von früher wenig attraktiven Räumen geführt haben."

Christoph Borcherdt: Pueblo Nuevo: Skizze einer Gemeinde in den venezolanischen Anden. Tübinger Geographische Studien, H. 34. Tübingen: Selbstverlag des Geographischen Instituts der Universität Tübingen 1970, S. 213–214

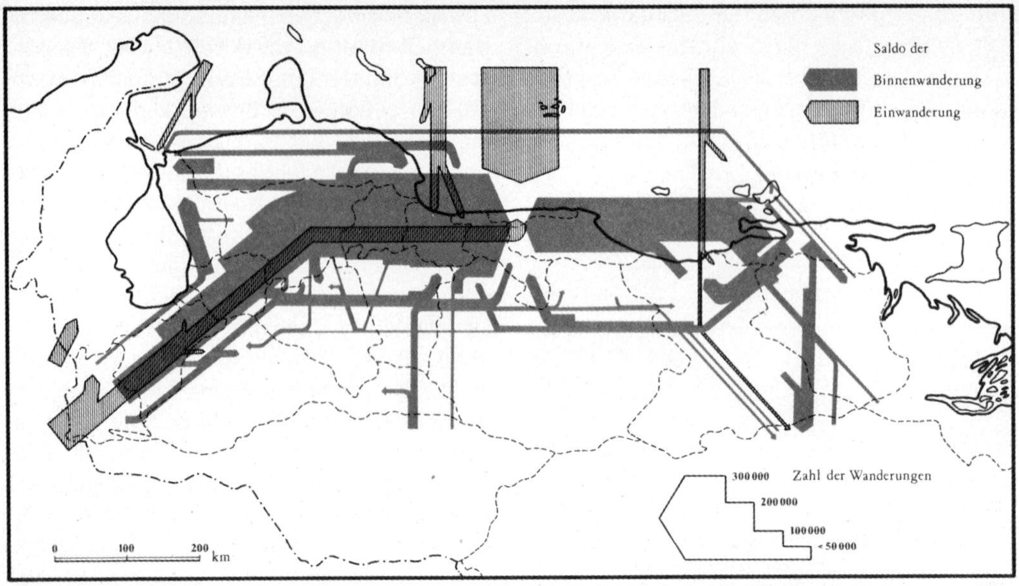

Abb. 5: Richtung der Wanderungsströme in Venezuela bis 1971

Erdmann Gormsen: a.a.O., S. 177

1. *Interpretieren Sie die Abb. 1 und 2. Vergleichen Sie mit anderen Ländern und Kontinenten.*
2. *Versuchen Sie, die Wanderungsströme zu erklären. Nennen Sie Ab- und Zuwanderungsgebiete.*
3. *Fassen Sie die Gründe für die Verstädterung Venezuelas zusammen (Push- und Pull-Faktoren).*
4. *Nennen Sie mögliche positive und negative Auswirkungen der Abwanderung in Abwanderungsgebieten.*

1.6.2 Räumliche Auswirkungen der Verstädterung – das Beispiel Caracas

Caracas platzt aus den Nähten – kein Wunder bei der hektischen Entwicklung der Einwohnerzahlen (vgl. Abb. 6, Agglomeration Caracas 1981: 3 Mio. Einwohner). Die Stadt liegt nur etwa 20 km von der feuchtheißen Küste des Karibischen Meeres entfernt in einem gemäßigtwarmen, breiten Längstal der Küstenkordillere in etwa 900 bis 1000 m Höhe. Von allen Städten des Landes profitierte Caracas am meisten von der wirtschaftlichen Aufwärtsentwicklung des Landes seit der Entdeckung der Erdölvorkommen in den 20er und 30er Jahren. Die Stadt konnte einen Großteil des Handels an sich ziehen, zum Zentrum des Kapitals aufsteigen und zum Sitz der Erdölgesellschaften werden. In den 50er Jahren, als es zu einem zweiten Erdölboom kam, begann der Diktator Jiménes in der Hauptstadt ein ehrgeiziges Bauprogramm: Autobahnen wurden durch die Stadt gezogen, neue Geschäftszentren, supermoderne Hotels und pompöse Repräsentationsgebäude erstellt. In dieser Phase stieg die Zahl der Einwanderer wiederum stark an, ein großer Teil davon blieb in Caracas. Aber auch auf die Binnenwanderer wirkte die Stadt wie ein Magnet. Innerhalb von 40 Jahren bis 1971 sind insgesamt rund 500000 Binnenwanderer zugezogen. Wie konnte die Stadt diesen Zuwachs bewältigen? Wie haben sich Grund- und Aufriß durch das hektische Wachstum verändert?

Abb. 6: Bevölkerungswachstum von Caracas

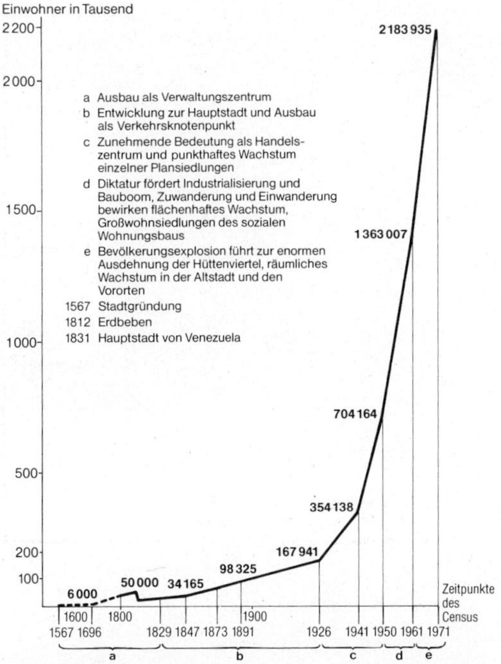

Nach Heinrich Pachner: Hüttenviertel und Hausquartiere als Typen neuer Siedlungszellen der venezolanischen Stadt. Stuttgarter Geographische Studien, Bd. 99, S. 165

Stadterweiterung. Abb. 8 zeigt, daß Caracas längst über das vom Rio Guaire durchflossene Hochtal hinausgewachsen ist. Allseits eingeengt und wegen der hohen Bodenpreise kommt der Siedlungsverdichtung, neuerdings vor allem dem Bau von Hochhäusern und großen Wohnblocks, eine wichtige Rolle zu. An steilen Hängen müssen aufwendige Terrassierungen vorgenommen werden, um neuen Baugrund zu erschließen.

Die Barrios, so nennt man in Venezuela die Hüttenviertel, sind die Indikatoren für Zuwanderung und wirtschaftliche Aktivität, in stagnierenden Siedlungen findet man sie nicht. In Caracas leben rund 40% der Stadtbevölkerung in den Barrios; täglich entstehen, so jüngste Presseberichte, mehr als 100 weitere Ranchos (Hütten). Ein Großteil ihrer Bewohner sind Neuzuwanderer (vgl. Tab. 1), die hier eine erste oder auch dauerhafte Bleibe gefunden haben. Tausende der Hütten aus Brettern, Blechen und anderen Materialien, aber dazwischen auch stabilere Steinhäuser, kleben an den Hängen rings um die Stadt, dringen längs der Erosionsschluchten bis zum Stadtkern vor oder reihen

Abb. 7: Caracas: Villen – Hochhäuser – Barrios

Abb. 8: Das räumliche Wachstum von Caracas

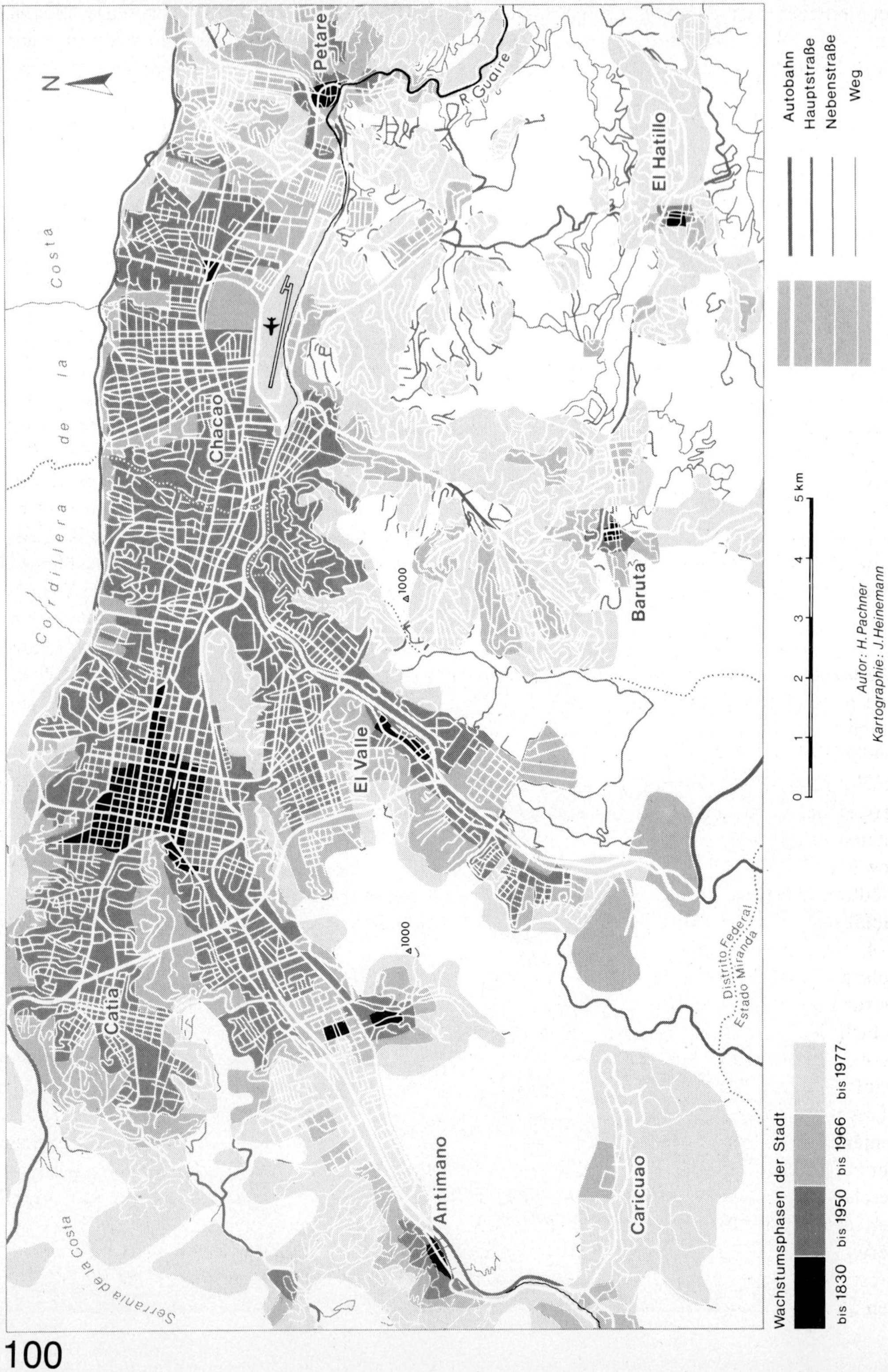

sich entlang der Hauptverkehrsstraßen. Viele der Viertel entstanden spontan durch Besetzungen „über Nacht“ auf öffentlichen oder ungenutzten privaten Flächen und wachsen unkontrolliert weiter.
Die Barrios darf man nicht als die Armenviertel schlechthin ansehen. Es gibt Bewohner, die Kühlschrank, Fernsehgerät oder gar Auto besitzen. Verallgemeinernd läßt sich sagen, daß die provisorisch wirkenden, primitiven Hütten vorwiegend von Neuzuwanderern ohne feste Arbeit, die stabilen von den etablierteren Leuten mit besserem Verdienst bewohnt werden.
Von seiten der Regierung wurde und wird einiges getan, um die infrastrukturelle Situation der Barrios zu verbessern und ihr Wachstum durch den Bau von Mietwohnungen einzudämmen. Die anhaltende Zuwanderung, teure Mieten in den Neubauten und hohe Geburtenraten erschweren das. Außerdem hat sich gezeigt, daß es nicht leicht ist, die vom Lande kommenden Zuwanderer zu Bewohnern von Mietwohnblocks zu machen.

Die besseren Wohngebiete. In krassem Gegensatz zu den Barrios stehen die von vielem Grün durchsetzten Wohngebiete der wohlhabenden Schichten – überwiegend Villenviertel, die aber auch Zeilen mit Reihen- und Appartementhäusern enthalten können. Diese Viertel sind in den letzten Jahrzehnten immer weiter nach außen gewachsen. Wie in allen lateinamerikanischen Städten, so bestand auch in Caracas ein soziales Gefälle vom Kern nach außen. Die Oberschicht wohnte im Altstadtkern in der Umgebung der „plaza central“. Mit der wirtschaftlichen Aktivierung der Stadt löste sich die Bindung dieser Schicht an den Kern. Sie zog in randliche Wohnbezirke, die in der Anlage und in den Bauformen europäische Vorbilder nachahmten. Manches Villenviertel wie z. B. El Paraiso mit seinen schönen Parks wurde aber wieder von der rasch wachsenden Stadt eingeholt und eingeschlossen. Die Wohnqualität sank; Bewohner, die sich das leisten konnten, suchten wiederum die neue, gerade am besten bewertete Prestige-Wohnlage am Stadtrand auf. Dort in den „Gettos der Reichen“ ist man unter sich.

Veränderungen der kolonialen Stadt. Das Schachbrettmuster der Altstadt (vgl. Abb. 8) verrät den kolonialzeitlichen Ursprung der Stadt. Sie wurde im Jahre 1567 durch den Spanier Diego de Loseda am westlichen Ende des Hochtales gegründet; Malariafreiheit und das im Vergleich zum Küstenland gesündere Klima des „ewigen Frühlings“ (Jahresdurchschnitt 21°) mögen den Ausschlag dafür gegeben haben. Die Lage war ein Kompromiß; nicht zu weit entfernt vom Meer, aber auch in der Nähe älterer Siedlungen im Binnenland. Eine „Symbiose“ Binnenstadt–Hafenstadt wie im Falle Caracas-La Guaira ist für den spanisch kolonisierten Teil Südamerikas typisch.
Die Anlage der Stadt erfolgte nach dem üblichen Schachbrettmuster, welches die spanische Krone für ihre Städte in Lateinamerika vorschrieb. Um einen zentralen Platz, die „plaza central“, konzentrierten sich Kirchen, Klöster und Verwaltungsgebäude. Abseits der Kernzone überwogen niedrige, ziegelgedeckte Häuser mit säulenbegrenzten Innenhöfen (Patiohäuser). Von den ehemaligen Strukturen in der etwa 4 km^2 großen Altstadt ist aber nur wenig erhalten. Viele der alten Gebäude sind in den letzten Jahrzehnten der Spitzhacke zum Opfer gefallen, um Platz für neue Geschäftshäuser, Verwaltungsbauten, supermoderne Hotels und pompöse Repräsentationsgebäude zu schaffen. Hochhäuser bestimmen die Silhouette. Die Wohnbevölkerung in der City hat rasch abgenommen; das Anwachsen der Tagbevölkerung verstärkt den Verkehr. Mit Straßendurchbrüchen durch die Altstadt paßte man den verkehrsungünstigen Schachbrettplan modernen Bedürfnissen an. 1958 wurde ein System von autobahnartigen Tangentialstraßen um die Innenstadt herum in Angriff genommen.
Am Rande der sich schrittweise vergrößernden City kam es durch Wegzug wohlhabender Bürger und Einzug ärmerer Schichten zu einer sozialen Degradierung, wie das auch in anderen lateinamerikanischen Großstädten typisch ist. Die meisten dieser innerstädtischen Slums sind aber inzwischen durch Auffangsiedlungen des sozialen Wohnungsbaus beseitigt worden. Manch einer der Bewohner lebt inzwischen aber auch in einem Barrio am Stadtrand.

Zusammenfassend läßt sich festhalten, daß sich das einheitliche, durch die kolonial-spanische Vergangenheit geprägte Bild von Caracas in der Moderne grundlegend gewandelt hat. Verstärkt hat sich vor allem die Tendenz einer räumlichen Segregation (Trennung) in Bezirke verschiedenen Erscheinungsbildes, unterschiedlicher Bevölkerungs- und Sozialstruktur, aber auch unterschiedlicher Funktion.

1.6.3 Verstädterung und Metropolisierung: Probleme und Perspektiven

Das gegenwärtige Ausmaß der Verstädterung in Venezuela wirft zahlreiche Probleme auf, es sei nur auf die Wohnungsnot, die Übervölkerung der Städte durch mittellose, ungelernte Zuwanderer und die wachsenden Verkehrsprobleme hingewiesen. Die Probleme beschränken sich aber nicht nur auf den urbanen Raum, sondern wirken nachteilig über das ganze Land. Die Konzentration von Bevölkerung, Kapital, staatlichen und privaten Investitionen sowie hochwertigen Leistungen des tertiären und sekundären Sektors im zentralen Raum um Caracas hat das Entwicklungsgefälle zu den übrigen Regionen ständig größer werden lassen. Die peripheren und strukturschwachen Räume werden durch die auf die Städte gerichtete selektive Binnenwanderung immer mehr „ausgelaugt".

Zur Lösung der genannten Probleme sollen folgende Maßnahmen beitragen:

- Verbesserung der Arbeits- und Verdienstmöglichkeiten auf dem Land, besonders im Agrarsektor.
- Beschaffung nichtlandwirtschaftlicher, vor allem industrieller Arbeitsplätze außerhalb der Zentralregion; z. B. wurde 1976 ein Gesetz erlassen, das weitere Industrieansiedlungen in Caracas verbietet und die Gründung von Fabriken in anderen Gebieten durch finanzielle Anreize fördert.
- Gezielte Wirtschaftsförderung bestehender Klein- und Mittelstädte, denen wegen ihrer engen Verknüpfung mit dem agraren Umland eine wichtige Rolle bei der Vermittlung von Entwicklungsimpulsen zukommt.
- Bau von Entlastungsstädten. Für Caracas sind solche im Osten bei Guarenas sowie im Südosten (Ciudada Losada) im Werden.

Die Chancen zur Verwirklichung dieser Maßnahmen wären nicht ungünstig, wenn man künftig das vielzitierte Prinzip „Sembrar el petroleo", Verteilung des Erdölsegens, ernster nehmen und den Erdölreichtum in allgemeine Entwicklung umsetzen würde.

5. *Werten Sie Abb. 8 aus. Nennen Sie Leitlinien des städtischen Wachstums.*
6. *Manche Autoren unterscheiden die Hüttenviertel in „Slums of hope" und „Slums of dispair". Erläutern Sie dies.*
7. *Vergleichen Sie die anfangs geschilderten Familien hinsichtlich ihrer räumlichen und sozialen Mobilität.*

Textanalyse

(Bezug: Programmatischer Text von Zhan Wu: Entwicklungsmodell China? Seite 49 ff.)

Formale Aspekte der Textbetrachtung

1. Verfasser des Textes: Beruf, Stellung. (Zhan Wu, Direktor des Instituts für Agrarökonomie an der chinesischen Akademie für Sozialwissenschaften.)
2. Überschrift und Untertitel. (Der chinesische Weg zur landwirtschaftlichen Modernisierung.)
3. Erscheinungsort und Erscheinungsdatum der Quelle. (Jiangji Guanli = Wirtschaftsmanagement, Nr. 9 und 10/1979, Monatszeitschrift, Übersetzung in Geochina 5, München, 1980.)

Textimmanente Analyse (Analyse auf der Inhaltsebene)

1. Klärung wichtiger Begriffe bzw. unbekannter Begriffe; Definitionen.
2. Gliederung des Textes in Sinnabschnitte zum Erfassen der Sachinformation; stichwortartige Formulierung von Thesen und Gliederung unter Leitgedanken. (Stellung und Aufgaben der Produktionsgruppen: Kritik der bisher auf dieser Organisationsebene gemachten Fehler, Forderung des Selbstbestimmungsrechts der Bauern als Schlüssel für die anzustrebende höhere Wirtschaftlichkeit.)
3. Feststellung des Themas: Überprüfung, ob Überschrift mit dem Inhalt übereinstimmt.
4. Feststellung der Textart: wissenschaftlicher Text, Kommentar, Propagandaschrift, Zeitungsartikel, Reisebericht etc. (Weitgehend Sachtext bzw. programmatischer Text.)
5. Absicht des Verfassers: Wo setzt der Autor Schwerpunkte? Welche Thesen werden formuliert? Wie werden diese begründet? Welche Problemlösungen bietet er in welchem Zusammenhang an? (Schonungslose Kritik der in der Vergangenheit gemachten Fehler unter den Aspekten Wirtschaftlichkeit, Arbeitsproduktivität, Rentabilität; Hervorhebung der Produktionsgruppe als wichtigste Organisations- und Funktionsebene; regionale Beispiele belegen Argumente, Vorschläge für zukünftige agrarpolitische Maßnahmen.)

Historisch-kritische Analyse (Metaebene)

1. Zeitliche Einordnung des Textes, Bestimmung des historisch-politischen Hintergrundes zum Veröffentlichungszeitpunkt; Einordnung des Textes in die historische Entwicklung. (Ende der Kulturrevolution; Text ist wesentlicher Bestandteil der im Rahmen der „Vier Modernisierungen“ getroffenen Maßnahmen im Bereich der Landwirtschaft; schonungslose Kritik an der maoistischen Linken möglich, sogar gefragt und erwünscht.)
2. Zeitgenössische Kritik: Gegenreaktionen, Gegenpositionen. (Aufgrund der nach wie vor schwierigen Quellenlage Gegenpositionen innerhalb Chinas nicht nachweisbar.)
3. Adressatenkreis: An wen wendet sich der Autor? Wo wurde er veröffentlicht? (Veröffentlicht; vgl. oben; unbekannt: Auflage der Zeitschrift, Anzahl der Abonnenten etc.)
4. Bewertung des Textes vom heutigen Standpunkt aus: Wie kann der Leser die grundsätzlichen Aussagen überprüfen? Können durch geeignete Quellen Aussagen bekräftigt oder widerlegt werden? (Nur indirekte Überprüfung über das Einkommensgefälle der Provinzen möglich, erhebliche Schwierigkeiten der chinesischen Landwirtschaft wurden 1980/81 von offizieller Seite aus bestätigt, Hungersnot in einigen Provinzen der Volksrepublik China.)
5. Abschließende Bewertung: Sind in diesem Text neue Erkenntnisse veröffentlicht worden oder bekannte Themenbereiche nur in Teilen wieder aufgegriffen worden? Trägt dieser Text etwa dazu bei, ein vorhandenes, weitverbreitetes Bild über einen bestimmten Themenbereich zu revidieren? Wie ist dieser Text auf dem Hintergrund des eigenen derzeitigen Kenntnisstandes einzuschätzen? (Text trägt entscheidend dazu bei, daß die weitverbreitete Einschätzung der chinesischen Landwirtschaft revidiert wird; die „Luftschlösser“ wie die Musterbrigade Dazhai werden dadurch systematisch demontiert, der Text kennzeichnet den Beginn umfassender Veränderungen in der chinesischen Landwirtschaft.)

Interpretation von Diagrammen

Diagramme sind graphische Umsetzungen von meßbaren Größen. Zu ihnen zählen u. a. Säulendiagramme, Kurvendiagramme, Flächendiagramme, Kreisdiagramme, Blockdiagramme. Ihre Vorteile sind:
- die gegenüber Zahlenreihen und Statistiken höhere Anschaulichkeit, die eine Vereinfachung komplexer Zusammenhänge ermöglicht,
- die Heraushebung wesentlicher Punkte durch geeignete Darstellung (Maßstab, Überhöhungsgrad, Art des Diagramms),
- die Möglichkeit, mehrere Funktionen gleichzeitig darzustellen (= synoptische Diagramme),
- die leichte Vergleichbarkeit.

Zu ihren Nachteilen zählen:
- Diagramme erreichen meist nicht die Genauigkeit der Zahlenwerte,
- sie können durch eine gezielte Darstellung auch Inhalte manipuliert wiedergeben, was bei der Interpretation besonders berücksichtigt werden muß.

Interpretationsschema
1. Formales: Überschrift und Thema; Bezugsraum, Zeitraum; Quelle; lineare/nichtlineare Maßstäbe auf x- und y-Achse; Ausgangswerte (beginnt prozentuale Darstellung bei Null?); Index;
2. Beschreibung: Was sagt das Diagramm über Größe und zeitliche Entwicklung? Welche Veränderungen werden durch Vergleiche deutlich (auch bei Verwendung zusätzlicher Werte)? Wie groß sind die Maximal-/Minimalwerte? Welche Tendenzen sind aus den Kurven abzulesen?
3. Erklärung: Wie kann man die dargestellten Werte, die dargestellte Entwicklung erklären? (Zusatzmaterialien, Vorkenntnisse verwenden!)
4. Bewertung: Entspricht die gewählte Darstellung dem Thema, werden die Sachverhalte verdeutlicht oder verzerrt, reicht die Ablesegenauigkeit aus, ermöglicht das Diagramm Vergleiche mit anderen Darstellungen?

Ein Beispiel (Kap. 1.6.1, S. 95, Abb. 2)
1. Veränderung der Bevölkerungsverteilung und Wachstum der Bevölkerung 1936–1982 dargestellt in differenzierten Säulendiagrammen, 1982 nur Schätzung; Abstände zwischen den Stichjahren ungleich, v. a. 1936–1941 (bei der Auswertung beachten!); Unterteilung in vier Gruppen entsprechend der Legende, Zahlen an den Säulen geben den Prozentanteil der einzelnen Gruppen an; absolute Zahlen grob ablesbar; aufgrund fehlender Unterlagen 1982 nur drei Gruppen.
2. Nahezu ungebremstes exponentielles Bevölkerungswachstum im dargestellten Zeitraum; auffallende Stagnation der Landbevölkerung mit nahezu gleichbleibender Zahl, aber ständig zurückgehendem Anteil an der Gesamtbevölkerung; ähnlich auch die Kleinstadtbevölkerung, die jedoch 1961 ihre absolut höchste Zahl erreicht; Großstadtbevölkerung wächst von 1971–1982 nur noch absolut; insgesamt weiter steigender Anteil der Stadtbevölkerung (superexponentiell).
3. Das Bevölkerungswachstum entspricht der Phase II im Demographischen Ablaufdiagramm; der gewaltige Anstieg der städtischen Bevölkerung beweist, daß sowohl der Prozeß der Verstädterung als auch der der Metropolisierung in Venezuela ungebremst weitergeht. (Weitere Hinweise auf die Gebürtigkeit und damit auf die Binnenwanderung zeigt Tab. 1, S. 94.)
4. Vorteil der Darstellung: übersichtliche, eindeutige Darstellung. Nachteil: Stichjahre in ungleichem Abstand erschweren genauen Vergleich; Kurvendiagrammkombination könnte kontinuierlichen Vergleich ermöglichen, wäre aber unübersichtlicher.

2 Landwirtschaft und Industrie in der Bundesrepublik Deutschland und in der DDR

2.0 Bundesrepublik Deutschland und DDR – wirtschaftspolitische Voraussetzungen

Aus den unterschiedlichen Gesellschaftssystemen in der Bundesrepublik Deutschland und der Deutschen Demokratischen Republik ergaben sich tiefgreifende Unterschiede in der Nutzung des Raumes und dessen natürlicher Ausstattung sowie in den Konzeptionen für die Planung im Raum. Im Gebiet der DDR mußte eine nach sowjetischem Vorbild entwickelte Verfassung in Kraft treten, die zu einem System der Planwirtschaft führte, das sich in den entscheidenden Prinzipien von dem der sozialen Marktwirtschaft in der Bundesrepublik Deutschland unterscheidet. Seine Grundzüge sind:

- „Die DDR ist ein sozialistischer Staat der Arbeiter und Bauern" (Artikel 1 der Verfassung in der Fassung vom 6. 4. 1968); die staatliche und politische Macht liegt in den Händen der sozialistischen Einheitspartei SED. Nach der marxistisch-leninistischen Ideologie kommt der Kommunistischen Partei die zentrale Rolle auf allen Gebieten zu. Die SED kontrolliert und lenkt demnach auch die Wirtschaft.
- Es gibt kein Privateigentum an Produktionsmitteln, denn „die Volkswirtschaft der DDR beruht auf dem sozialistischen Eigentum an Produktionsmitteln" (Artikel 9,1). Das sozialistische Eigentum besteht als gesamtgesellschaftliches Volkseigentum, als genossenschaftliches Gemeineigentum werktätiger Kollektive, als Eigentum gesellschaftlicher Organisationen der Bürger (Artikel 10,1 der Verfassung in der Fassung vom 6. 4. 1968).
- „In der DDR gilt der Grundsatz der Planung und Leitung der Volkswirtschaft sowie aller anderen gesellschaftlichen Bereiche" (Artikel 9,3). Diese Zentralverwaltungswirtschaft wird auf der Basis von 5-Jahres-Plänen verwirklicht.

Die unmittelbare Planungszuständigkeit des Staates für alle Bereiche des politischen und wirtschaftlichen Lebens mußte wegen der grundsätzlich andersartigen Anwendbarkeit staatlicher Mittel und Instrumente zu grundlegenden Unterschieden gegenüber der staatlichen Machtausübung in der Bundesrepublik Deutschland führen: In der DDR erlaubte die staatliche Lenkung einen Aufbau und Ausbau von Landwirtschaft, Industrie und tertiärem Sektor entsprechend staatlicher Vorgaben. Im marktwirtschaftlichen System der Bundesrepublik Deutschland dagegen ist der staatliche Einfluß im sekundären Sektor bis auf geringe Ausnahmen auf indirekte Mittel (z. B. Steuervergünstigungen und andere Förderungsmaßnahmen) beschränkt; direkter staatlicher Einfluß ist nur bei den öffentlichen Dienstleistungen und ihren Einrichtungen gegeben.

Raumentwickelnde und raumordnerische Maßnahmen des Staates sind demnach in der Bundesrepublik Deutschland auf ein viel kleineres Anwendungsgebiet beschränkt.

Abb. 1: Merkmale der Zentralverwaltungswirtschaft und der Marktwirtschaft

	Modell der Zentralverwaltungswirtschaft	Modell der freien Marktwirtschaft
Wesensmerkmale	Zentralplan Staat als Lenkungsinstanz Planrisiko Bedarfsdeckungsprinzip Zentralgelenkter Konsum	Individualplan Markt als Lenkungsinstrument Absatzrisiko Erwerbswirtschaftliches Prinzip Individuelle Konsumentscheidung
Voraussetzungen	Verwaltungswirtschaftliche Unterordnung der Betriebe Kollektiveigentum an Produktionsmitteln Zentrale Verbrauchsplanung Staat als Planungsinstanz	Vertragsfreiheit Offene Märkte Privateigentum an Produktionsmitteln Konsumfreiheit Staat als Ordnungsinstanz
Probleme	Widerspruch zwischen dem Interesse der Betriebe an möglichst „weichen" Produktionsauflagen und dem gesamtwirtschaftlichen Interesse an effizienter und optimaler Güterversorgung. Beschränkte wirtschaftliche Freiheit der Individuen; Rückwirkungen auch auf die politische Freiheit	Der Wettbewerb wird tendenziell durch Konzentration und Marktmacht untergraben; bei abnehmendem Wettbewerb schwindet der Einfluß der Konsumenten. Das marktwirtschaftliche System ist instabil; es kann zu Inflation und Arbeitslosigkeit kommen.

Abb. 2: Schema der Industrieverwaltung als Beispiel für die Planungsorganisation in der DDR

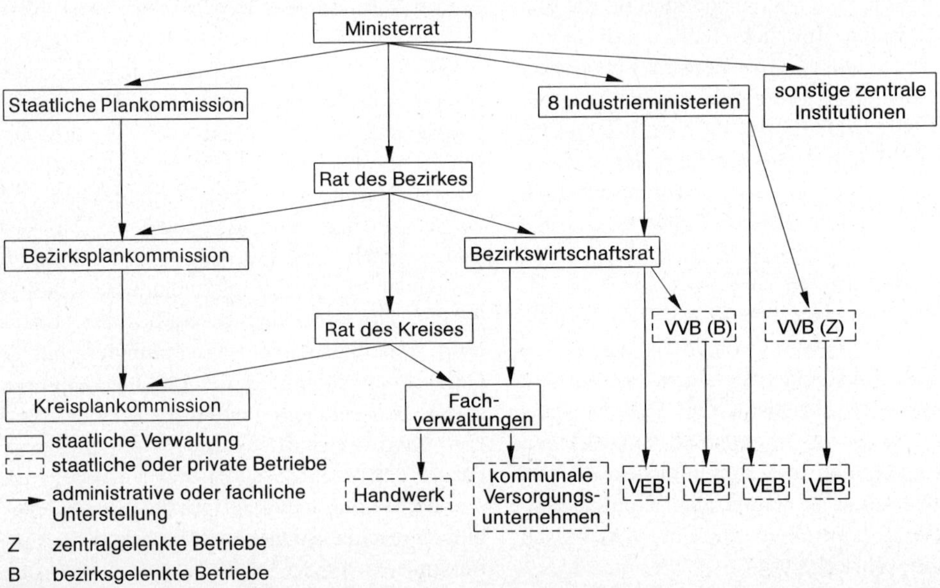

Tab. 1: Anteil des sozialistischen Eigentums am Nettoprodukt (in Prozent) in der DDR

Jahr	Insgesamt	Industrie und produktives Handwerk	Bauwirtschaft	Land- und Forstwirtschaft	Verkehr, Post und Fernmeldewesen	Binnenhandel
1950	56,8	68,8	41,3	3,4	83,7	60,7
1970	85,5	82,9	80,6	95,4	93,2	87,2
1975	95,8	96,7	93,0	96,5	95,1	93,1

H. Kohl, I. Marcinek, B. Nitz: Geographie der DDR. Gotha: Haack 1981, S. 81

Abb. 3: Politisch-administrative Gliederungen auf dem Gebiet der DDR

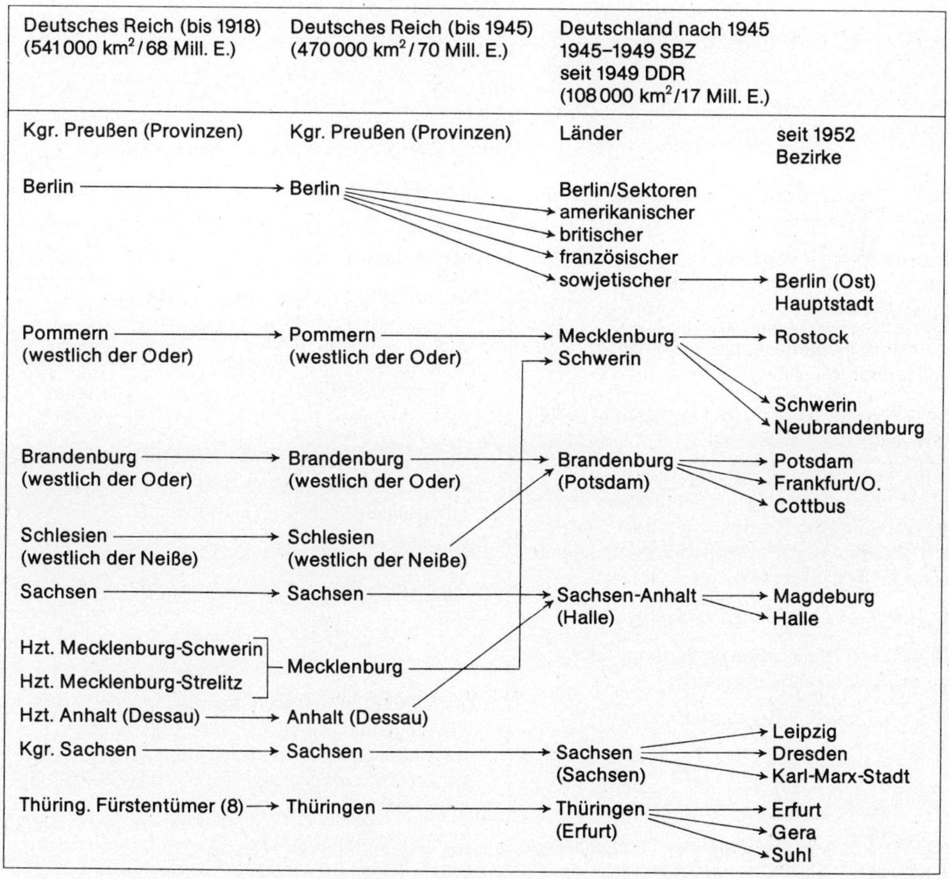

Nach Dieter Richter. In: Karl Eckart: DDR. Länderprofile. Stuttgart: Klett 1981, S. 48

Darüber hinaus ermöglichte es die Verfassung der DDR, im Anschluß an die Verwaltungsreform und Neugliederung der DDR (1950) den neu geschaffenen Bezirken besondere wirtschaftliche Schwerpunkte zuzuordnen. Das Resultat war die territoriale Aufgabenteilung der DDR-Industrie (vgl. 144).

Weitere Vorgaben für die DDR-Wirtschaft entstanden durch die Mitgliedschaft (1950) im 1949 gegründeten Rat für Gegenseitige Wirtschaftshilfe (RGW, Comecon). Die darin vertretenen Ostblockländer und Kuba erhielten im Rahmen einer internationalen Arbeitsteilung unterschiedliche wirtschaftliche Schwerpunkte. Für

Zeittafel wichtiger wirtschaftspolitischer Daten in der Bundesrepublik Deutschland und der Deutschen Demokratischen Republik

Bundesrepublik Deutschland	*DDR*

Juli, August 1945: Potsdamer Abkommen: Aufteilung Deutschlands; deutsche Verwaltung unter Aufsicht des Kontrollrats; Kontrolle der Industrie, Auflösung von Kartellen und Trusts

Bundesrepublik Deutschland	DDR
Juli 1945: Abtrennung des Saargebiets	September 1945: Bodenreform (Enteignung des Grundbesitzes über 100 ha)

1946: Industrieplan des Kontrollrats (Festlegung des Demontagegrads und der Reparationsleistungen)

Bundesrepublik Deutschland	DDR
	April 1946: Zwangsvereinigung der SPD und KPD zur SED
Dezember 1946: Errichtung der Bizone (vereinigtes Wirtschaftsgebiet); später Zusammenschluß der Westzonen	
Juni 1948: Währungsreform	Juni 1948: Geldumtausch als Reaktion auf Währungsreform
Mai 1949: Gründung der Bundesrepublik, Verkündigung des Grundgesetzes	Januar 1949: Gründung des Comecon (RGW)
	Mai 1949: 1. Fassung der Verfassung der DDR verabschiedet
November 1949: Petersberger Abkommen (Beteiligung der Bundesrepublik an westlichen Organisationen)	Oktober 1949: Proklamation der DDR
Mai 1950: Schumanplan für wirtschaftliche Zusammenarbeit	1951–55: 1. Fünfjahresplan (vorrangiges Ziel: Errichtung eigener Schwerindustrie, Ausbau der Energieversorgung)
April 1951: Vertrag über Montanunion zwischen sechs europäischen Staaten	
März 1957: Unterzeichnung der Römischen Verträge (Gründung der Europäischen Wirtschaftsgemeinschaft und der Europäischen Atomgemeinschaft [EWG, Euratom])	1956–60: 2. Fünfjahresplan wird 1958 abgebrochen, Siebenjahresplan soll Bundesrepublik Deutschland einholen (bis 1965)
	ab 1952: Kollektivierung der Landwirtschaft
1959: Wiedereingliederung des Saargebiets	August 1961: Bau der Mauer, Ende der Massenflucht
1960: OECD (Organisation für wirtschaftliche Zusammenarbeit und Entwicklung)	
ab 1960: Einströmen der Gastarbeiter	
	1966: NÖS(PL) (Neues Ökonomisches System der Planung und Leitung) erweiterte Entscheidungsbefugnis der Betriebe und stärkere Gewinnorientierung nach wirtschaftlichen Rückschlägen
Juli 1968: Volle Herstellung des Gemeinsamen Marktes	1968: ÖSS (Ökonomisches System des Sozialismus): Betonung der Eigenverantwortung der Betriebe
1973: Ausweitung der EG (Großbritannien, Dänemark, Irland)	1971: Nach Rücktritt Ulbrichts unter Honecker erneute Betonung der Führungsrolle der UdSSR, erneute Betonung der zentralistischen Planung

die DDR waren dies vor allem chemische Industrie, Investitionsgüterindustrie, Elektrotechnik und Optik. Für die UdSSR galten keine Beschränkungen auf einzelne Branchen. Außerdem sollte sie vorrangig Rohstoffe, Roheisen und Rohstahl bereitstellen, also Ausgangsgüter, von deren Lieferung die anderen Mitgliedsländer abhängig sind.

Abb. 4: Ziele der EG und des RGW

Europäische Gemeinschaft	Rat für Gegenseitige Wirtschaftshilfe
Schaffung eines gemeinsamen Marktes (Zollunion);	Schaffung eines „sozialistischen Weltmarktes" mit eigenem Preissystem;
Harmonisierung (Angleichung der verschiedenen Bereiche der nationalen Wirtschaftspolitik: Agrarpolitik, Wettbewerbspolitik, Sozialpolitik, Verkehrspolitik, Energiepolitik und andere);	Produktionsspezialisierung (erfolgt durch: Absprachen und Plankoordination);
freie Arbeitsplatzwahl mit freiem Niederlassungsrecht in allen Ländern der Gemeinschaft für deren Bürger;	enge Zusammenarbeit in Forschung und Technik;
freier Kapitalverkehr innerhalb der Gemeinschaft;	Angleichung der Plansysteme der Mitgliedsstaaten;
Schaffung einer Währungsunion.	Angleichung von Teilbereichen der Wirtschaftspolitik (zum Beispiel Investitionspolitik, Handelspolitik, Verkehrspolitik);
	Beseitigung des unterschiedlichen Entwicklungsstandes der Mitgliedsländer;
	Aufbau eines multilateralen (mehrseitigen) Verrechnungssystems

COMECON. Der Rat für gegenseitige Wirtschaftshilfe (RgW). Informationen zur politischen Bildung 170. Bonn: Bundeszentrale für politische Bildung 1977, S. 7

Tab. 2: Kenndaten der EG-Staaten und der europäischen RGW-Länder

	Bevölkerung in Mio. 1982	BSP in Mio. US-$ 1981	reale Zuwachsrate des BSP im Jahresschnitt 1970–80 je E. in %	Anteil der Landwirtschaft am BIP in % 1981	Anteil der Industrie am BIP in % 1981	Wachstum der Industrie im Jahresschnitt 1970–80 in %
EG:						
Belgien	9,8	117 510	2,9	2	37	3,1
Dänemark	5,1	67 190	1,7	4	32	1,1
Bundesrepublik Deutschland	61,3	829 600	2,7	2	46	4,8*
Frankreich	54,1	657 560	3,0	4	35	2,7
Griechenland	9,7	42 890	3,7	17	31	4,5
Großbritannien und Nordirland	56,3	510 310	1,8	2	33	0,4
Irland	3,4	17 990	2,6	22	26*	6,1*
Luxemburg	0,3	5 790	4,6	–	–	–
Niederlande	14,3	167 980	2,1	4	33	2,0
RGW:						
Bulgarien	8,2	37 390 (1980)	5,6*	17*	58*	–
DDR	16,7	120 940 (1980)	4,7*	9*	70*	–
Polen	36,2	139 780 (1980)	5,2	15*	64*	–
Rumänien	22,7	57 030	4,3 (1977–80)	13	60	9,2
Tschechoslowakei	15,4	89 260 (1980)	4,1*	8*	75*	–
UdSSR	268,8	1 212 030 (1980)	4,1*	16*	62*	–
Ungarn	10,7	22 550 (1980)	4,9	18	48	5,8

* Daten älter

2.1 Strukturveränderungen in der Landwirtschaft der Bundesrepublik Deutschland und der DDR

Will man die Ausgangsbedingungen der deutschen Landwirtschaft nach dem Zweiten Weltkrieg erfassen, so ist es notwendig, die strukturellen und räumlichen Unterschiede in der Landwirtschaft vor diesem Zeitpunkt zu betrachten. Dabei wird deutlich, daß die später auftauchenden Probleme und Strukturwandlungen z. T. bereits lange vorher angelegt waren. Die wesentlichen Unterschiede in der agrargeographischen Gliederung sind aus Abbildung 1 ersichtlich.

Abb. 1: Versuch einer agrargeographischen Gliederung Deutschlands (1939)

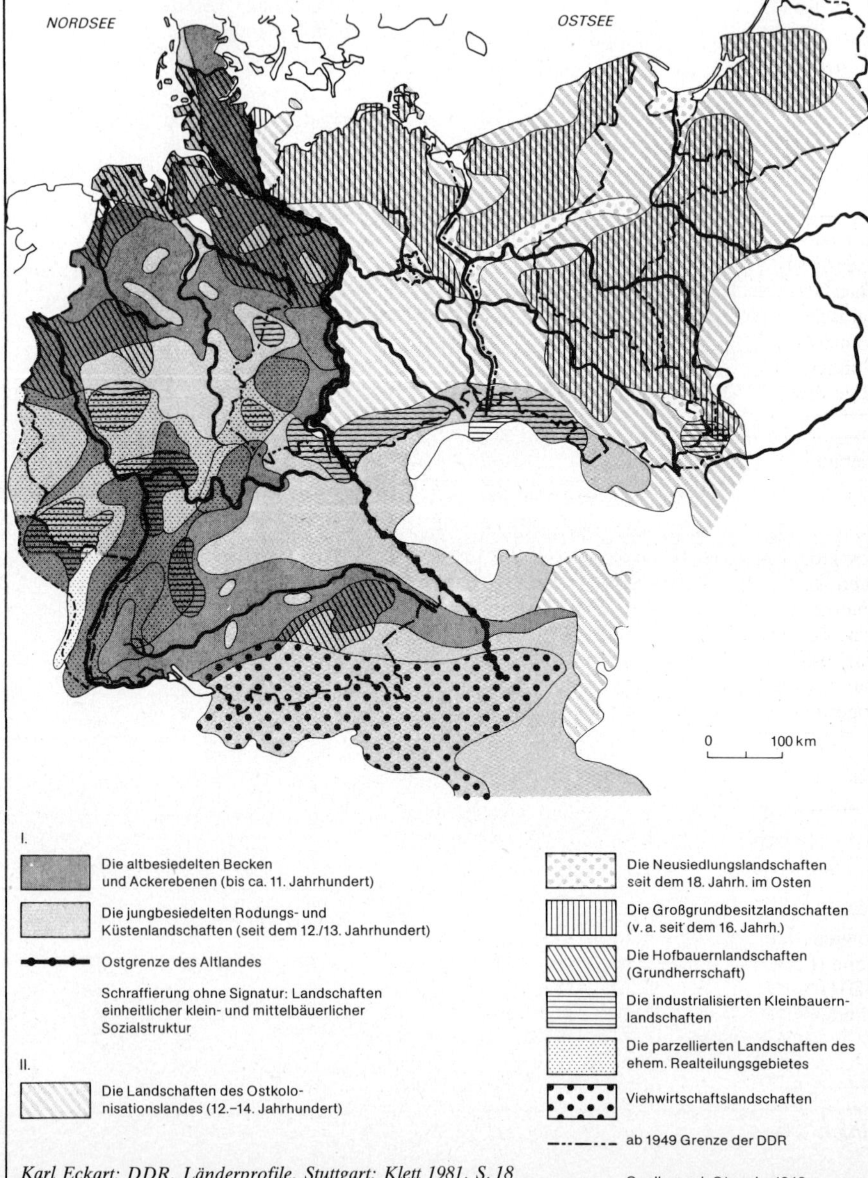

Karl Eckart: DDR. Länderprofile. Stuttgart: Klett 1981, S. 18

Quelle: nach Otremba 1942

2.1.1 Die Ausgangsbedingungen der deutschen Landwirtschaft nach 1945

Mit der Beendigung des Zweiten Weltkrieges und der Errichtung der alliierten Besatzungszonen begann eine sehr unterschiedliche Entwicklung der Landwirtschaft in diesen Räumen. Die Ausgangsbedingungen und die Veränderungen bis 1948/49 sollen deshalb zunächst näher betrachtet werden. Dabei werden die strukturbestimmenden Daten für diesen Zeitraum auf die Besatzungszonen bezogen.

1. *Stellen Sie die wichtigsten natürlichen Produktionsfaktoren (Böden, Klima, Relief) der Landwirtschaft in Deutschland zusammen (Atlas).*
2. *Zeigen Sie die agrarstrukturellen Unterschiede (Realteilungsgebiete, Gebiete mit Anerbenrecht; Besitzstruktur) innerhalb Deutschlands Ende der dreißiger Jahre auf (Abb. 1).*
3. *Vergleichen Sie die Ausgangsbedingungen der Landwirtschaft im Gebiet der heutigen DDR und der Bundesrepublik Deutschland im Zeitraum von 1935/38 bis 1949.*

Tab. 1: Landwirtschaftliche Strukturdaten der alliierten Besatzungszonen bzw. der Bundesrepublik Deutschland und der DDR

Gebiet	Gesamtfläche	Landwirtschaftliche Nutzfläche		Ackerland			
		1935/38	1949	1935/38		1949	
	in 1000 ha	in 1000 ha	in 1000 ha	in 1000 ha	in %	in 1000 ha	in %
Sowjetische Zone (heutige DDR)	10 773	6 690	6 378	5 318	79,5	5 089	79,8
amerikanische Zone	10 746	6 112	5 905	3 917	64,1	3 614	61,2
britische Zone	9 770	6 279	6 110	3 779	60,2	3 662	59,9
französische Zone	4 022	2 252	2 015	1 415	62,8	1 159	57,5
Bundesgebiet	24 538	14 643	14 030	9 111	62,2	8 435	60,1
abgetretener Osten	11 455	7 191	–	5 610	78,0	–	–

Gebiet	Viehbestände in 1000 Stück: Schweine			Rindvieh			Milchkühe		
	1938	1946	1949	1938	1946	1949	1938	1946	1949
Sowjetische Zone (heutige DDR)	5 706	1 968	4 317	3 647	2 764	3 311	1 915	1 364	1 428
amerikanische Zone	4 005	2 604	3 421	5 359	5 248	4 816	2 605	2 680	2 473
britische Zone	6 741	3 060	5 285	4 900	4 275	4 478	2 327	2 191	2 212
französische Zone	1 419	766	992	1 832	1 662	1 588	988	891	851
Bundesgebiet	12 165	6 430	9 698	12 091	11 185	10 882	5 920	5 762	5 536
abgetretener Osten	5 550	–	–	4 083	–	–	2 023	–	–

Tab. 2: Anbaufläche, Erntemengen und -erträge ausgewählter landwirtschaftlicher Anbauprodukte

		Brotgetreide: Anbaufläche in 1000 ha	Ernte in 1000 t	Erträge dt/ha	Futtergetreide: Anbaufläche in 1000 ha	Ernte in 1000 t	Erträge in dt/ha	Zuckerrüben: Anbaufläche in 1000 ha	Ernte in 1000 t	Erträge in dt/ha
Sowjetische Zone (heutige DDR)	1935/39	1809	3770	20,8	1292	3037	23,5	197	6080	308,6
	1948	1764	2769	15,7	970	1411	14,5	200	4379	218,9
	1949	1766	3232	18,3	921	1584	17,2	203	3492	172,0
Bundesgebiet	1935/39	2861	5689	19,9	2291	4798	20,9	130	4253	327,2
	1948	2441	4828	19,8	1762	3097	17,6	157	4720	300,6
	1949	2413	5954	24,7	1829	4267	23,3	167	4735	283,5

Mathias Kramer: Die Landwirtschaft in der sowjetischen Besatzungszone. Bundesministerium für gesamtdeutsche Fragen (Hrsg.). Bonn 1951, S. 47, 49, 62, 63, 68, 72, 73

2.1.2 Die Entwicklung der Landwirtschaft in der Bundesrepublik Deutschland

In seiner Regierungserklärung umriß der erste Bundeskanzler, Konrad Adenauer, im Jahre 1949 die Aufgaben der Landwirtschaft:

„... In stärkerem Maße als es bisher möglich war, wird die landwirtschaftliche Produktion zu verbessern und zu veredeln sein. Wir führen noch immer 50 Prozent der benötigten Lebensmittel ein. Wenn die deutsche Wirtschaft bis zum Ende 1952 eine ausgeglichene Handelsbilanz erreicht haben soll, ist es notwendig, die landwirtschaftliche Produktion sehr erheblich zu steigern, um den Verbrauch von Devisen für die Ernährung soweit wie möglich einzuschränken."

Adenauer forderte weiter:

- die rasche und anhaltende Steigerung der landwirtschaftlichen Erzeugung,
- die Schaffung gesicherter und ausgeglichener Produktions- und Absatzverhältnisse für landwirtschaftliche Erzeugnisse,
- die Förderung des selbständigen Bauerntums in Form des bäuerlichen Familienbetriebs,
- die Verbesserung der agrarstrukturellen Verhältnisse durch staatliche Hilfen.

Strukturelle Agrarpolitik. Mit der Verabschiedung des Flurbereinigungsgesetzes im Jahre 1953 wurde die erste gesetzliche Grundlage geschaffen (s. S. 115).

Verstärkt ab Mitte der siebziger Jahre kamen weitere Maßnahmen wie Landespflege, Erholung, Dorferneuerung und Aussiedlung hinzu.

Die staatlichen Maßnahmen zur Verbesserung der Situation in der Landwirtschaft wurden im Jahre 1955 durch das Landwirtschaftsgesetz beträchtlich erweitert.

„§ 1. Um der Landwirtschaft die Teilnahme an der fortgeschrittenen Entwicklung der deutschen Volkswirtschaft und um der Bevölkerung die bestmögliche Versorgung mit Ernährungsgütern zu sichern, ist die Landwirtschaft mit den Mitteln der allgemeinen Wirtschafts- und Agrarpolitik – insbesondere der Handels-, Steuer-, Kredit- und Preispolitik – in den Stand zu setzen, die für sie bestehenden naturbedingten und wirtschaftlichen Nachteile gegenüber anderen Wirtschaftsbereichen auszugleichen und ihre Produktivität zu steigern. Damit soll gleichzeitig die soziale Lage der in der Landwirtschaft tätigen Menschen an die vergleichbarer Berufsgruppen angeglichen werden."

Die im Rahmen dieses Gesetzes bereitgestellten finanziellen Mittel wurden in den „Grünen Plänen" genauer aufgeschlüsselt. Wesentliche Maßnahmen waren u. a.:

- die Umsatzsteuerbefreiung,
- die Dieselkraftstoffverbilligung,
- die Kredit- und Zinsverbilligung,
- Investitionsbeihilfen.

Diese staatlichen Hilfen wurden deshalb auch dringend benötigt, da mit dem Eintritt der Bundesrepublik in die EWG und dem Inkrafttreten der Römischen Verträge am 1. 1. 1958 die Landwirtschaft im Rahmen des gemeinsamen Agrarmarktes in den freien Wettbewerb mit anderen Staaten trat.

Welche einschneidenden Maßnahmen und Veränderungen haben sich unter diesen Rahmenbedingungen ergeben? Wie spiegelt sich eine solche Veränderung in der Agrarlandschaft wider?

Agrarstruktur der Bundesrepublik Deutschland (Übersicht)

Tab. 3: Betriebsgrößenstruktur der Bundesrepublik Deutschland 1949–1983

	1–5 ha		5–20 ha		20–50 ha		>50 ha	
Jahr	Zahl in 1000	Fläche in 1000 ha	Zahl in 1000	Fläche in 1000 ha	Zahl in 1000	Fläche in 1000 ha	Zahl in 1000	Fläche in 1000 ha
1949	858,8	2270,8	659,9	6403,3	112,5	3244,0	15,6	1361,4
1960	617,5	1622,0	629,5	6473,8	122,1	3504,5	16,3	1334,6
1970	405,8	1058,0	500,5	5539,2	157,6	4494,9	19,3	1552,6
1980	250,8	641,0	320,7	3615,6	176,4	5320,9	32,3	2534,8
1983	232,9	597,0	303,0	3420,0	173,0	5249,0	34,7	2712,0

Agrarberichte der Bundesregierung, verschiedene Jahrgänge

Tab. 4: Landwirtschaftliche Betriebe nach dem Erwerbscharakter

	1971		1979		1983	
	Zahl in 1000	LF in 1000 ha	Zahl in 1000	LF in 1000 ha	Zahl in 1000	LF in 1000 ha
Vollerwerb	451,8	9 530,1	399,6	9 334,0	370,6	9 340,7
Zuerwerb	190,5	1 649,5	93,6	1 250,8	74,4	1 108,7
Nebenerwerb	375,4	1 442,4	316,9	1 618,8	298,6	1 528,2
gesamt	1 017,7	12 622,1	810,0	12 203,6	743,7	11 977,6

Vollerwerb: außerbetriebliches Einkommen des Inhaberehepaars unter 10% des gesamten Erwerbs.
Zuerwerb: außerbetriebliches Einkommen des Inhaberehepaars 10–50% des gesamten Erwerbs.

Agrarberichte der Bundesregierung, verschiedene Jahrgänge

Tab. 5: Landwirtschaftlich genutzte Fläche[1] – Anbauflächen und Erntemengen ausgewählter Feldfrüchte in der Bundesrepublik Deutschland

	1953	1960	1970	1980	1983
Landwirtschaftlich genutzte Fläche (in 1000 ha)	14 197	14 254	13 578	12 248	12 137
davon Ackerland	8 092	7 979	7 539	7 270	7 244
Grünland	3 577	3 652	3 340	2 610	2 554
Brotgetreide, Fläche (in 1000 ha)	2 623	2 795	2 396	2 236	2 000
Erntemenge (in 1000 t)	6 638	9 012	8 447	10 340	10 334
davon Weizen, Fläche (in 1000 ha)	1 155	1 396	1 493	1 668	1 578
Erntemenge (in 1000 t)	3 180	4 965	5 662	8 156	8 632
davon Roggen, Fläche (in 1000 ha)	1 394	1 400	902	567	422
Erntemenge (in 1000 t)	3 280	4 048	2 785	2 184	1 703
Futter- und Industriegetreide,					
Fläche (in 1000 ha)	2 115	2 103	2 788	2 858	2 909
Erntemenge (in 1000 t)	5 313	6 516	8 851	12 076	13 236
davon Gerste, Fläche (in 1000 ha)	788	980	1 475	2 002	2 021
Erntemenge (in 1000 t)	2 072	3 221	4 754	8 826	9 460
Getreide insgesamt, Fläche (in 1000 ha)	4 738	4 899	5 184	5 212	5 069
Erntemenge (in 1000 t)	11 951	15 528	17 297	23 087	24 625
Zuckerrüben, Fläche (in 1000 ha)	224	294	303	395	418
Erntemenge (in 1000 t)	8 422	12 325	13 329	19 122	22 732

[1] bis einschließlich 1969 landwirtschaftliche Nutzfläche (LN), ab 1970 landwirtschaftlich genutzte Fläche (LF)

Statistische Jahrbücher für Ernährung, Landwirtschaft und Forsten, verschiedene Jahrgänge. Hrsg.: Bundesministerium für Ernährung, Landwirtschaft und Forsten. Hamburg, Berlin: Parey

Tab. 6: Hektarerträge ausgewählter Fruchtarten in der Bundesrepublik Deutschland (in dt)

	1953	1960	1970	1980	1982
Getreide	25,2	31,7	33,4	44,3	48,6
Weizen	27,6	35,6	37,9	48,9	54,7
Roggen	23,5	28,8	30,8	38,4	40,3
Gerste	26,3	32,0	32,2	44,1	46,8
Zuckerrüben	376,5	419,9	444,2	483,7	544,4

Statistische Jahrbücher für Ernährung, Landwirtschaft und Forsten, verschiedene Jahrgänge

Tab. 7: Düngerverbrauch in kg/ha landwirtschaftlich genutzter Fläche in der Bundesrepublik Deutschland (nach Wirtschaftsjahren)

	1959/60	1970/71	1979/80	1981/82
Stickstoff	43,5	83,3	120,0	108,5
Phosphat	50,9	67,2	74,1	61,7
Kali	73,0	87,2	98,0	86,5
Kalk	·	49,5	104,8	101,9

Statistische Jahrbücher für Ernährung, Landwirtschaft und Forsten, verschiedene Jahrgänge

Tab. 8: Maschinenbestand der Landwirtschaft (Auswahl) der Bundesrepublik Deutschland

	Schlepper	Mähdrescher	Betriebe mit Melkmaschinen
1949	30 265	100	5 596
1960	797 400	32 551	291 339
1970	1 334 593	167 500	480 400
1975	1 401 040	177 900	458 800
1982	1 417 100	.	.

Statistische Jahrbücher für Ernährung, Landwirtschaft und Forsten, verschiedene Jahrgänge

Tab. 9: Viehbestand in der Bundesrepublik Deutschland (in 1000 Stück)

	1954	1960	1970	1980	1982
Rinder	11 521	12 860	14 026	15 069	15 098
davon Milchkühe	5 777[1]	5 797[1]	5 593	5 469	5 530
Schweine	14 525	15 760	20 969	22 553	22 478

[1] darunter 1565 bzw. 690 Kühe als Arbeitstiere eingesetzt

Statistische Jahrbücher für Ernährung, Landwirtschaft und Forsten, verschiedene Jahrgänge

Abb. 2: Regionalgliederung nach Nutzungsart und Betriebsstruktur (1981)

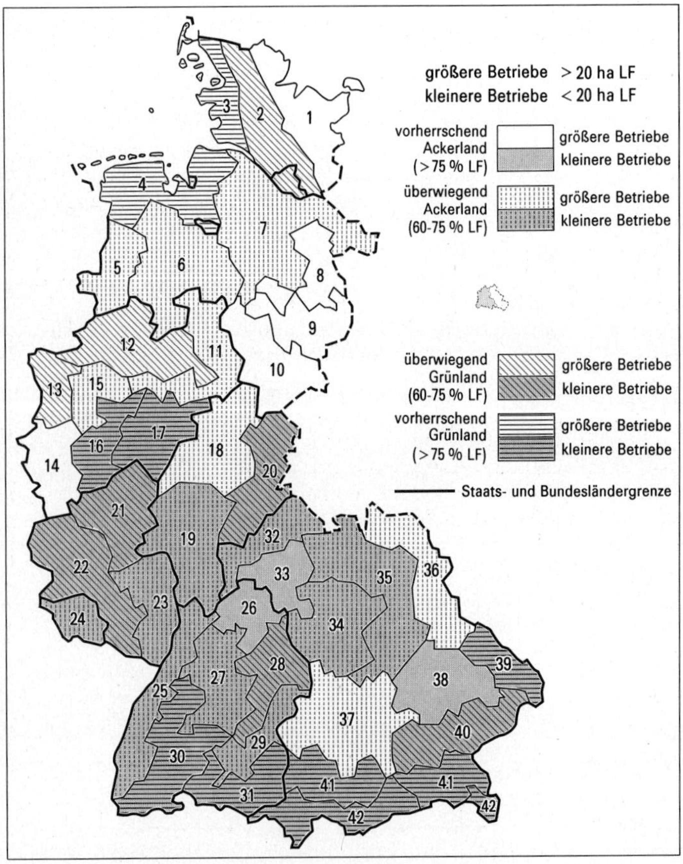

1 Schleswig-Holstein, Hügelland
2 Schleswig-Holstein, Geest
3 Schleswig-Holstein, Marsch
4 Ns. Nordseemarschen u. -geesten
5 Emsland
6 Oldenburg – Mittelweser
7 Nieders. Flußauen u. Heidegeb.
8 Ostheide
9 Braunschw.-Hildesh. Lößbörden
10 Leinebergland
11 Hellweg-Börde, Südostwestf.
12 Münsterland
13 Niederrhein
14 Köln-Aachener Bucht
15 Rh.-Westf. Industriegebiet
16 Bergisches Land
17 Sauerland
18 West- u. Nordhessen
19 Mittel- u. Südhessen
20 Osthessen
21 Mittelrhein u. Westerwald
22 Eifel-Westpfalz
23 Rheinpfalz
24 Saarland
25 Badisches Rheintal
26 Nordbaden-Tauberland
27 Neckarbecken
28 Ostalb-Hohenlohe
29 Schwäb. Donaugebiet
30 Schwarzwald-Westalb
31 Bodenseebecken u. Oberschw.
32 Spessart-Südrhön
33 Mainfränkische Platten
34 Mittelfränk. Becken
35 Obermain-Frankenalb
36 Franken- u. Oberpfälzerwald
37 Schwäb.-Oberbayer. Hügelland
38 Niederbayer. Ackergäu
39 Bayerischer Wald
40 Isar-Inn-Hügelland
41 Voralpines Hügelland
42 Bayerisches Alpenland

Nach Friedrich Bauersachs: Regionale Auswirkungen veränderter Agrarpolitik. In: Geographische Rundschau, 1982 H. 3, S. 97. Braunschweig: Westermann

Tab. 10: Flurbereinigung nach Bundesländern (bereinigte Fläche)

	Bundesgebiet	Schleswig-Holstein	Niedersachsen	Nordrhein-Westfalen	Hessen	Rheinland-Pfalz	Baden-Württemberg	Bayern	Saarland
bereinigte Fläche in 1000 ha									
1945–1978	7 050,9	623,3	606,1	1 078,2	748,0	765,8	950,8	2 218,6	59,6
1979–1982	769,7	47,0	87,6	90,1	55,1	63,5	127,2	293,6	5,5
1945–1982	7 820,6	670,3	693,7	1 168,3	803,1	829,3	1 078,0	2 512,2	65,1
Landwirtschaftlich genutzte Fläche (in 1000 ha)									
1982	12 136,7	1 094,6	2 752,9	1 646,4	777,7	750,1	1 532,7	3 484,4	69,3

Agrarbericht der Bundesregierung, 1984. Ministerium für Ernährung, Landwirtschaft, Umwelt und Forsten Baden-Württemberg (Hrsg.): Betriebsverhältnisse und Betriebsergebnisse von Buchführungsbetrieben. Wirtschaftsjahr 1982/83, H. 32, S. 21. Stuttgart 1983

Flurbereinigung und Dorferneuerung

Flurbereinigung ist eine öffentlich geförderte und staatlich geleitete Maßnahme zur Verbesserung der Agrarstruktur. Sie umfaßt die Neuordnung der Gemarkung, durch die zersplitterter Grundbesitz zusammengelegt werden soll, die Verbesserung des Wege- und Gewässernetzes und der Böden (Melioration), die Aufstockung zu kleiner Betriebe und die Auflockerung von Ortslagen z. B. durch Aussiedlung. Es ist also mehr als eine Zusammenlegung von Einzelgrundstücken. Rechtliche Grundlage dafür ist das „Flurbereinigungsgesetz" von 1953 und dessen Neufassung aus dem Jahre 1976.

Die Durchführung erfolgt durch die Flurbereinigungsämter der Bundesländer in einem in der Regel mehrjährigen Verfahren. Dabei wird nach der Dringlichkeitsfestsetzung eine Teilnehmergemeinschaft der Grundbesitzer gebildet, dann stellt die Flurbereinigungsbehörde allgemeine Grundsätze auf, ein Wege- und Gewässerplan wird entworfen, der auch landschaftspflegerische Gesichtspunkte berücksichtigt, und endlich wird der Flurbereinigungsplan aufgestellt. Besonders schwierig und zeitraubend gestaltet sich die Festlegung des Wertes der einzelnen Grundstücke.

Die Kosten betragen ca. 1000,– bis 2000,– DM/ha, in Einzelfällen auch weit mehr. Die Eigenleistung der Teilnehmer muß sich auf mindestens 25% belaufen.

Die Ergebnisse (Arrondierung, Erschließung, günstigere Planformen) verbessern die Arbeitsproduktivität und sind in vielen Fällen die Voraussetzungen für Spezialisierung, teilweise auch für Intensivierung.

Dorferneuerung. Die Dorferneuerung soll mit der Verbesserung der betrieblichen Anlagen die Flurbereinigung ergänzen und die dörfliche Siedlungsstruktur aufwerten. Damit sollen die Lebensbedingungen im ländlichen Raum verbessert und weitere Abwanderungen in die Verdichtungsräume gemindert werden. Gesetzliche Grundlagen sind neben dem Flurbereinigungsgesetz von 1976 das Städtebauförderungsgesetz (1976). Dabei wird eine Harmonie zwischen Funktion und Gestalt des Dorfes angestrebt, wirtschaftliche und denkmalpflegerische Gesichtspunkte sollen gleichermaßen berücksichtigt werden.

Die Notwendigkeit der Verbesserung der ländlichen Siedlungsstruktur ergibt sich aus deren tiefgreifenden Wandlungen während der letzten Jahrzehnte:

- Die ländliche Bevölkerung ging zurück, viele Dorfgebäude stehen leer.
- Die Steigerung der landwirtschaftlichen Produktion machte umfangreiche Baumaßnahmen notwendig (Ställe, Silos, Geräteschuppen).
- Viele ehemals agrarische Gemeinden wurden Wohn- und Gewerbesiedlungen mit überwiegend nichtlandwirtschaftlicher Bevölkerung und anderen Ansprüchen an Wohnqualität und Infrastruktur.
- Bäuerlich geprägte Siedlungen wurden zu Erholungs- und Fremdenverkehrsgemeinden, wodurch sich Flächennutzungskonflikte ergaben.
- Anonyme städtische Bauformen ohne Bezug zum dörflichen Ortsbild wurden übernommen und bedrohen nun die Individualität der Dörfer.

Der Dorferneuerungsplan stellt mit der Bestandsaufnahme den Ist-Zustand dem Soll-Zustand gegenüber. Er enthält neben der Flächenwidmung (das ist die Bewertung und Festlegung der Standorte der Wohn- und Wirtschaftsgebäude) die Bewertung der Bausubstanz und der Verkehrsverhältnisse sowie der Infrastruktur- und Dienstleistungseinrichtungen. Zu den wichtigsten Maßnahmen zählen die bauliche Sanierung, die funktionale Neuordnung (z. B. die Trennung von Wohngebieten und landwirtschaftlichen Betrieben) einschließlich der evtl. notwendigen Aussiedlungen, die Verbesserung des Straßennetzes sowie die Ausweisung von Flächen für den Gemeindebedarf (Kindergarten, Sportplatz) und für Dienstleistungsbetriebe und die Planung von Anlagen zur Verbesserung der Infrastruktur (Wasserversorgung, Hochwasserschutz etc.).

4. *Beschreiben und erklären Sie die Entwicklung der Betriebsgrößenklassen in der Bundesrepublik Deutschland (Tab. 3).*
5. *Beschreiben Sie die Unterschiede zwischen Voll-, Zu- und Nebenerwerbsbetrieben in der Landwirtschaft. Erklären Sie deren zahlenmäßige Entwicklung.*
6. *Begründen Sie die Steigerungen bei den Hektarerträgen und der Gesamtproduktion. Vergleichen Sie diese mit denjenigen der DDR (S. 127).*
7. *In welchen Teilen der Bundesrepublik Deutschland waren und sind Flurbereinigungsverfahren besonders dringlich? Begründen Sie Ihre Meinung mit Hilfe von Tabelle 10 und Abbildung 1.*
8. *Charakterisieren Sie mit Hilfe der Abbildung 2 und des Atlasses die Wirtschaftsgebiete Nr. 1, 3, 27, 30, 38, 39, 41 bezüglich der Betriebsgrößen, des Acker- und Grünlandanteils sowie der natürlichen Bedingungen (Boden, Klima, Relief).*

2.1.3 Die Landwirtschaft in der Europäischen Gemeinschaft

Mit dem Inkrafttreten der Römischen Verträge am 1. 1. 1958 sollten folgende Ziele der Agrarpolitik verwirklicht werden:

- Erhöhung der landwirtschaftlichen Produktivität durch Förderung des technischen Fortschritts, der Rationalisierung der landwirtschaftlichen Erzeugung sowie durch den bestmöglichen Einsatz der Produktionsfaktoren,
- die Erhöhung der Einkommen der in der Landwirtschaft tätigen Erwerbspersonen,
- die Sicherung der Versorgung,
- die Belieferung der Verbraucher zu angemessenen Preisen.

Dabei sollte v. a. den strukturellen und naturbedingten Unterschieden der verschiedenen landwirtschaftlichen Gebiete in der Gemeinschaft Rechnung getragen werden.

Um diese Ziele zu erreichen, wurde eine gemeinsame Organisation der Agrarmärkte geschaffen, die durch gemeinsame Wettbewerbsregeln und einer europäischen Marktordnung gekennzeichnet sind.

Tab. 11: Selbstversorgungsgrad[1] bei ausgewählten landwirtschaftlichen Erzeugnissen in den Mitgliedsstaaten der EG

		Bundesrepublik Deutschland	Frankreich	Italien	Niederlande	Belgien Luxemburg	Großbritannien	Irland	Dänemark	Griechenland	EG der 9 bzw. 10
Getreide	1966/70	76	140	69	35	43	75	84	97	–	–
	1978/79	91	170	71	30	46	78	94	114	–	100
	1982/83	96	182	77	33	51	112	97	110	121	113
Zucker	1966/70	87	120	89	100	136	33	95	122	–	–
	1978/79	127	210	85	165	245	44	119	180	–	124
	1982/83	147	244	77	200	309	61	156	265	108	145
Wein	1966/70	60	96	108	–	13	–	–	–	–	–
	1978/79	51	97	140	–	4	–	–	–	–	102
	1982/83	94	117	126	–	•	–	–	–	108	111
Rind- und Kalbfleisch	1966/70	87	107	62	112	91	63	572	250	–	90
	1979	102	111	62	133	98	77	546	346	–	100
	1982/83	111	112	59	154	106	83	483	413	42	102
Schweinefleisch	1966/70	94	87	86	172	132	59	161	495	–	100
	1979	88	84	75	225	162	63	143	368	–	101
	1982/83	86	83	74	235	147	69	126	395	78	101
Butter	1966/70	101	115	67	271	103	10	191	326	–	–
	1979	132	114	70	491	106	42	344	241	–	119
	1982/83	131	124	59	302	120	67	319	233	70	131

[1] Selbstversorgungsgrad: Inlandserzeugung in Prozent des Gesamtverbrauchs

Agrarbericht 1982, S. 82/83, Agrarbericht 83, S. 16, Agrarbericht 84, S. 41

Tab. 12: Landwirtschaftliche Strukturdaten der Mitgliedsländer der EG

		LF	Ackerfläche	davon Getreidefläche	Dauergrünland	Erntemengen in 1000 t			Viehbestände in 1000 Stück	
		(in 1000 ha)	(in 1000 ha)	(in 1000 ha)	(in 1000 ha)	Weizen	Gerste	Zuckerrüben	Rinder	Schweine
Bundesrepublik	1971	13 504	7 882	5 250	5 417	7 142	5 774	14 409	13 638	19 584
Deutschland	1982	12 137	7 238	5 069	4 714	8 632	9 460	22 732	15 098	22 478
Frankreich	1971	32 945	17 414	9 516	13 874	15 482	8 910	19 951	21 767	11 279
	1982	31 695	15 316	9 704	12 807	25 342	10 044	31 573	23 656	11 709
Italien	1971	17 649	9 502	5 039	5 240	10 070	367	8 776	8 669	8 196
	1982	17 836	9 392	4 883	5 127	8 903	1 059	11 227	9 127	9 132
Belgien und	1971	1 720	885	507	813	954	643	4 877	2 829	4 034
Luxemburg	1982	1 560	797	398	730	1 063	1 014	7 430	3 110	5 211
Niederlande	1971	2 139	816	350	1 280	706	373	5 024	3 789	6 316
	1982	2 018	826	203	1 152	967	247	7 946	5 192	10 590
Groß-	1971	18 910	7 227	3 810	11 604	4 815	8 558	7 869	12 928	8 882
britannien	1982	18 814	6 978	4 030	11 338	10 266	10 906	10 007	13 163	8 211
Dänemark	1971	2 940	2 634	1 761	290	585	5 458	3 003	2 723	8 626
	1982	2 888	2 631	1 768	246	1 207	6 388	3 604	2 857	9 504
Irland	1971	4 795	1 144	377	3 647	380	991	1 219	5 516	1 144
	1982	5 711	1 018	418	4 603	227	1 393	1 472	5 783	1 145
Griechenland	1971	–	–	–	–	–	–	–	–	–
	1982	9 234	2 954	1 574	5 271	2 983	853	2 426	785	1 218

Statistische Jahrbücher für Ernährung, Landwirtschaft und Forsten, verschiedene Jahrgänge

Marktordnungen und Agrarpreise in der EG. Steigende Produktionszahlen, große Überschüsse bei vielen landwirtschaftlichen Produkten bei stagnierender Nachfrage kennzeichnen heute die Situation innerhalb der Landwirtschaft. Die agrarpolitischen Ziele, die vor über 20 Jahren aufgestellt wurden, sind im wesentlichen erreicht (vgl. S. 116).

Wie kam es nun zu diesen enormen Produktionssteigerungen, und welche Lösungsansätze werden diskutiert, um die steigenden Überschüsse abzubauen?

Zunächst ist aufgrund des steigenden Dünge- und Pflanzenschutzmitteleinsatzes, der Saatgutverbesserung, der zunehmenden Mechanisierung und Rationalisierung sowie bedingt durch die agrarstrukturellen Verbesserungsmaßnahmen die Produktivität enorm gestiegen. Der Landwirtschaftssektor kann unter diesem Aspekt als dynamischer Wirtschaftssektor bezeichnet werden.

Mit der jährlichen Festlegung der Richtpreise für nahezu alle landwirtschaftlichen Produkte durch den EG-Ministerrat wird zudem den Landwirten eine Verbesserung ihres Einkommens garantiert. Wichtig dabei ist, daß insbesondere beim Ackerbau witterungsbedingte Einflüsse dennoch zu Ertrags- und damit zu Einkommenseinbußen führen können. Dies war beispielsweise im Jahre 1982 der Fall.

Abb. 3: Folgewirkungen von Marktordnungen und Agrarpreisen

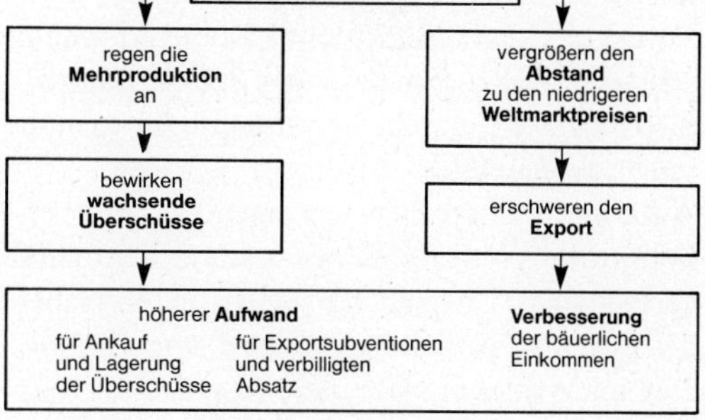

Durch ein komplexes System von Marktordnungen – diese bestehen für nahezu alle landwirtschaftlichen Produkte – werden die Preise innerhalb der EG nahezu stabil festgelegt und nach außen hin gegenüber dem Weltmarkt durch sogenannte Abschöpfungen (den Zöllen nicht unähnlich) geschützt.

Als Richtpreis wird derjenige Preis innerhalb der EG bezeichnet, der für ein bestimmtes Erzeugnis erzielt werden soll. Erfolgt ein Absinken der Marktpreise beispielsweise aufgrund eines Überangebots unter den Interventionspreis, der ebenso wie der Richtpreis vom EG-Ministerrat festgelegt wird, so sind die staatlichen Stellen verpflichtet, Stützkäufe durchzuführen, um auf diese Weise die Überschüsse aus dem Markt zu nehmen.

Viele Agrarprodukte werden auf dem Weltmarkt zu wesentlich niedrigeren Preisen als innerhalb der EG angeboten. Will nun ein Drittland Agrarprodukte in die EG einführen, so wird der Weltmarktpreis durch die sogenannte Abschöpfung auf den EG-Schwellenpreis künstlich angehoben. Der daraus erzielte Abschöpfungsbetrag fließt in die Kasse des Europäischen Ausrichtungs- und Garantiefonds für die Landwirtschaft, abgekürzt EAGFL oder kurz Agrarfonds genannt.

Werden nun Agrarprodukte der EG auf den Weltmarkt gebracht, so wird der in der Regel wesentlich höhere EG-Agrarpreis auf das Weltmarktniveau erniedrigt. Die Differenz, die nichts anderes als eine Subvention (Exportsubvention) darstellt, wird ebenfalls aus dem EAGFL finanziert. Dieser Agrarfonds besteht seit dem Jahre 1962 und wird ab 1975 voll aus den Eigenmitteln der Gemeinschaft finanziert (Zölle, Abschöpfungen, Anteile an den Mehrwertsteuereinnahmen). Zuständig für die Finanzierung der Agrarmarktpolitik ist die Abteilung „Garantie", die Finanzierung der Agrarstrukturpolitik wird durch die Abteilung „Ausrichtung" durchgeführt.

Aufgrund der jährlich ansteigenden Interventionspreise (= Garantiepreise) und der damit verbundenen Überschüsse stiegen die Ausgaben des EAGFL, Abteilung Garantie, von 115 Mio. DM im Wirtschaftsjahr 1962/63 auf 1 281 Mio. DM im Jahre 1973.

Die Entwicklung nach Ausgabenbereichen in den Jahren 1975 und 1982 verdeutlichen die beiden nachfolgenden Kreissektorendiagramme in der Abbildung 4.

Abb. 4: Aufschlüsselung der Ausgaben des EAGFL, Abteilung Garantie (1975 und 1982)

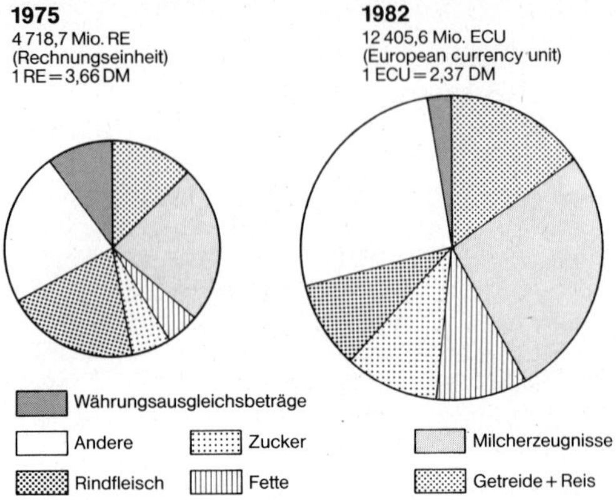

Die hohen Anteile des Agrarhaushalts am Gesamthaushalt der EG (1975: 78%, 1980: 73%) und insbesondere die damit finanzierten Agrarüberschüsse sind in den letzten Jahren die Hauptkritikpunkte innerhalb der EG. Eine Neu- bzw. Umorientierung der europäischen Agrarpolitik ist deshalb dringend notwendig.

9. *Vergleichen Sie die Ziele der Agrarpolitik in den Römischen Verträgen (1958) mit der Entwicklung des Selbstversorgungsgrads innerhalb der EG (Tab. 11).*

10. *Innerhalb der Europäischen Gemeinschaft gibt es im Bereich der Landwirtschaft erhebliche Strukturunterschiede. Erläutern Sie diese anhand der Tabelle 11 und Tabelle 12.*

11. *Beschreiben Sie das System der Marktordnungen innerhalb der EG. Erläutern Sie deren Auswirkungen auf die Agrarproduktion.*

12. *Welche Bereiche der Landwirtschaft werden innerhalb der EG stark subventioniert?*

13. *Die Anteile des Agrarbereichs nehmen derzeit ca. drei Viertel des gesamten EG-Haushaltes in Anspruch. Erörtern Sie mögliche Lösungsansätze.*

2.1.4 Die Entwicklung der Agrarstruktur in der Hildesheim-Braunschweiger Börde (Landkreis Hildesheim)

Daten Landkreis Hildesheim
Fläche: 94 745 ha
Landwirtschaftlich genutzte Fläche (1980): 69514 ha
LF in % der Gesamtfläche: 73,4
mittlerer Niederschlag: 650–760 mm
durchschnittliche Bodenzahl: ca. 80

Der Landkreis Hildesheim zählt mit einer durchschnittlichen Bodenzahl von ca. 80 nach der Reichsbodenschätzung von 1936 zu den Gebieten, die aufgrund ihrer hochwertigen Böden (schwarzerdeähnliche Böden, Parabraunerden) schon seit sehr früher Zeit durch den Ackerbau geprägt sind.

Die Übersicht über die Agrarstruktur ermöglicht den Vergleich zum Kreis Wanzleben in der DDR (Magdeburger Börde; Kapitel 2.1.6).

Tab. 13: Anbauverhältnisse im Landkreis Hildesheim 1950 und 1978 (Prozentanteil der Fruchtarten an der Ackerfläche)

1950		1978	
Zuckerrüben	23,3	Weizen	38
Weizen	22,1	Zuckerrüben	29
Hafer	14,6	Gerste	22
Roggen	9,7	Hafer	5
Feldfutter und Feldhackfrüchte	8,7	Roggen	3
Kartoffeln	8,5	Gemüse	1
Gerste	7,5	Sonstige	2
Gemüse	2,6		
Sonstige	3		

Tab. 14: Hektarerträge im Landkreis Hildesheim in dt/ha

	1956/60	1970/75
Getreide	42,2	50,3
Zuckerrüben	355,3	447,1

Tab. 15: Landkreis Hildesheim: Entwicklung der Betriebsgrößenklassen 1895 und 1939

	Größenklassen in ha	Anzahl		Anteil an der Gesamtzahl in %		Landwirtschaftliche Nutzfläche in %	
		1895	1939	1895	1939	1895	1939
Kleinstbauern	< 2	2 861	2 165	46,9	44,6	5,6	4,1
Kleinbauern	2–5	1 265	662	20,7	13,4	8,5	4,4
Mittelbauern	5–20	1 435	1 425	23,5	29,4	29,7	30,5
Großbauern	20–100	509	577	8,3	11,9	38,8	45,9
Großgrundbesitzer	> 100	36	35	0,6	0,7	17,6	15,1

Tab. 16: Zahl und Fläche der landwirtschaftlichen Betriebe Kreis Hildesheim 1960, 1979, 1980

	0,5–5 ha		5–20 ha		20–30 ha		30–50 ha		50–100 ha		>100 ha	
	Zahl	Fläche	Zahl	Fläche	Zahl	Fläche	Zahl	Fläche	Zahl	Fläche	Zahl	Fläche
1960	2 320	3 333	2 041	21 947	439	10 844	483	12 406	299	12 713	70	9 507
1979	481	939	656	8 394	463	11 495	486	18 514	283	19 006	71	11 327
1980	457	874	634	8 116	439	10 891	483	18 387	299	20 059	70	11 187

Tab. 17: Düngereinsatz in kg/ha LF

	1956/58	1970	1980
Stickstoff	113,6	130	140
Kali	122,2	380	350
Phosphat	67,6	210	180
Kalk	34,8	450	500

Agrarstruktur der Gemeinde Bültum, Landkreis Hildesheim (ca. 16 km südöstlich von Hildesheim)

Abb. 5: Parzellen und Betriebe vor 1957, vor der Flurbereinigung

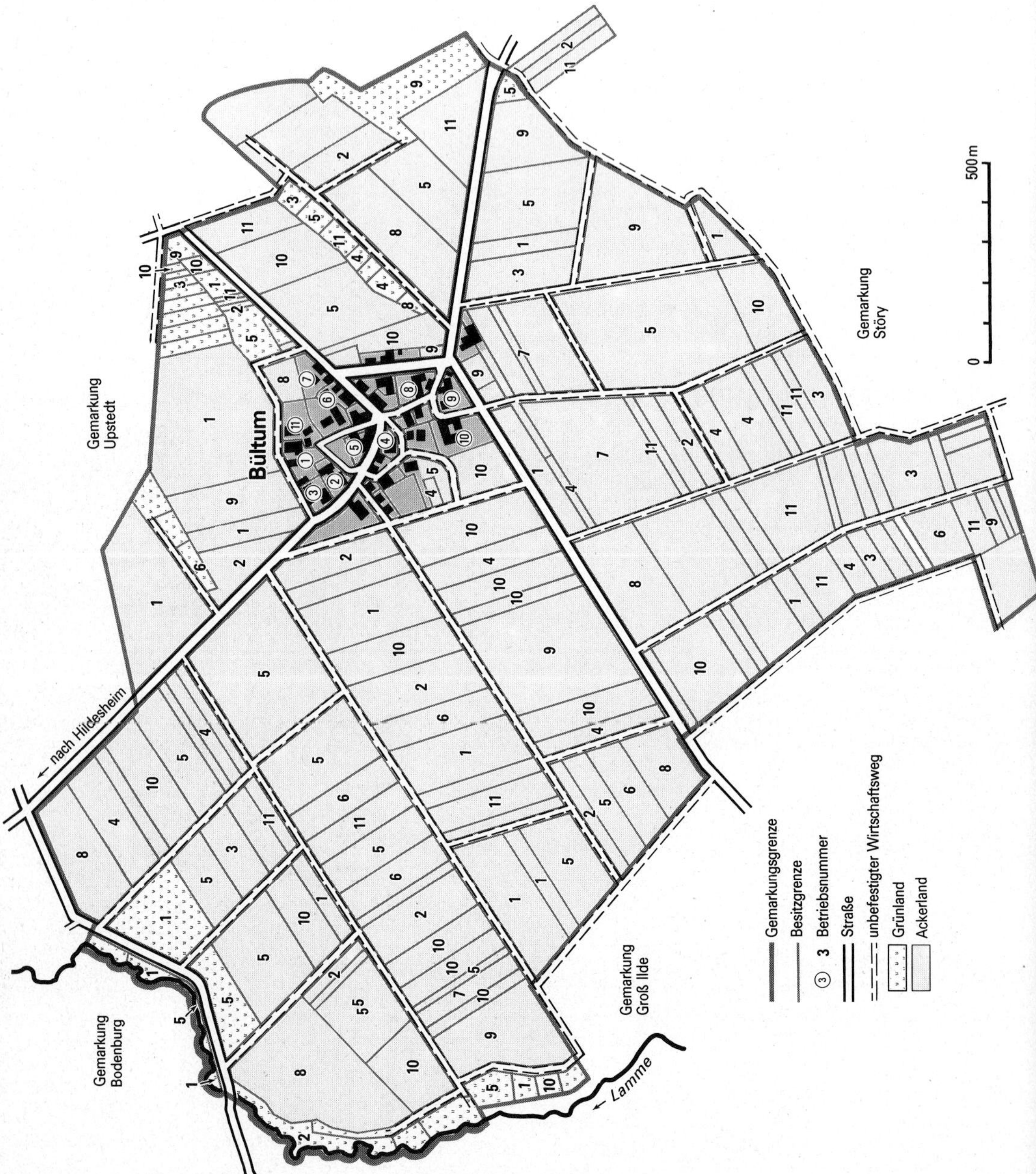

Abb. 6: Anbauverhältnisse, Parzellen und Betriebe Sommer 1981

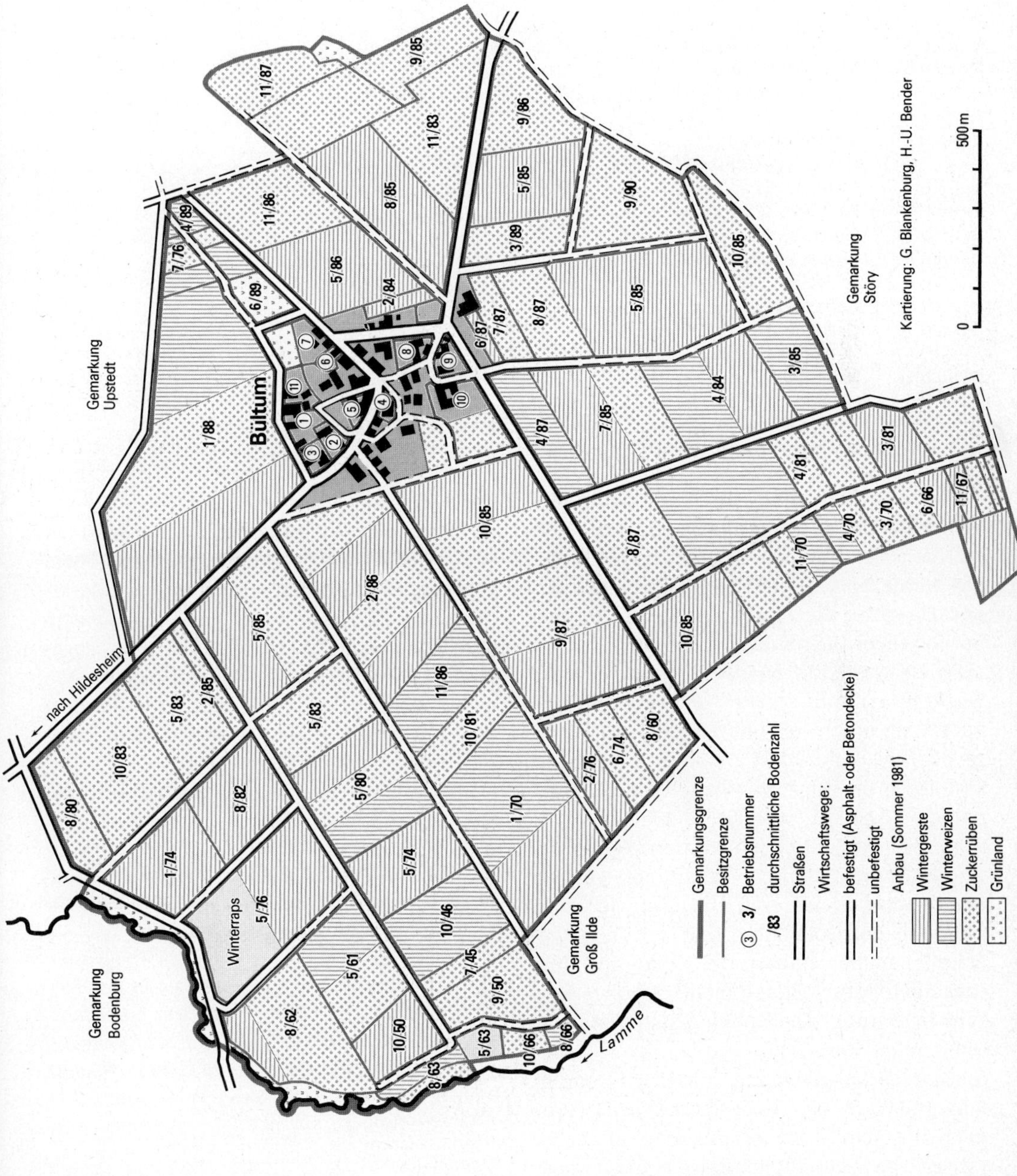

Tab. 18: Landwirtschaftliche Betriebe in der Gemeinde Bültum, Kreis Hildesheim

Betriebs-nummer	Produktionsaus-richtung	Betriebs-fläche in Bültum in ha 1957	Zahl und durchschnittliche Größe der Parzellen (in ha) vor der Flurbereinigung Zahl	∅ Größe	nach der Flurbereinigung Zahl	∅ Größe
Gesamte Betriebsfläche: 319,11 ha						
Betrieb 1	Getreide, Hackfrucht	43,85	18	2,43	5	8,77
Betrieb 2	Milchviehhaltung, Getreide, Hackfrucht	17,1	11	1,55	3	5,70
Betrieb 3	Getreide, Hackfrucht	11,02	7	1,57	6	1,84
Betrieb 4	Schweinemast, Getreide, Hackfrucht	12,04	9	1,34	6	2,01
Betrieb 5	Getreide, Hackfrucht	60,35	19	3,18	12	5,03
Betrieb 6	Getreide, Hackfrucht	11,23	6	1,87	4	2,81
Betrieb 7	Getreide, Hackfrucht	9,25	4	2,31	3	3,08
Betrieb 8	Getreide, Hackfrucht, Schweine- und Rindermast	24,21	7	3,46	5	4,84
Betrieb 9	Getreide, Hackfrucht	29,72	11	2,70	6	4,95
Betrieb 10	Getreide, Hackfrucht, Bullen- und Schweinemast	36,45	17	2,14	9	4,05
Betrieb 11	Milchviehhaltung, Getreide, Hackfrucht	21,70	13	1,67	7	3,10
Ausmärker	(von anderen Gemeinden aus bewirtschaftete Fläche)	42,19				

Ablauf und Begründung des Flurbereinigungsverfahrens: Nach Vorgesprächen mit den verschiedenen Behörden und den Interessensgruppen wurde am 9. September 1957 vom Kulturamt Hannover die Flurbereinigung in Bültum mit folgender Begründung angeordnet:
„Die Besitzstände weisen eine erhebliche Besitzzersplitterung auf, die die Bewirtschaftung erschwert und sich auf die Erträge nachteiligt auswirkt. Diese Zersplitterung soll durch die Zusammenlegung der Besitzstände beseitigt werden. Außerdem soll durch Härtung von bestehenden Wegen die Zugänglichkeit der Ackerländereien wesentlich verbessert werden. Die überwiegende Mehrheit der Beteiligten und die Landwirtschaftskammer haben die Einleitung des (beschleunigten) Zusammenlegungsverfahrens beantragt.“ Die Schlußfeststellung war am 7. März 1966.

Standarddeckungsbeiträge (StDB), Beurteilungsgrundlage der landwirtschaftlichen Produktivität. Standarddeckungsbeiträge sind keine tatsächlich erzielten Reinerträge oder Gewinne pro Flächen oder Tiereinheit, sondern sie stellen Durchschnittswerte dar, die bei einer ordnungsgemäßen und standortgerechten Bewirtschaftung eines Betriebes erzielt werden können. Sie werden für bestimmte Betriebsgrößenklassen und Produktionsausrichtungen (Marktfruchtbetrieb, Mastbetrieb usw.) in einem durch natürliche Standortfaktoren klar abgegrenzten Gebiet ermittelt. Errechnet werden sie, indem man von der Bruttoleistung (= Marktleistung) die entsprechenden variablen Kosten abzieht.

Der Vergleich eines gut bewirtschafteten Getreide-Hackfrucht-Betriebes aus der Betriebsgrößenklasse >50 ha (Tab. 20) mit den entsprechenden Durchschnittswerten dieser Gruppe (Tab. 19) zeigt die Unterschiede, die bezüglich der Produktivität bestehen können.

Tab. 19: Standarddeckungsbeiträge in der Hildesheim-Braunschweiger Lößbörde, Betriebsgrößenklasse > 50 ha, Getreide-Hackfrucht-Betrieb, ∅ der Wirtschaftsjahre 1978/79 u. 1980/81

Winterweizen	1 946,– DM
Sommerweizen	1 418,– DM
Wintergerste	1 493,– DM
Sommergerste	1 058,– DM
Zuckerrüben	3 244,– DM

Tab. 20: Getreide-Hackfrucht-Betrieb > 50 ha: Standarddeckungsbeiträge im Durchschnitt der Wirtschaftsjahre 1978/79 und 1980/81

	Wintergerste	Zuckerrüben	Winterweizen
Marktleistung	65 dt/ha × 44,90 DM = 2 918,50 DM	500 dt/ha × 10,80 DM = 5 400,00 DM	65 dt/ha × 50,30 DM = 3 269,50 DM
Saat- u. Pflanzgut	91,70 DM	140,10 DM	149,50 DM
Düngemittel	443,00 DM	651,70 DM	445,90 DM
Pflanzenschutz	136,00 DM	370,00 DM	192,00 DM
Veränderliche Maschinenkosten	152,00 DM	291,00 DM	152,00 DM
Versicherung u. Zinsanspruch	69,00 DM	90,60 DM	79,90 DM
Summe veränderlicher Kosten	891,70 DM	1 543,40 DM	1 019,30 DM
Deckungsbeitrag	2 026,80 DM	3 856,60 DM	2 250,20 DM

14. *Charakterisieren Sie die naturräumlichen Voraussetzungen für die Landwirtschaft in Bültum (Bodenzahlen in Abb. 6 und Atlas).*

15. *Erläutern Sie die Lage und die Größe der Parzellen der Betriebe in Bültum vor und nach der Flurbereinigung. Begründen Sie die Vorteile unter betriebswirtschaftlichen Gesichtspunkten. Vergleichen Sie mit Gemeinden aus den Realteilungsgebieten (Atlas).*

16. *„In jeder Bewegung ein rechter Winkel', so spottet schon Heinrich Heine über den deutschen Hang zur Akuratesse, der sich nun auch in der Feldmark durchgesetzt hat, seit die Flurbereiniger in der deutschen Landschaft mit Reißbrett und Lineal hantieren. Der Natur, der die Gerade fremd ist, werden horizontweit rechte Winkel eingezogen. Das Zusammenspiel vieler Einzelheiten wird der möglichst langen Geradeausfahrt der Ackermaschine zuliebe zerstört." (Natur 6, 1981, Seite 98.) Diskutieren Sie diese in einem Umweltmagazin geäußerte Meinung am Beispiel Bültums.*

17. *Charakterisieren Sie die typischen Anbauverhältnisse im Jahre 1981 in der Gemeinde Bültum und im Landkreis Hildesheim u. a. auf dem Hintergrund der Standarddeckungsbeiträge.*

18. *Vergleichen Sie die Agrarentwicklung der Kreise Hildesheim und Wanzleben (Seite 131 ff.).*

2.1.5 Entwicklung der Landwirtschaft in der DDR

„**Die Bodenreform (1945–1952)** muß die Liquidierung des feudalen, junkerlichen Großgrundbesitzes gewährleisten und der Herrschaft der Junker und Großgrundbesitzer im Dorfe ein Ende bereiten, weil diese Herrschaft immer eine Bastion der Reaktion und des Faschismus in unserem Lande darstellte und eine der Hauptquellen der Aggression und der Eroberungskriege gegen andere Völker war. Durch die Bodenreform soll der jahrhundertalte Traum der landlosen und landarmen Bauern und Landarbeiter von der Übergabe des Großgrundbesitzes in ihre Hände erfüllt werden. Der Grundbesitz soll in unserer deutschen Heimat auf feste, gesunde und produktive Bauernwirtschaften sich stützen, die Privateigentum ihres Besitzers sind."

Auszug aus den Verordnungen der Länderregierungen der sowjetischen Besatzungszone. In: Karl Eckart: DDR. Länderprofile. Stuttgart: Klett 1981, S. 59, 60

Zunächst erfolgte die entschädigungslose Enteignung v. a. von Privat- und Staatsbesitz über 100 ha. Die im Bodenfonds der demokratischen Bodenreform aufgeschlüsselten Flächen zeigen den Umfang der Enteignung und die Verteilung (Tab. 21).

Tab. 21: Bodenfonds der Bodenreform (1. 1. 1950)

Enteignete Objekte	Anzahl	ha	Anteil in %
Privatbesitz unter 100 ha	4 537	131 742	4,0
Privatbesitz über 100 ha	7 160	2 517 357	76,3
Staatsbesitz (ohne Forsten)	1 288	337 507	10,2
Staatsforsten	384	200 247	6,1
Siedlungsgesellschaften und faschistische Institutionen	169	22 764	0,7
Sonstiger Grundbesitz	551	88 465	2,7
Zusammen	14 089	3 298 082	100,0

Autorenkollektiv: Von der demokratischen Bodenreform zum sozialistischen Dorf. Berlin: Dietz 1965, S. 5

Tab. 22: Verteilung des Landes aus dem Bodenfonds (bis 1. 1. 1950)

Landempfänger	Zahl der Betriebe	ha
Landlose Bauern und Landarbeiter	119 121	932 487
Umsiedler	91 155	763 569
Landarme Bauern	82 483	274 848
Kleinpächter	43 231	41 661
Altbauern (Waldzulage)	39 838	62 742
Nichtlandwirtschaftliche Arbeiter und Angestellte (= Kleinparzellenbesitzer)	183 261	114 665
Individualeigentümer insgesamt	559 089	2 189 999
VEG, Lehr- und Versuchsstationen, Forstwirtschaftsbetriebe, demokratische bäuerliche Organisationen u. ä.		1 010 462
Insgesamt verteilt		3 200 461

Autorenkollektiv; a.a.O., S. 52, 53, 286

Tab. 23: Typen der Landwirtschaftlichen Produktionsgenossenschaften (LPG) in der DDR

Merkmal	LPG Typ I	LPG Typ II	LPG Typ III
Zur gemeinsamen Nutzung ist in die LPG einzubringen:	nur das Ackerland	Ackerland, Grünland, Dauerkulturen, Zugtiere, Maschinen	gesamter landwirtschaftlicher Betrieb
Einkommensberechnung			
nach AE (Arbeitseinheit)	mind. 60%	mind. 70%	mind. 80%
nach Bodenanteil	bis 40%	bis 30%	bis 20%

Karl Eckart: DDR. Länderprofile. Stuttgart: Klett 1981, S. 64

Tab. 24: Die Entwicklung der LPG und VEG 1952–1974

	LPG Typ I und II		LPG Typ III		VEG[1]	
	Anzahl	1000 ha	Anzahl	1000 ha	Anzahl	1000 ha
1952	1 740	189,1	166	29,0	562	247,8
1955	1 395	127,4	4 652	1 151,8	540	283,4
1960	12 976	2 023,6	6 337	3 384,1	669	395,6
1965	8 973	1 725,7	6 166	3 729,4	572	425,1
1970	3 485	866,4	5 663	4 746,8	511	442,6
1974	698	217,1	5 066	5 171,0	476	451,5

[1] VEG = Volkseigenes Gut

Kollektivierungsphase (1952–1960). Vielfach wird die Bodenreform als „kurzes Zwischenspiel" bezeichnet, denn zum einen sanken logischerweise aufgrund der starken Besitzzersplitterung und v. a. aufgrund der mangelhaften Erfahrungen vieler „Neubauern" die Erntemengen (vgl. Tab. 2), und zum anderen konnte das mittelfristige Ziel der DDR-Regierung nicht „Privatwirtschaft" heißen.
Der Beschluß über den „Aufbau des Sozialismus" auf der zweiten Parteikonferenz der SED im Juli 1952 hatte auch für die Landwirtschaft weitreichende Konsequenzen. Bis zum Jahre 1960 mußten alle Privatbetriebe in landwirtschaftliche Produktionsgenossenschaften unterschiedlichen Typs übergeführt werden, wobei der Grad der Vergesellschaftung der Produktionsmittel innerhalb der drei Typen unterschiedlich war.

Bewertung der Kollektivierungsphase. Die Beratende Versammlung des Europarats nahm am 27. April 1960 in Straßburg einstimmig folgende Entschließung zur Zwangskollektivierung der Bauern in der sowjetisch besetzten Zone Deutschlands an:
„Die Beratende Versammlung ist tief bewegt durch die Terrormethoden, mit denen die kommunistischen Führer der sowjetisch besetzten Zone Deutschlands in wenigen Wochen die totale Kollektivierung des bäuerlichen Grund und Bodens in der Zone gegen den Willen und trotz des Widerstandes der Bauern durchgeführt haben."

Bulletin des Presse- und Informationsamtes der Bundesregierung Nr. 82, Seite 793, vom 3. Mai 1960

„Auf freiwilliger Basis, schrittweise und den differenzierten Bedingungen entsprechend veränderten die werktätigen Bauern selbst ihre Produktionsweise..."

Leitung und Planung in der Landwirtschaft der DDR. Hrsg.: Staatliche Plankommission der DDR, Dresden, 1981, S. 48

Der Übergang zur industriemäßigen Produktion in der Landwirtschaft. Verstärkt ab Mitte der sechziger Jahre standen Überlegungen im Zentrum der Agrarpolitik, die industriemäßige Produktion in der Landwirtschaft einzuführen. Die sozialistischen Betriebsformen (LPG, VEG, GPG) waren zu diesem Zeitpunkt durch eine Vielzahl an Produktionszweigen gekennzeichnet. Diese Einzelbetriebszweige sollten sich aus den bestehenden Betrieben heraus verselbständigen und eigene spezialisierte Betriebe bilden. Zunächst entstanden die Kooperationsgemeinschaften (KOG), in denen genossenschaftliche und staatliche Betriebe auf der Grundlage von Verträgen in sämtlichen Bereichen der Landwirtschaft miteinander zusammenarbeiteten. Diese Form erwies sich aufgrund des überdurchschnittlichen Verrechnungs- und Verwaltungsaufwandes als uneffektiv.
Auf dem VIII. Bauernkongreß der DDR im Jahre 1968 wurde der Beschluß zur industriemäßigen Produktion in der Landwirtschaft gefaßt. Aufgrund der Erfahrungen konnten diese Grundsätze nicht sofort realisiert werden, es bildeten sich zunächst bestimmte Übergangsformen heraus (vgl. Abb. 7).

Abb. 7: Vereinfachte Darstellung der möglichen Entwicklung der sozialistischen Betriebsformen in der Landwirtschaft der DDR

KAP = Kooperative Abteilung Pflanzenproduktion: Zusammenarbeit der Abteilungen Pflanzenproduktion der verschiedenen Landwirtschaftlichen Produktionsgenossenschaften auf der Grundlage von Verträgen. Sie besitzen keine eigene Rechtsfähigkeit und sind somit auch keine eigenständigen Betriebsformen.
ZBE (P)/ZBE (T): Zwischenbetriebliche Einrichtungen der Pflanzen- und der Tierproduktion. Zusammenschluß der Abteilungen Pflanzen- oder Tierproduktion von genossenschaftlichen und staatlichen Betrieben zu eigenständigen Betriebsformen. Teilweise sind auch Betriebe der Weiterverarbeitung und des Handels daran beteiligt.

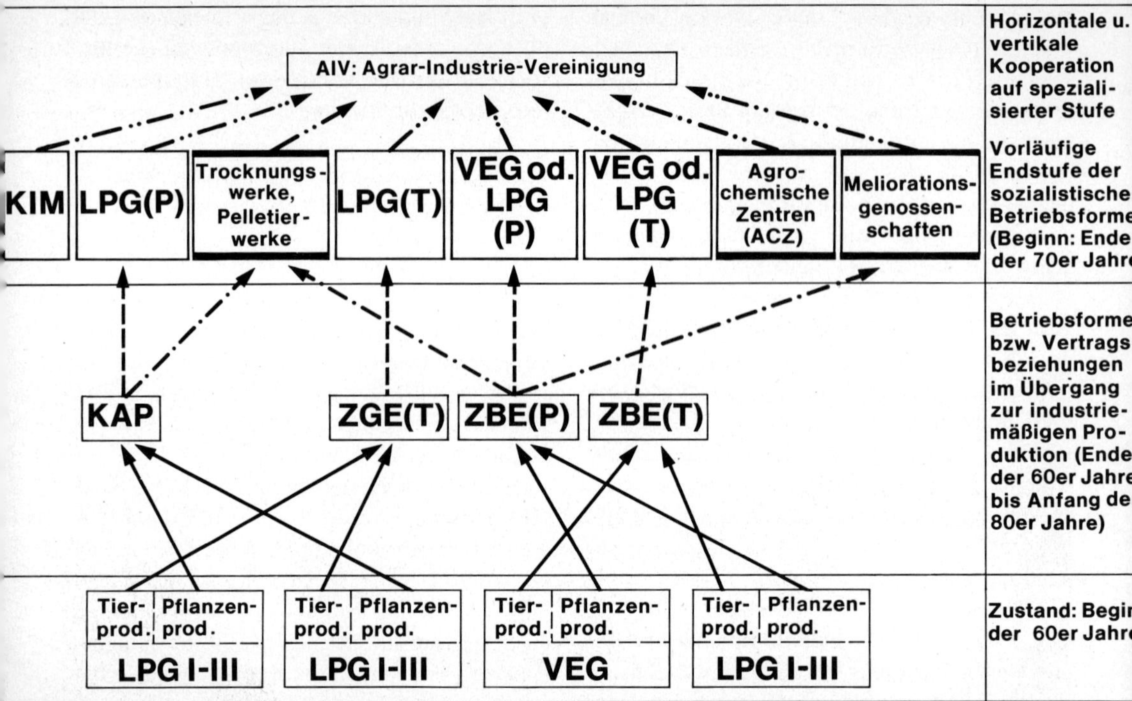

▭ Spezialisierte Dienstleistungs- u. Verarbeitungsbetriebe

——▶ Zusammenschluß der Abteilungen Pflanzen- u. Tierproduktion der traditionellen Betriebe zu spezialisierten, industriemäßig produzierenden Übergangsformen

– – –▶ Entwicklung der Übergangsformen zur vorläufigen Endstufe der industriemäßig produzierenden Betriebe

–·–·▶ Schaffung neuer, spezialisierter Dienstleistungs- u. Verarbeitungsbetriebe

–··–▶ Zusammenarbeit der industriemäßig produzierenden Betriebe u. Dienstleistungsunternehmen auf vertraglicher Grundlage

ZGE (P)/ZGE (T): Zwischengenossenschaftliche Einrichtungen der Pflanzen- und Tierproduktion. Zusammenschluß der Abteilungen Pflanzen- oder Tierproduktion von Genossenschaftsbetrieben zu eigenständigen Betriebsformen. Auch hier sind teilweise Betriebe der Weiterverarbeitung und des Handels daran beteiligt.

LPG (P)/LPG (T): Landwirtschaftliche Produktionsgenossenschaften der Pflanzen- bzw. Tierproduktion. Jeweils vollständig spezialisierte Betriebsform, in der die industriemäßige Produktion verwirklicht ist.

VEG (P)/VEG (T): Volkseigene Güter der Pflanzen- oder Tierproduktion. Auch hier vollständig spezialisierte Betriebsform, in der die industriemäßige Produktion umgesetzt worden ist.

KIM: Volkseigene Kombinate Industrieller Mast. Betriebe, die sich auf die Erzeugung eines bestimmten tierischen Produkts spezialisiert haben. Mehrere Produktionsstufen sind innerhalb des Betriebs vereinigt (vielfach von der Aufzucht bis zum Versand).

ACZ: Agrochemische Zentren. Spezialisierte Dienstleistungsunternehmen, die die Lagerung, den Transport und die Ausbringung von Düngemitteln aller Art durchführen.

AIV: Agrar-Industrie-Vereinigung: Zusammenarbeit spezialisierter Betriebsformen, um eine besonders effektive horizontale und vertikale Kooperation in der Landwirtschaft und der Nahrungsgüterwirtschaft auf vertraglicher Grundlage zu gewährleisten.

Die Veränderung der Siedlungsstruktur im Rahmen der Umgestaltung der Landwirtschaft. Die traditionellen Dorfstrukturen werden durch die sozialistischen Produktionsverhältnisse sehr stark überformt. Mehrgeschossige Wohnblocks, Schulen, Turnhalle, Kaufhalle, Mehrzweckgaststätten und Weiterbildungszentren sind neue wichtige zentralörtliche Funktionen, die neben den industriemäßigen Produktionsanlagen (vgl. Siedlungszentrum Dedelow, Kreis Prenzlau, Bezirk Neubrandenburg) das Siedlungsbild entscheidend prägen. Im Rahmen dieser Bündelung von zentralörtlichen Funktionen in den Siedlungszentren werden kleinere Ortschaften ganz aufgelöst; ein Prozeß, der auch in anderen sozialistischen Ländern zu beobachten ist.

Abb. 8: Siedlungszentrum Dedelow

Tab. 25: Hektarerträge ausgewählter Fruchtarten in der DDR (in dt/ha)

	1953	1960	1970	1980	1982
Getreide	22,4	27,5	28,2	38,1	39,8
Weizen	27,4	34,8	35,6	43,8	46,4
Roggen	18,7	22,5	21,8	28,3	32,5
Gerste	25,4	32,6	30,1	41,1	41,3
Zuckerrüben	248,8	287,8	320,1	281,0	279,6

Statistisches Taschenbuch der DDR, 1983, S. 75

Tab. 26: Düngerverbrauch in kg/ha landwirtschaftlich genutzter Fläche (nach Wirtschaftsjahren)

	1959/60	1970/71	1979/80	1981/82
Stickstoff	38,0	83,7	126,4	111,7
Phosphat	32,7	64,3	64,8	53,5
Kali	82,3	99,1	84,4	87,2
Kalk	128,2	197,7	181,3	193,4

Statistisches Taschenbuch der DDR, 1983, S. 71

Tab. 27: Entwicklung der sozialistischen Betriebsformen in der DDR (1970–1982)

Sozialistische Landwirtschaftsbetriebe	1970	1975	1977	1979	1982
Volkseigene Güter (VEG)					
Anzahl insgesamt	511	463	450	474	478
darunter VEG Pflanzenproduktion (P)	–	k. A.	25	65	73
VEG Tierproduktion (T)	–	k. A.	343	329	319
Fläche in ha insgesamt	442 638	105 938	187 422	404 488	435 104
darunter VEG (P)		31 600	141 620	356 451	385 162
Landwirtschaftliche Produktionsgenossenschaften (LPG)					
Zahl insgesamt	9 009	4 621	3 494	3 916	3 949
darunter LPG (P)	–	47	329	972	1 119
LPG (T)	–	4 574	3 165	2 944	2 830
Fläche in ha insgesamt	5 392 416	769 314	1 821 241	4 698 098	5 348 210
darunter LPG (P)	–	282 617	1 703 579	4 639 258	5 284 102
Kooperative Abteilungen Pflanzenproduktion (KAP) und zwischenbetriebliche Einrichtungen (ZBE)					
Pflanzenproduktion, Zahl	–	1 200	833	161	20
Fläche		4 997 824	3 888 027	787 345	86 842
Gärtnerische Produktionsgenossenschaften (GPG)	346	287	229	215	211
Fläche (mit übrigen sozialistischen Produktionsgenossenschaften)	20 758	22 627	19 291	16 955	17 465
Zwischenbetriebliche Einrichtung (ZBE) Tierproduktion	–	367	363	322	247

Statistisches Taschenbuch der Deutschen Demokratischen Republik 1983. Berlin: Staatsverlag der DDR 1983, S. 68, 69

Tab. 28: Landwirtschaftlich genutzte Fläche, Anbaufläche und Erntemengen ausgewählter Feldfrüchte

	1953	1960	1970	1980	1982
Landwirtschaftliche Nutzfläche (in 1000 ha)	6 511,2	6 419,8	6 286,4	6 269,1	6 258,5
davon Ackerland (in 1000 ha)	5 028,5	4 847,8	4 618,1	4 760,0	4 730,8
Grünland (in 1000 ha)	1 270,5	1 362,0	1 469,2	1 235,3	1 256,8
Brotgetreide, Fläche (in 1000 ha)	1 642	1 364,4	1 278,5	1 384,6	1 243,7
Erntemengen (in 1000 t)	3 444	3 582	3 615	5 015	4 858
davon Weizen, Fläche (in 1000 ha)	419	417,9	598,1	706,5	590,8
Erntemengen (in 1000 t)	1 152	1 456	2 132	3 098	2 739
davon Roggen, Fläche (in 1000 ha)	1 223	946,4	680,3	678,1	652,8
Erntemengen (in 1000 t)	2 292	2 126	1 483	1 917	2 119
Futter- und Industriegetreide, Fläche (in 1000 ha)	1 057,5	954,6	1 007,9	1 141,1	1 270,9
Erntemengen (in 1000 t)	2 607,1	2 797	2 841	4 611	5 163
davon Gerste, Fläche (in 1000 ha)	317,4	389,3	639,5	968,9	981,5
Erntemengen (in 1000 t)	806,4	1 269,0	1 926	3 979	4 055
Getreidefläche insgesamt (in 1000 ha)	2 700	2 319,0	2 286,5	2 525,8	2 514,7
Erntemengen (in 1000 t)	6 051	6 379	6 456	9 626	10 021
Zuckerrüben, Fläche (in 1000 ha)	212	239,6	191,6	250,3	257,2
Erntemengen (in 1000 t)	6 061	6 898,0	6 135	7 034	7 193

Statistisches Taschenbuch der DDR, 1983, Statistische Jahrbücher der DDR, verschiedene Jahrgänge

Abb. 9: Mit Großmaschinen abgeerntete Flächen in der sozialistischen Landwirtschaft Anteile an der Gesamt-Erntefläche in Prozent

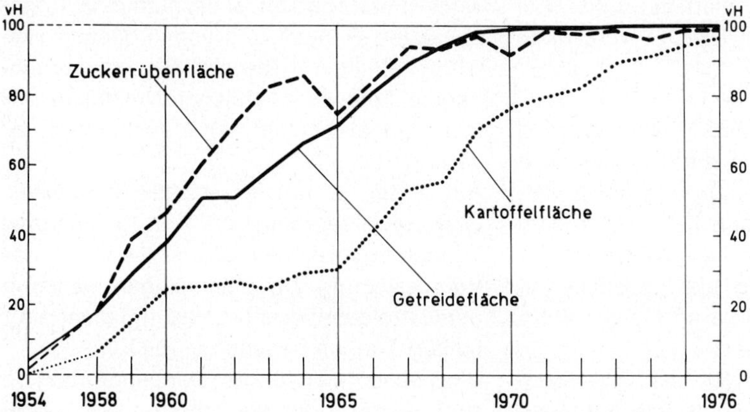

DDR-Agrarpolitik. Schriftenreihe des Bundesministers für Ernährung, Landwirtschaft und Forsten, Reihe A: Landwirtschaft – Angewandte Wissenschaft, H. 240. Münster-Hiltrup, Landwirtschaftsverlag 1980, S. 80

Abb. 10: Entwicklung der Nahrungsmittelproduktion in Mio. t Getreide-Einheiten[1]

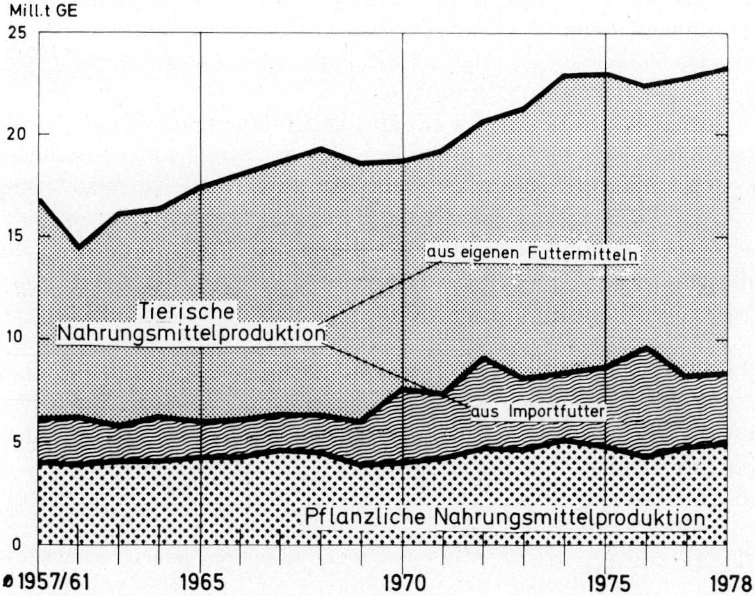

[1] 1 dt Getreide = 1 dt GE; alle anderen pflanzlichen und tierischen Produkte werden nach einem festgelegten Schlüssel umgerechnet. Beispiele: 1 dt Kartoffeln = 0,2 dt GE; 1 dt Schwein (Lebendgewicht) = 4,2 dt GE; 1 hl Vollmilch = 0,8 dt GE.

DDR-Agrarpolitik. a.a.O., S. 50

Tab. 29: Viehwirtschaft (in 1000 Stück)

	1950	1960	1970	1980	1982
Rinder	3 614,7	4 675,3	5 190,2	5 722,5	5 690,1
Kühe	1 616,4	2 175,1	2 162,9	2 137,9	2 123,6
Schweine	5 704,8	8 316,1	9 683,6	12 870,6	12 106,7

Statistisches Taschenbuch der DDR, 1983, S. 76

Über die Beurteilung der Agrarwirtschaft, insbesondere aber über ihre zukünftigen Aufgaben gibt die Direktive des X. Parteitages des SED zum Fünfjahresplan 1981 bis 1985 wesentliche Aufschlüsse:

„Die Produktion und ihre Effektivität sind weiter zu erhöhen, um eine stabile, sich stetig verbessernde Versorgung der Bevölkerung mit hochwertigen Nahrungsmitteln und der Industrie mit Agrarrohstoffen zu sichern und die Arbeits- und Lebensbedingungen des Dorfes weiter an die der Stadt anzunähern...
Im Zentrum der Initiativen der Genossenschaftsbäuerinnen, Genossenschaftsbauern und Arbeiter stehen hohe Zielstellungen für die Steigerung der landwirtschaftlichen Produktion bei gleichzeitiger wesentlicher Verbesserung des Verhältnisses von Aufwand und Ertrag. Das ist entscheidend für die notwendige Senkung des Produktionsverbrauchs pro Erzeugniseinheit, insbesondere durch Verbesserung der Material- und Energieökonomie sowie durch sorgfältige Wartung und Pflege der vorhandenen Technik.
Alle Schritte zur Intensivierung der Agrarproduktion, der Rationalisierung und Rekonstruktion sind (dabei) aufs engste mit der effektiveren Nutzung und weiteren Stärkung der materiell-technischen Basis der Landwirtschaft und deren schrittweisem Übergang zu industriemäßigen Produktionsmethoden zu verbinden. Dabei sind von der Wissenschaft neue leistungs- und widerstandsfähige Intensivsorten mit verbesserter Nährstoff-, Wasser- und Energieausnutzung zu züchten.
Eine vorrangige Aufgabe ist die weitere Intensivierung der Pflanzenproduktion als Grundlage für die Erzeugung von Nahrungsgütern und Agrarrohstoffen und für einen stabilen Leistungsanstieg der Landwirtschaft.
Mit dem Boden verfügt die Volkswirtschaft über eine Rohstoffquelle, die ständig erweitert reproduzierbar ist. Die effektive und vollständige Nutzung jedes Quadratmeters Boden als Hauptproduktionsmittel der Landwirtschaft und die ständige Hebung seiner Fruchtbarkeit ist deshalb eine Aufgabe ersten Ranges und von großem volkswirtschaftlichem Gewicht. Die Inanspruchnahme landwirtschaftlicher Nutzfläche für Investitionsvorhaben ist entscheidend zu verringern...
Auf dieser Grundlage ist 1985 mindestens eine Getreideproduktion von 10 Millionen Tonnen zu erreichen. Das ist die wichtigste Voraussetzung zur planmäßigen Senkung der Getreideimporte bis 1985 um mehr als 1 Million Tonnen gegenüber 1980...
Die Investitionen für die Pflanzenproduktion sind verstärkt auf die Erhöhung der Wirksamkeit der Maschinensysteme besonders für die Getreideernte und auf Anlagen für die Produktion, den Transport und die Verringerung der Lager- und Konservierungsverluste zu konzentrieren. Verstärkt ist an der Schließung der Mechanisierungslücken zu arbeiten...
Die Dünge- und Pflanzenschutzmittel sind im Rahmen der agrotechnischen Maßnahmen sparsam und effektiv einzusetzen. Dabei hat die Agrochemie und Agrarwissenschaft der Praxis größere Unterstützung zu geben...
Die Festigung und Vertiefung der Kooperationsbeziehungen ist noch konsequenter auf einen hohen Leistungsanstieg und die Nutzung aller inneren Potenzen der LPG, VEG und ihrer kooperativen Einrichtungen zu richten...

Direktive des X. Parteitages der SED zum Fünfjahrplan für die Entwicklung der Volkswirtschaft der DDR in den Jahren 1981 bis 1985. Dietz Verlag, Berlin 1981, Auszug aus den S. 47–52

19. *Erläutern Sie die wichtigsten agrar- und gesellschaftspolitischen Ziele der Bodenreform und der Kollektivierungsphase in der DDR.*

20. *Nennen Sie die wichtigsten Unterschiede der LPG Typ I, II und III.*

21. *Welche Ziele verfolgt die DDR mit der Einrichtung der LPG und VEG Pflanzenproduktion sowie mit der LPG und VEG Tierproduktion?*

22. *„Die Viehwirtschaft und damit die Fleischproduktion ist der eigentliche Schwerpunkt der DDR-Landwirtschaft." Erläutern Sie anhand der Entwicklung der Getreidefläche, der Entwicklung der Viehwirtschaft und der Nahrungsmittelproduktion diese Behauptung. Welchen Preis muß die DDR für die Erreichung dieses Ziels bezahlen?*
23. *Erläutern Sie die wichtigsten Kritikpunkte, die in der Direktive des X. Parteitages der SED enthalten sind.*
24. *Vergleichen Sie die Landwirtschaft in den beiden deutschen Staaten zu Beginn der 80er Jahre unter den Aspekten Organisationsstruktur, Betriebsgrößen, Anbauflächen und Hektarerträge.*

2.1.6 Die Entwicklung der Agrarstruktur in der Magdeburger Börde (Kreis Wanzleben)

Daten Kreis Wanzleben
Fläche: 455 km^2
Landwirtschaftlich genutzte Fläche (1968/72): 41 899 ha
LF in % der Gesamtfläche: 92
mittlerer Niederschlag: 450–550 mm
durchschnittliche Bodenzahl: 88

Mit einer durchschnittlichen Bodenzahl von 88 zählt der Kreis Wanzleben zu den fruchtbarsten Gebieten in der DDR. Diese extrem hohe Bodenfruchtbarkeit führte schon sehr früh zur ackerbaulichen Nutzung dieses Gebiets. Heute gehört es zu den führenden Zentren der Getreide- und Zuckerrübenproduktion in der DDR.

Tab. 30: Entwicklung der Besitzstruktur in der Landwirtschaft im Kreis Wanzleben 1907/1937[1]

	Größenklasse in ha	Anzahl		Anteil an der Gesamtzahl in %		Anteil an der LF in ha		Anteil an der LF in %		durchschnittl. Betriebsgröße in ha	
		1907	1937	1907	1937	1907	1937	1907	1937	1907	1937
Kleinstbauern	<2	11 450	1 230	89	49	4 274	1 104	9	3	0,4	0,9
Kleinbauern	2–5	564	302	4	12	1 800	925	4	2	3	3
Mittelbauern	5–20	675	662	5	26	7 784	7 167	15	16	12	11
Großbauern	20–100	184	258	1,4	10	8 645	9 852	17	22	47	38
Großgrundbesitzer	>100	58	67	0,5	2,7	28 044	24 908	55	57	483	372

[1] Kreisgrenzen leicht verändert

Lothar Gumpert: Die Magdeburger Börde – Entwicklung ihrer Agrarstruktur. In: Zeitschrift für den Erdkundeunterricht, Heft 4/5, 1980, S. 152, verändert

Veränderungen während der Bodenreform: Bis zum Jahre 1948 wurden 54 Betriebe, darunter 3 Rittergüter und 4 Domänen mit einer Gesamtfläche von 21 000 ha, aufgeteilt bzw. in Volkseigene Güter (VEG) umgewandelt. Allein aus dem 7500 ha großen Landbesitz der Zuckerfabrik in Wanzleben gingen 6 VEGs, das Institut für Rübenforschung und ein Saatzuchtbetrieb hervor.

Tab. 31: Anzahl und Fläche der landwirtschaftlichen Betriebe im Kreis Wanzleben 1961 und 1972

		VEG	LPG Typ III	LPG Typ I	Übrige Betriebe
Anzahl der Betriebe	1961	13	33	32	·
	1972	8	28	8	·
LN (in ha)	1961	9 700	24 833	3 231	·
	1972	11 192	26 874	1 186	2 575
Durchschn. Größe der Betriebe (in ha)	1961	746	753	101	·
	1972	1 399	960	148	·
Anteil der Betriebe an der LN aller Betriebe (in %)	1961	26	66	8	·
	1972	27	64	3	6

Lothar Gumpert: a.a.O., S. 156

Abb. 11: Land- und Nahrungsgüterwirtschaft im Bereich der Magdeburger Börde

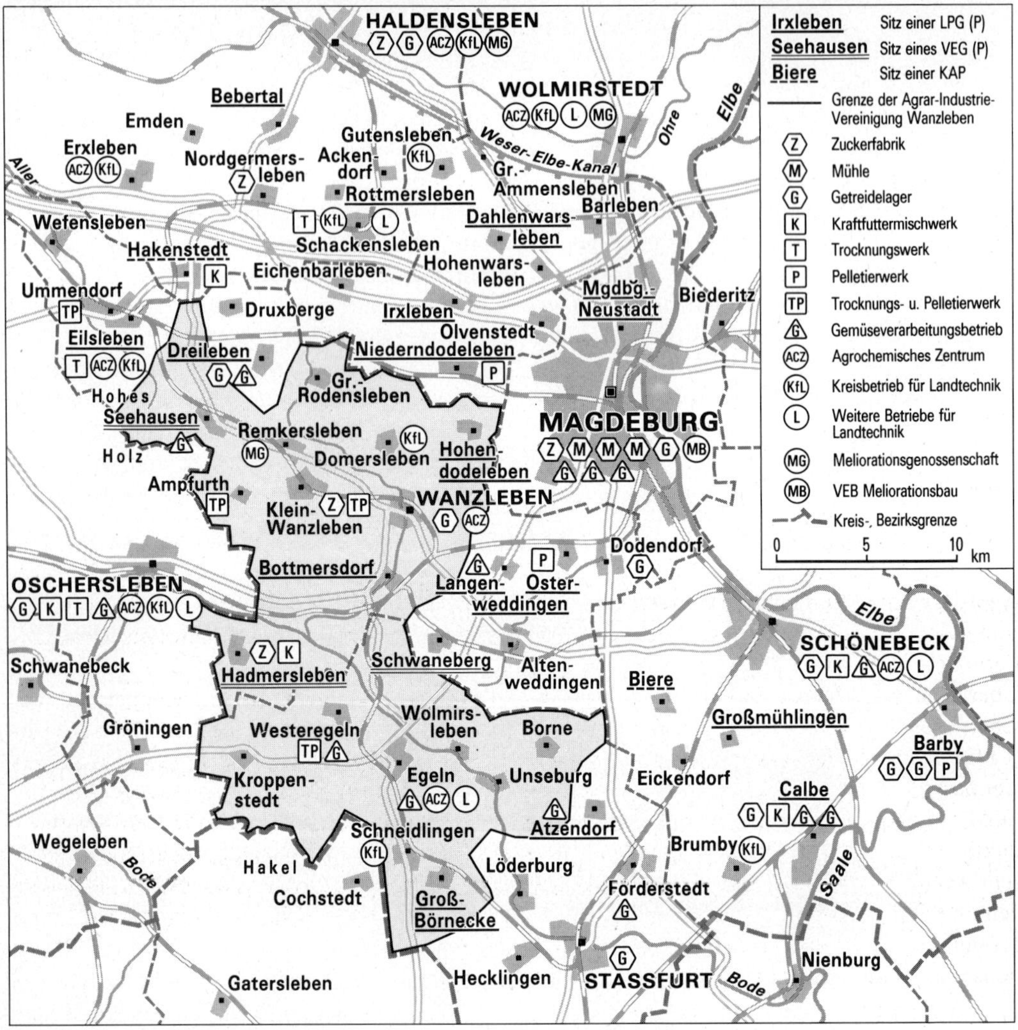

Nach Lothar Gumpert: a.a.O., S. 157

Tab. 32: Ertragsentwicklung landwirtschaftlicher Kulturen im Kreis Wanzleben (dt/ha)

	1956/60	1968/72
Getreide	34	43
Zuckerrüben	274	345
Kartoffeln	175	196

Lothar Gumpert: a.a.O., S. 158

Tab. 33: Düngereinsatz im Kreis Wanzleben (kg/ha)

	1964	1973
Stickstoff	67	114
Phosphat	47	60
Kali	102	94

Lothar Gumpert: a.a.O., S. 158

Abb. 12: Anbauverhältnisse im Kreis Wanzleben (Prozentanteil der Fruchtarten an der Ackerfläche) 1949 und 1979

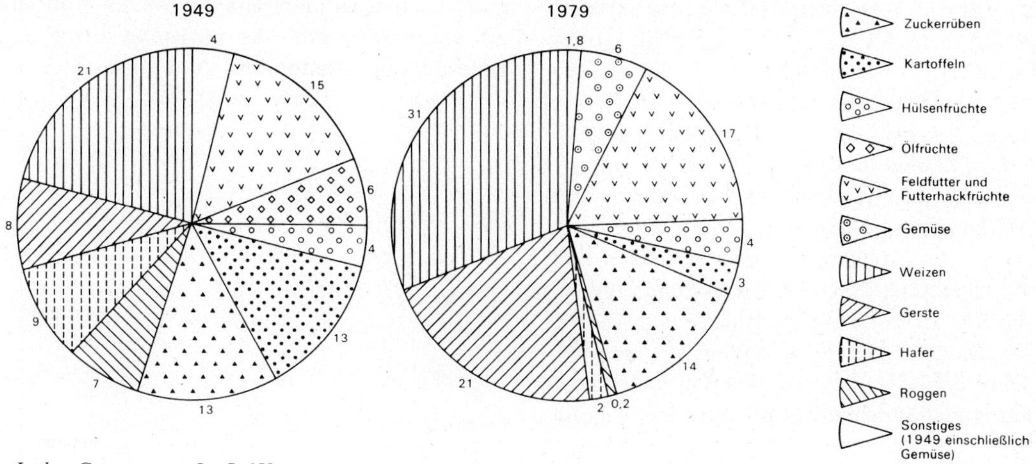

Lothar Gumpert: a.a.O., S. 159

Agrar-Industrie-Vereinigung Wanzleben: Horizontale und vertikale Kooperation als neue Form der industriemäßigen Produktion: Der Übergang von den traditionellen Landwirtschaftlichen Produktionsgenossenschaften (LPG) und Volkseigenen Gütern (VEG) zu den Kooperativen Abteilungen Pflanzenproduktion (KAP) hin zur LPG bzw. VEG Pflanzenproduktion (vgl. Abb. 11) ist im Kreis Wanzleben sehr weit fortgeschritten. Im Jahre 1979 bestanden im Großraum der Magdeburger Börde insgesamt 22 dieser hochspezialisierten Produktionsbetriebe mit einer landwirtschaftlich genutzten Fläche von 105000 ha. Die Durchschnittsgröße der Betriebe betrug zum damaligen Zeitpunkt 5300 ha.

Damit wird deutlich, daß die Kooperationsbeziehungen und damit die betriebliche Verflechtung weit über die Kreisgrenzen Wanzlebens hinausgehen! Innerhalb des Kreises ist eine neue, fortentwickelte Form der industriemäßigen Produktion entstanden: die Agrar-Industrie-Vereinigung (AIV) Wanzleben. Folgende eigenständige Betriebe der Pflanzenproduktion gehören dazu:

Tab. 34: Betriebe der Agrar-Industrie-Vereinigung Wanzleben

	Betriebsfläche	Erträge (Mittel 1975/79) in dt/ha Weizen	Gerste	Zuckerrüben	Spezialisierung
LPG (P) Bottmersdorf	6 700 ha	47	39	290	k. A.
LPG (P) Groß Börnecke	10 800 ha	46	39	242	Zwiebeln, Ackerbohnen
LPG (P) Hohendodenleben	5 400 ha	52	42	287	Getreidevermehrung, Ackerbohnen
VEG (P) Hadmersleben	6 600 ha	55	47	279	Getreidevermehrung, Ackerbohnen
VEG (P) Seehausen	6 600 ha	43	40	232	Weißkohlanbau
insgesamt	36 100 ha				

Lothar Gumpert: a.a.O., S. 161

Zudem arbeiten in der AIV folgende spezialisierte Betriebe mit den in Tab. 34 aufgeführten zusammen: Agrochemisches Zentrum (ACZ) Wanzleben, VEB Grundfuttermittel Westeregeln mit Trocknungswerk sowie die Meliorationsgenossenschaft Remkersleben. Mit einem Maschinenbestand von 34 großen Traktoren, 330 mittleren Traktoren, 100 LKWs und drei Agrarflugzeugen weist die AIV einen hohen Mechanisierungsgrad auf.
Neben der Produktion von Brotgetreide, Zuckerrüben, Zwiebeln und Ackerbohnen versorgt die AIV 15 Tierproduktionsbetriebe mit Futter. Im Rahmen des Kooperationsvertrages zwischen der AIV und der Zuckerfabrik kommt es zur Anlieferung der Zuckerrüben und andererseits zur Versorgung der Rindermastanlage in Klein Wanzleben mit Rübenschnitzel. Diese Rindermastanlage wurde im Jahre 1981 auf 18500 Mastrinderplätze erweitert, der Betrieb zählt damit zu den Kombinaten Industrieller Mast (KIM).

Ökologische Probleme. Die großen Mengen anfallender Gülle in den Tierproduktionsbetrieben, insbesondere im KIM, müssen beseitigt werden. Dies geschieht dadurch, daß man die Gülle mit Fluß- bzw. Grundwasser mischt und auf den Ackerflächen verregnet. Derzeit verfährt man auf diese Weise im Bereich Wanzleben, Seehausen und Hadmersleben auf einer Fläche von 3500 ha. Die überaus geringen Niederschläge (450–500 mm) sowie die Grundwassermengen reichen v. a. im Sommer nicht aus, um die Güllemengen im richtigen Verhältnis zu mischen. Es muß deshalb in diesen Monaten Wasser aus der Rappbodetalsperre im Harz geliefert werden. Aus diesem Grund werden verstärkt seit 1975 durch die Meliorationsgenossenschaft Remkersleben in den Flußgebieten Staubecken in der Größenordnung von 5000 bis 20000 m^3 angelegt. Seit 1980 konnten insgesamt 6900 ha (= 19% der LF) beregnet werden. Eine weitere wichtige Aufgabe der Meliorationsgenossenschaft besteht in der Anlage von Windschutzstreifen, denn aufgrund der Großflächenbewirtschaftung kommt es in diesen Gebieten zur verstärkten Winderosion.

„So gilt es in Zukunft die ökonomischen Vorteile der Großflächenbewirtschaftung sinnvoll mit Landschaftspflegemaßnahmen zu verbinden, um das biotische Ertragspotential zu erhalten und zu mehren."

Lothar Gumpert: a.a.O., S. 162

Abb. 13: VEG Pflanzenproduktion Hadmersleben: ein Betrieb in der Agrar-Industrie-Vereinigung Wanzleben

Flurskizze

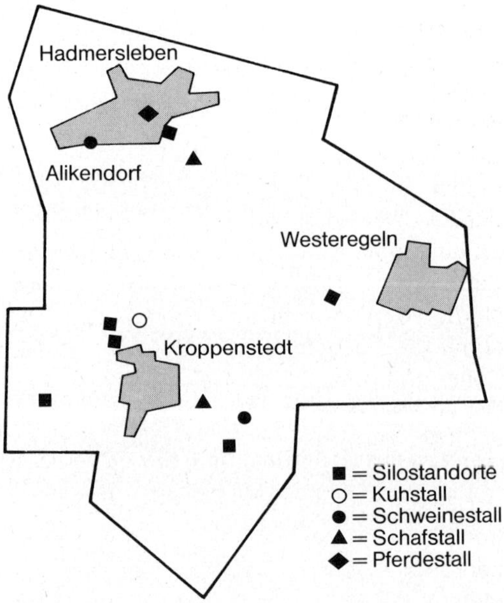

Nach VEG Pflanzenproduktion Hadmersleben: Unsere Erfahrungen bei der Anwendung von Formen territorialer Produktionsorganisation. In: Kooperation, Heft 4, 1982, S. 158 Berlin: VEB Deutscher Landwirtschaftsverlag

Betriebsdaten	
Beschäftigte in 9 Brigaden der Feldproduktion	511
darunter Mechanisatoren (Maschinenpersonal)	166
Landwirtschaftliche Nutzfläche	6 627 ha
darunter Ackerland	6 411 ha
Grünland	212 ha
erschlossene Beregnungsfläche	1 858 ha

Tab. 35: Anbauverhältnisse und Entwicklung der Erträge des VEG Hadmersleben

Fruchtarten	Anbau ha	% der AL	Erträge dt/ha 1976–80	1980	1981
Getreide	3 261	50,9	51,5	58,3	54,4
Futtererbsenvermehrung	255	4,0	17,7	17,7	12,9
Ackerbohnenvermehrung	257	4,0	34,8	22,0	25,7
Kartoffeln	130	2,0	243,0	224,0	232,0
Zuckerrüben	1 160	18,1	306,0	349,0	356,0
Gemüseerbsen	300	4,7	27,4	28,9	28,1
Feldfutter insgesamt	674	10,5	369,0	573,0	555,0
Grünland	212	–	193,0	193,0	197,0

VEG Pflanzenproduktion Hadmersleben: a.a.O., S. 155

„Siedlungs- und Produktionsstruktur – Ausgangspunkt für die Kollektivbildung.
Die Basis unserer Organisationsstruktur sind die ständigen Brigaden, die entsprechend unseren natürlichen und ökonomischen Produktionsbedingungen und der Siedlungsstruktur in den Gemeinden Hadmersleben und Kroppenstedt gebildet wurden. In Westeregeln wohnen nur Handarbeitskräfte. Es kann also gesagt werden, daß die Orte Hadmersleben und Kroppenstedt die Wohnzentren unseres VEG und somit die Ausgangspunkte für die Produktions- und Arbeitsorganisation bilden.
Die Größe der Flurbereiche dieser Orte (etwa 3000 ha LN) und die mit der Getreide- und Zuckerrübenkonzentration sowie mit der Spezialisierung auf die Saatgutproduktion verbundenen Anforderungen an die Akkerkultur und pflanzenbaulichen Maßnahmen erfordern unter diesen Bedingungen eine Spezialisierung der Brigadekollektive der beiden Abteilungen Hadmersleben und Kroppenstedt auf bestimmte Produktionsgruppen bzw. Arbeitsprozesse. Somit haben wir eine Organisationsform geschaffen, die es ermöglicht, daß unsere Beschäftigten in den Flurbereichen ihrer Wohnorte arbeiten ...
... Bekanntlich sind eine effektive Bodennutzung sowie einwandfreie Pflanzenbestände wichtige Voraussetzungen für hohe Erträge. Dazu ist es notwendig, das Verantwortungsgefühl für den Boden und den Ertrag bei jedem Beschäftigten auszuprägen. Durch die Schaffung abgegrenzter Verantwortungsbereiche und eine zweckmäßige Spezialisierung unserer Kollektive haben wir gesichert, daß jedes Brigademitglied seine Aufgaben und somit seinen persönlichen Anteil am Ergebnis des VEG kennt."

VEG Pflanzenproduktion Hadmersleben: Unsere Erfahrungen bei der Anwendung von Formen territorialer Produktionsorganisation. In: Kooperation, Heft 4, 1982, S. 156, Berlin, VEB Deutscher Landwirtschaftsverlag

25. *Vergleichen Sie die Anbauverhältnisse im Kreis Wanzleben in den Jahren 1949 und 1979. Deckt sich diese Entwicklung bei den aufgeführten Fruchtarten mit derjenigen in der DDR?*

26. *Zeigen Sie anhand der Zusammensetzung, der Produktionsziele und der Kooperationsbeziehungen der Agrar-Industrie-Vereinigung (AIV) Wanzleben die Entwicklungstendenzen und damit die agrarpolitischen Ziele in der DDR auf.*

27. *Erläutern Sie die Betriebsstruktur des VEG Hadmersleben.*

28. *Vergleichen Sie die Entwicklung der Agrarstruktur des Landkreises Hildesheim mit derjenigen des Kreises Wanzleben. Stellen Sie die wichtigsten Unterschiede heraus.*

29. *Vergleichen Sie Betriebsfläche und Produktionsziele des VEG Hadmersleben mit dem Betrieb 5 in Bültum (Abb. 6).*

Kombinat Schwarze Pumpe

2.2 Raumbezug und Raumwirksamkeit der Industrie in der Bundesrepublik Deutschland und der DDR

Unter der Überschrift „Eine Explosion erschüttert die Bilanz" berichtete die Süddeutsche Zeitung am 22. 3. 1982, die Explosion eines Gasdruckkessels im Kombinat Schwarze Pumpe habe die DDR-Wirtschaft an einem ihrer Nervenzentren getroffen und ganze Industriezweige (ungefähr 1000 Betriebe!) lahmgelegt. Es war zu befürchten, daß dieser Unfall die Volkswirtschaftsbilanz beeinträchtigen und die Planerfüllung in Frage stellen könnte. Deshalb griff SED-Generalsekretär Honecker selbst in die Leitung der Reparaturarbeiten ein!

Wie war es möglich, daß ein einzelner Unfall ganze Industriezweige lahmlegen konnte, und wäre es denkbar, daß in der Bundesrepublik Deutschland der Regierungschef in die Leitung der Reparaturarbeiten in einem einzelnen Betrieb eingreifen könnte?

Zur Beantwortung dieser Fragen müssen neben den grundsätzlichen wirtschaftspolitischen Vorgaben (vgl. Kap. 2.0) auch die besonderen wirtschaftlichen Voraussetzungen für den Aufbau der Industrie in den beiden Teilen Deutschlands betrachtet werden.

2.2.1 Wirtschaftliche Ausgangssituation im Gebiet der DDR und der Bundesrepublik Deutschland

Ungünstige Voraussetzungen in der sowjetischen Besatzungszone

Die wirtschaftlichen Voraussetzungen waren in der sowjetischen Besatzungszone wegen der unterschiedlichen Raumausstattung (besonders bei Bodenschätzen), der unterschiedlichen überlieferten Industriestruktur und wegen der Kriegsfolgen in wesentlichen Punkten anders als in den Westzonen.

Abb. 1: Anteil des Gebiets der heutigen Bundesrepublik Deutschland und der DDR am Umsatz ausgewählter Industriebranchen 1936

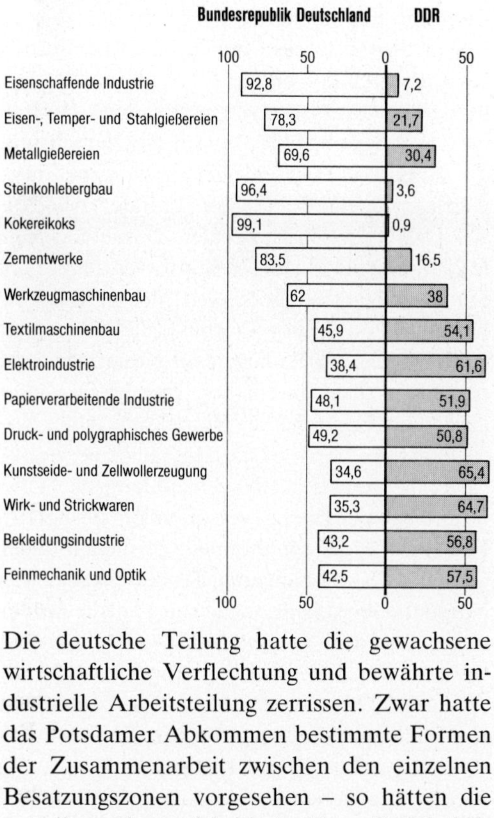

Die deutsche Teilung hatte die gewachsene wirtschaftliche Verflechtung und bewährte industrielle Arbeitsteilung zerrissen. Zwar hatte das Potsdamer Abkommen bestimmte Formen der Zusammenarbeit zwischen den einzelnen Besatzungszonen vorgesehen – so hätten die amerikanische und britische Zone Steinkohle, Stahl und bestimmte Investitionsgüter im Austausch gegen Fertigwaren und landwirtschaftliche Produkte an die Sowjetzone liefern sollen –, doch zu diesem wirtschaftlichen Austausch war es nicht gekommen. In der Phase des Wiederaufbaus mußte sich im Gebiet der DDR das Fehlen der Grundstoffindustrien und der eklatante Mangel an Bodenschätzen (Ausnahme: Braunkohle, Kalisalze) besonders nachteilig bemerkbar machen. Die einstige Industrieverteilung innerhalb Deutschlands ist demnach eine Ursache für eine erheblich schlechtere Ausgangssituation in der DDR.

Tab. 1: Fehlmengen an NE-Metallen zur Sicherung der dringendsten Produktionsaufgaben in der ehemaligen sowjetischen Besatzungszone

NE-Metall	Fehlmenge in t
Reinaluminium	4 500
Kupfer	35 000
Blei	32 000
Zink	33 000
Zinn	3 500
Antimon	200
Quecksilber	220
Nickel	200
Wolfram	120
Chrom	1 400
Mangan	7 000
Ferrolegierungen	6 000

Hellmuth Barthel: Die wirtschaftlichen Ausgangsbedingungen der DDR. Zur Wirtschaftsentwicklung auf dem Gebiet der DDR 1945–1949/50. Berlin (Ost): Akademie-Verlag 1979, S. 76

Diese Situation verschlechterte sich noch durch die viel weitergehenden Reparationsleistungen, die die UdSSR von ihrer damaligen Besatzungszone forderte. Ihr Gesamtwert betrug mehr als 60 Mrd. RM und umfaßte auch zahlreiche Demontagen, die drei Viertel der vom Krieg nicht zerstörten Produktionsanlagen betrafen. Insgesamt wurden 676 Industriebetriebe demontiert. Zu ihnen zählen alle Rüstungsbetriebe, aber auch vier Fünftel der eisenschaffenden und eisenverarbeitenden Betriebe, wichtige Werke der chemischen Industrie, der Energieversorgung und der Holzverarbeitung. Außerdem wurde das Transportwesen durch die Demontage von 1100 km Eisenbahngeleisen erheblich getroffen.

Die Reparationsleistungen wiegen um so schwerer, als der Zerstörungsgrad der Industrie durch die Kriegseinwirkungen mehr als 50% betrug und damit deutlich über dem im Westen lag, der sich nur auf ca. 20% belief.

Im Gebiet der Bundesrepublik Deutschland war demgegenüber das Hauptproblem der Aufbauphase, der Arbeitskräftemangel in den aufzubauenden arbeitsintensiven Industriebranchen, leichter zu lösen. Dabei half nicht zuletzt der Zustrom von Flüchtlingen und Vertriebenen aus dem Osten.

Phase des Wiederaufbaus

In den ersten Jahren des Industrieaufbaus in der DDR herrschte unter dem Eindruck der verlorenen Roh- und Grundstoffbasis ein Autarkie-Denken vor, das vor allem darauf ausgerichtet war, auch unter ungünstigen geographischen und wirtschaftlichen Bedingungen eigene Bergbau- und Hüttenkombinate aufzubauen. So wurde bei Calbe an der Saale ein Hüttenwerk errichtet, in dem einheimische Erze von sehr niedrigem Eisengehalt mit dem in der DDR entwickelten Braunkohlenhochtemperaturkoks (BHT-Koks) verhüttet wurden. Die wenig leistungsfähigen und kleinen Hochöfen waren im internationalen Vergleich nie konkurrenzfähig. Wegen des fehlenden Steinkohlenkokses konnten aber moderne Hochöfen nicht eingesetzt werden. 1970 wurde das Werk endgültig stillgelegt. Einen anderen Weg ging man bei der Errichtung des Eisenhüttenkombinats Ost (EKO) südlich von Frankfurt (Oder). In unmittelbarer Grenzlage wurde auf Beschluß des SED-Parteitages von 1950 der Bau eines Schwerindustriekombinats in Angriff genommen, das Erze aus der UdSSR (1600 km Bahnweg) und Steinkohle aus Polen (550 km Bahnweg) verwenden sollte. Seit 1952 liefert die Eisenhütte Roheisen an die Stahlwerke in Riesa, Henningsdorf und Brandenburg; seit 1968 verarbeitet ein Walzwerk Rohstahl aus der Sowjetunion. Für die Wahl des Standorts nannte man vor allem politische Gründe: Die Lage an der „Friedensgrenze“ mit Polen sollte ein Symbol sein für den Neuanfang und die Eingliederung in den Ostblock. Dagegen war der Standort für eine moderne und wirtschaftliche Produktion nicht gerade günstig: Es fehlte eine leistungsfähige Wasserstraße, da die Oder im Sommer häufig einen zu niedrigen Wasserstand aufweist und im Winter öfters vereist ist; die Entfernung zum Überseehafen Rostock ist groß, die Verkehrswege zu den Abnehmern mußten erst ausgebaut werden, Arbeitskräfte waren nicht vorhanden. Insbesondere aber fehlte die für den energiesparenden Verbund der Schwerindustrie unentbehrliche mittlere Produktionsstufe, das Stahlwerk, das, teils aus Abhängigkeit von der im RGW vorgegebenen Rohstahlbelieferung durch die UdSSR, teils aus Devisenmangel, erst 1980 beim österreichischen Stahlkonzern VÖEST Alpine bestellt wurde und erst 1983 die Produktion aufnehmen konnte. So bleibt als Standortvorteil allenfalls die Lage im Süden der dort stärker industrialisierten DDR und die Möglichkeit, ein bisher strukturschwaches Gebiet zu entwickeln.

Energieerzeugung in der DDR. Die Beispiele Eisenhüttenkombinat Ost (EKO) und Calbe zeigen die Nachteile, die der DDR-Industrie aus dem Steinkohlemangel erwachsen. Da außerdem die Erdölreserven minimal und die Erdgasvorräte gering sind, mußte die Verwertung der Braunkohle als einzigem wichtigem Energieträger der DDR zu einer zentralen Aufgabe der DDR-Wirtschaft werden. Deshalb gingen z. B. 1960 38,5% der Gesamtinvestitionen der DDR in den Energiebereich (der größte Teil davon in den Bezirk Cottbus), 1975 waren es immer noch 25,7%. Nachdem die letzten kleinen Steinkohlelager in der Zwickauer Mulde ausgebeutet sind, hat die Braunkohle einen Anteil von 99% bei den DDR-eigenen Energieträgern. Sie bleibt deshalb auch auf lange Sicht die Grundlage der Energieversorgung in der DDR. Knapp 50% der Rohbraunkohle dienen dabei der Elektrizitätserzeugung. Trotz moderner Abbaumethoden stagniert aber seit 1970 die Förderung. Da der Energiebedarf seither weiter stieg, mußte der Anteil der Importenergie auf ca. 30% 1976 wachsen. Vor allem Erdöl wird zur Deckung der Energielücke, aber auch aus technologischen Gründen importiert.

Wegen der hohen Preise für Rohöl aus der UdSSR bleibt die Braunkohle trotz steigender Umweltbelastung (der Schwefelgehalt der Braunkohle nimmt zu) der entscheidende Energieträger.

Tab. 2: Braunkohle

Die wichtigsten Braunkohle-förderländer 1980 in Mio. t		Geschätzte Reserven 1980 in Mrd. t	Förderung in DDR	
DDR	258,0	30	1936	101,0 Mio.
Bundesrepublik Deutschland	129,8	36	1950	137,0 Mio.
Sowjetunion	160,0	1720	1960	225,4 Mio.
ČSSR	94,9	–	1970	260,6 Mio.
Weltförderung	996,0	ca. 2000 (Weltvorräte)	1975	246,3 Mio.
			1980	258,0 Mio.

Tab. 3: Anteil der Primärenergieträger am Gesamtaufkommen der DDR – Eigenförderung und Import (in %)

Energieträger	1950	1955	1960	1965	1970	1972	1975
Steinkohle	13,9	13,6	13,9	11,9	8,5	7,7	5,0
Braunkohle	85,6	85,0	82,5	80,2	76,7	70,4	61,2
Erdöl	0,6	1,4	3,5	7,5	14,0	19,4	21,5
Erdgas	–	–	0,1	0,1	0,5	2,2	11,0
Übriges (Kernenergie, Wasserkraft)	–	–	–	0,3	0,3	0,3	1,3

Autorenkollektiv: Ökonomische Geographie der DDR. Gotha: Haack, 3. Aufl. 1976, S. 143

Ausgangssituation in den Westzonen

Die wirtschaftliche Ausgangssituation nach dem Zweiten Weltkrieg war in Westdeutschland wesentlich günstiger. Zwar wurde auch hier der Wiederaufbau durch Verbote (vor allem Produktion von Kriegsmaterial, Schiffen und Flugzeugen) und Produktionsbeschränkungen (z. B. in der Stahl-, Zement-, Elektro- und Fahrzeugindustrie) sowie durch die Zerschlagung von Konzernen (besonders im Bereich der Chemie- und Montanindustrie) und von marktbeherrschenden Einzelunternehmen empfindlich behindert. Der Kapazitätsverlust der westdeutschen Industrie war jedoch durch diese Reparationspolitik nur etwa halb so groß wie in Mitteldeutschland.

Durch die großzügige Finanzhilfe der USA im Rahmen des Marshall-Planes, durch den Aufbau der sozialen Marktwirtschaft, die frühe Währungsreform und eine die Kapitalbildung begünstigende Steuerpolitik (Steuerfreiheit für Gewinne, die im eigenen Werk investiert werden, und für Gelder im Wohnungsbau) gelang der Wiederaufbau, das „deutsche Wirtschaftswunder“, erstaunlich rasch. Bereits 1950 hatte die Industrieproduktion den Vorkriegsstand des Deutschen Reiches wieder erreicht.

Entscheidend für die unterschiedliche wirtschaftliche Entwicklung waren ferner die Orientierung der Bundesrepublik Deutschland nach den westlichen Ländern und ihre Verankerung in der E(W)G bzw. die Bindung der DDR an den kommunistischen Wirtschaftsblock mit den daraus resultierenden unterschiedlichen Aufgaben, Verpflichtungen, Vor- bzw. Nachteilen.

Für die Beurteilung der Leistungsfähigkeit der beiden Volkswirtschaften sind die Faktoren Arbeitsproduktivität und Materialverbrauch besonders aufschlußreich. Infolge der zum Teil veralteten Produktionsanlagen ist der Produktivitätsrückstand der Industrie der DDR nach Schätzungen mit durchschnittlich 35% anzusetzen. Auch der spezifische Materialverbrauch (Materialverbrauch je Einheit eines Erzeugnisses) liegt aufgrund technologischen Rückstandes über der internationalen Norm: Bei vielen Erzeugnissen der metallverarbeitenden Industrie um ca. 30%, beim Verbrauch an Primärenergie um ca. 20%. Da das Überleben der „Staatsindustrie“ nicht vom Leistungs- und

Konkurrenzprinzip abhing, hatte sich weder ein modernes Management entwickelt, noch war man der technologischen Entwicklung gefolgt. Gerade der hohe Energieverbrauch ist in Anbetracht der Knappheit an heimischen Energieträgern der DDR und infolge der sprunghaft steigenden Preise für importierte Energie als besonders problematisch zu werten. Dennoch ist die Situation auf dem Energiesektor der Bundesrepublik Deutschland und der DDR in vielen Belangen vergleichbar, vor allem was den lange Zeit gestiegenen Primärenergieverbrauch und die starke Abhängigkeit von Energieimporten anbetrifft. Lediglich bei Steinkohle und Steinkohlenkoks hat die Bundesrepublik eine wesentlich günstigere Ausgangsposition als die DDR. Der Grad der Selbstversorgung – rechnet man die geringen Ex- und Importe gegeneinander auf – beträgt hier praktisch 100%.

Tab. 4: Energieverbrauch, -förderung, -vorräte 1981 (1980)*

	Verbrauch				Förderung				Vorräte			
	Erdöl	Erdgas	Steinkohle	Braunkohle	Erdöl	Erdgas	Steinkohle	Braunkohle	Erdöl	Erdgas	Steinkohle	Braunkohle
	Mio. t	Mrd. m^3	Mio. t	Mio. t	Mio. t	Mrd. m^3	Mio. t	Mio. t	Mio. t	Mrd. m^3	Mrd. t	Mrd. t
Bundesrepublik Deutschland	121,9	54,0	78,5	130,6	4,5	19,0	88,9	130,6	68	286	24	35
DDR	16,4	ca. 19	–	258*	–	9,0	0	258*	–	–	0	30

Tab. 5: Primärenergieverbrauch der Bundesrepublik Deutschland in %

	1950	1955	1960	1965	1970	1975	1981
Gesamtenergieverbrauch in Mio. SKE	127	175	212	265	336,8	347,7	374,1
Kohle	89,7	85,6	74,5	54,6	37,8	29,0	31,8
Erdöl	5,1	9,9	21,0	40,8	53,4	52,1	45,0
Erdgas	0,2	0,4	0,5	1,4	5,4	14,1	16,1
Wasserkraft	5,0	4,1	4,0	3,2	2,5	2,3	2,4
Kernenergie	–	–	–	–	0,6	2,0	4,7

Nach Daten zur Entwicklung der Energiewirtschaft in der Bundesrepublik Deutschland, 1979, ergänzt

1. *Beschreiben Sie die in Abb. 1 dargestellte einstige Verflechtung und gegenseitige Abhängigkeit der Industrie in beiden Teilen Deutschlands.*
2. *Vergleichen Sie die wirtschaftliche Ausgangssituation beim Wiederaufbau der Industrie in der Bundesrepublik Deutschland und der DDR.*
3. *Begründen Sie die Schlüsselstellung der Braunkohle in der DDR, und vergleichen Sie sie mit der Bedeutung der Braunkohle in der Bundesrepublik Deutschland.*
4. *Diskutieren Sie mögliche aktuelle Probleme der Energiebilanz der DDR vor dem Hintergrund der Ölpreisentwicklung und der RGW-Verflechtungen.*
5. *Informieren Sie sich über Vor- und Nachteile des Standorts des Eisenhüttenkombinats Ost, und nennen Sie Gründe für die Standortwahl. Verwenden Sie dazu auch den Atlas.*

2.2.2 Braunkohlentagebau und -veredelung in der Niederlausitz

Die Lagerstätten

Die DDR verfügt über zwei große Braunkohlelagerstätten, das linkselbische Revier um Dessau, Leipzig und Halle und das rechtselbische Revier der Niederlausitz im Bezirk Cottbus. Die linkselbischen Vorkommen, die schon seit 200 Jahren genutzt werden, sind wegen ihres hohen Bitumengehalts ein wichtiger Rohstoff für die chemische Industrie im Raum Halle–Bitterfeld. Da ihre Reserven auch merklich geringer sind als im rechtselbischen Bereich, wo man erst seit Mitte des 19. Jahrhunderts abbaut, lag es nahe, die Energielücke der DDR durch konsequente Nutzung der Niederlausitzer Braunkohle möglichst weit zu schließen. Tab. 6 zeigt die Verlagerung der Abbauschwerpunkte.

Tab. 6: Anteil der Braunkohlenförderung

Jahr	Jahresförderung in Mio. t	Revier Halle/Leipzig Mio. t	%	Revier Cottbus Mio. t	%
1936	101,1	64,7	64,0	36,4	36,0
1945	84,9	60,6	71,4	24,3	28,6
1950	137,1	99,4	72,5	37,7	27,5
1955	200,6	140,0	69,8	60,6	30,2
1960	225,5	141,8	62,9	83,7	37,1
1970	261,1	133,4	51,1	127,7	48,9
1974	247,9	112,7	45,5	135,0	54,5
1975	246,1	110,9	45,1	135,2	54,9

Die im Tertiär entstandenen Braunkohlelager der Niederlausitz umfassen gesicherte Reserven von ca. 15 Mrd. t. Sie verteilen sich auf drei abbauwürdige Flöze: Das Lausitzer Oberflöz (10–25 m mächtig) ist heute bereits größtenteils ausgekohlt. Für den derzeitigen Abbau ist das 5–15 m mächtige Unterflöz am wichtigsten. Das darunter liegende dritte Flöz ist nicht abbauwürdig, und der unterste, vierte Horizont, der den Bitterfelder Abbauflözen entspricht, wird bisher erst vereinzelt genutzt. Die Flözmächtigkeit nimmt nach Süden hin zu, wo wegen der geringen Deckgebirgsmächtigkeit von durchschnittlich 30 m die im ganzen besten Abbaubedingungen angetroffen werden, besonders in der Niederungszone der Schwarzen Elster. Man zählt 25 wichtige Felder, von denen 8 Vorkommen mehr als 500 Mio. t aufweisen, 17 mehr als 200 Mio. t.

Seit 1890 wird Tagebau betrieben, der 1940 mit 51 Mio. t/Jahr einen ersten Höhepunkt erreichte. 1945 sank die Förderung auf 24,3 Mio. t. Mitte der 50er Jahre setzte dann die konsequente Erschließung im Zuge der territorialen Aufgabenteilung ein; die Großkombinate Lauchhammer und Schwarze Pumpe wurden im mittleren Teil der Vorkommen gebaut. Dort ist die Braunkohle schwefel- und aschearm und wird als Kokskohle bezeichnet. Das Werk Lauchhammer erzeugte nach der Inbetriebnahme 1957 zunächst vor allem BHT-Koks, der auch in der Eisenverhüttung verwendet wurde. Nach den geringen Erfolgen dabei wird der Koks vermehrt im Hausbrand eingesetzt. Daneben produziert das Werk Stadtgas.

Abb. 2: Schematisch vereinfachte Darstellung der Lagerung der Niederlausitzer Flöze

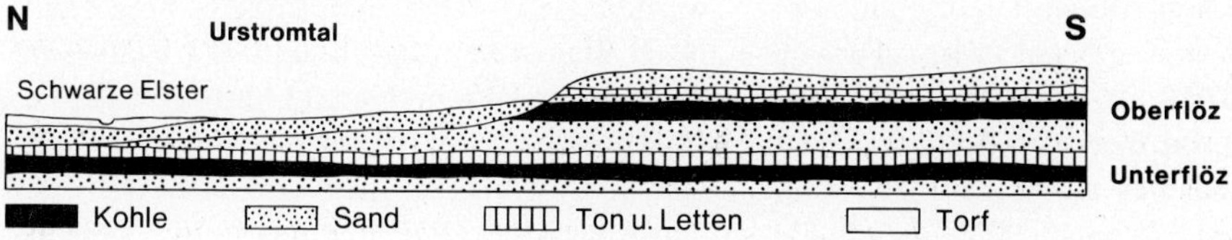

Abb. 3: Situation des Unterflözes

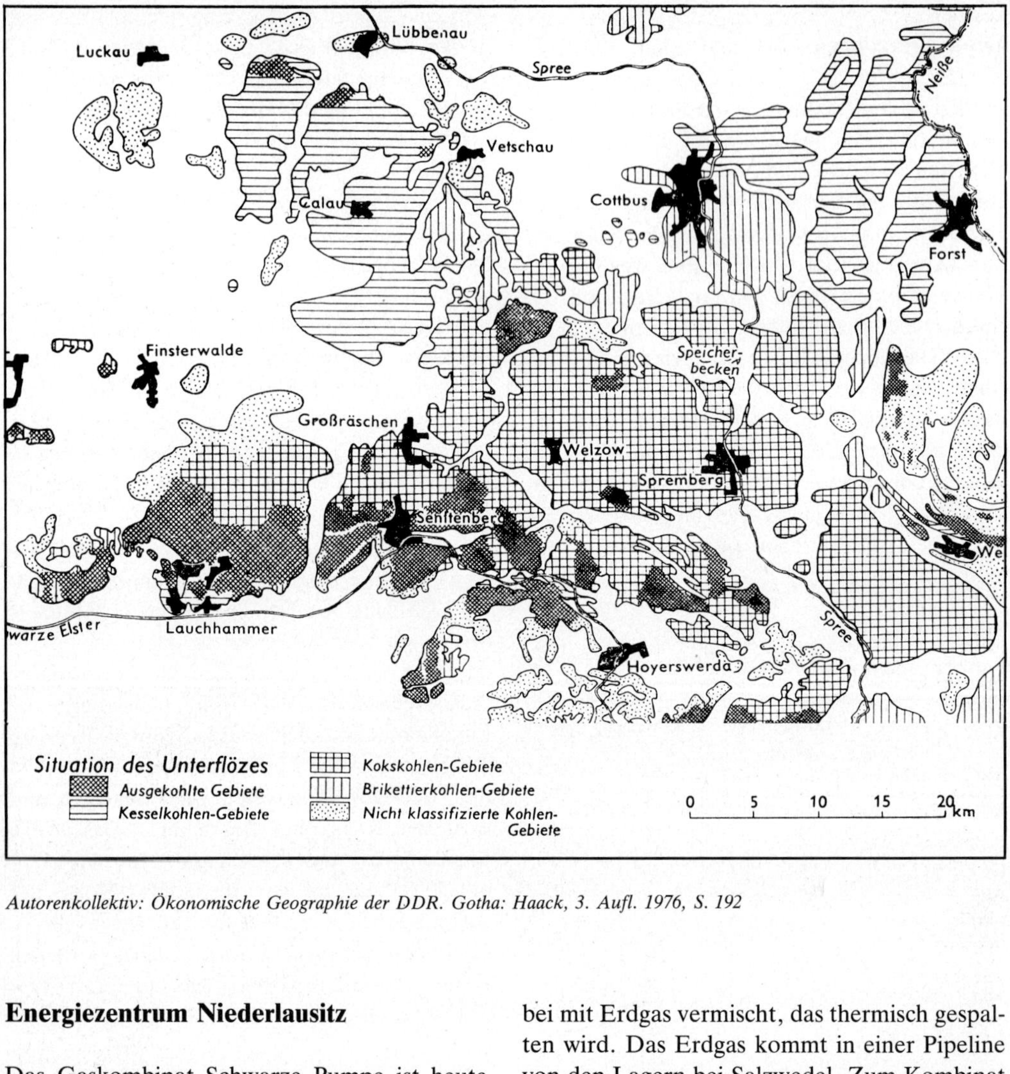

Autorenkollektiv: Ökonomische Geographie der DDR. Gotha: Haack, 3. Aufl. 1976, S. 192

Energiezentrum Niederlausitz

Das Gaskombinat Schwarze Pumpe ist heute das Zentrum der Gaserzeugung der DDR. Erst 1955 wurde auf kohlefreiem Untergrund nordwestlich von Hoyerswerda auf Beschluß des IV. Parteitags der DDR 1954 mit dem Bau begonnen; 1959 nahm das Werk den Betrieb auf. Die Gesamtkosten beliefen sich auf 6 Mrd. Mark! Das Kombinat ist mit seinen 20000 Beschäftigten der größte Betrieb des Bezirks Cottbus. Kern des Werkes sind drei riesige Druckvergasungsanlagen. Außerdem wird Gas bei der Kokserzeugung gewonnen. Das Gas wird in das Gasverbundnetz der DDR eingespeist und dabei mit Erdgas vermischt, das thermisch gespalten wird. Das Erdgas kommt in einer Pipeline von den Lagern bei Salzwedel. Zum Kombinat zählen auch drei Wärmekraftwerke, außerdem werden Koks, Teer und Briketts hergestellt. Nach Plan sollen täglich 120000 t Rohbraunkohle zu 14 Mio. m^3 Gas, 13 Mio. kWh Strom, 9000 t Brikett und 5000 t Koks veredelt werden. Damit erzeugt das Kombinat 60% des Gasbedarfs der DDR und knapp 20% des Brikettbedarfs.

Hoyerswerda mit seinen 9000 Einwohnern Ende der 50er Jahre konnte nur einen kleinen Teil der benötigten Arbeitskräfte stellen. Deshalb wurde ein neuer großer Stadtteil, Hoyerswerda-Neustadt, gebaut, der als zweite „sozialistische Stadt" der DDR (nach Eisenhüttenstadt) konzipiert wurde (vgl. Kap. 4.5.2). Heute wohnen dort ungefähr 60000 Menschen. Viele der Neubürger kamen aus den einstigen landwirtschaftlichen Gebieten im Bezirk, deren Dörfer dem Tagebau zum Opfer fielen.

Neben den Schwerpunkten Schwarze Pumpe und Lauchhammer wurden eine Reihe weiterer Energieerzeugungsanlagen im Bezirk Cottbus errichtet, so die Großkraftwerke Lübbenau und Vetschau mit 1300 bzw. 1200 MW Leistung und einem täglichen Braunkohlebedarf von 60000 t. In Boxberg bei Weißwasser entstand das mit einer Leistung von 3500 MW größte Braunkohlekraftwerk Europas. Sein jährlicher Braunkohlebedarf beläuft sich auf 20 Mio. t und wird aus neu erschlossenen Tagebauen gedeckt. Insgesamt zählt die Energieerzeugungsindustrie im Bezirk Cottbus mehr als 60000 Beschäftigte.

Abb. 4: Gasverbundnetz der DDR

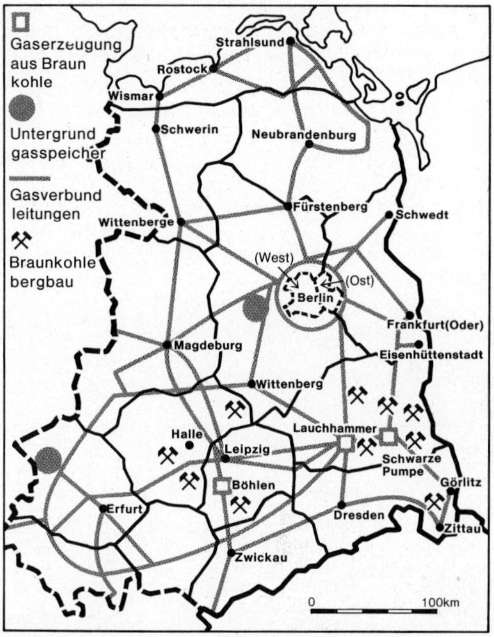

Abb. 5: Standort des Kombinats Schwarze Pumpe (1:300000)

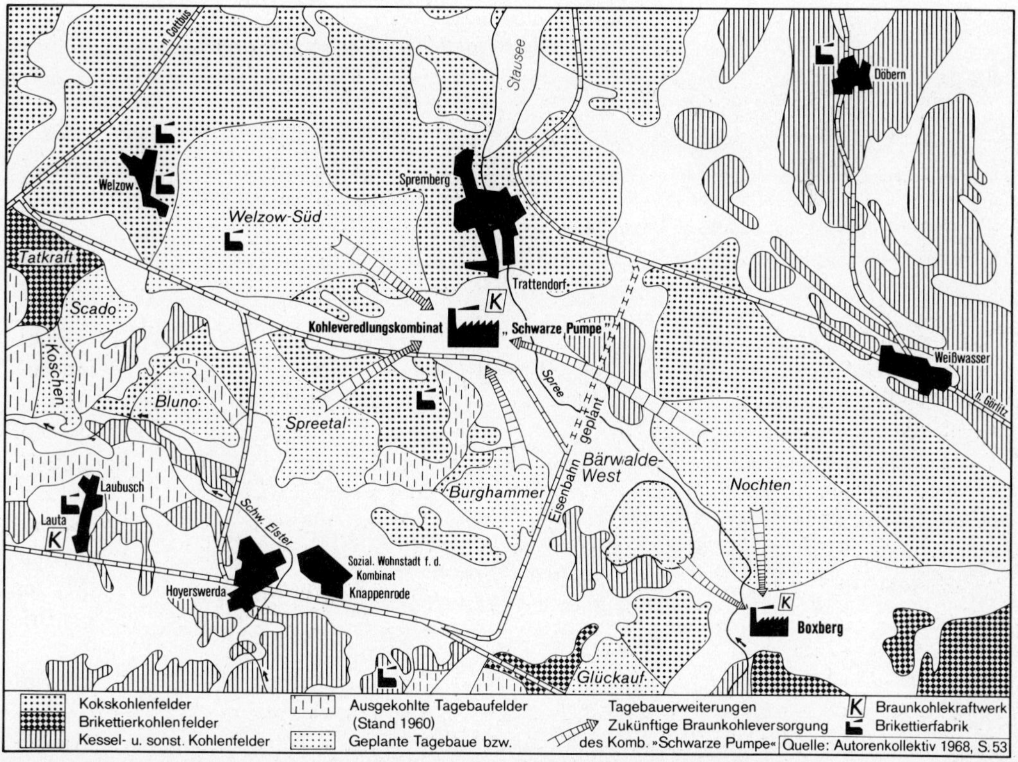

Nach Autorenkollektiv. In: Karl Eckart: DDR. Länderprofile. Stuttgart: Klett 1981, S. 125, ergänzt

Tab. 7: Industrieschwerpunkte der DDR im Rahmen der territorialen Aufgabenteilung

Bezirke	Anteil an der industriellen Bruttoproduktion (in Prozent)	Industriedichte (Industriebeschäftigte je km²)	Industrialisierungsgrad (Industriebeschäftigte je 100 Einwohner)	Industriebereiche mit einem Anteil von 15% und mehr an der industriellen Bruttoproduktion des Bezirkes
Hauptstadt Berlin	5,7	379	14	Elektrotechnik/Elektronik/Gerätebau, Maschinen- und Fahrzeugbau, Leichtindustrie
Rostock	3,2	13	11	Maschinen- und Fahrzeugbau, Lebensmittelindustrie, Schiffsbau
Neubrandenburg	1,7	5	8	Lebensmittelindustrie, Maschinen- und Fahrzeugbau
Schwerin	2,4	7	10	Lebensmittelindustrie, Maschinen- und Fahrzeugbau
Frankfurt (Oder)	4,6	11	11	Metallurgie, chemische Industrie
Potsdam	6,1	12	13	Maschinen- und Fahrzeugbau, Metallurgie, Lebensmittelindustrie
Magdeburg	6,5	17	15	Maschinen- und Fahrzeugbau, Lebensmittelindustrie
Cottbus	5,4	21	20	Energie- und Brennstoffindustrie, Maschinen- und Fahrzeugbau
Dresden	12,1	58	21	Maschinen- und Fahrzeugbau, Elektrotechnik/Elektronik/Gerätebau, Lebensmittelindustrie
Karl-Marx-Stadt	14,4	82	25	Maschinen- und Fahrzeugbau, Textilindustrie, Leichtindustrie
Leipzig	8,5	55	19	Maschinen- und Fahrzeugbau, chemische Industrie
Halle	14,3	45	21	chemische Industrie, Maschinen- und Fahrzeugbau
Gera	4,8	40	22	Elektrotechnik/Elektronik/Gerätebau, Leichtindustrie
Erfurt	7,3	33	20	Maschinen- und Fahrzeugbau, Lebensmittelindustrie
Suhl	3,1	36	25	Maschinen- und Fahrzeugbau, Leichtindustrie, Elektrotechnik/Elektronik/Gerätebau

H. Kohl, I. Marcinek, B. Nitz: Geographie der DDR. Gotha: Haack 1981, S. 102

6. *Schildern Sie anhand von Abb. 3 den Stand des Abbaus im Niederlausitzer Revier. Welche Abbauverlagerungen sind zu erwarten?*
7. *Begründen Sie die Entwicklung des Bezirks Cottbus zum Energiezentrum der DDR.*
8. *Bewerten Sie den Standort des Gaskombinats Schwarze Pumpe.*
9. *Begründen Sie die zentrale Bedeutung des Ferngasverbundnetzes in der DDR.*

Umweltfragen und Probleme der Wirtschaftsstruktur

Der Ausbau zum Energiezentrum der DDR hatte Vorrang vor allen anderen wirtschaftlichen Aktivitäten, aber auch Vorrang vor den Belangen des Umweltschutzes und der Landschaftspflege. Einschneidende Veränderungen in der Bevölkerungs- und Wirtschaftsstruktur waren ebenso unvermeidlich wie schwerwiegende Eingriffe in den Naturhaushalt.

- Allein die Kraftwerke Lübbenau und Vetschau haben einen täglichen Kühlwasserbedarf von 15000 m^3, in Boxberg ist er doppelt so hoch; die Spree kann diesen Bedarf nur decken, weil eine Reihe von Staustufen mit Speicherbecken gebaut wurden, die für einen ausreichenden Wassernachschub auch bei Niedrigwasser sorgen.
- Der großflächige Braunkohleabbau führte zu erheblichen Grundwasserabsenkungen in weiten Gebieten und damit zu einer Beeinträchtigung der Vegetation und der landwirtschaftlichen Nutzung.
- Beim Abbau des Deckgebirges wurden Kiefernwälder großflächig abgeholzt; die Aufforstung hat erst vor einigen Jahren begonnen (1970: 290 ha in den Kreisen Lauchhammer und Hoyerswerda) und reicht keineswegs aus, zumal Abkipphalden besonders windgefährdet sind.
- Riesige Auskohlungsflächen blieben übrig; dabei bestimmen das Bild der Landschaft mehr als 300 größere Tagebaurestlöcher, in denen sich Wasser sammelt. Die Rekultivierung wird erst seit einigen Jahren verstärkt betrieben, nachdem in der Aufbauphase die Produktionssteigerung im Vordergrund stand. Erst ein geringer Teil ist der Erholungsnutzung zugeführt worden (so die Freizeitflächen am Knappensee südöstlich von Hoyerswerda und der Senftenberger See).
- Zahlreiche Halden und Abraumkippen müssen beseitigt werden. Wegen vieler einzelner Verkippungsflächen ist die großflächige landwirtschaftliche Nutzung behindert.
- Es kam zu erheblichen Veränderungen der Bevölkerungsstruktur. Sie sind teilweise auf die Zuwanderer aus den ehemaligen deutschen Ostgebieten zurückzuführen. Entscheidend war aber die planmäßige Industrialisierung in den Braunkohlegebieten des Bezirks. Dies zeigt sich besonders im Zuwachs der Städte im Energiezentrum der Niederlausitz, aber auch in der Bevölkerungsabnahme der überwiegend landwirtschaftlich geprägten Kreise.

Tab. 8: Bevölkerungsentwicklung

In Landkreisen des Bezirks Cottbus	1950	1975
Hoyerswerda	57 702	112 669
Weißwasser	42 728	54 235
Lückau	40 255	32 231
Jessen	38 389	33 049
Finsterwalde	64 545	56 780

In Städten des Bezirks Cottbus	1950	1975	1978
Hoyerswerda	8 527	67 120	70 133
Lauchhammer	22 012	26 605	25 100
Lübbenau	5 526	22 208	22 300
Senftenberg	18 260	30 504	31 400
Weißwasser	13 844	26 952	29 600

Territoriale Aufgabenteilung und territoriale Produktionskomplexe

Mehr als 60000 Menschen arbeiten in der Braunkohle- und Energieindustrie der Niederlausitz. Der Bezirk Cottbus liefert heute knapp 55% der DDR-Braunkohle, 60% des Stadtgases und mehr als 40% der elektrischen Energie, bei voller Leistung von Boxberg sind es sogar über 50%! Damit ist der Bezirk Cottbus ein Musterbeispiel für die territoriale Aufgabenteilung, ein wichtiges Prinzip der Raumentwicklung in der DDR. Ihm liegen folgende Grundsätze zugrunde:

1. Gebiete hoher Industriedichte und Bevölkerungsdichte sollen Industrie und Bevölkerung abgeben; allenfalls bisher fehlende Branchen sollen in den Ballungsgebieten angesiedelt werden.
2. Agrarische Gebiete mit geringer Bevölkerungsdichte sollen verstärkt industrialisiert werden, dort soll die Zuwanderung gefördert werden.

3. In den einzelnen Bezirken werden eine oder mehrere Spezialproduktionen schwerpunktmäßig entwickelt.

Damit sollten „zweigstrukturelle Disproportionen als Resultat einer mehr als 100jährigen kapitalistischen Industrialisierung“ (so ein DDR-Wissenschaftler) abgebaut werden. Wichtigstes Instrument bei der planmäßigen Veränderung der Territorialstruktur war die plangemäße Industrieansiedlung; die Standortverteilung der Industrie ist in der DDR (im Gegensatz zur Bundesrepublik Deutschland) also ein Mittel der Raumordnung.

Im Zuge der damit eingeleiteten Entwicklung kam es im ganzen zu einem stärkeren Bevölkerungswachstum in den bisher weniger dicht besiedelten Gebieten. Dennoch blieben noch erhebliche Unterschiede bestehen, und zusätzliches Dichtegefälle entstand innerhalb der einzelnen Bezirke. Auch heute noch ist der Bezirk Cottbus, obwohl ganz besonders gefördert und im allgemeinen als Erfolgsbeispiel genannt, unterdurchschnittlich dicht besiedelt (106 E./km^2 gegenüber 155 E./km^2 im DDR-Durchschnitt), und innerhalb des Bezirks wurden die Unterschiede zwischen den dichtbesiedelten Kreisen (bis 203 E./km^2) und den wenig dicht besiedelten (41–47 E./km^2) sogar größer.

Diese territoriale Aufgabenteilung hatte wirtschaftlich auch erhebliche Nachteile. So ergibt sich zwangsläufig ein erhöhtes Transportaufkommen, und die notwendigen Umsiedlungen kosten Geld. Außerdem ist die einseitige Berufsstruktur nicht unproblematisch, da einerseits bei wirtschaftlich notwendigen Umstrukturierungen Umschulungs- oder Umsiedlungsmaßnahmen erfolgen müssen, andererseits das Berufsangebot für die Bewohner eines Bezirks eingeschränkt ist. Aus Tab. 7 erkennt man außerdem, daß das erklärte Ziel der gleichmäßigeren Industrieverteilung allenfalls partiell erreicht wurde, das Gefälle von Süd nach Nord blieb bestehen.

Seit 1966 ist deshalb eine Abkehr von den bisherigen Prinzipien erkennbar. Im Rahmen des „Neuen Ökonomischen Systems der Planung und Leitung“ (NÖSPL) wurde den einzelnen Branchen größere Entscheidungsfreiheit zugestanden, und auch betriebliche Neuansiedlungen wurden wieder in den Verdichtungsgebieten möglich. Statt der Dekonzentration galt wieder verstärkt das Prinzip der Konzentration, bei dem die vorhandene Infrastruktur, besonders die der Großstädte, genutzt wird. Für den Bezirk Cottbus ohne Großstadt, aber mit stark ausgebauter industrienaher Infrastruktur in einzelnen Kreisen, hieß dies, daß statt der „extensiven Erweiterung“ der Aufbauphase bis 1970 die „intensive Nutzung des vorhandenen Standortgefüges“ angestrebt wird, um damit eine höhere Effektivität der Territorialstruktur zu erreichen. Das heißt nichts anderes, als daß die strenge territoriale Aufgabenteilung aufgegeben wird, um Fühlungsvorteile in der Nähe großer Kombinate auch für andere Branchen zu nutzen. In diesem Zusammenhang tritt ein neuer Begriff in den Vordergrund der Wirtschaftsplanung – die Territorialen Produktionskomplexe (TPK) nach sowjetischem Vorbild als „effektivste und fortschrittlichste Formen der territorialen Organisation der sozialistischen Produktion“ (Kohl/Zimm 1980).

Was ist damit gemeint? Um den speziellen Aufgabenschwerpunkt eines Gebiets herum sollen eine Reihe mit ihm verbundener Zuliefer-, Versorgungs- und Abnahmebetriebe entstehen, damit auf engem Raum eine komplexe Industriestruktur mit horizontaler und vertikaler Verflechtung entsteht. Als Beispiel in der DDR wird der Raum Leipzig–Halle mit der Produktionslinie Braunkohle – Energie – Chemie genannt. Damit treten Überlegungen zutage, die in westlichen Industrieländern zur Anlage von komplexen Standortgemeinschaften geführt haben wie den Großindustriekomplexen in Japan (Compound-Kombinate, vgl. Kap. 3.1) oder zu den Industrieparks in den Entwicklungsländern (vgl. Kap. 1.5) bzw. in Gebieten, wo die von der Industrie benötigten Infrastruktureinrichtungen von einer größeren Zahl kleiner Betriebe genutzt werden sollen. Wirtschaftlichkeitserwägungen überformen also das ursprüngliche Prinzip der territorialen Aufgabenteilung.

10. *Vergleichen Sie Vor- und Nachteile der territorialen Aufgabenteilung.*

11. *Welche wirtschaftspolitischen Veränderungen verbinden sich mit dem Begriff TPK?*

2.2.3 Braunkohlenbergbau in der Niederrheinischen Bucht

Das Rheinische Braunkohlenrevier zwischen den Städten Bonn, Köln, Mönchengladbach, Aachen und Euskirchen ist das größte und wirtschaftlich bedeutendste Braunkohlenrevier Deutschlands. Es erstreckt sich über eine Fläche von 2500 km^2 mit einem geschlossenen Kohlevorkommen von ca. 55 Mrd. t, von denen nach wirtschaftlichen Kriterien und beim heutigen Energiepreis rund 35 Mrd. t als gewinnbar eingestuft werden. Damit besitzt das Rheinland das größte zusammenhängende Vorkommen in Europa. Zum Vergleich das Lausitzer Revier: kohleführende Fläche: 2800 km^2, Kohlevorräte: 15 Mrd. t.

Die Tagebaubetriebe im Rheinland erbringen über 90% der gesamten Braunkohlenförderung der Bundesrepublik Deutschland; die angeschlossenen Kraftwerke sind mit mehr als einem Fünftel an der Gesamtstromerzeugung der Bundesrepublik Deutschland beteiligt (1982).

Geologische Lagerungsverhältnisse

Wie die Niederlausitzer Kohle ist auch die Rheinische Braunkohle im Tertiär (Oligozän/Miozän) entstanden. Sie ist in drei Flözgruppen ausgebildet:

- Die Unterflözgruppe (Kölner Schichten) im südlichen Raum der Niederrheinischen Bucht; die Flöze sind geringmächtig und im allgemeinen nicht abbauwürdig.

Abb. 6: Rheinisches Braunkohlenrevier
Karte von Rheinbraun

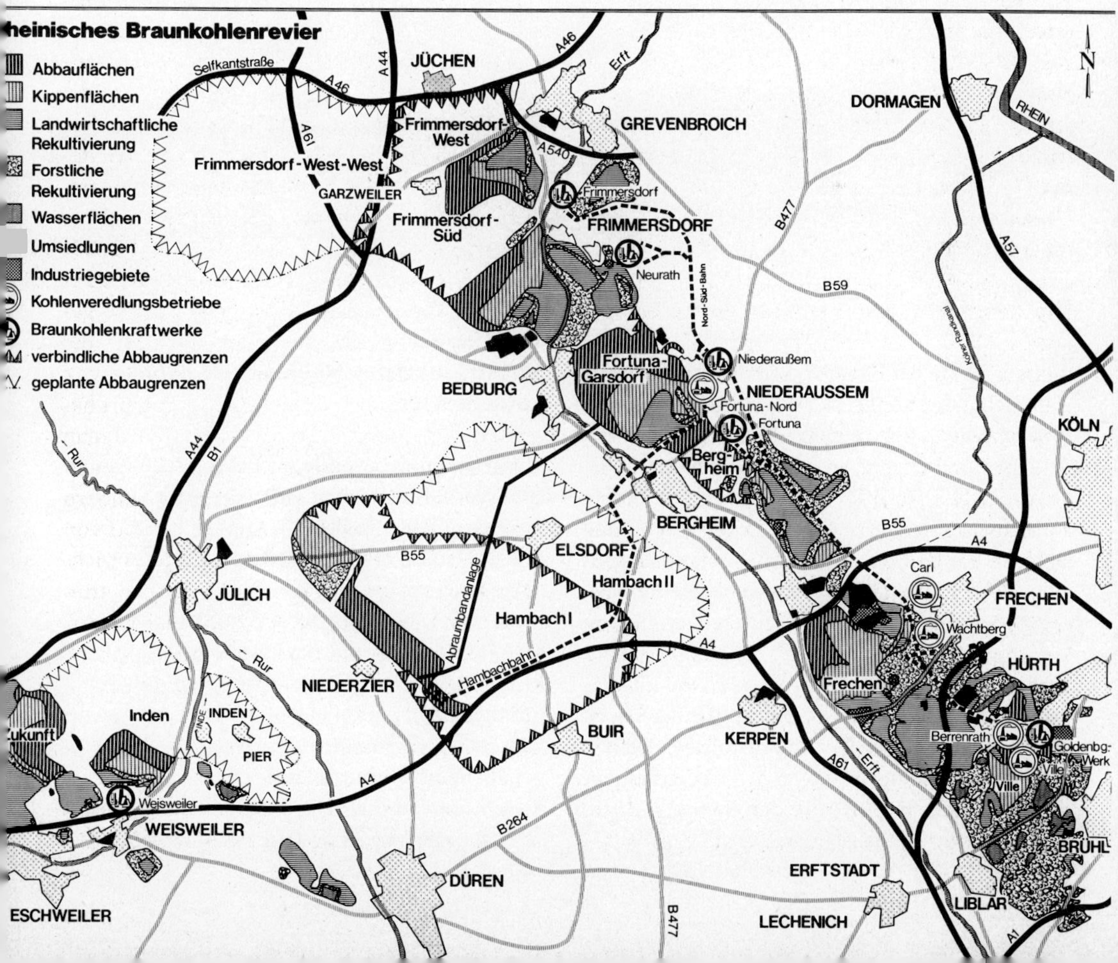

- Die Hauptflözgruppe (Ville-Schichten), die im Raum Bergheim bis zu 100 m mächtig ist und sich nach N und W in mehrere Teilflöze aufgliedert; im östlichen Teil streicht sie aus und ist vollständig abgetragen.
- Die Oberflözgruppe (Inde-Schichten) im Süden und Norden des Reviers; sie erreicht bei Eschweiler eine Mächtigkeit von maximal 35 m.

Durch tektonische Bewegungen zu Beginn des Quartärs zerbrach das Gebiet in drei Großschollen: in die Kölner Scholle mit der Ville im Osten, die Erftscholle im Zentrum und die Rurscholle im Westen. Diese Schollen sind jeweils durch von NW nach SO verlaufende Verwerfungssysteme getrennt, so daß gleichaltrige Schichten bis zu mehreren hundert Metern gegeneinander versetzt sind und gleichaltrige Kohlenflöze sich in unterschiedlicher Tiefe befinden. Auf der stärker herausgehobenen Ville wurden die Deckschichten durch Erosion so weit abgetragen, daß die Braunkohle von den Bächen z. T. angeschnitten wird. Nach Westen sinken dann die Flöze bis zu einer Tiefe von 600 m am Erftsprung ab und steigen dann wieder zum Westrand der Kölner Bucht auf. Im Gebiet um Eschweiler liegen sie wieder oberflächennah.

Abb. 7: Geologisches Profil durch die Niederrheinische Bucht

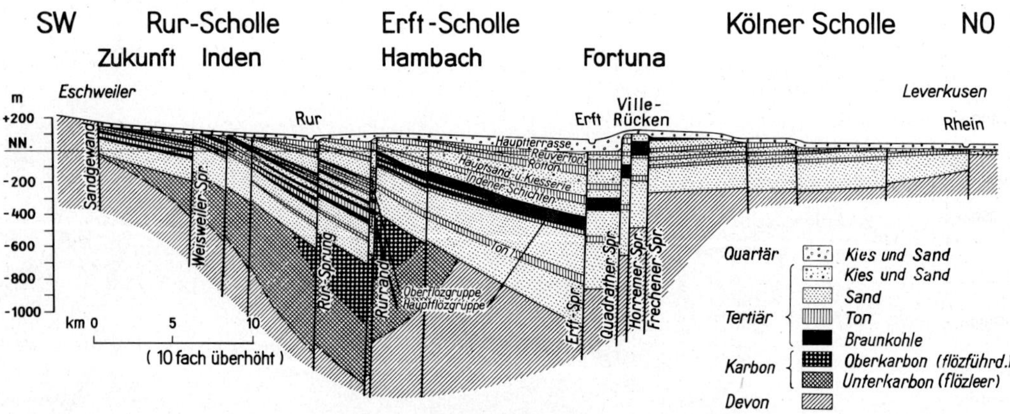

G. Bischoff und W. Gocht (Hrsg.): Das Energiehandbuch. Braunschweig: Vieweg 1976, Bild III.1

Mit der Teufe der Flöze und der Mächtigkeit der Deckschichten ändert sich auch die Qualität der Braunkohle. Bei einem Wassergehalt von 50–60% und einem Ascheanteil von 2–8% beträgt der Heizwert der rheinischen Braunkohle im Durchschnitt 1900 kcal/kg. Die tiefen Schichten enthalten Kohle mit Heizwerten bis über 2000 kcal/kg, im Neuaufschluß Hambach steigt der Heizwert bei einer Tagebautiefe von 470 m sogar auf 2800 kcal/kg. Zu dieser Qualitätssteigerung haben sowohl der durch das mächtigere Deckgebirge erhöhte Auflagedruck als auch die längere Zeitdauer höherer Druck-(Temperatur-)Einwirkungen beigetragen. (Zum Vergleich Heizwert der Steinkohle des Ruhrgebiets: 7600–8500 kcal/kg)

Entwicklung des Rheinischen Braunkohlenreviers

Aufgrund der besonderen geologischen Lagerungsverhältnisse entstanden die ersten Gruben in der südlichen Ville, im Gebiet Liblar/Brühl (zweite Hälfte des 18. Jahrhunderts). Die geförderte Braunkohle diente zunächst der Brikettfabrikation; 1899 erfolgte der erstmalige Einsatz im Wärmekraftwerk zur Stromerzeugung.

Mit dem Vorrücken nach Norden in das Gebiet mit den mächtigeren Deckschichten Anfang der 50er Jahre ging man zum oberflächigen Tieftagebau über. Voraussetzung für den Übergang waren Innovationen der Fördertechnik: Schaufelradbagger mit einer Tagesleistung von bis zu

Abb. 8: Teufenentwicklung im Rheinischen Braunkohlenrevier

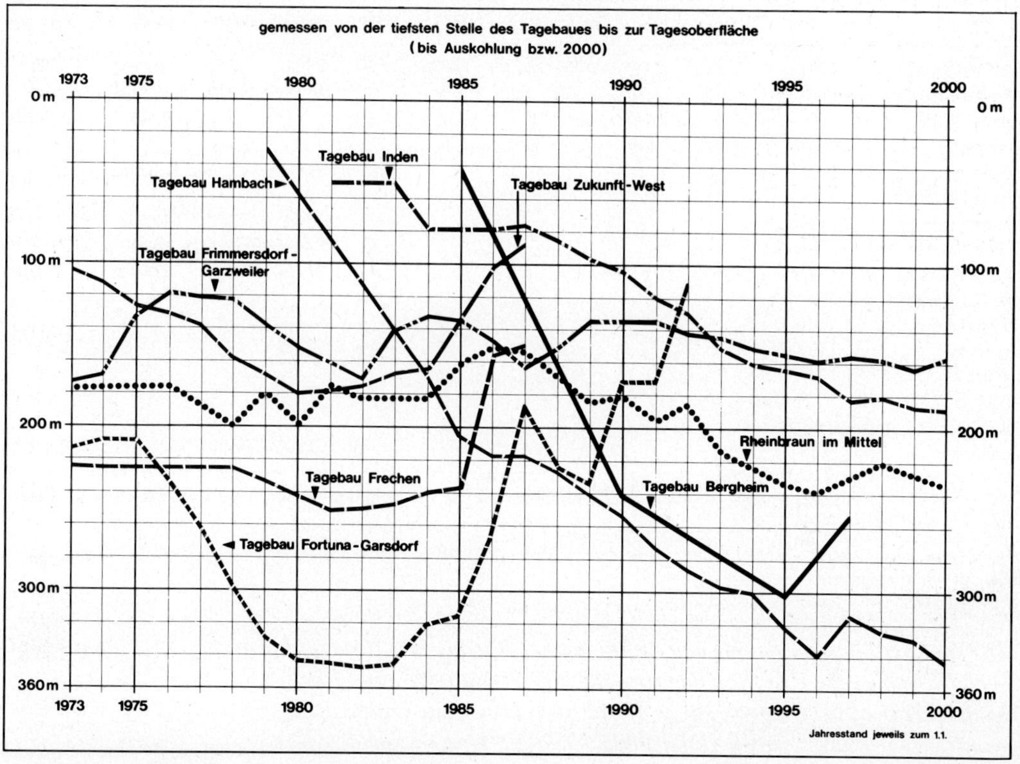

Angaben von Rheinbraun

100000 m³ (heute maximal 240000 m³), der Förderkapazität angepaßte „Abraum–Absetzer", die Umstellung des Transports von Abraum und Rohbraunkohle vom Zugbetrieb auf Förderbänder.

Um die tiefen Tagebaue vom Grundwasser freizuhalten, müssen Galerien von Brunnen niedergebracht werden, die zum Teil bis 500 m in die Tiefe reichen, die Sohle der abzubauenden Flöze also erheblich unterschreiten. 1982 mußten im Durchschnitt aller Tagebaubetriebe für eine Tonne Braunkohle rund 10 m³ (10000 l) Grundwasser gehoben werden.

Vorbedingung für die Einrichtung dieser Tagebaue waren ferner die Schaffung großer Abbaufelder und eine Unternehmenskonzentration. 1960 schlossen sich die bis dahin noch verbliebenen vier Gesellschaften zu einem großen Unternehmen zusammen: die Rheinischen Braunkohlenwerke AG (Rheinbraun). Die Zahl der Tagebaubetriebe wurde von ehemals 23 (1948) auf fünf verringert.

Gegenwärtig wandert die Abbaugrenze vom Norden der Ville über den Erftsprung nach Westen in das Gebiet der Börde. Während der Tagebau Fortuna-Garsdorf 1982 mit 350 m seine größte Teufe erreichte, rechnet man beim 1978 begonnenen Tagebau Hambach mit einer maximalen Teufe von 470 m. Entsprechend ändert sich das Verhältnis zwischen Abraum und Kohle. Beträgt z. B. das Verhältnis beim Tagebau Fortuna-Garsdorf gegenwärtig 2,1:1, so wird sich die Relation beim Tagebau Hambach auf 6,1:1 verschieben.

Die Zukunft sieht eine Reduzierung der augenblicklich fünf fördernden Tagebaue auf drei vor – bei gleichbleibender Fördermenge: Frimmersdorf-Garzweiler, Hambach, Inden.

Tab. 9: Entwicklung der Tagebaue im Rheinischen Braunkohlenrevier

		1900	1910	1920	1930	1940	1950	1960	1970	1980	1983
Kohlenförderung	1 000 t	5 100	12 927	30 369	46 744	62 696	63 677	81 381	93 034	117 652	117 391
Abraumbewegung[1]	1 000 m^3	2 000	5 507	13 556	23 843	35 852	48 962	156 976	186 446	293 120	259 148
Abraum/Kohle-Verhältnis[1]	m^3:t	0,39:1	0,43:1	0,45:1	0,51:1	0,57:1	0,77:1	1,93:1	2,0:1	2,50:1	2,21:1
Wasserhebung	1,000 m^3						24 834	999 968	1 181 620	1 206 133	1 199 805
Wasser/Kohle-Verhältnis	m^3:t						0,39:1	12,28:1	12,70:1	10,3:1	10,2:1
Schichtleistung[1]	t/M. u. S.						21,86	28,46	63,94	94,60	100,79
Brikettherstellung	1 000 t	1 144	3 522	6 656	10 752	13 542	13 410	13 664	8 497	4 446	3 533
Stromerzeugung öffentliche Kraftwerke	1 000 MWh			609	1 934	4 759	5 256	20 258	46 314	77 091	78 060
Installierte Leistung der öffentlichen Kraftwerke	MW						773	3 568	6 633	11 118	11 093

[1] Angaben zum Abraum und zum Abraum/Kohle-Verhältnis nur für die kohlefördernden Tagebaue, ab 1980 also ohne Hambach und Inden.

Helmut Goedecke: Das Rheinische Braunkohlenrevier. In: Braunkohle 1976, Heft 5, S. 147. Düsseldorf: Verlag die Braunkohle, geändert und fortgeführt

12. *Versuchen Sie eine räumliche Gliederung des Rheinischen Braunkohlenreviers nach dem Stand der Erschließung, Auskohlung und Rekultivierung (vgl. Abb. 6).*

13. *Beschreiben Sie das geologische Profil, und ziehen Sie daraus Rückschlüsse auf die räumliche Abfolge der Lagerstättenerschließung.*

14. *Vergleichen Sie Entstehung und geologische Lagerung der rheinischen Braunkohle mit der Ruhrgebietskohle. Welche Schlußfolgerungen lassen sich ziehen betr. Förderung und Verwendung? Vergleichen Sie dazu das Kapitel 2.3.*

Verbundindustrie

Wegen ihres hohen Ballastanteils (Wassergehalt ca. 60%, Ascheanteil ca. 5%) ist ein Transport der Rohbraunkohle über größere Entfernungen unwirtschaftlich. Deshalb wird sie in unmittelbarer Nähe ihrer Gewinnung verarbeitet. In technischer, organisatorischer und kapitalmäßiger Hinsicht entstehen dadurch enge Verbindungen zwischen den Förder- und Verarbeitungsbetrieben. Aus dieser Konzentration ergeben sich wiederum, wenn auch nicht in gleichem Maße wie im Steinkohlenbergbau, Ansätze einer industriellen Verdichtung.

Abb. 9: Verwendung der rheinischen Braunkohle

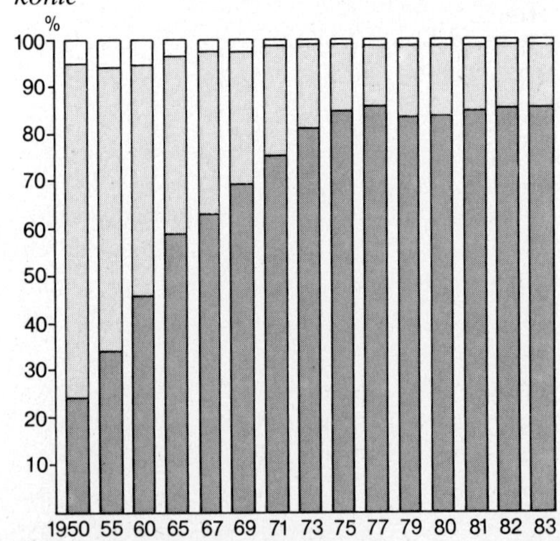

Jahresgeschäftsberichte von Rheinbraun

Tab. 10: Entwicklung der Elektrizitätserzeugung in der Bundesrepublik Deutschland

Energieträger	1950	1960	1970	1980	1990	2000
			in Mrd. kWh			
Steinkohle	25,2	66,3	95,6	111,1	129	170
Braunkohle	9,2	30,9	59,6	94,9	97	100
Erdölerzeugnisse	0,3	3,2	36,4	25,7	36	10
Erdgas	–	0,1	13,4	61,1	73	35
übrige Wärmekraft	2,7	5,5	13,9	13,6	25	35
Wasserkraft	8,7	13,0	17,7	18,7	23	25
Kernenergie	–	–	6,0	43,7	260	510
Summe	46,1	119,0	242,6	368,8	643	885
			in % der Gesamterzeugung			
Steinkohle	54,7	55,7	39,5	30,1	20,0	19,2
Braunkohle	20,0	26,0	24,6	25,7	15,1	11,3
Erdölerzeugnisse	0,7	2,7	15,0	7,0	5,6	1,1
Erdgas	–	0,1	5,5	16,6	11,4	4,0
übrige Wärmekraft	5,9	4,6	5,7	3,7	3,9	4,0
Wasserkraft	18,7	10,9	7,2	5,1	3,6	2,8
Kernenergie	–	–	2,5	11,8	40,4	57,6

Verschiedene Energiestatistiken. Zweite Fortschreibung des Energieprogramms vom 19. 12. 1977 (Bundestagsdrucksache 8/1357)

Gegenwärtig werden ca. 85% der gesamten Braunkohlenförderung in öffentlichen Wärmekraftwerken eingesetzt. Sechs Kraftwerke der Rheinisch-Westfälischen Elektrizitätswerke (Rheinbraun ist eine fast hundertprozentige Tochtergesellschaft der RWE) lieferten 1983 78 Mrd. kWh Strom, das sind mehr als ein Fünftel der gesamten Stromerzeugung der Bundesrepublik Deutschland.

Die im Vergleich zum Steinkohlestrom niedrigen Gestehungskosten des Braunkohlestroms ermöglichen den Werken, „Grundlast“ zu fahren, d. h., Tag und Nacht gleichbleibende Strommengen zu liefern, während andere Wärmekraftwerke besonders die „Spitzenlast“ fahren.

Kohleveredlung. 1982 wurden ca. 15% der Rheinbraun-Förderung für die Kohleveredlung eingesetzt – zur Herstellung von Braunkohlenbriketts (private Haushalte und Industrieabnehmer), Braunkohlenstaub (besonders zur Substitution von Heizöl in der Zementindustrie), Braunkohlenkoks (Verwendung in der metallurgischen und elektrotechnischen Industrie, bei der Eisenerzverhüttung) und von „Perlhumus“ (Bodenverbesserer im Gartenbau und in der Landwirtschaft). Weitere Einsatzmöglichkeiten sind im Planungs- bzw. Versuchsstadium: Herstellung von Synthesegas, künstlichem Erdgas, Braunkohleverflüssigung für die Produktion von Motorkraftstoffen und Chemierohstoffen. Mit der Inbetriebnahme einer ersten Synthesegasfabrik (für chemische Industrie) wird Mitte der 80er Jahre gerechnet.

Im Gegensatz zum mitteldeutschen oder Helmstedter Revier, wo die Braunkohle aufgrund ihres hohen Bitumengehalts den Aufbau einer Kohlenwertstoffindustrie bewirkte, spielt die chemische Verwendung im Rheinischen Revier von jeher kaum eine Rolle. Eine Ausnahme war die Union Rheinische Braunkohlenkraftstoff AG in Wesseling mit einer breiten Fertigproduktenpalette wie Kraftstoffe, Heizöle, Olifine oder Methanol. Inzwischen hat das Werk sich auf Mineralöl umgestellt. Mit Ausnahme der genannten Brikettierung und Verstromung beschränkt sich der direkte Absatz von Braunkohle auf nahe liegende Industrie- und Gewerbebetriebe, die die Braunkohle zur Energieerzeugung nutzen, wie z. B. die Zucker-, Papier- und Glasindustrie im Kölner und Dürener Raum.

Folgeindustrien. Zahlreicher als die Verbundindustrien sind die Folgeindustrien, besonders die Betriebe der Elektrometallurgie und Elektro-

Bildmaßstab: ca. 1:31 500

0 1 2 km

Abb. 11: Braunkohlentagebau Fortuna-Garsdorf 1980 ▶

Abb. 10: Braunkohlentagebau Fortuna-Garsdorf 1971 ▼

chemie, die als Stromabnehmer der öffentlichen Braunkohlekraftwerke sich mittelbar auf dem Standort Braunkohle entwickelten, wie z. B. Deutschlands größtes Aluminiumoxidwerk, die Martinswerke AG in Bergheim, oder die Aluminiumhütte der Vereinigten Aluminiumwerke (VAW) in Grevenbroich (1917 in der Nähe des Kraftwerkes Frimmersdorf in Betrieb genommen) und in Stüttgen bei Neuss, das 1962 seine Produktion aufnahm und ebenfalls Strom des Kraftwerkes Frimmersdorf erhält.

Zu den stromintensiven Folgebetrieben zählen auch die zum Hoechst-Konzern gehörenden Chemiewerke der Knapsack AG in Knapsack und Hürth, die zu den größten Stromverbrauchern Europas zählen, und die im südlichen Landkreis Köln gelegenen elektrochemischen Zweigbetriebe der Degussa (Deutsche Gold- und Silberscheideanstalt).

Enge Verflechtungen entwickelten sich schließlich auch zwischen dem Braunkohlenbergbau und den Industriebetrieben der Steine und Erden, insbesondere den tonverarbeitenden Werken, die die günstige Rohstoffbasis (Sande, Kiese, Tone des Abraums) nützen.

15. *Beschreiben und erklären Sie die anteilmäßige Verschiebung zwischen den beiden Hauptabnehmern der Rohbraunkohle (vgl. Tab. 9 und Abb. 9).*

16. *Erklären Sie die Bedeutung der Braunkohle im Energiehaushalt der Bundesrepublik Deutschland. Welche Rolle spielt das Rheinische Revier?*

17. *Erklären Sie den Begriff „Verbundindustrie" am Beispiel des Rheinischen Braunkohlenreviers, und nennen Sie andere Beispiele der Verbundwirtschaft.*

Landschaftsveränderungen und Nutzungskonflikte

„Es gibt kaum ein industrielles Großvorhaben, das so grundlegend und großräumig das Gesicht der Landschaft verändert wie der Braunkohlentagebau. Er greift tief in die gewachsene Siedlungs-, Wirtschafts- und Infrastruktur des Raumes ein, beseitigt Ortschaften, Gebäude, Verkehrswege, Wasserläufe, Energie- und Versorgungsleitungen und schafft nach Auskohlung und Rekultivierung eine völlig neue Landschaft mit neuen Siedlungen, neuer Infrastruktur und neuer Topographie. Für die Regional- und Landesplanung resultieren aus den besonders kritischen Auswirkungen des Braunkohlenabbaus – die Umsiedlung von Bevölkerung und Betrieben, die großräumige Grundwasserabsenkung, die Zerstörung der Landschaft – gewichtige Aufgaben, die nur durch vorausschauende Planung gelöst werden können. Daß dabei massive Ziel- und Interessenkonflikte ausgetragen werden müssen, liegt auf der Hand."

Dieter Schmitt u. a.: Planung im Rheinischen Braunkohlengebiet. Materialien zum Siedlungs- und Wohnungswesen und zur Raumplanung. Münster: Selbstverlag des Instituts für Siedlungs- und Wohnungswesen und des Zentralinstituts für Raumplanung der Universität Münster, 1980, Vorwort

Flächennutzungskonflikte ergeben sich vor allem dadurch, daß der Bergbau in jüngster Zeit in die Zone der landwirtschaftlich produktiven Lößfläche der Jülicher Börde eindringt und daß ihm – besonders im Hambacher Revier – ökologisch wertvolle Forstgebiete weichen müssen.

Bis Ende 1982 betrug die vom Bergbau beanspruchte Fläche annähernd 20000 ha. Rund 74 Ortschaften, Ortsteile und Einzelsiedlungen mit etwa 26 000 Bewohnern mußten bislang umgesiedelt werden. Mit weiteren 7 000 „Umsiedlern" ist bei den geplanten Maßnahmen bis zum Jahre 2000 zu rechnen.

Allein der Tagebau Hambach erfaßt eine Fläche von 82 km^2; davon waren ursprünglich 48% landwirtschaftlich und 47% forstwirtschaftlich genutzt. Vier größere Ortschaften und mehrere Einzelgehöfte mit insgesamt 5200 Menschen müssen dem Tagebau bis zur endgültigen Auskohlung im Jahre 2030 weichen. Für eine Reihe von Verkehrswegen, wie z. B. Abschnitte der Bundesautobahn Aachen – Köln (A 4), der Bundesbahnlinie Düren – Neuss oder der Bundesfernstraße Köln – Aachen (B 55), sind Ersatzstrecken zu schaffen. Im Nordwesten entsteht eine 170 m hohe, landschaftsfremde Außenkippe aus rd. 1 Mrd. m^3 Abraum; im Süden verbleibt aufgrund des Massendefizits ein größeres Restloch, das zu einem Freizeitsee bzw.

Trinkwasserreservoir umgestaltet werden soll. Das Beispiel Hambach verdeutlicht, daß die laufenden und geplanten Abbaumaßnahmen im Rheinischen Braunkohlenrevier wohl zu Recht als die „umfassendsten und tiefgreifendsten Eingriffe in die Umwelt Mitteleuropas“ (Geerling) bezeichnet werden können. Nicht minder problematisch sind allerdings auch die mit diesen Maßnahmen verbundenen schwerwiegenden Konsequenzen für die Menschen der alten gewachsenen Dorfgemeinschaften zu werten.

Grundwasserabsenkung. Vor der Gewinnung der Braunkohle müssen das Deckgebirge, die Kohleflöze und die Böschungen der Tagebauränder vom Grundwasser befreit werden. Dies geschieht mit Hilfe von gegenwärtig ca. 850 Tiefbrunnen, die längs der Tagebaugrenzen und im Einzugsstrom des Grundwassers zu Brunnengalerien zusammengefaßt sind. Durch die Absenkung entsteht ein großer Absenkungstrichter, der sich weit über den auszukohlenden Tagebaubereich ausdehnt.

Die weitflächige Grundwasserabsenkung wird vor allem von Ökologen kritisiert, die Schäden für die Vegetation und Ertragsminderungen in der Landwirtschaft befürchten. Für die Landwirtschaft sind jedoch bislang keine nachteiligen Folgen zu erkennen. Der Grundwasserspiegel liegt in der Regel 10–20 m unter der Flur, so daß er für die Vegetation ohne Belang ist. Für die Pflanzen reichen die Niederschläge und das im feinporigen Löß gespeicherte Oberflächenwasser aus. Lediglich in den vom Grundwasser direkt beeinflußten Auenbereichen kann es bei älteren Waldbeständen zu Zuwachsverlusten und Wipfeldürren kommen, da nach dem Entzug des Grundwassers der Wasserhaushalt nun allein auf den lokalen Niederschlägen beruht. Eine Änderung des Vegetationsbildes kann auch insofern eintreten, als in den Auegebieten an die Stelle einer feuchtigkeitsabhängigen Vegetation trockenheitsliebende Pflanzenformationen treten.

Restlöcher und Abraumhalden. Sichtbarer im Landschaftsbild werden die durch den Tagebau hervorgerufenen Veränderungen vor allem in den zahlreichen Restlöchern, die sich mit Wasser füllen und heute, wie z. B. im rekultivierten Wald-Seen-Gebiet bei Brühl/Liblar, eine abwechslungsreiche Erholungslandschaft darstellen, sowie in den hohen Abraumhalden, die während der „Aufschlußphase“, d. h. vor Beginn der Kohlenförderung, als „Außenkippen“ den Abraum der Gruben aufnehmen.

Rekultivierung und Umsiedlung

Die „totale Umformung“ des Landschafts- und Lebensbereiches eines Raumes wirft notgedrungen die Frage nach der Notwendigkeit dieses Eingriffes auf. Der Hinweis auf die Unver-

Abb. 12: Flächenbilanz-Verhältnis der Betriebsfläche zur rekultivierten Fläche

Nach Blickpunkt Rheinbraun. Rheinische Braunkohlenwerke AG (Hrsg.), Presse und Öffentlichkeitsarbeit. Köln 1981, S. 28, ergänzt

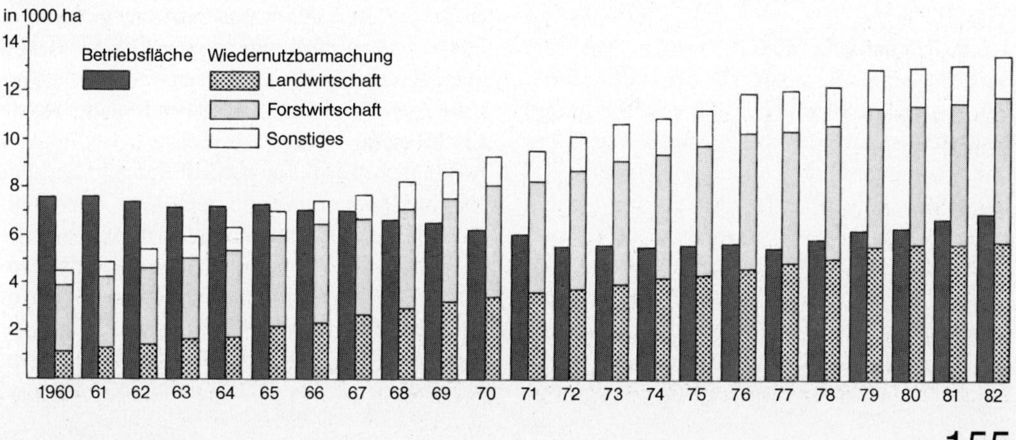

zichtbarkeit der Braunkohle zur heimischen Energieversorgung kann als Antwort allein nicht genügen.
Ein entscheidendes Argument für den Bergbau im Rheinischen Revier ist die Tatsache, daß der Verlust kein endgültiger ist. Anders als bei Industrieansiedlungen, beim Straßen- und Wohnungsbau nimmt die Braunkohle das Land nur vorübergehend in Anspruch, führt es nach einer gewissen Zeit in rekultiviertem Zustand wieder neuen Verwendungsmöglichkeiten zu.

Rechtliche Grundlagen. Der Braunkohlenbergbau im Rheinischen Revier ist an zahlreiche Gesetze gebunden, die die Rechte und Pflichten des Bergbauunternehmens regeln, die staatliche Aufsicht über dessen Maßnahmen sicherstellen und Einflußmöglichkeiten für die Öffentlichkeit gewähren. Besonders das 1950 vom Land Nordrhein-Westfalen zum Ausgleich konkurrierender Raumansprüche erlassene Gesetz zur „Gesamtplanung im Rheinischen Braunkohlengebiet" („Braunkohlengesetz") sowie das Landesplanungsgesetz aus dem Jahre 1979 binden den Braunkohlenbergbau. Das Landesplanungsgesetz regelt mit den sogenannten „Braunkohlenplänen" unter anderem Fragen der land- und forstwirtschaftlichen Rekultivierung, der Ortsumsiedlungen, der Verlegung von Verkehrswegen und Versorgungsleitungen und Grundzüge der Landschaftsgestaltung unter Berücksichtigung der Denkmal-, Natur- und Landschaftspflege. Dadurch ist gleichzeitig die Chance einer Neuordnung des ländlichen Raumes nach neuzeitlichen Erkenntnissen der Raumordnung gegeben.

Landwirtschaftliche Rekultivierung. Mit dem Vordringen des Bergbaus aus der stärker forstlich geprägten Südville in den nördlichen und zentralen Bereich des Reviers mit seiner intensiven Landwirtschaft kommt der Aufgabe der agrarwirtschaftlichen Rekultivierung eine besondere Aufgabe zu. Bisher wurden ca. 5600 ha landwirtschaftlich wieder nutzbar gemacht. Das entspricht bei einer in diesem Raum durchschnittlichen Betriebsgröße von 25–30 ha rund 200 landwirtschaftlichen Betrieben.
Die beim Abbau anfallenden Lößmengen werden getrennt gewonnen und auf den vorbereiteten Kippflächen in einer Mächtigkeit von mindestens 1,20 m aufgetragen. Hierbei sind zwei Verfahren möglich: a) das Trockenverfahren in lößnahen Gebieten, bei dem der Löß durch Absetzer aufgetragen und dann eingeebnet wird, und b) das Naß- oder Spülverfahren in lößfernen Räumen. Bei diesem Verfahren wird ein Löß-Wasser-Gemisch im Verhältnis von ca. 1:1,5 in etwa 3–4 ha große Polder gespült. Nach dem Abtrocknen des Gemisches (je nach Witterungsverhältnissen kann dies zwischen sechs Wochen und acht Monaten dauern) wird der Boden aufgelockert, gedüngt und zur Stickstoffanreicherung mit Luzerne eingesät, die anschließend zur Humusanreicherung untergepflügt wird. Nach zwei bis drei Jahren erfolgt die erste Einsaat mit Winterweizen oder Roggen.
Nach einer etwa fünf Jahre dauernden Zwischenbewirtschaftung, die von betriebseigenen Höfen, den „Schirrhöfen", durchgeführt wird, kann das neue Land an Umsiedler übergeben werden. Die neuen Böden weisen nach der Zwischenbewirtschaftung Bodenwertzahlen von 75–80 auf. Sie erreichen Erträge, die denen auf gewachsenen Böden der Bördenlandschaft kaum nachstehen.
Die angesiedelten Betriebe erhalten arrondierte Nutzflächen in unmittelbarer Hofnähe. Aus infrastrukturellen und soziologischen Überlegungen erfolgt die Besiedlung der Neulandflächen möglichst in Weilerform mit 10–20 Höfen.

Forstliche Rekultivierung. Mit über 5800 ha (1982) nimmt die forstliche Rekultivierung den größten Anteil der wieder nutzbar gemachten Fläche ein. Entsprechend der ursprünglichen Flächennutzung konzentrieren sich die Aufforstungsgebiete auf den Süden des Reviers, wo sie geschlossene Waldareale bilden.
Anfänglich wurden vor allem Pappeln und Erlen angepflanzt, die als Pionier- bzw. Vorwälder die Rohböden erschließen und mit organischer Substanz anreichern und so für eine endgültige Waldbestockung aufbereiten sollten. Als Monokulturen wirkten sie im Landschaftsbild recht eintönig. Deshalb werden heute sofort Endbestandholzarten (zu 80% Laubhölzer, über 20

Tab. 11: Umgesiedelte Landwirte ab 1. 1. 1977 bis 31. 12. 1982 und umzusiedelnde Landwirte bis zum Jahr 2000

Tagebaubereich	Landwirtschaftliche Betriebe: Zahl der Betriebe insgesamt	Wirtschaftsfläche ha	Personenzahl	Umgesiedelt innerhalb des Rhein. Braunkohlenreviers auf Neuland[1]	Umgesiedelt innerhalb des Rhein. Braunkohlenreviers auf Altland	Umgesiedelt außerhalb des Rhein. Braunkohlenreviers	Zahl der aufgegebenen Betriebe	Zahl der noch zu erwerbenden Betriebe bis 2000
Tagebaue Ville, Frechen (Südrevier)	–	–	–	–	–	–	–	–
Tagebaue Fortuna-Garsdorf, Frimmersdorf einschl. Bergheim (Nordrevier)	160	3 924	244	28	10	5	15	102
Tagebau Zukunft-Inden einschl. Hambach (Westrevier)	149	3 804	227	13	21	9	15	91
Rheinisches Braunkohlenrevier insgesamt	309	7 728	471	41[1]	31	14	30	193

[1] einschließlich der Betriebe mit Hofstandort auf Altland und Wirtschaftsfläche überwiegend auf Neuland. Die Zahlen beinhalten eine Anzahl Tagebaurandbetriebe.

Angaben der Rheinbraun

Arten) angebaut. Dieser Direktanbau wird ermöglicht durch die Aufbringung eines Mischbodens aus Löß (in einem Anteil von 20–60%), Kiesen und Sanden, dem sogenannten „Forstkies“. Infolge der lockeren Bodenstruktur, des großen Porenvolumens, guter Durchlüftung und Wasserspeicherkapazität wird so zum Teil sogar eine bessere Bodenqualität erzielt als in den alten Waldgebieten mit gewachsenen Böden.

Ortsumsiedlungen. Nach dem Bundesbaugesetz erfolgt die Umsiedlung eines Ortes unter der Planungshoheit der Gemeinde, wobei überörtliche Gesichtspunkte, wie Ziele des Gebietsentwicklungsplans und der Landesplanung, zu berücksichtigen sind. Im allgemeinen stehen für die Umsiedlung 10–15 Jahre zur Verfügung. Der Ablauf erfolgt in der Regel in folgenden Teilschritten:

- Zunächst werden städtebauliche Strukturuntersuchungen und Untersuchungen über innerörtliche und überörtliche Beziehungen der Bevölkerung durchgeführt;
- auf dieser Grundlage wird der Standort der neuen Ortschaft ermittelt, der den Wünschen der Einwohner und der Gemeindeentwicklung gerecht werden soll;
- in Bürgerversammlungen wird die Bevölkerung über die Umsiedlung informiert;
- ein Sonderausschuß des Bezirksplanungsrates, der sogenannte Braunkohlenausschuß, stellt der betroffenen Gemeinde mehrere Standorte zur Auswahl, unter denen diese den ihr genehmen auswählt;
- nach dem Erschließungsvertrag zwischen Gemeinde und Rheinbraun vergibt die Gemeinde den Auftrag zur Planung der neuen Ortschaft;
- vereidigte Sachverständige nehmen eine Bestandsaufnahme vor und ermitteln den Verkehrswert der einzelnen Anwesen;
- danach tritt Rheinbraun in Erwerbsverhandlungen mit den Umsiedlern;
- nach der Einigung werden die erschlossenen Grundstücke bereitgestellt;
- es folgen auf Gemeindeebene die Verlagerung von öffentlichen Einrichtungen und auf privater Ebene der Bau der Häuser;
- nach dem Umzug werden die alten Gebäude an Rheinbraun übergeben und abgebrochen.

Nach dem Bundesbaugesetz ist Rheinbraun als bergbaubetreibendes Unternehmen grundsätzlich zu Ersatzleistungen verpflichtet. Dazu gehören nicht nur die Geldabfindungen für Gebäude, Grundstücke etc., sondern auch die Kosten für Planung, Wertermittlung oder Umzug.

Tab. 12: Umsiedlungen im Rheinischen Braunkohlenrevier

Tagebaubereich	abgeschlossen (Stand: 1981) Umsiedler	Anwesen	geplant bis zum Jahr 2000 Umsiedler	Anwesen
Südrevier	11 395	1 826	–	–
Nordrevier	10 714	2 271	1 800	395
Westrevier	2 647	567	5 050	1 000
Hambach	950	248	622	166
sonstige	10	2	–	–
Summe	25 716	4 914	7 472	1 561

Geschäftsberichte der Rheinbraun

Die bisherigen Erfahrungen zeigen, daß die Mehrzahl der umzusiedelnden Ortschaften eine geschlossene Umsiedlung an einen gesonderten Siedlungsplatz wünscht, um die gewachsenen sozialen Bindungen aufrechtzuerhalten. Dieser Wunsch widerspricht jedoch – zumindest bei kleinen Gemeinden – den raumplanerischen Prinzipien der Siedlungskonzentration. Aus Gründen der Verwaltungsvereinfachung, einer besseren Daseinsvorsorge für die Bürger und um eine Zersiedelung der Landschaft zu vermeiden, ist man bestrebt, Großgemeinden zu schaffen bzw. die bereits bestehenden Mittel- und Unterzentren zu stärken. Deswegen werden nach Möglichkeit mehrere Umsiedlungsgemeinden zusammengefaßt, wie z. B. im Fall von Kaster im Tagebaubereich Frimmersdorf, wo sich die Umsiedlungsdörfer Morken-Harff, Epprath und Königshoven zusammenschlossen (vgl. Abb. 13).

In den meisten Fällen werden die neuen Orte an bereits bestehende größere Siedlungen angegliedert, wie z. B. Lich-Steinstraß an Jülich. Da die Planung der Umsiedlungsorte nach modernen städtebaulichen Gesichtspunkten erfolgt, werden Siedlungsstruktur und Wohnqualität in der Regel wesentlich verbessert, z. B. durch die Trennung von Wohn- und Gewerbegebieten, durch eine verkehrsmäßig günstigere Anbindung oder durch die funktionsgerechte Gestaltung der Einrichtungen des tertiären Sektors.

Abb. 13: Neusiedlungsgebiet Morken-Harff, Stand 1975

Rheinbraun (Hrsg.): „Revier und Werk" – Zeitschrift für die Betriebe des Rheinischen Braunkohlenbergbaus, Heft 136, Oktober 1976, S. 7, ergänzt

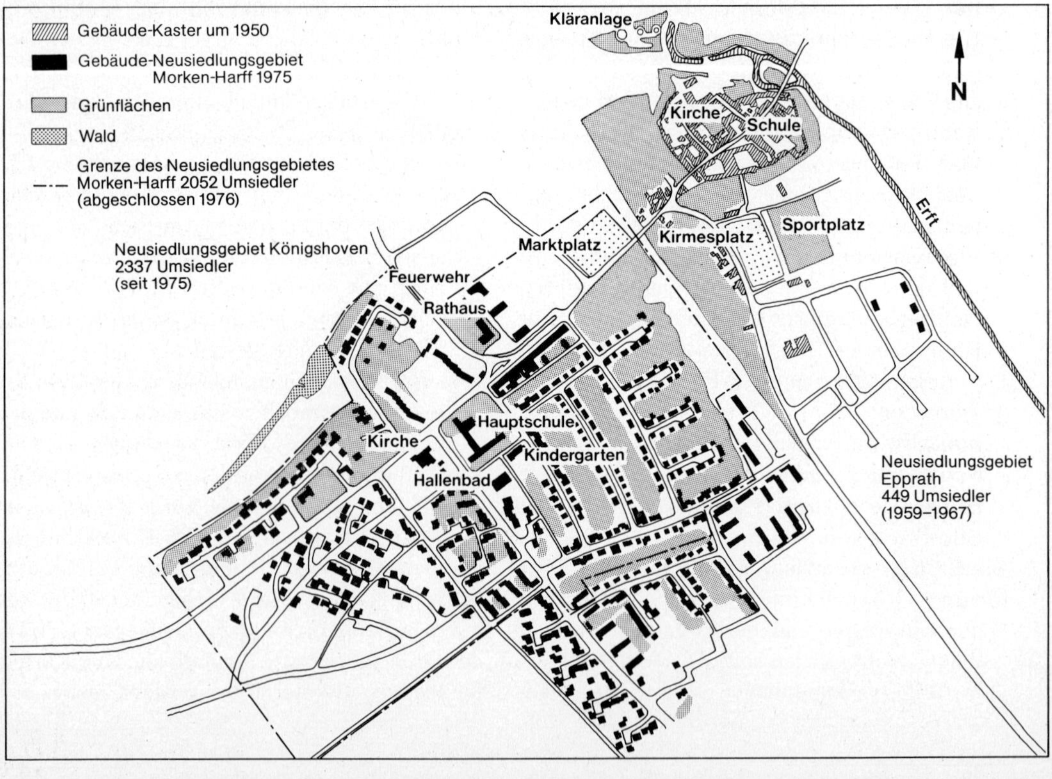

Stimmen von Betroffenen: Lich-Steinstraß (Tagebau Hambach)

Aus einem Flugblatt der Bürgerinitiative Lich-Steinstraß:

„Am heutigen Montag, dem 16. Oktober 1978, wird der Minister für Wirtschaft und Verkehr des Landes Nordrhein-Westfalen, Horst-Ludwig Riemer, offiziell den Beginn des Tagebaus verkünden und einleiten. Er wird um 12.15 Uhr höchstpersönlich den größten Bagger der Welt in Bewegung setzen. Für den Ort Lich-Steinstraß und weitere Orte ist dies der Anfang vom Ende! Die damit verbundenen Probleme für die Bevölkerung dieses Ortes werden von den zuständigen Stellen in verantwortungsloser Weise ignoriert und verdrängt:

- Landwirtschaftliche Existenzen werden vernichtet!
- Mittelständische Betriebe verlieren ihre Geschäftsgrundlage!
- Die Mieter werden aus ihren Mietwohnungen vertrieben!
- Das gesamte Naherholungsgebiet mit seinen riesigen Wäldern wird vernichtet!
- Die Wasserversorgung der Zukunft wird gefährdet!
- Die Richtlinien für den Härtefond sind so hoch geschraubt, daß niemand in den Genuß dieser Mittel kommen wird – zumindest nicht ohne vorherigen ‚Offenbarungseid' und totale Verschuldung!
- Viele Bürger – vor allem die älteren Einwohner – müssen sich hoch verschulden, weil sie von dem Almosen, das ihnen die Rheinbraun für ihr Häuschen gibt, kein neues Eigenheim bauen können. Die meisten sind dazu nicht in der Lage – ihnen bleibt nur der Weg ins Altersheim!
- Politiker und Verwaltungen lassen die Bürger von Lich-Steinstraß völlig im Stich!

Die Energie für alle – die Belastung ist nur für uns!"

Aus einem Interview mit dem Ortsvorsteher von Lich-Steinstraß

„Wie weit ist Lich-Steinstraß heute? Der laute Protest gegen den Tagebau Hambach mit Demonstrationen und hektischen Versammlungen ist zwar längst verstummt, hat der Resignation Platz gemacht. Das Mißtrauen ist jedoch geblieben. ‚Die Leute haben sich damit abgefunden, daß Rheinbraun die uneingeschränkte Macht hat', meint Ortsvorsteher Martin Schmitz bitter.
Er befürchtet, sein Dorf werde ‚allmählich ausgehungert' und die versprochene geschlossene Umsiedlung mit Kirche und Friedhof, Kindergarten und Kleinschwimmhalle ‚glatt unterlaufen'. So ist denn auch ein Drittel der ursprünglich 1500 Bürger des Doppelortes bereits weggezogen und ‚in alle Winde zerstreut'. Im neuen Dorf ‚Im Möhnewinkel' in der Nachbarstadt Jülich werde sich wohl schließlich nur die Hälfte der früheren Einwohner wiederfinden, glaubt der Ortsvorsteher. Die 40 Landwirte und deren Familien können ohnehin nicht mitziehen, da der Möhnewinkel reines Wohngebiet ist, die größeren Gewerbebetriebe ... ebenfalls nicht."

Kölner Stadt-Anzeiger vom 12. 9. 1980

18. *Interpretieren Sie das Luftbild Tagebau Fortuna-Garsdorf 1971, und zeigen Sie durch den Vergleich mit dem Luftbild von 1980 den durch den Tagebau ausgelösten Landschaftswandel.*

19. *Zeigen Sie in einem Wirkungsgeflecht die durch den Braunkohlentagebau ausgelösten Einwirkungen im Landschaftshaushalt.*

20. *„Die Umsiedlung landwirtschaftlicher Betriebe auf rekultivierten Tagebauflächen bringt manchem Landwirt die gleichen Verbesserungen, wie sie anderenorts erst über ein aufwendiges und zeitraubendes Flurbereinigungsverfahren erzielt werden." Nehmen Sie zu diesem Ausspruch Stellung.*

21. *Inwiefern können Ortsumsiedlungen und Rekultivierungsmaßnahmen als „durchgreifende Formen umfassender Raumordnung" angesehen werden?*

2.3 Ruhrgebiet – Raumwandel infolge der Umbewertung von Standortfaktoren

Abb. 1: Die Veränderung einer Landschaft: Essen 1822 – 1867 – 1977

Die drei Stadtansichten verdeutlichen, welch schnellen und umwälzenden Wandel die Ruhrgebietsmetropole Essen in den letzten 150 Jahren durchlaufen hat. Nur an dem Kirchturm in der Mitte der Bilder kann man erahnen, daß es dieselbe Stadt ist, gemalt bzw. fotografiert vom gleichen Standpunkt aus. Das Beispiel ist typisch für viele Ruhrgebietsstädte und kennzeichnend für den mehrfachen Wandel des gesamten Reviers.

Im folgenden soll untersucht werden, wie durch die industrielle Nutzung des Energie- und Rohstoffes Steinkohle ein ehemals weitgehend landwirtschaftlich geprägter Raum in kürzester Zeit industriell inwertgesetzt wurde und wie durch die Umbewertung dieses Standortfaktors mehrfach die Standortbedingungen und damit die gesamte Raumstruktur sich änderten.

2.3.1 Standortfaktor Kohle

Die Bezeichnung und Abgrenzung dieses größten und bedeutendsten europäischen Wirtschaftsraumes sind nicht einheitlich.
Anstelle der traditionellen Namen „Ruhrgebiet“ und „Ruhrkohlenrevier“ haben sich heute vielfach die Namen „Rhein-Ruhr-Raum“ und, fälschlicherweise „Rheinisch-Westfälisches Industriegebiet“ durchgesetzt.
Da der Steinkohlenbergbau heute nicht mehr der dominierende Wirtschaftszweig ist, ist es auch nicht gerechtfertigt, die Abbaugrenze der Steinkohle als Grenze des Ruhrgebietes zu nehmen. Eine geeignetere Basis zur Raumabgrenzung bieten die in Zahlen faßbaren Agglomerationen von Industrie, Siedlungen und Verkehr. Danach liegen die Grenzen des Ruhrgebiets – als Teil des „Rheinisch-Westfälischen Industriegebietes“ – im Westen bei Kamp-Lintfort, im Osten bei Hamm und Unna, die Südgrenze ist das Ruhrtal; im Norden reicht das Ruhrgebiet bis über die Lippe.
Diese Begrenzung entspricht im wesentlichen dem „Verbandsgebiet“ des Kommunalverbandes Ruhrgebiet (KVR), Nachfolger der 1979 aufgelösten Planungsbehörde „Siedlungsverband Ruhrkohlenbezirk“ (SVR). Da sich fast alle statistischen Angaben auf dieses Erhebungsgebiet beziehen, soll auch hier dieses „Verbandsgebiet“ als räumliche Grundlage genommen werden (vgl. Abb. 3).

Tab. 1: Das Ruhrgebiet – Überblick in Zahlen

		KVR	NRW	Bundesrepublik Deutschland
Fläche (km^2)		4 432	34 066	248 643
Wohnbevölkerung (1000)	1950	4 594	13 207	50 809
	1961	5 674	15 912	56 158
	1970	5 658	16 915	60 650
	1981	5 376	17 046	61 713
Bevölkerungsdichte (E./km^2)	1981	1 213	500	248
Bevölkerungszu-	1950–1970	+23,1	+28,1	+19,4
bzw. -abnahme (%)	1970–1980	– 6,0	+ 0,6	+ 1,3
Arbeitslosenquote	(Dez. 82)	11,8	10,1	9,1
Industriebesatz	1981			
(Ind.-Besch. je 1000 E.)		130	128	121

Erwerbstätige nach Wirtschaftsbereichen (%)	KVR 1970	KVR 1981	NRW 1970	NRW 1981	BRD 1970	BRD 1981
I Land- u. Forstwirtschaft	1,5	1,4	4,2	2,4	9,1	5,2
II Prod. Gewerbe	58,4	51,2	55,7	48,1	49,4	45,0
III Tertiärer Sektor	40,1	47,4	40,1	49,5	41,5	49,8

Industriebeschäftigte 1981	Gesamt:	703 963
	davon im Kohlenbergbau	141 584 (20,1%)

Strukturbestimmende Industriebranchen	Beschäftigte 1969	1981
Kohlenbergbau	203 170	141 584
Eisenschaff. u. verarb. Industrie	201 381	173 716
Maschinenbau	72 874	86 539
Elektroindustrie	44 651	49 906
Chemische Industrie	40 833	43 685
Mineralölverarbeitung	7 528	7 355

Anteil an der Gesamtproduktion der Bundesrepublik (in %)	1981
Steinkohlenbergbau	79%
Rohstahlerzeugung	54%

Wanderungsbewegungen		
	1950–54	+534 228
	1955–59	+334 534
	1960–64	– 26 753
	1965–69	– 78 837
	1970–74	– 27 686
	1975–79	– 83 272

Lagerungsverhältnisse der Ruhrgebietskohle

Für die räumliche Verteilung der Zechen und der Industriestandorte waren lange Zeit die Lagerungsverhältnisse und die Qualität der Kohle von entscheidender Bedeutung.

Steinkohlearten. Der verschiedene Grad der Inkohlung hat mehrere Steinkohlearten entstehen lassen, die sich durch ihre chemische Zusammensetzung, ihren Anteil an flüchtigen Bestandteilen, z. B. Gase und Stäube, und ihren Kohlenstoffgehalt unterscheiden. Auf diesen Unterschieden beruht unter anderem die Verwendbarkeit der einzelnen Kohlearten für die verschiedenen technischen Zwecke, was sich wiederum auf die Entwicklung und Standorte der Industrie auswirkt. Kaum ein anderes Steinkohlengebiet der Erde hat eine so große Anzahl von Kohlearten anzubieten wie das Ruhrgebiet.

Ausschlaggebend für die Bedeutung des Reviers sind nun nicht die Größe und Vielzahl der Vorkommen, sondern die Tatsache, daß ca. zwei Drittel der geförderten Kohle Fettkohle, d. h. hochwertige Kokskohle für die eisenschaffende Industrie sind.

Tab. 2: Steinkohlearten und ihre Verwendung im Ruhrgebiet

	Zahl der abbauwürdigen Flöze (im Mittel)	Vorräte 1979 (in %)	Heizwert (1000 kj/kg)	Gehalt an flücht. Bestandteilen (in %)	Verwendung
Flammkohle	8		31,6–32,9	> 38	industrielle Wärmeerzeugung
Gasflammkohle	9	22	33,2–33,9	40–35	Kohlechemie
Gaskohle	10		33,9–34,5	35–28	Kohlechemie, ind. Wärmeerz. Beimischung f. Kokserzeugung
Fettkohle	17	59	34,8–35,4	30–18	Kokserzeugung
Eßkohle	4	15	35,2–35,4	20–14	Schmiedezwecke (Esse) Beimischung f. Kokserzeugung
Magerkohle	8	4	35,2–35,4	14–10	Feinkohle f. Brikettherst.
Anthrazit			35,2–35,3	< 10	Industriezwecke, Hausbrand

Lagerungsverhältnisse. Von entscheidender Bedeutung für die Technik und Entwicklung des Bergbaus sind die tektonischen Störungen des Steinkohlengebirges. Die ursprünglich horizontal abgelagerten flözführenden Schichten wurden gegen Ende des Karbons von der variskischen Gebirgsbildung erfaßt und dabei zu Sätteln und Mulden gefaltet und gleichzeitig nach Norden in einem Winkel von ca. sechs Grad abgesenkt. Nach Norden tragen die Karbonschichten dadurch ein zunehmend stärkeres Deckgebirge.

Abb. 2: Schnitt durch das Steinkohlengebirge des Ruhrgebiets

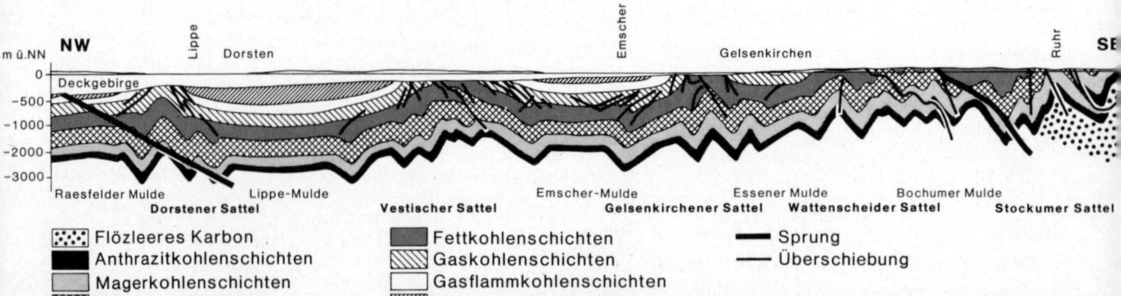

Abbauzonen. Das gestaffelte Über- und Nebeneinander verschiedener Steinkohlearten hat zur Bildung von charakteristischen Abbauzonen geführt:

- die Anthrazit- und Magerkohlenzone an der Ruhr (Ruhrzone),
- die Eß- und Fettkohlenzone zwischen Hellweg und Emscher (Hellweg- und südliche Emscherzone),
- die Gas-, Gasflamm- und Flammkohlenzone zwischen Emscher und Lippe (nördliche Emscherzone und Lippezone),
- in der Rheinzone werden verschiedene Kohlearten gefördert, vor allem Gas- und Gasflammkohle.

Mit fortschreitender Technik wanderte der Bergbau von Süden nach Norden. Während in der Ruhrzone heute keine Zeche mehr besteht, befinden sich die jüngsten und leistungsfähigsten in der Lippe- und Rheinzone.

Abb. 3: Die Abbauzonen im Ruhrgebiet

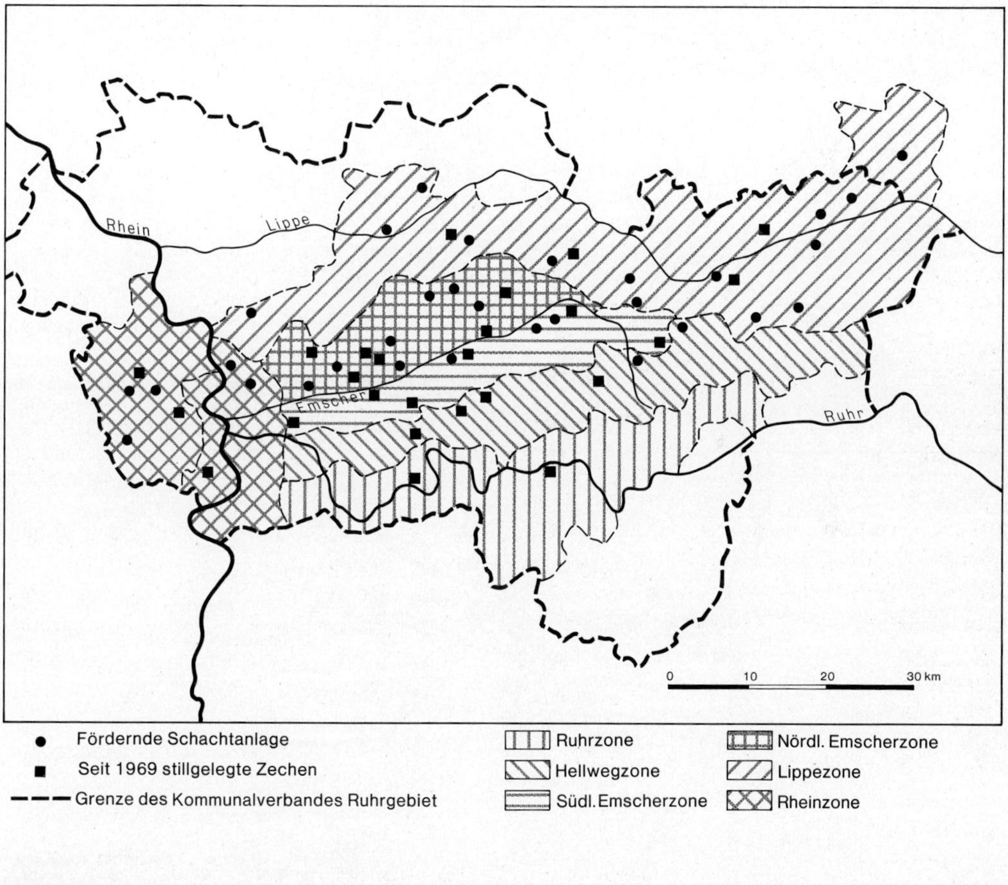

1. *Ziehen Sie aus dem Schichtenverlauf und der Schichtenfolge des Steinkohlengebirges Rückschlüsse auf die Entstehung der Flöze. Ordnen Sie das Ruhrgebiet in den gesamten west- und mitteleuropäischen Steinkohlengürtel ein.*
2. *Zeigen Sie den ursächlichen Zusammenhang zwischen den Lagerungsverhältnissen der Steinkohle und der historischen Entwicklung der Abbauzonen.*
3. *Erschließen Sie aus dem geologischen Profil (Abb. 2) Möglichkeiten und Probleme des Abbaus.*

2.3.2 Die Entwicklung des Wirtschaftsraumes

Die eigentliche Industrialisierung begann im Ruhrgebiet erst um die Mitte des 19. Jahrhunderts, wesentlich später als in den meisten anderen westeuropäischen Ländern. Abgesehen von dem noch wenig entwickelten Tage- und Stollenbau an den Hängen der Ruhr gab es kaum Industrie. In der Gegend des heutigen Oberhausen befanden sich um 1800 drei kleine Hütten, die jedoch ausschließlich mit Holzkohle betrieben wurden. Noch 1825 betrug der Anteil des Ruhrgebiets an der Roheisenerzeugung des Gesamtgebiets des späteren Deutschen Reiches lediglich 5%.

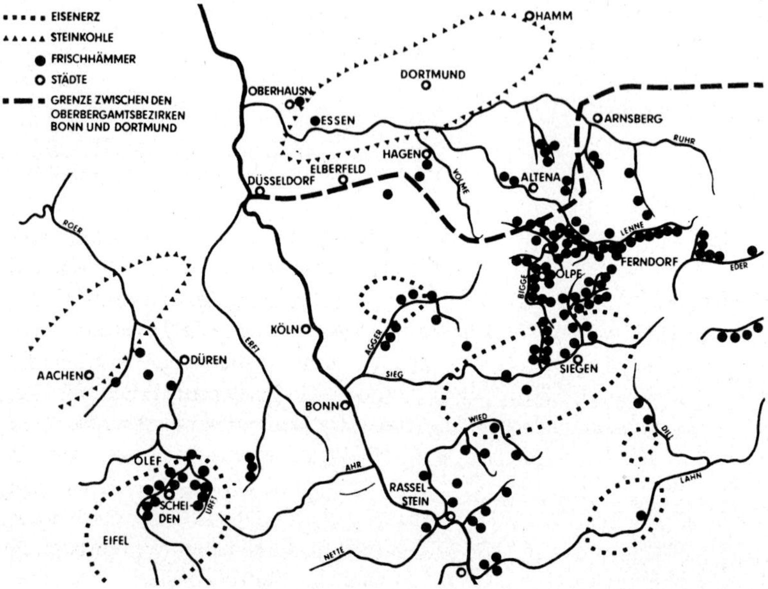

Abb. 4: Eisenhämmer sowie Kohlen- und Eisenerzgebiete 1820

Paul Wiel: Wirtschaftsgeschichte des Ruhrgebietes. Essen: Siedlungsverband Ruhrkohlenbezirk (Hrsg.) 1970, S. 192

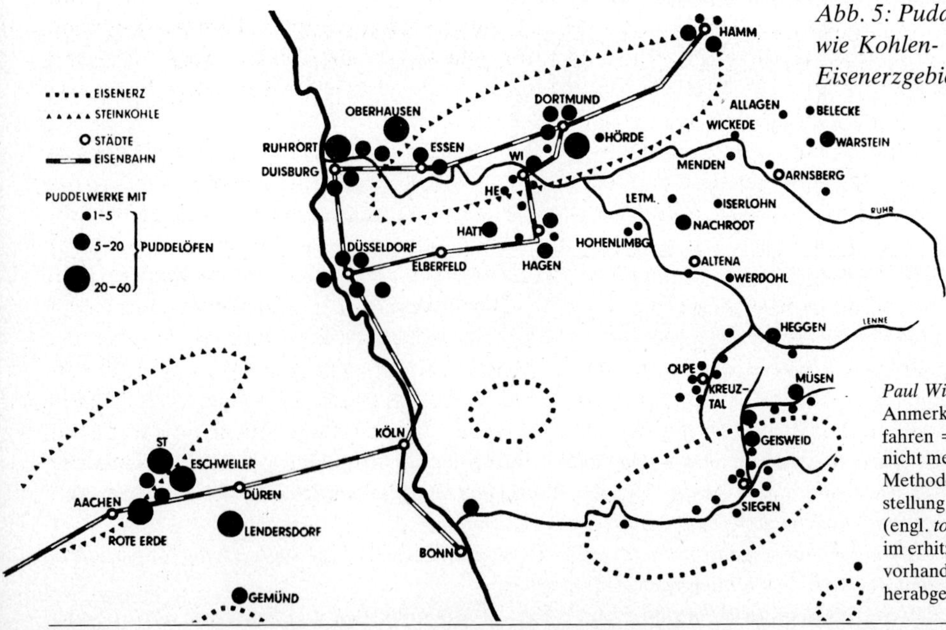

Abb. 5: Puddelwerke, sowie Kohlen- und Eisenerzgebiete 1860

Paul Wiel: a.a.O. S. 195
Anmerkung: Puddelverfahren = veraltete, heute nicht mehr praktizierte Methode der Stahlherstellung. Durch Rühren (engl. *to puddle*) wird der im erhitzten Roheisen vorhandene Kohlenstoff herabgesetzt.

Der Aufstieg zur Großindustrie konnte erst erfolgen, nachdem eine Reihe wichtiger Voraussetzungen geschaffen war:

- 1837 gelang es mit Hilfe der „Gefriertechnik“, die stark wasserführenden Deckgebirgsschichten zu durchstoßen. Damit wurde die Fettkohle erschlossen und die Grundlage für eine Eisenverhüttung großen Stils geschaffen.
- Etwa gleichzeitig erfolgte der verstärkte Einsatz der Dampfmaschine im Steinkohlenbergbau für das Anlegen der Schächte, die Hebung des Grundwassers, die Bewetterung sowie die Abraum- und Kohleförderung; Übergang vom Stollen- zum Schacht- bzw. Tiefbau.
- 1849 gewinnt man im Ruhrgebiet erstmalig Roheisen mit Hilfe von Steinkohlenkoks (100 Jahre später als in England, 50 Jahre später als in Oberschlesien). Da man zur Verhüttung von einer Tonne Erz wenigstens zwei Tonnen Koks benötigte, wurden die Steinkohlevorkommen standortbestimmend für die Hüttenindustrie (vgl. Abb. 5).
- Um 1849 beginnt die großzügige Erschließung der 1830 entdeckten Kohleneisensteinlagerstätten im Ruhrgebiet. Die Hütten im mittleren und östlichen Revier erhalten ihre eigene Erzbasis. Für die Hüttenstandorte im Westen bleibt neben der Steinkohle der Rhein maßgebend (Erztransporte).
- 1847 wird zwischen Duisburg, Oberhausen, Dortmund und Hamm die erste Eisenbahn durch das Revier gebaut. Es folgen rasch weitere Bahnen, so daß dem expandierenden Bergbau und der eisenschaffenden Industrie ein leistungsfähiger und billiger Verkehrsträger für ihre Massenprodukte zur Verfügung steht, der gleichzeitig Großabnehmer ist und zur Ausweitung des Absatzmarktes in „abgelegenen“ Gebieten beiträgt.

Industrieller Verbund. Um 1850 setzte die erste große Entwicklungsphase ein. Die Abbaulinie des Bergbaus verschob sich nach Norden, die ersten Großzechen entstanden. Bergwerke und Hüttenwerke vereinigten sich – es entwickelte sich der Verbund Steinkohle – Koks – Roheisen –Stahl. Gleichzeitig entstanden die ersten Großunternehmen wie Thyssen oder Krupp. Fortschritte bei der Stahlherstellung (Thomas-Verfahren, Bessemer-Verfahren, Siemens-Martin-Verfahren) und der ständig weitere Ausbau der Verkehrssysteme trugen wesentlich zum Aufbau bei.

Die Hellwegzone wird zum Zentrum der Stahlindustrie und damit zur Kernzone des Ruhrgebietes – mit den Schwerpunkten im Ruhrmündungsgebiet in und um Duisburg und um Dortmund am Endpunkt des Dortmund-Ems-Kanals (1899 fertiggestellt).

Mit der wachsenden Abhängigkeit von Importerzen wird für die Hüttenindustrie also die Lage zu transportgünstigen Wasserstraßen ausschlaggebend. Die Verkehrsorientierung wird neben der Steinkohle zum entscheidenden Standortfaktor.

Kohlewertstoffindustrie. Bereits 1870 hatte der Kohlenbergbau die Emscher überschritten, und kurz nach 1900 war die Lippe erreicht. Mit der Erschließung der ballast- und gasreichen Gas- und Flammkohlearten dieser Zone erfuhr die Ruhrgebietswirtschaft eine entscheidende Erweiterung. Die Kohle wurde in zunehmendem Maße als Rohstoff weiterverarbeitet, und als dritter Hauptindustriezweig entstand die Kohlechemie, die auf der Nutzung der bei der Kokserzeugung anfallenden „Wertstoffe“ (Teer, Ammoniak, Benzol) basiert.

Mit der Umstellung vieler Chemiebetriebe von Kohle auf Erdöl nach dem Zweiten Weltkrieg hat sich in diesem Industriezweig ein relativ enger Verbund zwischen Kohle und Erdöl entwickelt.

Eine klare Standortorientierung an die Fördergebiete besonders der Gas- und Flammkohlearten zeigen auch die Kraftwerke, die die Abfallkohle als Energieträger verwerten.

An diese Hauptindustriezweige hat sich eine Vielzahl von Betrieben der Weiterverarbeitung und Zulieferung angeschlossen, die aber die Einseitigkeit der Wirtschaftsstruktur nicht entscheidend beeinflussen konnten. Steinkohlenbergbau, eisenschaffende Industrie und die auf Kohle aufbauende Chemie sind nach wie vor die strukturbestimmenden Branchen (vgl. Atlas).

Abb. 6: Verwendung der Steinkohle, vereinfachte Darstellung

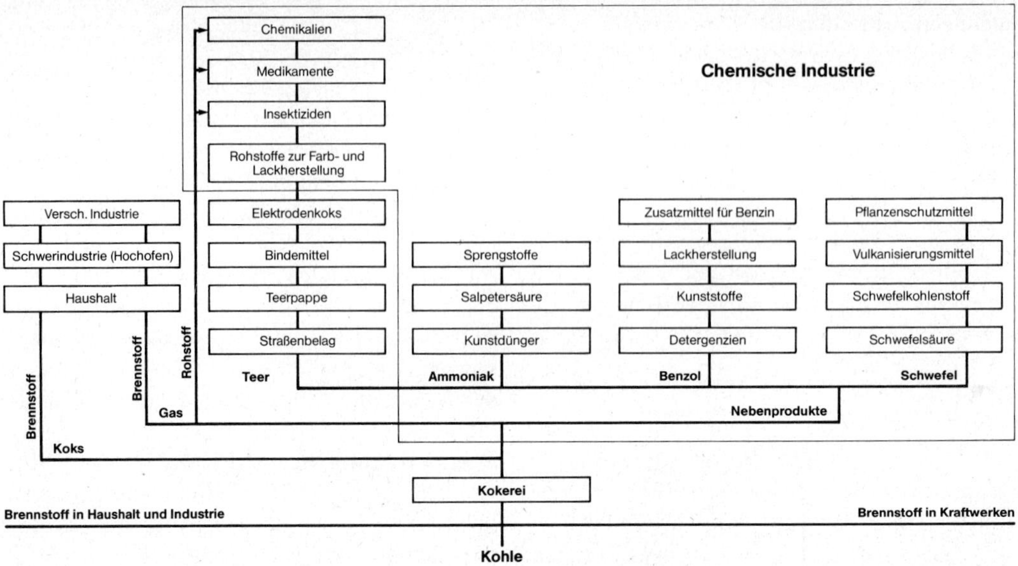

Nach Wilhelm Dege, Wilfried Dege: Das Ruhrgebiet. Kiel: Hirt 1980, S. 101

Unternehmenskonzentration. Ein wichtiges Merkmal der Ruhrgebietsindustrie ist die schon früh erfolgte horizontale und vertikale Konzentration. Darunter versteht man den Zusammenschluß mehrerer Unternehmen gleicher Produktionsstufe (horizontale Konzentration, z. B. die Ruhrkohlen AG oder die Vereinigten Stahlwerke AG) bzw. verschiedener, d. h. vor- und nachgelagerter Produktionsstufen (vertikale Konzentration). Die vertikale Konzentration ist besonders typisch für die Montanindustrie. Als Beispiel für die Spannweite sei der Krupp-Konzern genannt, dessen Betriebe von Erzgruben in Bilbao (Spanien), Steinkohlezechen, Hüttenwerken, Werken des Maschinen- und Fahrzeugbaus bis zu Werften in Kiel und Bremen reichten.

4. *Zeigen Sie den ursächlichen Zusammenhang zwischen den verschiedenen Kohlelagerstätten und den Industriestandorten.*

5. *Informieren Sie sich über die technischen Abläufe bei der Roheisen- und Stahlerzeugung. Ergeben sich aus den unterschiedlichen Verfahren unterschiedliche Standortanforderungen?*

6. *Die Standortgunst ließ das Ruhrgebiet im 19. Jahrhundert zum größten Industrieraum Westeuropas werden. Nennen Sie die Gunstfaktoren.*

7. *Zeigen Sie die Zusammenhänge zwischen den technischen Entwicklungen in der Montanindustrie und der Gesamtentwicklung des Industrieraumes Ruhrgebiet.*

8. *Beschreiben Sie die Standorte der Hütten- und Stahlwerke im EG-Raum, und ermitteln Sie die Standortfaktoren (Atlas).*

2.3.3 Der Zusammenhang zwischen Industrialisierung und Siedlungsentwicklung

Abb. 7: Duisburg/Beeck – Thyssenhütte

Anders als in den meisten übrigen Ballungsgebieten Deutschlands (z. B. München, Hamburg), bei denen die industrielle Entwicklung von einer Großstadt ausging, also von einem historischen Kern aus zentrifugal nach außen fortschritt und dabei das agrare Umland städtisch/industriell überformte (vgl. Kap. 4.1), fehlt im Ruhrgebiet eine solche Kernzone. Es ist ein polyzentrisches (mehrkerniges) Ballungsgebiet, Ergebnis des Aufeinanderzuwachsens verschiedener städtischer Zentren, die sich gegenseitig beeinflussen und in ihren Kompetenzbereichen überlagern. Für manche Region des Reviers fehlt selbst dieses Zentrum. Ausgangspunkt einer Siedlung war oft ein Hüttenwerk oder gar ein Bahnhof.
Im Gefolge der stürmischen industriellen Entwicklung kam es „zu einem geradezu chaotischen Gemenge von Bergwerken, Industrieanlagen, Verkehrsadern und Siedlungen, wobei historisch gewachsene Städte von diesem Siedlungsnetz regelrecht überwuchert wurden . . ., alte Dörfer und Kleinstadtkerne zusammengewuchsen . . . und auch neue Städte aus dem Nichts entstanden."

Wolfgang Brücher: Industriegeographie. Braunschweig: Westermann 1982, S. 142

Dieses Bild ist jedoch räumlich zu differenzieren. Von Süden nach Norden lassen sich vier unterschiedliche Siedlungszonen unterscheiden, die das Fortschreiten der industriellen Entwicklung und Verstädterung von der Ruhr zur Lippe widerspiegeln, letztlich also mittelbar durch die geologische Struktur der Kohlelagerstätten bedingt sind.

Ruhrzone. „Das Siedlungsgefüge im Ruhrtal ist gekennzeichnet durch eine Reihe ehemals wichtiger Marktorte, die sich im Zuge der Industrialisierung zu Mittelstädten entwickelten. Die städtischen Kerne sind untereinander verbunden durch ein lockeres Siedlungsband von Bauernhöfen und Bergmannskotten in Streulage, das sich bis auf die Höhen beiderseits der Ruhr erstreckt. . . . Die für das Revier charakteristischen Großanlagen der Eisen- und Stahlindustrie bestimmen das Siedlungsbild der Ruhrzone nur punktuell, so in Witten und Hattingen, während von dem einst entwicklungsbestimmenden Bergbau nur noch industriegeschichtliche Zeugnisse zu finden sind (z. B. im Muttental bei Witten) . . ."

„In der Hellwegzone bilden die Städte Duisburg, Mülheim, Essen, Bochum und Dortmund der historischen Städtereihe entlang dem Hellweg Kristallisationskerne der städtischen Entwicklung . . . Die Hellwegstädte erhielten im Verlauf der industriellen Entwicklung ein Übergewicht gegenüber den anderen Zonen des Reviers, das ein enormes absolutes Bevölkerungswachstum und, damit verbunden, eine starke Zunahme und Verdichtung der überbauten Flächen zur Folge hatte. Das wirtschaftliche Übergewicht ist vor allem darauf zurückzuführen, daß durch den Abbau verkokbarer Kohle die Hellwegstädte zu Standorten der Eisen- und Stahlindustrie sowie der Kohlechemie wurden. Viele dieser Werke entwickelten sich in der Folgezeit zu Großbetrieben. Sie lehnten sich an die räumlich geschlossenen mittelalterlichen Städte an und engten sie in ihrer städtebaulichen Entwicklung ein. Teils unmittelbar bei den Betrieben, teils entlang den alten Ausfallstraßen, teils in planloser Bebauung mitten in Feldern und Wiesen entstanden die Siedlungen für die Arbeiter . . ."

„In der nördlichen Emscherzone, einer vor dem Vordringen des Bergbaus weitgehend siedlungsfreien Niederungslandschaft, vollzog sich die Besiedlung ohne den ordnenden Einfluß eines vorindustriellen Siedlungsgefüges. Ausgangspunkt war immer die Schachtanlage, deren Standort allein unter bergbautechnischen und verkehrlichen Gesichtspunkten bestimmt wurde. Im Gefolge des Bergbaus entstand ein dichtes Netz von Werksbahnen, Rohrleitungen und Straßen. Die Wohnbebauung für die Arbeiter mußte sich ohne Rücksicht auf eine übergeordnete städtebauliche Struktur in das industriell bestimmte Grundgerüst einfügen. So entstanden auf den noch bestehenden Freiflächen, zumeist in unmittelbarer Nachbarschaft zur Schachtanlage, ausgedehnte Zechenkolonien in einer lockeren Bebauung . . . Kennzeichnend für das heutige Siedlungsgefüge der nördlichen Emscherzone ist ein ungeordnetes Nebeneinander von Verkehrs-, Industrie- und Siedlungsflächen, das insbesondere auch unter dem Gesichtspunkt des Lärm- und Immissionsschutzes einer durchgreifenden städtebaulichen Neuordnung bedarf. . ."

Lippezone. „Die Saumbereiche westlich, nördlich und östlich des Kernreviers weisen ein aufgelockertes Siedlungsgefüge auf, das in seinen wesentlichen Grundzügen die Strukturen der vorindustriellen Zeit bewahrt hat. Die Siedlungsstruktur ist gekennzeichnet durch eine Reihe von Klein- und Mittelstädten, vor allem längs der Lippe, in deren noch weitgehend agrarisch geprägten Zwischenbereichen sich bäuerliche Einzel- und Gruppensiedlungen einfügen. Ein weiteres Element der Auflockerung bilden die ausgedehnten Forstflächen (Hünxer Wald, Kirchheller Heide, Haard), die heute eine große Bedeutung für die Naherholung der Bevölkerung des nördlichen Kernreviers besitzen. Nur inselhaft betten sich in dieses Siedlungsgefüge, häufig ohne Bezug zu ihm, Schachtanlagen und Folgeindustrien des Bergbaus (CWH Marl) als Wachstumsspitzen des Reviers ein und bilden zusammen mit den dazugehörigen Wohnsiedlungsbereichen industriell bestimmte Verdichtungskerne."

Wilhelm Dege, Wilfried Dege: Das Ruhrgebiet. Kiel: Hirt 1980, S. 43–46

Die Tabelle 3 verdeutlicht das sprunghafte Wachstum der Ruhrgebietsstädte im Gefolge der industriellen Erschließung und ermöglicht Rückschlüsse auf die unterschiedliche Siedlungsentwicklung in den einzelnen Zonen.

Ausschnitt aus der TK 1:25000, Blatt 4410. Vervielfältigt mit Genehmigung des Landesvermessungsamtes Nordrhein-Westfalen vom 2. 3. 1984, Nr. 125/84

Abb. 8: Dortmund 1973

Tab. 3: Entwicklung ausgewählter Städte des Ruhrgebietes nach der Einwohnerzahl (in 1000)

	1816/1817	1852	1885	1905	1939	1961	1981	Anteil der Beschäftigten in sek. Sektor (1981)	Montanindustrie (1981)
Bochum	2,1	5,8	40,8	118,5	305,5	440,6	398,5	53,2	12,8
Bottrop	2,2	3,4	9,8	34,3	83,4	120,2	114,2	53,4	23,2
Dortmund	4,3	13,5	78,4	175,6	542,3	646,7	605,4	48,7	21,7
Duisburg	5,4	9,6	47,5	192,3	434,6	663,1	554,3	59,3	35,9
Essen	4,5	10,5	65,1	231,4	666,7	749,0	643,6	42,4	9,8
Gelsenkirchen	0,5	0,9	20,3	147,0	317,6	382,8	301,4	61,5	27,6
Hagen	2,5	6,1	29,6	77,6	151,8	230,2	216,9	51,1	22,7
Hamm	4,7	6,3	22,5	38,4	59,0	162,0	171,2	53,5	24,5
Herne	0,7	1,4	9,9	33,3	94,6	220,4	181,1	57,2	19,5
Mülheim	5,0	11,1	24,5	93,6	137,5	186,2	179,3	54,2	21,3
Oberhausen	–	–	20,4	52,2	191,8	256,8	228,3	59,6	17,0

Die Tabelle berücksichtigt nicht, daß sich auch die Fläche der Städte im angegebenen Zeitraum durch Eingliederungen, Zusammenschlüsse etc. z. T. erheblich vergrößert hat.

Wilhelm Dege und Wilfried Dege: a.a.O., S. 58, 59 und Kommunalverband Ruhrgebiet (Hrsg.): Städte und Kreisstatistik Ruhrgebiet 1982. Essen 1983

9. *Beschreiben und erklären Sie den Zusammenhang zwischen den Phasen der Industrialisierung und dem Wachstum einzelner Städte (Tab. 3).*

10. *Zu Tab. 3. Ordnen Sie die Städte den verschiedenen Abbauzonen zu. Vergleichen Sie die Entwicklung, und begründen Sie die unterschiedlichen Wachstumsprofile.*

11. *Zu Abb. 8. Interpretieren Sie den Ausschnitt der topographischen Karte von Dortmund unter dem Gesichtspunkt funktionaler Gliederung. Welche Rückschlüsse ermöglicht die Karte auf die Siedlungsentwicklung Dortmunds?*

2.3.4 Strukturprobleme und Strukturwandel seit 1950

Lange galt die Höhe der Kohle- und Stahlproduktion als Kennzeichen wirtschaftlicher Macht und industrieller Leistungsfähigkeit eines Landes. In der Bundesrepublik Deutschland war die „Wirtschaftswunderzeit" nach dem Zweiten Weltkrieg auch die Glanzzeit des Bergbaus und der Stahlindustrie. Das Ruhrgebiet wurde zum bedeutendsten Wachstumsträger beim Wiederaufbau der kriegszerstörten deutschen Wirtschaft, da es mit dem Bergbau und der eisenschaffenden Industrie die entscheidenden Grundlagen besaß.

Um die notwendige Energieversorgung zu sichern, wurde die Steinkohlenförderung durch den Bau neuer Schachtanlagen und durch die Vermehrung der Arbeitsplätze stark vorangetrieben – oft unter Vernachlässigung von Rentabilitätsmaßstäben.

Etwa 1960 setzten tiefgreifende Wandlungen ein, die zuerst den Steinkohlenbergbau, später auch die eisenschaffende Industrie ergriffen, also beide strukturbestimmenden Industriezweige, von denen bis dahin im wesentlichen die wirtschaftliche Expansion des Ruhrgebiets getragen wurde.

Die Steinkohlenkrise leitet 1957 den Wandel ein. Infolge Überangebots und Absatzschwierigkeiten mußte die Kohleförderung stark reduziert werden. Bis 1981 sank sie um 43%. Gleichzeitig verringerte sich die Zahl der Arbeitsplätze (über- und unter Tage) um 64%, und die Zahl der Schachtanlagen ging von 140 auf 28 zurück.

Die Ursachen für den Rückgang sind vielfältig. (Vergleiche dazu die folgenden Abbildungen.)

Abb. 9: Kohlenförderung im Kommunalverband Ruhrgebiet im Vergleich zu anderen Förderregionen

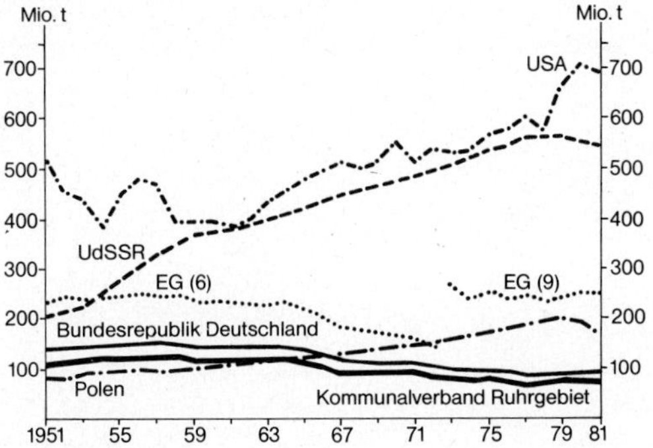

Abb. 10: Rohstahlerzeugung im Kommunalverband Ruhrgebiet im Vergleich zu anderen Stahlerzeugungsregionen

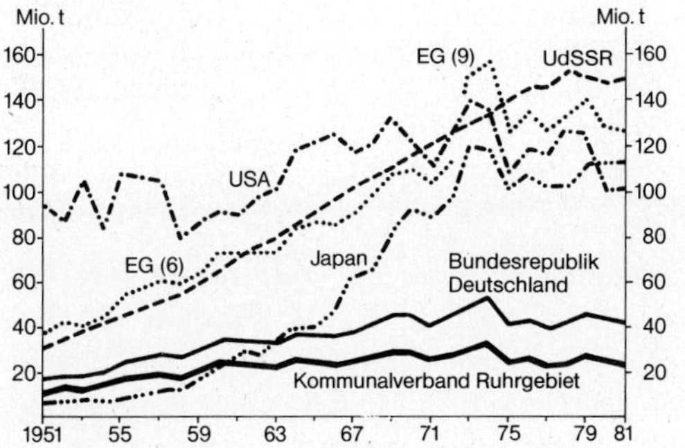

Kommunalverband Ruhrgebiet (Hrsg.): Städte- und Kreisstatistik 1982. Essen 1983, S. 146 und 148

Abb. 11: Veränderung der Absatzstruktur des deutschen Steinkohlenbergbaus

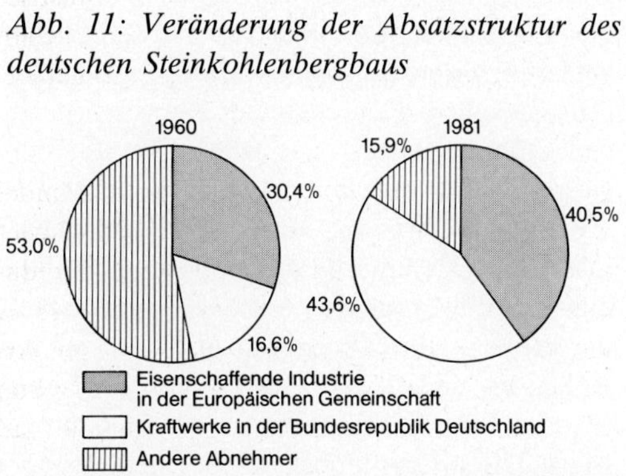

Das Bergbau-Handbuch. Essen: Glückauf Verlag 1983. Bild 28

Abb. 12: Absatz des deutschen Steinkohlenbergbaus an die inländische Stahlindustrie

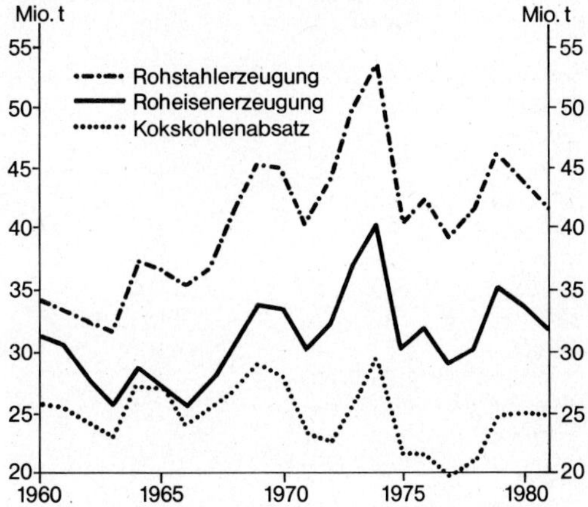

Nach Das Bergbau-Handbuch: a.a.O., Bild 29

Trotz vielfältiger Maßnahmen des Staates (Ablösung der Importverträge, Einführung der Heizöl- und Mineralölsteuer, Zollerhöhung für Importkohle, „Verstromungsgesetze", „Kohleanpassungsgesetz", „Kohlepfennig") und der Bergwerksunternehmen (Produktionseinschränkungen durch Feierschichten, Zechenstillegungen, Reduzierung der Belegschaft) konnte bis heute das Überangebot an Steinkohle nicht abgebaut werden. Auch die nach der Ölpreisexplosion in den 70er Jahren erhoffte Renaissance der Kohle ist ausgeblieben.

Der Zwang, die Ruhrgebietskohle auf dem Markt wieder konkurrenzfähig zu machen, führte zu durchgreifenden Rationalisierungsmaßnahmen: Mechanisierung der Kohlegewinnung (der Anteil der vollmechanischen Gewinnung an der Gesamtförderung betrug 1958 10%, 1982 99%), Aufgabe von Schachtanlagen mit ungünstigen Lagerungsverhältnissen (vgl. Tab. 4), Verminderung der Abbaubetriebspunkte, d. h. der Stellen unter Tage, an denen Kohle abgebaut wird (Zahl der Abbaubetriebspunkte 1957 ca. 2000, 1982 ca. 200).

Tab. 4: Entwicklung des Steinkohlenbergbaus im Ruhrgebiet

Jahr	Zahl der Förderanlagen	Beschäftigte insg. (in 1000)	Beschäftigte unter Tage (in 1000)	Schichtleistung je Arbeiter unter Tage (in kg)	durchschnittl. Förderung je Schachtanlage (in 1000 t)
1958	140	489	305	1675	871
1961	120	388	231	2102 (1960)	967
1964	99	331	192	2168	1182
1966	61	287	161	3006	1688
1971	55	197	108	3893	1655
1974	35	161	88	3986	2229
1977	32	151	85	3837	2125
1980	29	142	77	3943	2379
1981	28	143	79	3904	2500

Statistik der Kohlenwirtschaft e. V. (Hrsg.): Zahlen zur Kohlenwirtschaft. Essen/Köln 1977 und 1982

Die Stagnation des Bergbaus und die Zechenkrise liegen also vor allem in der Umbewertung der Steinkohle als Energieträger und Rohstoff begründet. Damit haben sich aber auch die Bedingungen der industriellen Standortwahl geändert, wie weiter unten zu zeigen ist.

Die Stahlkrise zeichnete sich bereits Anfang der 60er Jahre durch unterdurchschnittliche Wachstumsraten und starke Absatzschwankungen ab (vgl. Abb. 10). Gleichzeitig wuchsen aber die Erzeugungskapazitäten, im Ruhrgebiet und weltweit.

„Zyklische Schwankungen" sind in der Stahlindustrie jedoch nichts Ungewöhnliches; entscheidend für die Wirtschaftlichkeit ist die Kapazitätsauslastung. Sie betrug in der Bundesrepublik Deutschland 1964 noch 95%, sank seitdem ständig auf heute fast 50% – also auf ein völlig unwirtschaftliches Niveau.

Die Rezession in der Stahlindustrie wird auf folgende Ursachen zurückgeführt:

- Rückgang des Absatzes im Inland; geringerer Bedarf z. B. des Baugewerbes und der Werftindustrie, Verdrängen des Stahls durch andere Werkstoffe, materialsparende Fertigungen,
- weltweite Überkapazität und als Folge
- verschärfter Wettbewerb auf dem Weltmarkt: Eindringen von Drittländern (z. B. Japan, Entwicklungsländer).

Im Fall der Bundesrepublik Deutschland kommen noch weitere Faktoren hinzu:

- hohe Kosten der heimischen Kokskohle,
- Verschlechterung der Wettbewerbssituation durch überproportionalen Anstieg der Lohnkosten,
- Wettbewerbsverzerrungen durch Dumpingpreise anderer Exporteure und durch die Staatssubventionen, mit denen z. B. die EG-Länder Italien, Frankreich, Belgien und Luxemburg ihre Stahlindustrie unterstützen.

Standortverlagerungen der Schwerindustrie. Die Stahlunternehmen des Ruhrgebiets versuchen durch umfassende Werkskonzentrationen, Hinwendung zur Produktion höherer Stahlqualitäten und durch Standortverschiebungen ihre Konkurrenzfähigkeit zu verbessern.

Infolge der technologischen Fortschritte im Verhüttungsprozeß, die zu einem ständigen Rückgang des Kokseinsatzes führten, und durch die Umstellung auf überseeische Importerze verlor die eisenschaffende Industrie des mittleren und östlichen Ruhrgebietes ihren ursprünglichen Standortvorteil „auf der Kohle". Im Vergleich zu den „nassen Hütten" an der Küste wandelte er sich zu einem Standortnachteil. Dies zwang zu einer Neuorientierung der Produktionsschwerpunkte. So haben inzwischen die großen Hüttenkonzerne fast die gesamte Roheisen- und Stahlerzeugung am kostensparenden Massentransportweg Rhein konzentriert. Die im mittleren und östlichen Ruhrgebiet verbliebenen Stahlwerke spezialisierten sich auf die Weiterverarbeitung und die Stahlveredlung. Sie werden direkt aus den Rhein-Hochöfen mit dem flüssigen Roheisen in Torpedowaggons per Bahn beliefert. Lediglich die Hütten in Dortmund konnten lange ihre Position aufgrund der traditionellen Fühlungsvorteile halten.

Diversifizierung und neue Wachstumsspitzen

Um die durch den Rückgang des Bergbaus und die Stahlkrise verlorengegangenen Arbeitsplätze zu ersetzen, müssen durch eine gezielte Strukturpolitik und Standortwerbung neue Betriebe angesiedelt und die einseitige Industriestruktur diversifiziert werden, etwa durch Schaffung von Arbeitsplätzen im tertiären Sektor.

Besonders notwendig sind Betriebe der sogenannten Wachstumsbranchen, wie Automobilwerke und ihre Zulieferfirmen, chemische Industrie, Elektroindustrie und Mineralölindustrie.

Der spektakulärste Auftakt war der Bau des Opel-Zweigwerkes in Bochum, das 1962–1966 auf ehemaligem Zechengelände errichtet wurde und rund 17000 Personen beschäftigt. Die Stadt Bochum hatte allein durch den Verlust ihrer Zechen ca. 40000 Arbeitsplätze eingebüßt.

Mit dem strukturellen Wandel geht eine räumliche Verlagerung der Wirtschaftsschwerpunkte Hand in Hand.

Während das östliche und mittlere Ruhrgebiet von der Krise besonders stark betroffen wurden und z. T. empfindliche Wachstumsverluste hinnehmen mußten, konnte das westliche Ruhrgebiet ein eindrucksvolles Wirtschaftswachstum erzielen.

In der Rheinschiene, d. h. beiderseits des Rheins zwischen Bonn und Wesel, haben sich neben modernen Großzechen und Anlagen der Eisen- und Stahlindustrie zahlreiche Werke angesiedelt, z. B. der Petrochemie, der Mineralölwirtschaft, der Elektroindustrie oder des Maschinenbaus. Sie ziehen ihren Nutzen sowohl

Tab. 5: Entwicklung von Umsatz und Beschäftigtenzahlen nach Industriegruppen des Ruhrgebiets

Industriegruppe	Umsatz in Mio. DM 1954	1970	1975	1980	Beschäftigungsveränderung in % 1954-70	1970-75
Kohlenbergbau	5 032,2	6 354	9 650	15 788	− 58,2	−19,0
Eisenschaffende Industrie	5 486,7	14 177	18 293	19 039	+ 18,3	−10,4
Maschinenbau	939,6	3 505	5 670	6 368	+ 64,0	− 6,5
Elektrotechnische Industrie	542,6	2 365	2 997	3 881	+147,6	− 4,5
Chemische Industrie	1 078,6	4 267	10 684	11 808	+ 69,5	+ 6,5
Stahl- und Leichtmetallbau	826,8	1 854	2 846	5 365	− 4,7	− 5,6
Fahrzeugbau	83,6	2 758	3 890	6 565	+609	−12,5
Bekleidungsindustrie	239,6	860	1 074	1 172	+ 34,2	−35,6
Druckerei- u. Vervielfältigungsindustrie	154,9	575	816	1 079	+ 42,7	−14,6
Glasindustrie	182,3	657	710	1 015	+ 58,5	−27,5
Mineralölverarbeitung	531,3	4 281	3 576	17 526	+ 36,8	−49,1
Eisen-, Stahl- u. Tempergießerei	291,7	499	856	855	− 20,0	+ 5,4
Stahlverformung	266,2	651	1 029	495	+ 17,8	−12,5
Textilindustrie	142,9	296	290	244	− 27,3	−40,5
Ziehereien und Kaltwalzwerke	372,5	969	1 409	471	+ 34,9	−12,0
Industrie der Steine u. Erden	214,6	905	1 311	1 997	− 5,8	− 1,4
NE-Metallindustrie	398,5	1 100	1 766	3 283	+ 12,2	+10,8
Kunststoffverarbeitende Industrie	19,5	373	539	980	+630,0	−19,2
Ernährungsindustrie	977,1	2 996	4 294	6 378	+ 40,0	− 7,7
Sonstige	946,6	2 024	2 918	6 366	−	−
Gesamt	18 727,8	51 466	74 618	110 675	− 12,8	−10,9

Helmut Schrettenbrunner: Die Umbewertung von Naturfaktoren: das Ruhrgebiet. In: Wolf Benicke (Hrsg.): Geographie. Fischer Kolleg. Das Abiturwissen. Frankfurt: Fischer Taschenbuch Verlag 1983, S. 106

aus der Nachbarschaft zum „Revier“ und zum Rheinmündungsgebiet als auch aus den Agglomerationsvorteilen, die die Oberzentren Köln und Düsseldorf bieten.

12. *Beschreiben und erklären Sie die Entwicklung im Steinkohlenbergbau und in der eisenschaffenden Industrie seit den 50er Jahren.*
13. *Nennen Sie Ursachen für den Rückgang des Steinkohlenbergbaus seit 1957.*
14. *„Standortprobleme sind Transportprobleme.“ Nehmen Sie zu dem Zitat Stellung.*
15. *Erklären Sie, warum sich die Rheinschiene zu einem der bedeutendsten Wirtschaftsräume der Bundesrepublik Deutschland entwikkeln konnte.*

2.3.5 Wasserwirtschaft und Umweltschutz

Der Prozeß der extremen Verdichtung von Industrie, Siedlungen und Verkehr und die gestiegenen Umweltansprüche der Bevölkerung haben dazu geführt, daß neben den „traditionellen“ Standortfaktoren Fragen der Wasserversorgung und Abwässerbeseitigung sowie Umweltschutzbestimmungen eine immer wichtigere Rolle spielen bei Entscheidungen über Standortverlagerungen, Neuansiedlungen oder Vergrößerungen von Industriebetrieben.

Wasserwirtschaft des Ruhrgebiets

Die Wasserversorgung und -entsorgung erfolgt im wesentlichen über die drei Flüsse Ruhr, Emscher und Lippe. Wasserwirtschaftlich erfüllen sie jeweils unterschiedliche Aufgaben.
Die Ruhr ist der wichtigste Lieferant von Trink- und industriellem Brauchwasser. Als natürlicher Vorfluter des niederschlagsreichen Sauerlandes reicht seine Gesamtwassermenge in der Regel aus, um den Wasserbedarf im Einzugsbereich zu decken und darüber hinaus Wasser an andere Bedarfsräume abzugeben.
Infolge der starken jährlichen und jahreszeitlichen Schwankungen (Minimum-Maximum-Verhältnis ca. 1:600) muß jedoch künstlich für einen Ausgleich gesorgt werden. Dies geschieht hauptsächlich durch Talsperren.
Aus den Talsperren wird das Wasser nicht unmittelbar, etwa durch Fernleitungen (vgl. Wasserversorgung Stuttgarts aus dem Bodensee), dem Verbraucher zugeführt, sondern es gelangt über Nebenflüsse in die Ruhr bzw. in große Sickerbecken beiderseits der Ruhr und von dort aus ins Grundwasser. Daraus wird das so auf natürliche Weise gefilterte Wasser in Hochbehälter auf den Ruhrhöhen gepumpt und erst dann in das Versorgungsnetz eingeleitet.
Betreiber der Wasserversorgung sind die beiden bereits 1913 gegründeten Wasserwirtschaftsverbände, der „Ruhrtalsperrenverein“ und der „Ruhrverband“. Letzterer hat vor allem die Aufgabe der Abwässerreinigung und des Unterhalts der vier großen Stauseen am Unterlauf der Ruhr, die die Fließgeschwindigkeit des Flusses verlangsamen und so als Sedimentierbecken für Schwebstoffe dienen.
Die Emscher ist der zentrale Abwasserkanal des Reviers. Trinkwasser kann wegen der hohen Verschmutzung des Grundwassers aus ihrem Einzugsbereich nicht gewonnen werden.
Die in die Emscher eingeleiteten Abwässer werden in der Regel nur mechanisch vorgereinigt. Die biologische Reinigung des Flusses erfolgt erst unmittelbar vor der Mündung in den Rhein in der Großkläranlage Emschermündung bei Dinslaken. Der hier anfallende Schlamm enthält einen beträchtlichen Anteil an Feinkohle, die in einem Kraftwerk in Bottrop verbrannt wird. Die Zuleitung erfolgt über eine ca. 20 km lange Schlammleitung.
Erhebliche Probleme bereiten im Emscherbereich die durch den Bergbau verursachten Bodensenkungen, die die Entwässerung über natürliches Gefälle weithin unmöglich machen. Etwa 35% des Emschergebietes sind ohne natürliche Vorflut, eingedeichte Polderflächen, die durch Pumpwerke entwässert werden müssen. Aus dem gleichen Grund mußte die Emschermündung zweimal nach Norden verlegt werden (vgl. Abb. 13).
Die Lippe. Da das Lippewasser sehr salzhaltig ist, scheidet es für die Trinkwasserversorgung ebenfalls aus. Die Lippe liefert vor allem Brauchwasser für die chemische Industrie und Kühlwasser für die Wärmekraftwerke.

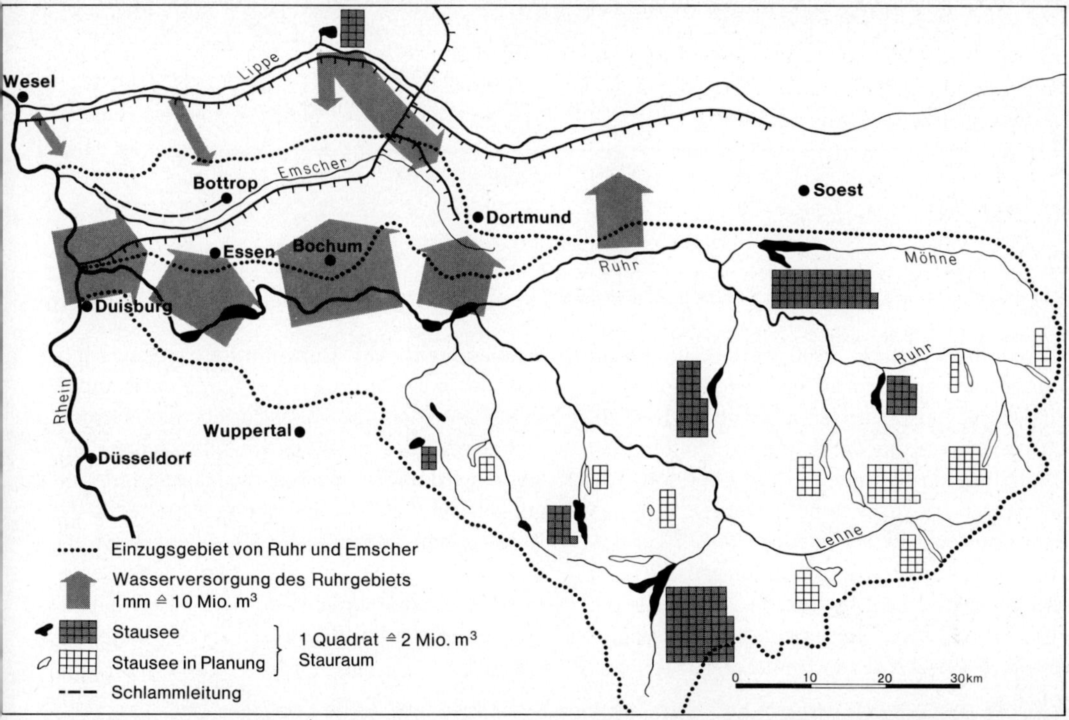

Abb. 13: Wasserversorgung

Überschüssige Wassermengen können durch ein umfangreiches System von Sperr- und Pumpwerken zur Speisung des Dortmund-Ems-Kanals und des Datteln-Hamm-Kanals genutzt werden (in niederschlagsreichen Jahren bis zu 90% des Wasserbedarfs der Kanäle). Umgekehrt kann bei Niedrigwasser Ruhr- und Rheinwasser über das Kanalnetz in die Lippe eingeleitet und dadurch eine Verbesserung der Wasserqualität (Verdünnungseffekt) erreicht werden.

Luftverschmutzung – Luftreinhaltung

Die Luftverschmutzung muß in engem Zusammenhang mit der Wirtschaftsentwicklung gesehen werden, d. h. insbesondere mit der Zunahme des Energieverbrauchs und des Kraftfahrzeugverkehrs, mit dem Wandel der industriellen Produktionsverfahren und Verschiebungen in der Branchenstruktur (z. B. Rückgang der eisenschaffenden Industrie, Wachstum der Mineralöl- und chemischen Industrie). Das bewirkt einen ständigen Wandel der Situation, sowohl was die Höhe der Luftverunreinigung als auch die Zusammensetzung der Schadstoffe anbetrifft.

Abb. 14: Nebelhäufigkeit und Windverteilung

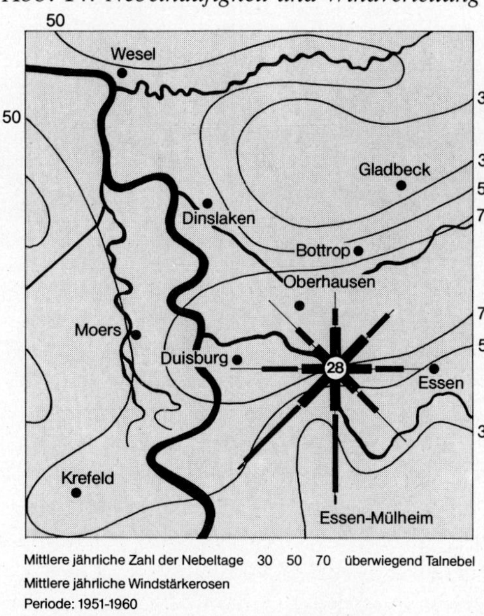

Nach Ministerium für Arbeit, Gesundheit und Soziales des Landes NW: Luftreinhalteplan Ruhrgebiet West 1978–1982. Düsseldorf 1977, S. 27

Tab. 6: Emissionen der Emittentengruppe und deren Anteile an der Gesamtemission

Bezeichnung des emittierten Stoffes	Industrie		Hausbrand und Kleingewerbe		Verkehr	
	t/a	%	t/a	%	t/a	%
Anorganische Gase	1 670 507	85,9	162 606	8,4	110 907	5,7
Organische Gase und Dämpfe	150 663	87,5	12 364	7,2	9 054	5,3
Staub	192 047	95,4	9 054	4,5	286	0,1

Ministerium für Arbeit, Gesundheit und Soziales: Luftreinhalteplan Ruhrgebiet West 1978–1982. Düsseldorf 1977, S. 11

Emissionen. Seit ca. 1960 werden im Rhein-Ruhr-Raum an mehr als 4000 Meßorten systematisch Untersuchungen über den Grad der Luftverschmutzung durchgeführt. Die Untersuchungsergebnisse über den Ausstoß der Schmutzstoffe (Emissionen) werden in einem Emissionskataster zusammengestellt. Es enthält Angaben über Art, Menge, räumliche und zeitliche Verbreitung sowie über die Austrittsbedingungen von Luftverunreinigungen, aufgeschlüsselt nach verschiedenen Emittentengruppen.

Immissionen. Mit Emissionsmessungen kann zunächst nur kontrolliert werden, ob z. B. industrielle Anlagen die vorgeschriebenen Normen einhalten. Zur Ermittlung von schädlichen Umwelteinwirkungen müssen die Luftverunreinigungen am Ort der Einwirkung als sogenannte Immissionen überprüft werden. Gemessen werden vor allem Staubniederschlag, Schwefeldioxid, Stickoxide, organische Gase und Dämpfe, Schwermetalle und Fluoride.

Abb. 15: Schwefeldioxidimmission 1982

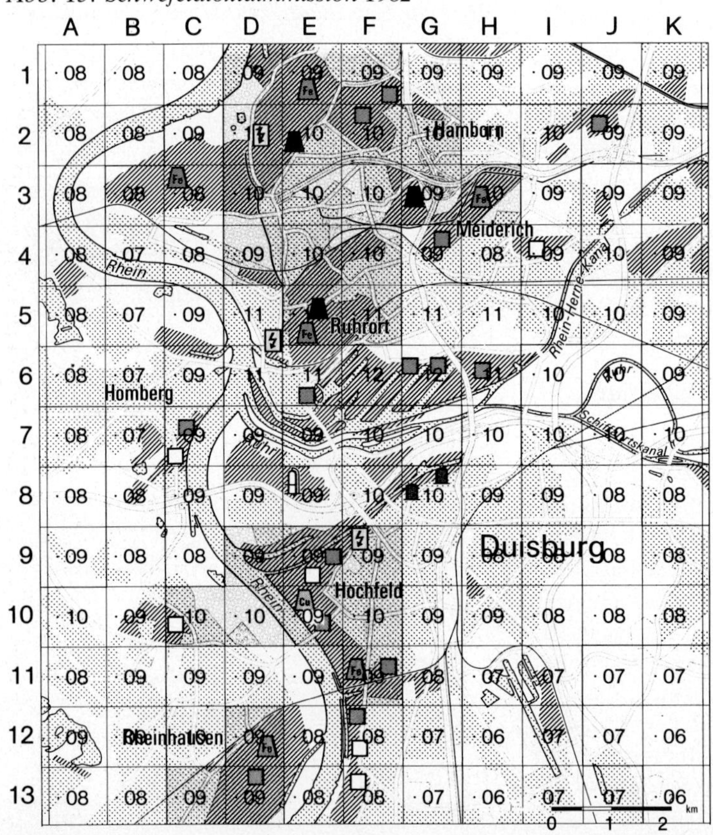

	A	B	C	D	E	F	G	H	I	J	K
1	·08	·08	·08	·09	·09	·09	·09	·09	·09	·09	·09
2	·08	·08	·09	·11	·10	·10	·10	·11	·10	·09	·09
3	·08	·08	·08	·10	·10	·10	·09	·10	·09	·09	·09
4	·08	·07	·08	·09	·10	·10	·09	·08	·09	·10	·09
5	·08	·07	·09	·11	·11	·11	·11	·11	·10	·10	·09
6	·08	·07	·09	·11	·11	·12	·12	·11	·10	·10	·09
7	·08	·07	·09	·09	·09	·10	·10	·10	·10	·10	·10
8	·08	·08	·09	·09	·09	·10	·10	·09	·09	·08	·08
9	·09	·08	·08	·09	·09	·09	·09	·08	·08	·08	·08
10	·10	·09	·10	·10	·09	·10	·09	·09	·08	·08	·08
11	·08	·09	·09	·09	·09	·09	·08	·07	·07	·07	·07
12	·09	·09	·10	·09	·08	·08	·07	·06	·07	·07	·06
13	·08	·08	·09	·09	·08	·08	·07	·06	·07	·07	·06

Die Zahlen geben den arithmetischen Mittelwert (I_1-Wert) in mg/m^3 für die jeweilige Einheitsfläche von 1 km^2 Größe an.

Als Beispiele von Schadstoffen sind in den Abbildungen 15 und 16 die Schwefeldioxidimmissionen und der Staubniederschlag (Immission) im Raume Duisburg kartographisch dargestellt.

Luftreinhalteplan und wirtschaftliche Aspekte. Emissions- und Immissionskataster werden unter Berücksichtigung der meteorologischen Verhältnisse ausgewertet und dienen als Grundlage für einen von den Behörden zu erstellenden Luftreinhalteplan. Neben der Ursachenanalyse enthält dieser Plan insbesondere einen Maßnahmenkatalog zur Verminderung der Luftverunreinigungen.

Der Luftreinhalteplan gibt den Behörden Richtlinien an die Hand, z. B. bei der Aufstellung von Bauleitplänen oder der Genehmigung von Industrieanlagen.

Für die zehn wichtigsten Luftverunreinigungen gibt es gesetzlich festgelegte Immissionsgrenzwerte, die zur Vermeidung schädlicher Wirkungen nicht überschritten werden dürfen (vgl. Tab. 7). Das Ziel ist jedoch nicht nur auf eine bloße Einhaltung der Immissionsgrenzwerte zu richten, sondern auf eine deutliche Unterschreitung, damit ein Spielraum für die Weiterentwicklung der Wirtschaft bleibt. Insofern dienen Luftreinhaltepläne in Belastungsgebieten nicht nur der Gewährleistung gesunder Lebensbedingungen der Bevölkerung, sondern auch der Erhaltung der Wirtschaftskraft dieser Regionen.

Für Industrieanlagen haben die gesetzlichen Bestimmungen über die Emissionsgrenzwerte oft Produktionseinschränkungen zur Folge, z. B. bei Anlagen in Gemengelage mit Wohngebieten. Sie stellen in der Regel erhebliche finanzielle Belastungen dar, z. B. für die bauliche Gestaltung industrieller Anlagen oder für technische Einrichtungen zur Verringerung der Emissionen und den Unterhalt der Umweltschutzeinrichtungen.

Abb. 16: Staubniederschlag 1982

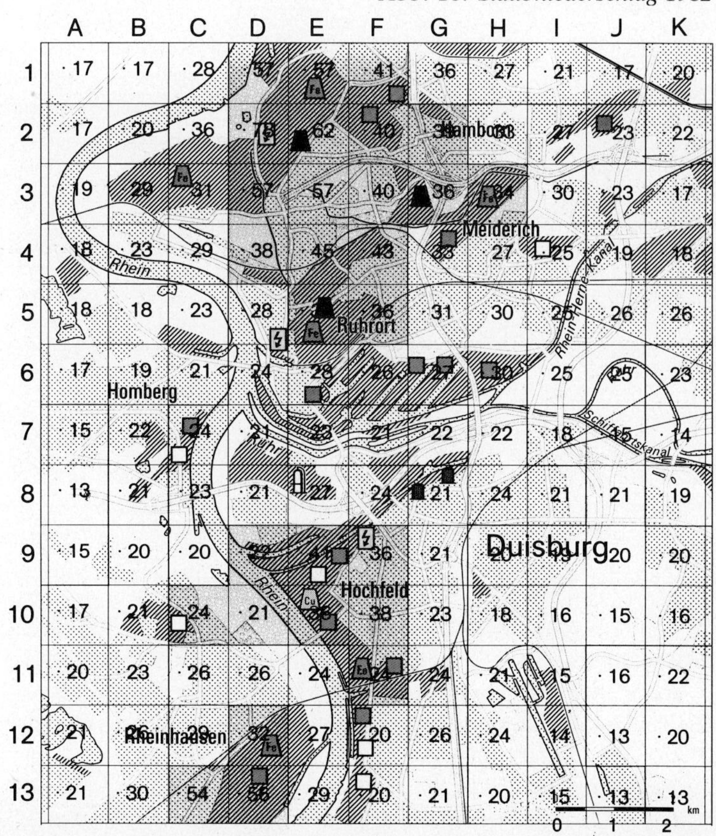

	A	B	C	D	E	F	G	H	I	J	K
1	·17	·17	·28	·57	·57	·41	·36	·27	·21	·17	·20
2	·17	·20	·36	·78	·62	·40	·39	·33	·27	·23	·22
3	·19	·29	·31	·57	·57	·40	·36	·34	·30	·23	·17
4	·18	·23	·29	·38	·45	·43	·33	·27	·25	·19	·18
5	·18	·18	·23	·28	·35	·36	·31	·30	·25	·26	·26
6	·17	·19	·21	·24	·28	·26	·27	·30	·25	·25	·23
7	·15	·22	·24	·21	·23	·21	·22	·22	·18	·15	·14
8	·13	·21	·23	·21	·27	·24	·21	·24	·21	·21	·19
9	·15	·20	·20	·22	·41	·36	·21	·20	·19	·20	·20
10	·17	·21	·24	·21	·36	·38	·23	·18	·16	·15	·16
11	·20	·23	·26	·26	·24	·24	·24	·21	·15	·16	·22
12	·21	·26	·29	·32	·27	·20	·26	·24	·14	·13	·20
13	·21	·30	·54	·56	·29	·20	·21	·20	·15	·13	·13

Die Zahlen geben den arithmetischen Mittelwert (I_1-Wert) in g/m^2/Tag für die jeweilige Einheitsfläche von 1 km^2 Größe an.

Nach Alexander Weltatlas. Stuttgart: Klett 1983, S. 139 und Landesanstalt für Immissionsschutz des Landes Nordrhein-Westfalen, Heft 58. Essen: Girardet 1983

Tab. 7: Technische Anleitung zur Reinhaltung der Luft-(TA-Luft)Immissions-Grenzwerte

Stoff	Einheit	TA Luft 1964 Langzeiteinwirkung[2]	TA Luft 1964 Kurzzeiteinwirkung[3]	TA Luft 1974 Langzeiteinwirkung[2]	TA Luft 1974 Kurzzeiteinwirkung[3]
Staubniederschlag	g/m^2/Tag	0,85	1,3	0,35	0,65
Staubkonzentration[1]	mg/m^3	nicht festgelegt		0,10	0,20
Chlor	mg/m^3	0,3	0,6	0,10	0,30
Chlorwasserstoff	mg/m^3	nicht festgelegt		0,10	0,20
Fluorwasserstoff	mg/m^3	nicht festgelegt		0,002	0,004
Kohlenmonoxid	mg/m^3	nicht festgelegt		10,0	30,0
Schwefeldioxid	mg/m^3	0,4	0,75	0,14	0,40
Schwefelwasserstoff	mg/m^3	0,15	0,3	0,005	0,01
Stickstoffdioxid	mg/m^3	1 (für beide)	2 (für beide)	0,10	0,30
Stickstoffmonoxid	mg/m^3			0,20	0,60

[1] nicht gefährdende Stäube mit einer Partikelgröße unter 10 μ!
[2] I_1-Wert: Jahresmittelwert
[3] I_2-Wert: Von allen Meßdaten eines Jahres werden die fünf Prozent mit den höchsten Werten aufgrund von atypischen meteorologischen Situationen gestrichen. Der höchste verbleibende Wert ist der I_2-Wert (= 95%-Wert)

Nach Bundesminister des Inneren (Hrsg.): Was Sie schon immer über Umweltschutz wissen wollten. Stuttgart 1980, S. 181

Tab. 8: Aufwendungen für Umweltschutz ausgewählter Wirtschaftszweige des produzierenden Gewerbes in Nordrhein-Westfalen 1977 (in 1000 DM)

	Investitionen für Umweltschutz ges.	davon für Abfallbeseitigung	davon für Gewässerschutz	davon für Lärmbekämpfung	davon für Luftreinhaltung	Anteil an der Gesamtinvestition
Mineralölverarbeitung	67 174	679	5 268	1 979	59 248	38,1
Eisenschaffende Industrie	204 118	1 013	33 320	19 712	150 173	13,6
Chemische Industrie	272 315	23 014	127 450	12 798	109 053	11,6
Bergbau	55 513	4	10 474	4 518	40 517	3,6
Elektrizitäts-, Gas-, Fernwärme- u. Wasservers.	141 301	1 189	16 649	21 373	102 090	3,5
NRW gesamt	961 177	42 420	255 426	98 307	565 024	5,8
davon Ruhrgebiet	325 060	6 673	50 782	34 376	233 229	·

Nach Landesamt für Datenverarbeitung und Statistik NW (Hrsg.): Investitionen für Umweltschutz in Nordrhein-Westfalen. Statistische Berichte 1977

16. *Erklären Sie die unterschiedlichen Konzepte der Wasserversorgung und Abwässerbeseitigung im Ruhr-, Emscher- und Lippegebiet.*

17. *Beschreiben Sie die Emissions- und Immissionsverhältnisse im Raume Duisburg und erklären Sie sie (Tab. 7, Abb. 14–16).*

18. *Bestimmen Sie die Flächenanteile, die über das zulässige Maß von 0,14 mg/m^3 mit Schwefeldioxid bzw. 0,35 g/m^2/Tag mit Staub belastet sind (Abb. 15, 16, Tab. 7).*

Stuttgart, Neckarhafen

2.4 Industrie aus geographischer Sicht

Die Geographie beschäftigt sich vor allem mit zwei Aspekten der Industrie: dem Raumbezug und der Raumwirksamkeit.

2.4.1 Raumbezug

Bei der Untersuchung des Raumbezugs steht im Vordergrund die Frage, ob räumliche Faktoren den Standort der Industrie bestimmen, und inwiefern räumliche Faktoren zur Abwanderung von Industriebetrieben führten. Außerdem geht es um die Frage, wie sich Unternehmen auf die räumlichen Faktoren einstellen, um das Beharren am Standort (Persistenz) zu sichern.

Standorttheorien versuchen den jeweils günstigsten Standort, entsprechend den jeweiligen betrieblichen Ansprüchen, abzuleiten (= einzelbetriebliche Theorien), oder aber sie versuchen modellhaft die optimale räumliche Anordnung aller wirtschaftlichen Einrichtungen darzustellen (gesamtwirtschaftliche Theorien).

Standortfaktoren sind (nach A. Weber, 1909) „örtliche Produktionskostenvorteile", die an einem bestimmten Ort eine kostengünstigere Produktion als anderswo ermöglichen. Zu den entscheidenden Standortfaktoren zählen nach Weber die Transportkosten, in denen sich die Entfernung zum benötigten Material auswirkt. Dabei wird zwischen Gewichtsverlustmaterialien (die bei der Verarbeitung Gewicht und/oder Volumen verlieren), Reingewichtsmaterialien (die nach der Verarbeitung das gleiche Gewicht und/oder Volumen aufweisen) und Ubiquitäten (Materialien, die überall vorkommen) unterschieden. Außerdem zählen nach Weber die Arbeitskosten (sofern sie räumlich unterschiedlich hoch sind) und die Agglomerationsfaktoren (Kostenvorteile durch gemeinsamen Bezug und Absatz, gegenseitige Belieferung, spezialisierten Arbeitsmarkt) zu den wichtigen Standortfaktoren.

Nach heutiger Auffassung ist in der Regel nicht ein einzelner Standortfaktor ausschlaggebend bei der Standortwahl, sondern es sind – zumindest in alten Industrieländern – Bündel von Standortfaktoren, die für die Gründung oder Auflassung eines Betriebes entscheidend sind. Auch heute noch spielen persönlichkeitsgebundene Faktoren, also letztlich Zufälle, eine wichtige Rolle. Großunternehmen allerdings planen neue Standorte erst nach eingehender Untersuchung aller für die Fertigung und den Absatz relevanten Faktoren.

Tab. 1: Bestimmungsfaktoren der Standortwahl nach ihrer Rangordnung

Rangordnung / Standortfaktor	Erstnennung absolut	Erstnennung in % aller Befragten	Zweitnennung absolut	Zweitnennung in % aller Befragten	Zweitnennung in % aller Zweitnennungen	Drittnennung absolut	Drittnennung in % aller Befragten	Drittnennung in % aller Drittnennungen	Nennungen zusammen absolut	Nennungen zusammen in % aller Befragten
Arbeit	289	31,7	134	14,7	16,7	87	9,5	13,9	510	55,9
Boden	109	12,0	149	16,4	18,5	99	10,8	15,8	357	39,1
davon Eigentum an Boden	(31)	(3,4)	(11)	(1,2)	(1,4)	(7)	(0,8)	(1,1)	(49)	(5,4)
Möglichkeiten der räumlichen Ausdehnung	137	15,0	187	20,5	23,3	134	14,7	21,4	458	50,2
Absatz	129	14,1	67	7,3	8,3	32	3,5	5,1	228	25,0
Steuern und öffentl. Vergünstigungen	41	4,5	72	7,9	9,0	71	7,8	11,4	184	20,2
Transportkosten	17	1,9	79	8,7	9,9	63	6,9	10,1	159	17,4
Fühlungsvorteile	64	7,0	47	5,2	5,9	40	4,4	6,4	151	16,6
persönliche Präferenzen	44	4,8	34	3,7	4,2	45	4,9	7,2	123	13,5
natürliche Bedingungen	40	4,4	9	1,0	1,1	9	1,0	1,4	58	6,4
Entfernung zur Konkurrenz	3	0,3	12	1,3	1,5	29	3,2	4,6	44	4,8
Übernahme einer Betriebsstätte	21	2,3	1	0,1	0,1	–	–	–	22	2,4
Energie	2	0,2	5	0,5	0,6	9	1,0	1,4	16	1,8
EWG	8	0,9	2	0,2	0,2	–	–	–	10	1,1
sonstige Faktoren	8	0,9	6	0,7	0,7	7	0,8	1,1	21	2,3
Nennungen insgesamt	912	100,0	804	88,2	100,0	625	68,5	100,0	2341	100
keine Angabe	–	–	108	11,8	–	287	31,5	–	395	–

Helmut Brede: Bestimmungsfaktoren industrieller Standorte. Berlin: Duncker & Humblot 1971, S. 142

Tab. 2: Differenzierung der Bedeutung der Standortfaktoren nach Branchenzugehörigkeit in Prozent der Nennungen

Branchen / Standortfaktoren	verfügbares Potential an Arbeitskräften	verfügbares (erschlossenes) Ansiedlungsgelände	günstige Lage zu den Beschaffungsmärkten bzw. Rohstoffquellen	günstige Lage zum Arbeitsmarkt	verkehrsmäßige Erschließung	öffentliche Förderungsmaßnahmen	Übernahme vorhandener Produktionsstätten	Faktoren der Wohn- und Freizeitgunst	sonstige, insbesondere private Faktoren
Bergbau, Industrie der Steine und Erden	10,4	14,1	21,2	17,2	22,3	0,3	8,2	–	6,3
Eisen- und metallverarbeitende Industrie	29,9	26,4	2,0	5,5	13,5	2,0	10,6	1,3	8,8
Chemische und verwandte Industrie	19,0	28,0	2,5	9,7	13,5	2,6	16,3	1,3	7,1
Holzindustrie	23,6	21,9	3,7	8,1	19,7	3,5	16,2	1,0	2,3
Papier- und Druckereiindustrie	20,3	20,7	1,4	12,4	21,9	1,0	17,1	1,0	4,2
Lederindustrie	42,9	13,8	0,9	11,0	16,5	3,5	8,5	–	2,9
Textil- und Bekleidungsindustrie	22,8	21,7	2,3	8,1	14,5	3,2	18,9	1,1	7,4
Nahrungs- und Genußmittelindustrie	9,2	23,0	10,7	16,9	18,2	0,9	16,5	0,2	4,4
Bauindustrie	22,4	26,0	5,1	12,9	10,0	3,8	7,0	0,3	12,5

Nach Hans-Jürgen Budischin und Hansheinz Kreuter: Industrielle Standortwahl und verkehrsmäßige Erschließung. In: Probleme der Wirtschaftspolitik. Schriftenreihe zur Industrie- und Entwicklungspolitik, Bd. 16. Berlin: Duncker & Humblot 1975, S. 289

Abb. 1: Die Entwicklung der Produktion pro Beschäftigten in verschiedenen Branchen unter dem Einfluß von Rationalisierung, Mechanisierung und Automatisierung in Frankreich

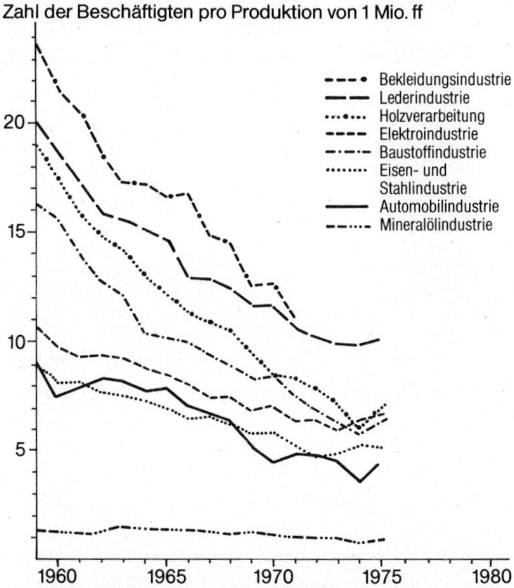

Nach Wolfgang Brücher: Industriegeographie. Braunschweig: Westermann 1982, S. 48

Abb. 2: Zusammenhang zwischen Produktionsmenge und Produktionskosten an Beispielen der chemischen Industrie

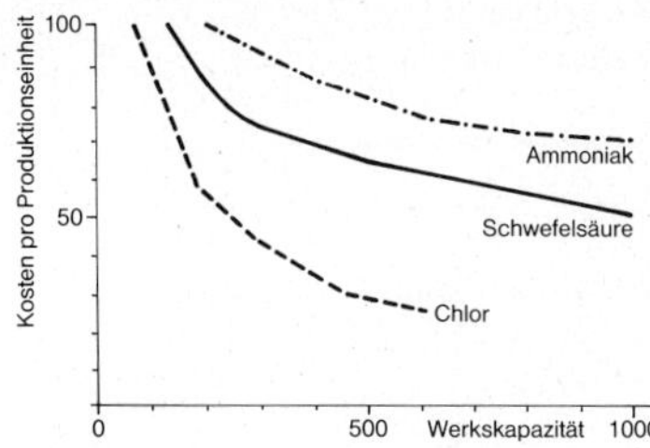

Nach Werner Mikus: Industriegeographie. Darmstadt: Wissenschaftliche Buchgesellschaft 1978, S. 119

Die Verflechtung der Industrie auf der Bezugs- und auf der Absatzseite hat im Zuge der Industrieentwicklung zugenommen. Gerade die Großindustrie bedient sich der Vorteile, die durch gegenseitige Belieferung auf kurzem Weg entstehen. Beim Bedeutungswandel der Standortfaktoren spielt deshalb der Verflechtungsgrad eine wichtige Rolle, weil mit aus diesem Grund die entscheidende Rolle einzelner Faktoren (z. B. Rohstofflage) relativiert wird.

Abb. 3: Schema der Verflechtung auf der Basis des Steinkohlenbergbaus

Ulrich Kümmerle: Industrie. Stuttgart: Klett 1980, S. 57

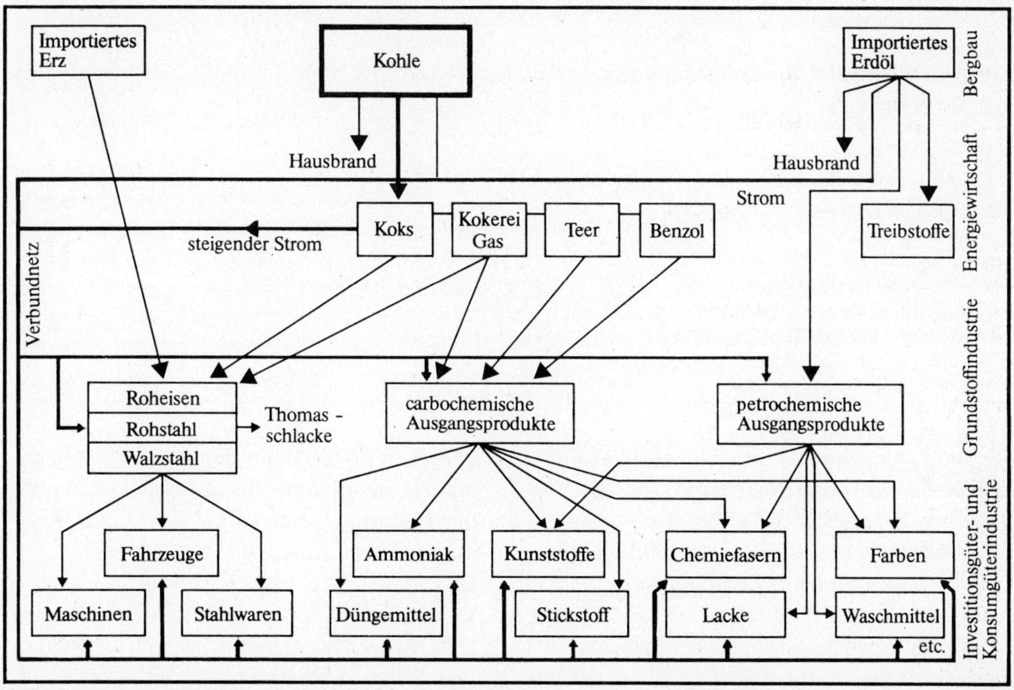

Tab. 3: Industrietypen und -branchen und ihre Umsätze und Beschäftigtenzahlen 1980 in der Bundesrepublik Deutschland

Industrietypen (-gruppen) Industriebranchen (-zweige)	Umsatz Mrd. DM 1980	Exportquote 1980	Beschäftigte Ende 1980 in 1000	Betriebe Ende 1980
Grundstoff- und Produktionsgüterindustrie				
Kohlenbergbau	21,6	18,4	212	154
Eisenschaffende Industrie	43,4	35,7	258	177
Steine- und Erdenindustrie	28,5	8,6	187	3 896
NE-Metallindustrie	22,2	27,2	76	211
Gießereien	10,6	14,0	141	551
Ziehereien, Kaltwalzwerke, Stahlverformung	23,9	19,1	190	1 691
Mineralölverarbeitung	60,0	4,3	29	89
Chemische Industrie	107,7	38,4	548	1 627
Papier- und Pappeerzeugung	10,0	25,3	51	178
Holzverarbeitende Industrie, Sägewerke	9,0	9,3	56	2 269
Investitionsgüterindustrie				
Stahl- und Leichtmetallbau	21,5	21,3	212	1 485
Maschinenbau	112,3	43,7	1 008	5 324
Straßenfahrzeugbau	110,6	41,0	769	2 804
Luft- und Raumfahrzeugbau	7,1	32,6	61	63
Schiffsbau	4,7	41,8	51	138
Elektrotechnische Industrie	100,9	29,8	936	3 279
Feinmechanik, Optik, Uhren	13,2	33,7	160	1 481
Eisen-, Blech-, Metallwarenindustrie	34,2	21,6	315	2 581
Büro- und Datentechnik	9,1	45,7	84	118
Verbrauchsgüterindustrie				
Feinkeramische Industrie	3,9	33,2	58	208
Glasindustrie	8,5	20,4	76	365
Holzverarbeitende Industrie	27,6	9,5	236	2 708
Kunststoffverarbeitende Industrie	27,5	17,8	210	1 993
Textilindustrie	30,8	21,0	292	2 225
Bekleidungsindustrie	21,1	13,0	250	3 167
Druckereiindustrie	19,6	6,1	179	2 016
Papier- und Pappeverarbeitung	14,7	10,7	113	944
Schuhindustrie	4,3	13,4	53	445
Gummiverarbeitung	10,0	23,9	95	282
Nahrungs- und Genußmittelindustrie				
Süßwarenindustrie	8,6	6,6	42	175
Brauereiindustrie	10,4	3,0	61	570
Tabakverarbeitende Industrie	10,7	4,7	22	87
Sonstige (u. a. Zucker-, Nährmittel-, Backwaren-, Fisch-, Mühlenindustrie	112,7		456	5 315
Industrie insgesamt	1 060,9	25,3	7 497	48 616

Der Bedeutungswandel von Standortfaktoren. Standortfaktoren sind nicht stabil, sie wandeln sich unter verschiedenen Einflüssen:

- Veränderungen der Technologie können einen einstigen Standortvorteil entwerten oder andere Faktoren in Wert setzen; so hat sich z. B. der einstige Vorteil eines Schwerindustriestandorts „auf der Kohle" durch Veränderungen in der Verhüttungs- und Stahltechnologie relativiert, bis er abgelöst wurde durch Vorteile „beim Erz" bzw. beim transportgünstigen Küstenstandort und später „bei Erz und Erdgas" (vgl. Kap. 2.3).
- Politische Veränderungen wirken sich aus, z. B. durch neue Grenzen wie in Europa nach dem Zweiten Weltkrieg, wo nicht nur tradi-

tionelle Absatz- und Zulieferbeziehungen zerschnitten wurden, sondern wo durch neue Wirtschaftsblöcke auch neue Verflechtungen entstanden (vgl. Kap. 2.2). Politische Veränderungen können auch die für die Industrie wichtigen Verkehrswege verändern, wie im Mitteleuropa der Nachkriegszeit, wo sich neue Hauptverkehrsströme (N–S statt O–W) bildeten.

- Veränderungen des Markts und der Konsumbedürfnisse zwingen (vor allem in alten Industrieländern) zur Aufgabe traditioneller Produkte und zur Erzeugung anderer Güter, deren Produktion aber andere Standortqualitäten erfordert.

Persistenz: Industriebetriebe versuchen sich auf den Wandel der Standortfaktoren einzustellen, um das Beharren am Standort zu sichern. Dabei dienen neben Änderungen der Produktionspalette vor allem technologische Neuerungen dem Ausgleich von Standortnachteilen. In vielen Fällen kann auch der Verkauf von Technologie ein wichtiges Mittel zur Sicherung der Existenz sein. Die Persistenz hat für Unternehmen große Bedeutung, weil erst durch langfristige Produktion am Ort die hohen betrieblichen Investitionskosten ausgeglichen werden können.

Tab. 4: Die wichtigsten Industrieländer 1980

	BSP[1] in Mio. $	Anteil der Industrie am BIP[2]	Anteil der Industriebeschäftigten
USA	2 282 460	34	30,8
UdSSR	1 212 030	62	38,4
Japan	1 152 910	40,5	35,3
Bundesrepublik Deutschland	827 790	49,2	44,8
Frankreich	627 700	34,0	35,9
Großbritan.	442 820	36,0	38,0
Italien	368 860	43,0	37,8
Kanada	242 530	33	29,0
DDR	120 940	69,0	50,0

[1] Unter BSP (Bruttosozialprodukt) versteht man die volkswirtschaftliche Gesamtleistung aller Wirtschaftsbereiche, einschließlich der Einkommen aus dem Ausland, aber ohne die Einkommen, die an Ausländer gehen.
[2] Unter BIP (Bruttoinlandsprodukt) versteht man das Ergebnis der Wirtschaftsleistungen innerhalb eines Landes, wobei Arbeit und Kapital als Produktionsfaktoren auch aus dem Ausland kommen können.

2.4.2 Die Raumwirksamkeit der Industrie

Abb. 4: Modell des ungleichmäßigen Wirtschaftswachstums (von G. Myrdal)

Konrad Stahl und Gerhard Curdes: Umweltplanung in der Industriegesellschaft. rororo tele 030. Hamburg: Rowohlt Taschenbuch Verlag 1970, S. 25

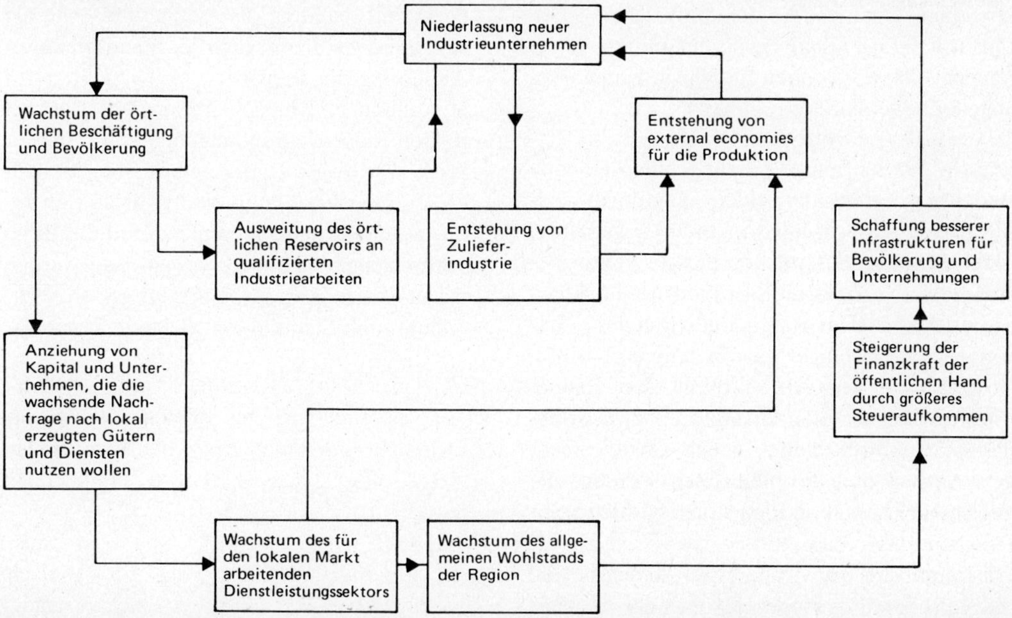

Die räumlich ungleiche Ausstattung mit Standortfaktoren und die räumlich unterschiedliche Persistenz sind Hauptursachen des ungleichen Wirtschaftswachstums, wie es im umseitigen Modell von Myrdal schematisiert dargestellt ist. Siedelt sich ein Industriebetrieb z. B. im ländlichen Raum an, so schafft er Arbeitsplätze, wofür traditionelle Arbeitsplätze aufgegeben werden. Spezialisierte Fachkräfte ziehen zu, eine betriebsnahe Infrastruktur wird aufgebaut, die private und die öffentliche Kaufkraft steigen. Die Industrialisierung verändert also Bevölkerungsdichte und -wachstum, Einkommens- und Bildungsniveau, die Infrastruktur, aber auch, je nach der vorherrschenden Wirtschaftsstruktur, die Widerstandskraft bei wirtschaftlichen Krisen. Es entstehen räumliche Disparitäten.
Diese Disparitäten werden noch durch folgenden Zusammenhang verstärkt: Gerade während der frühen Industrialisierung waren die Städte Schwerpunkte der neuen wirtschaftlichen Entwicklung. Sie boten genügend Arbeitskräfte und Kapital, verfügten über die notwendigen Infrastruktureinrichtungen, und in ihnen fanden sich genügend Persönlichkeiten mit Unternehmerinitiative. Waren schon im flächengebundenen Agrarstaat durch die Städte räumliche Disparitäten vorhanden, so wurden sie beim Übergang zum standortgebundenen Industriestaat noch erheblich verstärkt. Aus dem unterschiedlichen Industriebesatz (Zahl der Industriebeschäftigten pro 1000 E.) können räumliche Kategorien abgelesen werden (vgl. Abb. 5).

Die im 19. Jahrhundert häufig entscheidende Bedeutung eines einzelnen Standortfaktors führte zur Ausprägung von Industriegebieten, deren Struktur einseitig von diesem Faktor bestimmt war (z. B. Grundstoffindustrie im Ruhrgebiet, Chemie im Raum Ludwigshafen). Besonders bei einseitiger Ausrichtung auf Grundstoffindustrien erwuchsen durch den Bedeutungswandel der Standortfaktoren diesen Gebieten Strukturprobleme, so daß aus den einstigen Aktivräumen Problemzonen wurden, die gegenüber konjunkturellen Krisen zusätzlich anfällig sind (vgl. Kap. 2.3).
Die räumliche Entwicklung der Industrie und die von ihr ausgehende Prägung des Raumes sind je nach den Standortfaktoren und der Entwicklungsphase unterschiedlich:

- Industriereviere sind großflächige wirtschaftsräumliche Einheiten, meist auf der Basis reichlich vorhandener Bodenschätze (in Europa meist Steinkohle) mit nach und nach immer weiter ausgebauter Infrastruktur und großen Fühlungsvorteilen; ihr Siedlungssystem ist mehrkernig oder diffus. Meist sind die maßgebenden Unternehmen Konzerne mit vertikalem Verbund und hoher Persistenz. Die traditionelle Landwirtschaft ist weitgehend verdrängt, die Ansprüche an Energie und Wasser sind sehr groß, die Umwelt ist sehr stark belastet.
- Industriegassen entstanden bandartig entlang besonders günstiger Verkehrswege (z. B. Unterweser, Unterelbe, Saar); häufig gehen sie in Industrieschwerpunkte mit Hafenlage über.
- Alte Städte mit guter Verkehrslage wurden wegen ihres Arbeitspotentials, ihrer Handwerkstradition und ihrer Infrastruktur Mono-Zentren des Industriewachstums, das eindeutig von ihnen bestimmt wird. Dabei siedelten sich die Betriebe (oft auf Handwerksbetrieben basierend) zunächst im Stadtkern an, um sich später ringförmig an die randlichen Wohnviertel auszuschließen (Berlin), oft nach Einbeziehung der Umlanddörfer in die städtische Siedlung auch in einem weiteren Außenring der Industrie.
- Vor allem in Entwicklungsländern und bei jungen Industriegründungen kann es auf der Basis von Rohstoffvorkommen oder an neuen Verkehrsknotenpunkten zu isolierten Industrieansiedlungen kommen, ohne Bezug zu vorhandenen Siedlungen. Teilweise werden daraus Kristallisationspunkte für spätere Wirtschafts- und Siedlungsentwicklung.

Abb. 5: Räumliche Gliederung: Gebietstypen

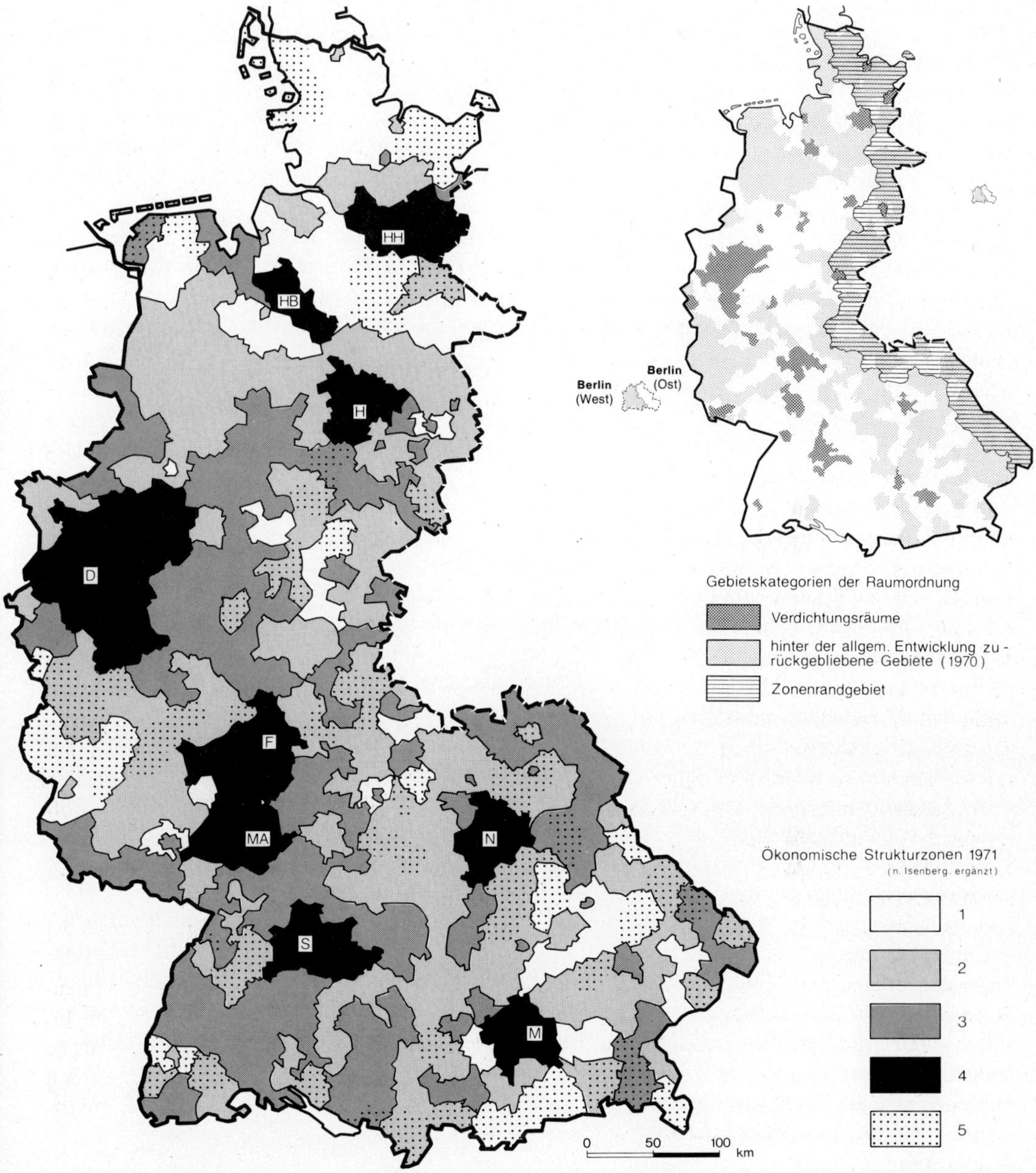

1 Agrargebiete (< 60 Industriebeschäftigte / 1000 E.) 2 Agrar - Gewerbl. Mischgebiete (60 - 120) 3 Industriegebiete außerhalb der Ballungsgebiete (> 120) 4 Ballungsgebiete 5 > 5,5% aller Beschäftigten im Gastgewerbe (1970)

Gerhard Fuchs: Die Bundesrepublik Deutschland. Stuttgart: Klett 1983, S. 52

Hinweis: Für die vertiefte Behandlung einzelner Zusammenhänge eignen sich die folgenden Raumbeispiele:

Standortfragen: 2.3, 3.1, 3.2
Industrie und Umwelt: 2.3, 3.1, 2.2
Industrie und Raumordnung: 3.1, 4.4
Industrie und Wirtschaftspolitik: 2.2

Bild- und Luftbildinterpretation

Bildinterpretation

Das Bild ist der wichtigste Ersatz für die originale Raumbetrachtung. Bei der Interpretation ist jedoch darauf zu achten, daß es nur einen Ausschnitt aus der Realität und nur den momentanen Zustand des abgebildeten Objekts zeigt. Infolgedessen sind Verallgemeinerungen nur bedingt zulässig, und als Ergänzung bedarf das Bild meist weiterer Quellen.
Bei der Interpretation empfiehlt es sich, folgende Arbeitsschritte und ihre Reihenfolge einzuhalten: 1. Orientierung, 2. Beschreibung, 3. Ordnung, 4. Erklärung, 5. Darstellung, 6. Bewertung. Im folgenden Schema sind diesen Arbeitschritten Hinweise und Fragen zugeordnet. Sie lassen sich in der Regel nicht alle auf ein einzelnes Bild anwenden. Das Schema ist vielmehr als ein Muster gedacht.

Interpretationsschema

1. Orientierung
- Aufnahmetechnik (Weitwinkel, Tele etc.)
- Bildart (Totalaufnahme, Detailaufnahme)
- Aufnahmestandort, Blick- bzw. Himmelsrichtung
- Aufnahmezeitpunkt (zu erschließen z. B. aus der Vegetation, Schattenlänge)
- Distanzen und Größen von Bildelementen (abschätzen mit Hilfe von Bäumen, Gebäuden etc)
- Größe und Lage der dargestellten Räume (ggf. mit Hilfe von Karten)

2. Beschreibung
- Bildelemente feststellen und identifizieren (z. B. Siedlungen, Agrarflächen)
- Lage der Raumelemente aufzeigen (z. B. Siedlung in Tallage)
- Vorgänge beschreiben (z. B. wirtschaftliche Tätigkeiten)
- Funktion von Objekten bestimmen (z. B. Kanäle zur Bewässerung)
- bei Totalaufnahmen Aussagen gliedern (z. B. nach Vordergrund, Bildmitte, Hintergrund oder nach Landschaftseinheiten)

3. Ordnung
- Einzelerscheinungen ordnen (z. B. nach Formengruppen, Geofaktoren)
- Aufgliedern des Inhalts durch Erfassung von Verteilung und Lage (was findet sich wo?)
- Einzelelemente in Beziehung setzen (z. B. Stausee, Kanäle, Bewässerungsgräben, Ackerfläche)
- Zusammenfassen von Bildeinheiten (z. B. Bodennutzungsarten, verschiedene Siedlungsformen)
- Aufzeigen von Gesetzmäßigkeiten in Verteilung und von Wechselbeziehungen (z. B. regelmäßige Anordnung der Parzellen entlang einem Entwässerungskanal lassen auf Hufenflur/Moorhufendorf schließen)
- Einordnung der Ergebnisse in den Gesamtraum/Großraum (z. B. extensiv genutztes Weideland im Hochgebirge → Almwirtschaft)

4. Erklärung
- funktionale Erklärung: funktionale Zusammenhänge aufzeigen (z. B. Orientierung des Verkehrsnetzes an natürliche Leitlinien)
- kausale Erklärung: Abhängigkeiten aufzeigen (z. B. des Ackerbaus von anderen Faktoren wie Relief und Klima)
- genetische Erklärung: erkennbare Entwicklungen aufzeigen (z. B. Neubauten deuten auf jüngste Siedlungserweiterung entlang von Ausfallstraßen)
- Bildausschnitte Landschaftstypen zuordnen und von daher Einzelelemente erklären (z. B. Geländeformen und Nutzung deuten auf glazial geformte Landschaft)

- Vervollständigung der Bildaussage mit Hilfe anderer Hilfsmittel (dargestellte landwirtschaftliche Betriebe typisch für diesen Raum? Antwort aus der Karte z. B.)

In der Regel muß spätestens bei der Erklärung das Vorwissen bzw. ergänzendes Material zur Interpretation herangezogen werden.

5. Darstellung
- sprachliche/schriftliche Zusammenfassung der Interpretationsergebnisse
- Umsetzen des Bildes in andere Medien (z. B. Skizze, Profil)

6. Bewertung/Materialkritik
- Abschließende Prüfung und Bewertung der Aussagekraft des Bildes (Aufnahme gestellt? Aussage manipuliert durch Wahl des Bildausschnittes?)
- Sind die dargestellten Objekte typisch für diesen Raum oder Einzelerscheinungen? (Beantwortung z. B. durch Vergleich mit der Karte oder anderen Quellen)
- Stellungnahme zur Bildüberschrift, Deutung des Titels

Luftbildinterpretation

In Abgrenzung vom Weltraum- oder Satellitenbild, das aus dem Erdorbit gewonnen wird, verstehen wir unter einem Luftbild die fotografische Wiedergabe eines Teils der Erdoberfläche, aufgenommen von einem Luftfahrzeug (Flugzeug, Hubschrauber, Ballon) aus unterschiedlicher Höhe. Man unterscheidet Schräg- und Senkrechtaufnahmen.

Der Maßstab des Luftbildes hängt von der Flughöhe, der Brennweite der Aufnahmekamera und ihrer Neigung ab. Während er bei der Schrägaufnahme mit zunehmender Distanz des abgebildeten Objekts sich ändert, ist der Bildmaßstab bei der Senkrechtaufnahme nahezu konstant. Darauf beruht auch die besondere Eignung des Senkrechtluftbildes für die geographische Raumanalyse.

Die Auswertung kann im wesentlichen dem gleichen Schema folgen, das oben für die Bildinterpretation vorgestellt wurde. Auf einige Besonderheiten ist jedoch vor allem bei der Senkrechtaufnahme zu achten:

- Damit die richtige räumliche Wirkung erzielt wird, muß das Senkrechtluftbild nicht eingenordet werden. Es ist vielmehr so zu drehen, daß die Schatten auf den Betrachter zufallen. Ansonsten sieht man das Relief invertiert (Höhenrücken erscheinen z. B. als Täler).
- Aufnahmedatum und Aufnahmezeit unbedingt beachten! → Rückschlüsse auf Vegetation oder Landnutzung; lange Schatten können die Identifikation von Einzelobjekten erleichtern.
- Größenverhältnisse mit Hilfe des Maßstabs oder der Maßstableiste feststellen. Nur so können ggf. einzelne Objekte richtig identifiziert werden. Bei Streckenmessungen Stechzirkel verwenden.
- Zur Berechnung von unregelmäßigen Flächen durchsichtiges Millimeterpapier auf die zu berechnende Fläche legen, Umrisse auf das Papier übertragen, Flächeneinheiten auszählen. Beachten: Maßstabzahl für Flächen unterscheidet sich von der Maßstabzahl für Strecken. Beispiel: bei einem Bildmaßstab von 1:20000 entspricht 1 cm $\frac{1}{5}$ km, 1 cm^2 – $\frac{1}{25}$ km^2; die ausgezählten Quadratzentimeter müssen also mit 25 multipliziert werden, um die Fläche in Quadratkilometern auszudrücken.
- Eine Interpretationsskizze erleichtert die Auswertung und faßt die Interpretationsergebnisse anschaulich zusammen. Dazu wird ein Transparentpapier auf das Luftbild gelegt, und die wichtigsten Linien werden auf das Transparent übertragen. In diese Grundrißskizze werden Flächen und Objekte farbig angelegt, Symbole/Signaturen eingetragen etc., so daß gleichsam eine Karte entsteht.

Die folgenden Fragen und Arbeitsaufträge geben, zusammen mit dem Interpretationsschema auf Seite 186, 187, einen Leitfaden für die Interpretation.

Beispiel: Braunkohletagebau Fortuna-Garsdorf (S. 152, 153).

- Lokalisieren Sie den Bildausschnitt in einer möglichst großmaßstäbigen Karte (z. B. Alexander Weltatlas, Ausgabe 1982, S. 134).
- Berechnen Sie die Größe des im Bild dargestellten Raumes sowie die vom eigentlichen Tagebau in Anspruch genommene Fläche.
- Gliedern Sie folgende Teilräume aus, und markieren Sie sie auf einer aufgelegten Folie: Tagebaubereich – Verkehrs- und Industrieflächen – landwirtschaftlich genutzte Flächen – Siedlungen.
- Beschreiben Sie diese Teilräume hinsichtlich ihrer Funktion.
- In welche funktional unterschiedlichen Teilräume läßt sich der eigentliche Tagebaubereich gliedern? Welche Abbauschritte sind zu erkennen? In welche Richtung wandert der Bergbau?
- Welche technischen Einrichtungen für den Braunkohletagebau lassen sich erkennen?
- Wie und wohin erfolgt die Kohleförderung?
- Welche Hinweise gibt das Bild über die Verwendung der geförderten Kohle?
- Welche Aussagen ermöglicht das Bild über die ursprüngliche Nutzung des näheren und weiteren Tagebaubereichs?
- Welche Rückschlüsse lassen Hell-dunkel-Abstufungen der landwirtschaftlichen Parzellen auf Nutzung und Boden zu?
- Ermitteln Sie die Größe ausgewählter Ackerparzellen. Welche Auskunft gibt das Bild über die Flureinteilung? Sind Rückschlüsse auf die landwirtschaftliche Betriebsgrößenstruktur möglich?
- Welche Hinweise gibt das Bild auf Rekultivierungsmaßnahmen?
- Betrachten Sie Anlage und Grundrißformen der Siedlungen. Ziehen Sie Schlüsse auf das Alter.
- Geben Sie eine zusammenfassende Erklärung des Raumgefüges.
- Erstellen Sie eine Interpretationsskizze.
- Ordnen Sie mit Hilfe der Atlaskarte den dargestellten Raum in das Gesamtgebiet „Rheinisches Braunkohlenrevier“ ein – räumlich und funktional.

3 Außereuropäische Industrieräume

3.1 Japan: Raumenge – Industrie auf Aufschüttungsflächen

Japan steht heute an dritter Stelle der Industrienationen, und die Prognosen sagen weiterhin ein stärkeres Wirtschaftswachstum als bei den Hauptkonkurrenten voraus. Dabei werden viele der japanischen Güter, die sich auf dem Weltmarkt durchgesetzt haben, weder aus japanischen Rohstoffen noch auf japanischem „Land“ gefertigt, sondern aus importierten Materialien mit importierter Energie auf Flächen hergestellt, die es von Natur aus gar nicht gab und die dem Meer abgerungen werden mußten.
Zu den Transportkosten kommt im Konkurrenzvergleich also noch der Aufwand für die künstlichen Inseln und Halbinseln. Warum treibt die japanische Industrie diesen Aufwand? Und warum hatte die Entwicklung der Industrie in Japan seit den 50er Jahren absoluten Vorrang vor allen anderen Zielen? Antworten auf diese Fragen können gefunden werden, wenn man das Bevölkerungswachstum vor dem Hintergrund der natürlichen Vorausetzungen für die japanische Wirtschaft betrachtet.

3.1.1 Raumenge

Weniger als ein Drittel des Landes hat Oberflächen mit einem Neigungswinkel unter 15° – aber nur solche Flächen sind in der Regel wirtschaftlich nutzbar. Nur 18% der Landesfläche sind für die landwirtschaftliche Nutzung geeignet, nur 15,6% werden agrarisch genutzt (Bundesrepublik Deutschland 48%). Der Anteil des Waldlandes zählt mit 67% zu den höchsten der Welt.

Tab. 1: Anteil der Oberflächenformen in %

Gebirgsland	53	
Vulkane	7	Upland = diluviale Ebenen (20–40 m ü. NN)
Hügelland	11	
Fußzone der Gebirge	1	Lowland = alluviale Ebenen (bis ca. 20 m ü. NN)
Fußzone der Vulkane	3	
Upland	12	
Lowland	13	

Im Lowland beträgt der Anteil der geneigten Flächen nur 4%, auch deshalb findet sich dort mehr als die Hälfte der landwirtschaftlich genutzten Flächen. Die beschränkte wirtschaftlich nutzbare Fläche muß im Zusammenhang mit dem Bevölkerungswachstum gesehen werden.

Tab. 2: Einwohnerzahlen Japans (in Mio.)

1805	25,7	1950	83,4
1846	26,9	1955	89,3
1890	39,9	1960	93,4
1925	59,2	1970	105,0
1930	63,9	1975	111,9
1940	71,5	1978	115,1
1945	72,2	1981	117,6

Bevölkerungsdichte und -verteilung. Die durchschnittliche Bevölkerungsdichte von 314 E./km² gibt noch keinen hinreichenden Eindruck von den tatsächlichen Verhältnissen. Bezieht man nämlich die Bevölkerungszahl auf die zur Verfügung stehende landwirtschaftlich nutzbare Fläche, so erreicht Japan den Extremwert von mehr als 2000 E./km² (Bundesrepublik Deutschland 400). Außerdem ist die Bevölkerung außerordentlich ungleich verteilt: Auf 20% der Landesfläche, in den Ebenen und Becken, leben mehr als 90% der Gesamtbevölke-

rung, davon an der Südküste von Hondo und an der Küste der Inlandsee 70 Mio. Menschen auf knapp 60000 km². Und allein in den drei Stadtregionen Tokio, Nagoja und Osaka wohnen 45% der Bevölkerung des Landes.
Diese ungleiche Bevölkerungsverteilung ist das Resultat einer großräumigen Binnenwanderung, die sich zwar teilweise abgeschwächt hat, aber nach wie vor andauert. Seit dem Beginn des 20. Jahrhunderts sind die Küstenbänder auf der pazifischen Seite Schwerpunkte der Entwicklung.

Abb. 1: Daten zur japanischen Landwirtschaft

a) Selbstversorgung mit wichtigen Nahrungsmitteln

in % des Bedarfs	1972	1985 (geschätzt)		1972	1985
Reis	100	100	Futtermittel	46	51
Weizen, Gerste	8	17	Milch, Milchprodukte	86	94
Fleisch	81	86	Gemüse	99	100

b) ha-Erträge (1980):

Reis: 49,8 dz/ha (Indien 20,1)
Gemüse: 120,5 dz/ha

c) Durchschnittliche Größe landwirtschaftlicher Betriebe: 1,15 ha

(Bundesrepublik Deutschland: 15,7 – USA: 184 ha)

d) Der Anteil des primären Sektors von 13% der Erwerbstätigen muß wegen des Zu- und Nebenerwerbs relativiert gesehen werden:
Die Zahl der landwirtschaftlichen Vollerwerbs- und Nebenerwerbshaushalte in Japan 1904-1978

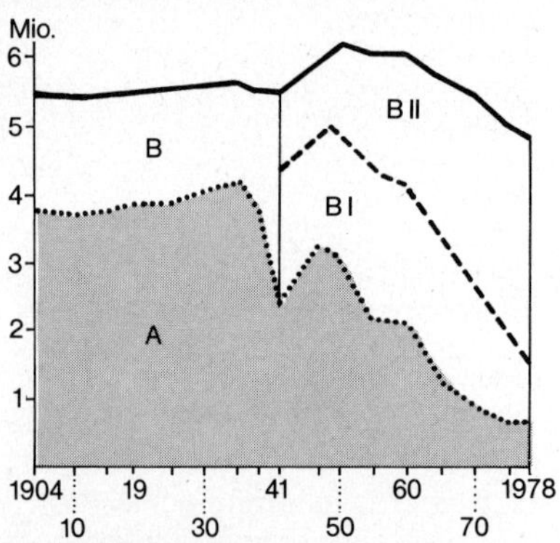

A: Zahl der Vollerwerbshaushalte ohne Einkommen aus nichtlandwirtschaftlicher Tätigkeit
B: Zahl der Nebenerwerbshaushalte mit Einkommen aus nichtlandwirtschaftlicher Tätigkeit
B I: Zahl der Zuerwerbshaushalte mit überwiegendem Einkommen aus landwirtschaftlicher Tätigkeit
B II: Zahl der Nebenerwerbshaushalte mit überwiegendem Einkommen aus nichtlandwirtschaftlicher Tätigkeit

e) Die Anteile der Agrarsektoren an der landwirtschaftlichen Roherzeugung in Japan 1952-75

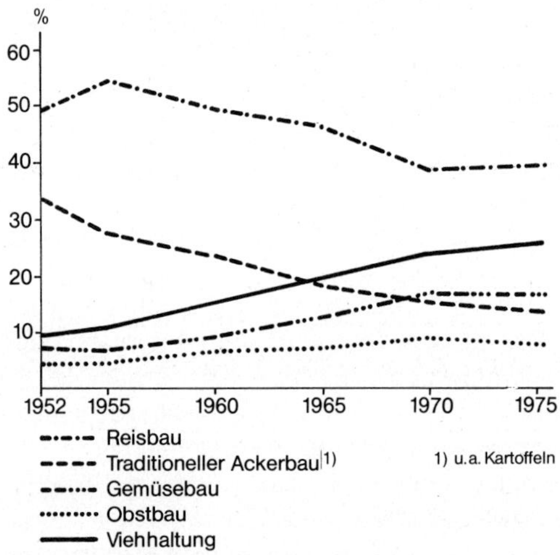

1) u.a. Kartoffeln

f) Japans Viehbestand (in 1000) sowie Milch- und Eierproduktion

	1955	1971 2)	1979
Milchkühe	421	1856	2067
Andere Rinder 1)	2636	1759	2083
Schweine	825	6904	9491
Hennen	40000	172000	166200
Milchproduktion (1000 t)	1000	4850	6117 3)
Eierproduktion (1000 t)	400	1750	1965 3)

1) Arbeitsvieh abnehmend, Schlachtvieh zunehmend –
2) Zunahmen vorwiegend auf der Grundlage importierter Futtermittel
3) 1978

g) Japans Fischerei-Ausbeute in 1000 t

	1965	1970	1977
Hochseefischerei, ferne Meere	1733	3429	2664
Hochseefischerei, nahe Meere	2787	3278	4924
Küstenmeere	1861	1891	2107
Flachmeer-Fischkulturen	380	549	861
Süßwasserfischerei	146	167	208
insgesamt	6908	9314	10764
gefangene Wale, Anzahl	27000	16900	9300

d, e: Motosuki Ishi: Japans Landwirtschaft auf dem Weg in den Nebenerwerb. In: Erdkunde 1980, S. 97, 98. Bonn: Dümmlers
f, g: Manfred Biehl: Dynamisches Japan. Frankfurt: Diesterweg 1982, S. 120, 126

Sicherung der Ernährungsbasis. Die hohe Selbstversorgungsrate von 70% konnte wegen der kleinen landwirtschaftlich nutzbaren Fläche nur durch Intensivanbau, vor allem von Reis, erreicht werden. Reis wird in Japan ganz überwiegend im Naßfeld angebaut, wobei aus klimatischen Gründen meist nur eine Ernte im Jahr möglich ist. Für diese Naßfelder eignen sich besonders die alluvialen Ebenen der Küstenbänder, eben jene Gebiete, in denen sich vor allem das Industrie- und Städtewachstum abspielt.

Wegen der zentralen Bedeutung des Reises für die Ernährungssicherung richteten sich die Bemühungen bei der Agrartechnik und Pflanzenzucht vor allem auf die Steigerung der Reiserträge, so daß es in den 50er und 60er Jahren zu Rekordernten kam, die zu einer Überproduktion führten, in deren Folge sogar Anbaukontrollen zur Produktionsbeschränkung ergingen (1970). Auch die Änderung der traditionellen Eßgewohnheiten unter westlichem Einfluß führte zu einem merklichen Rückgang der Reiserzeugung und zu einer stärkeren Verwendung tierischer Erzeugnisse.

Gerade die Fortschritte in der Pflanzenzucht müssen im Zusammenhang mit der Raumenge gesehen werden: Beispielsweise wurden neue Reissorten entwickelt, die den Anbau in den kühleren Regionen des Nordens ermöglichten, so daß die traditionellen Anbauflächen in den pazifischen Küstengebieten für andere Nutzung frei wurden.

Vor dem Hintergrund der zwar erstaunlich hohen Selbstversorgungsquote, aber der trotz starker Intensivierung nicht ausreichenden landwirtschaftlichen Nutzfläche wird die Notwendigkeit einer beschleunigten Industrialisierung bei steigender Bevölkerung deutlich. In

Tab. 3: Kenndaten zur Wirtschaftsentwicklung in der Nachkriegszeit

a) Lohnkosten inklusive Nebenkosten in DM/Std.

	1978	1983
Schweiz	20,75	29,50
Bundesrepublik Deutschland	18,92	27,00
USA	17,76	31,50
Frankreich	12,23	21,00
Japan	10,57	19,00
Großbritannien	8,09	17,00
Singapur	1,50	3,00

b) Barlohn und Arbeitsproduktivität in der organisierten Industrie Japans 1965–1979, Indexwerte (1975 = 100)

	Reallohn	Arbeitsproduktivität
1965	50,6	39,5
1970	73,1	76,7
1975	100	100
1976	102,9	112,0
1977	103,4	117,6
1978	106,0	126,9
1979	–	141,9

c) Japans Erwerbstätige 1960 und 1979 in 1000, Monatsdurchschnitt

	1960	1979	Veränderung ± %
Erwerbstätige (ges.)	44 610	54 790	+ 23,0
Landwirtschaft (mit Forsten)	13 910	5 680	– 59,0
Fischerei	580	450	– 22,4
Nichtlandwirtschaftl. Bereiche	30 120	48 660	+ 61,5

d) Internationaler Produktionskostenvergleich für Fertigstahl 1968 in $/t (nach Angaben der Japan Iron & Steel Federation)

	Japan	USA	Großbritannien	Bundesrep. Deutschland
Kapitalkosten	20,7	16,6	11,4	15,6
Arbeitskosten	19,8	83,1	53,1	39,5
Rohstoffkosten (mit Fracht)	44,4	36,0	38,5	43,5
Gesamtkosten	84,9	135,7	103,1	98,6

Nach Manfred Biehl: Dynamisches Japan. Frankfurt: Diesterweg 1982, S. 18, 22, 48 (ergänzt) fünf Wirtschaftsentwicklungsprogrammen wurde zwischen 1948 und 1968 denn auch dem Industriewachstum absoluter Vorrang eingeräumt. Dabei stellte sich neben dem Problem der Rohstoffversorgung vor allem das des Flächenbedarfs. (Sozial- und Umweltprobleme wurden jahrelang nicht gesehen.) Denn gerade jene 15,6% des Landes, die agrarisch genutzt werden und sich ganz überwiegend in den flachen Gebieten der Lowlands und Uplands befinden, eignen sich auch als Siedlungs-, Industrie- und Verkehrsflächen. Die aus der Raumnot resultierenden Nutzungskonflikte spiegeln sich auch in den höchsten Grundstückspreisen der Welt, die sich trotz ihres extrem hohen Niveaus (mehrere hundert bis mehrere tausend DM/m^2) jährlich weiter stark erhöhen – in den Ballungsräumen bis 30% pro Jahr!

Tab. 4: Landnutzung in Japan (1981)

Ackerland und Intensivnutzung	13,0%
Wiesen und Weiden	2,6%
Ödland und Gewässer	5,4%
Bebaute Flächen	12,0%
Wald	67,0%

Versuche, die nutzbare Fläche des Landes zu vergrößern, liegen deshalb in der Tradition Japans: Seit dem 13. Jahrhundert sind Einpolderungen bekannt. Versuche, dem Meer Industrieflächen abzugewinnen, gehen auf die Jahre um 1920 zurück.

1. *Erklären Sie die Entwicklung der Betriebsstruktur der landwirtschaftlichen Betriebe (Abb. 1c, d).*
2. *Erläutern Sie die Veränderung der Agrarsektoren in Japan.*
3. *Vergleichen Sie die Angaben aus den Tabellen 1 und 4, und beziehen Sie die Ergebnisse auf die Verhältnisse anderer Industriestaaten.*

Abb. 2: Aufschüttungsfläche Mizushima (Blick von NNW)

Tab. 5: Kenndaten zur japanischen Wirtschaft

BSP 1980	
Japan	1 152,9 Mrd. $
Bundesrepublik Deutschland	827,7 Mrd. $
USA	2 582,4 Mrd. $

BSP/E. 1980	
Japan	9 890 $
Bundesrepublik Deutschland	13 590 $
USA	11 360 $

BSP (zu Marktpreisen) in Japan	
1955	43,5 Mrd. $
1965	160,0 Mrd. $
1975	496,2 Mrd. $
1977	737,1 Mrd. $
1979	1010,0 Mrd. $

Importabhängigkeit Japans in %			
Kokskohle	88,5	Bauxit	100
Eisenerz	98,7	Kupfer	89,4
Stahlveredler	80-100	Zinn	90,2
Erdöl	99,8	Baumwolle	100

	Ausfuhr in Mrd. $ und Anteil an der Weltausfuhr		Einfuhr in Mrd. $ und Anteil an der Welteinfuhr	
	1980	1981	1980	1981
Japan	130,4 = 7,0%	151,5 = 8,3%	141,3 = 7,3%	142,9 = 7,5%
BR Deutschland	192,9 = 10,3%	176,1 = 9,7%	188 = 9,7%	163,9 = 8,6%
USA	220,7 = 11,8%	233,7 = 12,8%	253 = 13,1%	273,4 = 14,4%

Produktionsindex der Industrie (ohne Bau) 1975 = 100	1970	1981
Japan	80,2	146,1
Bundesreplik Deutschland	92,5	116,8
USA	91,0	128,2
Frankreich	88,2	114,8
Großbritannien	99,8	103,1

Kfz-Produktion in 1000	1960	1979	1981
Japan	165	9 636	11 180
Bundesrepublik Deutschland	1 817	4 250	3 897
USA	6 675	11 480	7 933

Fernsehgeräteproduktion 1979	
Japan	14,35 Mio.
Bundesrepublik Deutschland	4,12 Mio.
USA	9,30 Mio.

Stahlerzeugung 1980	
Japan	111,41 Mio. t
BR Deutschland	43,81 Mio. t
USA	100,80 Mio. t

Schiffsbau 1981	
Japan	9,14 Mio. BRT
BR Deutschland	0,665 Mio. BRT
USA	0,298 Mio. BRT

Kunststoffproduktion 1980	
Japan	6,42 Mio. t
Bundesrepublik Deutschland	6,71 Mio. t
USA	12,42 Mio. t

Produktionsvergleich der drei Staaten, 1979	Integrierte Schaltkreise	Computer
Japan	24%	20%
Bundesrepublik Deutschland	4%	10%
USA	72%	70%

Rohölverbrauch 1981	
Japan	245,0 Mio. t
Bundesrepublik Deutschland	117,7 Mio. t
USA	771,0 Mio. t

Jährliches Wachstum der Produktion der Halbleiterindustrie 1977–1981	
Japan	27,8%
USA	24 %

Importe Japans	Steinkohle	Rohöl
1959	4,97 Mio. t	22,1 Mio. t
1969	41,16 Mio. t	167,4 Mio. t
1980	58,7 Mio. t	264,9 Mio. t

3.1.2 Aufschüttungsstandorte

Einpolderungen, mit denen vor allem Reisanbauflächen gewonnen werden sollten, spielen heute keine Rolle mehr, Neuland wird fast nur noch durch die Methode der Aufschüttung gewonnen. Dabei wird ein Teil des (möglichst seichten) Meeres durch Wälle abgetrennt und die abgetrennte Fläche mit Materialien aller Art aufgefüllt: Sedimente werden am Meeresboden ausgebaggert, um zugleich notwendige Vertiefungen von Hafenbecken zu erhalten, nahegelegene Hügel werden abgetragen: So entstehen z. B. bei Kobe neue Land-

schaftsformen. Teilweise wird auch Industriemüll zur Aufschüttung verwendet. Besonders günstig ist die Anlage von benachbarten Eingrabungshäfen und Aufschüttungsflächen. Die neugewonnenen Flächen werden auf knapp 3 m über NN aufgebaut und durch einen meerseitigen Damm geschützt.
Erst nach dem Zweiten Weltkrieg erlangten die Aufschüttungsflächen wirtschaftliche Bedeutung. Von 1954 bis 1970 wurden immerhin 332 km² Land so gewonnen, von 1971 bis 1975 waren es sogar 427 km². Seitdem sind nochmals einige hundert Quadratkilometer fertiggestellt bzw. in Angriff genommen worden. Fast ausschließlich werden die Neulandgebiete als Industrieflächen genutzt. Vor Kobe bildet Port Island eine Ausnahme, weil Teile der 436 ha großen künstlichen Insel als Ausstellungs- und Kongreßfläche genutzt werden. Zu ihrem Bau hatte man ganze Berge abgetragen und über ein 7 km langes Förderband nach und nach an die Küste gebracht. In 15 Jahren wurden dabei 15 Mrd. DM verbaut. Kobe war zu den riesigen Investitionen gezwungen, weil die auf dem meist nur knapp 2 km breiten Küstenstreifen zwischen Meer und Bergen eingezwängte Stadt (1,4 Mio. E.) keinerlei Ausdehnungsmöglichkeiten mehr hatte.

Abb. 3: Neue Flächen für Küstenindustrien, städtische Infrastrukturen etc., 1954–1975

Winfried Flüchter: Neulandgewinnung und Industrieansiedlung vor den japanischen Küsten. Bochumer geographische Arbeiten, H. 21. Paderborn: Schöningh 1975, S. 7

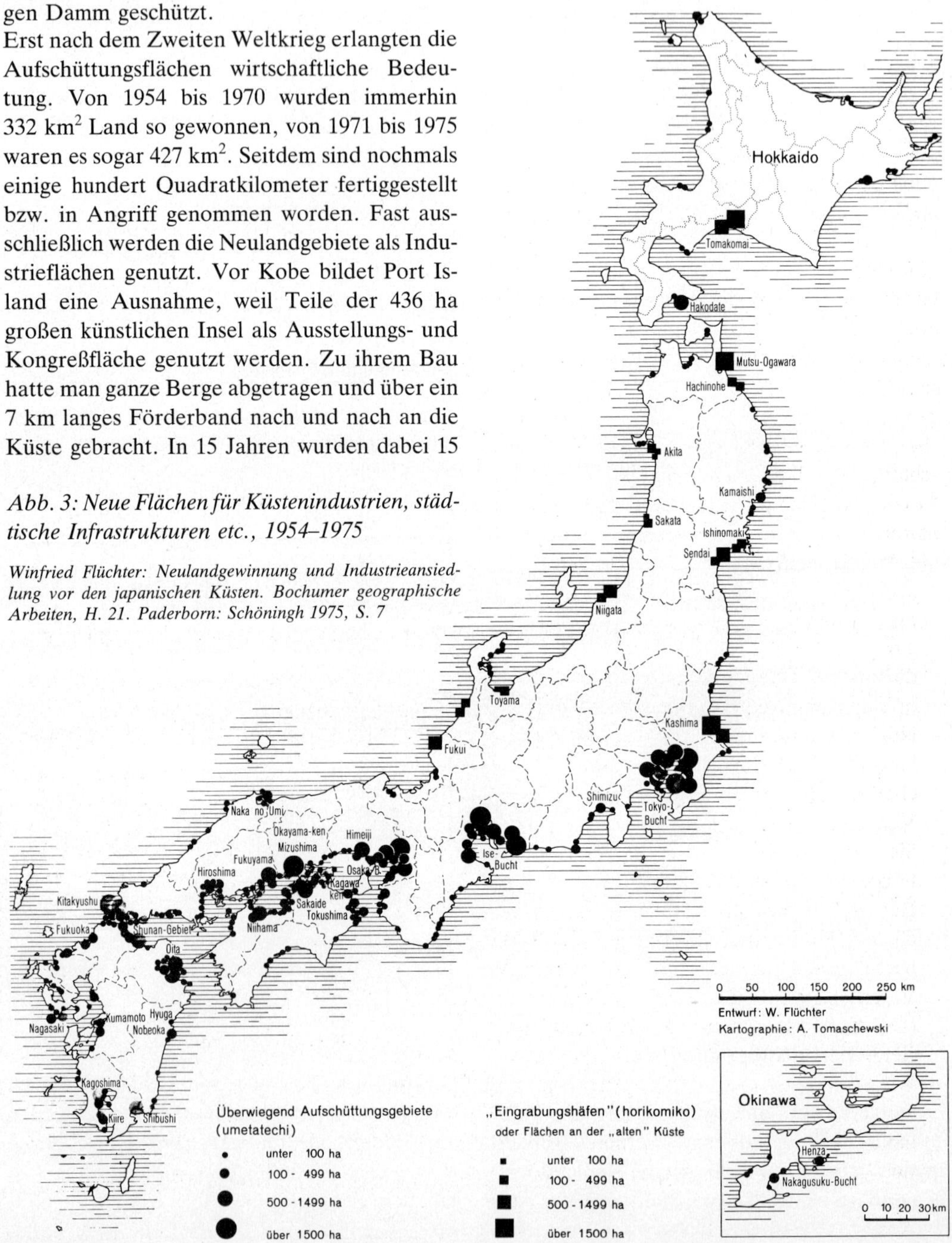

Als Makrostandorte der Aufschüttungsflächen und Eingrabungshäfen werden in der Regel die Gebiete des stärksten Wirtschaftswachstums und der größten Wohndichte gewählt. Die Mikrostandorte nutzen einen der wenigen Gunstfaktoren Japans für die Industrieansiedlung: Das Inselreich verfügt an seiner 30000 km langen Küste über zahlreiche Buchten mit ungefähr 1000 Industrie- und Handelshäfen. Die Aufschüttungsflächen befinden sich meist in diesen geschützten Buchten, und zwar häufig an Flußdeltas, die sich in Japan trotz starker Gezeiten bilden konnten, da die Flüsse wegen der hohen Reliefenergie stark sedimentieren. Die geringe Wassertiefe der Deltas ist für die Anlage von Aufschüttungsflächen günstig; für die Anlage von Häfen sind aber umfangreiche Ausbaggerungen nötig.

Dennoch sind für die Wahl der Aufschüttungsstandorte nicht die natürlichen Voraussetzungen entscheidend, sondern die jeweiligen örtlichen und regionalen Bedürfnisse: Die wirtschaftlichen Standortfaktoren haben eindeutig Vorrang vor den physisch-geographischen Verhältnissen. Vor allem vier Gründe sprechen für die Aufschüttungen:

- Sie weisen eine hervorragende Verkehrsgunst auf, insbesondere wenn man die Bedürfnisse der importabhängigen und exportorientierten Großindustrie berücksichtigt.
- Nur sie bieten die Möglichkeit, zusammenhängende große Industrieflächen mit ausreichendem potentiellem Reservegelände zur Verfügung zu stellen.
- Sie sind trotz hoher Baukosten wesentlich billiger als andere Flächen in den gleichen Regionen und zudem schneller zu bekommen als das „alte“ Land, das wegen seiner Kleinparzellierung nur nach äußerst zeitraubenden Verhandlungen aufgekauft werden kann. (Der Verkehrswert von „altem“ Land im Küstenbereich beträgt 1000–10000 DM/m^2!)
- Wegen der vielfachen Verflechtungen können industrielle Großkombinate mit ihren Fühlungsvorteilen nur an bisherige Verdichtungsräume angelagert werden, wo aber wegen der hohen Umweltbelastung strengere Auflagen erteilt werden.

4. *Fassen Sie die Gründe zusammen, die bei der Makro- und Mikrostandortwahl der Aufschüttungsgebiete und Eingrabungshäfen im Vordergrund stehen.*

5. *Begründen Sie die besondere Bedeutung der Verkehrslage japanischer Industriestandorte unter Berücksichtigung der Kenndaten zur japanischen Wirtschaft (Tab. 5).*

3.1.3 Das Beispiel Mizushima

Ausgangslage 1955
- Ursprüngliche Wassertiefe im Aufschüttungsgebiet maximal 8 m, meist unter 5 m,
- Aufschüttungsmaterial aus Vertiefung des Hafenbeckens und von benachbartem Granithügel,
- ausreichende Süßwasserversorgung (drei Staubecken am Oberlauf des Takahaskigawe sichern eine tägliche Entnahme von 830 000 m^3),
- keine Rohstoffvorkommen in der Nähe,
- Infrastruktur wenig entwickelt, unzureichendes Straßennetz, Bahnanschluß (Stichbahn) seit 1943,
- Arbeitslage relativ ungünstig, kaum Facharbeiterreservoir,
- Region wenig industrialisiert – kaum Agglomerationsvorteile,
- Baulandpreise in den ersten Jahren extrem niedrig (z. B. 1958 4,68 DM/m^2 in Gewerbegebiet A), da ca. die Hälfte der Landgestehungskosten als verlorener Zuschuß der regionalen Behörden gewährt wurde; erst nach 1960 ist die Attraktivität des Gebiets so groß, daß das Neuland mit Gewinn verkauft werden konnte,
- Vertiefung des Hafenbeckens (auf 16 m) von öffentlicher Hand (Ken) übernommen,
- Verbesserung der Infrastruktur (insbesondere des Straßennetzes) auf Kosten der öffentlichen Hand angekündigt (und gegen Ende der 50er Jahre durchgeführt),
- Gewährung billiger Grundstücke für den Werkswohnungsbau in der Stadt Kurashiki; Gewährung großer Staatszuschüsse besonders für größere Unternehmen mit hohen Investitionen.

Der neue Großindustriekomplex Mizushima wurde in den 50er Jahren als Industriezone geplant. Er befindet sich 30 km östlich von Fukuyama in einem Gebiet, das bis Mitte der 50er Jahre überwiegend landwirtschaftlich genutzt wurde. Lediglich auf einer 1943 aufgeschütteten Fläche wurden im Zweiten Weltkrieg Kriegsflugzeuge (Mitsubishi) hergestellt. Abbildung 4 zeigt, wie sich die neuen Aufschüttungsflächen an die alten Polder angliedern. 1970 umfaßte die Industriefläche 2250 ha, davon 1012 ha auf Aufschüttungsland.

Abb. 4: Alte Polder und Aufschüttungsflächen

Winfried Flüchter: a.a.O., S. 40

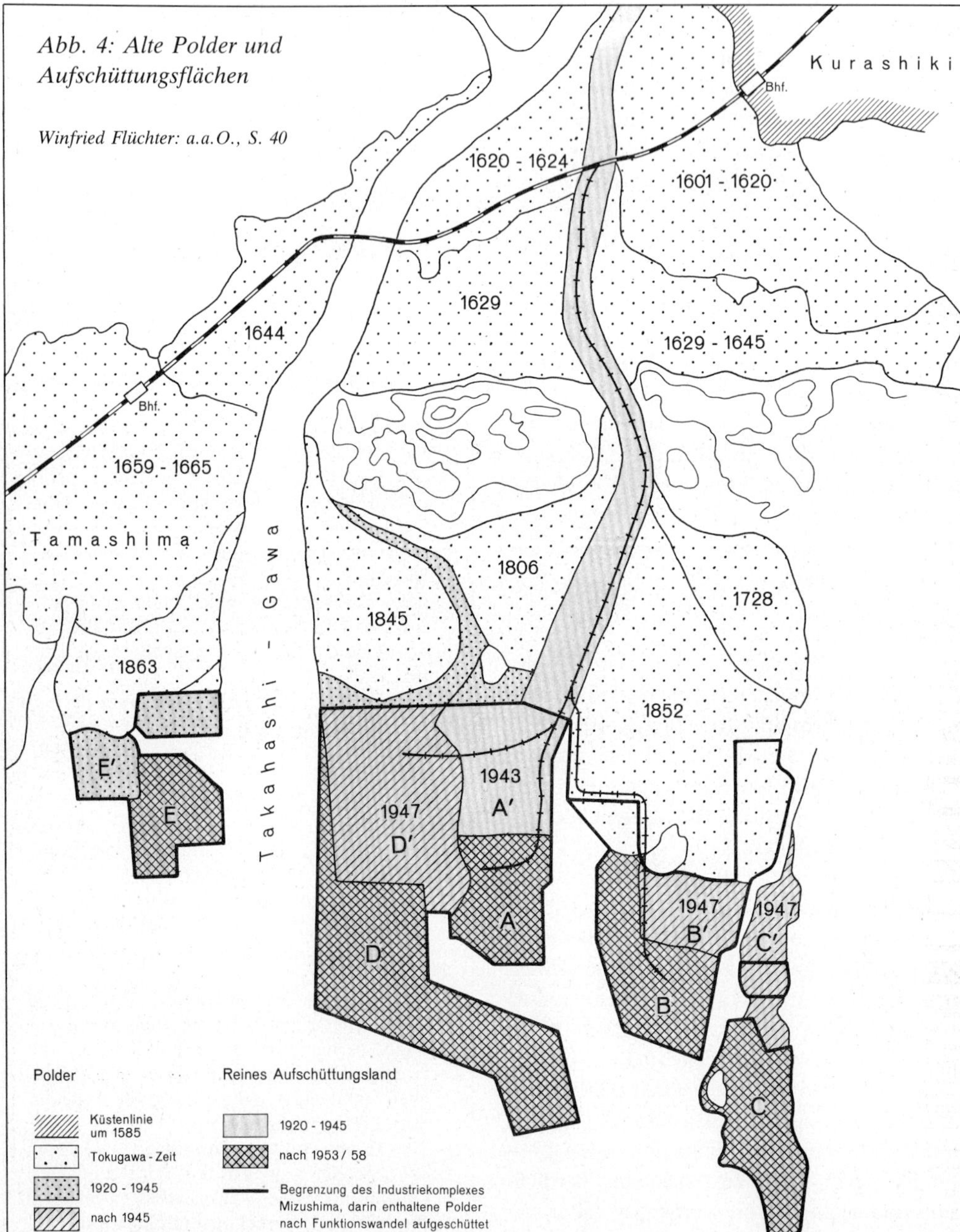

Fläche A, B und C durch Ken (= Regierungsbezirk) gebaut, D durch Kawasaki Steel

Die Betriebe in Mizushima

1957 begann die Aufnahme der Produktion und stieg zu Beginn der 60er Jahre rasch an. 1972 waren es bereits 93 Betriebe in 79 Firmen mit 45000 Beschäftigten. Die zahlreichen Mittel- und Kleinfirmen fallen mit ihrem Flächenanteil gegenüber den Großbetrieben (Kawasaki Steel 903 ha, Raffinerien und Petrochemie 700 ha) kaum ins Gewicht. 1976 betrug die Fläche von Kawasaki Steel sogar 1275 ha.

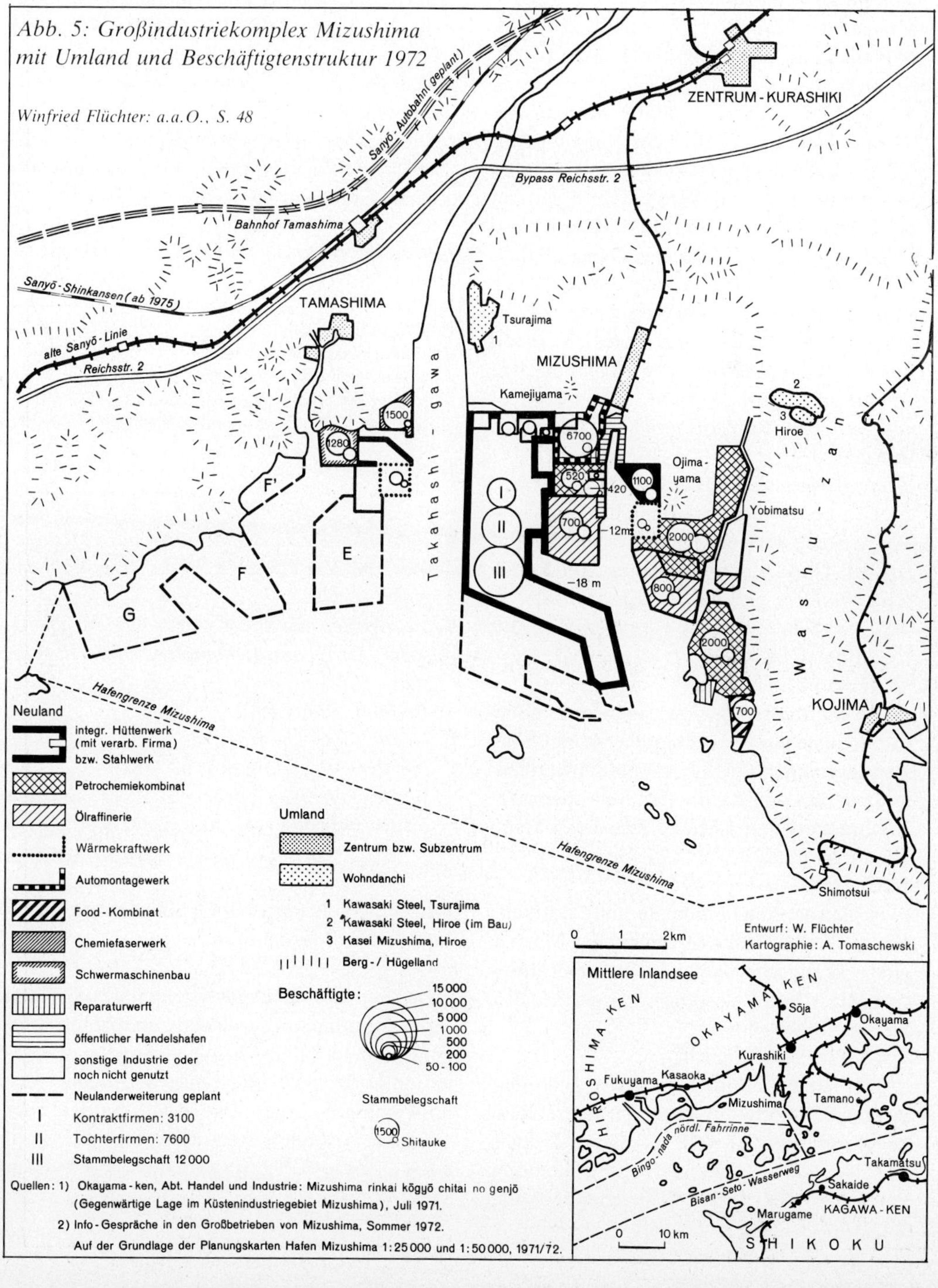

Raffinerien

Kapazität (1974) 25 Mio. t/Jahr in zwei Großfirmen; bis 1955 keine Raffinerie an Inlandsee; Hafen für Tanker bis 200000 t ausgelegt (85% des Öls aus dem Persischem Golf); Lagerkapazität für mindestens zwei Monate, u. a. im größten Tank der Welt;
Versand der Produkte: 73% Schiff, 22% Produktenleitung, 5% Bahn und Straße;

Stahlwerke

Kawasaki Steel: Kapazität 12 Mio. t/Jahr, 19000 Beschäftigte (mit dem Nippon-Stahlwerk im nahe gelegenen Fukuyama die größte integrierte Hütte der Welt); Schwergewicht der Produktion auf Walzstahl, teilweise vertikale Integration (Autobleche, Dosen, Behälter), Tendenz zur Verstärkung der vertikalen Integration durch Ansiedlung weiterer Verarbeitungsbetriebe, horizontaler Verbund mit Kraftwerken (Koks- und Hochofengas); emissionsintensive Betriebe weit ins Meer vorgeschoben; Rohstoffbezug aus Australien und den USA;
eigene Hafenanlagen bis 150000 t; Versand zu 93% per Schiff; Exportanteil 20%;
Tokyo Steel: 80% der Rohstoffe sind Schrott aus den USA, außerdem Bezug von Roheisen aus Indien und der UdSSR; Versand zu 90% per Schiff, eigener Hafen bis 50000 t, Exportanteil 30%;

Kraftwerke

zahlreiche Kraftwerke innerhalb der Großbetriebe; daneben 2 Großkraftwerke mit einer Kapazität von ca. 2,5 Mio. kW auf Schwerölbasis (z. T. aus den Raffinerien Mizushimas);
Kühlwasserbedarf 1 Mio. t/Tag, durch Meerwasser gedeckt;

Petrochemie

zwei Petrochemiekombinate mit vertikaler Integration, Produktion chemischer Massengüter; Bezug überwiegend von den Raffinerien Mizushimas, Versand: 70% Schiff, 20% Straße, 10% Bahn;

Automobilwerk Mitsubishi

(Nachfolgebetrieb des einstigen Flugzeugwerks) Standortgunst nach der Ansiedlung anderer Betriebe ab 1958 verbessert; Produktion: ca. 1000 Einheiten/Tag; Belieferung durch Kawasaki Steel; 50% der benötigten Teile werden an Ort und Stelle hergestellt; kein eigener Hafen, Bezug nur auf Landweg, Versand zu 90% per Bahn oder auf Straße;

Food-Kombinat

Herstellung von Futtermitteln und pflanzlichen Ölen, Lagerung und Verteilung importierter Agrarprodukte; Hafenlage entscheidend: 1,1 Mio. t/Jahr Importgüter (vor allem Mais aus den USA) werden zum geringeren Teil weiterverarbeitet, zum größeren Teil auf kleinere Schiffe zum Absatz in Japan umgeschlagen; ein zweites Food-Kombinat im Südwesten Mizushimas erhält noch leistungsfähigere Hafenanlagen.

Tab. 6: Arbeitskräfte im Großindustriekomplex Mizushima (1972)

Insgesamt Beschäftigte	45 000
davon Kawasaki Steel	19 600
Anteil der weiblichen Arbeitskräfte	5%
Anteil der unverheirateten Arbeitskräfte	50%
Durchschnittsalter der Stammbelegschaften	26–30
Anteil der Mitarbeiter mit Hochschulausbildung	ca. 10%

6. *Beurteilen Sie die Standortqualitäten Mizushimas vor dem Hintergrund der Importabhängigkeit Japans.*

7. *Vergleichen Sie die Küstenstandorte japanischer Großindustriekomplexe mit europäischen Küstenstandorten (z. B. Nasse Hütte Bremen, Rotterdam).*

8. *Nennen und bewerten Sie die Standortfaktoren der Schwerindustrie in Mizushima, und vergleichen Sie sie mit denen der europäischen Schwerindustrie (vgl. Kap. 2.3).*

Die Verflechtung des Großindustriekomplexes Mizushima

Den Kern des Großindustriekomplexes bilden Mono-Kombinate der Eisen- und Stahlerzeugung sowie der Petrochemie. Schon die vertikale und horizontale Integration solch eines Mono-Kombinats bringt eine Reihe betrieblicher Vorteile, besonders wenn sie mit dem Vorteil eines eigenen Tiefwasserhafens verbunden sind.

Abb. 6: Großindustriekomplex Mizushima: Produktionswirtschaftliche Verbindungen

Winfried Flüchter: Neulandgewinnung und Industrieansiedlung vor den japanischen Küsten. Bochumer geographische Arbeiten, H. 21. Paderborn: Schöningh 1975, S. 60

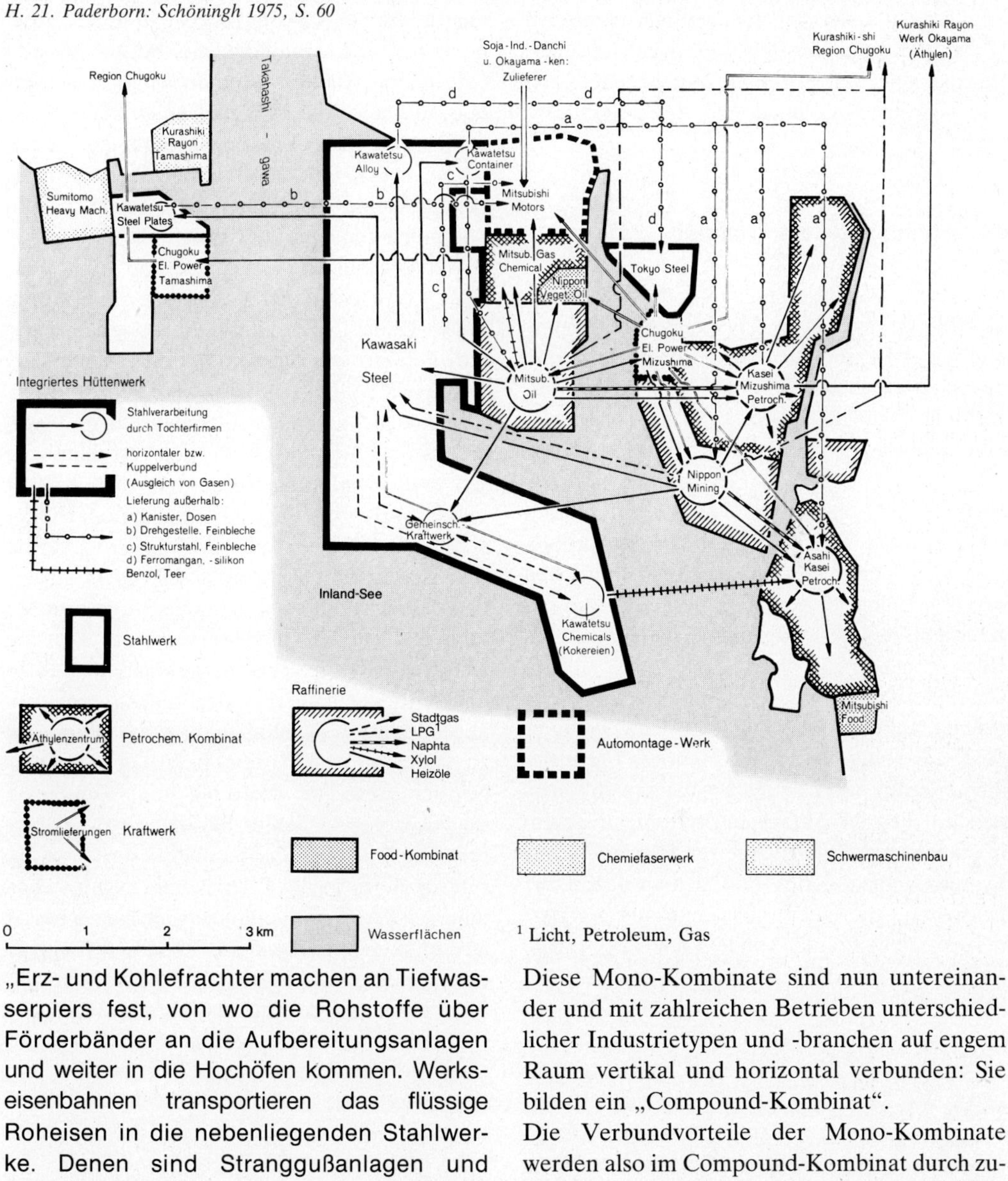

[1] Licht, Petroleum, Gas

„Erz- und Kohlefrachter machen an Tiefwasserpiers fest, von wo die Rohstoffe über Förderbänder an die Aufbereitungsanlagen und weiter in die Hochöfen kommen. Werkseisenbahnen transportieren das flüssige Roheisen in die nebenliegenden Stahlwerke. Denen sind Stranggußanlagen und Walzstraßen angeschlossen, die sich bis zu den Produktenpiers erstrecken. Zwischen dem Bezug von Rohstoffen auf der einen und dem Abtransport auf der anderen Seite zeigt sich ein hervorragend rationalisiertes Layout mit auffallender Physiognomie."

Winfried Flüchter: Begriff und räumliche Struktur von Industriekombinaten in Japan. In: Erdkunde, 1976, S. 57. Bonn: Dümmlers

Diese Mono-Kombinate sind nun untereinander und mit zahlreichen Betrieben unterschiedlicher Industrietypen und -branchen auf engem Raum vertikal und horizontal verbunden: Sie bilden ein „Compound-Kombinat".

Die Verbundvorteile der Mono-Kombinate werden also im Compound-Kombinat durch zusätzliche Verflechtung ergänzt (vgl. Abb. 6). So kommt zur vertikalen Integration eines integrierten Hüttenwerks (Erzaufbereitung/Verkokung, Roheisen, Rohstahl, Walzstahl) die Weiterverarbeitung in angelagerten (Tochter-)Firmen. Horizontalen Verbund gibt es beim Gichtgas (Hochofennebenprodukt) und Koksofengas (Nebenprodukt aus der Kokerei), die dem Gemeinschaftskraftwerk geliefert werden, während von dort Elektrizität bezogen wird. Neben dem Energieverbund sind die Compound-Kombinate vor allem durch Transportkostenvorteile begünstigt, meist durch Leitungstransport auf kurzem Weg. Außerdem bestehen zahlreiche Fühlungs- und Agglomerationsvorteile.

Mizushima und sein Umland

Ein Großindustriekomplex nimmt eine zentrale Stellung im Wirtschaftsleben seiner Kommune und seiner Region ein. Allein in Kurashiki sind 120000 Menschen direkt oder indirekt von Mizushima abhängig, das z.B. 1972 ca. 70% des Steueraufkommens der Stadt stellte. Andererseits aber erwachsen der Kommune und der Region durch das rapide Wachstum der Industriekomplexe vielfältige Infrastrukturprobleme, vor allem im Bereich des innerstädtischen und regionalen Verkehrs. Außerdem kommt es zu erheblichen Bevölkerungsverschiebungen im Regierungsbezirk.
Charakteristisch für die Großindustriekomplexe sind umfangreiche Anlagen von Werkswohnungen, insbesondere dort, wo zuvor die Industriedichte gering war. In diesen Werkswohnungsdanchi leben die Mitarbeiter auf engem Raum in einer von der Stadt abgetrennten Siedlung – Symptom auch dafür, daß sich in Japan die Betriebszugehörigkeit nicht nur auf den Arbeitsplatz beschränkt, sondern auch das soziale Leben der Mitarbeiter weit stärker umfaßt als beispielsweise in der Bundesrepublik Deutschland. In Abb. 5 ist das 60 ha große Danchi der Kawasaki Steel für 12000 Bewohner zu erkennen sowie das 50 ha große Danchi bei Hiroe. Daneben gibt es (z. B. in Tamashima, Abb. 5) „Werksburgen“, Wohnsiedlungen innerhalb des Werksgeländes. In der Nähe anderer Großindustriekomplexe sind „New Towns“ entstanden, Mittelstädte, die aus den Wohn-Danchi mehrerer Firmen bestehen.

Umweltschäden. Vor allem die Raffinerien und der Transport der Mineralöle sind für die gewaltige Wasserverschmutzung im Mündungsgebiet des Takahashi-gawa verantwortlich, wo sich außerdem Kleintanker nicht an die Auflagen halten und Ballast ablassen, ehe sie Produkte übernehmen. Die traditionellen Spezialkulturen (Muscheln, Austern) mußten aufgegeben werden, und auch der Fischfang spielt keine Rolle mehr, weil die Fische ungenießbar oder übelschmeckend sind. Zwar erhielten die Fischer kleine Abfindungen, aber diese stellen keinen Ausgleich für den Verlust ihrer traditionellen Arbeitsplätze dar.
Die Luftverschmutzung betrifft die neuen Wohn-Danchi (besonders Hiroe) genauso wie die alten Dörfer, denn die zyklonalen Sommerwinde aus Südwest bringen die Stäube und Abgase zu den Siedlungen entlang der Küste. Auch die strengeren Umweltschutzbestimmungen seit 1970 konnten keine entscheidende Abhilfe schaffen. Bereits 1972 erklärten 70% der Bürger von Kurashiki, ihr Leben sei durch die Industrialisierung in Mizushima schlechter geworden. Seitdem zeugen wachsende Bürgerproteste vom gestiegenen Umweltbewußtsein. Bei den Behörden ist die Einsicht gewachsen, daß es falsch war, eine auf den Großindustriekomplex abgestimmte Umweltplanung ganz unterlassen zu haben, und daß darüber hinaus bei der Anlage der Betriebe innerhalb des Komplexes schwerwiegende Fehler begangen worden waren: Die Standorte der besonders stark emittierenden Betriebe der Petrochemie liegen viel zu nahe bei den Wohnsiedlungen; sie hätten besser an die äußersten Südenden der Aufschüttungsflächen gelegt werden sollen – das Problem der Verschmutzung der Inlandsee hätte damit allerdings nicht gemildert werden können.

9. *Beschreiben Sie die vertikale und horizontale Verflechtung in einem Compound-Kombinat, und nennen Sie Vor- und Nachteile aus der Sicht der Betriebe und der Region.*

10. *Versuchen Sie zu erklären, warum Japan auf verschiedenen Gebieten (z. B. Autoabgase) besonders strenge Umweltauflagen erlassen hat.*

3.1.4 Dezentralisierungsbestrebungen

Der Großindustriekomplex Mizushima hat innerhalb des Regierungsbezirks das wirtschaftliche Gefälle verstärkt und entscheidend zur ungleichen Bevölkerungsdichte beigetragen. Daß die Bevölkerung des Ken insgesamt stark angestiegen ist, ist auf die erhebliche Fernwanderung zurückzuführen, die ein viel größeres Maß erreicht als beispielsweise in der Bundesrepublik Deutschland.

Das für Japan charakteristische Ungleichgewicht, das Nebeneinander von sehr dünn und extrem dicht bevölkerten Gebieten, wurde durch die wirtschaftspolitischen Entscheidungen der Nachkriegszeit mit dem Vorrang des Wachstums kräftig gefördert.

Erst nachdem die immer drastischeren Belastungen der Infrastruktur und der Umwelt in den industriellen Gunstgebieten zu extremen Umweltschäden, zu maßloser Bodenspekulation und zu zahlreichen Bürgerprotesten geführt hatten, wurden nach und nach strengere Umweltschutzauflagen erlassen und Alternativen zur bisherigen Raumentwicklung gesucht. Mitte der 60er Jahre wurden Programme zur Förderung wenig entwickelter Gebiete aufgestellt:

Abb. 7: Beispiele für „Neue Industriestädte"; „Sondergebiete für Industrieförderung"; „Großindustriebasen": Lokalisation, Fläche, Bevölkerung

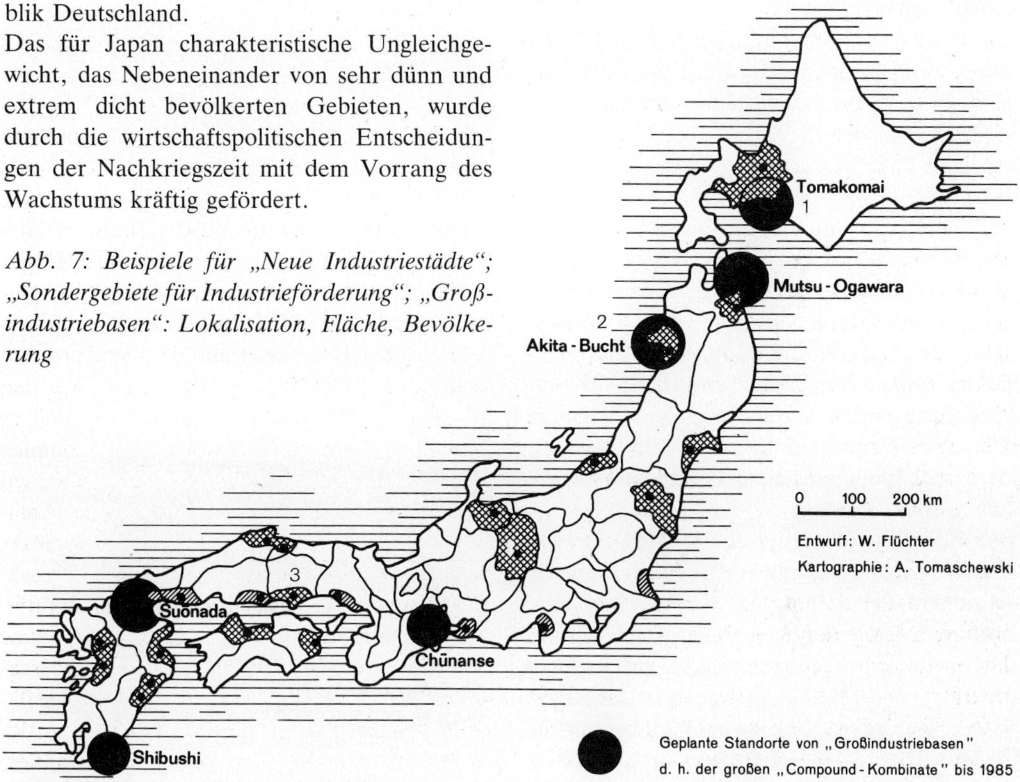

„Neue Industriestädte"

Gebiet (in Klammern: Hauptort im Entwicklungsgebiet)	Regierungsbezirk	Gesamtfläche (km^2)	Bevölkerung 1960	Bevölkerung 1970	Geschätzte Bevölkerung 1975
1) Dōō (Sapporo)	Hokkaidō	5 153	1 291 565	1 804 185	2 070 000
2) Akita-Bucht (Akita)	Akita	826	297 685	322 155	430 000
3) Okayama-Süd (Okayama)	Okayama	1 469	896 114	1 052 253	1 390 000
„Sondergebiete für Industrieförderung" (kōtoku chiiki)					
a) Kashima (–)	Ibaraki	751	190 473	196 773	350 000

Winfried Flüchter: Neulandgewinnung und Industrieansiedlung vor den japanischen Küsten. Bochumer geographische Arbeiten, H. 21. Paderborn: Schöningh 1975, S. 99

- „Neue Industriestädte“, insgesamt 27741 km²
  Einwohner 1960: 10,059 Mio.; 1970: 11,016 Mio.; 1975: 13,410 Mio.;
- „Sondergebiete für Industrieförderung“ mit insgesamt 7565 km²
  Einwohner 1960: 3,476 Mio.; 1970: 4,061 Mio.; 1975: 5,020 Mio.;
- „Großindustriebasen“ = Industriestandorte, deren Qualitäten durch Aufschüttungsgebiete und/oder Eingrabungshäfen verbessert werden sollten.

Die Erfolge waren unterschiedlich: Einzelne „Neue Industriestädte“ wiesen von 1970 bis 1975 ein Bevölkerungswachstum von über 30% auf, in einem der „Sondergebiete“ wurden sogar über 75% verzeichnet, andere erreichten nur 15%.

1972 veröffentlichte der spätere Ministerpräsident Tanaka Pläne zur „Neugestaltung der japanischen Inselkette“: Die überforderten Ballungsgebiete sollten dadurch entlastet werden, daß ein Teil der Bevölkerung aus den Räumen Tokyo und Osaka nach und nach in den menschenärmeren Nordosten umgesiedelt werden sollte. Der Anteil der beiden Ballungsräume an der Industrie Japans sollte von 60% auf 40% gesenkt werden.

Die Pläne sind allerdings erst in Ansätzen verwirklicht, denn nach dem Ölschock der 70er Jahre und der weltweiten Wirtschaftsdepression zu Beginn der 80er Jahre stehen Wirtschaftlichkeitserwägungen wieder im Vordergrund – also Beibehaltung der bisherigen Standorte, weitere Nutzung der Fühlungsvorteile, Verstärkung der Belastungen in überfüllten Räumen. Wiederum glaubt man, durch Aufschüttungsgebiete die Not ein wenig lindern zu können: Inzwischen wurden die ersten künstlichen Inseln vor der Küste als Siedlungsland geschaffen, und kühne Zukunftsvisionen sehen schwimmende Städte vor.

11. *Inwiefern hat der Vorrang des wirtschaftlichen Wachstums das Ungleichgewicht in der Raumentwicklung Japans gefördert?*

12. *Schildern Sie die unterschiedlichen Interessen von Landesplanung und Industriekomplexen bei den Dezentralisierungsbestrebungen.*

3.2 Wandlungen eines US-amerikanischen Industrieraums: das Beispiel Connecticut

Mit einem Bruttosozialprodukt von 2582460 Mio. $ im Jahre 1980 stehen die USA mit Abstand an der Spitze der wirtschaftlichen Großmächte. Auch die Industrie, die einen Anteil von 34% am riesigen Bruttoinlandsprodukt aufweist, steht an erster Stelle in der Welt. Aus den Tabellen 1 bis 3 werden Rang und sich verändernde Bedeutung im Weltvergleich erkennbar.

Tab. 1: Rangfolge der größten Industrieunternehmen der Welt 1980 (1979) nach ihrem Umsatz in Mrd. US-$

1. (1.)	Exxon (USA)	103
2. (3.)	Royal Dutch/Shell (Großbrit./Ndl.)	77
3. (4.)	Mobil Oil (USA)	59
4. (2.)	General Motors (USA)	57
5. (7.)	Texaco (USA)	51
6. (6.)	British Petroleum BP (Großbrit.)	48
7. (8.)	Standard Oil of California (USA)	40
8. (5.)	Ford (USA)	37
9. (13.)	ENI (Italien)	27
10. (9.)	Gulf Oil (USA)	26
11. (10.)	IBM (USA)	26
24. (19.)	VW	18
26. (23.)	Siemens	18
27. (24.)	Daimler-Benz	17

Tab. 2: Industrielle Produktion in Mio. t, in Prozent der Weltproduktion und für 1970 und 1980 Rang unter den Produktionsländern

	1960	1970	1980
Roheisen	62,2 (24,1%)	85,1 (19,4%) [2]	62,3 (12,4%) [3]
Rohstahl	90,0 (26,1%)	119,3 (20,1%) [1]	100,8 (14,3%) [3]
Aluminium	1,8 (48,4%)	3,6 (37,5%) [1]	5,8 (43,2%) [1]
Zement	56,0 (17,6%)	67,4 (11,9%) [2]	65,1 (8,5%) [4]
Baumwollgewebe (Mio. m)	8 564 (26,4%)	5 711 (29,9%) [2]	3 660 (12,2%) [3]
Papier und Pappe	15,2 (32,3%)	53,7 (42,2%) [1]	58,0 (33,7%) [1]
Pkw (1000 Stück)	6 675 (52,7%)	6 547 (29,2%) [1]	6 401 (22,1%) [2]
Elektrizität (Mrd. kWh)	842 (36,6%)	2 063 (29,5%) [1]	2 356 (29,2%) [1]

Tab. 3: Bergbauproduktion in den USA in Mio. t, in Prozent der Weltproduktion und für 1970 und 1980 Rang unter den Produktionsländern

	1960	1970	1980
Steinkohle	391,5 (19,7%)	550,4 (25,8%) [1]	714,4 (26,1%) [1]
Erdöl	347,9 (33,0%)	475,3 (20,9%) [1]	482,2 (15,7%) [3]
Erdgas (Mrd. m^3)	361,6 (77,0%)	620,7 (58,0%) [1]	570,5 (37,2%) [1]
Eisenerz	47,8 (20,1%)[1]	53,3 (12,8%) [2]	70,4 (14,1%) [3]
Kupfererz	0,98(25,6%)[2]	1,56(24,7%) [1]	1,17[3] (14,9%) [1]
Bauxit	2,44 (9,8%)	2,56 (4,9%) [8]	1,56 (1,6%) [14]
Uranerz (t)	k. A.	11 583[2] (53,8%) [1]	16 800[2] (47,1%) [1]
Silber (t)	1 145 (16,4%)	1 400 (14,9%) [1]	974 (9,3%) [5]

[1] ohne VR China [2] ohne UdSSR, VR China [3] Cu-Inhalt in Erzen

1. *Beschreiben Sie die Stellung der US-Industrie im Weltvergleich, berücksichtigen Sie dabei die Bedeutung wichtiger Bodenschätze. (Tab. 1, 2, 3, Atlas!)*

2. *Nennen Sie Gründe für die Veränderungen von 1960 bis 1980.*

3.2.1 Die frühe Industrialisierung in den Neuenglandstaaten

Connecticut und die anderen südlichen Neuenglandstaaten waren Schauplatz der frühen Industrialisierung Nordamerikas in der ersten Hälfte des 19. Jahrhunderts und ihrer Vorphasen im 18. Jahrhundert. Ihr Verlauf zeigt eines der Prinzipien, die auch heute noch für die US-Industrie gelten: die Nutzung der Gunstfaktoren des Raums.

- Die frühe Besiedlung wurde durch die Landesnatur und die Lage Connecticuts gefördert. Im Vergleich zu anderen Teilen Amerikas waren die Entfernungen vom alten Kontinent nach Neuengland relativ kurz. Die bis 16 km breite Küstenebene machte das Land gut zugänglich, und das Tal des Connecticut River bot günstige Voraussetzungen für Verkehrswege in das Landesinnere. Die meist gut entwässerten Böden waren für den Ackerbau geeignet, das Klima stellte für Europäer kein Hindernis bei der Ansiedlung dar.
- Reiche Holzvorräte (fast die gesamte Fläche des Staates war von leicht durchdringbarem Mischwald bedeckt, darunter bis 50 m hohe Kiefern) ermöglichten den Export ins waldarme England und waren die Grundlage für eine frühe Holzwirtschaft und für die Werften Neuenglands, die nicht nur technisch hervorragende Schiffe (Schoner und Klipper) bauten, sondern diese auch um 20–50% billiger anbieten konnten als englische Werften. Erst nachdem Stahl Holz als Schiffsbaumaterial abgelöst hatte, konnte England seine einstige Vorherrschaft im Schiffsbau zurückgewinnen.

Abb. 1: Große Wasserkraftanlagen im 19. Jahrhundert

Nach Robert G. Leblanc: Location of Manufacturing in New England in the 19th Century. In: Geography Publications at Dartmouth No 7, 1969, S. 49

- Die wasser- und gefällreichen Flüsse Neuenglands boten gute Voraussetzungen für die während der frühen Industrialisierung besonders wichtige Nutzung der Wasserkraft auch im Landesinneren.
- Die Nähe zu den rasch wachsenden Städten an der Ostküste begünstigte den Absatz von Holzprodukten, vor allem Möbeln.

Das florierende Holzgewerbe und der steigende Handel in den Hafenstädten (darunter auch ein beträchtlicher Anteil Dreieckshandel) brachten der Region Kapital und damit eine wesentliche Voraussetzung für die Industrialisierung der Neuenglandstaaten.

Blüte und Niedergang der Textilindustrie in Connecticut

Die Industriebetriebe entstanden vor allem im Binnenland, wohin sich allmählich auch die wirtschaftlichen Schwerpunkte verlagerten, nachdem sich die Küstenstädte überwiegend auf den Handel beschränkten. Bereits seit Ende des 18. Jahrhunderts wurden die kleinen Eisenerzlager ausgebeutet, und während des Unabhängigkeitskrieges entstandenen kleine Waffenfabriken, von denen sich einige zu heute bedeutenden Unternehmen entwickelten, wie z. B. Colt in Hartford.

Beim Aufbau der Betriebe stand ein Prinzip im Vordergrund, das auch heute noch Gültigkeit in der amerikanischen Industrie hat: Die Produktion richtet sich nach den Absatzmöglichkeiten! Da die neuen großen Städte an der Ostküste und die Neuenglandstaaten selbst hohen Bedarf an Verbrauchsgütern hatten, verlegten sich die neuen Betriebe in Connecticut auf deren Herstellung, auf Lederwaren zum Beispiel und vor allem auf Textilien. Schon in kolonialer Zeit boten Schafzucht und Leinenanbau die Voraussetzungen für das Textilgewerbe Neuenglands. Nach der Erfindung der Baumwollentkernungsmaschine konnte auch Baumwolle in größeren Mengen verarbeitet werden, zumal die hohe Luftfeuchtigkeit vorteilhaft war. So entstand 1788 in Hartford die erste amerikanische Wollspinnerei, 1791 in Pawtucket, Rhode Island, die erste Baumwollspinnerei. Ihnen folgten bald zahlreiche kleine Spinnereien und Webereien entlang der Flüsse. Baumwolle kam aus den

Abb. 2: Die Baumwollindustrie in den Neuenglandstaaten 1837

Robert G. Leblanc: a.a.O., S. 47

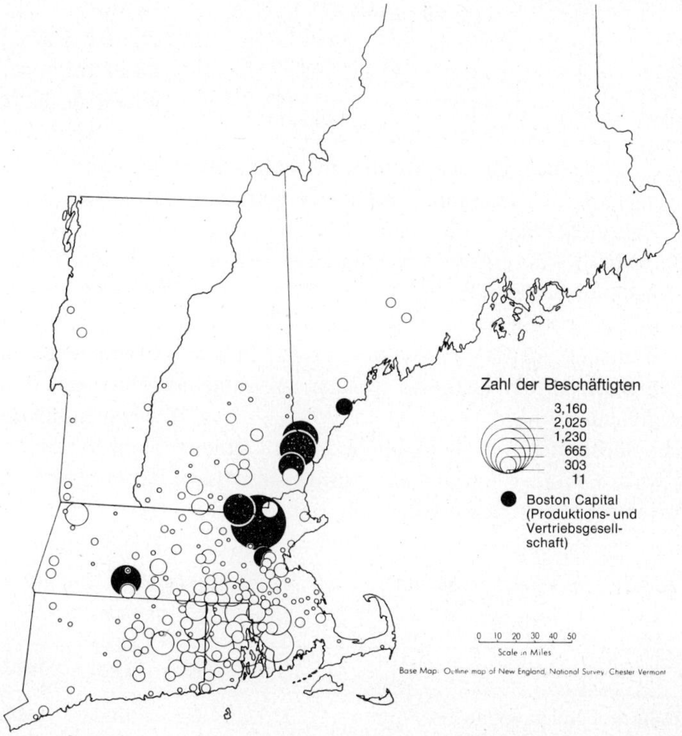

Südstaaten, wo kaum Verarbeitungsbetriebe bestanden, da die Baumwollpflanzer in ihnen eine unerwünschte Konkurrenz sahen und gegen ihre Ansiedlung kämpften. So erlebte die Textilindustrie in Neuengland während der ersten Hälfte des 19. Jahrhunderts einen raschen Aufschwung, zumal ihr nicht nur die benötigten Arbeitskräfte zur Verfügung standen, sondern die Einwanderer aus Europa auch Kenntnisse der neuesten Produktionsverfahren mitbrachten. Außerdem wurden die Staaten mit Eisenbahnlinien an die Absatzgebiete angeschlossen. Um die Mitte des 19. Jahrhunderts wurden die Neuenglandstaaten so zum Zentrum des amerikanischen Gewerbes und der frühen Industrie. Sie wurden zur Keimzelle der industriellen und wirtschaftlichen Innovation und bald auch zum kulturellen Zentrum des Landes mit dem Sitz berühmter Universitäten.

1880 wurde in den Neuenglandstaaten noch 16-mal soviel Baumwolle verarbeitet wie in den Südstaaten. 1920 aber hatte die Textilindustrie der Südstaaten die Neuenglands schon weit überflügelt. Was war geschehen?

Gewinnorientierte Unternehmen müssen die örtliche Kostenstruktur berücksichtigen, wenn sie im Konkurrenzvergleich bestehen wollen. Die Produktionskosten der Textilbetriebe aber waren gegen Ende des 19. Jahrhunderts in den Südstaaten wesentlich günstiger als in Neuengland:

- In den verarmten und wirtschaftlich immer noch unter den Folgen des Bürgerkriegs leidenden Südstaaten gab es viele billige weiße Arbeiter – für die lohnkostenintensive Textilindustrie ein wichtiger Kostenfaktor;

Abb. 3: Energiequellen der Industrie in Massachusetts, Connecticut, Rhode Island

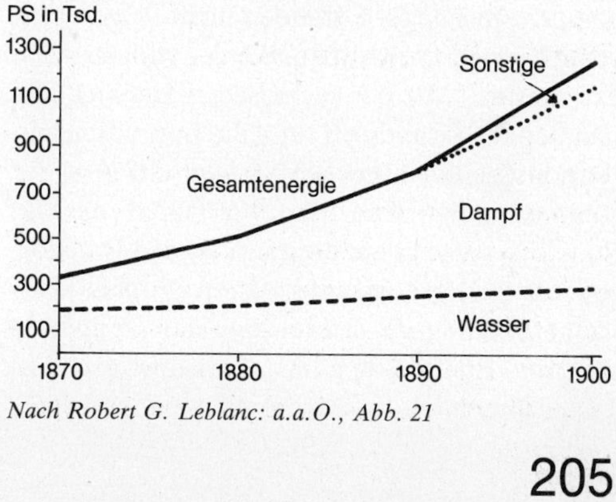

Nach Robert G. Leblanc: a.a.O., Abb. 21

Tab. 4: Kohleproduktion in den USA

1850	0,600 Mio. t
1860	0,988 Mio. t
1900	227,200 Mio. t

- die Entwicklung der Kohleförderung steht auch im Zusammenhang mit den veränderten Energiequellen in der Industrie Neuenglands (Tab. 4, Abb. 3), wo alte Standorte traditionelle Vorteile verloren;
- mit dem weiteren Verkehrsausbau und der Erschließung des Landes war die Nähe zu den Städten an der Ostküste weniger ausschlaggebend.

Die Südstaaten, vor allem das Piedmont-Gebiet (North Carolina – Alabama), wurden also für Investoren interessant. Die neuen Betriebe, die sie dort errichten ließen, waren den alten Produktionsstätten in den Neuenglandstaaten technisch überlegen. Viele der alten Unternehmen gaben deshalb ihre Standorte in Connecticut auf und verlagerten sie in die Südstaaten. In Neuengland konnten sich nur noch jene Betriebe halten, die sich auf hochwertige Waren spezialisiert hatten, deren Rohmaterial ohnehin aus Übersee importiert wurde und deren Herstellung erprobte Fachkräfte verlangte.

In der Abwanderung der Textilindustrie aus Connecticut und den angrenzenden Staaten ist somit ein weiteres Merkmal der amerikanischen Industrie zu erkennen: die geringe Persistenz vieler Branchen, die rasche Verlagerung als Reaktion auf die Veränderung der Standortfaktoren.

Tab. 5: Industriebeschäftigte in den Neuenglandstaaten und ihr Anteil an der Gesamtzahl in den USA

	1850	1900	1920	1939	1946	1967	1972	1981
Industriebeschäftigte in 1000	313	852	1351	1128	1491	1562	1363	1510
Anteil an der Gesamtzahl der Industriebeschäftigten der USA in %	32,6	18,1	14,9	11,7	10,4	8,1	7,2	7,4

3.2.2 Der Strukturwandel der US-Industrie in der zweiten Hälfte des 19. Jahrhunderts

Der Rückgang der Textilindustrie in Connecticut war Teil eines tiefgreifenden Strukturwandels der gesamten US-Industrie, der in besonderem Maß Connecticut und die anderen früh industrialisierten Staaten erfaßte. Gegen Ende des 19. Jahrhunderts standen nicht länger Verbrauchsgüter im Mittelpunkt der industriellen Produktion. Mit der technischen Entwicklung nahmen die Grundstoff- und die Investitionsgüterindustrie einen gewaltigen Aufschwung. Sie stellten völlig neue Anforderungen an die Standorte: Vor allem die Lage zu den Rohstoffen und die Verkehrsgunst waren entscheidend, im besonderen die Entfernung zur Steinkohle und die Erschließung mit Wasserwegen und Eisenbahnen.

Daneben wurde die Lage zu den Abnehmern in der weiterverarbeitenden Industrie immer wichtiger. Die kleinen Industriestädte Neuenglands waren dabei nicht mehr konkurrenzfähig mit den Großstädten. Nur die Riesenstädte an der Ostküste konnten beim Wirtschaftswachstum mithalten, das die Großstädte an den Großen Seen zu den neuen Industrieschwerpunkten machte: Der Manufacturing Belt (Chicago/St. Louis – Boston/Baltimore) wurde zum wirtschaftlichen Kernraum (vgl. Abb. 4).

3. *Fassen Sie die Gründe für die frühe Industrialisierung in den Neuenglandstaaten zusammen.*

4. *Nennen Sie Gründe für den Aufstieg und den Niedergang der Textilindustrie in den Neuenglandstaaten.*

5. *Nennen Sie die wesentlichen Standortfaktoren der Hauptstandorte der US-Schwerindustrie. Ziehen Sie auch Kap. 2.3 zum Vergleich heran (vgl. Tab. 6).*

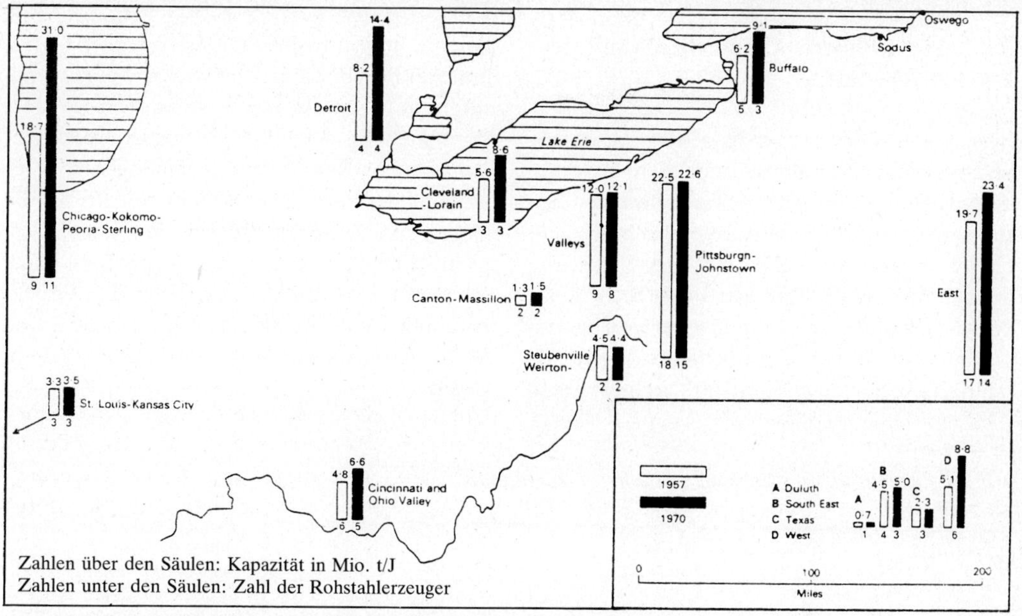

Abb. 4: Rohstahlkapazitäten wichtiger US-Standorte 1957 und 1970

Nach K. Warren: The American Steel Industry 1850–1970, Oxford 1973

Tab. 6: Die Hauptstandorte der US-amerikanischen Schwerindustrie

	Erz-Hauptlieferregion	Energie- und Reduktionsmittellieferanten
1. Zentralregion Pittsburgh-Johnstown; binnenländische Tallage, um 1900 weit überwiegende Bedeutung; rel. hohe Bevölkerungsdichte	Oberer See, 1500 km Wasserweg, 300 km Bahn	Kohle; West Virginia und Pennsylvania, 50–80 km Bahn
2. Erie-See, Detroit-Buffalo; Hafenbindung, große Bedeutung der nahe gelegenen Absatzmärkte, großes Schrottangebot; rel. hohe Bevölkerungsdichte	Oberer See, 1000–1500 km Wasserweg, zusätzlich Verwendung von Schrott	Kohle; Ohio, Pennsylvania, 300 km Bahn
3. Chicago; Verkehrsgunst, hohe Bevölkerungsdichte, großes Schrottangebot	Oberer See, 1300 km Wasserweg, zusätzlich Verwendung von Schrott	Kohle; Kentucky, 400 km Bahn
4. Mittlere Atlantikküste (z. B. Bethlehem); leistungsfähige Überseehäfen, Bevölkerungsballung, großes Schrottangebot, Absatzgunst	kleine Lager bei New York, 150 km Bahn, überseeische Erze, zusätzlich Verwendung von Schrott	Kohle; Pennsylvania, 160 km Bahn
5. Duluth; wegen Randlage zu Bevölkerungs- und Industriezentren weiter abnehmende Bedeutung	Oberer See, 120 km Bahn	Kohle; Pennsylvania, 1500 km Wasserweg, 300 km Bahn
6. Südosten und Texas (z. B. Birmingham); neuere Standorte im Zusammenhang mit der Industrialisierung des Südens	z. T. Alabama, 50 km Bahn, Importerze	Erdöl und Erdgas; z. T. Alabama, 50 km Bahn
7. Westen (z. B. Los Angeles; Utah), Industrie- und Bevölkerungswachstum	kleine Lager in Utah, zusätzlich Verwendung von Schrott	Erdgas und Erdöl

3.2.3 Die Industrie Connecticuts seit dem Zweiten Weltkrieg

Bereits um 1940 war fast die gesamte Industrie in Neuengland überaltert. Ihre Mikrostandorte innerhalb der mittelgroßen Städte brachten Kostennachteile im Konkurrenzvergleich mit neuen Standorten in verkehrsgünstiger Lage, ihre maschinelle Ausrüstung war meist nicht mehr konkurrenzfähig. Das Lohnniveau war aber immer noch überdurchschnittlich hoch. Vielen alten Betrieben blieb nur der Verkauf ihrer Technologie und ihres Know-how. Darüber hinaus machte die Spezialisierung vieler Neuenglandstädte auf eine einzige Branche sie besonders krisenanfällig. So blieb als einziger wichtiger Vorteil der Region der technologische Vorsprung, der auf einigen Gebieten bis in die Gegenwart gehalten worden konnte. Er ist nicht zuletzt auf die hervorragenden Forschungs- und Ausbildungseinrichtungen zurückzuführen (Yale in New Haven, Harvard und MIT [Massachusetts Institut of Technology] in Boston).

Abb. 5: Die Industriestädte im südlichen Neuengland

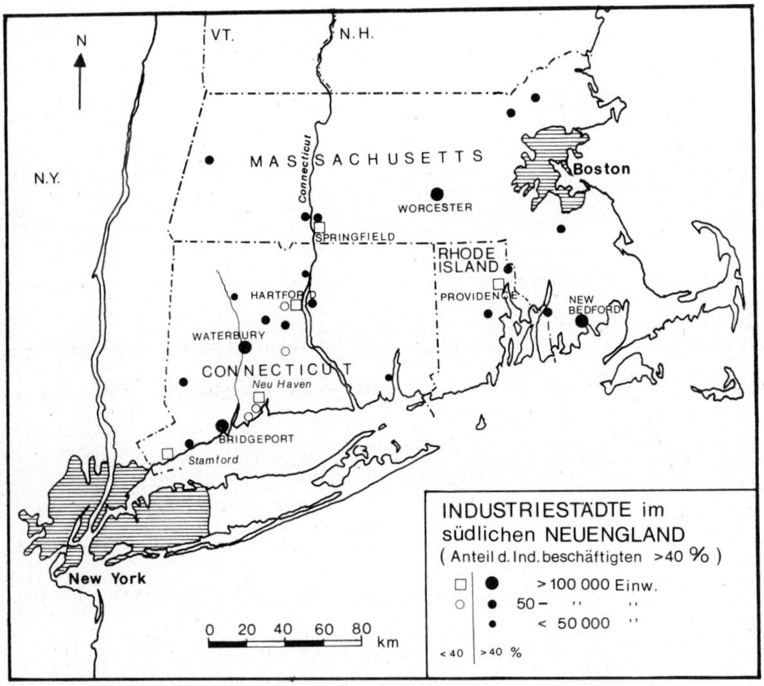

Helmut Breuer: Die kleinen Industriestädte in Neuengland in ihren Entwicklungsalternativen. In: 40. Deutscher Geographentag, Innsbruck 1975, Tagungsberichte und wiss. Abhandlungen. Wiesbaden: Steiner 1976, S. 136, ergänzt

Für die Industrie in Connecticut ging es seit dem Zweiten Weltkrieg vor allem darum, immer wieder technologischen Vorsprung zu entwickeln, nachdem bei gleicher Technologie andere Staaten günstigere Standortfaktoren aufwiesen und deshalb billiger produzieren konnten. Inwieweit diese Bemühungen beispielsweise von 1967 bis 1974 erfolgreich waren, zeigen die Ergebnisse von Neuengland, die von denen Connecticuts nicht wesentlich abweichen (Abb. 6).

Die besondere Förderung neuer Entwicklungen führte in der Folge zu neuen Gewichtungen in der Branchenstruktur: Die Luft- und Raumfahrtindustrie sowie die Waffentechnik sind in den Neuenglandstaaten besonders stark vertreten, Branchen also, die stark von Regierungsaufträgen und auch von der politischen und zeitgeschichtlichen Entwicklung abhängig sind, mit den entsprechenden Auswirkungen auf die Arbeitsplätze (vgl. Abb. 7 a–d).

Abb. 6: Industrieproduktion 1974 im Vergleich zu 1967, 1967 = 100

Nach Helmut Breuer: a. a. O., S. 144

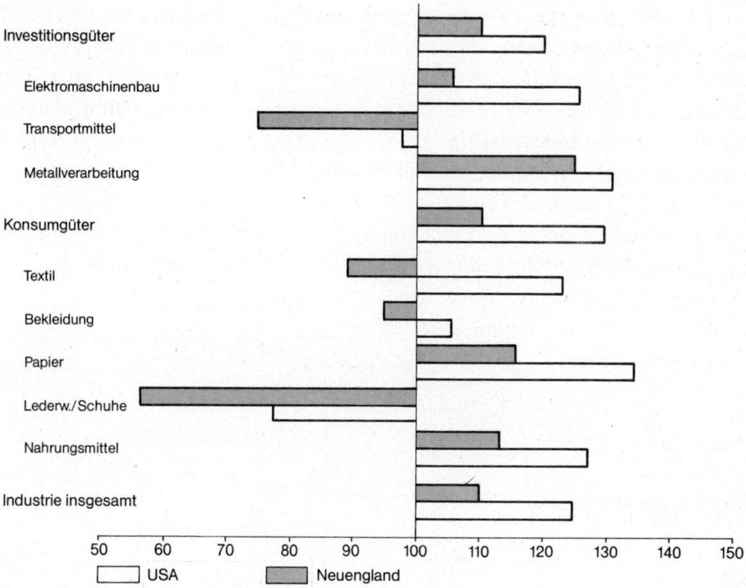

Abb. 7: Produktion und Arbeitsplätze in der zeitlichen Entwicklung

Nach Helmut Breuer: a.a.O., S. 141, 142

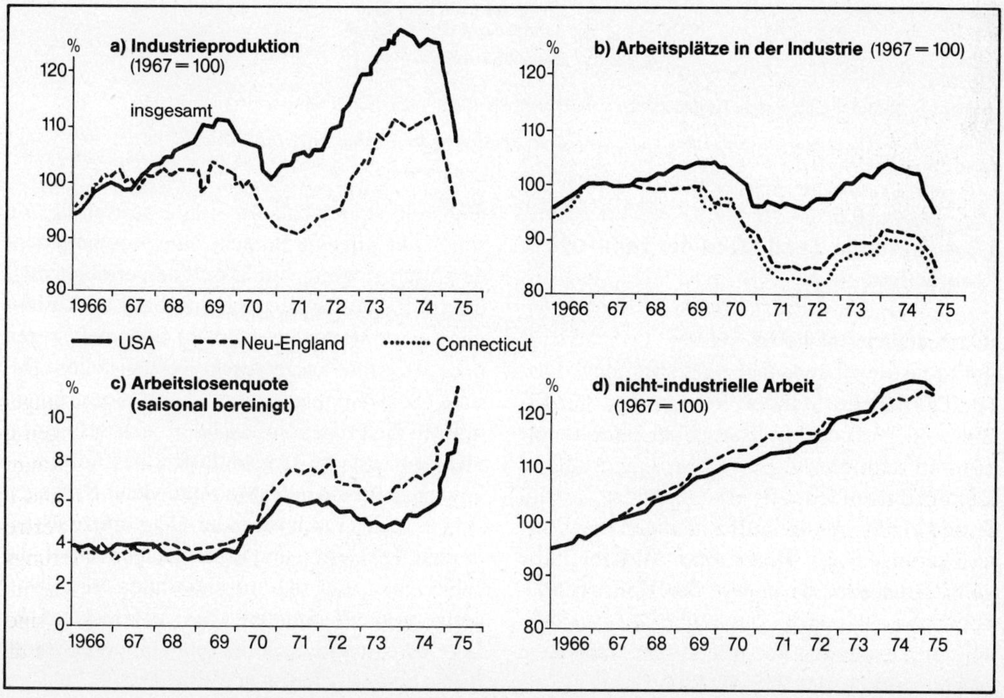

Die Entwicklung der Arbeitslosenquote steht auch im Zusammenhang mit der nicht ausreichenden Zunahme der nichtindustriellen Arbeit (vgl. Abb. 7d). Die regionalen Unterschiede in der Arbeitslosigkeit geben dazu nähere Hinweise (Abb. 8). Lediglich Hartford als Sitz wichtiger national bedeutender Versicherungsunternehmen, New Haven, ein bedeutender Handelsplatz in vorzüglicher Verkehrslage und Stamford im Einzugsbereich New Yorks weisen einen überdurchschnittlichen Dienstleistungsbereich auf.

Abb. 8: Der räumliche Zusammenhang zwischen überdurchschnittlich hoher Industriebeschäftigtenzahl[1] und überdurchschnittlicher Arbeitslosigkeit[2] in Connecticut

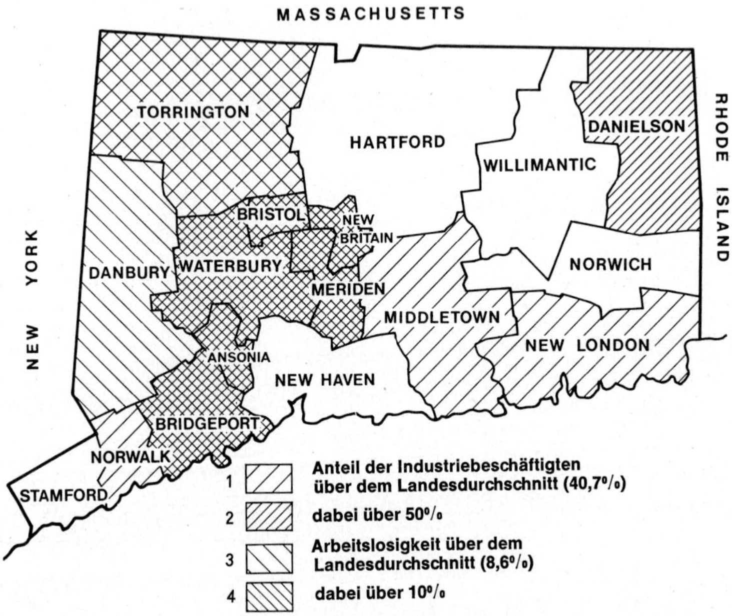

[1]im Durchschnitt der ersten sechs Monate 1969 [2]im Durchschnitt der ersten sechs Monate 1971

Helmut Breuer: Die industrielle Entwicklung in Connecticut: Rezession oder Strukturkrise? In: Erdkunde, Bd. 27, 1973, S. 137. Bonn: Dümmlers

3.2.4 Aktuelle Tendenzen der Industrie in Connecticut

Heute stehen in vielen Städten Connecticuts alte Industriegebäude leer, und zwar auch dort, wo traditionelle Standortbedingungen gut erfüllt sind, wo also Gleisanschluß besteht, oft sogar in zentraler Lage. Diese das Stadtbild beeinträchtigenden, oft verkommenden Gebäude sind ein Symptom für die häufigen Standortverlagerungen der Klein- und Mittelbetriebe vieler Branchen, besonders der Konsumindustrie.

Bei der Textilindustrie spricht man von einem „Wanderzirkus der US-Textilbetriebe“ – die Gebäude sind möglichst wenig aufwendig; sie sollen nur wie eine Baracke eine vorübergehende Unterbringung von Maschinen ermöglichen, die im Zuge der Entwicklung bald an kostengünstigere Standorte gebracht oder dort gegen neuere Geräte ausgetauscht werden sollen. Rasche Schwankungen der Arbeitslosenzahlen müssen die Folge sein, nachdem sich das Prinzip nicht nur auf die Textilindustrie beschränkt.

Ursachen für die hohe Mobilität vieler Branchen sind u. a. sich rasch verändernde Absatzmärkte, der häufige Besitz- und Beteiligungswechsel, die zahlreichen und sich oft ändernden Vergünstigungen vieler Staaten, das unterschiedliche Lohnniveau und auch die regional unterschiedlichen gewerkschaftlichen Einflüsse.

1. Großräumige Verlagerungen durch Veränderungen der Technologie und der von ihr bestimmten Standortfaktoren (z. B. Schwerindustrie, vgl. Tab. 6, Abb. 4) und durch Veränderungen des Energieangebots (z. B. Aluminium-Produktion, vgl. Abb. 9).

Abb. 9: Standortverlagerung der US-amerikanischen Aluminiumhüttenindustrie

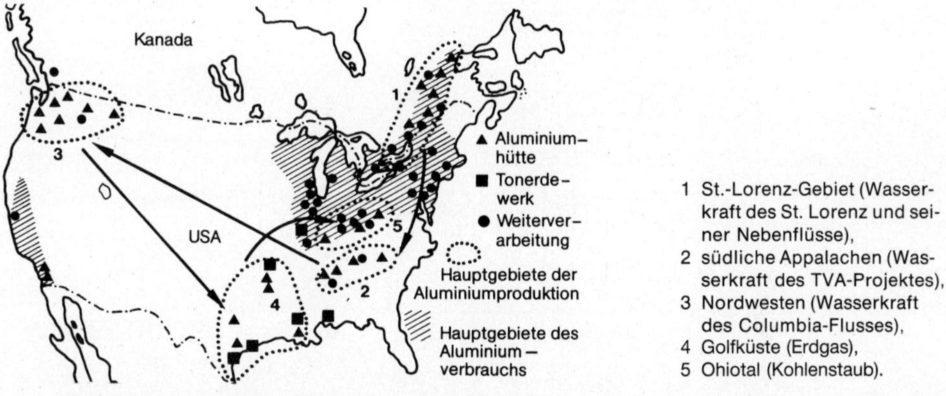

Nach Burkhard Hofmeister: Nordamerika. Fischer Länderkunde, Bd. 6. Frankfurt: Fischer Taschenbuchverlag 1970, S. 197

2. Verlagerungen in die Stadtrandzonen, besonders in alten Industriezentren, also eine Art Suburbanisierung der Industrie, da
   - nach der Verkehrserschließung das Flächenangebot dort bessere Möglichkeiten für die moderne horizontale Produktion bietet,
   - in neugeschaffenen Industrieparks in hervorragender Verkehrslage eine günstige betriebsnahe Infrastruktur geboten wird.
3. Verlagerungen in Kleinstädte oder bisher wenig industrialisierte Gebiete außerhalb der Stadtregion, da die Belastungsgrenzen der Metropolitan Areas (bei Luft, Wasser, Infrastruktur) die weiteren Entwicklungen im Großstadtbereich hemmen.
4. Verstärkte regionale Differenzierung der Industrie:
   - High-Technology-Industrien verlagern sich in die neuen Industriestandorte des Sun-Belt (SW-Staaten, Kalifornien – Texas), da
     sie wenig rohstoff- und energieabhängig sind,
     die moderne Klimatisierungstechnik auch im heißen Süden gute Arbeitsbedingungen ermöglicht,
     die Verkehrserschließung bisher nicht industrialisierte Gebiete für die Industrieansiedlung attraktiv macht.
   - Es bilden sich hochspezialisierte Industriegebiete mit besonders hohem Entwicklungsanteil (z. B. Elektronik im Silicon Valley; neue Energietechniken in New Mexico), für deren hochqualifizierte White-Collar-Mitarbeiter Kalifornien und der Sun-Belt attraktive Regionen sind.
5. Disperse Standorte, wo die Mitarbeiter zu Hause arbeiten und nur über Computer-Terminals mit der Zentrale verbunden sind, zeigen extreme Tendenzen für eine hochqualifizierte Minderheit.

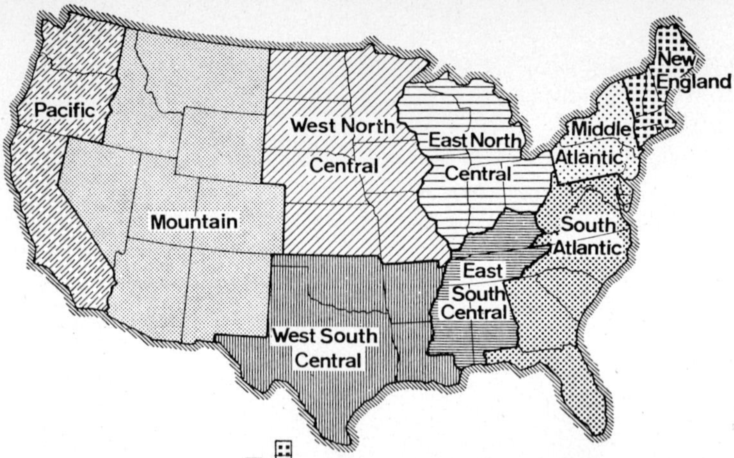

Abb. 10: Industriebesatz nach Census Divisions 1939–1947–1958–1967–1970

Dietrich E. Zimmer: Jüngere Wandlungen in der Industriestruktur des Südostens der USA, In: Geographische Zeitschrift, 1975, S. 59. Wiesbaden: Steiner

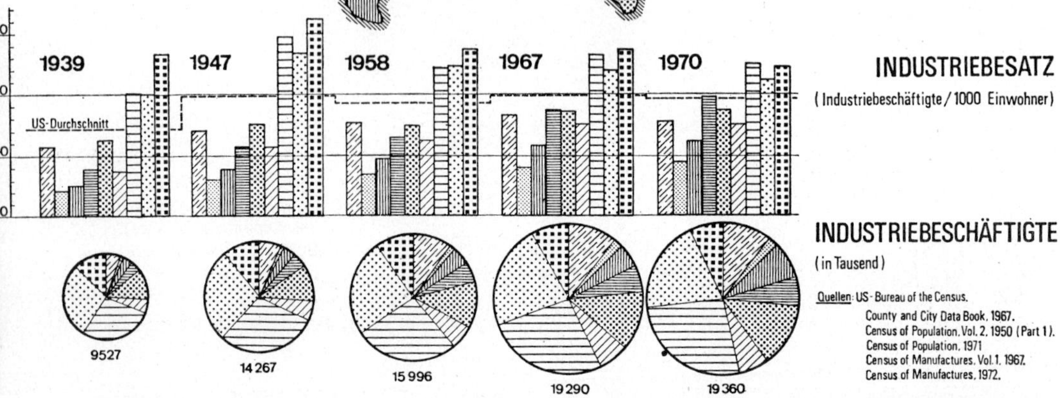

Tab. 7: Industriebeschäftigte in den verschiedenen Census Divisions

Census Geographic Division	Anteil der Beschäftigten (in %) 1954	1968	1981
1 New England	9,0	7,9	7,5
2 Middle Atlantic	26,6	22,2	17,4
3 East North Central	28,6	26,5	22,5
4 West North Central	6,0	6,3	6,7
5 South Atlantic	11,0	13,1	15,0
6 East South Central	4,5	5,8	6,8
7 West South Central	4,5	5,8	8,6
8 Mountain	1,1	1,6	2,8
9 Pacific	8,8	10,7	12,6

Während des letzten Jahrzehnts versuchte die Industrie in Connecticut und Massachusetts die starke Abhängigkeit von Regierungsaufträgen zu reduzieren und verstärkt „High Technology"-Produkte für private Märkte zu fertigen. Ein Beispiel: Amar Bose ist Professor am berühmten „Massachusetts Institut of Technology" (MIT). 1964 gründete er eine Firma, die vor allem elektronische Geräte für militärische Zwecke herstellte. Heute ist seine 1400-Mann-Firma ein bekannter Hersteller von Lautsprechern und HiFi-Geräten. Sein Beispiel ist nicht ungewöhnlich, ähnliche Entwicklungen gibt es in vielen Betrieben in Connecticut und Massachusetts. Halten können sich diese Betriebe in den Neuenglandstaaten nur, wenn sie ihren technologischen Vorsprung behaupten. Denn die Abfolge gilt immer noch: Wird die neue Technologie von anderen Staaten übernommen, so sind dort meist die Kostenfaktoren günstiger; die Betriebe in Connecticut müssen entweder ihre Produktion verlagern, neue Produkte fertigen oder neue Technologien entwickeln, die ihr Überleben am alten Standort ermöglichen.

Von den sich wiederholenden Abwanderungs- und Anpassungsprozessen bleibt das Lohnniveau nicht unbeeinflußt. Vergleicht man die Beschäftigtenstruktur in Neuengland und in den USA (Tab. 8 b) mit der der Bundesrepublik Deutschland mit ihren 46% der Beschäftigten in der Industrie, dann wird klar, daß man mit einigem Recht von der „postindustriellen" Phase der US-Wirtschaft sprechen kann.

Abb. 11: Entwicklung der Industriebeschäftigten in den Wirtschaftsregionen (Census Geographic Division) 1975–1981 in Prozent der Abweichungen vom US-Durchschnitt

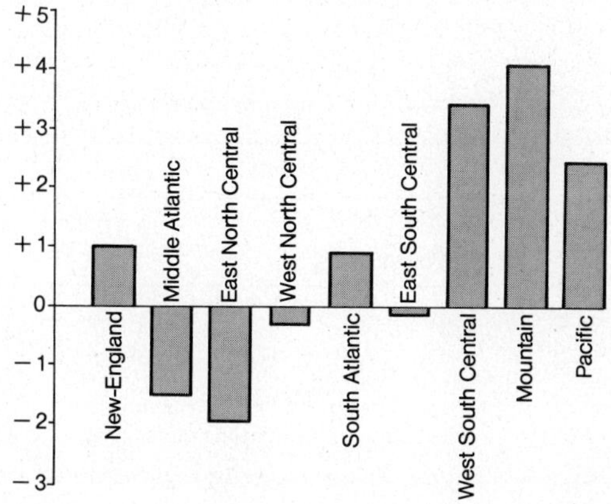

Tab. 8: Connecticut und die Neuenglandstaaten heute

a) Industrie-Wochenlöhne 1981

		Elektronische Industrie
USA	318,00 $	383,20 $
Neuengland	272,60 $	326,81 $
Connecticut	319,07 $	345,61 $
Kalifornien	338,98 $	395,44 $

b) Beschäftigtenstruktur 1. Hälfte 1982 in Mio.

	USA	Neuengland
Gesamtzahl der nicht in der Landwirtschaft Beschäftigten	89,899	5,422
davon Industriebeschäftigte	19,168	1,451
Bau und Bergbau	4,943	0,177
Landwirtschaft	ca. 3,500	ca. 0,135

c) Zahl und Anteil der bei „High Technology" Beschäftigten (Elektronik, Maschinen- und Meßgerätebau, Luft- und Raumfahrt, chemische Industrie) 1975 und 1981 in Mio.

	1975	1981	∅ jährl. Zunahme %	Anteil an Ew.-Zahl der USA
USA	7,038 (100%)	8,027 (100%)	2,3	100
Neuengland	0,545 (7,7%)	0,717 (9,9%)	5,2	5,36
Connecticut	0,204 (2,8%)	0,247 (3,1%)	3,5	1,34
Massachusetts	0,250 (3,5%)	0,334 (4,1%)	5,6	2,49
Kalifornien	0,740 (10,5%)	1,019 (12,7%)	6,3	10,11

d) Arbeitslosigkeit in % 1. Hälfte 1982

USA	9,4
Neuengland	8,1
Connecticut	7,1
Massachusetts	8,2
Kalifornien	9,4

e) Anteil der Gewerkschaftsmitglieder an den nicht in der Landwirtschaft Beschäftigten 1980

USA	25,2
Connecticut	22,9
Massachusetts	24,9
New York	38,7
Kalifornien	27,0
South Carolina	7,8

Nach REO, Regional Economic Outlook, Research Institute of America, Nov. 1982, New York

UTC – ein High-Technology-Unternehmen in Connecticut

Tab. 9: Umsatz und Beschäftigte bei UTC

	1975	1978	1979	1980	1981	1982
Umsatz in Mio. $	3 877	6 265	9 053	12 323	13 667	13 577[1]
davon Regierungsaufträge	33%	27%	23%	22%	28%	33%
Beschäftigte insgesamt	138 072	152 213	197 700	200 200	189 700	183 900
davon USA		105 900	135 500	136 200	124 700	120 200
Europa		23 100	28 500	28 000	28 500	23 100

[1] Für 1983 werden Umsatzsteigerungen von mehr als 15% erwartet.

United Technologies, Annual Report 1982, Hartford 1983

United Technologies (UTC) ist eines der bedeutendsten Unternehmen der Neuenglandstaaten und gehört zu den weltweit führenden High-Technology-Firmen. Der stark diversifizierte Konzern hat den Schwerpunkt seiner 300 Einzelbetriebe in Connecticut und seinen Firmensitz in Hartford. Weltweit arbeiten 184000 Beschäftigte im siebtgrößten US-Industrieunternehmen (ohne Öl) vor allem auf den Gebieten der Luft- und Weltraumfahrt, der System- und Energietechnik und der Elektronik. Zu den wichtigsten Einzelbetrieben zählen:

- Pratt und Whitney, der weltweit größte Hersteller von Düsentriebwerken,
- Sikorsky, der größte Hubschrauberhersteller der westlichen Welt,
- Otis, eine der größten Aufzugfirmen der Welt,
- Norden Radar,
- American Bosch, der größte US-Hersteller von Einspritzpumpen.

Die Exportquote beläuft sich auf ca. 40% (1982), 35 % der Arbeitsplätze befinden sich im Ausland. Das Unternehmen zeigt wachsendes internationales Engagement durch Beteiligungen und Übernahmen (z. B. 1982 bei AEG-Telefunken). Es kommt häufig zu Verkauf von Einzelfirmen und zu neuen Beteiligungen.

6. *Vergleichen Sie die Entwicklung der Industrieproduktion Neuenglands mit derjenigen der USA 1967–1974 (Abb. 6), ziehen Sie zum Vergleich auch die Daten in Tab. 8 heran.*

7. *Versuchen Sie, die Schwankungen in Abb. 7 zu erklären, und erläutern Sie die Probleme, wie sie sich in Abb. 8 für Connecticut darstellen.*

8. *Beschreiben Sie wichtige Strukturen der heutigen Industrie Connecticuts. Nennen Sie Gründe, weshalb sie sich im Konkurrenzvergleich der US-amerikanischen Staaten wieder behaupten kann.*

9. *Schildern Sie die regionale Industriestruktur in den USA (Abb. 10, Tab. 7, 8), fassen Sie die Verlagerungstendenzen zusammen, und ordnen Sie das Beispiel der Aluminiumindustrie (Abb. 9) ein.*

10. *Zeigen Sie am Beispiel von UTC die für ein modernes Industrieunternehmen Neuenglands typischen Strukturen.*

3.3 Entwicklung sowjetischer Industrieräume: Ural-Kusnezker Kombinat und Territorialer Produktionskomplex Bratsk-Ust-Ilimsk

„Entweder Tod oder die fortgeschrittenen kapitalistischen Länder einholen und überholen. Wir sind hinter den fortgeschrittenen Ländern um 50 bis 100 Jahre zurückgeblieben. Wir müssen diese Distanz in zehn Jahren durchlaufen. Entweder wir bringen das zuwege, oder wir werden zermalmt“ (Stalin 1931).

Das „Einholen“, das sich hauptsächlich auf die industrielle Entwicklung bezog, wurde zwar nicht in dem angekündigten Zeitraum von zehn Jahren erreicht, die enormen Erfolge seit den 30er Jahren sind jedoch offensichtlich.
Die sprunghafte Entwicklung der Metall- und Energierohstofförderung sowie der Produkte aus der Grundstoff- und Produktionsgüterindustrie ist auf planmäßigen Ausbau der traditionellen Industrieregionen des Donezbeckens und der Region von Kriwoi Rog, insbesondere aber durch die Erschließung der sibirischen Landesteile zurückzuführen. Diese gigantische Erschließung begann nach einer ausführlichen Planungsphase mit dem Aufbau des Ural-Kusnezker Kombinats ab dem Jahre 1928/29.
Diese Phase steht zuerst im Zentrum der folgenden Betrachtung. Dabei wird deutlich, daß die zu dieser Zeit erschlossenen Lagerstätten und aufgebauten Industriestandorte (Kombinate) heute im Rahmen der überregionalen Arbeitsteilung eine zentrale Rolle spielen.
Mit dem Aufbau des Territorialen Produktionskomplexes Bratsk-Ust-Ilimsk werden die veränderten Grundsätze der rohstofforientierten Raumerschließung nach der Stalin-Ära dargelegt. Die Entwicklung dieser Region wird auch deshalb als Modell der modernen Erschließung Sibiriens bezeichnet.

Tab. 1: Entwicklung ausgewählter Bergbau- und Industrieprodukte 1913–1980

	1913	1928	1940	1950	1960	1970	1980
Elektroenergie (Mrd. kWh)	2,0	5,0	48,6	91,2	292,3	740,4	1 295,0
Erdöl (Mio. t)	10,3	11,6	30,1	37,9	147,9	352,6	603,0
Erdgas (Mrd. m^3)	–	0,3	3,4	6,2	47,2	199,6	435,0
Kohle (Mio. t)	29,2	31,3	165,9	261,1	509,6	624,1	716,0
Eisenerz (Mio. t)	9,2	6,1	29,9	36,6	105,9	197,1	244,7
Roheisen (Mio. t)	4,2	3,3	14,9	19,2	46,8	85,9	107,0
Stahl (Mio. t)	4,2	4,3	18,3	27,3	65,3	115,9	147,9
Walzgut (Mio. t)	3,3	3,2	11,4	17,9	43,7	80,9	103,0
Traktoren (1000 Stück)	–	1,3	31,6	116,7	238,5	458,5	555,0
Kraftfahrzeuge (1000 Stück)	–	0,8	145,4	326,9	523,6	915,1	2 199,0
Radios (Mio. Stück)	–	–	0,2	1,1	4,1	7,8	8,5
Kühlschränke (Mio. Stück)	–	–	–	–	0,5	4,1	5,9

Norbert Wein: Die Sowjetunion. UTB 1244. Paderborn: Schöningh 1983, S. 171, 181, ergänzt und verändert

3.3.1 Industrielle Entwicklung in zaristischer Zeit

„Noch um 1900 standen die modern eingerichteten Werke der Schwerindustrie wie Inseln in einem Meer agrarwirtschaftlicher Rückständigkeit.“

Hans Raupach: Wo liegen die Probleme der Sowjetwirtschaft? In: Der Bürger im Staat, H. 2, 1981, Stuttgart, S. 131

Mit diesen Inseln waren die Industriestädte St. Petersburg (heute: Leningrad), das industrielle Zentrum um Moskau sowie die Industriestädte im Donez-Becken und in der Region Kriwoi Rog gemeint. Diese Standorte lösten das im 18. Jahrhundert dominierende Zentrum der Eisen- und Buntmetallgewinnung im Ural ab, das sich auf der Basis reichhaltiger Lagerstätten und vor allem aufgrund riesiger Holzreserven entwik-

kelt hatte. Diese Ablösung war hauptsächlich durch den technologischen Wandel beim Hochofenprozeß bedingt; die beiden ukrainischen Reviere stellten Ende des 19. Jahrhunderts auf Kokskohle beim Verhüttungsprozeß um. Diese fehlende Kokskohlenbasis im Ural bewirkte zur damaligen Zeit das nahezu hoffnungslose Zurückbleiben der dortigen Hüttenindustrie.
Die einzige Maßnahme im zaristischen Rußland zur Erschließung Sibiriens bildete der Bau der Transsibirischen Eisenbahn. An den Kreuzungspunkten von Bahnlinie und großen Strömen entwickelten sich, teilweise auf der Basis des Handels mit landwirtschaftlichen Produkten aus dem Hinterland, teilweise auf der Basis von Reparaturstationen, Ansatzpunkte städtischer Siedlungen, die vor allem in sowjetischer Zeit zu Industriezentren expandierten. Beispiele hierfür sind Omsk, Nowosibirsk, Tomsk, Krasnojarsk, Irkutsk und andere. Die hohen Renditen, die der Eisenbahnbau bzw. das Transportgewerbe gewährleisteten, ließen große Mengen ausländischen Kapitals nach Rußland fließen.

Trotz der Industrialisierungsansätze war das alte Rußland im Jahre 1913 noch ein klassisches Agrarland; von den 159 Mio. Einwohnern waren nur 3,5 Mio. Industriearbeiter. Dies entspricht einem Erwerbstätigenanteil von ca. 5%.

Tab. 2: Anteile ausländischen Kapitals in der russischen Volkswirtschaft 1881–1914

Jahr (am 1. Januar)	Eisenbahnen Gesamtkapital	davon Auslandskapital		Industrie Gesamtkapital	davon Auslandskapital	
	Mio. Rubel	Mio. Rubel	%	Mio. Rubel	Mio. Rubel	%
1881	2097	1969	94	331	53	16
1893	2918	2365	81	502	146	29
1900	3856	3237	85	1508	640	42
1914	4816	3546	74	3224	1431	44

Richard Lorenz: Sozialgeschichte der Sowjetunion 1. 1917–1945. Frankfurt: Edition Suhrkamp 1981, S. 310

3.3.2 Wiederaufbau- und Planungsphase 1921–1928

Im Vordergrund der Anstrengungen stand in diesem Zeitraum der Aufbau der im Bürgerkrieg erheblich zerstörten Industriebetriebe. Parallel dazu liefen die Planungen der Staatlichen Elektrifizierungskommission (GOELRO) und der Staatlichen Planungskommission (GOSPLAN) zur Erschließung der bis dahin nahezu unberührten sibirischen Landesteile. Insbesondere die Art und Weise, wie diese Regionen industriell erschlossen werden sollten, standen im Zentrum der Überlegungen. Lenin wies kurz vor seinem Tode auf seine Erfahrungen hin, die er bei der Analyse der kapitalistischen Industrie gemacht hatte. Seiner Meinung nach bildeten dabei der Stufenaufbau der Produktion sowie der Kombinationseffekt von Betrieben die entscheidenden Punkte. Gemeint war damit in unserem Sprachgebrauch der vertikale und horizontale Aufbau der Industrie sowie die daraus resultierenden Fühlungsvorteile für die Industriebetriebe.
Die Übertragung dieser grundsätzlichen Überlegungen auf die weiter- bzw. neu zu entwickelnden sowjetischen Industrieräume stellte er sich auf der Basis von Bezirkskraftwerken vor. Er wies in diesem Zusammenhang darauf hin,

„daß diese Elektrozentralen unsere gesamte wirtschaftliche Arbeit lenken und die Arbeiten aller Produktionsorgane koordinieren werden, die für das gesamte wirtschaftliche Programm notwendig sind. ... Auf diese Weise wird das gesamte industrielle Schicksal Rußlands mit einem strikt durchgeführten Plan der Elektrifizierung verbunden sein, mit einer erfolgreichen Realisierung dieses Plans."

Produktionskombinate. Die Übernahme und Weiterentwicklung dieses Prinzips durch die staatliche Planungskommission führte zu der Organisationsform des Produktionskombinats. Es entsteht durch eine Ballung von spezialisierten Industriebetrieben auf einem kleinen zusammenhängenden Territorium, bei einer horizontalen und vertikalen Verflechtung der Einzelbetriebe. Dadurch entsteht eine wirtschaftliche Nutzung von Rohstoffen, Produktionsabfällen (z. B. Hochofen-, Koks- und Heißgasen), Nebenprodukten (z. B. Schwefel, Schwefelwasserstoff, Heißgase u. a.) sowie von Halbfabrikaten. Dies gilt besonders für die Schwerindustrie und Energieerzeugung, deren Betriebe deshalb meist den Kern der Kombinate bildeten.

Diese Produktionskombinate bildeten die Grundelemente der Wirtschaftsgebiete (Wirtschaftsrayons), die auch heute noch, allerdings in veränderter Form, das Raster der territorialen volkswirtschaftlichen Gesamtplanung darstellen.

Diese in den 20er Jahren entwickelten theoretischen Grundlagen der Raumerschließung bzw. Raumentwicklung fanden im ersten Fünfjahresplan 1928–1932 ihre räumliche Umsetzung; der Schwerpunkt bildete dabei die Entwicklung des Ural-Kusnezker Kombinats (UKK).

Abb. 1: Entwurf der Produktionsverbindungen des Saporoschjer Produktionskombinats

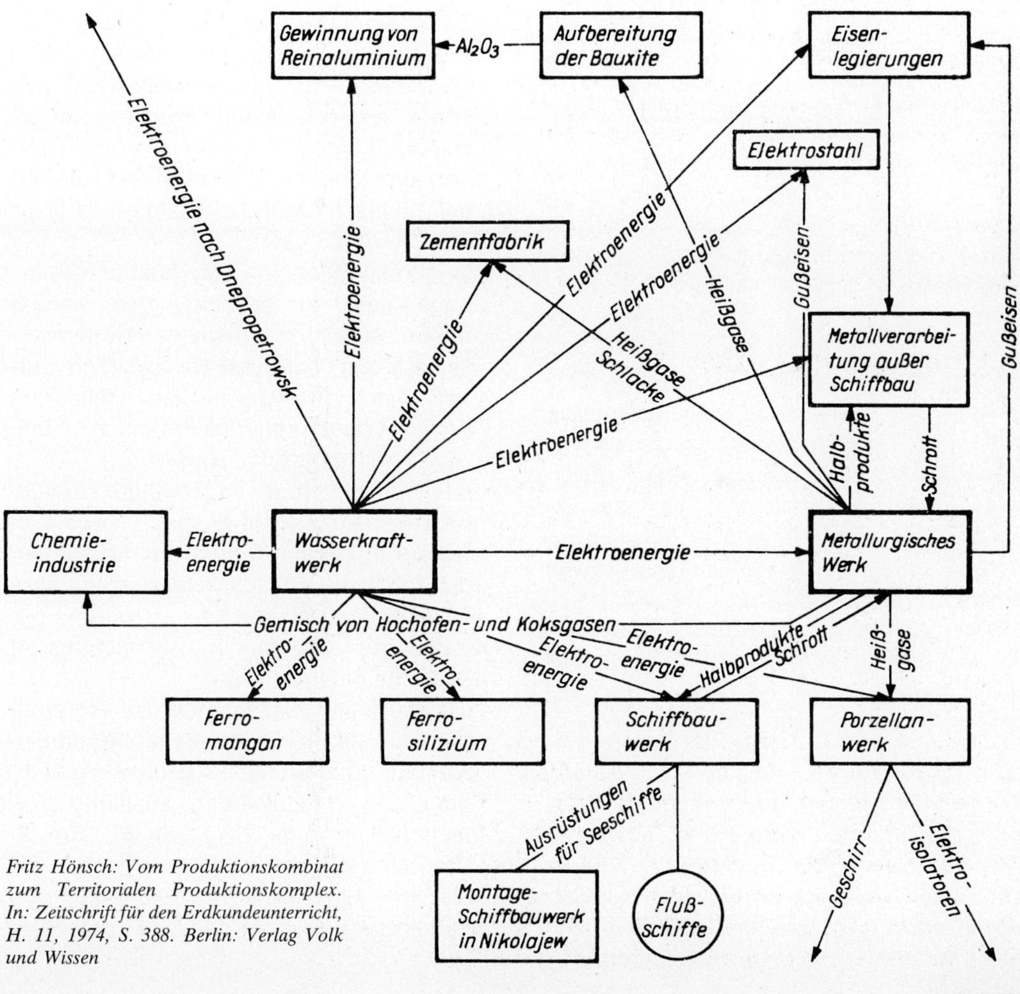

Fritz Hönsch: Vom Produktionskombinat zum Territorialen Produktionskomplex. In: Zeitschrift für den Erdkundeunterricht, H. 11, 1974, S. 388. Berlin: Verlag Volk und Wissen

3.3.3 Die Entwicklung des Ural-Kusnezker Kombinats: Vom Hilfsprogramm zur industrieräumlichen Erschließung

„In der Zukunft wird im Ural der Standort einer leistungsstarken Metallurgie modernen Typs liegen, in dem an besonders erzreichen Orten mächtige metallurgische Werke errichtet werden. In erster Linie im Südural mit Gora Magnitnaja (Erzberg von Magnitogorsk), dann im Gebiet von Gora Vysokaja (Erzberg bei Nischni-Tagil) und im Bergbauzentrum um Bogolovsk. Die Lösung dieser Aufgabe ist nur möglich, wenn die Frage eines massenhaften Transports von verkokbarer Kohle, oder Koks aus dem Kusnezker Gebiet und auch aus dem Donbass (für den Südural) vorläufig geklärt ist."

Claus Christian Liebmann: Rohstofforientierte Raumerschließungsplanung in den östlichen Landesteilen der Sowjetunion (1925–1940). Tübinger Geographische Studien, H. 83. Tübingen: Selbstverlag des Geographischen Instituts 1981, S. 261

Zunächst sollten nach diesen Plänen die schon aus zaristischer Zeit bekannten reichhaltigen Eisenerzvorkommen im Ural auf der Basis der Kokskohlenverhüttung entwickelt werden. Man sprach deshalb zunächst von einem „Hilfsprogramm" für den Ural. Zur Diskussion stand damals seine Belieferung durch das Kusnezk-Becken bzw. durch das Donez-Becken (Donbass), beides Regionen, in denen hochwertige Kokskohle (russische Terminologie: metallurgische Kohle) für die Verhüttung lagert. Erweitert wurde dieses „Hilfsprogramm" im Jahre 1928 zunächst dadurch, daß man in Magnitogorsk und in Kusnezk mit dem Aufbau eines Kokshüttenkomplexes begann.

Mit der Anordnung des Zentralkomitees vom 13. Mai 1930 erfolgte eine weitere einschneidende Maßnahme bezüglich der weiteren Standortentwicklung im Ural:

„Die Erzvorräte im Ural, die eine Milliarde Tonnen übersteigen, ihre Koppelung mit sibirischer und mit Kizel-Kohle sowie mit ‚Waldmassiven', die günstige geographische Lage, alles schafft die erforderlichen Voraussetzungen, um im Ural eine technisch führende, leistungsstarke, kombinierte Wirtschaft zu entwickeln und den Ural in ein neues, leistungsstarkes metallurgisches Zentrum umzugestalten. ...

Das Vorhandensein einer Holzkohlenmetallurgie im Ural (und) die Möglichkeit, hochwertiges Roheisen ohne Schwierigkeiten mittels einer Verbindung wertvoller Uralerze mit hochwertigem sibirischem Koks zu erzeugen, schaffen alle Voraussetzungen, daß der Ural zu einem führenden Versorgungszentrum des Landes mit Qualitätsstahl und Roheisen wird. ...

- Über die drei schon im Bau befindlichen Metallhütten hinausgehend (Magnitogorsk, Saporoschje, Kusnezk), sind im Ural nachstehende Hüttenwerke zu schaffen: das Hüttenwerk von Tagil, Baubeginn 1931/32, sowie das Hüttenwerk von Bakal, Baubeginn 1932/33. ...
- Die Werke für Holzkohlenroheisen sind in Hauptbasen für hochwertige Qualitätskohle und für Qualitätsroheisen umzuwandeln, wobei die Schmelze von holzkohlegeblasenem Roheisen bis 1932/33 auf 1,0 bis 1,1 Mio. t zu steigern ist. ...

Das ZK ordnet ... an:

- Die Prospektion von Lagerstätten (Bakal, Tagil-Kusva) zu beschleunigen, welche die Erzbasis für die geplanten Hüttenwerke in Niznij Tagil und Bakal bilden werden, damit die Arbeiten zur detaillierten Analyse dieser Lagerstätten bis zum Jahre 1930/31 abgeschlossen sind;
- die Prospektion der Lagerstätten von Alapaevsk, Sinarsko-Kamensk sowie im Nordural in dem Tempo durchzuführen, daß ihre industriellen Vorräte zum Jahre 1931/32 festgestellt sind.

Der VSNCh (= Oberster Volkswirtschaftsrat) wird deshalb angewiesen:

- Erforderliche Maßnahmen zu ergreifen (die Durchführung von Versuchsschmelzen auf Kizel-Kohle in größeren Hochöfen, die Hinzuziehung ausländischer, technischer Hilfe usw.), um bis zum 1. Oktober 1930 die Frage zu entscheiden, ob sibirischer oder Kizel-Koks für das neue Hüttenwerk in Tagil zu verbrauchen ist.

Abb. 2: Eisen- und Buntmetallhütten und deren Rohstofflieferverflechtungen im ehemaligen Planungsraum des Ural-Kusnezker Kombinats (Stand 1950)

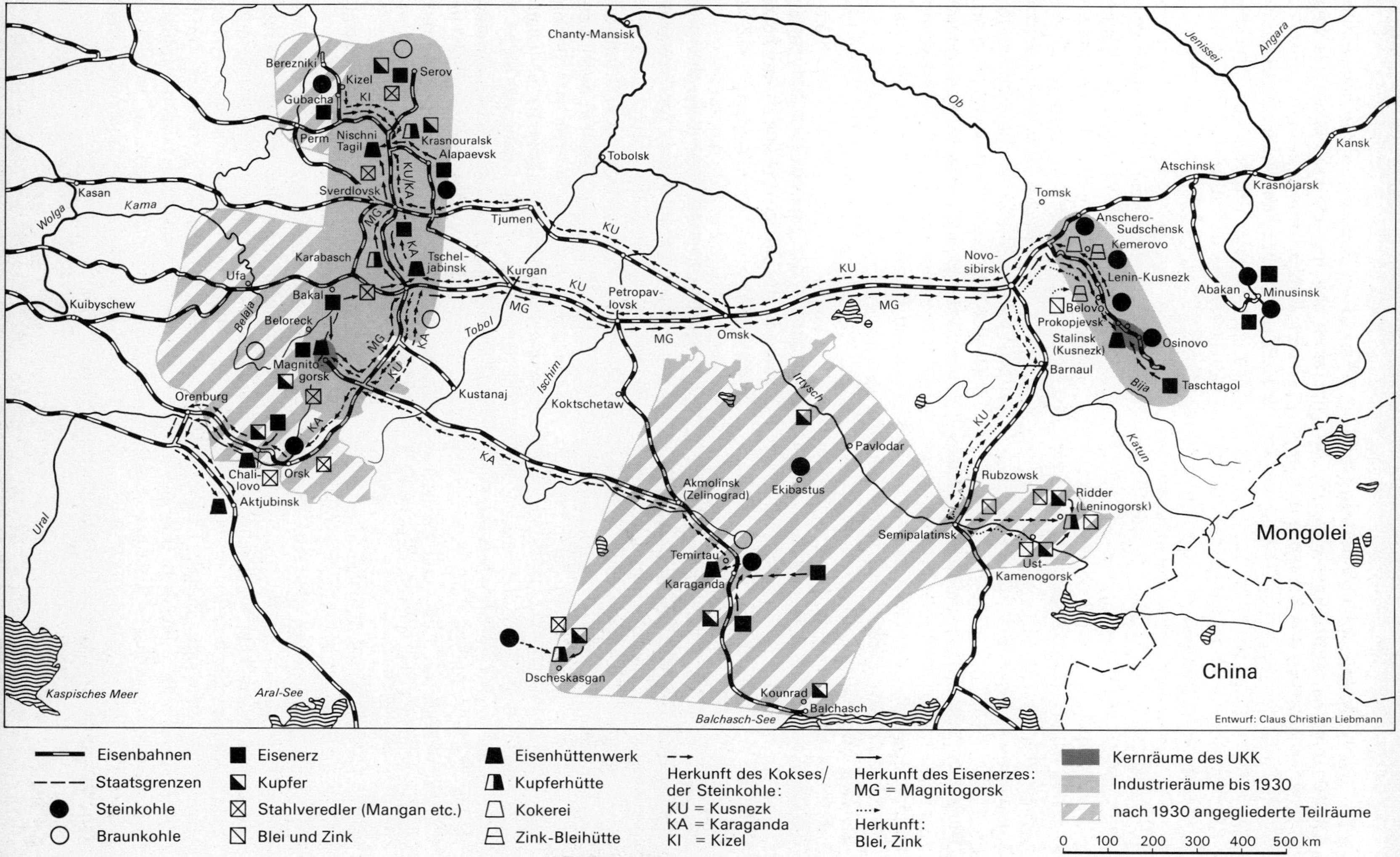

- Das Arbeitstempo der Prospektion nach Kizel-Kohle ist zu erhöhen und eine rasche Entwicklung des Kohlenreviers entsprechend dem Bedarf der Metallhütte an Kokskohle sicherzustellen.
- In dem Entwicklungsplan für das Kusnezker Steinkohlebecken ist unbedingt eine volle Versorgung von Metallhütten im Ural zu berücksichtigen, die auf diesen Kohlen arbeiten.
- Die Prospektion nach Kohlen bei Alapajewsk und Karaganda ist zu verstärken. . . ."

Claus Christian Liebmann: a.a.O., S. 302–304

Durch den ZK-Beschluß wurde eines allerdings sehr deutlich: Die anfangs als „Hilfsprogramm" für den Ural geplanten Maßnahmen entwickelten sich innerhalb kürzester Zeit zu einer gigantischen industrieräumlichen Erschließungsmaßnahme. Neben den beiden Hüttenkomplexen von Magnitogorsk und Kusnezk entstand in beiden Räumen eine Reihe weiterer wichtiger Standorte auf der Grundlage der Produktionskombinate.

Die ab dem Jahre 1932 forciert betriebene „Stahlideologie" Stalins brachte für das UKK erneut einschneidende Veränderungen: So sollte die geplante Roheisenmenge von 11,31 Mio. t im Jahre 1933 auf 14,715 Mio. t im Jahre 1937 gesteigert werden. Die dafür benötigte Rohkohlenmenge hätte von 18,66 Mio. t auf 24,28 Mio. t gesteigert werden müssen. Eine konsequente Folge dieser übertriebenen Forderungen war die Einbeziehung benachbarter Wirtschaftsräume mit Bunt- und Energierohstofflagerstätten. Damit vergrößerte sich die Fläche des UKK auf 3,5 Mio. km^2 (vgl. Abb. 2).

Neben den Produktionskombinaten entwickelten sich im Rahmen dieser industrieräumlichen Erschließungsmaßnahmen folgende Kombinatstypen:

- Regionale Kombinate: Kooperation mehrerer Produktionskombinate über einen größeren Wirtschaftsraum; Beispiel: chemische Kombinate in Beresniki und Gubache mit den Kohlevorkommen in Kisel bzw. Bogoslovsk.
- Interregionale Kombinate: wirtschaftlicher Verbund von Kombinaten (Produktionskombinaten und Regionalen Kombinaten) über größere Raumentfernungen mit gleichzeitig wachsender Anzahl von verflochtenen Zweigen, zum Beispiel der Prototyp: Ural-Kusnezker Kombinat.

1. *Vom Hilfsprogramm zur industrieräumlichen Entwicklung. Zeigen Sie anhand des ZK-Beschlusses vom 13. Mai 1930, welche Standorte neben Magnitogorsk und Kusnezk auf welcher Rohstoffbasis entwickelt werden sollten.*

2. *Erläutern Sie mit Hilfe der Karte auf Seite 293 die Rohstofflieferverflechtungen der Eisen- und Buntmetallhüttenindustrie im ehemaligen Planungsraum des Ural-Kusnezker Kombinats im Jahr 1950*

Instrumente der sowjetischen Industrialisierung in der Stalin-Ära am Beispiel von Magnitogorsk

Eines der typischen Merkmale dieser Industrialisierungsphase war der Einsatz von Zwangsarbeitern. Schätzungen zur Folge kamen zum Aufbau von Magnitogorsk in der Zeit von 1928 bis 1932 ca. 250000 Arbeitskräfte, davon rund ein Viertel zwangsweise. Insbesondere Kulaken und als solche bezeichnete Konterrevolutionäre bildeten das wesentliche Kontingent dieser in Straflagern (Gulag) untergebrachten Zwangsarbeitskräfte. Ein zweites wichtiges Potential bildeten die Bauern, die nach der Zwangskollektivierung nach Magnitogorsk gekommen waren, um auf den Baustellen wenigstens zu einer Brotkarte zu kommen. Dieser bunt zusammengewürfelte Haufen der meist ungelernten Arbeitskräfte bildete das Hauptkontingent.

Einen erheblichen Teil der Techniker und Ingenieure bildeten ausländische Spezialisten, insbesondere Amerikaner und Deutsche. Sie wurden im Vergleich zu den einheimischen Arbeitskräften weit überdurchschnittlich bezahlt. Ausländische Firmen waren es auch, die wesentliche Teile des Hüttenkomplexes planten und teilweise auch lieferten.

Einen recht erheblichen Teil der Finanzierung dieser forcierten Industrialisierung mußte die Landwirtschaft leisten. Ohne die Zwangseintreibung von Getreide zur Sicherung der notwendigen Devisen über die Agrarexporte hätten diese Vorhaben nicht verwirklicht werden können.

Mit dem Beginn des Zweiten Weltkrieges wurden zunächst die rohstofforientierten Raumerschließungsmaßnahmen unterbrochen; die Verlagerung wichtiger Industriebetriebe, insbesondere die der Rüstungsindustrie, aus dem europäischen Landesteil in die Teilräume des Ural-Kusnezker Kombinats stand zu diesem Zeitpunkt im Vordergrund. Dadurch erhielt die sibirische Industrie weiteren Aufschwung, der nicht eingeplant war.

Die heutige Bedeutung der Metall- und Energierohstofflagerstätten in den ehemaligen Teilräumen des UKK

Bedingt durch die Erschöpfung der Erzlagerstätten von Magnitogorsk zu Beginn der 50er Jahre, löste sich das Interregionale Kombinat in seiner ursprünglichen Form auf. Die erschlossenen Metall- und Energierohstofflagerstätten, insbesondere die hochwertigen Kokskohlenlagerstätten im Kusnezk-Becken, tragen heute im Rahmen der überregionalen Arbeitsteilung innerhalb der Sowjetunion im wesentlichen Maße zur Sicherung des Bedarfs bei. Auch heute noch stammen ca. 40% der benötigten Kokskohlenmengen in Magnitogorsk aus dem Kusnezk-Becken.

Abb. 3: Eisenerzlagerstätten und -abbau, Kokskohlenvorkommen und -abbau, Standorte der Schwarzmetallurgie

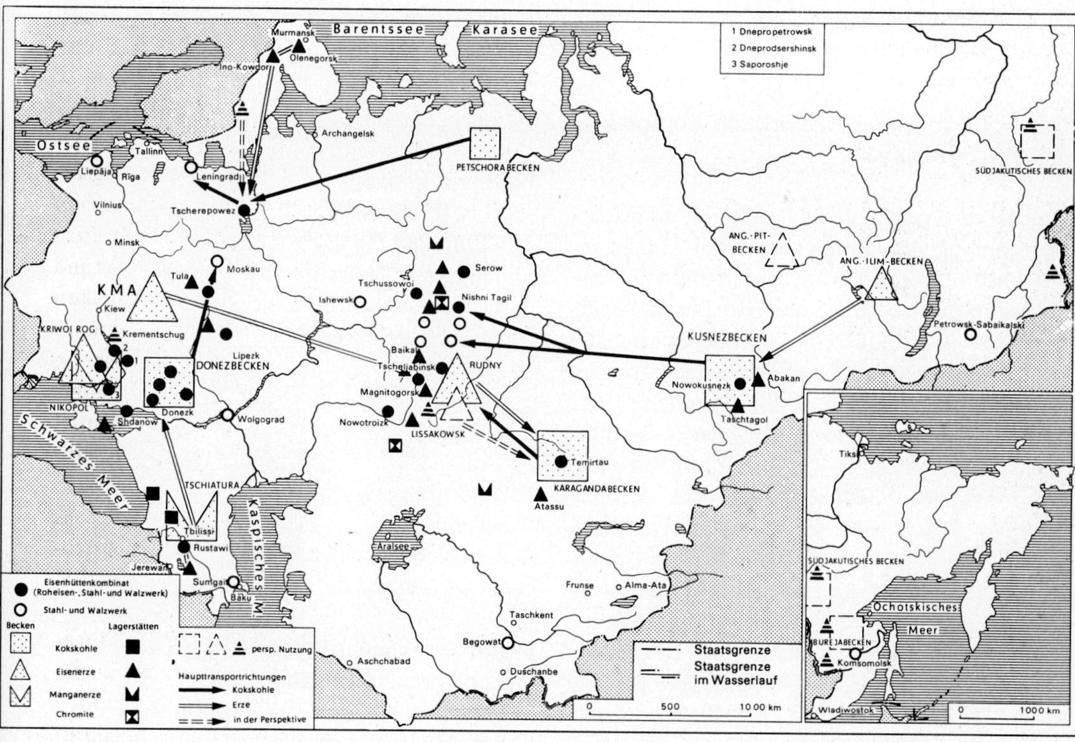

Alfred Zimm, Gerhard Markuse: Geographie der Sowjetunion. Gotha: VEB Hermann Haack 1980, S. 186

Tab. 3: Regionale Verteilung der sowjetischen Kohleförderung nach Hauptfördergebieten 1940–1980 in Mio. Tonnen

	1940	1945	1955	1965	1975	1978	1980	Plan 1981	Plan 1985
UdSSR gesamt	166	149	390	578	701	724	716	704	775
Donez-Becken	94,3	38,4	141	206	222	216	204	213	210
Kusnezk-Becken	22,4	29,9	58,3	96,4	137	148	144	149	157
Karaganda	6,3	11,3	24,7	30,9	46,3	46,9	48,6	48,3	50
Ekibastuz	–	–	2,3	14,3	45,9	56,6	66,8	67,8	84
Petschora-Gebiet	0,27	3,3	14,2	18,1	24,2	28,0	28,0	28	28

Theodor Shabad: New Notes. In: Soviet Geography, H. 4, 1982, S. 110–111

3. *„Kommunismus, das ist Sowjetmacht plus Elektrifizierung des ganzen Landes." Beschreiben Sie die Entwicklung der Stromerzeugung sowie die Roheisen- und Rohstahlproduktion in der Sowjetunion (Tab. 1) auf dem Hintergrund des Zitats.*

4. *Zeigen Sie anhand des Aufbaus von Magnitogorsk die Instrumente und Maßnahmen auf, die für die forcierte Industrialisierung in der Stalin-Ära typisch waren.*

5. *Die Erkundung und die Erschließung zahlreicher Metall- und Energierohstofflagerstätten im Rahmen der industrieräumlichen Entwicklung des Urals und des Kusnezk-Beckens waren wesentlicher Schwerpunkt dieser Strategie. Zeigen Sie anhand der Tab. 3 und der Abb. 3 die heutige Bedeutung dieser Lagerstätten im Rahmen der interregionalen Arbeitsteilung innerhalb der Sowjetunion auf.*

3.3.4 Territorialer Produktionskomplex Bratsk-Ust-Ilimsk

Die nahezu unerschöpflichen Wasser- und Holzreserven und die zahlreichen Metall- und Energierohstofflagerstätten in den sibirischen Landesteilen gaben schon in den 20er Jahren Anlaß zu Überlegungen, diesen Großraum zu erschließen. Die Aufnahme dieser möglichen Erschließungsmaßnahmen durch die staatliche Planungskommission (GOSPLAN) führte dann im Zeitraum von 1922 bis 1929 zu ersten Regionalisierungsplänen Sibiriens und des Fernen Ostens. Nach zahlreichen wissenschaftlich-technischen Konferenzen stand 1931 ein Gebiet von nahezu 3 Mio. km^2 zwischen den Strömen Jenissei im Westen und des Witim im Osten im Zentrum der Regionalplanungen. Durch die Aufnahme dieser grundsätzlichen Überlegungen in den 1. Fünfjahresplan (1928–1932) wird die Ernsthaftigkeit dieser Maßnahmen deutlich.
Durch die Einrichtung des Angara-Büros, einer Abteilung der staatlichen Planungskommission, erfolgte die systematische Aufnahme der natürlichen Ressourcen:

1. Hydroenergetisches Potential wichtiger Flüsse in Ostsibirien (in Mio. kW)

Jenissei (gesamt)	13,720
oberer Jenissei bis Einmündung Tuba	6,227
mittlerer Jenissei (Tuba-Angara)	4,264
mittlerer Jenissei ab Angara	3,229
Angara	8,737
Irkut	0,465
Oka	1,110
Uda	1,185
Selenga	2,962
verschiedene andere Flüsse	5,324

Claus Christian Liebmann: a.a.O., S. 358, verändert.

2. Kohlevorkommen

	geschätzte Vorräte
Kohlebecken von Irkutsk bis Tulun (ca. 40000 km^2)	50–75 Mrd. t
Revier von Tscheremchowo	1,2 Mrd. t
Tungunska-Becken	ca. 74 Mrd. t
in Transbaikalien	ca. 1 Mrd. t

3. Eisenerzvorkommen

Angara-Ilim-Provinz	376,9 Mio. t
von Krasnojarsk	20,439 Mio. t
von Korsunicha	108 Mio. t
von Rundnogorsk	228,952 Mio. t
von Sosnovyi-Bajc	100–150 Mio. t

4. Buntmetallvorkommen

v. a. in Transbaikalien	keine Angaben
Kupfer im Uda- und Oka-Becken	keine Angaben
Kupfersande an der oberen Lena	keine Angaben

5. Holz

gesamte Waldfläche	77 Mio. ha
jährlicher Holzzuwachs ca.	100 Mio. m^3

Auf der Grundlage dieser Rohstoffanalysen entwickelte die staatliche Planungskommission eine Reihe von Projekten.

Am Ende der ausführlichen Projektdiskussionen standen vier ausgewählte Kernräume, die schwerpunktmäßig entwickelt werden sollten:
1. Kansk – Krasnojarsk – Atschinsk,
2. Raum entlang der Selenga (Region um die heutige Stadt Ulan-Ude),
3. Gebiet um die große Angara-Schwelle bei Padun (Bratsk),
4. Gebiet zwischen den Städten Irkutsk und Sima.

Dabei erhielt der sogenannte „Baikal-Komplex" (Region Irkutsk-Sima) absoluten Vorrang, er sollte für die weitere Industrialisierung Ostsibiriens eine Schlüsselrolle einnehmen. Durch den Ausbruch des Zweiten Weltkrieges verzögerte sich der Aufbau; das zunächst geplante Wärmekraftwerk und das anschließend zu erstellende Wasserkraftwerk in Irkutsk wurden in der Zeit von 1950 bis 1956 fertiggestellt.

Tab. 4: Geplante Produktion zum Jahre 1942 (in 1000 t) im Angara-Jenissei-Raum (Auswahl)

	Irkutsk	Tscheremchowo	Bratsk	Ulan-Ude	insgesamt
Steinkohle	–	30 000	20 000	–	70 000
Stahl	2 000	–	–	4 000	10 000
Aluminium	150	–	250	100	500
Sägeprodukte (in Mio. t)	2	4	2,5	6	16,5
Papier	–	600	1 500	300	2 400
Zement	500	–	20	–	1 000
Maschinen	200	–	–	–	400

Claus Christian Liebmann: a.a.O., S. 386, gekürzt

Die Entwicklung von Bratsk

Aufruf des Zentralkomitees der Kommunistischen Partei der Sowjetunion und des Ministerrats der UdSSR (19. 5. 1956):

„Teure Genossen!
Die Kommunistische Partei und die Sowjetregierung wenden sich an alle Komsomol-Organisationen, an die Komsomolzen und Komsomolzinnen, an die gesamte sowjetische Jugend mit dem Aufruf, ihre besten Genossen zum Bau von Kraftwerken, von Metallurgie-, Chemie-, Erdöl- und Maschinenfabriken, von Bergbau- und Schachtbetrieben, von Eisenbahnen und Zementfabriken in die östlichen und nördlichen Teile des Landes und in das Donez-Gebiet zu entsenden.
Das ist notwendig, um die reichen Ressourcen des Ostens und Nordens vollständiger auszunutzen und mit Erfolg die Aufgaben zu erfüllen, die der 20. Parteitag stellte. In den Jahren der Sowjetmacht ist in Sibirien und in den anderen Ostgebieten eine riesige Arbeit verrichtet worden. Dieses Land ist dadurch nicht wiederzuerkennen! Es wuchsen

neue Städte, es wurden große Werke erbaut, Fabriken, Schächte, Bergbauanlagen, es wurden Tausende von Kilometern Eisenbahnen verlegt.
Trotzdem wird der Reichtum des Ostens und des Nordens noch bei weitem nicht in vollem Maße genutzt. Dieser Reichtum ist geradezu unerschöpflich. In Sibirien zum Beispiel sind 75% aller Kohlenreserven der SU konzentriert, 80% der Reserven an Hydroenergie, vier Fünftel an den Holzreserven, hier liegen die größten Vorkommen von Buntmetallen, von Eisenerzen und chemischen Rohstoffen. Große Möglichkeiten gibt es hier auch für die Landwirtschaft – für die Erzeugung von Getreide und für die Viehzucht. Gegenwärtig gibt es bei uns alle Vorbedingungen und haben wir alle Mittel in der Hand, die östlichen Gebiete unseres Landes im beschleunigten Tempo zu erschließen, ihre Naturreichtümer in den Dienst des Volkes zu stellen, in den Dienst der großen Sache des kommunistischen Aufbaus.
... In den Ostgebieten des Landes leben und arbeiten Millionen von Sowjetmenschen, sie lieben ihr Land und sind stolz darauf. Aber viele Gebiete sind noch nicht ausreichend besiedelt, und die Siedlungen solcher Gebiete warten auf eine weitere Verstärkung ihrer arbeitsliebenden und freundschaftlichen Familie. Tausende von Jünglingen und Mädchen sind schon an den Ufern der Angara angekommen, wo das größte Hydrokraftwerk der Welt gebaut wird.
... Um alle diese riesenhaften Pläne zu verwirklichen, sind Hunderttausende neuer Arbeitsplätze notwendig. Es müssen dies wagemutige, kraftvolle, mannhafte junge Leute sein, die sich vor Schwierigkeiten nicht fürchten, solche mit dem glühenden Wunsch, ihre Energie zum Wohle des Sowjetvolkes einzusetzen. Solche Leute gibt es bei uns! Partei und Regierung wenden sich an alle Komsomol-Organisationen... mit dem Aufruf, aus ihrer Mitte in den Jahren 1956–57 vier- bis fünfhunderttausend Jünglinge und Mädchen bereitzustellen, die bereit sind, in den Ostgebieten neue Fabriken, Hydrokraftanlagen, Kohlebergwerke und Eisenbahnen zu bauen.
... Partei und Regierung hoffen, daß Jungkommunisten und Jugendliche, die den Wunsch äußern, auf den Neubaustellen zu arbeiten, das als ernsthaften Auftrag von Partei und Regierung verstehen, als Ehrenpflicht für die Heimat, und nach dem Osten nicht als Gast oder Saisonarbeiter gehen, sondern als dauernde Herren der neuen Erde, die sich entschlossen haben, diese reichen Ländereien von Grund auf umzugestalten ..."

Adolf Karger: Vorlesung Sowjetunion 4, Sommersemester 1982, Tübingen, S. 180/191

Die zweite große Etappe der Erschließung Sibiriens wurde mit solchen Aufrufen eingeleitet und unterscheidet sich somit grundsätzlich von denen in der Stalin-Ära. Es geht dabei nicht nur um die industrieräumliche Erschließung, sondern auch um die dauerhafte Besiedlung und Entwicklung in den betreffenden Räumen. Unter diesem Aspekt gilt der Aufbau des Raumes Bratsk-Ust-Ilimsk auch als Modell der modernen Erschließung Sibiriens; die wesentlichsten Impulse zur Formung des Territoriums gehen hier, wie auch in den übrigen Gebieten, von den Städten und dem Straßen- und Schienennetz aus.

Das alte Dorf Bratsk lag im Jahre 1939 ca. 200 Kilometer von der nächsten Bahnstation Tulun an der Transsibirischen Eisenbahn entfernt; im Umkreis von 20 Kilometern gab es nur sechs ländliche Siedlungen mit ca. 3700 Einwohnern. Die Erwerbsmöglichkeiten beschränkten sich ausschließlich auf den land- und forstwirtschaftlichen Sektor. Diese abseitige Lage änderte sich mit dem Bau der Lena-Bahn (Taischet-Ust-Kut); 1947 erreichten die Bautrupps das alte Bratsk und Mitte 1951 den Endpunkt Ust-Kut an der oberen Lena.
Die verkehrsmäßige Anbindung war die wichtigste Grundlage für den Baubeginn des Wasserkraftwerkes im Jahre 1955 bei den Stromschnellen von Padun, ca. 32 Kilometer unterhalb der alten Ortschaft Bratsk. Hauptabnehmer des Stroms sollte das ebenfalls neu zu errichtende

Aluminiumwerk werden. Zudem sollten die riesigen Holzreserven (Bewaldungsgrad: 85%) systematisch über Holzkombinate erschlossen werden.

Natürliche Standortvoraussetzungen des Wasserkraftwerkes: Die günstige geologische Situation im Bereich der Paduner Enge, die Angara verläuft hier, bedingt durch sehr widerstandsfähige Basaltdecken, in einem engen Durchbruchstal, führte zu dieser Standortfestlegung. Weitere Faktoren waren die überaus ausgeglichene jahreszeitliche Wasserführung der Angara und die nahezu unerschöpflichen Wasserreserven des Baikalsees. Nahezu idealisiert wurde der schon günstige Abflußgang durch die Errichtung des Wasserkraftwerkes oberhalb von Irkutsk.

Tab. 5: Daten zum Baikalsee

Größe	30 600 km^2
Länge	630 km
Ø Breite	50 km
Ø Tiefe	750 m
tiefste Stelle	1 741 m
Wasserinhalt	23 000 km^3
Einzugsbereich	588 100 km^2
Angara einziger Abfluß des Sees	

Abb. 4: Monatsmittel der Wasserführung einiger sowjetischer Flüsse

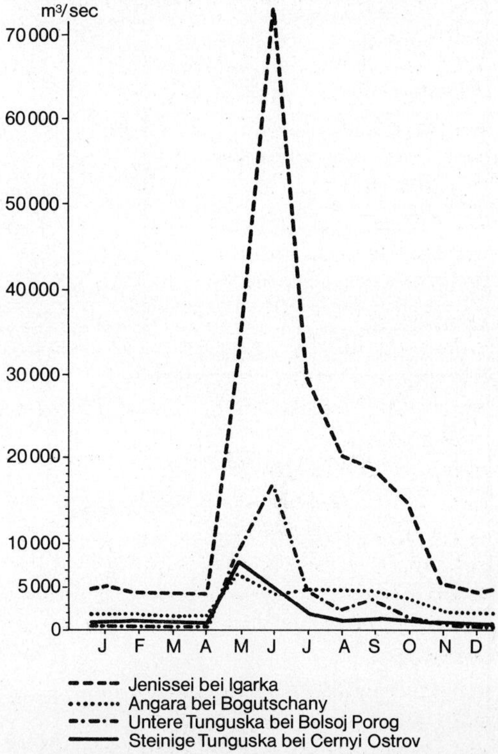

Nach Frankdieter Grimm: Zur Flußhydrologie Sibiriens und des Fernen Ostens der Sowjetunion. In: Wissenschaftliche Veröffentlichungen des Geographischen Instituts der Deutschen Akademie der Wissenschaften, Neue Folge 27/28, 1970, S. 376. Berlin: Akademie-Verlag

Tab. 6: Temperatur und Niederschläge in Bratsk (326 m ü. NN, 56°04' N, 101°50' O)

	J	F	M	A	M	J	J	A	S	O	N	D	Jahr
Temperatur	–23,2	–21,8	–12,1	–0,8	7,8	16,1	18,3	15,1	7,8	–0,2	–12,3	–20,7	–2,2
Niederschläge	20,0	9,9	7,9	15,0	19,4	49,3	80,6	69,5	30,4	19,8	18,3	17,4	357,5

Stellung der Holzwirtschaft. Mit einer Reservefläche von 27000 km^2 ist die Kapazität des Holzkombinats Bratsk mit seinen zahlreichen Forstwirtschaftsbetrieben auf eine kontinuierliche Nutzung von 100 Jahren ausgelegt. Jeder dieser Forstwirtschaftsbetriebe hat 6 bis 10 Einschlaggebiete, die jeweils 4 × 2 Kilometer groß sind. Diese Gebiete werden in der Regel 4 bis 6 Jahre genutzt.

Die Achse eines solchen Reviers bilden ein oder zwei ganzjährig befahrbare Straßen, deren Endpunkte die Holzablagen am Stausee sind. Das vorwiegend im Sommer geschlagene Holz bleibt zunächst am Einschlagort liegen und wird meist im Winter dann über die Hauptachsen zum Stausee transportiert. In der Zeit von Juni bis September wird dann das Holz in Flößen über die aufgestaute Angara dem Holzkombinat Bratsk zugeführt.

Abb. 5: TPK Bratsk-Ust-Ilimsk

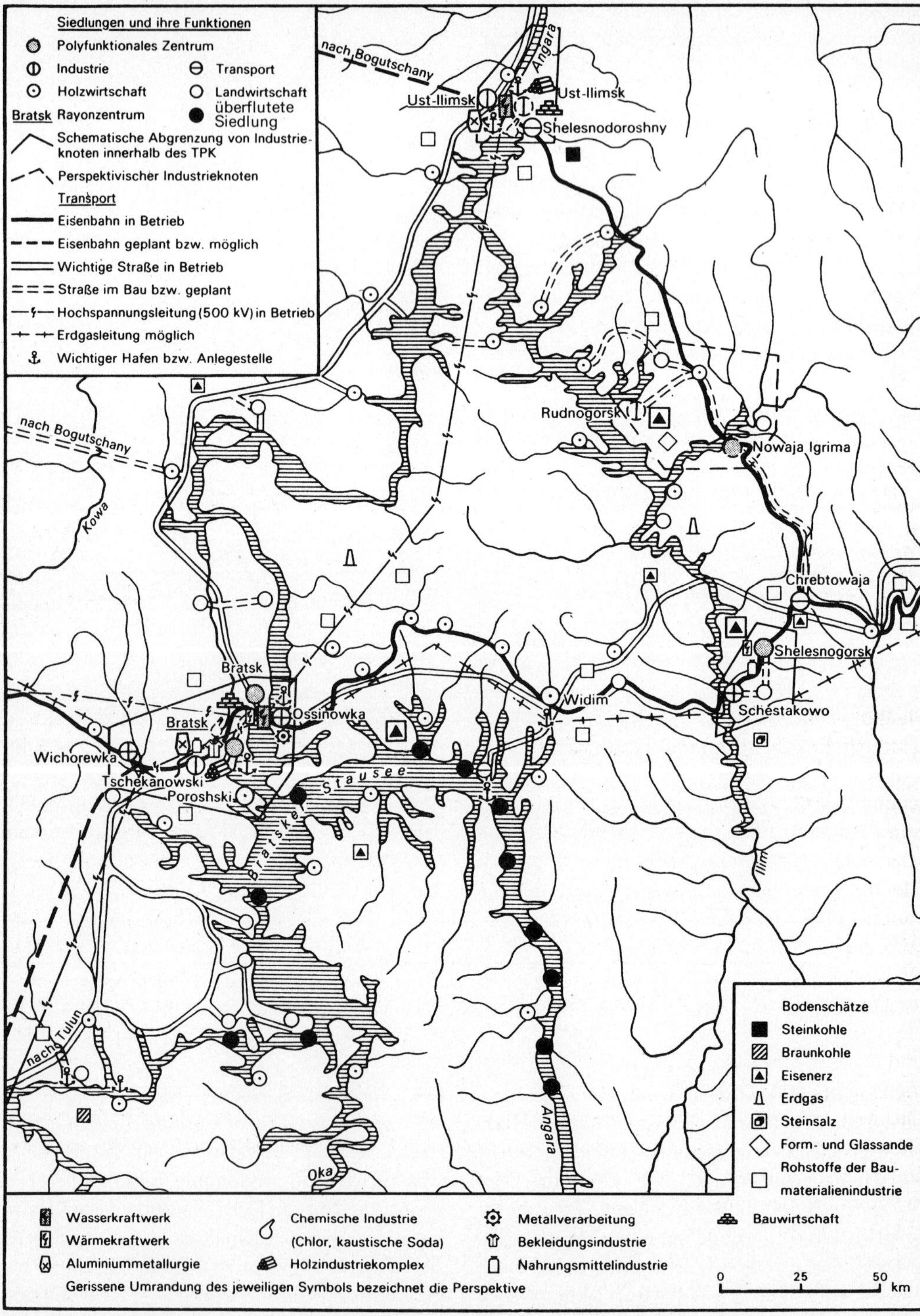

Jens Uwe Gerloff: Die komplexe Erschließung Sibiriens. In: Zeitschrift für den Erdkundeunterricht, H. 10, 1977, S. 365. Berlin: Volk und Wissen, ergänzt

Tab. 7: Städte als Spiegelbild der Gesamtentwicklung

Siedlung	Jahr der Entstehung bzw. Umbildung in städtische Siedlung	Einwohner (in 1000)					
		1926	1939	1959	1970	1975	1979
Industrieknoten Bratsk							
Bratsk[1]	1951	0,9	2,8	16,1	–	–	–
Bratsk[2]	1955	–	–	43	155	190	214
Poroshski[3]	1960	–	–	–	6,5	·	·
Tschekanowski[3]	1960	–	–	–	12,5	·	·
Ossinowka[3]	1960	–	–	–	10,9	·	·
Wichorewka	1966	–	–	–	17,9	19,0[4]	·
Industrieknoten Ust-Ilimsk							
Ust-Ilimsk	1965	–	–	–		30,0[4]	·
Shelesnodoroshny	1970	–	–	–		4,7[5]	·
Industrieknoten Schelesnogorsk–Ilimski							
Schelesnogorsk	1965	–	–	2,0	22,0	27,8	·
Schestakowo	1956	–	0,7	4,5	6,8	6,8	·

[1] Angaben für das alte Bratsk, bis 1961 geräumt
[2] Die 1955 gebildete administrative Einheit Bratsk besteht aus mehreren Siedlungen und nimmt eine Gesamtfläche von 266 km^2 ein, ca. 200 km^2 davon sind vorwiegend Wald
[3] Arbeiterwohnsiedlung, dem Bratsker Stadtsowjet unterstellt
[4] 1974 [5] 1973

Jens Uwe Gerloff: Die komplexe Erschließung Sibiriens. In: Zeitschrift für den Erdkundeunterricht, H. 10, 1977, S. 359. Berlin: Verlag Volk und Wissen

Siedlungsentwicklung. Die gigantischen Erschließungsmaßnahmen und die hektische Bautätigkeit erforderten zuallererst den sehr schnellen Aufbau des Bausektors. Der in diesem Zusammenhang geschaffene Bauwirtschaftsbetrieb „Bratskgesstroj“ erstellte nahezu alle Industrie-, Wohnungs- und Gesellschaftsbauten; mit 56000 Beschäftigten war er im Jahre 1975 der größte Betrieb im TPK.

War es tatsächlich nur die patriotische Einstellung der Jugend, die „revolutionäre Romantik“, die von Regierungsseite aus gefordert wurde und die zur Verwirklichung dieser gigantischen Pläne geführt hat?

Die Maßnahmen und Instrumente der neuen Raumerschließungsstrategie wurden durch Vergünstigungen bezüglich der „materiellen Interessiertheit“ entscheidend ergänzt:

- So wurde mit der Nordzulage der jährliche Lohn um 10% in den ersten fünf Jahren angehoben. Damit wollte man von vornherein die Arbeitskräftefluktuation in erträglichen Grenzen halten.
- Die jährliche Urlaubsreise wird kostenlos in jeden gewünschten Landesteil der Sowjetunion gewährt.
- Die aufgrund der stark verzögerten staatlichen Wohnungsbautätigkeit erfolgte private Erstellung von Wohnhäusern wurde nachträglich legitimiert und teilweise auch gefördert.

Zudem erfolgte von staatlicher Seite der Aufbau einer großzügigen Infrastruktur, insbesondere im Bereich des Bildungssektors wurden gewaltige Anstrengungen unternommen. Dies wird dann verständlich, wenn man sich klarmacht, daß der Großteil der Zugewanderten junge Erwerbstätige waren, die sich im weiteren Verlauf weiterbilden und ausbilden lassen wollten. Neben zahlreichen Schulen wurde unter anderem durch den Bau der Technischen Hochschule diesen Bedürfnissen Rechnung getragen.

Planungsfehler. Der mit großer Propaganda betriebene Aufbau von Bratsk sollte einige kapitale Planungsfehler überdecken. So mußte ein Teil der Oberen-Lena-Bahn im Angaragebiet abgerissen und verlegt werden, anscheinend war wenige Jahre zuvor nicht bekannt, wie die Lage und die Ausmaße des neuen Stausees sein werden!

Das Aluminiumwerk, der eigentliche Hauptabnehmer des Stroms, erreichte erst 1975, also 14 Jahre nach Fertigstellung des Kraftwerkes, seine projektierte Kapazität. Wohl im Hinblick auf den zuvor genannten Sachverhalt kritisierte Chruschtschow dann auch öffentlich kurz vor Beendigung der Baumaßnahmen am Staudamm, daß durch dessen Bau ein zu großes Investitionsvolumen festgelegt worden sei.

Der Verlust erheblicher Teile der sowieso beschränkten landwirtschaftlichen Nutzfläche und die Aufgabe der alten Siedlungen führten zu heftigen Diskussionen über den Sinn und Unsinn eines solchen gigantischen Projekts. Der vorzeitig fertiggestellte Staudamm brachte der Holzwirtschaft entscheidende Nachteile: Die geplante Rodung im Staubeckenbereich konnte nicht vollständig erfolgen, riesige Holzmengen verdarben.

Besonders schwerwiegend sind die großen Mängel im Bereich des Städtebaus. Nach wie vor besteht die Stadt Bratsk aus einer Fülle von Einzelsiedlungen ohne gemeinsame Planung und gemeinsames Zentrum.

Die endgültige Standortentscheidung für einen Hüttenkomplex im Oka-Angara-Gebiet steht noch immer aus trotz günstiger Rohstoffversorgung und trotz des hohen Bedarfs (vgl. Projekte des Angara-Büros, S. 222/223).

Territoriale Produktionskomplexe: neue Formen der Raumerschließung?

Auf dem XXV. Parteitag der KPdSU wies A.N. Kossygin auf die zukünftige Bedeutung Sibiriens und des Fernen Ostens hin. Gleichzeitig umschrieb er die neuen Ziele, Instrumente und Maßnahmen, die beim Aufbau von Bratsk und Ust-Ilimsk angewendet worden waren.

„Die östlichen Landesteile, besonders Sibirien, wo die Industrieproduktion um fast 50 Prozent zunehmen soll, werden sich vorrangig entwickeln. In Sibirien und im Fernen Osten werden sich die energieintensiven Produktionen, die Brennstoffindustrie und die Landwirtschaft sowie gleichzeitig der gesamte Komplex der sozialen Infrastruktur, einschließlich des Wohnungswesens, der kommunalen und kulturellen Einrichtungen und Dienstleistungsbetriebe wie auch des städtischen Verkehrs, beschleunigt entwickeln."

Alfred Zimm, Gerhard Markuse: Geographie der Sowjetunion. Gotha/Leipzig: VEB Hermann Haack 1980, S. 145

Die Territorialen Produktionskomplexe und die Industrieknoten sind somit die Weiterentwicklung der Regionalen Kombinate bzw. der Produktionskombinate der 30er und 40er Jahre. Ihr Aufbau bzw. ihre Fortentwicklung dient, so die offizielle Formulierung, zur „Lösung großer volkswirtschaftlicher Schwerpunktprobleme".

„Ihr wirtschaftliches Profil bilden rohstoffabhängige, untereinander verflochtene Spezialisierungszweige, die vorwiegend der Rohstoff- und Grundstoffindustrie angehören. Sie gewinnen und verarbeiten im Rahmen der territorialen Arbeitsteilung unionsweit gefragte bzw. defizitäre Bodenschätze. Die Verflechtung von Industriebetrieben, die auf einem kompakten Territorium angesiedelt werden, vollzieht sich über eine gemeinsame Nutzung von Rohstoffen, Energieträgern und Nebenprodukten sowie über ein intraregionales Verkehrsnetz."

Claus Christian Liebmann: Die Baikal-Amur-Eisenbahnmagistrale (BAM). In: Die Erde, 1978, S. 219. Berlin: Gesellschaft für Erdkunde

6. *Erläutern Sie anhand des Aufbaus von Bratsk-Ust-Ilimsk die sich im Vergleich zur Stalin-Ära veränderten Grundsätze der rohstofforientierten Raumerschließung.*

7. *Zeigen Sie anhand der „profilbestimmenden Produktionszweige" von Bratsk-Ust-Ilimsk und unter Heranziehung der TPK-Definition (Seite 228) die Bedeutung dieses Industrieraumes im gesamtsowjetischen Rahmen auf.*

Abb. 6: Industrieräume und Territoriale Produktionskomplexe

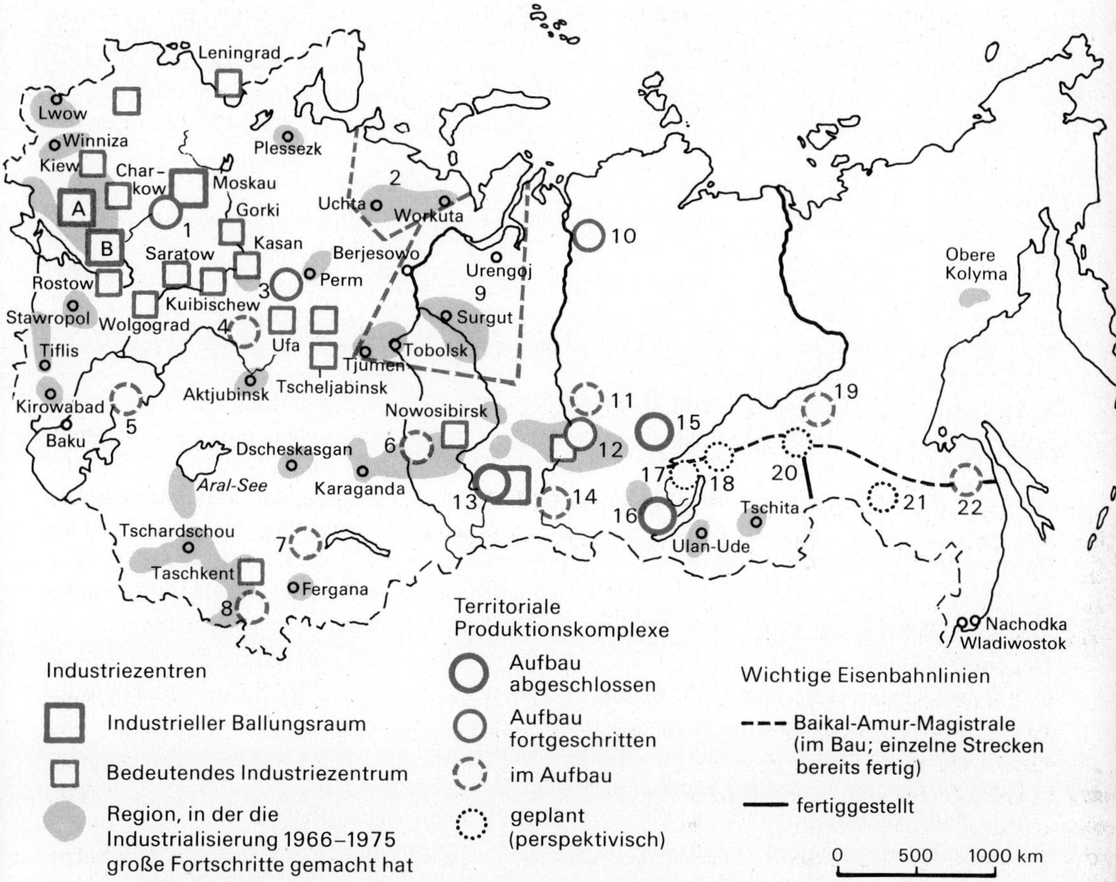

A: Industriezentrum Kriwoi Rog, Dnjepropetrowsk, Saporoschje
B: Industriezentrum Donezbecken

1 Kursk, 2 Petschora, 3 Untere Kama, 4 Orenburg, 5 Mangyschlak, 6 Pawlodar/Ekibastus, 7 Karatau-Dschambul, 8 Süd-Tadschikistan, 9 Westsibirien, 10 Norilsk, 11 Untere Angara, 12 Atschinsk-Krasnojarsk-Kansk, 13 Kusbass, 14 Sajan, 15 Bratsk/Ust-Ilimsk, 16 Irkutsk-Tscheremchowo, 17 Obere Lena, 18 Nord-Baikal, 19 Südjakutien, 20 Tynda, 21 Seja-Swobodny, 22 Komsomolsk

8. *Welche schwerwiegenden Planungs- und Organisationsmängel traten beim Aufbau dieses TPK auf?*

9. *Stellen Sie mit Hilfe des Atlasses für die ausgegliederten Regionen, in denen die Industrie im Zeitraum von 1966 bis 1975 große Fortschritte gemacht hat, die wichtigsten Industriezweige zusammen.*

10. *Zeigen Sie die „profilbestimmenden" Industriezweige der Territorialen Produktionskomplexe Nr. 1 bis 14 auf.*

11. *Der TPK Bratsk-Ust-Ilimsk wird, wie der Uralraum in den 30er Jahren bei der Entwicklung des Kusnezker Beckens (Kusbass), als „Aufmarschplatz" für die BAM-Region bezeichnet. Welche Möglichkeiten der Versorgung weist er diesbezüglich auf?*

12. *Erörtern Sie die Erschließungs- und Nutzungsziele der BAM einschließlich der dazugehörigen TPK. Welche organisatorischen und naturbedingten Probleme treten bei der Realisierung dieses Großprojekts auf (Abb. 6, Atlas)?*

Die Betriebserkundung

Die Erkundung eines Einzelbetriebs macht das komplexe Thema Industrie anschaulich und ergänzt es durch Eindrücke von der individuellen Betriebsform. In ihrem Mittelpunkt steht die Besichtigung, die einer eingehenden Vorbereitung bedarf, sollen die geographisch interessanten Zusammenhänge nicht durch die technische oder organisatorische Faszination eines modernen Betriebs verdeckt werden.

Die Vorarbeiten können in Arbeitsgruppen erfolgen und umfassen das Beschaffen von Vorinformationen sowie die Erstellung eines Fragenkatalogs. Beispielsweise sind folgende Arbeitsfelder denkbar:

- die Branche, zu der der Betrieb gehört (Standortansprüche, Bedeutung innerhalb der Industrie der Bundesrepublik Deutschland, Zukunftschancen),
- die Geschichte des Betriebs und die Entwicklung seiner Produktionspalette und seiner Belegschaft (Struktur, Herkunft etc.),
- der Betrieb und seine Nachbarn (Fühlungsvorteile, Konflikte, Umweltprobleme),
- die Bedeutung des Betriebs für die Stadt, die Region (Arbeitsplätze, Steueraufkommen, Strukturprobleme).

Während der Besichtigung gilt: Beobachten, wahrnehmen, fragen, festhalten (Fotos, Protokoll) – und dabei die in der Vorbereitung festgelegten Ziele nicht aus dem Auge lassen und auf die Beantwortung der Fragen drängen!

In der Nacharbeit müssen die Ergebnisse der Besichtigung in größere Zusammenhänge eingebunden werden. Sinnvoll ist es, eine Dokumentation des Betriebs zu erstellen.

Der Fragenkatalog

Die Fragen hängen in starkem Maß von den besonderen Verhältnissen des Betriebs und/oder der Region ab. Deshalb müssen die folgenden Beispiele jeweils verändert und ergänzt werden.

Fragen zu den betrieblichen Standortfaktoren

- Welche Roh- und Hilfsstoffe kommen in welcher Menge woher? Welches sind die Transportwege und Transportmittel? Welche Energieträger decken welchen Bedarf?
- Welche Zulieferer liefern was, woher, in welcher Menge und mit welchem Transportmittel?
- Wie setzen sich die Kosten zusammen (Lohnkostenanteil, Energie- und Materialkosten)?
- Welche Produkte werden wohin abgesetzt, welche Transportmittel, welcher Exportanteil?

Fragen zur Betriebsgeschichte und zur Belegschaft

- Wie kam es zur Betriebsgründung, welche historischen oder persönlichen Zufälle spielten eine Rolle?
- Wie setzt sich die Belegschaft zusammen, wie hat sie sich entwickelt?
- Woher kommen die Mitarbeiter, woher die Gastarbeiter?
- Wie groß ist der Anteil der Facharbeiter, der Hilfskräfte, der hochqualifizierten Arbeit?
- Welche Ausbildungs- und Fortbildungseinrichtungen bestehen, welche besonderen Sozialleistungen?

Fragen zu den Nachbarn des Betriebs

- Gibt es Zulieferer oder Abnehmer in unmittelbarer Nachbarschaft?
- Welche Konflikte gibt es mit welchen Nachbarn, und welches sind die Gründe dafür?
- Welches sind die Hauptprobleme des Betriebs bei der Umweltbelastung (Luft, Wasser, Lärm, „optische“ Belästigung), und welche Maßnahmen werden zu ihrer Beseitigung getroffen?

Fragen zur Bedeutung des Betriebs für die Stadt/Region

- Wie hoch ist die ausgezahlte Lohnsumme, wie viele Arbeitsplätze werden direkt oder indirekt durch den Betrieb gesichert? Welche Leistungen gehen an die Gemeinde/Region?
- Welche Bedeutung hat der Betrieb für die Wirtschaftsstruktur der Stadt/Region, welche direkte oder indirekte Förderung erfährt er?

4 Raumordnung und Stadtentwicklung in der Bundesrepublik Deutschland

4.0 Raumordnung und Landesplanung in der Bundesrepublik Deutschland

In der dichtbesiedelten Bundesrepublik haben sich in den vergangenen Jahrzehnten bezeichnende Veränderungen in der Flächennutzung ergeben, die die unterschiedlichen Flächenansprüche des Wohnens, Arbeitens, Versorgens, der Verkehrsteilnahme und der Naturerhaltung widerspiegeln (vgl. Tab. 1). Die Zahlen zeigen einen alarmierenden Landverbrauch: Täglich werden in der Bundesrepublik Deutschland ca. 100 ha überbaut.

Sinnvolle Nutzung des knappen Raums und Ausgleich der Interessen müssen deshalb als vordringliche Aufgaben der Planung im Raum angesehen werden. Voraussetzung dafür ist die Bestandsaufnahme der räumlichen Bedingungen (Raumanalyse), d. h. die wissenschaftliche Aufbereitung der Grunddaten in ihrer Veränderung (laufende Raumbeobachtung). Weil sich sowohl die Resultate dieser Raumbeobachtung wegen der Raumveränderungen als auch die Werthaltungen der Gesellschaft und damit ihre Ansprüche an den Raum ändern, ist die Prognose der zukünftigen Raumbedürfnisse schwierig. Räumliche Planung kann deshalb nicht langfristig festgelegt werden, sondern bedarf ständiger Revision. Dadurch ist auch zu erklären, daß sich immer wieder Raummuster als ungeeignet erweisen und neue Gebietskategorien eingeführt werden (vgl. Abb. 2 und Abb. 5, S. 185).

Tab. 1: Flächenanteile der Nutzungsarten in der Bundesrepublik Deutschland

Nutzungsart	1950	1970 1000 Hektar	1981	Veränderungen 1981 gegenüber 1950 in %
Landwirtschaftlich genutzte Fläche[1]	14 185,1	13 578,2	12 196,5	−14,0
darunter: Ackerland	7 982,8	7 539,3	7 243,9	− 9,2
Dauergrünland	5 625,1	5 500,1	4 675,0	−16,8
Öd- und Unland	965,4	672,6	.	.
Unkultivierte Moorflächen	247,1	169,7	117,4	−52,4
Wald	7 018,4	7 169,5	7 328,0	+ 4,4
Gewässer	436,4	443,4	429,8	− 1,5
Bebauungs- und Verkehrsflächen	1 827,4	2 522,6	2 937	+60,7
davon:				
Gebäude- und Hofflächen	781,1	1 048,2	1 360,2	+74,1
Straßen, Wege, Eisenbahnen	862,9	1 115,0	ca. 1 190	ca. +37,9

Nach Statistisches Bundesamt, Bundesministerium für Ernährung, Landwirtschaft und Forsten

4.0.1 Ziele und Träger der Raumordnung

Prognosen sind die Grundlage für denkbare Szenarien (Modelle der künftigen Raumentwicklung und -nutzung), die auf verschiedenen Wertungen basieren. Das Problem liegt in der Wahl des wahrscheinlichsten Szenariums, das gefunden werden muß, um Fehlinvestitionen zu vermeiden. Auch die Festlegung von Leitbildern (übergeordneten Zielen) der Raumordnung ist schwierig. Sie sind im Bundesraumordnungsgesetz (1965) bzw. im Bundesraumordnungsprogramm (1975) und in den Raumordnungsberichten (zuletzt 1982) formuliert, wobei bereits bei diesen übergeordneten Leitbildern Tendenzänderungen erkennbar sind.

- Das Ziel der „Schaffung und Erhaltung gleichwertiger Lebensbedingungen" strebt an, räumliche Disparitäten abzubauen und vergleichbare Einkommen zu gewährleisten. Es wurde neuerdings eingeschränkt und vor allem auf die Schaffung von Arbeitsplätzen, gleichwertigem Bildungs- und Energieangebot und ärztlicher Versorgung bezogen.
- Das Ziel der „Erhaltung der natürlichen Lebensgrundlagen" sieht vor allem eine sparsame und schonende Flächennutzung vor. Es erlangte zunehmend mehr Gewicht: „Dort wo Lasten getragen werden müssen, sind die Interessen der betroffenen Regionen so weit zu berücksichtigen, daß dauerhafte Beeinträchtigungen ihrer Entwicklung einschließlich ihres ökologischen Potentials vermieden werden" (Raumordnungsbericht 1982).
- Das Ziel der „räumlich funktionalen Aufgabenteilung" strebt dichtbesiedelte Gebiete mit vielseitigen Arbeitsplätzen und hochwertiger Infrastrukturausstattung und Freiräume als Vorranggebiete für verschiedene Funktionen wie land- und forstwirtschaftliche Produktion, Erholung und Freizeit, Wasserversorgung und ökologischen Ausgleich an.

Ähnlich wie die Ziele haben sich auch die Raumkategorien und die ihnen zugeordneten Begriffe geändert. So ist der Begriff „Ballungsraum", der einseitig die Bevölkerungsballung umfaßte (Gesamteinwohner >500 000, Fläche >500 km², Dichte >1000 E./km²), vom Begriff „Verdichtungsraum", der auch die Arbeitsplätze berücksichtigt, abgelöst worden.

Verdichtungsräume (nach der Abgrenzung der Ministerkonferenz für Raumordnung 1968)
Mindestgröße: 100 km²
Mindestbevölkerung: 150 000 E.
Bevölkerungsdichte: 1000 E./km²

Einwohner-Arbeitsplatzdichte	und Bevölkerungszunahme 1961–1967	oder Zunahme der Bevölkerungsdichte 1961–1967
Kernzone A 1250 km²	–	–
Zone B		
750 bis unter 1250	mind. 10%	50 E./km²
330 bis unter 750	mind. 20%	100 E./km²

Stadtregion
Nach der folgenden Definition gibt es in der Bundesrepublik Deutschland 68 Stadtregionen mit einer Mindestgröße von 80 000 E. (für andere Abgrenzungsansätze vgl. S. 235, 508 und 510)

Kerngebiet:	EAD:	> 600
	A:	< 50%
verstädterte Zone:	EAD:	250–600
	A:	< 50%
	AP:	> 25%
Randzone:	EAD:	< 250
	A:	< 50%
	AP:	> 25%
Satellit:	EAD:	> 600
	A:	< 50%
	AP:	> 25%
	E.:	> 5000
Trabant:	EAD:	> 600
	A:	< 50%
	AP:	< 25%
	E.:	> 5000

EAD = Einwohner-Arbeitsplatzdichte, Einwohner + Beschäftigte am Arbeitsort pro km²
A = Agrarerwerbsquote, Anteil der landwirtschaftl. Erwerbspersonen in % der Erwerbspersonen
AP = Auspendler ins Kerngebiet in % der Erwerbspersonen

Für die Raumentwicklung und für das Leben des einzelnen Bürgers wirken sich die Bauleitplanung (Flächennutzungsplan und Bebauungsplan) sowie die Verkehrsplanung auf allen Ebenen besonders deutlich aus (vgl. Kap. 4.4).

Abb. 1: Die Träger der Raumordnung in der Bundesrepublik Deutschland und die ihnen zugeordneten Planungsstufen

Träger	Planung	gesetzliche Grundlage	zeitlicher Geltungsbereich
Bund	Bundesraumordnungsprogramm Fachpläne (z. B. Bundesfernstraßen)	Raumordnungsgesetz Fachgesetze	Fortschreibung alle 5 Jahre mittel- bis langfristig
Länder	Landesentwicklungspläne Fachentwicklungspläne Gemeinsame, grenzüberschreitende Planung einzelner Bundesländer (z. B. Wasser- und Bodenverbände)	Landesplanungsgesetze	ca. 10 Jahre
Regionen	Regionalpläne, regionale Raumordnungspläne oder Raumordnungsprogramme, Landschaftsrahmenplan		ca. 10 Jahre
Gemeinden	Bauleitplanung (Flächennutzungsplan, Bebauungsplan)	Bundesbaugesetz Städtebauförderungsgesetz	5–10 Jahre
Bauherr	Bauplan	Landesbauordnung Bebauungsplan	

4.0.2 Instrumente und Mittel der Raumordnungspolitik

Instrumente und Mittel sind Bestandteile der Raumordnungspläne und -programme von Bund, Ländern und Gemeinden und ihrer Planungsinstanzen.

Instrumente:
a Regionalisierung
b Zentrale Orte und Entwicklungsachsen
c Vorranggebiete

Mittel:
d Organisationsmittel

- Zwangsmittel: Ge- und Verbote, Vorkaufsrechte, Enteignungen, direkte Kontrollen u. a.
- Anpassungsmittel; Anreizmittel: Investitionsförderung und Beihilfen zur Umschulung, Arbeitsplatzerhaltung u. a. Abschreckungsmittel: Sondersteuern, Umweltschutzauflagen u. a.
- Gestaltungsmittel: Infrastrukturinvestitionen für Verkehr, Versorgung, Bildung, Gesundheit, staatliche Verwaltung etc.
- Informations- und Kommunikationsmittel: Informationsveranstaltungen und -schriften zur Vermittlung sachlich fundierter Kenntnisse der Raumordnungsproblematik

a) Regionalisierung: Die Grundlage für die Anwendung der Instrumente und Mittel der Raumordnung und damit der Umsetzung der Ziele und Leitbilder ist die regionale Abgrenzung (Regionalisierung) von bestimmten Gebieten. Dies geschieht auf Bundesebene großräumig durch Gliederung aufgrund bestimmter Strukturmerkmale (Bevölkerungsdichte, Wirtschaftsstruktur, Siedlungsstruktur, Arbeitslosenzahlen etc.) (vgl. Abb. 2). Die einst 38 Gebietseinheiten des Bundesraumordnungsprogramms wurden im Jahre 1982 durch 75 Raumordnungsregionen abgelöst. Diese entsprechen den Planungsregionen der Länder, die sie ihrerseits wiederum in Teilräume untergliedern.

Abb. 2: Die 75 Gebietseinheiten des Bundesraumordnungsberichts 1982

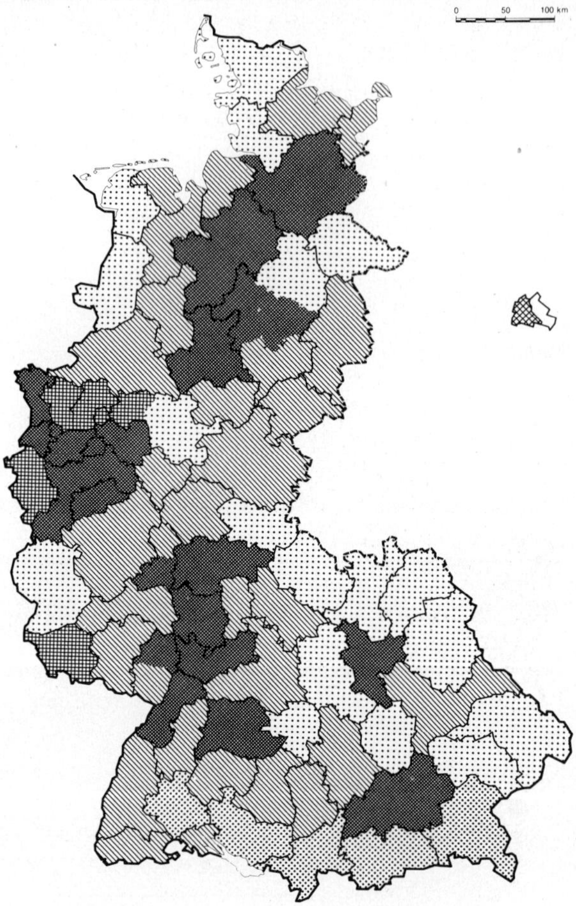

Grenzen:
—— Raumordnungsregionen 1980

Regionstyp	Fläche 1979 km²	%	Einw. 1979 absolut in 1000	%	Einw.-dichte 1979
1	58 365	23	25 564	42	438
2	8 724	4	6 887	11	789
3	480	0,2	1 902	3	3 962
4	96 246	39	17 496	28	182
5	66 295	27	7 233	12	109
6	18 558	7	2 358	4	127
Bundesgebiet	248 667	100	61 440	100	247

Schwellenwertfestlegung und Abgrenzung der Regionstypen

I Regionen mit großen Verdichtungsräumen

Typ 1 „hochverdichtet" mit günstiger Struktur
Regionen mit einer Einwohnerdichte von 300 und mehr Einwohnern je km² und/oder einem Oberzentrum von über 300 000 Einwohnern

Typ 2 „altindustrialisiert" mit ungünstiger Struktur
Regionen mit einer Einwohnerdichte von 300 und mehr Einwohnern je km² und/oder einem Oberzentrum von über 300 000 Einwohnern sowie starken Arbeitsplatzverlusten, überdurchschnittlich hoher Arbeitslosigkeit und hohen Wanderungsverlusten von Erwerbspersonen und älteren Menschen

Typ 3 Berlin (West)

II Regionen mit Verdichtungsansätzen

Typ 4 „mit Verdichtungskern" und mittlerer Siedlungsdichte
Regionen mit einer Einwohnerdichte von durchschnittlich über 150 Einwohnern je km² und i.d.R. einem Oberzentrum von mindestens 100 000 Einwohnern

III Ländlich geprägte Regionen

Typ 5 „ländlich" mit ungünstiger Struktur
Regionen mit einer Einwohnerdichte von um 100 Einwohner je km² und ohne Oberzentrum mit 100 000 und mehr Einwohnern

Typ 6 „Alpenvorland" mit günstiger Struktur
Regionen mit einer Einwohnerdichte von um 100 Einwohner je km² und ohne Oberzentrum mit 100 000 und mehr Einwohnern, mit positiver Arbeitsplatzentwicklung, einer günstigen Arbeitsmarktsituation (niedrige Arbeitslosenquoten) und hohen Wanderungsgewinnen, insbesondere von älteren Menschen

Deutscher Bundestag: Drucksache 10/210, Raumordnungsbericht 1982, S. 176, 177

b) Zentrale Orte und Entwicklungsachsen bilden ein punkt-axiales System, das Gewichtungen der Entwicklung eines Bundeslandes vorsieht (vgl. Abb. 3). Dabei strebt man eine verdichtete Entwicklung an einzelnen Schwerpunkten bzw. entlang von Verbindungen dieser Schwerpunkte an. So soll an diesen Orten eine höhere Konzentration (Bedeutungsüberschuß gegenüber dem Umland) von Einrichtungen des tertiären und sekundären Sektors sowie der Siedlungen erreicht werden. Besonders wirksam hat sich das System dort gezeigt, wo die Entwicklungsachsen den vorhandenen wirtschaftlichen und strukturellen Entwicklungen folgen (vgl. Kap. 4.5, Beispiel Bremen). Andererseits erhofft man sich dadurch eine Entlastung der übrigen Räume und damit eine Verringerung des Flächenverbrauchs. In diesem Zusammenhang spielen vor allem die Vorranggebiete eine bedeutsame Rolle.

Abb. 3: Zentrale Orte und Entwicklungsachsen in Bayern

Nach Bayerische Staatsregierung: Landesentwicklungsprogramm Bayern, Kurzfassung, München 1974, S. 22

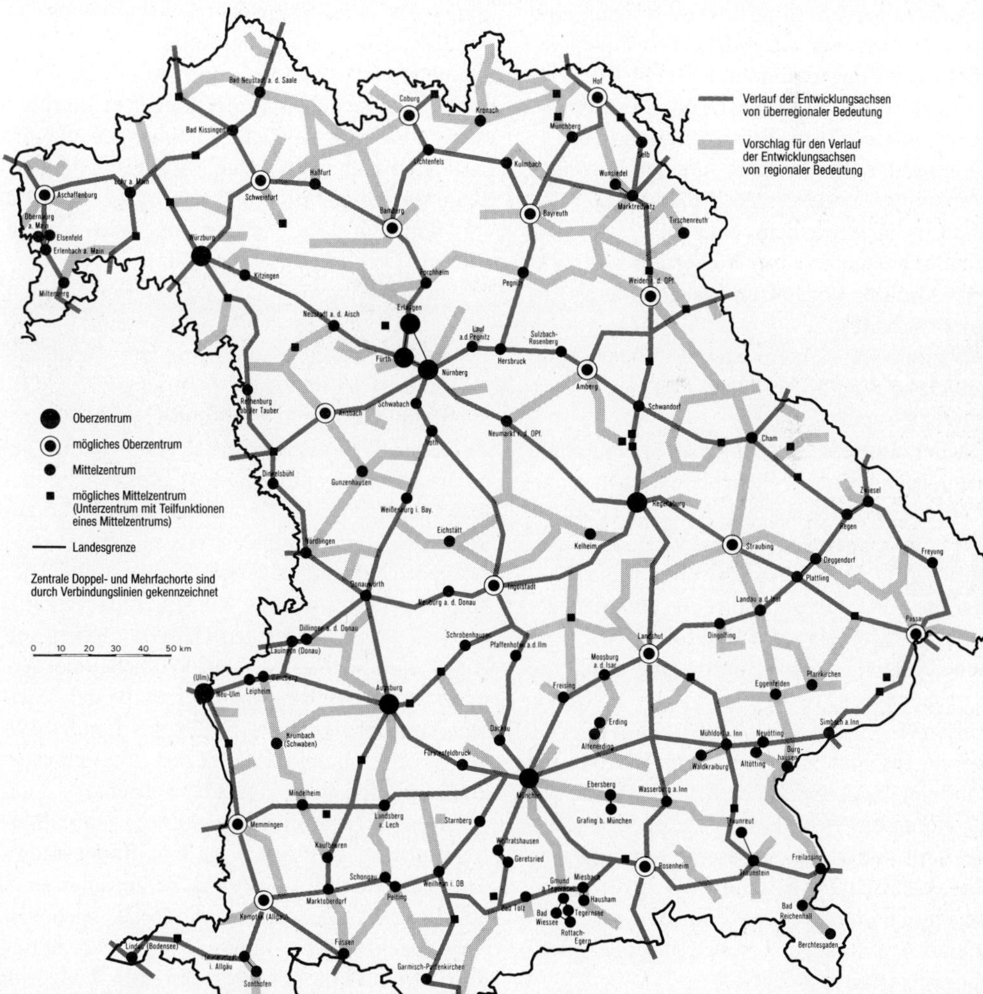

c) Vorranggebiete (oder Vorbehaltsgebiete): In ihnen wird einer bestimmten Funktion absoluter oder relativer Vorrang eingeräumt, z. B. für ökologischen Ausgleich auf dafür notwendigen naturnahen Flächen (z. B. Naturschutzgebieten), für Wassergewinnung, Agrarproduktion, Forstwirtschaft, für Freizeit und Erholung. Das Konzept ist allseits anerkannt, seine Verwirklichung aber ist schwierig, da sich häufig Funktionsziele überlagern. Obwohl prinzipiell unumstritten, können weitere Vorranggebiete für den Naturschutz auf nutzbaren Flächen nur unter größten Schwierigkeiten erreicht werden.

Naturschutzgebiet

Die Gesamtheit der Naturerscheinungen soll geschützt werden; Eingriffe und Nutzung sind nicht erlaubt, mit Ausnahme behördlich genehmigter Pflegemaßnahmen (z. B. Reduzierung des Wildbestandes); bei bestimmten Banngebieten ist das Betreten verboten;

Bannwälder dienen nicht nur der Lawinenverbauung, sondern sind Waldschutzgebiete ohne jegliche forstliche Nutzung;

Vogelschutzgebiete zur Sicherung bestimmter bedrohter Vogelarten (darunter auch Europareservate);

Teilnaturschutzgebiete (wie die Vogelschutzgebiete) haben beschränkte Ziele.

Landschaftsschutzgebiete

Flächen, die zur Erhaltung der ökologischen Vielfalt, eines ausgeglichenen Naturhaushaltes, des Erholungswertes oder eines besonderen Landschaftsbildes gegen Veränderungen durch Abholzung, Aufforstung, Industrialisierung und andere zerstörende Eingriffe geschützt werden; landwirtschaftliche und forstliche Nutzung erlaubt; Festlegung durch die Kreisbehörden.

Naturparke

Große zusammenhängende Flächen von besonderer landschaftlicher Schönheit, die zur Erholung der Bevölkerung besonders geeignet sind. Sie sollen vor Veränderungen, die ihre Landschaftsqualitäten beeinträchtigen, bewahrt und andererseits mit den für einen hohen Erholungswert notwendigen Einrichtungen versehen werden.

Zu den Schutzgebieten von übernationaler Bedeutung, die in der MAR-Liste 1965 (ca. 345000 ha) und der RAMSAR-Konvention 1971 (ca. 243000 ha) von internationalen Gremien festgelegt wurden, zählen große Gebiete in Norddeutschland und den Küstengebieten (z. B. das Wattenmeer) sowie zahlreiche Flächen in Süddeutschland, vor allem im Alpen- und Voralpengebiet und am Bodensee.

d) Mittel der Raumordnung

– Zwangsmittel: Diese werden in Form von Ver- oder Geboten bezüglich der Nutzung eines Raumes ausgesprochen und festgelegt; darunter fallen auch Bauverbote, Bauveränderungsverbote sowie Enteignungen u. a. Die Umsetzung der zunächst formalen räumlichen Abgrenzung (z. B. eines Naturschutzgebietes) bedarf in der Regel solcher Zwangsmittel.

– Anpassungs-, Anreiz- und Abschreckungsmittel: Sie bestehen in der Regel in direkten oder indirekten geldlichen Leistungen der öffentlichen Hand. Folgende Mittelgruppen werden unterschieden:

- räumlich differenzierte steuerliche Lasten (z. B. Gewerbesteuerhebesatz),
- unmittelbar räumlich gezielte Finanzhilfen (z. B. Landesinfrastrukturprogramm),
- räumliche Differenzierung der Tarife öffentlicher Verkehrsunternehmen,
- räumliche Lenkung öffentlicher Aufträge.

Zu dieser Gruppe der Mittel gehören die Gemeinschaftsaufgaben (GAs) zwischen Bund und Ländern (z. B. Gemeinschaftsaufgabe zur Förderung der regionalen Wirtschaftsstruktur, Gemeinschaftsaufgabe zur Verbesserung der Agrarstruktur und des Küstenschutzes u. a.), die die strukturschwachen Gebiete fördern sollen, sowie die Ausbau- und Wirtschaftsförderprogramme der Bundesländer (z. B. das Wirtschaftsförderprogramm [WIP] des Landes Baden-Württemberg [1984], das Fremdenverkehrsförderprogramm Niedersachsens).

– Gestaltungsmittel: Dazu gehören v. a. die Infrastrukturinvestitionen, die laut Bundesraumordnungsgesetz besonders dazu geeignet sind, bestimmte raumordnungspolitische Ziele zu verwirklichen. Gestaltungsmittel spielen in der Raumordnungspolitik eine führende Rolle.

Dazu gehören
- das Verkehrswesen und die Kommunikation (u. a. Telefon, Radio, Fernsehen)
- die Energiewirtschaft: Kraftwerke, Stromleitung, Erdgasversorgung
- Wasserbau und Wasserwirtschaft: Stauseen, Deiche, Kläranlagen u. a.
- Ausbildung und Forschung: Schulgebäude, Hochschule, sonstige Bildungs- und Ausbildungseinrichtungen
- Gesundheitswesen: Krankenhäuser, Gesundheitsämter u. a.
- Kultur, Erholung, Freizeit, Sport: Erholungsgebiete, Parks, Sporthallen, Theater, Sportplätze u. a.
- staatliche Verwaltung: Dazu zählen alle staatlichen Verwaltungen, von der Regierung und ihren Einrichtungen (Ministerien, Behörden) bis zum Militär und zum Rechtswesen.

- Informations- und Kommunikationsmittel: Durch Aufklärungs- und Überzeugungsarbeit wird von den Planungsbehörden versucht, Privatpersonen und Unternehmen die Ziele der notwendigen raumordnerischen Maßnahmen zu verdeutlichen. Insbesondere im Rahmen der Bauleitplanung ist dem Bürger die Möglichkeit gegeben, Anregungen und Bedenken vorzubringen, aber auch in anderen raumrelevanten Rechtsverfahren (Planfeststellungsverfahren für Straßenbau, Flurbereinigung etc.) ist die Mitwirkung des Bürgers möglich.

4.0.3 Der Flächennutzungsplan

Der Flächennutzungsplan (vgl. S. 288) wird von Kommunen oder Verwaltungsgemeinschaften erstellt und legt unter Beachtung der Ziele der Landes- und Regionalplanung die Flächennutzung innerhalb des Verwaltungsraums fest. Er ist für die Planungsbehörden nach seiner Genehmigung durch höhere Instanzen (z. B. Regierungspräsidien) verbindlich und die Grundlage für den Bebauungsplan, der wiederum für die Bürger verbindlich ist. Sein Ziel ist es, eine geordnete städtebauliche Entwicklung zu ermöglichen, indem er Flächen und Standorte für längerfristige Planungsvorhaben zuweist (vgl. Legende zu Abb. 4, S. 289).

Den Flächennutzungsplänen sind die Landschaftspläne der gleichen Träger zugeordnet. Sie enthalten die Grünflächenplanung und die für den Schutz des Ökosystems notwendigen Maßnahmen.

4.0.4 Verkehrsplanung

Seit der Erschließung von Rohstoffen für die Industrie, seit der Trennung von Wohn- und Arbeitsstätten im Zuge der Industrialisierung und seit der Errichtung großer Fabriken mit großen Absatzgebieten ist der Verkehrsbedarf gewaltig gestiegen. Zwischen verschiedenen Orten besteht das Bedürfnis, Güter und Menschen zu transportieren, die sogenannte „Verkehrsspannung", sie wird durch Verkehrseinrichtungen überbrückt. Verkehrseinrichtungen sind Resultat der in der Raumstruktur angelegten Verkehrsbedürfnisse, aber auch Anlaß zu neuen wirtschaftlichen Aktivitäten, vor allem neuem Verkehr, und damit zu Veränderungen der Raumstruktur.

Im 19. Jahrhundert brachte die Eisenbahn entscheidende Veränderungen der Kulturlandschaft. Da bereits damals auch Strecken in abseits gelegene Gebiete ohne hohen Bedarf oder Rentabilität gebaut wurden, kann man dem Eisenbahnbau die ersten Ansätze zu einer wirksamen Raumordnungspolitik zuschreiben.

In der zweiten Hälfte des 20. Jahrhunderts haben sich in Deutschland erhebliche Veränderungen in der Beförderungsleistung und im Anteil der Verkehrsmittel ergeben. Sie sind nicht nur Ausdruck der technischen Entwicklung, sondern auch der Wirtschafts- und Strukturpolitik. Allerdings wurden viele Verkehrseinrichtungen nicht im Sinne einer zielgerichteten Raumordnungspolitik geplant, sondern paßten sich – vor allem in kleinräumigen Verkehrssystemen – den vorhandenen Strukturen an. Sie entsprachen damit dem augenblicklichen Bedarf, konnten aber ihrer Aufgabe bei der Verhinderung zusätzlicher Konzentrationen und dem Abbau räumlicher Disparitäten nicht gerecht werden.

Die verschiedenen Verkehrsmittel haben eine unterschiedliche Kostenstruktur, die sie für unterschiedliche Transport- und Raumordnungsaufgaben prädestinieren.

Tab. 2: Verkehrsmittelwahl: Vergleich der Charakteristiken

Verkehrsmittelkosten		Kosten pro Einheit u. km (Bahn = 1,0)	typische Güter	Systemvorteile	Systemnachteile
Eisenbahnverkehr	kapitalintensiv; hohe Anfangsinvestitionen; Rentabilität nur bei hoher Nutzungsintensität (200 000 bis 300 000 tkm); hohe Kosten für Bahnhöfe (Terminals)	1,0	Mineralien; landw. Rohstoffe; Baumaterial; Chemikalien; Personenverkehr in Industrieländern z. T. weniger bedeutend	große Mengen von Massengütern können relativ schnell und preiswert bewegt werden	keine Flächenerschließung, Geld- und Zeitverlust beim Zusammenstellen der Zugeinheiten; z. T. hohe Umladungskosten bei gebrochenem Verkehr
Schiffsverkehr	niedrige Investitionen, soweit natürliche Wasserwege vorhanden sind; Hafen- und Umschlagskosten oft ein Mehrfaches der reinen Fahrtbetriebskosten	0,29	Seeschiffahrt: Roh-, Halbfertig- und Fertigprodukte; Binnenschiffahrt: Massengüter wie Kohle, Öl, Getreide, Baumaterial; kaum Personenverkehr	niedrige Tarife für Massengüter	keine Flächenerschließung; geringe Geschwindigkeit; dadurch Zeit-, Qualitäts- und Zinsverlust
Straßenverkehr	geringe fixe Kosten (außerhalb der Verkehrswegeinvestitionen); niedrige Gewinnspannen; laufende Kosten relativ hoch; Fahrzeugverschleiß hoch	4,5	verderbliche Güter und solche, die weitgestreut anfallen; Personenverkehr erheblich	Flächenerschließung; für leichte Güter, die über kurze Strecken schnell bewegt werden sollen, geringe Verteilungskosten	nicht ausreichende Kapazitäten für Massentransporte; steigende Kosten bei größeren Entfernungen durch hohe Kosten für Fahrzeugeinsatz
Luftverkehr	geringe fixe Kosten; hohe Investitionen in Fluggerät; hohe Kosten für Flughäfen, Starts und Landungen	16,3	vor allem Personenverkehr; hochwertige und verderbliche Güter	Geschwindigkeit, Pfleglichkeit in der Behandlung des Transportgutes	sehr hohe Kosten; ggf. Umweltbelastung durch Emissionen
Rohrleitungsverkehr	hohe fixe Kosten, die mit Vergrößerung des Leitungsquerschnitts sinken; lineares Ansteigen der Kosten mit der Entfernung; zusätzliche Kosten durch Viskosität des Gutes	0,21	Erdöl und Erdölprodukte Naturgas; bisweilen feste Stoffe (Kohle)	kostengünstiger Transport von flüssigen und gasförmigen Massengütern zwischen zwei festen Punkten	nur für wenige Güter möglich; nur bei gleichmäßig hoher Mengennachfrage sinnvoll; keine Flächenerschließung

Nach M. E. Eliot Hurst. In: Konrad Schliephake: Verkehrsgeographie. In: Sozial- und Wirtschaftsgeographie 2. Harms Handbuch der Geographie. München: List 1982, S. 96

Tab. 3: Investitionen der Verkehrssysteme in der Bundesrepublik Deutschland im Zeitraum 1960–1981[1]

	Mrd. DM	%
Eisenbahnen	98,8	20,2
Binnenschiffahrt[2]	18,3	3,7
Seeschiffahrt, -häfen	41,8	8,6
Straßenverkehr, Brücken	305,9	62,6
Mineralölfernleitungen	2,5	0,5
Flugverkehr	21,3	4,4
Insgesamt	488,6	100

[1] in jeweiligen Preisen
[2] einschließlich Häfen, Wasserstraßen bis Seegrenze

Götz Voppel: a.a.O., S. 5

Abb. 4: Güterverkehr der Verkehrssysteme in der Bundesrepublik Deutschland 1960–1981

Nach Götz Voppel: a.a.O., S. 6

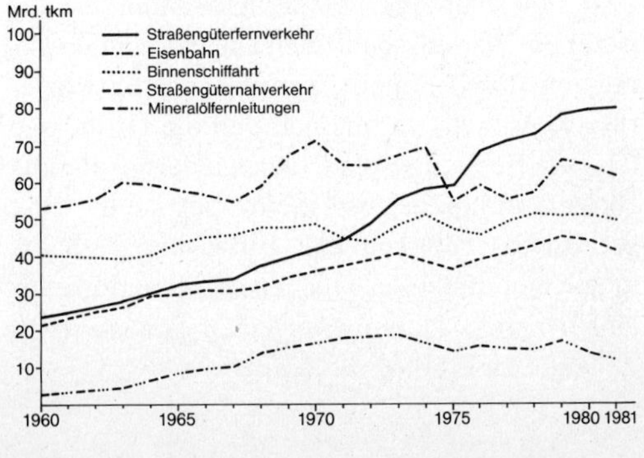

Tab. 4: Entwicklung der Verkehrsnetze und Beförderungsleistungen in der Bundesrepublik Deutschland 1960–1981

	1960	1981	1960–1981
	1000 km		%
Eisenbahnen	30,7	28,4	– 8,5
Straßenbahnen	3,0	1,5	– 48,9
Stadtschnellbahnen	0,1	0,4	+180,6
Obusverkehr	0,7	0,1*	– 91,7
Omnibusverkehr	186,6	403,7	+116,3
Fernstraßen	135,7	172,4	+ 27,0
Gemeindestraßen	233,0	310,0	+ 33,0
Binnenwasserstraßen	4,5	4,4	– 1,8
Beförderte Güter			+ 79,4
Beförderte Personen			+ 53,9

Götz Voppel: Verkehrserschließung und Raumgestaltung in der Bundesrepublik Deutschland. In: Geographie und Schule, H. 26, 1983, S. 5

Der Fernstraßenbau in der Bundesrepublik Deutschland ist seit 1965 in erheblichem Maß als Mittel zur Strukturverbesserung einzelner Regionen eingesetzt. Besonders an den Schnittpunkten der Autobahnen mit anderen Verkehrslinien nutzen wirtschaftliche Einrichtungen die Transportkostenvorteile dieser Standorte. Allerdings wird die Initialwirkung vieler Straßen heute leicht überschätzt, allenfalls Autobahnen haben noch eindeutig erschließende Wirkung. Im ganzen ist das Straßennetz der Bundesrepublik Deutschland so weit ausgebaut, daß man fast von „Verkehrsubiquität" sprechen kann. Deshalb haben viele Standorte in Autobahnnähe keine besondere Verkehrsgunst mehr, man kann eher von einer Benachteiligung einzelner Gebiete wegen fehlender Autobahnverbindungen sprechen.

Das Flächenwachstum der Städte und die Urbanisierung (vgl. Kap. 4.1) stehen in engem Zusammenhang mit der Verkehrsentwicklung. In allen größeren Agglomerationen ist der öffentliche Personennahverkehr (ÖPNV) trotz der enormen Investitionen für Straßen – und damit vor allem für den Individualverkehr – unabdingbare Voraussetzung für die Bewältigung des riesigen Bedarfs mit seinen ungünstigen Verkehrsspitzen (vgl. Kap. 4.2). Hier kann auch die Tarifgestaltung zum Mittel der Strukturpolitik werden.

Abb. 5: Verkehrswege

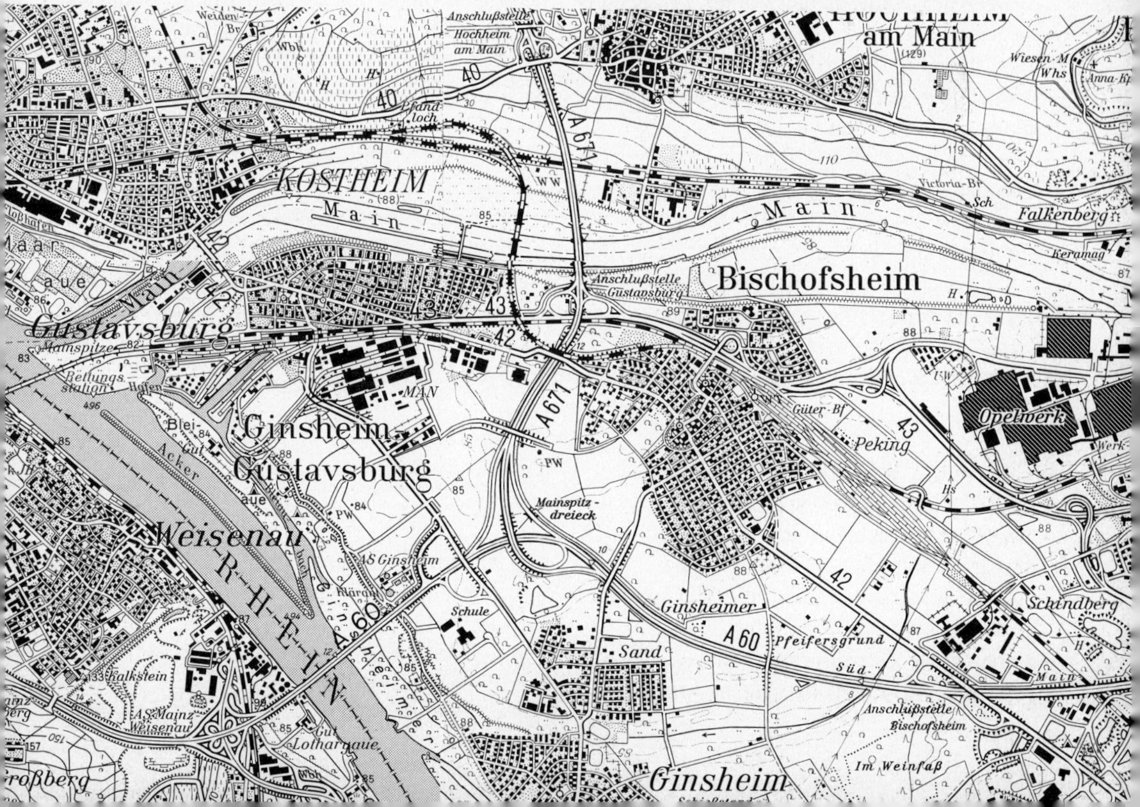

Interpretation topographischer Karten

Topographische Karten haben relativ große Maßstäbe (z. B. 1:25 000, 1:50 000) und stellen daher die Geofaktoren eines Gebiets sehr detailliert dar. Folgendes Interpretationsschema bietet sich an:

1. Formales – Wie wird was dargestellt?

- Kartenüberschrift, Maßstab, Berichtigungsstand
- Räumliche Einordnung des Ausschnitts: bekannte geographische Namen, Gradnetzangaben, politische Zuordnung und Nachbarblätter, vgl. Beikärtchen neben Legende, Einordnung des Ausschnitts in Karten kleineren Maßstabs. (Zu welcher Großlandschaft gehört der Kartenausschnitt? Entfernungen zu größeren Städten? Entwässerungsrichtung[en]? Verlauf und Richtung wichtiger Verkehrslinien?)

2. Beschreibung – Was findet sich wo?

- Überlegungen zum Vorgehen – zwei Möglichkeiten sind geläufig:
  a) Gliederung des Ausschnitts in Teilräume, die sich grundlegend unterscheiden (z. B. in Relief und Bodenbedeckung). Danach Beschreibung der wichtigsten Inhalte in den Teilräumen, wobei jeweils die Gesamtheit der Geofaktoren im Zusammenhang betrachtet wird.
  b) Beschreibung von Geofaktoren (Verbreitung, Häufigkeit, Größenordnung) über den ganzen Kartenausschnitt hin in der Art des länderkundlichen Schemas; abschließende landschaftliche Zusammenschau. Der Vorteil dieser Methodik liegt in der klaren Systematik, allerdings lassen sich die Zusammenhänge zwischen den einzelnen Geofaktoren nicht so leicht auffinden.
  Welcher Methode der Vorzug zu geben ist, hängt vom Inhalt der jeweils vorliegenden Karte ab: Ist eine räumliche Untergliederung offenkundig oder ist der Kartenausschnitt einheitlich strukturiert.
- Beschreiben der Geofaktoren (mögliche Arbeitsschritte in einem Kartenblatt mit dominanten naturgeographischen Faktoren: höchste und niedrigste Punkte, Verlauf und Abstand der Höhenlinien, Neigungsverhältnisse und Geländeformen feststellen; Profile legen. Gewässerdichte und Entwässerungsrichtungen bestimmen, ebenso auffällige Anordnungen von Seen, Quellen und Mooren. Feststellen der Art der Vegetation, des Verhältnisses von Wald zu Kulturland, der Umgestaltung der Naturlandschaft durch den wirtschaftenden Menschen). Bei der Beschreibung sollen bereits auch Zusammenhänge zwischen einzelnen Geofaktoren beachtet werden.

Schlüssel zum Kartenlesen ist die Kenntnis der Legende. Sie enthält Angaben über administrative Grenzen, das Verkehrsnetz, die verwendeten Signaturen und Abkürzungen, die Siedlungsgrößen (Schriftart!), die Bodenbedeckung, die Gewässer und die Höhenlinien.

3. Erklärung – Was findet sich wo warum?

- Erklären der Geofaktoren und ihres Zusammenwirkens. Manche Sachverhalte lassen sich bei genügend Vorwissen und entsprechender Erfahrung indirekt aus der Karte erschließen (sekundäre Informationen). Durch Heranziehen weiterer Hilfsmittel (Fachliteratur, Lexika etc.) können die Analogieschlüsse und Vermutungen überprüft und die Ergebnisse der Interpretation gestützt und ergänzt werden.
- Versuch der Zuordnung des Kartenausschnittes einem oder auch mehreren natur- und kulturgeographischen Typen.

4.1 Städtewachstum und Verstädterung am Beispiel Nürnbergs und seiner überbauten Dorfkerne

Die Städte als konzentrierteste und komplizierteste Form menschlicher Siedlung sind wie kein anderes Phänomen das Spiegelbild ihres Zeitalters und Kulturkreises. Aus ihrer Erscheinungsform, z. B. dem Straßennetz und den Bauformen, können deshalb Rückschlüsse auf die Zeit gezogen werden, in der sie gegründet, verändert oder erweitert wurden. Ebenso lassen sich Rückschlüsse ziehen auf die Lebensweise und die Entscheidungen der Menschen, die ihr das Gepräge gegeben haben.

4.1.1 Städtegründungen in Mitteleuropa

Abb. 1: Stufen der Stadtentstehung in Mitteleuropa

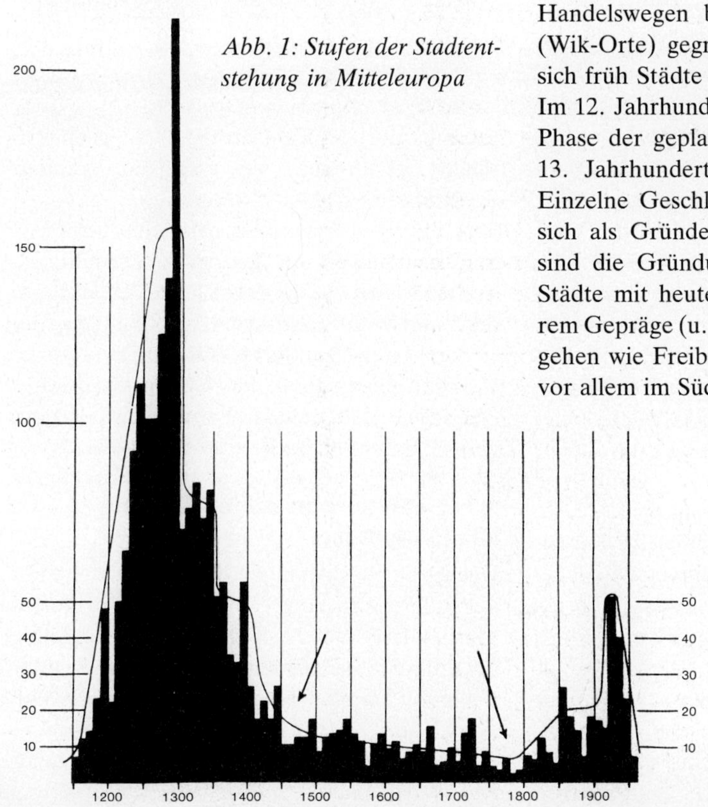

Harms Handbuch der Geographie. Sozial- und Wirtschaftsgeographie 1. München: List 1980, S. 281

Die meisten mitteleuropäischen Städte sind nicht allmählich, etwa durch stetes Wachstum von Dörfern, zu Städten geworden, sondern überwiegend mittelalterliche Gründungen des 12. bis 14. Jahrhunderts. Wirtschaftliche und politische Gründe sind für ihre Entstehung verantwortlich. Die wirtschaftlichen Impulse bestanden in der Ausweitung der arbeitsteiligen Geldwirtschaft und damit dem Bedürfnis nach lokalen Märkten und Fernhandelsplätzen, um agrarische und gewerbliche Erzeugnisse auszutauschen. In politischer Hinsicht war die Gründung von Städten bedeutsam für die Organisation und Sicherung landesherrlicher Territorien.

Nur relativ wenige frühe Städte wie z. B. die Bischofsstädte Köln, Mainz, Trier und Augsburg entstanden auf der Basis römischer Militärlager und Siedlungen. In weit stärkerem Maße bildeten später kaiserliche Pfalzen, herrschaftliche Burgen oder Klöster Kristallisationspunkte für die Markt- und Handelsplätze, die vom 8. bis 11. Jahrhundert entlang den neu entstehenden Handelswegen bzw. an Flüssen und Küsten (Wik-Orte) gegründet wurden und aus denen sich früh Städte entwickelten.

Im 12. Jahrhundert begann in Deutschland die Phase der geplanten Stadtgründungen, die im 13. Jahrhundert ihren Höhepunkt erreichte. Einzelne Geschlechter des hohen Adels taten sich als Gründer besonders hervor. Berühmt sind die Gründungen der Zähringer, auf die Städte mit heute noch erkennbarem besonderem Gepräge (u. a. Oval, Straßenkreuz) zurückgehen wie Freiburg oder Bern. Zahlreiche der vor allem im Südwesten häufigen Stauferstädte

Abb. 2: Stadtgrundrisse

Typisierungskriterien / Städtebauepochen	Grundriß	Orientierung auf	Wohnungen und Arbeitsstätten	Sonstige Bestimmungsmerkmale
Mittelalter 10.–15. Jh. (1120 Freiburg 1158 Lübeck)	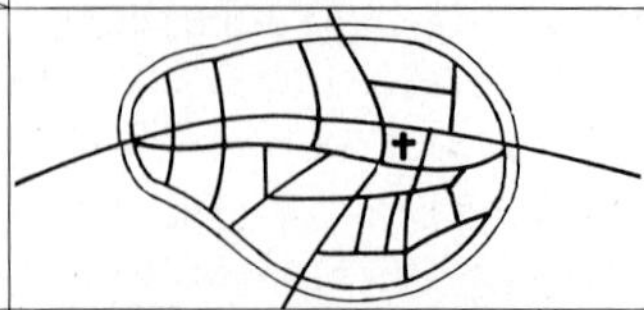	Pfarrkirche Marktplatz Rathaus	Wohnung und Arbeitsplatz unter einem Dach	Mauer und Graben, Plätze, Gassen, geschlossene Bebauung
Renaissance Absolutismus 16.–18. Jh. (1715 Karlsruhe)		Schloß	Wohnung und Arbeitsplatz auf einem Grundstück Manufakturen	bastionäres System (Vauban) Schloßpark, Alleen
Kapitalismus 19. Jh. (1830 erste Eisenbahn, ab 1871 Gründerzeit)	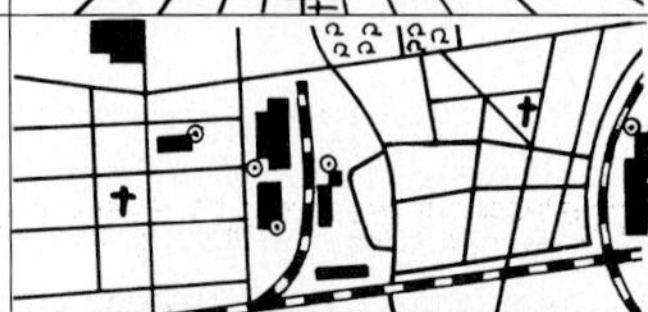	Fabrik, Eisenbahn	Fabriken mit Schornsteinen Fabriken und Mietshäuser innerhalb eines Straßenblocks Villengebiete Blockbebauung	enge räumliche Verflechtung von Verkehrswegen, Wohnungen u. Fabriken, Stadt-(Bürger-)park
Gegenwart 20. Jh. (1919 Welwyn Garden City, 1957 Neue Vahr, 1962 Sennestadt)	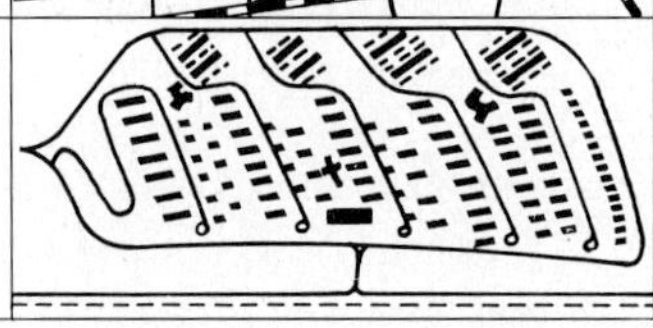	Einkaufs- u. Versorgungszentrum	Wohnungen und Arbeitsstätten räumlich klar getrennt (Pendlerverkehr)	Nachbarschaften, Grünflächen im Wohngeb., gestuftes Straßennetz: Wohn- und Schnellstraßen

Nach Eberhardt Kross: Unterrichtsmodelle zur Stadtgeographie. In: Der Erdkundeunterricht, Sonderheft 2. Stuttgart: Klett 1975, S. 43

entwickelten sich nach dem Aussterben des Geschlechts zu Reichsstädten, die die größten Freiheiten besaßen und oft zu wichtigen Wirtschaftszentren wurden. Das Schlagwort „Stadtluft macht frei“ ist Zeichen für die rechtliche Besserstellung der städtischen Bevölkerung gegenüber der ländlichen, was wesentlich zur damaligen Stadtblüte beitrug. Im Raume der mittelalterlichen Ostkolonisation stand die Gründung der schematisch angelegten, stark befestigten Städte in engem Zusammenhang mit der bäuerlichen Landnahme.

Gegen Ende des Mittelalters ging die Zahl der Stadtgründungen zurück, die intensive Durchdringung des Landes mit Städten war abgeschlossen, die besten Standorte waren vergeben. In der Folgezeit verminderten Kriege (z. B. Dreißigjähriger Krieg!) und Pest, Wandlungen der Wirtschaftsstruktur sowie veränderte Welthandelsbedingungen die Zahl und das Wachstum der Städte und dezimierten die Bevölkerung. So entstanden in der Zeit des Absolutismus nur wenige Planstädte mit geometrischen Grundrissen, wie z. B. die Residenz Karlsruhe.

Erst im 19. Jahrhundert nahm die Zahl der Stadtgründungen mit den neuen Verwaltungsstädten wieder zu, um gegen Ende des Jahrhunderts und im 20. Jahrhundert mit den Industriestädten (meist an Standorten mit besonderer Verkehrsgunst oder in der Nähe der Rohstoffe) einen neuen Höhepunkt zu erreichen (z. B. einige Ruhrgebietsstädte).

4.1.2 Städtewachstum im 19. und 20. Jahrhundert

Das große Wachstum der Städte setzte erst mit der Industrialisierung etwa ab der Mitte des 19. Jahrhunderts ein. Nachdem die Ummauerung der alten Städte ihren militärischen Wert verloren hatte, konnten sich die Städte flächenmäßig ausdehnen. An der Peripherie und im Innern erfolgten vielfältige Veränderungen im Grund- und Aufriß.

Abb. 3: Die Bevölkerungsentwicklung ausgewählter deutscher Städte

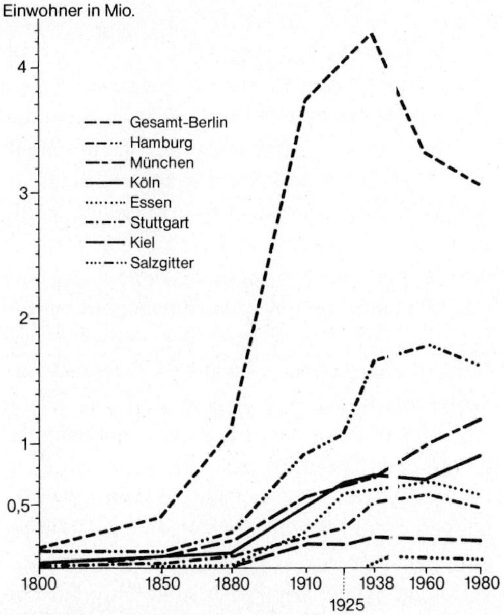

Hunderttausende strömten aus den ländlichen Gebieten in die großen Städte, wo sie sich bessere wirtschaftliche Bedingungen erhofften. Vor allem gab es hier Arbeitsplätze in der Industrie, die sich zunächst in den Städten oder in deren unmittelbarer Nähe angesiedelt hatte, sofern die Standortfaktoren günstig waren. Zu den Gunstfaktoren zählten neben den Bodenschätzen (vor allem der Steinkohle) eine gute Anbindung an das Eisenbahnnetz, aber auch das Vorhandensein von Arbeitskräften. So kam es zu einer Wechselwirkung: Menschen strömten in die Städte, um Arbeit zu finden – Industriebetriebe entstanden dort, weil die notwendigen Arbeitskräfte vorhanden waren. Die zunehmende Industrialisierung eröffnete auch Arbeitsmöglichkeiten im tertiären Sektor, dessen Ausweitung dem Städtewachstum, vor allem dem der Hauptstädte, weitere Impulse gab.

Abb. 4: Modell des Wachstums einer mitteleuropäischen Stadt

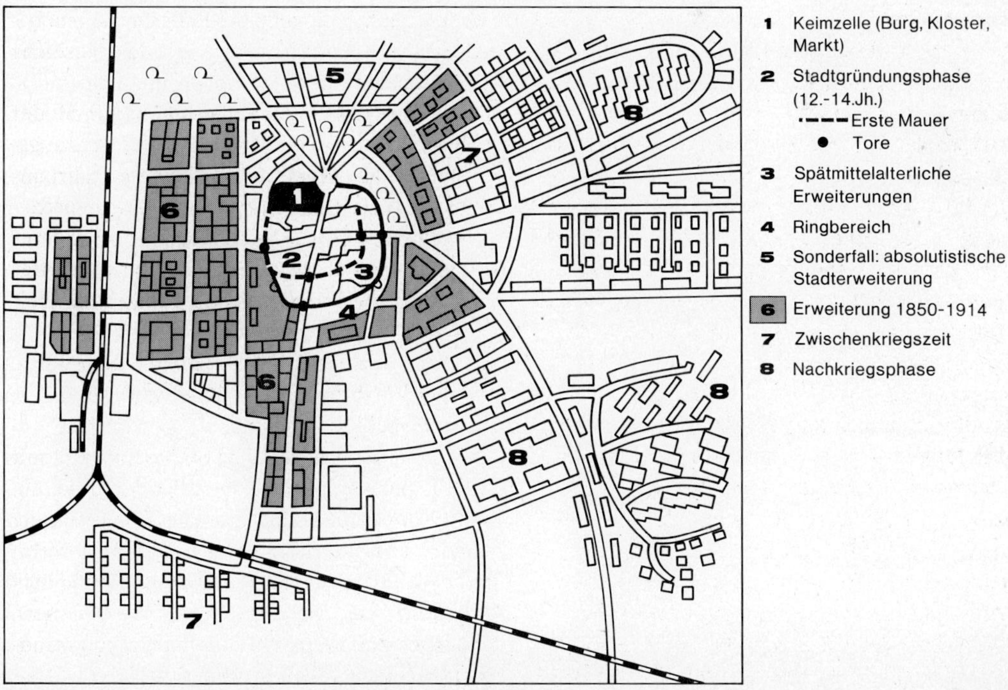

In der Gründerzeit (ab 1870) wuchsen die großen Städte zuerst meist ringförmig um den Altstadtkern. Mit der Entwicklung der Verkehrsmittel und dem weiteren Ausbau der Verkehrswege begannen sie, sich polypenartig entlang der Verkehrsachsen auszudehnen. Auch weiter entfernte Dörfer und kleine Städte wurden in das Stadtgebiet mit einbezogen. Anstelle der einst geschlossenen städtischen Siedlungsbilder entstand die Stadtregion, bei der die einzelnen Zonen hinsichtlich der Bebauungsdichten, der Bauformen, der Funktionen, aber auch der Sozialstruktur erhebliche Unterschiede aufweisen.

Abb. 5: Schema der Stadtregion

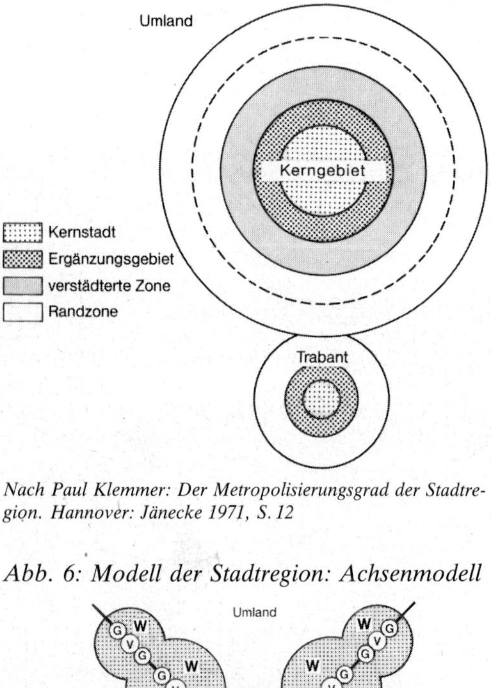

Nach Paul Klemmer: Der Metropolisierungsgrad der Stadtregion. Hannover: Jänecke 1971, S. 12

Abb. 6: Modell der Stadtregion: Achsenmodell

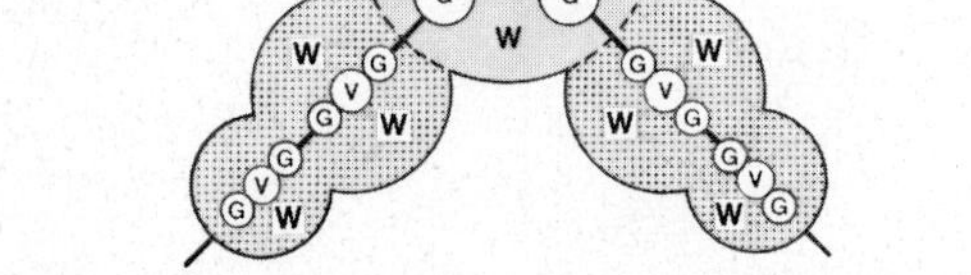

Nach D. Jaschke. In: Harms Handbuch der Geographie. Sozial- und Wirtschaftsgeographie 1. München: List 1980, S. 246

Gegen das schnelle, wenig geplante Wachstum der Städte in der Gründerzeit wandte sich am Ende des 19. Jahrhunderts die Gartenstadtbewegung. In der Folgezeit entstanden stärker durchgrünte Siedlungen.

Nach dem Zweiten Weltkrieg ist die Stadtentwicklung in der Bundesrepublik Deutschland durch verschiedene Phasen gekennzeichnet. In der Wiederaufbauphase der teilweise oder völlig zerstörten Stadtkerne und Innenstädte strömte die alte und gegen Kriegsende vielfach geflüchtete Bevölkerung zunächst in ihre angestammten Wohngebiete zurück. Mit dem Zustrom der Vertriebenen (siehe Kapitel 4.3) wuchs die Wohnungsnot. Der Flächenbedarf der Städte schwoll weiter an, als sich im Zeichen des wirtschaftlichen Aufschwungs die Ansprüche an Größe, Ausstattung und Umgebung der Wohnungen erhöhten. Mit der steigenden Mobilität und der Entwicklung des Individualverkehrs verlor die Nähe zum Arbeitsplatz ihre einstige Bedeutung. Weite Wege zwischen Wohn- und Arbeitsplatz wurden in Kauf genommen: Die großflächige Zersiedlung des Umlandes der Stadt war die unvermeidliche Folge.
In den Randzonen der Städte entstanden zwei charakteristische neue Siedlungsformen:
- Großwohnanlagen (vorwiegend Schlafstädte) für bis zu 80000 Menschen im Anschluß an alte Siedlungen oder aber isoliert von bisheriger Bebauung (z. B. Neuperlach bei München, die Frankfurter Nordweststadt, die Neue Vahr in Bremen).
- Wohnsiedlungen im Bereich der alten Dorfkerne oder an diese angegliedert, wobei diese Kerne überformt, teilweise funktional umbewertet oder entwertet wurden; andere Dorfkerne wurden auch zu kleinen Subzentren mit Versorgungsfunktionen für die neuen Wohngebiete.

Neugeplante, selbständige Städte entstanden in der Bundesrepublik Deutschland nur vereinzelt. Abbildung 7 zeigt, welche Teilgebiete der Städte und ihrer Randzonen nach dem Zweiten Weltkrieg durch Wanderungsbewegungen wuchsen oder abnahmen. Die verschiedenen Nachkriegsphasen sind durch charakteristische Unterschiede gekennzeichnet.

Abb. 7: Schematisch vereinfachte Darstellung der durchschnittlichen Änderung der Wohndichte in der Bundesrepublik Deutschland

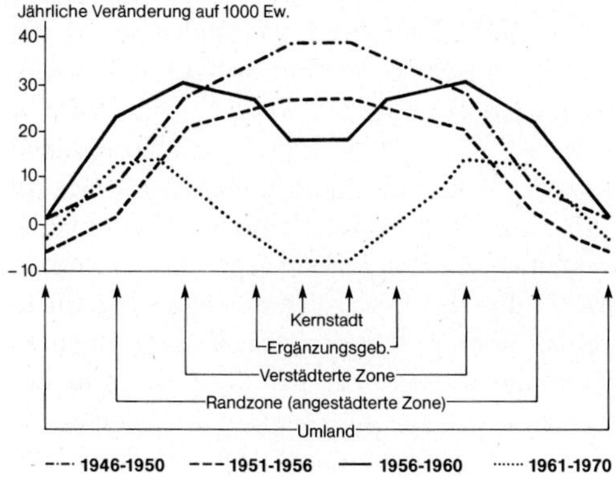

1. *Versuchen Sie, den Stadttypen in Abbildung 2 Ihnen bekannte Stadtgrundrisse (mit Hilfe von Atlanten, Stadtplänen usw.) zuzuordnen.*
2. *Versuchen Sie, das unterschiedliche Wachstum der Städte in Abb. 3 zu erklären.*
3. *Zeigen Sie die Entwicklung der Bevölkerungsdichte in einzelnen Zonen der Stadtregion auf, und versuchen Sie, eine Begründung für die verschiedenen Phasen zu geben (vgl. Abb. 7).*

4.1.3 Stadtentwicklung Nürnberg

Abb. 8: Nürnberg 1559, nach Waigel

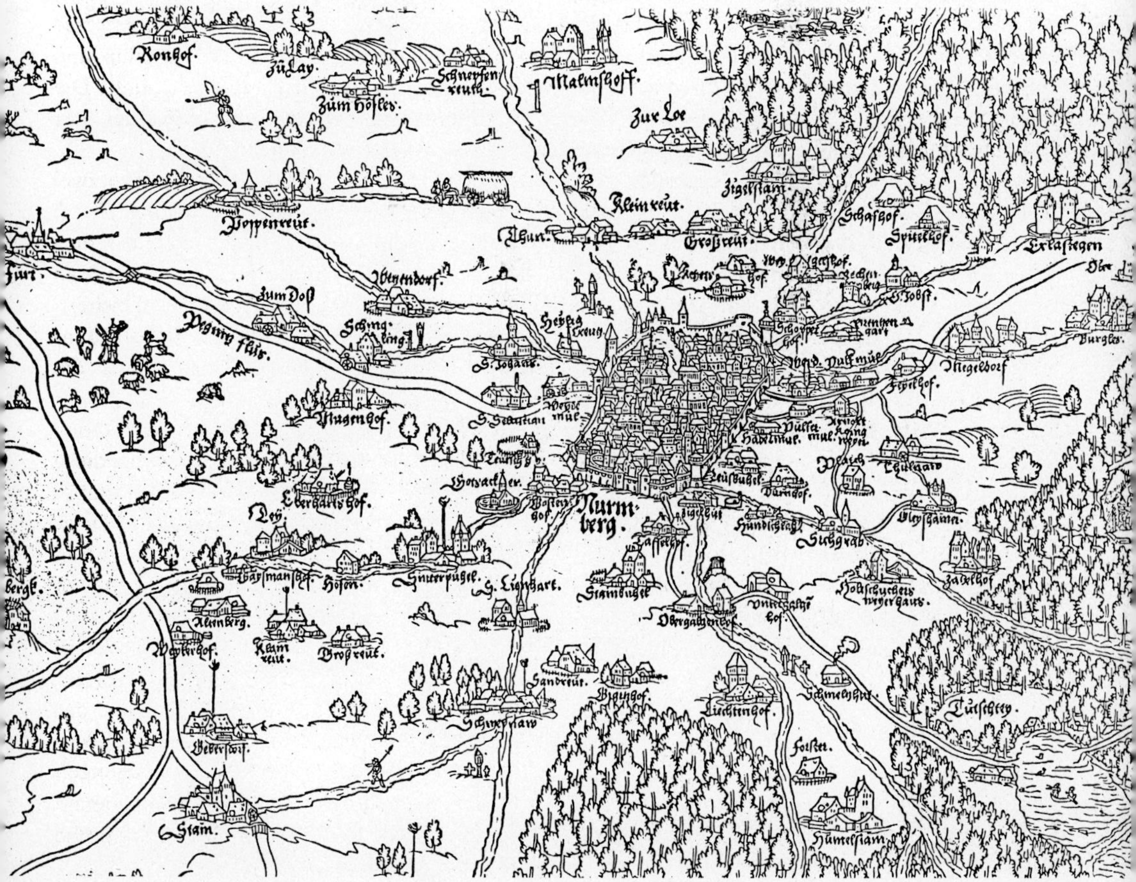

Nürnberg wurde 1219 freie Reichsstadt und war im ausgehenden Mittelalter eine der reichsten und größten Städte Deutschlands. Ihr Aufstieg läßt sich keineswegs durch eine besondere Lagegunst erklären. Vielmehr war die großräumige Lage der Stadt für ihre damaligen Handelsbeziehungen keineswegs günstig; auch waren in der sand- und waldreichen, größtenteils relativ unfruchtbaren und daher getreidearmen Umgebung die Voraussetzungen für den lokalen Markt denkbar schlecht. Die Entwicklungsimpulse kamen von einem blühenden Handwerk, dessen Erzeugnisse wegen ihres besonderen Wertes und ihrer Einzigartigkeit (technisch hochwertige Metallarbeiten, Kunsthandwerk usw.) ideale Voraussetzungen für den Fernhandel bildeten.

Die Waldgebiete im Osten der Stadt auf unfruchtbaren Sandböden (vgl. Abb. 8), sind Teile des Reichswaldes. Hier übten einst Könige und Kaiser das Jagdrecht aus. Bis heute hat sich das Waldgebiet fast unverändert als Ostgrenze der städtischen Bebauung erhalten. Auffällig sind auch die vielen Türme oder Burgen in den Dörfern. Sie stellten eine erste Verteidigungslinie der Stadt dar. Im ausgehenden Mittelalter gab es trotz großer Gegensätze zwischen dem städtischen und dem ländlichen Leben eine ganze Reihe von Beziehungen zwischen Nürnberg und den umgebenden Dörfern: Neben der Versorgung und dem gegenseitigen Schutz gehörten dazu religiöse Kontakte und erste Ansätze eines kulturellen Austausches. Schon sehr früh wanderten auch Nürnberger Bürger an Wochenenden und Feiertagen in die Wirtshäuser der Umgebung. Der auffallende Gegensatz zwischen der geschlossenen städtischen Bebauung und der punktuellen Besiedlung im Umland darf also nicht als völlige Trennung mißverstanden werden. Nach und nach entstanden auf dem Lande auch befestigte Herrensitze reicher Nürnberger Patrizier, meist auf der Basis der alten, in Abbildung 8 erkennbaren Burgen.

Das 17. und 18. Jahrhundert brachte für Nürnberg, wie für so viele andere Reichsstädte, einen wirtschaftlichen Niedergang. Das Patriziat zog sich aus dem Handel zurück, aktive wirtschaftliche Kräfte wanderten ab. 1806 lebten innerhalb der Mauern nur noch 26000 Menschen; zur Zeit Dürers (1471–1528) waren es rund 40000 gewesen. Einschneidende Veränderungen im Erscheinungsbild der Stadt und der Dörfer blieben aus. Hinzu kommt, daß die Stadt Festung war und der mächtige Mauerring die Siedlungserweiterung hemmte.

Erst mit dem wirtschaftlichen Aufschwung um 1830 setzte ein Wandel ein: Fabriken wurden errichtet, Chausseen angelegt, die Eisenbahn nach Fürth (1835) und Bamberg (1845) wurde gebaut und der Donau-Main-Kanal (1845) fertiggestellt.

Abb. 9: Bevölkerungsentwicklung der Alt- und Gesamtstadt Nürnberg seit 1806

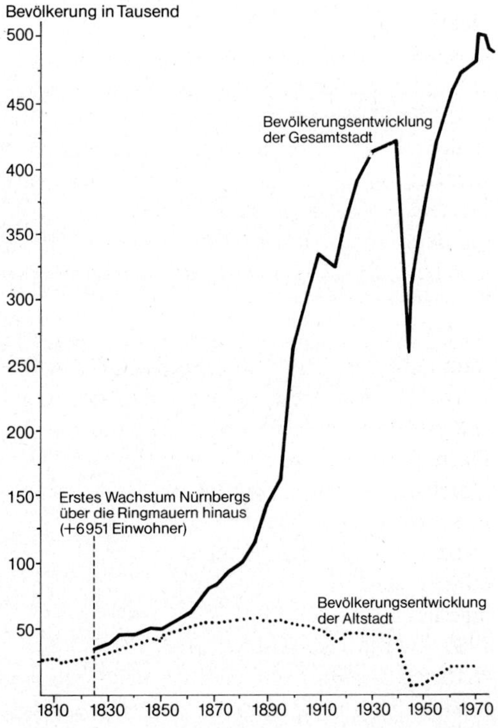

Nach Hermann Rusam: Untersuchung der alten Dorfkerne im städtisch überbauten Bereich Nürnbergs. Nürnberg: Stadtarchiv 1978, S. 47

Abb. 10–12: Nürnberg und Umland

Nach Hermann Rusan: a,a.O., S. 408, 414, 418

Mit der Aufhebung der Festungseigenschaft der Stadt (1866) endete endgültig die Zeit der zusammenhängenden städtischen Bebauung. Neue Siedlungen und Industrieflächen legten sich ringförmig um die Stadt, und einzelne Dörfer wurden in die bebaute Fläche einbezogen. Nach der Eingemeindung von einem Dutzend der Umlanddörfer 1898/99 konnte sich die Stadtfläche noch erheblich weiter ausdehnen. Mit der raschen Bevölkerungszunahme wuchs auch die Bevölkerungsdichte außerhalb der Mauer. In Steinbühl z. B. stieg sie 1910 auf 420 pro Hektar.

Aus dem Vergleich der Abbildungen 10 und 11 erkennt man, nach welcher Richtung sich die geschlossene Bebauung ausdehnte und welche Bedeutung die Verkehrslinien für die Stadtentwicklung hatten. Auch die isoliert liegenden Dörfer waren fast alle durch Straßenbahnlinien mit dem Stadtkern verbunden. Die Verkehrslinien bestimmten auch den weiteren Verlauf des Wachstums.

Im·Zweiten Weltkrieg wurden neben der Altstadt auch die alten Dorfkerne weitgehend zerstört. Der Wiederaufbau erfolgte in der Regel entlang der alten Baulinien, so daß die bebaute Fläche in ihrer Grundform meist erhalten blieb. Durch die enorme Bautätigkeit der Nachkriegszeit verstärkten sich besonders jene Wachstumsspitzen, die weit nach Süden vorstoßen und teilweise auch in das Gebiet des Reichswaldes hineinragen.

1980 betrug die Einwohnerzahl der Stadt 484 000, während im engeren Verdichtungsraum Nürnberg 860 000 Menschen wohnten gegenüber 810 000 bei der Volkszählung von 1970.

4. *Begründen Sie die in Abb. 9 dargestellten Veränderungen in der Altstadt und in der Gesamtstadt.*

5. *Versuchen Sie, anhand von Abb. 18 Rückschlüsse über Funktionen einzelner Stadtteile zu ziehen.*

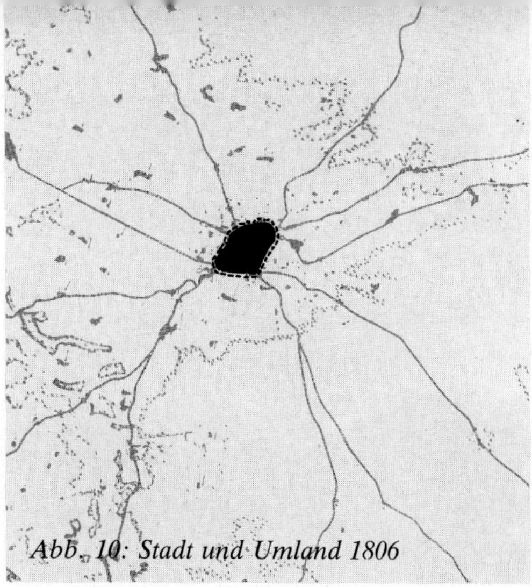

Abb. 10: Stadt und Umland 1806

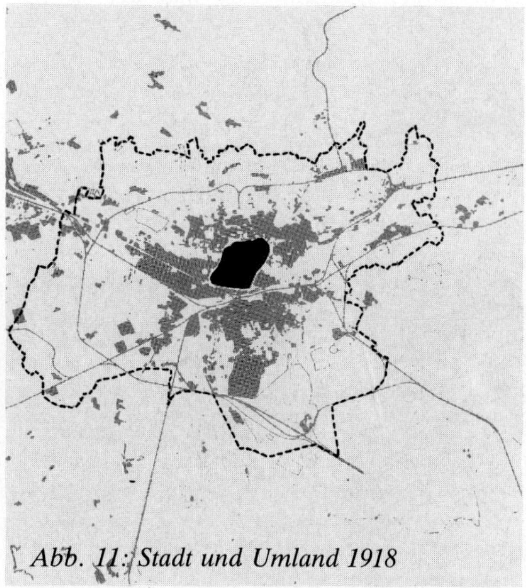

Abb. 11: Stadt und Umland 1918

Abb. 12: Nürnberg 1970

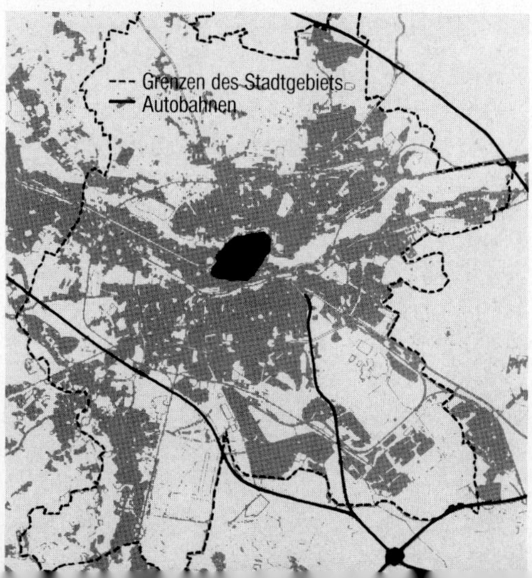

4.1.4 Beispiele für die Überformung alter Dorfkerne

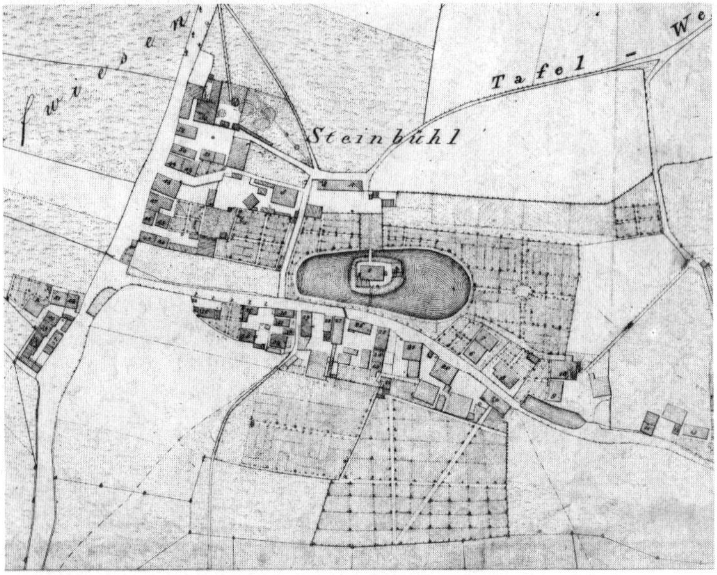

Abb. 13: Steinbühl 1832 ca. 1:5000

Abb. 14: Steinbühl 1895 ca. 1:5000

Erwartungsgemäß begann die städtische Überbauung zuerst in den nächstgelegenen Dörfern. Das Dorf Steinbühl lag nur einen km südlich der Ummauerung. Der Bau der Bahnlinie nach Bamberg (1844) und das ausgedehnte Bahngelände in Bahnhofsnähe schien das Dorf zunächst eher noch stärker von der Stadt zu trennen. Wegen der neuen Industriebetriebe (heute: Siemens, MAN), die die Lagegunst unweit der Eisenbahnlinie ausnutzten, setzte jedoch bald nach der Eingemeindung 1865 eine lebhafte Bautätigkeit ein. Zwar zeigte das Straßennetz noch die Anlage des alten Dorfes, doch das Siedlungsbild veränderte sich völlig: Der Schloßweiher wurde 1885 zugeschüttet und überbaut; die neuen Gebäude waren 4–5stöckig, die Straßenfronten wurden durchgehend bebaut, und es entstanden die typischen Hinterhöfe des Mietshausbaus.

Abb. 15: Steinbühl heute
1:5000

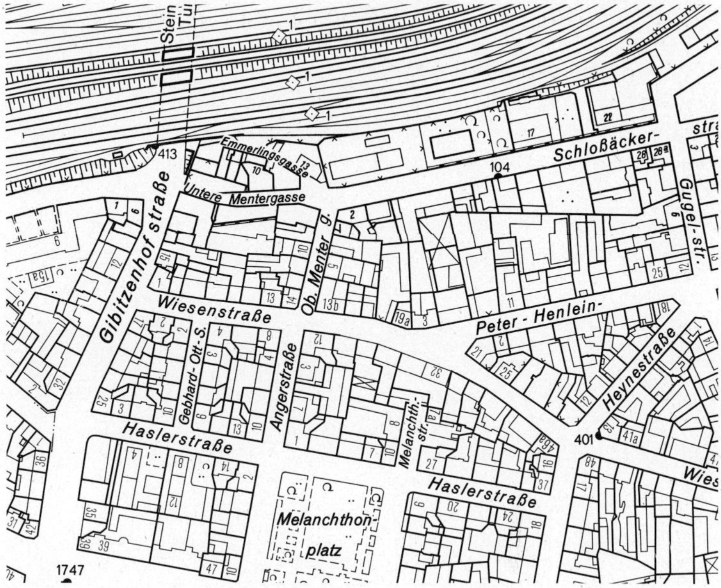

Abb. 13–17, 19. Wiedergabe mit Genehmigung der Stadt Nürnberg – Stadtvermessungsamt – Nr. 021

Steinbühl ist ein Beispiel für die überstürzte Überformung alter Siedlungen während der Industrialisierung gegen Ende des 19. Jahrhunderts. Vom Charakter des Dorfes ist nichts mehr geblieben. Eintönige Mietskasernen bestimmen das Bild eines anonymen Stadtviertels mit geringer Wohnqualität.

Vor dem Zweiten Weltkrieg war Steinbühl das am dichtesten bewohnte Arbeiterviertel Nürnbergs. Mit den steigenden Wohnansprüchen in der Nachkriegszeit wanderten viele der wohlhabenderen Bürger in bessere Wohnlagen ab. Die extreme Veränderung des alten Dorfes spiegelt sich auch in den Einwohnerzahlen: 1840 waren es 646 Einwohner, 1880 bereits 4250, 1910 wurde der Spitzenwert von 39766 erreicht, und 1968 waren es (bei leicht veränderten Grenzen) noch 15153.

6. *Vergleichen Sie Abb. 13, 14 und 15 und beschreiben Sie die Veränderungen und deren Ursache.*

7. *Begründen Sie, warum der relativ junge Stadtteil Steinbühl heute ein Sanierungsgebiet ist.*

Erlenstegen

Ein völlig anderes Bild scheint der Stadtteil Erlenstegen zu geben. Im Osten und Süden schließen sich an die Häuser große unbebaute Flächen an, die im Osten in den Nürnberger Reichswald übergehen. Vergleicht man die heutige Lage des Stadtteils mit der des Dorfes im 16. Jahrhundert (Abb. 8), so scheint sich grundsätzlich nicht viel geändert zu haben. Hat dieser am weitesten vor der ummauerten Stadt liegende Vorort also seinen dörflich-ländlichen Charakter behalten? Am Grundriß erkennt man, daß sich das Dorf der Form der Täler angepaßt hat. Zwischen Hügeln verläuft von Nord nach Süd ein einst mit Erlen bestandener Tiefgraben, der auf die Talaue der Pegnitz stößt, auf deren Niederterrasse, wo auch die meisten Häuser standen, seit dem 13. Jahrhundert die alte Landstraße nach Prag führt.

Bis zum letzten Drittel des 19. Jahrhunderts war Erlenstegen ein Dorf, dessen Charakter von den Bauern und Kleinbauern und von den typischen dörflichen Handwerkern bestimmt wurde. Neben Getreide- und Kartoffelanbau auf den mittelmäßigen Böden war vor allem die Viehzucht wichtig. Die Produkte wurden noch

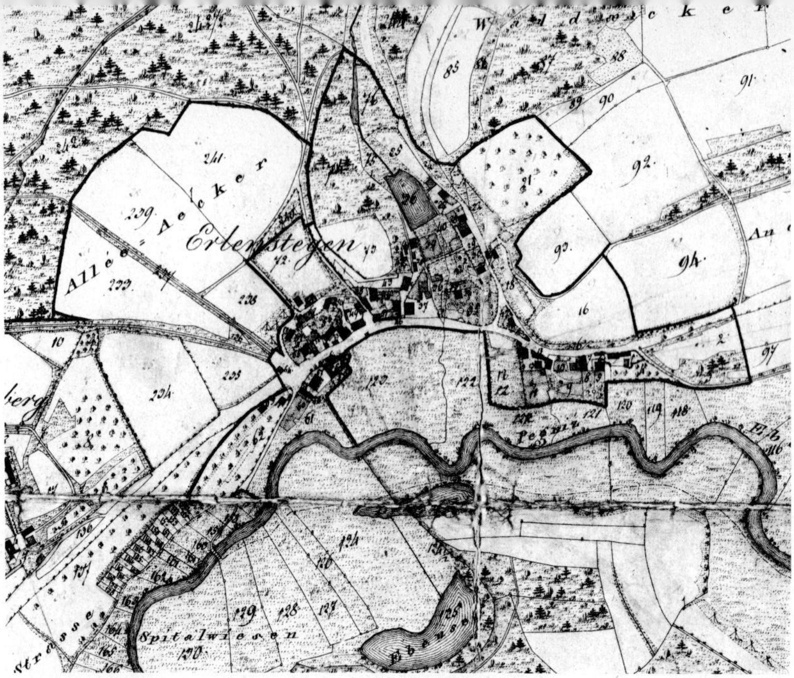

Abb. 16: Erlenstegen 1825 Maßstab 1:10000

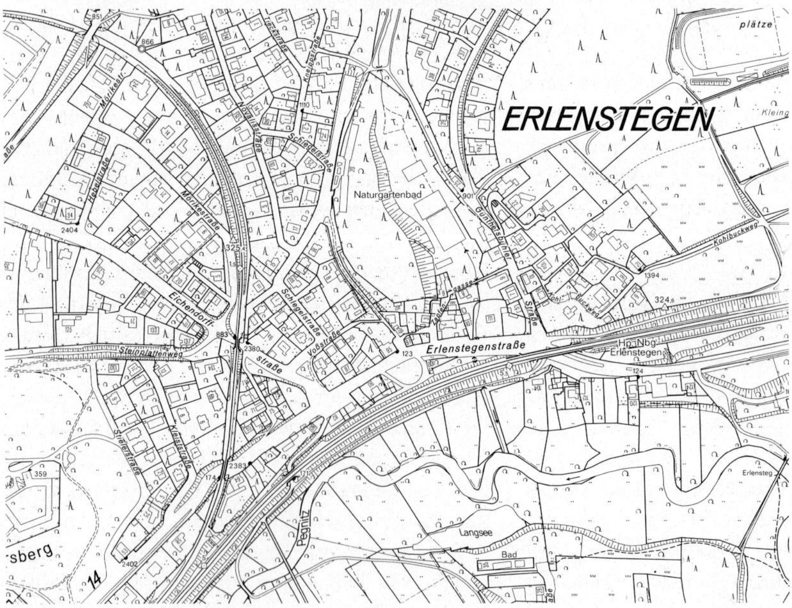

Abb. 17: Erlenstegen 1975 Maßstab 1:10000

nach dem Ersten Weltkrieg bis in die Altstadt verkauft. Das Dorfbild erhielt durch einige schöne Barockgebäude seinen Reiz: Es sind kleine Schlößchen und behäbige Wohngebäude sowie ein bekanntes Wirtshaus. Wegen seiner reizvollen Lage an der Pegnitz galt Erlenstegen schon Ende des 18. Jahrhunderts und vor allem im 19. Jahrhundert als beliebter Ausflugsort der Nürnberger.

Veränderungen brachte der Bau der Bahnlinie nach Bayreuth in den 70er Jahren des vergangenen Jahrhunderts. Wegen der Streckenführung entlang der alten Landstraße (der späteren B 14) mußten mehrere Häuser abgerissen werden. Der Bahndamm veränderte das Bild des Dorfes, der Ausblick auf das Pegnitztal wurde teilweise verstellt. Die alte Landstraße nahm immer mehr Verkehr auf, so daß das Dorf

durch die Verkehrslinien in zwei Teile getrennt wurde: Der südliche Teil blieb in seiner Entwicklung zurück, während sich der westliche und nördliche Teil erheblich erweiterten. Die Bahnlinie brachte eine viel kürzere Verbindung zur Stadt und förderte damit das Wachstum des Ortes: Erlenstegen wurde Teil eines Armes des Stadtpolypen.
1909 wurde mit der Ringbahn eine zweite Bahnlinie durch den Ort geführt. Anschließend nahm die bebaute Fläche westlich davon rasch zu, der „schönste Nürnberger Vorort“, wie es vor dem Ersten Weltkrieg hieß, wuchs rasch, und das Gebiet westlich der Ringbahn wurde ein bevorzugtes Villengebiet der reichen Nürnberger. Auch heute noch gilt Erlenstegen als vornehme Wohnlage. Entsprechend groß war die Nachfrage nach Bauland. Dafür kamen aber nur die landwirtschaftlichen Nutzflächen, besonders im Westen, in Frage. Die Landwirtschaft verlor demnach zwangsläufig an Bedeutung, zumal die Arbeit der Bauern durch den steigenden Straßenverkehr in der engen Ortsdurchfahrt und den Raummangel im Ortskern behindert wurde.
Warum aber blieben die Flächen im Süden und Osten unbebaut? Die Wiesen im Pegnitzgrund waren durch die Verkehrslinien so stark von den Höfen abgetrennt, daß sich eine Nutzung nicht mehr lohnte. Die Äcker auf dem Kohlbuck im Osten liegen brach, da sie zu einem Wasserschutzgebiet gehören und deshalb nicht gedüngt werden dürfen. Auch besteht hier Bauverbot.
Der Dorfkern Erlenstegens ist nicht nur im Grund- und Aufriß noch zu erkennen, sondern hat sich auch eine eigene Funktion erhalten bzw. schafft sie sich neu: Entlang der Hauptverkehrsstraße haben sich einige Einzelhandelsgeschäfte angesiedelt, die nicht nur Güter des täglichen Bedarfs anbieten. Sie versorgen auch die Bewohner der angrenzenden Villenviertel; Erlenstegens alter Dorfkern scheint sich zu einem kleinen Subzentrum entwickeln zu können.
Obwohl also die dörflichen Funktionen verlorengingen, ist Erlenstegen ein relativ eigenständiger Stadtteil geblieben.

Thon

Nördlich von Nürnberg liegt das fruchtbare Knoblauchsland, ein Gebiet intensiven Gemüsebaus. Ein Sprichwort im Knoblauchsland lautet: „Nah bei der Stadt – nah beim Geld.“
Worin bestand die Lagegunst? „Nahe bei der Stadt“ hieß zum einen nahe beim Markt. Solange die Bauern ihre Produkte mit Handwagen in die Stadt fahren mußten, war dies in der Tat ein wichtiger Vorteil. Zum anderen waren die Felder in Stadtnähe fruchtbarer, da hier intensiv mit Fäkalien aus der Stadt gedüngt werden konnte.
Am Südrand des fruchtbaren Gebiets, weniger als 2 km von der Stadtmauer entfernt, liegt Thon, 1832 ein kleines Dorf mit 17 Höfen.
Im Dorfkern wohnten nur Bauern, das dörfliche Handwerk spielte wegen der geringen Entfernung zur Stadt keine Rolle.
Die Eingemeindung nach Nürnberg (1899) brachte rasch Veränderungen: Die starke Nachfrage nach stadtnahem Bauland verringerte die landwirtschaftlichen Nutzflächen. Außerdem senkte sich mit dem Bau des Hauptkanals bei der Kanalisation der Grundwasserspiegel, so daß viele Felder zu trocken wurden. Dennoch überlebte eine Reihe von Bauernhöfen bis nach dem Zweiten Weltkrieg. Es waren dies Betriebe, die sich vor allem auf die Belieferung des Nürnberger Marktes spezialisiert hatten. So gab es einen Betrieb, der bis 1973 in Gewächshäusern vor allem Schnittlauch anbaute.
Die Landwirtschaft hat sich in Thon länger gehalten als in allen anderen alten Dorfkernen im Gebiet Nürnbergs. Dabei war der Druck, der auf sie durch das Wachstum der Stadt ausgeübt wurde, besonders stark, da wegen der geringen Entfernung zur Stadt die Nachfrage nach Bauland besonders groß war. Zugleich verschlechterten sich die Bedingungen für die Landwirtschaft. Der Zugang zu den Feldern war wegen der als Umgehungsstraße geführten B 4 schwieriger geworden, und notwendige Aufstockungen der zu kleinen Betriebsflächen waren wegen der hohen Grundstückspreise unmöglich geworden.

Abb. 18: Nürnberg – Fürth

„Kartengrundlage: Topographische Karte 1:50000, Blatt L6532. Wiedergabe mit Genehmigung des Bayer. Landesvermessungsamtes München, Nr. 2246/84“

Tab. 1: Daten zu den Stadtvierteln[1]

	Altersaufbau in % der Wohnbevölkerung bis 15 J.	> 65 J.	Gastarbeiteranteil %	Grundstückspreise DM/m²
Steinbühl	12,3–14,2	16,7–21	13,4–33,8	Citynähe: 1800 Südrand: 250
Erlenstegen	10,6–13,6	20,1–27,1	4,2–5,3	(Maximalwert außerhalb der City): 500
Thon	11,2–18,2	7,8–17,7	3,8–9,9	140–260
Stadt Nürnberg	14	17,4	11,6	Extremwerte: City: 6500 Peripherie: 90

[1] Die Tabelle enthält Schwellenwerte, da die einzelnen Viertel Zählbereiche unterschiedlicher Struktur enthalten.

Daß in Thon die Landwirtschaft trotz alledem der städtischen Überformung länger Widerstand leisten konnte, ist auf den hochspezialisierten Gemüsebau zurückzuführen, der in Marktnähe lange rentabel blieb. Außerdem ist die Wohnlage nicht so attraktiv wie im waldnahen und landschaftlich schön gelegenen Erlenstegen. Thon hat auch keinen Eisenbahnanschluß, und die Straßenbahn erreichte erst 1974 den Ortsteil.

Abb. 19: Thon 1980, Maßstab 1:10000

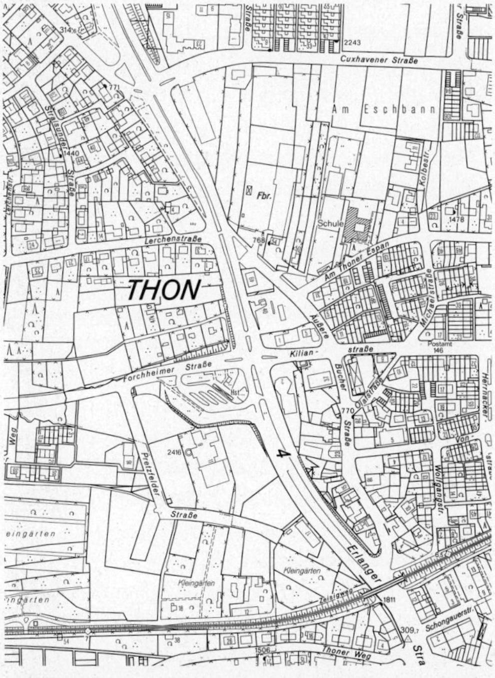

8. *Warum wurde als Standort für den Nürnberger Bahnhof das Gebiet südlich der Ummauerung gewählt, und welche Auswirkungen hatte dieser Standort für die weitere Stadtentwicklung?*
9. *Fassen Sie die Faktoren zusammen, welche die bauliche Entwicklung Nürnbergs entscheidend gesteuert haben. Begründen Sie das unterschiedliche Wachstum in den verschiedenen Richtungen.*
10. *Vergleichen Sie die drei Stadtteile mit Hilfe der Daten in Tab. 1.*
11. *Versuchen Sie, an Beispielen aus Ihrem Heimatraum alte überbaute Dorfkerne aufzufinden, und verfolgen Sie deren Veränderungen. Wie macht sich in Dörfern, die außerhalb der geschlossenen städtischen Überbauung liegen, der städtische Einfluß bemerkbar?*
12. *Diskutieren Sie die Frage, inwiefern Eingemeindungen ehemaliger Dörfer bzw. deren Einbeziehung in die städtische Bebauung das Ortsbewußtsein, die Identifikation der Einwohner mit ihrem Wohnort fördern oder hemmen können.*

Der Vergleich

Zahlen und Daten, aber auch Bilder und Diagramme werden in der Regel erst durch Vergleiche aussagekräftig. Dabei sind wir uns nicht bewußt, daß wir beispielsweise eine einzelne Zahl unwillkürlich mit einer uns bekannten Größe vergleichen. Der bewußte Vergleich spielt eine große Rolle in der Geographie, ermöglicht er doch nicht nur Erkenntnisse über Neues und Unbekanntes, sondern auch eine Ergänzung des Bekannten. Deshalb sollte der vergleichenden Betrachtung neuer Tatbestände der Vergleich mit bekannten Verhältnissen, besonders denen des Heimatraums bzw. der Bundesrepublik Deutschland, folgen. Demzufolge ist es sinnvoll, eine Liste von Daten des Heimatraums zur Hand zu haben bzw. sich wichtige Grunddaten einzuprägen.

Der räumliche Vergleich hat in der Geographie Vorrang: Fläche, Höhe, geographische Lage, Klimawerte, Daten zur Wirtschaft etc. verschiedener Räume werden verglichen.
Zeitliche Vergleiche spielen aber auch eine Rolle: Man vergleicht Landschaften zu verschiedenen Jahreszeiten, demographische Entwicklungen, ökologische Verhältnisse vor und nach Eingriffen in den Naturhaushalt etc.

Beim Vergleich wenig komplexer Tatbestände (z. B. Klimadiagramme) empfiehlt sich folgende Verfahrensweise:

1. Vergleich der Grundlagen, Voraussetzungen, Ausgangssituationen: gleiche Themen, Bemessungsgrundlagen, Zeiträume, statistische Kriterien, Maßstäbe, Aufnahmestandpunkte und -daten? (Klimadiagramme gleicher Quelle, Grundlagen, einheitliche Darstellung.)
2. Vergleich der Einzeldaten, Bildinhalte, Erscheinungsformen: Maximal- und Minimalwerte, Grund- und Aufrisse, Flächen, Kurven, Winkel etc. (Geographische Lage; Jahresmittel der Temperatur und Niederschläge, Maxima und Minima der Temperatur und Niederschläge, Zahl der trocknen und feuchten Monate, Verteilung der Niederschläge, Temperaturamplituden.)
3. Erklärung der Unterschiede / Gemeinsamkeiten der verglichenen Tatbestände, Zuordnung zu bestimmten Typen, Systemen etc.: Klimatypen, Vegetationszonen, Wirtschaftsformen etc.
4. Bewertende Zusammenfassung auch unter Rückbezug auf Bekanntes aus dem Heimatraum / der Bundesrepublik Deutschland: Gewichtung der Unterschiede / Gemeinsamkeiten, Hervorhebung der wesentlichen Punkte, Bedeutung für den Natur-, Wirtschafts- und Kulturraum etc.

Viele komplexe Themen und Tatbestände lassen sich erst durch Vergleiche klären. So werden die Besonderheiten der Industrie in der UdSSR erst durch den Vergleich mit der in den USA deutlich (Kap. 3.2 und 3.3). Gleiches gilt für die Landwirtschaft, die Industrie und die Raumordnung in der Bundesrepublik Deutschland und der DDR. Auch der Vergleich verschiedener Städte (Nürnberg, Rostock, Bremen, Caracas) ist eine komplexe Aufgabe, bei der zuerst geklärt werden muß, welche Einzelthemen vergleichbar sind. Anschließend erfolgt der Vergleich dieser einzelnen Gesichtspunkte, z. B.: Gründungsfaktoren; historische Entwicklung, Wachstumsphasen; Lagegunst und -ungunst (Schutzfrage, Verkehrslage, Ressourcen etc.); Bevölkerungsstruktur, ethnische und soziale Gliederung; Viertelsstruktur; Grund- und Aufriß; Architektur; Infrastruktur; Wirtschaftsstruktur; Planungskonzepte; politische Grundlagen und Einflüsse.
Erst nach dem Vergleich der Einzelthemen kann der schwierige Versuch eines Gesamtvergleichs unternommen werden. Sehr schwierig, aber auch besonders aufschlußreich sind Vergleiche ganzer räumlicher Einheiten, länderkundliche Vergleiche, Vergleiche von Kulturerdteilen.

4.2 Pendler und innerregionale Mobilität im Großraum Stuttgart

4.2.1 Pendler und Verkehr

Abb. 1: Pendler-Einzugsbereich des Automobilwerkes Daimler-Benz, Sindelfingen

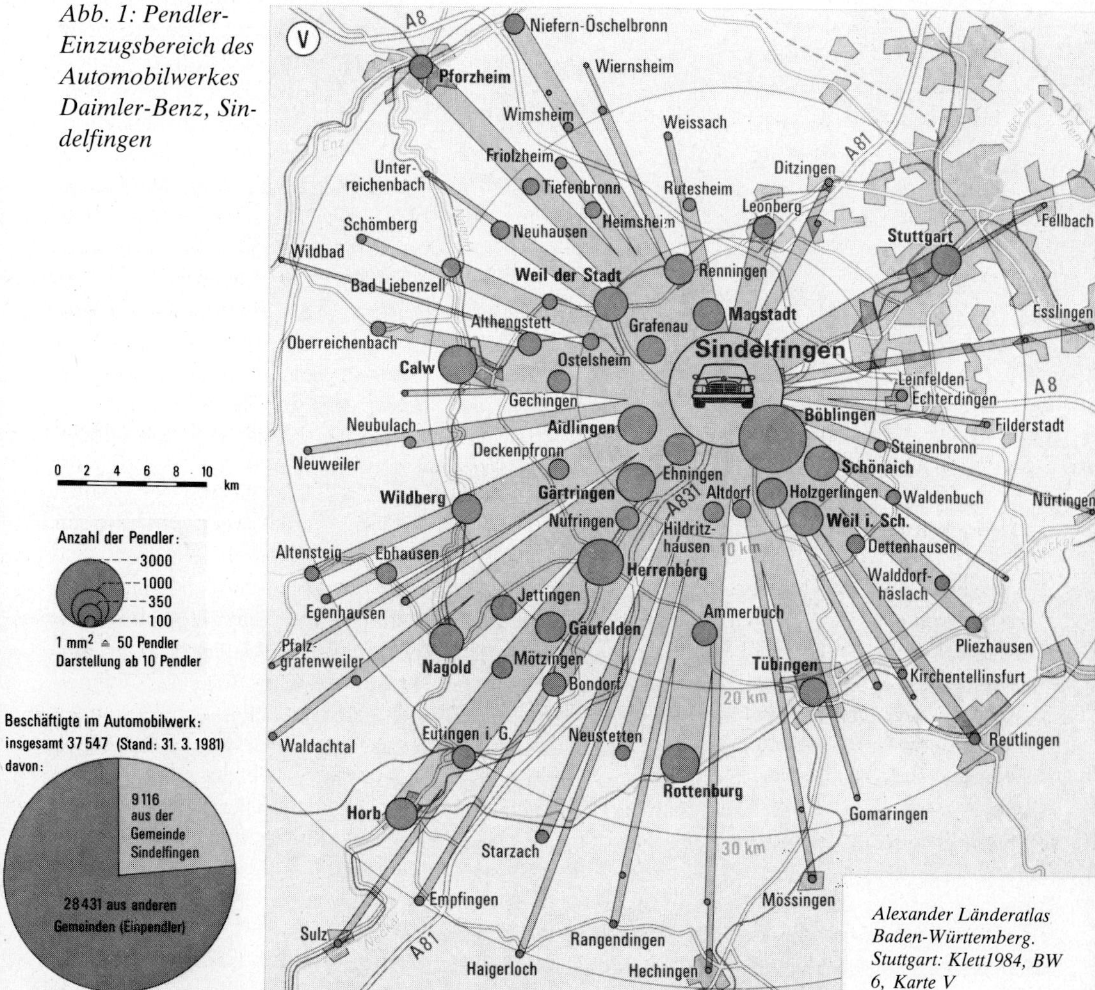

Alexander Länderatlas Baden-Württemberg. Stuttgart: Klett1984, BW 6, Karte V

Im Werk Sindelfingen der Firma Daimler-Benz waren 1981 37547 Personen beschäftigt. 9116 von ihnen wohnten in Sindelfingen selbst, 28431 pendelten täglich aus anderen Gemeinden ein. Derartige Pendlererhebungen liegen wohl für einzelne Betriebe aus neuerer Zeit vor, Erhebungen auf Gemeindebasis sind seit der letzten Volkszählung 1970 jedoch nicht mehr durchgeführt worden, obwohl Kenntnisse darüber für die Stadt- und Verkehrsplanung von großer Bedeutung wären.

Im folgenden werden die bis 1970 vorliegenden Ergebnisse dargestellt. Danach wird versucht, über die Verkehrsentwicklung und die Bevölkerungsbewegungen im Mittleren Neckarraum (MNR) nach 1970 das Phänomen Pendlerverkehr weiter zu erschließen.

Verkehr. 1982 wurde für das Stadtgebiet Stuttgarts erstmals eine zusammenfassende Darstellung des Kfz-Verkehrs auf der Grundlage von Zählungen für den Zeitraum 1968 bis 1981/82 vorgestellt. Danach entwickelten sich die Verkehrsmengen wie folgt:

Abb. 2: Stuttgart; Verkehrsentwicklung 1968 bis 1982; Verkehrsmengen im Zeitbereich 6–22 Uhr an der Markungsgrenze

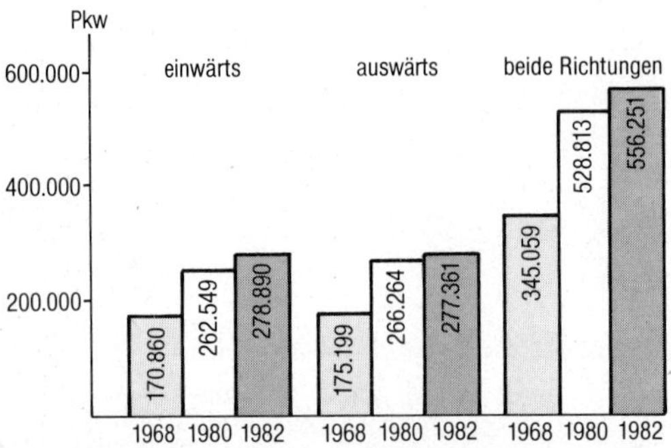

Nach Landeshauptstadt Stuttgart (Hrsg.): Zählungen des Kfz-Verkehrs 1968–1981 in der Landeshauptstadt Stuttgart. Beiträge zur Stadtentwicklung, Band 19. Ergänzungsblatt, 1983, ohne Seitenangabe

Auch im öffentlichen Nahverkehr erhöhte sich die Zahl der Fahrgäste von 1978 bis 1981 von 146,561 Mio. auf 171,095 Mio. pro Jahr – eine Steigerung von knapp 25 Mio.!
In diesen Verkehrsmengen (Individualverkehr und öffentlicher Nahverkehr) sind nicht nur die Fahrten zum Arbeits- und Ausbildungsplatz enthalten, sondern auch der Warentransport, der Durchgangsverkehr, der Besuch von Dienstleistungseinrichtungen (Einzelhandelsgeschäften, Behörden, . . .), der Touristenverkehr sowie Theater- und Museumsbesuche.

Pendlerverkehr: „Unter Pendelverkehr (Pendlerverkehr) im allgemeinen Sinn versteht man heute übereinstimmend den Teil des Personenverkehrs, der durch den regelmäßig wiederkehrenden Weg zwischen Wohnung und Arbeitsstätte (Berufsverkehr) bzw. Ausbildungsstätte (Ausbildungsverkehr) verursacht wird . . .
Mit zunehmender Industriekonzentration, Zunahme der Beschäftigtenzahlen und der Ausdehnung der Städte mußte auch der Pendelverkehr sowohl nach Intensität als auch nach der Reichweite zunehmen. Durch öffentliche Massenverkehrsmittel und zunehmende Verbreitung des individuellen Kraftfahrzeuges wurde schließlich die letzte Klammer der Städte gesprengt, die überquellende Bevölkerung ergoß sich ins Umland, und der auf ein Verkehrsmittel angewiesene Pendler wurde zumindest in den größeren Ballungszentren zum Normaltyp des Erwerbstätigen . . .
Die amtliche Statistik hat für die Begriffsbestimmung des Pendlers als das entscheidende Kriterium die Tatsache festgelegt, daß Wohnung und Arbeitsstätte der betreffenden Person in zwei verschiedenen Gemeinden liegen und der Pendler daher auf dem Wege zur Arbeitsstätte eine Gemeindegrenze überschreiten muß."

Olaf Boustedt: Grundriß der empirischen Regionalforschung. Teil II: Bevölkerungsstrukturen, Hannover: Schroedel 1975, S. 188/189

Demnach bestimmt auch die Verwaltungsgliederung das Ausmaß des Pendlerverkehrs entscheidend. In der amtlichen Erhebung wurden bis 1970 die Personen nicht erfaßt, deren Wohn- und Arbeitsort in derselben Gemeinde liegen (innergemeindliche Pendler). Ihre Zahl ist natürlich in Großstädten besonders hoch; sie lag beispielsweise in Stuttgart im Jahre 1970 bei 213000.

4.2.2 Entwicklung des Pendlerverkehrs im Raum Stuttgart

Aufgrund der starken und frühen Industrialisierung des Stuttgarter Raumes und der besonderen agrarsozialen Verhältnisse (Realteilung, hohe Bevölkerungsdichte) hat der Pendlerverkehr schon frühzeitig eingesetzt und ist auch statistisch frühzeitig erfaßt worden. So sind für Stuttgart für das Jahr 1900 8600 Einpendler ermittelt worden. Diese Zahl erhöhte sich bis 1925 auf 23800.

Abb. 3: Mittlerer Neckarraum: Pendlerverflechtung mit Stuttgart

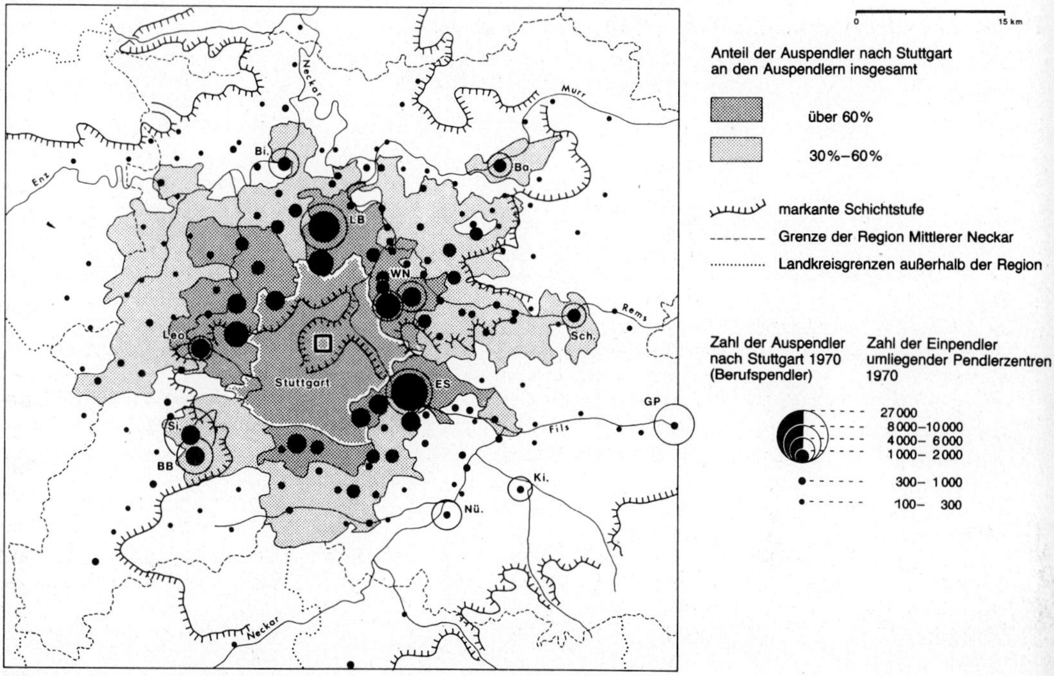

Christoph Borcherdt (Hrsg.): Geographische Landeskunde von Baden-Württemberg. Schriften zur politischen Landeskunde Baden-Württembergs. Band 8. Stuttgart: Kohlhammer 1983, S. 261

Tab. 1: Berufstätige Ein- und Auspendler in der Region Mittlerer Neckar 1961 und 1970[1]

Kreis Region	Einpendler 1961 Anzahl	Einpendler 1970 Anzahl	Einpendler Veränderung 1970/61 Anzahl	Einpendler Veränderung %	Auspendler 1961 Anzahl	Auspendler 1970 Anzahl	Auspendler Veränderung 1970/61 Anzahl	Auspendler Veränderung %
Böblingen	38 895	55 750	16 855	43,3	45 542	62 834	17 292	38,0
Esslingen	47 448	60 579	13 131	27,7	66 351	85 581	19 230	29,0
Göppingen	32 845	38 110	5 265	16,0	34 469	41 280	6 811	19,8
Ludwigsburg	42 484	55 236	12 752	30,0	72 586	91 905	19 319	26,6
Rems-Murr-Kreis	34 369	43 929	9 560	27,8	58 996	70 930	11 934	20,2
Stuttgart	110 396	135 040	24 644	22,3	13 279	17 371	4 092	30,8
RMN	306 437	388 644	82 207	26,8	291 223	369 901	78 678	27,0

Quelle: Volkszählung 1961 und 1970

[1] Stuttgarter Berufspendler nach außerhalb: 17 371 = 5,3% der Erwerbstätigen
Stuttgarter Berufspendler zwischen Stadtbezirken: 213 042 = 64,6% der Erwerbstätigen

Klaus Kaiser, Manfred von Schaewen: Stuttgart und die Region Mittlerer Neckar. Zahl und Leben, Heft 13. Stuttgart: Kohlhammer 1973, S. 160

4.2.3 Stuttgart – überragender Pendlerzielort

Tab. 2: Strukturdaten ausgewählter Stuttgarter Stadtteile

ausgewählte Stadtteile	Wohnbevölkerung = Nachtbevölkerung 1982		1979		1970			Tagbevölkerung[1] 1970		
	Wohn-bevölkerung	davon Ausländer	Wohn-bevölkerung	davon Ausländer	Wohn-bevölkerung	davon Ausländer	davon Erwerbstätige	Tag-bevölkerung	davon Erwerbstätige	Erwerbsdichte Beschäftigte/100 E.
Nord	26 028	5 054	26 839	4 945	31 588	3 977	16 859	38 808	24 079	76
Ost	47 950	9 778	49 021	9 165	57 253	5 359	29 089	53 205	25 041	44
Süd	39 158	9 956	39 993	9 701	45 160	6 068	24 436	44 264	23 540	52
West	55 234	9 794	56 444	9 601	65 945	6 840	34 610	74 794	43 459	66
Mitte	24 139	6 884	24 614	6 759	31 031	6 368	18 740	118 231	105 940	341
Inneres Stadtgebiet	199 041	42 185	203 542	40 874	238 288	29 150	127 543	333 515	222 770	93
Bad Cannstatt	56 640	12 595	57 174	12 485	65 044	8 796	34 973	74 848	44 777	69
Steinhaldenfeld	3 638	374	3 921	389	5 082	345	2 336	3 033	287	6
Birkach	4 517	431	4 455	392	3 921	378	1 621	2 671	371	9
Botnang	12 835	1 218	12 406	988	9 267	590	4 411	7 071	2 115	23
Feuerbach	28 636	5 753	29 690	5 941	31 536	5 534	17 142	58 522	44 128	140
Möhringen	18 632	2 473	18 474	2 425	17 122	2 301	8 823	17 795	9 496	55
Fasanenhof	7 213	457	7 790	424	9 813	462	4 332	6 038	557	6
Plieningen	6 442	770	6 481	776	5 444	615	2 681	4 331	1 568	29
Steckfeld	1 950	147	2 019	128	2 391	112	1 093	1 594	296	12
Hohenheim	368	52	356	53	264	47	89	2 691	2 516	953
Asemwald	2 074	37	2 189	33	–	–	–	–	–	–
Heumaden	8 573	545	6 993	315	6 103	307	2 830	4 044	771	13
Riedenberg	4 041	289	3 809	241	2 002	298	1 032	1 242	272	14
Untertürkheim	12 543	3 283	12 994	3 256	15 273	2 485	8 339	36 840	29 906	196
Rotenberg	865	88	925	102	1 059	140	566	618	125	12
Vaihingen	25 333	3 353	25 569	3 242	26 385	3 186	13 400	26 615	13 630	52
Rohr	7 456	493	6 793	462	6 206	356	2 863	4 029	686	11
Dürrlewang	4 079	315	4 285	225	5 611	167	2 706	3 298	393	7
Zuffenhausen	21 353	5 114	22 384	5 373	26 018	4 587	14 268	42 334	30 584	118
Rot	10 873	1 470	11 446	1 415	13 946	1 240	7 197	7 998	1 249	9
Äußeres Stadtgebiet	371 198	56 452	376 647	55 413	394 870	48 267	202 230	416 636	223 966	57
Stuttgart insgesamt	570 239	98 637	580 189	96 287	633 158	77 417	329 773	750 151	446 766	71

[1] Tagbevölkerung = Wohnbevölkerung abzüglich Erwerbspersonen zuzüglich Beschäftigte in nichtlandwirtschaftlichen Arbeitsstätten. Statistisches Amt der Stadt Stuttgart (Hrsg.): Verschiedene Veröffentlichungen.

Tab. 3: Arbeitsplätze in Stuttgart

Jahresmitte	Arbeitsplätze insgesamt	Besetzte Arbeitsplätze zusammen	Land-, Forstwirtschaft	Produzierendes Gewerbe	Handel, Verkehr	Dienstleistungen	Unbesetzte Arbeitsplätze (offene Stellen)
1977	423 900	417 700	1 800	172 000	91 200	152 700	6 200
1978	425 800	418 200	1 700	172 900	89 800	153 900	7 500
1979	428 600	419 300	1 600	169 300	89 500	158 900	9 300
1980	436 000	426 000	1 600	169 700	89 500	165 200	10 000
1981	434 200	426 600	1 500	166 700	89 800	168 600	7 600

Statistisches Amt der Stadt Stuttgart: Statistischer Informationsdienst. Arbeitsplätze und Beschäftigte in Stuttgart und der Region Mittlerer Neckar 1977 bis 1981, Juni 1982, S. 2

Abb. 4: Beschäftigte in den Wirtschaftsbereichen

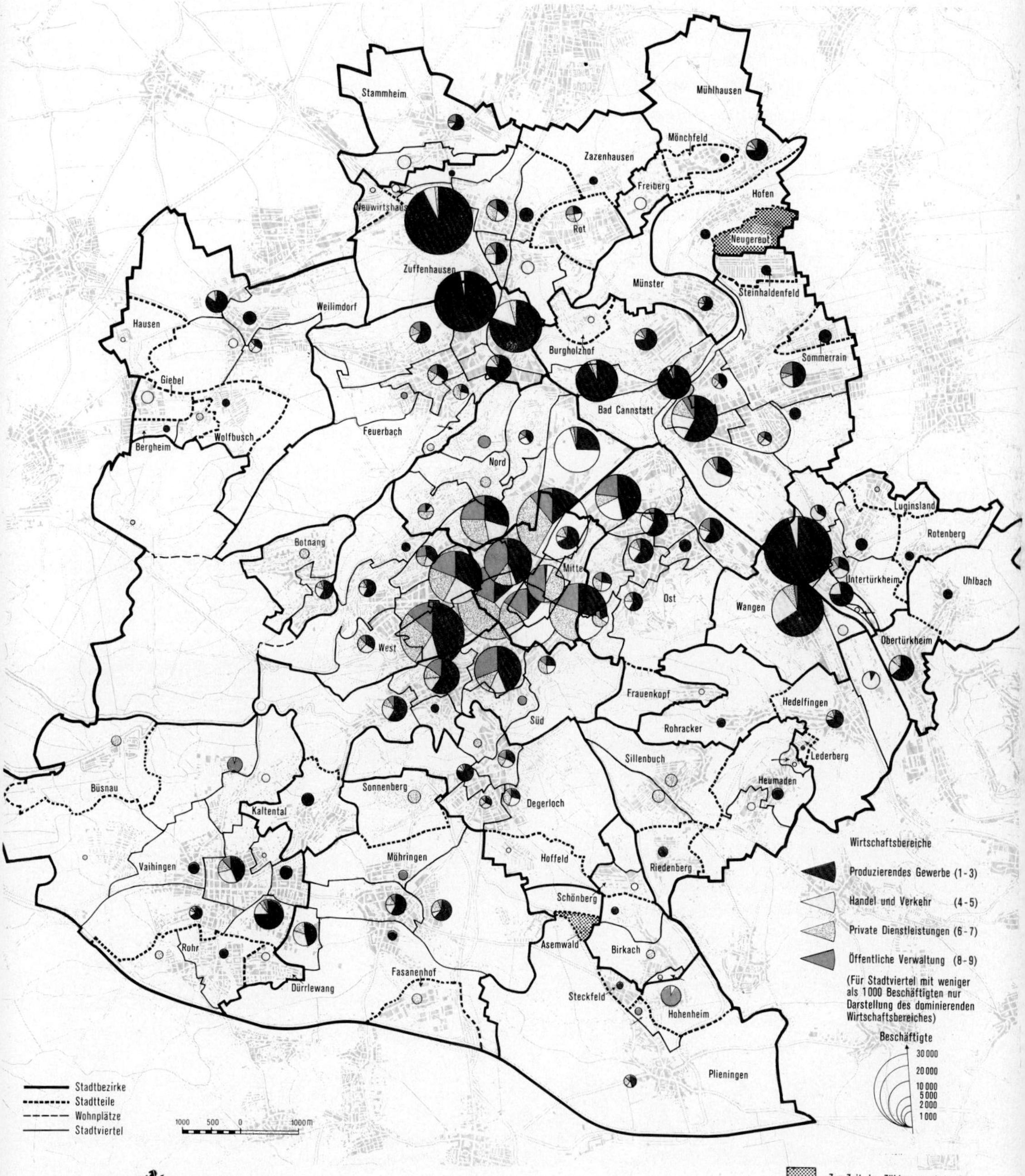

Landeshauptstadt Stuttgart, Statistisches Amt
Kartengrundlage: Stadtmessungsamt Stuttgart

Quelle: Arbeitsstättenzählung vom 27.5.1970

Bevölkerungs- und Verkehrsentwicklung: ein Interpretationsansatz

Die Zu- oder Abnahme des Pendlerverkehrs nach bzw. aus Stuttgart kann ab dem Jahre 1970 aufgrund der fehlenden Erfassung auf Gemeindebasis (vgl. Einleitung) nur indirekt über die Bevölkerungsentwicklung der Stadt und der umliegenden Gemeinden sowie über die regionalisierte Verkehrsentwicklung im Raum Stuttgart erschlossen werden. Im folgenden soll nun versucht werden, diesen Interpretationsansatz mit Hilfe der aufgeführten Materialien durchzuführen.

Abb. 5: Entwicklung der Wohnbevölkerung der Stadt Stuttgart

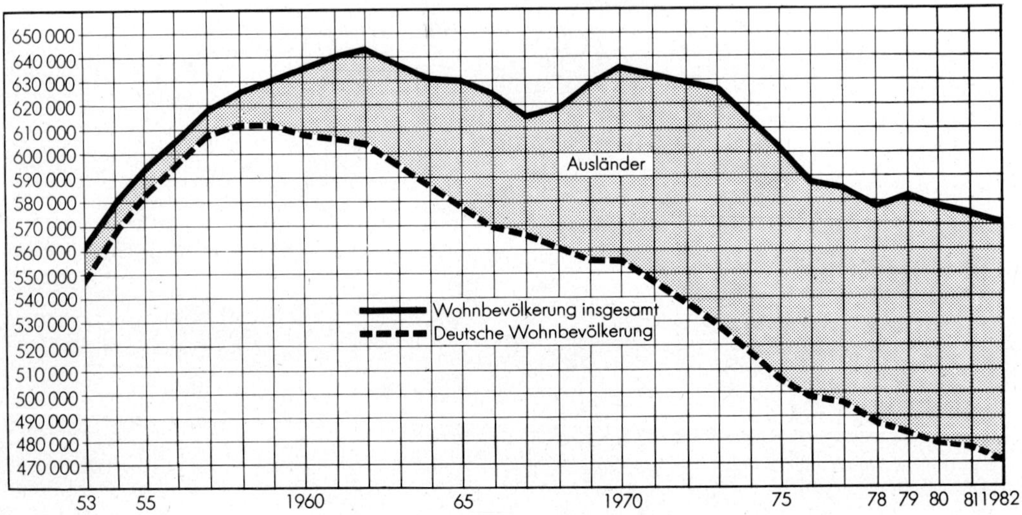

Statistisches Amt der Stadt Stuttgart (Hrsg.): Statistischer Jahresrückblick 1982. Sonderheft 1/1983. Stuttgart 1983, S. 3

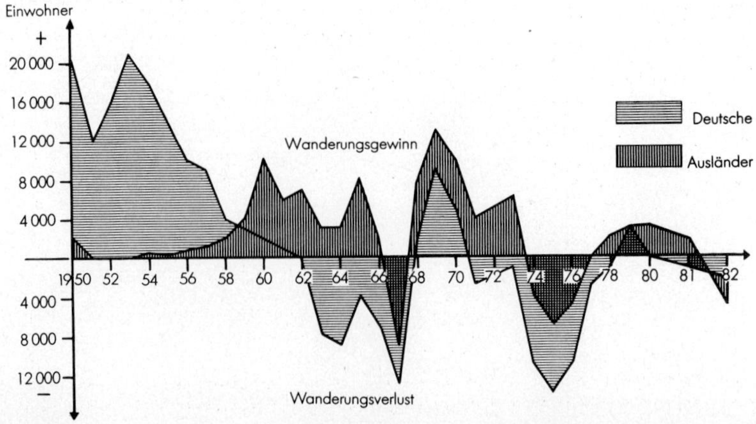

Abb. 6: Wanderungsgewinne und -verluste der Stadt Stuttgart 1950 bis 1982

Statistisches Amt der Stadt Stuttgart: Statistischer Jahresrückblick 1982. Sonderheft 1/1983. Stuttgart 1983, S. 6

Abb. 7: Wanderungsverflechtungen Stuttgart – Region Mittlerer Neckar, eine Computer-Darstellung
Statistisches Amt der Stadt Stuttgart

WANDERUNGSVERFLECHTUNGEN STUTTGART - REGION MITTLERER NECKAR

ADRESSE : GESAMT-STADT

*** 1 9 8 2 ***

A L T E R S S T R U K T U R E N

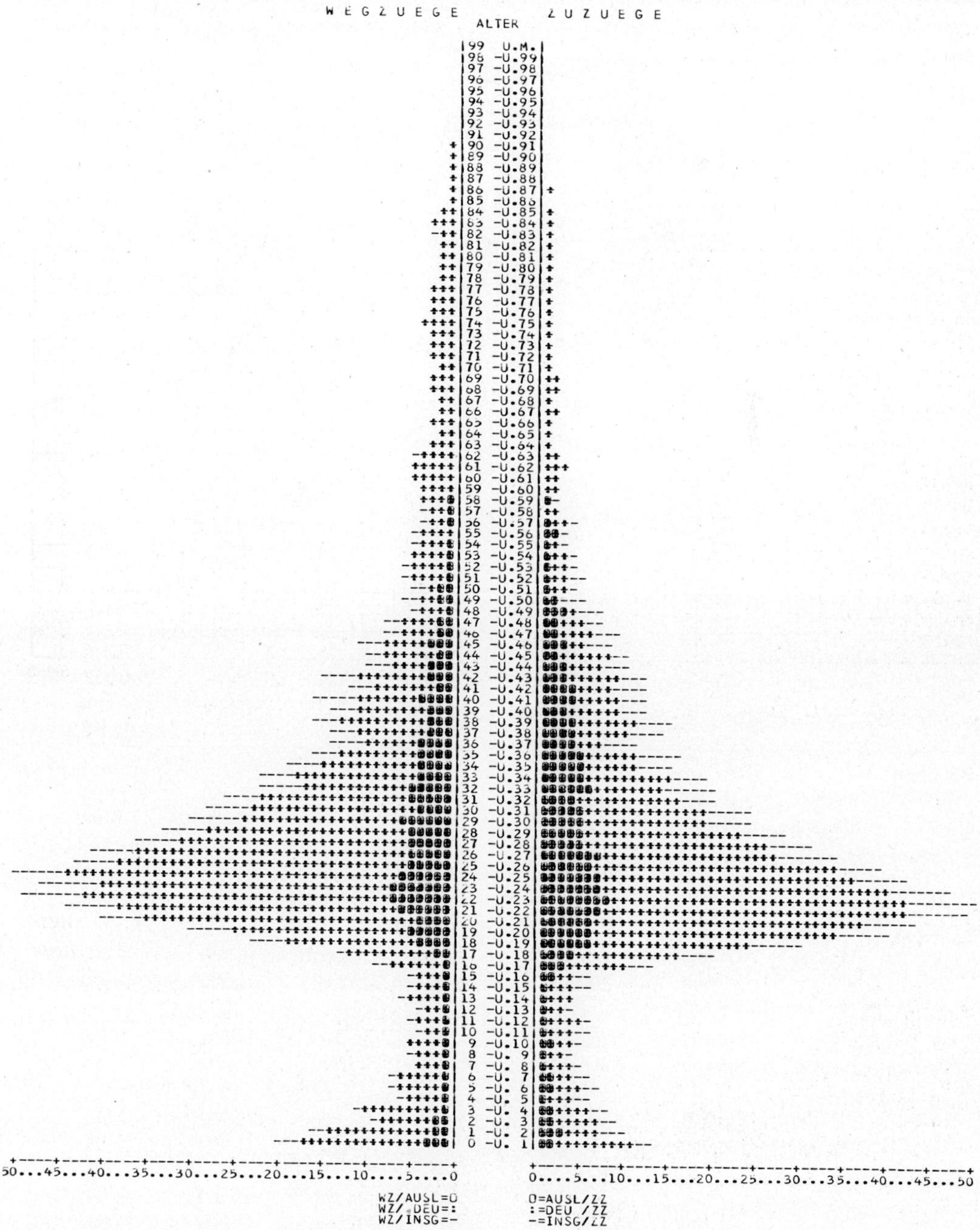

EINE DRUCKSTELLE ENTSPRICHT 11.86 EINHEITEN.

SUMMEN

INSG 12148 DEU 10236 AUSL 1912 AUSL 2275 DEU 8650 INSG 10925

Abb. 8: Wanderungen der Deutschen zwischen Stuttgart und den Gemeinden des Nachbarschaftsverbandes[1] in der Zeit von 1970 bis 1979

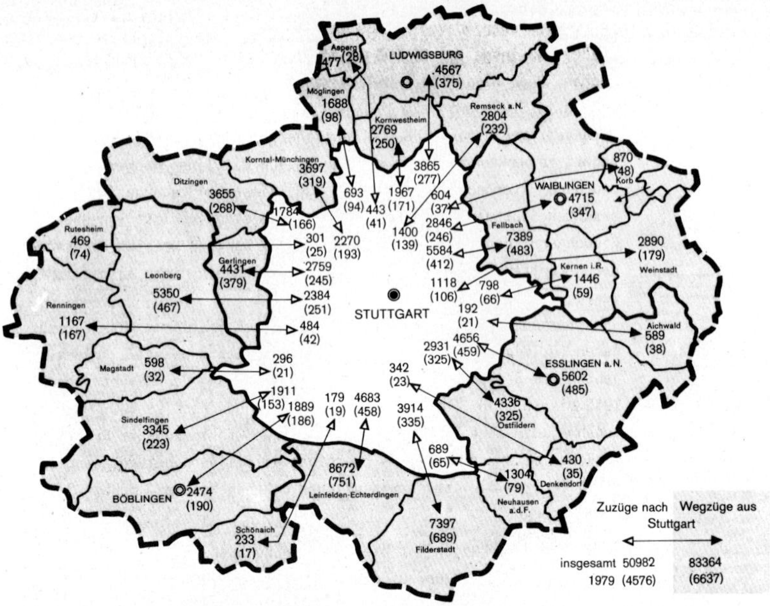

[1] Nachbarschaftsverband: Planungsverband, in dem die aufgeführten Gemeinden und Städte zusammengeschlossen sind.

Statistisches Amt der Stadt Stuttgart: Statistischer Rückblick von 1970 bis 1979. Statistischer Informationsdienst, Sonderheft 1/1980. Stuttgart 1980, S. 33

Tab. 4: Beschäftigte (Arbeitsplätze) in der Region Mittlerer Neckar

Landkreis Jahr	Arbeitsplätze insgesamt	Besetzte Arbeitsplätze zusammen	Land-, Forstwirtschaft	Produzierendes Gewerbe	Handel, Verkehr	Dienstleistungen	Unbesetzte Arbeitsplätze (offene Stellen)
Böblingen							
1977	134 500	131 400	4 200	83 100	17 100	27 100	3 100
1981	148 600	146 600	2 500	91 500	20 600	32 000	2 100
Esslingen							
1977	186 400	183 500	4 400	115 500	27 200	36 400	2 900
1981	195 700	193 200	2 700	116 600	30 200	43 700	2 400
Göppingen							
1977	98 600	97 200	5 700	58 100	13 600	19 700	1 400
1981	101 000	99 600	3 200	59 900	14 000	22 500	1 400
Ludwigsburg							
1977	159 400	156 300	7 100	85 100	26 600	37 500	3 100
1981	167 400	165 400	4 400	89 000	28 900	43 300	2 000
Rems-Murr-Kreis							
1977	132 400	130 200	7 300	77 200	18 000	27 700	2 200
1981	138 300	136 200	4 300	80 900	19 500	31 400	2 100
Region Mittlerer Neckar							
1977	1 135 300	1 116 400	30 400	591 000	193 800	301 100	18 900
1981	1 185 200	1 167 600	18 500	604 600	202 900	341 600	17 600

Abweichungen in den Summen durch Runden

Statistisches Landesamt Baden-Württemberg

Abb. 9: Straßenverkehr in Stuttgart

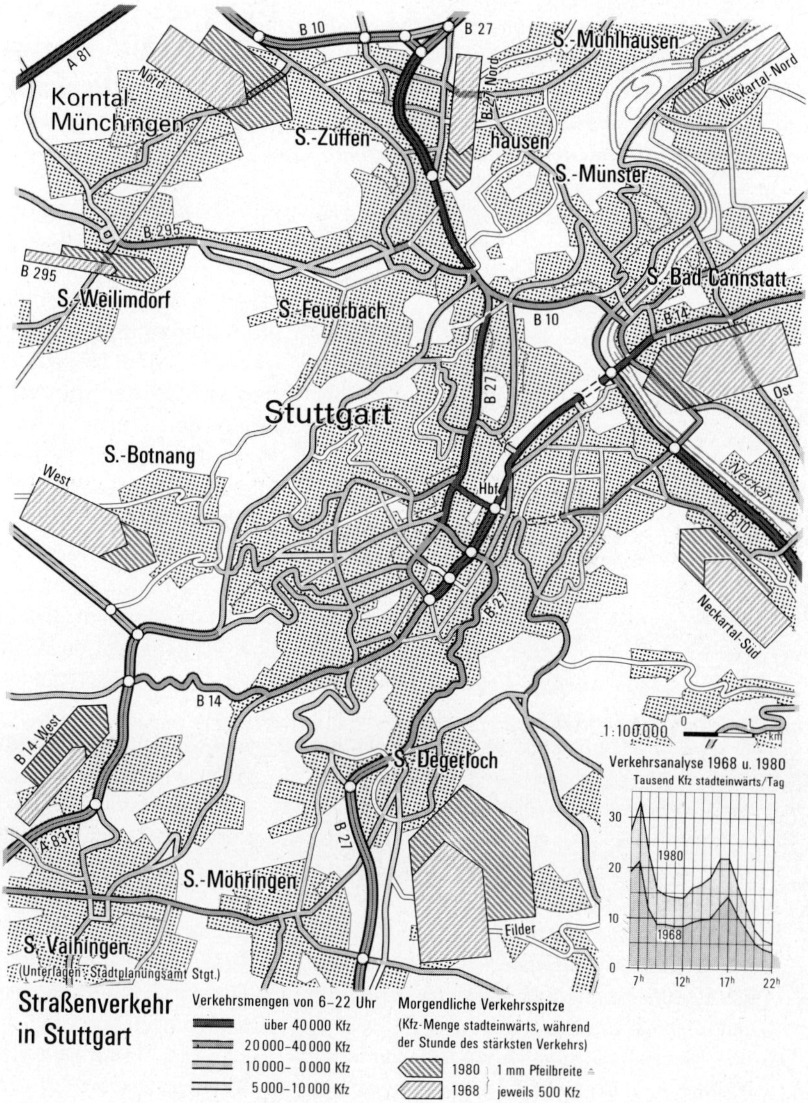

Alexander Länderatlas Baden-Württemberg. Stuttgart: Klett 1984, BW 6, Karte III

1. *Stellen Sie in Abbildung 4 Stadtteile mit hoher Beschäftigtenzahl fest, und vergleichen Sie diese nach Wirtschaftsbereichen.*
2. *Läßt sich – wie in vielen anderen deutschen Großstädten – eine Abnahme der Tagbevölkerung mit zunehmender Entfernung von der City feststellen?*
3. *Grenzen Sie das Pendlereinzugsgebiet Stuttgarts ab, und nennen Sie Einflußgrößen, die dieses bestimmen (Abb. 3 und Atlas).*
4. *Vergleichen Sie die Entwicklung der Ein- und Auspendler in den aufgeführten Teilräumen der Region Mittlerer Neckar in den Jahren 1961 und 1970 (Tab. 1).*

5. *Berechnen Sie den prozentualen Anteil der Einpendler (Abb. 1) an der Gesamtzahl der Beschäftigten. Mit welchen Verkehrsmitteln werden die Pendler möglicherweise zum Arbeitsplatz fahren (Atlas)?*
6. *Nahezu alle Großstädte der Bundesrepublik Deutschland und der westlichen Nachbarstaaten weisen – verstärkt seit den siebziger Jahren – erhebliche Bevölkerungsverluste auf.*
   Belegen Sie diesen Sachverhalt mit Hilfe der Tabelle 2. In welchen der ausgewählten Stadtteilen Stuttgarts nimmt die Einwohnerzahl zu, in welchen ab, und wie verläuft die Entwicklung bei den Deutschen und wie bei den Ausländern?
7. *Stellen Sie mit Hilfe der Abbildung 7 für die jeweiligen Jahrgänge der 18- bis unter 31jährigen, der 32- bis unter 46jährigen sowie für die über 60jährigen in Form einer Tabelle die Gesamtzahl der Zu- und Abwanderer sowie die zahlenmäßige Untergliederung in Deutsche und Ausländer zusammen.*
8. *Über die zahlenmäßige Erfassung der oben aufgeführten Jahrgänge (Aufgabe 7) lassen sich für diese Entwicklungstrends und damit wesentliche Wanderungsmotive ableiten. Berücksichtigen Sie dabei u. a. folgende Sachverhalte: Zahl der Arbeits-, Ausbildungs- und Studienplätze in Stuttgart, Entwicklung der Arbeitsplätze in den Landkreisen des Mittleren Neckarraumes (Tab. 4), Neubaugebiete und Wohnflächen im MNR sowie den Familienstand und den damit verbundenen altersspezifischen Ansprüchen.*
9. *Wie wirken sich möglicherweise Wanderbewegungen und Betriebsverlagerungen auf die Entwicklung des Pendlerverkehrs nach bzw. aus Stuttgart aus (vgl. Interpretationsansatz)? Ziehen Sie dabei v. a. die Abb. 8 und die Abb. 9 heran.*
10. *Städteplaner und Kommunalpolitiker betrachten die Abwanderung der Bevölkerung und der Betriebe aus den Großstädten als problematisch. Begründen Sie! Nennen Sie Möglichkeiten der Gegensteuerung!*

4.3 Lüchow-Dannenberg – Beispiel für einen strukturschwachen Raum im Zonenrandgebiet

„Kein einziger ordentlicher Fabrikschornstein qualmt im Kreis, nicht ein Hochhaus ist gebaut, keine Unterführung irgendwo gebaggert worden, nirgends regeln Ampelanlagen den Verkehr, obschon rund 14000 Pkw über die Chausseen fahren, Kennzeichen: DAN, die armen Nachbarn, wie im Nachbarkreis Uelzen buchstabiert wird."

Der Spiegel, Nr. 29, 1976

Heile Welt oder Problemgebiet? Eine befriedigende Antwort auf diese Frage ist nicht möglich. Sie wird ganz davon abhängen, aus welcher Perspektive die Raumprobleme betrachtet werden.

- Seit 1950 geht die damals auf 75000 angewachsene Einwohnerzahl des Landkreises Lüchow-Dannenberg nahezu ununterbrochen zurück auf derzeit 48826 (1980).
- Das Bruttoinlandsprodukt, eine der aussagekräftigsten Maßzahlen für das wirtschaftliche Leistungsvermögen einer Region, erreichte 1976 nur 63% des Bundesdurchschnittes.
- Die durchschnittliche Arbeitslosigkeit lag mit 8,1% im Jahre 1980 deutlich über der von Land (4,7) und Bund (3,8). Im Winter 1980/81 stieg sie sogar auf 12,5% an (Land Niedersachsen: 7,0%).
- Der Anteil der landwirtschaftlichen Erwerbstätigen war 1980 mit etwa 21% überdurchschnittlich hoch (Bundesrepublik Deutschland 1979: 5,9%).

Diese Angaben, denen sich mühelos weitere anfügen lassen, verdeutlichen, wie schwach strukturiert der zwischen Lüneburger Heide und Elbe gelegene Landkreis ist. Er bleibt im Schatten der allgemeinen wirtschaftlichen und gesellschaftlichen Entwicklung in der Bundesrepublik Deutschland, seine Bevölkerung besitzt ungleich schlechtere Lebensbedingungen und Lebenschancen als der größte Teil der bundesdeutschen Bevölkerung. Da drängen sich die Fragen auf: Wie läßt sich die Strukturschwäche des Landkreises erklären, wie läßt sie sich messen? Sind die Ursachen in der Ungunst der natürlichen Bedingungen zu suchen, sind sie durch historische, gesellschaftliche oder wirtschaftliche Entwicklungen erklärbar? Wie kann man den dort lebenden Menschen helfen, wie ihre Chancen verbessern? Welche Maßnahmen sind notwendig, um die Strukturschwäche abzubauen? Sind überhaupt Änderungen wünschenswert? Welche Änderungen sind durch den inzwischen erfolgten Bau des Zwischenlagers für abgebrannte Brennelemente aus Kernkraftwerken, den möglichen Bau einer Wiederaufbereitungsanlage und von Endlagerungseinrichtungen zu erwarten?

4.3.1 Strukturanalyse des Raumes

Eine Analyse der derzeitigen sozialen und wirtschaftlichen Verhältnisse ist unabdingbare Voraussetzung, um die Probleme des Raumes sowie bereits eingeleitete oder künftige Entwicklungs- und Fördermaßnahmen zu begreifen. Ohne Kenntnis der „Krankheitssymptome" lassen sich die Behandlungsmethoden, die Therapie, nicht verstehen.

Lage. Der Landkreis Lüchow-Dannenberg, im niedersächsischen Zonenrandgebiet gelegen, fällt durch sein weites, keilförmiges Vordringen in das Gebiet der DDR auf. Er wird im N, O und S, auf 130 km, von der DDR umschlossen. Die Grenzziehung unterband die kulturellen, persönlichen, verkehrsmäßigen und wirtschaftlichen Kontakte zu den früher wirksamen Zentralorten Salzwedel und Wittenberge. Die kulturelle und verkehrsmäßige Anbindung an die Nachbarkreise ist schwach, denn im W schließt das waldreiche Hügelland der Osthannoverschen Endmoräne (Drawehn) den Landkreis vom Lüneburger und Uelzener Wirtschaftsraum ab – der Raum ist peripher, isoliert, weitgehend auf sich selbst angewiesen (vgl. Atlas).

Bevölkerungs- und Siedlungsverhältnisse. Mit nur 40 Einwohnern je Quadratkilometer war der Landkreis im Jahre 1978 der am dünnsten besiedelte in der ganzen Bundesrepublik Deutschland (247 E./km^2). Sein ländlich-bäuerlicher Charakter äußert sich unter anderem auch darin, daß nur wenige und kleine Städte vorhanden sind. Die wichtigste ist Lüchow (6300 E.), Sitz der Kreisverwaltung. Hier und in der früheren Kreisstadt Dannenberg (5000 E.) konzentrieren sich die wenigen industriellen Arbeitsplätze. 1970 bestanden noch insgesamt 230 selbständige Gemeinden – eine einmalige Zahl in der Bundesrepublik Deutschland –, die kleinste

Abb. 1: Ausschnitt aus der topographischen Karte 1:50000, Salzwedel

„Kartengrundlage: Topographische Karte 1:50000, L3132 (1978). Vervielfältigt mit Erlaubnis des Herausgebers: Niedersächsisches Landesverwaltungsamt – Landesvermessung – B5 – 330/84"

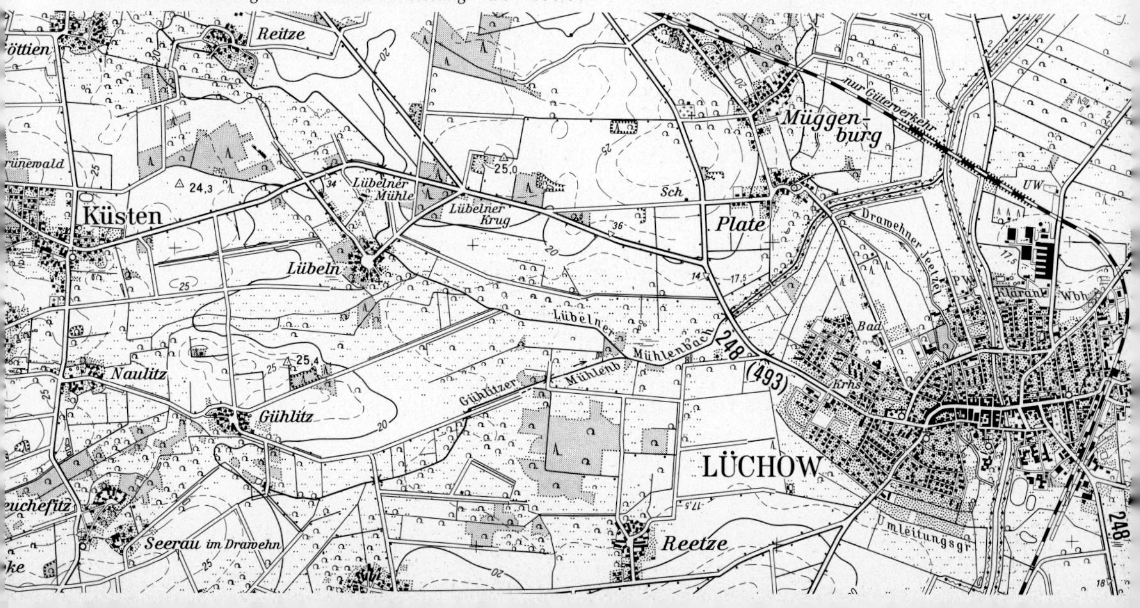

zählte am 21. 5. 1970 einen Einwohner. In der Gemeindereform 1972 wurden fünf große Gemeinden (Samtgemeinden) gebildet, die sich aus den Städten und 22 Landgemeinden zusammensetzen.
Die Siedlungsstruktur wird geprägt von vielen kleinen, aber in sich geschlossenen Siedlungen. Typisch sind Rundlingsdörfer, in deren Kern sich die Gebäude kreis- oder bogenförmig um einen Dorfplatz gruppieren. In keinem anderen Gebiet westlich der Elbe sind sie so gut erhalten wie hier. Ihre Entstehung ist nicht eindeutig geklärt. Lange glaubte man, sie stünde im Zusammenhang mit der Einwanderung der Slawen (Wenden), die den Raum im 8. und 9. Jahrhundert besiedelten. Die wendische Bevölkerung gebrauchte bis etwa um 1700 ihre eigene Sprache, die heute noch in den Orts- und Flurnamen nachwirkt. Für das Gebiet verwendet man häufig noch die Bezeichnung Hannoversches Wendland.

Bevölkerungsstruktur: Bei der Analyse eines schwachstrukturierten Raumes spielen die Daten zur Bevölkerungs- und Erwerbsstruktur eine besonders wichtige Rolle.

Tab. 1: Bevölkerung, Bevölkerungsdichte und Bevölkerungsentwicklung 1821–1980

	Lüchow-Dannenberg		Reg.-Bezirk Lüneburg	Niedersachsen	Bundesgebiet
	Einwohner	Einw./km²	Einw./km²	Einw./km²	Einw./km²
1821	36 774	30,4	23	39	
1871	46 111	38,1	34	55	82
1925	43 196	35,7	43	84	157
1930 Mai	41 176	34,0	50	96	173
1946 Oktober	69 951	57,5	83	131	186
1950 September	74 930	61,9	90	144	201
1956 September	58 127	47,7	85	137	213
1961 Juni	52 961	43,8	87	140	226
1969 Dezember	50 669	41,9	98	150	245
1976 Juni	49 529	41,0	97	153	249
1978 Dezember	48 693	40,0	·	153	248
1980 Dezember	48 826	40,1	·	153	248

Gert Ritter, Joseph Hajdu: Die deutsch-deutsche Grenze. Geostudien 7. Köln: Selbstverlag 1982, S. 270

Tab. 2: Absolutes natürliches Bevölkerungswachstum im Landkreis Lüchow-Dannenberg

1961–1965:	+ 717
1966–1970:	+ 409
1971–1975:	−1371
1976–1980:	−1651

Gert Ritter, Joseph Hajdu: a.a.O., S. 270

Tab. 3: Wanderungssaldo im Landkreis Lüchow-Dannenberg (1961–1980)

1961–1965:	−2273
1966–1970:	−1409
1971–1975:	− 60
1976–1980:	+ 774

Gert Ritter, Joseph Hajdu: a.a.O., S. 270

Tab. 4: Wanderungssaldo nach verschiedenen Altersgruppen

	absolut (Personen) 1977	1979
unter 18 Jahre	+ 24	+ 84
18–25 Jahre	−208	−117
25–30 Jahre	+ 3	+ 52
30–50 Jahre	+ 76	+120
50–65 Jahre	+105	+ 74
65 Jahre und mehr	+ 45	+ 14
Saldo insgesamt	+ 45	+227

Landkreis Lüchow-Dannenberg: Statistische Information 1979. Fortschreibung 1981. Lüchow 1982, S. 5

Tab. 5: Altersstruktur 1976 (in %)

	Lüchow-Dannenberg	Land Niedersachsen	Bundesrepublik Deutschland
0–15 Jahre	21,7	21,9	20,6
15–21 Jahre	9,2	9,2	9,0
21–45 Jahre	26,3	32,2	33,5
45–60 Jahre	17,0	16,4	16,9
60–65 Jahre	6,4	5,0	5,0
65 Jahre und älter	19,6	15,2	14,9

Landkreis Lüchow-Dannenberg: a.a.O., S. 6

Die Wirtschaftsstruktur. Abwanderung und Bevölkerungsrückgang finden ihre Erklärung in der wirtschaftlichen Situation. Erste Aufschlüsse darüber vermittelt die Gliederung der Erwerbsbevölkerung.

Tab. 6: Erwerbstätigkeit

Erwerbstätige in den Wirtschaftsbereichen	Lüchow-Dannenberg 1950 insg.	1950 %	1961 insg.	1961 %	1970 insg.	1970 %	Niedersachsen 1961 %	Niedersachsen 1970 %	Bundesrepublik Deutschland 1961 %	Bundesrepublik Deutschland 1970 %
Land- und Forstwirtschaft	18 626	55,0	11 037	46,0	6 410	30,3	19,5	10,9	12,5	7,5
Prod. Gewerbe (ohne Baugewerbe)	4 713	13,5	3 908	16,2	4 921	23,2	32,4	36,2	40,5	41,3
Baugewerbe	2 205	6,6	2 097	8,6	2 137	10,1	10,4	8,5	7,7	7,7
Handel, Geld- u. Vers.-Wesen	2 124	6,4	2 334	9,7	2 595	12,2	13,7	17,2	13,6	15,1
Verkehr u. Nachrichtenübermittlung	1 349	4,0	1 027	4,3	854	4,0	4,1	5,5	5,6	5,5
Sonst. Bereiche (ohne Soldaten)	4 864	14,5	3 086	13,2	4 266	20,2	19,9	23,9	20,1	23,0
Wirtschaftsbereiche zus.	33 881	100,0	24 065	100,0	21 183	100,0	100,0	100,0	100,0	100,0
Erwerbstätige in % davon Frauen	12 817	37,7	9 656	40,1	7 910	37,4	36,5	34,6	37,1	35,8
Erwerbsquote		46,6		45,5		41,8	45,5	42,4	47,2	43,5

Wilhelm Paasche (Hrsg.): Das Hannoversche Wendland. Lüchow: Selbstverlag des Landkreises 1977, S. 188

Tab. 7: Arbeitslosigkeit

	Arbeitslose Landkreis Lüchow-Dannenberg	Arbeitslosenquote Landkreis Lüchow-Dannenberg	Arbeitslosenquote Niedersachsen	Arbeitslosenquote Bundesgebiet
Sommer 1950 Aug.	4005	21,7	14,3	10,3
Sommer 1958 Aug.	380	2,4	2,6	1,7
Winter 1958/59 Jan.	2389	15,6	9,6	6,7
Winter 1966/67 Febr.	1541	13,4	4,4	3,1
Sommer 1967 Aug.	591	5,1	2,1	1,7
Winter 1967/68 Jan.	1629	13,9	4,2	3,2
Winter 1975/76 Febr.	1409	10,6	6,7	5,9
Sommer 1976 Aug.	821	6,2	4,7	4,1
Winter 1976/77 Jan.	1374	10,5	6,4	5,5
Winter 1980/81 Jan./Febr.	1614	12,5	7,0	4,8 (∅ 1980)

Wilhelm Paasche: a.a.O., S. 188, ergänzt

Tab. 8: Bruttoinlandsprodukt (BIP)

Jahr	insg. Mio. DM	%	dav. Anteil der Land- u. Forstwirtschaft Mio. DM	%	Warenproduz. Gewerbe Mio. DM	%	Handel u. Verkehr Mio. DM	%	übrige Dienstleistungen Mio. DM	%
1961	185	100	61	33	47	26	32	17	45	24
1972	445	100	72	16	184	41	63	14	126	28
	(+ 140%)		(+ 18%)		(+ 290%)		(+ 97%)		(+ 180%)	

Durchschnittliche Veränderung 1961–1972: + 13%/Jahr
Durchschnittliche Veränderung 1972–1974: + 4,5%/Jahr

BIP je Person der Wirtschaftsbevölkerung

Jahr	Lüchow-Dannenberg	Regierungsbezirk Lüneburg	Niedersachsen	Bundesrepublik Deutschland
1961	3 570 DM	8 340 DM	8 000 DM	5 900 DM
1972	9 090 DM	12 020 DM	11 760 DM	13 560 DM
1974	10 010 DM	12 920 DM	13 800 DM	16 140 DM

Wilhelm Paasche (Hrsg.): a.a.O., S. 188

Die Landwirtschaft. Der Landkreis Lüchow-Dannenberg ist seit eh und je ein stark landwirtschaftlich geprägter Kreis. Die Bodenqualität ist allerdings wegen der vorherrschenden sandigen Böden nur mittelmäßig bis gering. Die stark schwankende Qualität findet ihre Erklärung in der Vielfalt des eiszeitlichen und nacheiszeitlichen Formenschatzes.

Abb. 2: Natürliche Ertragsfähigkeit der landwirtschaftlich genutzten Böden

Ertragsmeßzahl (Bodenklimazahl): Feststellung der Ertragsfähigkeit landwirtschaftlich genutzter Böden aufgrund von Bodenbeschaffenheit, Relief, Klima und Wasserverhältnissen (Höchstzahl der Ertragsmeßzahl: 100)

Wilhelm Paasche: a.a.O., S. 109

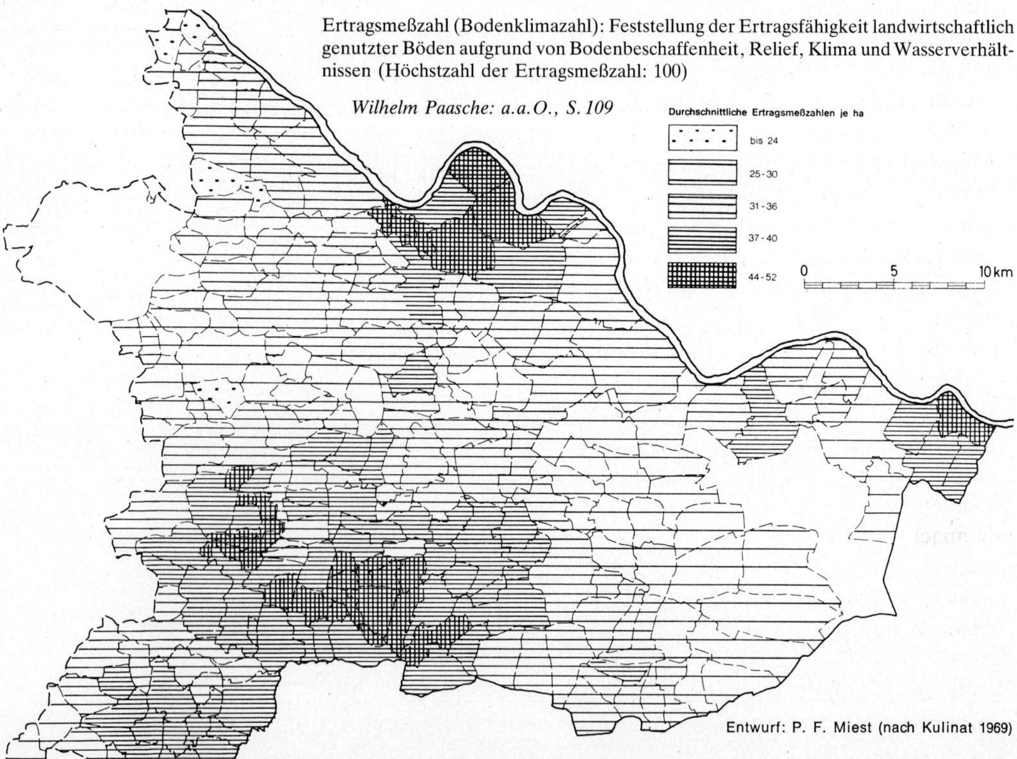

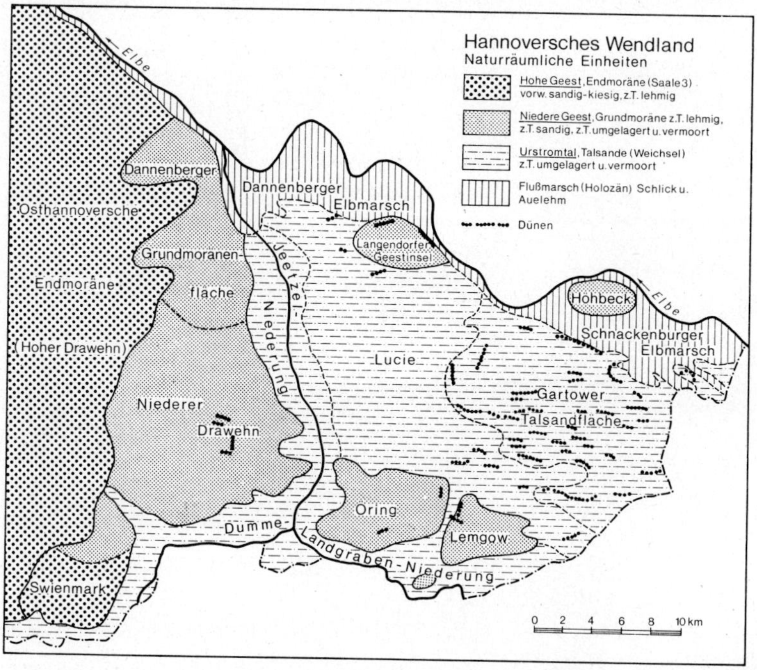

Abb. 3: Hannoversches Wendland – naturräumliche Einheiten

Niedersächsisches Landesverwaltungsamt (Hrsg.): Topographischer Atlas Niedersachsen/Bremen. Neumünster: Wachholtz 1977, S. 112

Grundlegende Schwierigkeiten bereitet einerseits der Wassermangel der Moränengebiete und Talsandflächen, andererseits der Wasserüberschuß der Flußniederungen von Elbe, Jeetzel, Dumme und Landgraben. Etwa 54% der Gesamtfläche werden landwirtschaftlich genutzt, 37% forstwirtschaftlich. 56% der landwirtschaftlichen Nutzfläche entfallen auf Ackerland (v. a. Roggen, Gerste, Weizen), 42% auf Wiesen und Weiden. Die Viehhaltung spielt eine große Rolle. Die Betriebsgrößenentwicklung folgt der allgemeinen Tendenz im Bundesgebiet. Große Betriebe sind relativ stark vertreten (Durchschnittsgröße aller Betriebe 1979: 31,4 ha; Bundesrepublik Deutschland 1980: Vollerwerbsbetriebe: 23,6 ha), entsprechend hoch ist der Anteil der Vollerwerbsbetriebe im Landkreis Lüchow-Dannenberg (1979: 68%). Probleme für die Landwirtschaft ergeben sich demnach weniger aus der Betriebsstruktur, sondern aus den schon geschilderten wasserwirtschaftlichen Verhältnissen und der marktfernen Zonenrandlage. Für die Landwirtschaft war beispielsweise früher die Zuckerfabrik des heute in der DDR gelegenen Salzwedel von großer Bedeutung.

Tab. 9: Landwirtschaftliche Betriebsstruktur im Landkreis Lüchow-Dannenberg

	< 2 ha	2–5 ha	5–20 ha	20–50 ha	> 50 ha
a) Anteil der Betriebsgrößen (%)					
1949	19,8	21,3	44,1	14,2	0,6
1960	19,7	17,3	40,7	20,9	1,4
1971	15,2	15,2	27,3	36,1	6,2
1978	21,6	32,4		31,8	14,2
b) Anteil der LN (%)					
1949	2,2	7,0	47,0	37,8	6,0
1960	1,7	4,5	38,2	46,8	8,8
1971	0,9	2,5	17,0	58,3	22,3

Gert Ritter, Joseph Hajdu: Die deutsch-deutsche Grenze. Geostudien 7. Köln: Selbstverlag Schneider/Wiese 1982, S. 242

Industrie und Handwerk

Tab. 10: Entwicklung von Industriebetrieben und -beschäftigten im Kreis Lüchow-Dannenberg

	Betriebe	Beschäftigte
1950	k. A.	ca. 900
1955	37	1 127
1961	45	1 679
1965	36	1 959
1970	46	2 830
1972	48	2 777
1976	40	2 668

Gert Ritter, Joseph Hajdu: a.a.O., S. 270

Abb. 4: Industriestandorte 1976

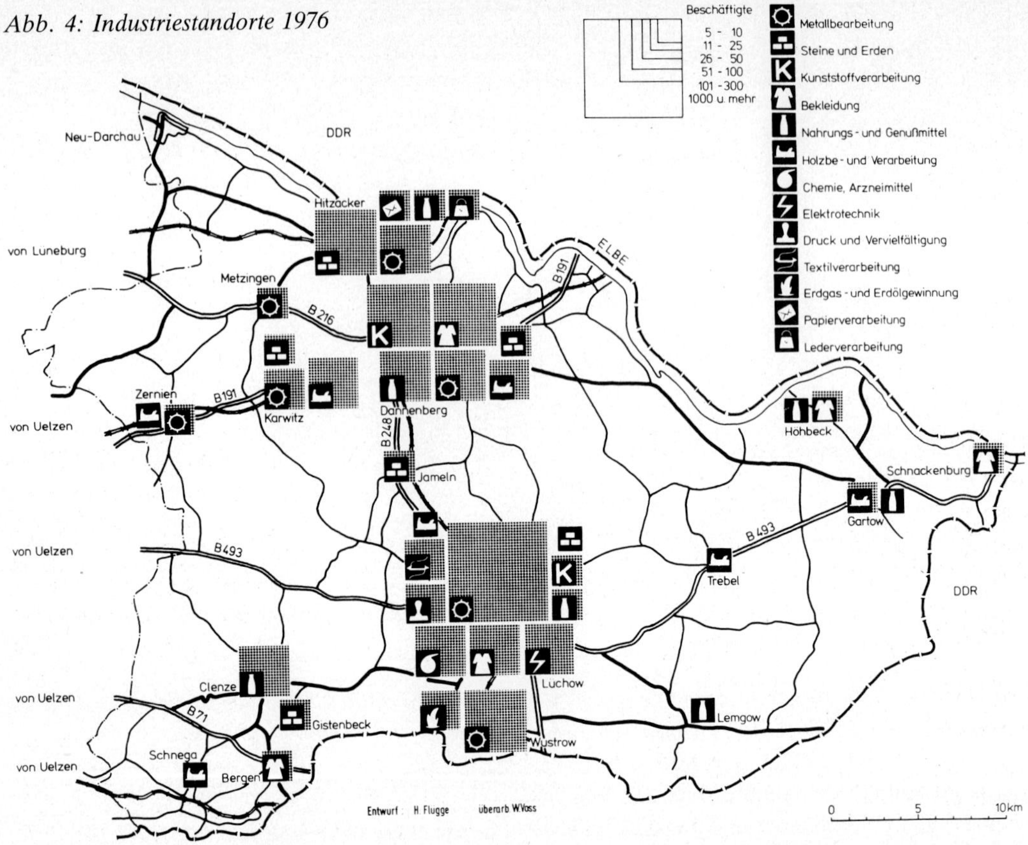

Wilhelm Paasche (Hrsg.): Das Hannoversche Wendland. Lüchow: Selbstverlag des Landkreises, 1977, S. 125

Tab. 11: Industriestruktur

	Jahr	LK Lüchow-Dannenberg	Land Niedersachsen	Bundesrepublik Deutschland
Betriebe (mit 10 und mehr	1976	40	4 599	51 285
Beschäftigten)	1977	32	3 758	
Beschäftigte	1976	2 668	679 083	7 428 000
	1977	2 549	670 555	
Beschäftigte pro Betrieb	1976	67	148	146
	1977	80	179	
Beschäftigte	1976	55	94	122
pro 1000 Einwohner	1977	52	94	
Löhne und Gehälter	1976	22 100,– DM	26 000,– DM	26 000,– DM
pro Beschäftigten	1977	24 200,– DM	28 000,– DM	
Anteil des	1976	8,0%	19,8%	24,5%
Auslandsumsatzes	1977	6,1%	24,7%	

Landkreis Lüchow-Dannenberg: Statistische Informationen 1979, Fortschreibung 1981. Lüchow 1982, S. 13, gekürzt

Tab. 12: Das Handwerk 1968–1977 im Landkreis Lüchow-Dannenberg

Gewerbegruppe	Jahr	Betriebe	Beschäftigte
Bau- und Ausbaugewerbe	1968	139	1 410
	1977	110	1 180
Metallgewerbe	1968	180	987
	1977	146	928
Holzgewerbe	1968	76	217
	1977	49	164
Bekleidungs-, Textil- und Ledergewerbe	1968	109	192
	1977	56	105
Nahrungsmittelgewerbe	1968	83	402
	1977	66	432
Gesundheits-, Körperpflege-, chemisches und Reinigungsgewerbe	1968	56	236
	1977	41	145
Glas-, Papier-, keramisches u. sonst. Gewerbe	1968	13	47
	1977	9	28
Handwerk insgesamt	1968	656	3 491
	1977	477	2 982

Landkreis Lüchow-Dannenberg: a.a.O., S. 14, gekürzt

Handel, Verkehr und sonstige Dienstleistungen. Mit einem Anteil von 36,4% lag der tertiäre Sektor im Jahre 1970 weit unter dem Landes- und Bundesdurchschnitt (Land Niedersachsen: 44,4%, Bundesgebiet: 43,5%). Ein leichter Anstieg Ende der siebziger Jahre ist u. a. auf die kräftige Entwicklung des Fremdenverkehrs zurückzuführen. Insbesondere der Naturpark Elbufer-Drawehn (= Vorranggebiete für Erholung, vgl. Abb. 5) und die Ausweisung zahlreicher Natur- und Landschaftsschutzgebiete (= Vorranggebiete für Natur und Landschaft, vgl. Abb. 5) erhöhen die Attraktivität dieser schönen Landschaft für den Fremdenverkehr.

Tab. 13: Entwicklung des Fremdenverkehrs im Landkreis Lüchow-Dannenberg

	1965	1968	1970	1972	1978	1980
Anzahl der Betten	1 250	1 800	2 000	2 600	3 170	3 420
Übernachtungen	81 000	124 000	162 000	200 000	292 600	340 600
Jährl. Auslastungsquote (%)	17,8	18,8	22,2	21,0	25,3	27,3

Gert Ritter, Joseph Hajdu: Die deutsch-deutsche Grenze. Geostudien 7. Köln: Selbstverlag Schneider/Wiese 1982, S. 248

Die bisherigen Daten verdeutlichen die Strukturschwäche des Gebiets, sie veranschaulichen aber nicht die Auswirkungen der Strukturschwäche im persönlichen Bereich der Bewohner des Landkreises: Schüler sind z. B. wegen der großen Entfernungen und der ungenügenden Versorgung durch den öffentlichen Nahverkehr täglich bis zu 8 Stunden von zu Hause weg, Ärzte müssen bei ihren Krankenbesuchen weite Strecken zurücklegen, und schließlich sind Einzelhandelskaufleute gezwungen, ihre Läden aufzugeben, weil die abnehmende Kundenzahl keine rentable Nutzung mehr erlaubt.

1. *Beschreiben Sie die Lage des Landkreises Lüchow-Dannenberg im überregionalen Verkehrsnetz. Wie ist die Anbindung des Landkreises?*
2. *Fassen Sie die Nachteile zusammen, die sich durch die innerdeutsche Grenzziehung für das Beispielgebiet ergeben haben.*
3. *Begründen Sie die Entwicklung der Einwohnerzahlen seit 1821. Machen Sie die Zusammenhänge zwischen Abwanderung, Geburten- und Sterberaten in jüngster Zeit deutlich.*
4. *Interpretieren Sie Abb. 1. Lassen sich Hinweise auf eine geringe wirtschaftliche Entwicklung finden?*
5. *Nennen Sie wichtige Indikatoren zum Erfassen strukturschwacher Gebiete. Fassen Sie die wichtigsten Merkmale der Strukturschwäche des Landkreises Lüchow-Dannenberg zusammen.*

4.3.2 Maßnahmen im Rahmen der Raumordnung und Landesplanung zur Behebung der Strukturschwächen

Die dargestellte Problemsituation in Lüchow-Dannenberg sowie in anderen Landkreisen im Zonenrandgebiet veranlaßte die Bundesregierung schon frühzeitig, Notstands- und Sanierungsgebiete auszuweisen, die durch die Grenzziehung wichtige Absatzgebiete, aber auch Arbeitsplatzgebiete verloren haben. Darin enthalten waren auch Maßnahmen zur Arbeitsplatzbeschaffung für Flüchtlinge und Vertriebene. Mit dem Zonenrandförderungsgesetz des Jahres 1953 (letztmals geändert am 20. 8. 1980) wurde eine entsprechende gesetzliche Grundlage geschaffen. Die Vorrangstellung der Zonenrandgebiete bei der Förderung durch Bund und Länder wird darin festgeschrieben und hat bis heute Gültigkeit (vgl. S. 185).

Tab. 14: Im Zeitraum 1951–1968 dem Landkreis Lüchow-Dannenberg zugeflossene Bundes- und Landesmittel

Darlehen, Kredite für die gewerbliche Wirtschaft	9,2 Mio. DM
für kommunale Infrastrukturmaßnahmen	13,3 Mio. DM
für Land- und Forstwirtschaft	40–60 Mio. DM
für wasserbauliche Maßnahmen (Jeetzel-Projekt)	rund 45 Mio. DM
für Straßenbau	ca. 17 Mio. DM
Gesamtsumme	120–150 Mio. DM

Gert Ritter, Joseph Hajdu: Die deutsch-deutsche Grenze, Geostudien 7, Selbstverlag: Köln 1982, S. 247

Wichtigstes Projekt in diesem Zeitraum war die Jeetzel-Begradigung; sie diente einerseits dem Hochwasserschutz, andererseits konnten dadurch der Landwirtschaft zusätzliche Flächen erschlossen werden. Viele einheimische Arbeitskräfte und Firmen fanden bei dieser Maßnahme Arbeit und Verdienst. Gewisse Erfolge brachten die Bemühungen zur Ansiedlung von Industrieunternehmen. Es gelang, die beiden Firmen Conti und SKF (Schwedische Kugellagerfabriken) in Dannenberg bzw. in Lüchow zur Ansiedlung von Zweigbetrieben zu veranlassen. Die beiden Unternehmen sind mittlerweile die größten Arbeitgeber im Landkreis. Die Zahl der Industriebeschäftigten erhöhte sich insgesamt zwischen 1955 und 1965 von 1127 auf 1969. Aber selbst das reichte noch nicht aus, um der Arbeitslosigkeit Herr zu werden; sie lag zum Beispiel im Februar 1968 bei 14% und damit weit über dem Landesdurchschnitt.
Die verantwortlichen Politiker des Landkreises sahen deshalb Ende der sechziger Jahre nur in einer weiteren forciert betriebenen Industrieansiedlung die Chance der Verbesserung der Beschäftigungslage. Man ging von mindestens 4000 weiteren Industriearbeitsplätzen aus und war sich dabei im klaren, daß allein die Verbesserung der Infrastruktur nicht ausreicht, um genügend Anreize für die Industrie in dieser extremen Zonenrandlage zu schaffen. Die Verantwortlichen wünschten weitere effektive Wirtschaftsfördermaßnahmen, um die anhaltende Abwanderung und die Arbeitslosigkeit einzudämmen.

Bund-Länder-Programm. In der von Bund und Ländern im Jahre 1968 gemeinsam geschaffenen und getragenen „Gemeinschaftsaufgabe zur Förderung der regionalen Wirtschaftsstruktur" (vgl. Kapitel 4.0) sind die Städte Lüchow und Dannenberg seit dieser Zeit als E-Schwerpunktorte in extremer Zonenrandlage ausgewiesen. Dadurch können Investitionen der gewerblichen Wirtschaft einschließlich des Fremdenverkehrs und solche im Infrastrukturbereich der Gemeinden mit bis zu 25% bezuschußt werden. Über eine konzentrierte Förderung der beiden zentralen Orte soll ein allgemeiner Aufschwung im Landkreis ermöglicht werden.
Weitere Schwerpunktorte mit Förderhöchstsätzen sind:

A –	Schwerpunkte (übergeordnete Schwerpunkte im Zonenrandgebiet)	25%
B –	Schwerpunkte (übergeordnete Schwerpunkte außerhalb des Zonenrandgebiets)	20%
C –	Schwerpunkte	15%

Außerhalb dieser Schwerpunktorte können unter eingeschränkten Bedingungen Investitionszuschüsse von 10 bzw. 15% gewährt werden.

Abb. 5: Karte des Landesraumordnungsprogramms Niedersachsen – Ausschnitt

Fremdenverkehrsorte nach dem Fremdenverkehrsprogramm Niedersachsens:

Gartow (1974–1980)
Hitzacker (1974–1980)
Wittfeitzen (ab 1979)
Bergen (ab 1979)
Clenze (seit 1974)
Lübeln (seit 1979)
Neu Darchau (seit 1974)
Schnackenburg (seit 1974)
Tiessau (seit 1974)
Vietze (seit 1974)
Zernien (seit 1974)

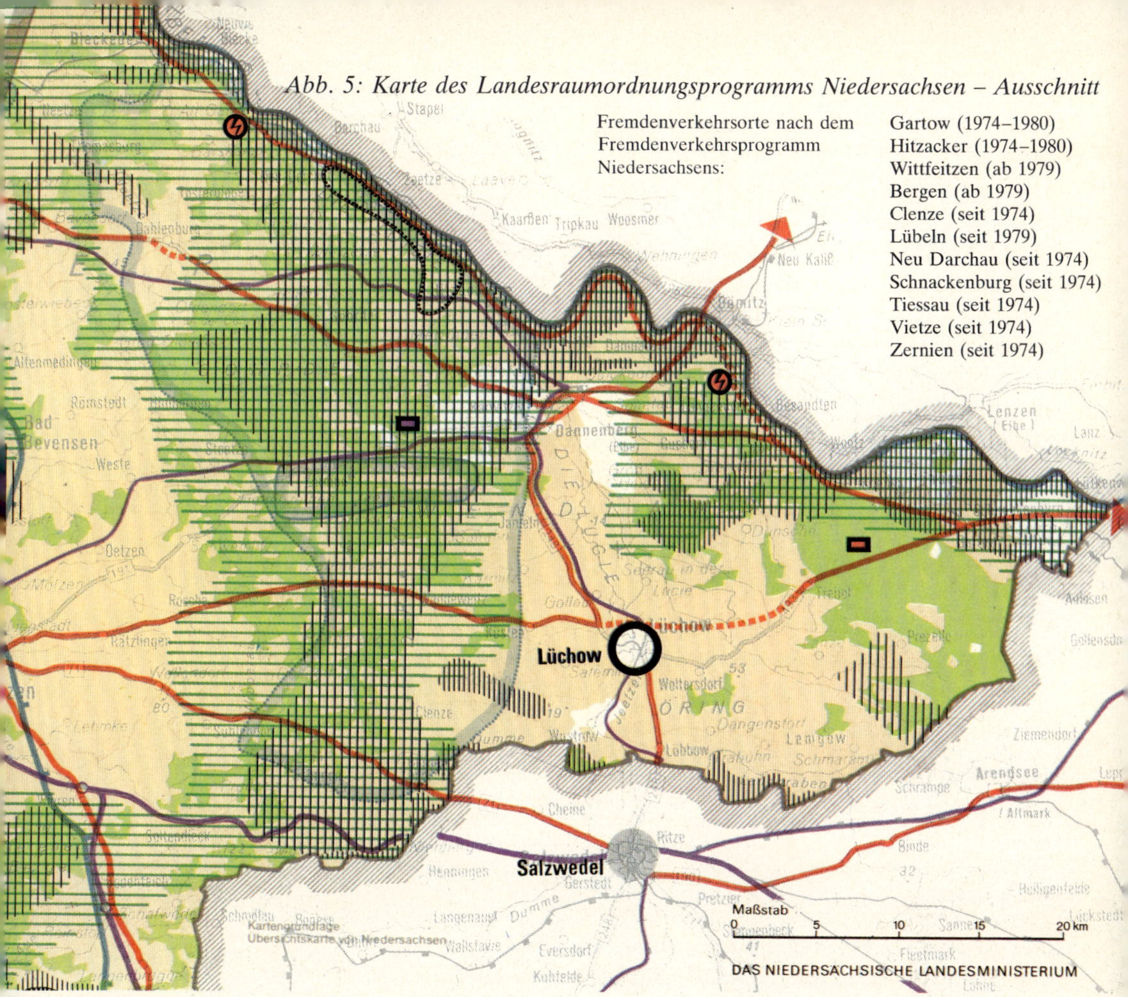

Niedersächsisches Landesministerium: Landesraumordnungsprogramm Teil II, Ausschnitt, Ergänzung Januar 1984

LEGENDE
LANDES-RAUMORDNUNGSPROGRAMM NIEDERSACHSEN
TEIL II
- Zeichnerische Darstellung -

ERGÄNZUNG

Mittelzentrum
Bereitstellung der zentralen Einrichtungen zur Deckung des gehobenen Bedarfs

Gebiet mit besonderer Bedeutung für
- Landwirtschaft
- Forstwirtschaft
- Rohstoffgewinnung
- Erholung
- Natur und Landschaft
- Wassergewinnung

Vorrangstandort für
- Großkraftwerk
- Wiederaufarbeitung von bestrahlten Kernbrennstoffen
- Endlagerung von radioaktivem Abfall

Vorranggebiet für
- Natur und Landschaft
- Wassergewinnung

Autobahn
erforderlich, vordringlicher Bedarf

Hauptverkehrsstraße
vorhanden und zu sichern
erforderlich, vordringlicher Bedarf
erforderlich, langfristiger Bedarf

Haupteisenbahntrecke
Sonstige wichtige Eisenbahnstrecke
Elektrischer Betrieb

Tab. 15: Regionale Wirtschaftsförderung im Landkreis Lüchow-Dannenberg

Zeitraum	Mit GA-Mitteln[4] geförderte private Investitionen Inv. Vol. Mio. DM	Bew. Zusch. Mio. DM	geplante Arbeitsplätze	Mit ERP-Mitteln[5] geförderte private Investitionen Inv. Vol. Mio. DM	Zuges. Kredite Mio. DM
1968–1972	81,2[1]	14,9	1475	81,2[1]	16,5
1972–1978			706 (gepl.)		
BMWI[6]: Förderergebnisse	88,5	1,6	1366 (ges.)	20,9	6,2

Zeitraum	Mit GA-Mitteln geförderte Infrastruktur der Gemeinden Inv. Vol. Mio. DM	Bew. Zusch. Mio. DM		Mit ERP-Mitteln geförderte kommunale Infrastruktur Inv. Vol. Mio. DM	Zugesagte Darlehen Mio. DM
1968–1972	37,9[2]	20,9		37,9[2]	3,0
1972–1978					
BMWI: Förderergebnisse	25,2[3]	15,3		5,7[3]	2,8

[1] Durch Zuschüsse, Zulagen und Kredite gefördertes Gesamtinvestitionsvolumen.
[2] Gesamtes, durch Zuschüsse und Darlehen gefördertes kommunales Investitionsvolumen, davon entfielen auf den fernorientierten Straßenbau 11,1 Mio., auf Ver- und Entsorgungsanlagen 11,5 Mio., auf Industriegeländeerschließung 1,3 Mio. und auf Sonstiges (inkl. Fremdenverkehr) 14,0 Mio. DM Investitionssumme.
[3] Gefördert wurden 6 Vorhaben der Entsorgung, von Freizeiteinrichtungen und Sportanlagen.
[4] GA-Mittel: Fördermittel aus der „Gemeinschaftsaufgabe zur Förderung der regionalen Wirtschaftsstruktur".
[5] ERP = European Recovery Program (= Marshall-Plan); ERP-Mittel: Geldmittel aus dem Marshall-Plan-Fonds, u. a. zur Förderung strukturschwacher Gebiete, strukturell benachteiligter Wirtschaftszweige und zur Förderung der Wirtschaft West-Berlins.
[6] BMWI = Bundesministerium für Wirtschaft

Gert Ritter, Josef Hajdu: a.a.O., S. 247, ergänzt

Landesraumordnungsprogramm Niedersachsen
Übergeordnete Ziele für den Landkreis Lüchow-Dannenberg

Zielbereich	Ziel	Maßnahme	Räumliche Festlegung
Bevölkerungs- und Siedlungsstruktur	Verhinderung großräumiger Abwanderungen, die durch das Fehlen von Arbeitsplätzen und Versorgungseinrichtungen ausgelöst werden	Ausstattung der (mit zumutbarem Zeitaufwand erreichbaren) Mittelzentren mit zentralen Einrichtungen zur Deckung des gehobenen Bedarfs	Lüchow als Mittelzentrum
		Mittelzentren sind als Schwerpunkte für die Sicherung und Entwicklung von Wohnstätten und von Arbeitsstätten auszubauen	Lüchow als Mittelzentrum
Arbeitsstätten und Wirtschaftsstruktur	Abbau des wirtschaftlichen Leistungsgefälles zwischen den Landesteilen	Ausbau einer leistungsfähigen wirtschaftsnahen Infrastruktur	
	Sicherung und Entwicklung einer leistungsfähigen Landwirtschaft	Verarbeitung der landwirtschaftlichen Produkte möglichst unmittelbar in den Schwerpunkten der landwirtschaftlichen Erzeugung	Teilgebiete mit besonderer Bedeutung für Landwirtschaft
	Erhaltung der Existenzfähigkeit funktionsfähiger landwirtschaftlicher Betriebe	Agrarstrukturelle Neuordnungsmaßnahmen zur Verbesserung der Wirtschaftlichkeit landwirtschaftlicher Betriebe	

	Verbesserung der wirtschaftlichen Grundlagen des Fremdenverkehrs	Schaffung der räumlichen, qualitativen und infrastrukturellen Voraussetzungen für die Ausdehnung der Saison auf besucherschwache Zeiten und die Erhöhung der Gästezahlen	Teilgebiete mit besonderer Bedeutung für Erholung
Versorgung und Infrastruktur	Ausbau der Verkehrsinfrastruktur vorrangig für die strukturschwachen Gebiete	Anbindung des Raumes Lüchow-Dannenberg an die (geplante) Autobahn Hamburg – Berlin (A 24) Ausbau eines eigenen Fuß- und Radwegenetzes	
	Schaffung eines funktionsfähigen öffentlichen Personennahverkehrs (als Alternative zum Individualverkehr)	Integration der Schülerbeförderung in den ÖPNV Sicherstellung eines qualitativ ausreichenden Mindestangebotes an öffentlicher Verkehrsbedienung (bessere Bedienung einzelner Orte durch ein Schnellbussystem)	
	Gewährleistung einer Entsorgung, durch die das Wohl der Allgemeinheit nicht beeinträchtigt und die Umwelt nicht belastet wird	Abwasserbeseitigung in zentralen Kläranlagen Abfallbeseitigung in zentralen Deponien	
	Sicherstellung der Versorgung der Bevölkerung mit grundzentralen Einrichtungen in allen Landesteilen	Festlegung von Gemeinden mit den Aufgaben eines Grund- bzw. Nebenzentrums	
	Vielfältiges und möglichst hochwertiges Angebot an Einrichtungen der Kultur, Bildung und Weiterbildung in zumutbarer Entfernung in allen Teilräumen	Regional gebündelte Bereitstellung von Kultur- und Bildungseinrichtungen in den Mittelzentren	
	Breites und differenziertes Sportangebot	Errichtung und Bereitstellung von Sportstätten	
	Ausgeglichene Versorgungsstrukturen	Einzelhandelsgroßprojekte müssen der zentralörtlichen Bedeutung ihres Standortes entsprechen	
Natur- und Landschaftsstruktur	Ökologisch ausgewogene optimale Nutzung von Natur und Landschaft	Ausrichtung der agrarstrukturellen Neuordnungsmaßnahmen an diesem Ziel Erhaltung des Waldes zur Erfüllung seiner Nutz-, Schutz- und Erholungsfunktionen	Gebiete mit besonderer Bedeutung für Erhaltung von Natur und Landschaft
	Erhaltung von Natur und Landschaft in ihrem Bestand, ihrer Funktionsfähigkeit, ihrer Schönheit, Eigenart und Vielfalt als natürliche Bestandteile der Umwelt und als Lebensraum der Menschen	Erhaltung von für den Naturhaushalt wertvollen Gebieten und Landschaftsbestandteilen (z. B. Feuchtgebiete und naturnaher Wald) Vermeidung der Beseitigung prägender, gliedernder und raumbildender natürlicher Landschaftselemente	Elbaue zwischen Schnackenburg und Lauenburg als Feuchtgebiete von internationaler Bedeutung
	Sicherstellung von Vorranggebieten für die Wassergewinnung	Die vorrangige Nutzung für Wassergewinnung darf durch andere Nutzungen nicht gefährdet werden	Gebiete mit besonderer Bedeutung für die Wassergewinnung
	Sicherstellung von Vorrangstandorten für nukleare Entsorgungsanlagen (Zwischen- und Endlagerung)		Salzstock bei Gorleben

Aufstellung gemäß Landesraumordnungsprogramm Niedersachsen, Teil II, Entwurf Juni 1980

Wiederaufbereitungsanlage, Zwischen- und Endlager im Landkreis Lüchow-Dannenberg

Der Landkreis Lüchow-Dannenberg geriet in den letzten Jahren in die Schlagzeilen als möglicher Standort eines integrierten Entsorgungszentrums (integrierte Entsorgung = geschlossenes System der nuklearen Entsorgung, in dem an einem Ort Zwischenlagerung, Wiederaufbereitung, Brennstoffrückführung, Abfallbehandlung und Endlagerung erfolgt). Weil in Gorleben ein geeigneter Salzstock vorhanden zu sein scheint und andere Voraussetzungen erfüllt waren, sollte an dieser Stelle das Entsorgungszentrum entstehen. Realisiert ist inzwischen (1984) nur das Zwischenlager (63 Arbeitsplätze); die Frage der Endlagerung (350 Arbeitsplätze würden dadurch geschaffen) wird nach Abschluß der Tiefenbohrungen durch die untertägige Erkundung des Salzstockes weiter geprüft.

Die Risiken der Wiederaufbereitungsanlage und der Endlagerung mittel- und hochradioaktiver Abfälle wurden beim Gorleben-Symposium im März 1979 zwischen 60 internationalen Wirtschaftlern kontrovers diskutiert. In seiner Regierungserklärung vom 16. Mai 1979 sprach sich Ministerpräsident Albrecht gegen die Errichtung dieser Anlage aus, und zwar nicht, weil die sicherheitstechnischen Probleme unlösbar erschienen, sondern weil der Bau der Anlage nicht ohne tiefgreifende Störung des inneren Friedens hätte durchgesetzt werden können.

Die danach intensiv geführten Gespräche zwischen der Bundesregierung und der Landesregierung Niedersachsens hatten zur Folge, daß das integrierte Entsorgungskonzept der Bundesregierung wie folgt verändert wurde:

- Verzicht auf die Realisierung der gesamten nuklearen Entsorgung an einem einzigen Standort und damit auf das ursprünglich geplante Entsorgungszentrum,
- das Entsorgungskonzept wird schrittweise verwirklicht,
- man baut zunächst eine kleinere Wiederaufarbeitungsanlage von zunächst 350 t Uran Jahresdurchsatz,
- und man sichert die Entsorgung für eine Übergangszeit durch Zwischenlagerung der abgebrannten Brennelemente.

Besonders bedeutsam ist in diesem Zusammenhang der vom ehemaligen Bundesinnenminister Baum am 22. Januar 1982 vorgetragene Erfahrungsbericht über die Wiederaufarbeitungsanlage Karlsruhe. Darin heißt es abschließend: „Die bei den vielfältigen Versuchen gesammelten praktischen Betriebserfahrungen bestätigen das Urteil der RSK (Reaktorsicherheitskommission) und SSK (Strahlenschutzkommission) aus dem Jahre 1977, daß die Wiederaufarbeitung sicherheitstechnisch realisierbar ist.“ Aufgrund dieser veränderten Bedingungen hat sich die Landesregierung Niedersachsens entschlossen, den Antrag zur Errichtung einer Wiederaufbereitungsanlage am Standort Dragahn zu prüfen (vgl. dazu Abb. 5). Ministerpräsident Albrecht begründete dies in seiner Regierungserklärung am 2. April 1983 vor dem Niedersächsischen Landtag u. a. wie folgt:

„Die Landesregierung hat sich auf dieser Grundlage ihrer Erkenntnisse im wesentlichen aus folgenden Erwägungen nach einer Grobprüfung in der Standortvorauswahl für die Feinprüfung der Gemarkung Dragahn entschlossen:

- Dragahn ist durch Bundesbahn und Bundesstraße verkehrsmäßig gut erschlossen,
- Dragahn ist durch das Vorhandensein eines leistungsfähigen Vorfluters begünstigt,
- Dragahn liegt in der Nähe des Brennelementzwischenlagers Gorleben und des geplanten Endlagers im Salzstock Gorleben, ohne daß diese Nähe jedoch zu einer Akkumulation der Strahlenbelastung führen könnte,
- das in Betracht gezogene Gelände wird gegenwärtig zum Teil als Delaborierungsanlage genutzt. Dieser Teil ist seit Jahren eingezäunt und für die Öffentlichkeit nicht zugänglich. Natürlich gibt es auf dem anderen Teil des Geländes einen wertvollen Baumbestand. Ersatzmaßnahmen, um den Verlust dieses Bestandes auszugleichen, sind jedoch möglich...

Abgesehen davon war bei der Vorauswahl zu berücksichtigen, daß unser nördöstliches Zonenrandgebiet heute zu den wirtschafts-

schwächsten Regionen der Bundesrepublik Deutschland zählt und dringend neue Impulse für eine bessere Wirtschafts- und Beschäftigungsentwicklung benötigt. Diese Schwäche wird insbesondere in der mit 20 Prozent weit überdurchschnittlichen Arbeitslosenquote im Landkreis Lüchow-Dannenberg deutlich, aber auch in der ungünstigen Altersstruktur der Bewohner. Das Einkommensniveau und die Wirtschaftskraft im Landkreis Lüchow-Dannenberg liegen um 37 Prozent unter dem Bundesdurchschnitt. Seit Jahrzehnten haben sich diverse niedersächsische Landesregierungen bemüht, hieran etwas zu ändern – leider vergeblich.
Mit dem Bau der Wiederaufarbeitungsanlage mit einem Investitionsvolumen von 4,3 Milliarden Mark wird während der Gesamtbauzeit von sieben Jahren ein Bruttoproduktionswert von 10,4 Milliarden Mark – jährlich also etwa 1,5 Milliarden Mark – für die Erstellung der Investition selbst verbunden sein. Insgesamt werden hierdurch während der sieben Jahre Bauzeit durchschnittlich etwa 11500 Arbeitsplätze geschaffen oder aber abgesichert sein, davon ein nicht unbeachtlicher Teil in den Landkreisen Lüchow-Dannenberg, Uelzen und Lüneburg. Der Dienstleistungsbereich wird wegen indirekter Wirkungen, zum Beispiel über zusätzliche Konsumnachfrage, mit über 3000 Arbeitsplätzen schätzungsweise beteiligt sein. Für die Betriebsphase ist eine jährliche Bruttoproduktion von 1,74 Milliarden Mark ermittelt worden. Dabei ist auch die Konsumnachfrage berücksichtigt, die sich aus dem durch die Produktion resultierenden zusätzlichen Einkommen ergibt. Nach den gutachterlichen Ermittlungen resultieren aus dem Betrieb der Anlage über Jahre hinweg fast 8000 neue oder gesicherte Arbeitsplätze. In der Anlage selbst werden 1600 Arbeitsplätze entstehen. Aufgrund der Vorleistungen und der zusätzlichen Konsumnachfrage werden sich weitere 3000 bzw. 3400 Arbeitsplätze ergeben. Dabei wird die regionale Zuordnung der Arbeitsplätze natürlich wesentlich von der Leistungsfähigkeit der Anbieter abhängen.
In Anbetracht der jahrelangen Diskussion über die nuklearen Entsorgungsanlagen in Lüchow-Dannenberg hat die Landesregierung den gewählten Vertretern der örtlich betroffenen Bevölkerung vor ihrer eigenen Entscheidung eine Gelegenheit zur Äußerung gegeben. ...
Der Landkreis hat sich wie die Gemeinde Karwitz mit der Mehrheit seiner Vertretung damit einverstanden erklärt, daß der Standort Dragahn auf seine Eignung als Standort für eine Wiederaufarbeitungsanlage geprüft wird. Der Samtgemeinderat von Dannenberg hat hingegen die ihm gestellte Frage verneint."

Presse- und Informationsstelle der Niedersächsischen Landesregierung (Hrsg.): Wiederaufarbeitung. Daten und Fakten. Hannover: 1984, S. 76–77

6. *Beurteilen Sie die Einstufung der Städte Lüchow und Dannenberg als E-Schwerpunktorte in ihrer Auswirkung für die Städte selbst und für die übrigen Gemeinden des Landkreises. Nennen Sie andere Fördermaßnahmen als die oben dargestellte, oftmals als „passive Sanierung" bezeichnete Schwerpunktförderung.*

7. *Bewerten Sie die Chance des Fremdenverkehrs im Landkreis.*

8. *Zwischen der Bundesrepublik Deutschland und der DDR besteht u. a. eine vertragliche Festlegung, den Landkreis Lüchow-Dannenberg an die Autobahn Hamburg – Berlin anzuschließen. Die Bewohner und die Politiker drängen auf eine schnelle Verwirklichung. Begründen Sie, welche Auswirkungen das auf einzelne Wirtschaftsbereiche haben könnte.*

9. *Erörtern Sie die Vor- und Nachteile, die sich durch den möglichen Bau einer Wiederaufarbeitungsanlage in Dragahn für den Landkreis Lüchow-Dannenberg ergeben.*

10. *Nennen Sie mögliche Zielkonflikte, die im Landesraumordnungsprogramm Niedersachsen enthalten sind (vgl. Abb. 5 und die Ziele der Raumordnung S. 274f.).*

Statistik (vgl. Tab. S. 266)

„Statistik lügt“. Zu Recht gilt diese Behauptung dann, wenn Daten schlecht erfaßt (z. B. nicht repräsentativ; geschätzte oder vorläufige Werte), manipuliert (z. B. Bezug auf ungünstige Basisjahre), kaum vergleichbar (z. B. durch verschiedene Erhebungsmethoden oder veränderte Bezugsgrößen wie Eingemeindungen) oder unqualifiziert aufgearbeitet sind (schlechte Auswahl der Stichjahre, keine sinnvollen Größenklassen).

Formales

Tabellenüberschrift; Inhalt: Zeitraum, räumliche Abgrenzung, Abgrenzung der Begriffe, Gruppenbildung, Maßeinheiten.

Tabellenkopf
mit Untergliederung

Vorspalte

Daten: im Schulgebrauch vor allem
- absolute Zahlen
- relative Zahlen (z. B. Einw./km², dt/ha)
- Indexzahlen (geeignetes Basisjahr = 100, folgende und/oder vorangegangene Jahre darauf bezogen)

Fehlende Werte üblicherweise durch folgende Zeichen kenntlich:
- bedeutet „nichts“

0 steht für Wert, der nicht halb so groß ist wie benutzte Maßeinheit

· kennzeichnet unbekannten Wert

k.A. keine Angaben

Summenspalte

Summenzeile
Quelle: Amtlich? Erscheinungsjahr?

Beschreibung (Kreis Lüchow-Dannenberg)
- Höchste und tiefste Werte feststellen.
- Ablauf beschreiben (z. B. im 19. Jh. ähnliche Bevölkerungsdichten wie im übrigen Niedersachsen; von 1821 bis 1871 ansteigende Einwohnerzahl; 1925 dann Rückgang, der sich bis 1930 verstärkt; nach dem Zweiten Weltkrieg sprunghafter Anstieg, Maximum 1950, danach in den 50er Jahren rasches, in den 60er Jahren langsameres Absinken der Einwohnerzahlen, Ende der 70er Jahre Stagnation bzw. leichte Zunahme; extrem niedrige Bevölkerungsdichte).
- Zahlen weiterverarbeiten, z. B. Prozentwerte ausrechnen.
- Daten innerhalb der Tabelle miteinander vergleichen und Zusammenhänge aufzeigen; Arbeitshypothesen formulieren (z. B. sind die relativ hohen Einwohnerzahlen von 1946 und 1950 durch das Einströmen von Flüchtlingen und Heimatvertriebenen erklärbar; der Rückgang in den 50er Jahren läßt sich durch Abwanderung der Zugezogenen begründen, da es für sie im agrarisch strukturierten Landkreis Lüchow-Dannenberg nicht genügend Arbeit gab).
- Tabellen mit hoher (und unübersichtlicher) Datenvielfalt unter Umständen graphisch umsetzen; dadurch erhält man weitere Interpretationshinweise.

Erklärung/Einordnung
- Die festgestellten Entwicklungen und Größenordnungen sollen im (geographischen, historischen usw.) Gesamtzusammenhang erklärt werden. Hier muß in der Regel zusätzliches Material (z. B. die ergänzenden Tabellen 2, 3, 4 S. 266, Nachschlagewerke, Fachliteratur) bzw. Vorwissen eingebracht werden. Zahlen allein reichen nicht immer für eine umfassende Bewertung der Inhalte.
- Die in der Statistik enthaltenen Größen mit geeigneten Bezugszahlen vergleichen, die, falls notwendig, nachgeschlagen werden müssen (z. B. Vergleich der Bevölkerungsentwicklung, absolut und relativ, mit anderen strukturschwachen, aber auch mit wirtschaftlich dynamischen Räumen; Vergleiche mit dem Heimatraum).
- Die wesentlichen Aussagen zusammenfassen und mögliche Entwicklungstrends aufzeigen.

Bewertung/Kritik

Vgl. erster Abschnitt (u. a. wechselnde Abstände der ausgewählten Stichjahre).

4.4 Probleme der Raumordnung im Bodenseegebiet. Verkehrsplanung und Raumentwicklung

Keine Frage – das Bodenseegebiet zählt zu den schönsten und attraktivsten Landschaften Mitteleuropas und ist einer seiner ältesten Kulturräume. Es gehört wegen seiner dynamischen Bevölkerungs- und Wirtschaftsentwicklung und seiner besonderen Lage und Naturausstattung zu jenen Gebieten, in denen das Zusammentreffen konkurrierender Raumansprüche besonders heftig ist. Einige Schlagzeilen einer Tageszeitung verdeutlichen Art und Spannungsfeld der Probleme:

„Suche nach Alternativen für die von Bonn gestoppte Bodensee-Autobahn dauert Jahre“ (24. 8. 1983)
„Internationaler Stufenplan soll die Zahl der Sportmotorboote auf dem See begrenzen“ (12. 11. 1983)
„Bundesverwaltungsgericht räumt letzte Hindernisse für Meersburger Umgehungsstraße aus“ (4. 1. 1984)
„Naturschutzverordnung verhindert großes Ferienzentrum am Bodensee“ (4. 2. 1984)
„Gewässerqualität ist trotz hoher Investitionen noch immer nicht gut: Phosphatfällung als Sofortmaßnahme am Bodensee“ (3. 3. 1984)

Diese Schlagzeilen belegen, daß die entstehenden Probleme internationalen Rang einnehmen, obwohl der Raum peripher in den jeweiligen Staats- und Landesgebieten liegt.
In der Auseinandersetzung geht es vorwiegend um zwei grundsätzliche Positionen:
Die erste räumt der Ökologie Priorität gegenüber der Ökonomie ein. Der Bodenseeraum soll in erster Linie wichtige Ausgleichsfunktionen (allgemeine ökologische Ausgleichswirkung, Trinkwasserbelieferung, Erholung etc.) für dichtbesiedelte Räume in näherer und weiterer Entfernung wahrnehmen.
Dic zweite Alternative betrachtet das Bodenseegebiet als einen leistungsfähigen Wirtschaftsraum und geht von einer weiteren Entwicklung von Bevölkerung und Wirtschaft aus, was entsprechende Konsequenzen für den Ausbau der Infrastruktur nach sich ziehen muß.
Im folgenden sollen entsprechend dem Verfahren der Landesplanung zuerst in einer Bestandsaufnahme die vielfältigen Funktionen des Bodenseeraums dargestellt, dann die unterschiedlichen Zielvorstellungen der verschiedenen Interessengruppen genannt und zuletzt die Grundzüge der Lösungen, wie sie von den Planungsinstanzen erarbeitet wurden, aufgeführt werden. Dabei steht der Bereich des Regionalverbands Bodensee-Oberschwaben im Vordergrund der Betrachtung. Er ist eine der 75 Gebietseinheiten der Raumordnung in der Bundesrepublik Deutschland und zeigt die Probleme und Konflikte im Hinblick auf die Verkehrsplanung exemplarisch: Er ist das einzige Verbandsgebiet ohne Autobahn.

1. *Nennen Sie Möglichkeiten zur Abgrenzung des Bodenseeraums.*
2. *Begründen Sie die Klimagunst des Bodenseeraums (u. a. Atlaskarte).*

4.4.1 Bestandsaufnahme

Wasserwirtschaft und Gewässerschutz. Ständig gespeist durch wasserreiche Flüsse aus den Alpen und dem Alpenvorland, ist der Bodensee ein riesiger natürlicher Wasserspeicher, dem Trinkwasser für etwa vier Millionen Menschen entnommen wird. Allein dreieinhalb Millionen Baden-Württemberger trinken Bodenseewasser! Von Sipplingen am Überlinger See führen zwei Fernwasserleitungen über ein weitverzweigtes System in den Verdichtungsraum am mittleren Neckar sowie in das nördliche Baden-Württemberg.
Schon aus diesem Grund, aber auch wegen der Funktion des Sees als Fischgrund und Erholungsraum kommt seiner Reinhaltung größte Bedeutung zu. Bis Beginn der 50er Jahre war der See ein oligotrophes, d. h. nährstoffarmes Gewässer, das man als ökologisch ausgeglichen bezeichnen konnte. In den 50er Jahren – es war

Tab. 1: Abwasserreinigungsanlagen am Obersee, Bedarf und Kapazität

Jahr	Einwohner und Einwohnergleichwerte (E + EGW)[1]	an Abwasserreinigungsanlagen angeschlossen insgesamt E + EGW	%	mit Phosphatfällung E + EGW	%
1972	2 345 100	493 400	21,0	27 500	1,2
1978	2 927 200	1 635 700	55,9	1 094 300	37,4
1983	2 982 700	2 298 800	77,1	1 929 400	64,7
1985	3 001 900	2 592 700	86,4	2 466 700	82,2

[1] EGW = Einwohnergleichwerte = Maßstab für die durch gewerbliche und industrielle Abwässer hervorgerufene Gewässerbelastung, umgerechnet auf den Abwasserbedarf von Menschen

Internationale Gewässerschutzkommission für den Bodensee, Bericht Nr. 30, 1982, S. 13

die Zeit der Planung und des Baus der Fernwasserleitung – verschlechterte sich der Gewässergütezustand zusehends: Die Anreicherung mit Nährstoffen führte zu einer beträchtlichen Steigerung der Planktonproduktion, was wiederum den Sauerstoffgehalt des Sees ungünstig beeinflußte.

Die Ursachen der Verschlechterung der Gewässergüte lagen eindeutig darin, daß die Bodenseeanrainer ihre Abwässer größtenteils noch ungeklärt über die natürlichen Zuflüsse bzw. die Kanalisation in den See leiteten.

Trotz großer Anstrengungen – zwischen 1961 und 1971 gaben Land und Gemeinden in Baden-Württemberg rund 300 Millionen DM für Kläranlagen, Sammler und Kanalisation aus – stiegen die Belastungen des Sees weiter, denn im gleichen Zeitraum nahm die Einwohnerzahl um 32% zu, und die Abwasserlast steigerte sich je Einwohner um 25%. Hinzu kam, daß der Ausbau von Einrichtungen zur Ausfällung der vor allem aus Waschmitteln stammenden Phosphate nicht schnell genug vorangetrieben wurde. So konnten die für die Eutrophierung des Sees maßgebenden Phosphatmengen weiter anwachsen.

Wie sieht es gegenwärtig mit der Gewässergüte des Sees aus, nachdem die Anliegerstaaten zwischen 1960 und 1980 etwa 3,5 Milliarden DM auf dem Abwassersektor investiert haben? Seit Mitte der 70er Jahre hat sich die Eutrophierung nicht mehr fortgesetzt. Der Zustand des Sees ist jedoch noch keineswegs stabilisiert. Die Nährstoffbelastung ist noch viel zu hoch. Gefahren drohen aber auch durch den von der Schiffahrt (1979 ca. 20000 Bootsmotore) mitverursachten Eintrag von Kohlenwasserstoffen (Öl etc.). Jährlich gelangen davon 30 Tonnen in den See, aber nur 1,5 Tonnen werden abgebaut.

Natur- und Landschaftsschutzgebiete. Internationale Kommissionen haben am Bodensee Naturschutzgebiete von hohem Rang mit bedeutenden Standorten seltener Pflanzen- und Tiergesellschaften ausgewiesen. Im Bereich des Regionalverbandes Bodensee-Oberschwaben betrug der Anteil der Natur- und Landschaftsschutzgebiete in den Ufergemeinden 1982 17% der Gesamtfläche (Naturschutzgebiete 302 ha, Landschaftschutzgebiete 3706 ha).

Landwirtschaft. Das milde Klima ermöglicht Sonderkulturen (Wein, Hopfen, Obst, Beeren, Gemüse). Weil dabei relativ kleine Flächen den Vollerwerb gestatten, ist der Anteil der Vollerwerbsbetriebe weit höher als im Landesschnitt, Beweis dafür, daß der Bodenseeraum immer noch ein agrarisch wichtiger Raum ist mit äußerst intensiver Nutzung und hohem Aufwand für Bearbeitung, Düngung und Pflanzenschutz.

Tab. 2: Verteilung der landwirtschaftlichen Nutzfläche 1980 (in %)

Landkreis	Ackerland	Grünland	Sonstiges (vorw. Sonderkulturen)
Konstanz	50,5	45,0	4,5
Bodenseekreis	35,2	50,4	14,4
Ravensburg	23,2	74,2	2,6

Wolf-Dieter Sick, Hermann Grees: Oberschwaben und Bodenseegebiet. In: Christoph Borcherdt (Hrsg.): Geographische Landeskunde von Baden-Württemberg. Stuttgart: Landeszentrale für politische Bildung 1983, S. 361

Produzierendes Gewerbe. „Dort arbeiten, wo andere Urlaub machen“, lautete ein Motto, als Arbeitskräfte in den 60er Jahren gesucht wurden. Auch „das Segelboot vor dem Arbeitsplatz“ gibt es tatsächlich, zum Beispiel östlich von Immenstaad, wo mehr als 3000 Ingenieure und qualifizierte Techniker der Firma Dornier vor allem Entwicklungsaufgaben für die Luftfahrt, Energietechnik und für Zukunftstechnologien erfüllen. Sie arbeiten in einem Grundstück direkt am See mit eigenem Jachthafen. Der Freizeitraum Bodensee spielte bei der Wahl ihres Arbeitsplatzes eine wichtige Rolle. Im Raum Friedrichshafen – Langenargen – Immenstaad arbeiten über 30000 Menschen im sekundären Sektor, auffallend viele an hochqualifizierten Entwicklungsaufgaben. 60% der Arbeitsplätze sind auf 12% der Fläche der Region im Raum Friedrichshafen – Ravensburg konzentriert.

Im Bodenseegebiet war also der Freizeitwert ein Standortfaktor für die hochqualifizierte Industrie, die ihrerseits den Freizeitraum bedrängt.

Tab. 3: Beschäftigtenstruktur im Bodenseekreis

	sekundärer S.		tertiärer S.	
	1970[1]	Entw. 61–70	1970[1]	Entw. 61–70
MB[2] Friedrichshafen	31 983	+31,3%	14 677	+22,6%
MB[2] Überlingen	7 299	+ 5,7%	7 128	+21,8%
Land Baden-Württ.		+12,9%		+14,1%

[1] Neuere Daten wegen fehlender Volkszählung nur auf anderer Bemessungsgrundlage und nicht direkt vergleichbar
[2] MB = Mittelbereich

Nach Grundlagen Regionalplan, Bd. 2. Ravensburg 1976

Tab. 4: Veränderung der Beschäftigten im produzierenden Gewerbe

Landkreis	1979–1983
Bodenseekreis	– 2,5%
Sigmaringen (seeferne Zone der Region)	–10,4%

Nach Angaben der IHK Ravensburg

Tab. 5: Wichtige Industriebranchen im Bodenseekreis 1958 und 1976 (Gebietsstand 1. 1. 1978)

Industriegruppe(n)	Betriebe[1]		Beschäftigte		
	1958	1976	1958	1976	Veränderung 1958–1976 in %
Steine, Erden	13	14	413	546	+ 32,2
Maschinenbau, einschl. Herstellung von Büromaschinen usw.	14	15	4158	7077	+ 70,2
Fahrzeugbau	3	3	4317	7554	+ 75,0
Elektrotechnische Industrie	9	13	841	3499	+316,1
Übrige Eisen- und Metallindustrie	11	8	1059	2048	+ 93,4
Kunststoffverarbeitende Industrie	4	9	233	927	+297,9
Bekleidungsindustrie	9	6	701	298	– 57,5
Ernährungsindustrie	11	4	243	234	– 3,7

[1] mit 10 und mehr Beschäftigten, ohne Versorgungsbetriebe und Baugewerbe

Der Bodenseekreis, Auszug aus der Landesbeschreibung. Bearb. von Elmar L. Kuhn u. a. Friedrichshafen: 1981, S. 543

Friedrichshafen ist der Industrieschwerpunkt der Region. Hier gibt es mit 255 Industriebeschäftigten auf 1000 Einwohnern eine höhere Quote als im Schnitt des Landes (219) und eine geringere Arbeitslosenrate als in Stuttgart, das als besonders strukturstark gilt. Hier sind in Großbetrieben von europäischem Rang 20000 Menschen vor allem im Getriebebau (ZF) und Motorenbau (MTU) beschäftigt. Die Steuerkraft liegt mit 108 Punkten über dem Landesdurchschnitt. Das erhebliche Gefälle im Lohn- und Beschäftigtenniveau innerhalb der Region wird aus Tab. 6 erkennbar.

Tab. 6: Löhne und Investitionen

	Löhne und Gehälter je Beschäftigten 1978 (Index Land = 100) im verarbeitenden Gewerbe	Investitionen je Beschäftigten 1978 im verarbeitenden Gewerbe (Index Land = 100)
Bodenseekreis	108,6	130,8
LK Ravensburg	93,6	96,7
LK Sigmaringen	85,6	81,6
Region Bodensee-Oberschwaben	99,1	110,2

Hermann Vogler: Die Zukunft einer Kulturlandschaft. In: Bürger im Staat, 1981, H. 3, S. 222

Jährlich werden ca. 10 Mio. t Kies und Sand in der Region abgebaut, vor allem im Bereich der eiszeitlichen Ablagerungen und im Bereich von Flußmündungen, z. T. auch in Landschaftsschutzgebieten und Waldflächen (vgl. Abb. 5), allein 120 ha im Tettnanger Wald!

Fremdenverkehr. Das milde Klima, die Freizeitmöglichkeiten des Sees und die anmutige Landschaft vor der Kulisse der Alpen haben den Bodenseeraum zu einem wichtigen Fremdenverkehrsgebiet der drei Anrainerstaaten gemacht. Das deutsche Ufergebiet hat dabei mit Abstand die größten Anteile (Übernachtungszahlen 1980 am See insgesamt: 5,51 Mio.; Bodenseekreis: 1,984 Mio.; Landkreis Konstanz: 1,495 Mio.).

Nach einem Rückgang des Fremdenverkehrs, u. a. wegen der Wasserverschmutzung, zu Beginn der 70er Jahre, nimmt der Fremdenverkehr jetzt im Bodenseeraum wieder zu. Aussagen über den Rückgang des Tourismus im Zuge der wirtschaftlichen Rezession seit 1981 sind kaum möglich, da die Übernachtungszahlen den Einfluß der Autobahn A 81, die viele Tages- und Wochenendurlauber aus dem Raum Stuttgart bringt, nicht widerspiegeln und außerdem veränderte Bemessungsgrundlagen die Ergebnisse verzerren.

Tab. 7: Übernachtungszahlen ausgewählter Orte des Bodenseekreises

	1960	1970	1980	Veränderungen 80 gegenüber 70
Friedrichshafen	166 753	155 331	223 815	+44%
Meersburg	183 881	164 126	216 794	+32%
Langenargen	155 983	197 391	234 010	+18,5%
Überlingen	329 319	338 307	486 472	+43,7%
Bodenseekreis	1 198 759	1 416 486	1 984 200	+40,1%

Nach Angaben des Statistischen Landesamtes Baden-Württemberg

Der Fremdenverkehr am Bodensee ist durch eine markante Sommersaison gekennzeichnet: Über 65% der Übernachtungen erfolgen im Zeitraum von Ende Juni bis Mitte September. Die Bettenauslastung ist deshalb sehr ungünstig. Der Beitrag des Fremdenverkehrs zum Bruttosozialprodukt erreicht nur in wenigen Ufergemeinden 20%. Dort ist auch die Verweildauer mit ca. acht Tagen am längsten, auffallend kurz ist sie in Bodmann/Ludwigshafen (3,3 Tage) in der Nähe des Endes der Autobahn von Stuttgart.

Besonders stark vertreten ist neben der Ferienerholung – auch auf vielen ufernahen Campingplätzen – der Wochenend- und Ausflugsverkehr; zur Kurerholung mit langer Aufenthaltsdauer kommt es nur selten. Die kurze durchschnittliche Verweildauer hängt auch damit zusammen, daß „Schlechtwetter-Ferieneinrichtungen" am Bodensee selten sind.

Die Anzahl der Zweitwohnungen ist nicht so stark gestiegen, wie in den 60er Jahren befürchtet (1981: ca. 1500 im Bodenseekreis bei einer Gesamtzahl von 191000 Wohnungen).

Tab. 8: Bevölkerungswachstum im Bodenseekreis

	1950	1970	1980	1983	Veränderungen '83 gegen '70
Mittelbereich (MB) Friedrichshafen	64 819	108 525	118 999	120 921	+11,4%
Mittelbereich (MB) Überlingen	29 791	42 694	48 868	50 815	+19,0%
Land Baden-Württemberg	6 430 200	8 895 000	9 190 052	9 270 608	+ 4,2%

Nach Angaben des Statistischen Landesamtes Baden-Württemberg

Die Trendprognosen, die im Regionalplan von 1979 unter der Voraussetzung eines verlangsamten Wachstums für 1990 im MB Friedrichshafen 121000 Einwohner und im MB Überlingen 51000 Einwohner annahmen, sind also bereits heute fast erreicht: Der Bodenseeraum zeigt ein kaum gebremstes Wachstum, er ist ein Zuwanderungsgebiet geblieben. Dabei hat die Einwohnerdichte vor allem im ufernahen Bereich weit überdurchschnittlich zugenommen.
Die besiedelte Fläche erreicht in vielen Ufergemeinden mehr als 20% der Gemarkungsfläche, in der Einkilometerzone vom Ufer sind es insgesamt 30%. Zwischen Ludwigshafen und Lindau sind zwei Drittel des Ufers ganz oder teilweise verbaut, 40% dieses Ufers von touristischen Einrichtungen (Häfen, Campingplätze, Promenaden) besetzt. Die Grundstückpreise sind in Ufernähe sehr hoch, der Landverbrauch ist nach wie vor überdurchschnittlich groß, vor allem wegen des überproportionalen Anteils von Einfamilienhäusern mit ihrem hohen Straßenbedarf.

Verkehr. 1978 wurde die Autobahn Stuttgart – westlicher Bodensee (A 81) fertiggestellt und 1984 vierspurig in Richtung Konstanz weitergeführt. Die A 7/A 96 (im Bau) wird bald das östliche Bodenseegebiet großräumig von Norden her erschließen. Die beide Autobahnen verbindende B 31 (= Europastraße 121) verläuft auf ufernaher Trasse über 40 km lang in weniger als 200 m Abstand vom Ufer, auf weiten Strecken ist sie eine direkte Uferstraße (vgl. Abb. 3). Sie ist vor allem in den Sommermonaten völlig überlastet, ihr Verkehr aber nimmt noch weiter zu. Die Einflüsse der A 81 sind auch aus Tab. 9 zu erkennen.

Tab. 9: Verkehrsmengen auf der B 31 (Kfz/24 Std.)

	1975	1978	Zunahme '78 gegenüber '75
Sipplingen westlich	11 800	21 310	80,6%
Meersburg westlich	15 040	18 480	22,8%
Friedrichshafen	20 850	23 900	14,6%

Regionalplan Bodensee-Oberschwaben. Ravensburg: 1979, S. 92

Nach dem EG-Bericht „Engpässe in der europäischen Verkehrsinfrastruktur“ (1979) ist die B 31 die am stärksten überlastete zweispurige Bundesstraße in der Bundesrepublik Deutschland.
In vielen Ufergemeinden trennt die B 31 den Uferbereich vom Wohn- und Geschäftsbereich; nur vereinzelt bestehen Unterführungen. An vielen Stellen behindert die Straße die Zugänglichkeit des Ufers. In den Sommermonaten sind lange Fahrzeugschlangen, oft mit stehendem Verkehr (z. B. im Steigungsbereich innerhalb Meersburgs), an der Tagesordnung. Die Straße kann ihren mehrfachen Aufgaben, den lokalen Verkehr im Uferbereich, den regionalen Verkehr und den Fernverkehr gleichzeitig aufzunehmen, längst nicht mehr gerecht werden. Seit dem Bau der A 81 ist die Belastung vieler Ufergemeinden unerträglich, und durch das in der

Abb. 1: Fischbach und das Bodenseeufer westlich von Friedrichshafen

Abb. 2: Der Bodenseeraum im Fernstraßennetz

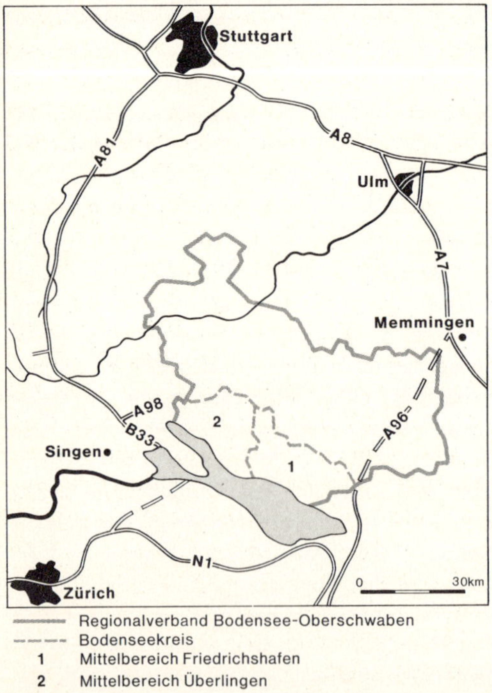

Schweiz geltende Nachtfahrverbot für Lkws hat sich diese Belastung noch zusätzlich verstärkt: Die ufernahe Straße ist eine Nachttrasse des internationalen Schwerverkehrs geworden. Weitere Belastungen ergeben sich durch das in der Schweiz bestehende Verbot für Lkws über 28 t. Der internationale Schwerlastverkehr wählt im Transit deshalb den Weg durch Österreich, die Umgehung der Schweiz belastet die B 31 ebenso wie es die vielen Lkws tun, die wegen der Steigungsstrecken die A 8 zwischen Stuttgart und Ulm meiden.

3. *Nennen Sie die Ursachen der drastischen Verschlechterung der Wassergüte des Bodensees in den 50er und 60er Jahren, und bewerten Sie die daraufhin forcierten Wasserschutzmaßnahmen.*

4. *Erläutern Sie die Bedeutung des Bodenseegebiets als Wirtschaftsraum, besonders innerhalb der Region Bodensee-Oberschwaben.*

5. *Erläutern Sie die Probleme des Fremdenverkehrs am Bodensee. Nennen Sie mögliche Einzugsgebiete des Naherholungs- und Ausflugstourismus (ungefähre Einwohnerzahlen).*

4.4.2 Divergierende Zielvorstellungen für die weitere Entwicklung

Aus dem vielfach und unterschiedlich genutzten Bodenseeraum erwachsen Interessenkonflikte für die weitere Entwicklung. Vor allem Umfang und Art der Verkehrserschließung wurden zum Streitfall für die verschiedenen Gruppeninteressen.

Naturschutz und Gewässerschutz. Forderung nach Erhaltung zusammenhängender naturnaher Uferlandschaften; generelle Reduzierung des Landschaftsverbrauchs; Erhaltung und weitere Verbesserung der Wasserqualität, besonders durch Verringerung der Phosphatzufuhr und der Zahl der Motorboote; Verlagerung von möglichst viel Verkehr aus dem Uferbereich, was vor allem im Raum Sipplingen wegen der Entnahmestellen der Fernwasserversorgung vordringlich ist.

Landwirtschaft. Forderung nach Erhaltung des Bestandes der landwirtschaftlichen Nutzflächen, weitere Landabgaben gefährden die Existenz der Betriebe, da weitere Intensivierung nicht mehr möglich ist; Forderung nach Einschränkung des Kiesabbaus; neue Fernstraßen widersprechen den Interessen der Landwirtschaft.

Produzierendes Gewerbe. Sicherung der hochwertigen, für die Wirtschaftsstruktur der Region unentbehrlichen Arbeitsplätze; widersprechende Vorstellungen über den weiteren Ausbau der Industrie: Im ufernahen Bereich bereits ansässige Betriebe streben weiteren Ausbau in unmittelbarer Nähe an, regionalpolitische Ziele sehen aber den Ausbau im uferfernen Raum vor, um das Wirtschaftsgefälle zum Hinterland hin zu vermindern und um Freiflächen im Uferbereich zu erhalten; Schaffung einer leistungsfähigen überregionalen Straße vordringlich.

Fremdenverkehr. Einerseits Forderung nach Erhalt der Attraktivität der Bodenseelandschaft; Verminderung der Umweltbelastungen und des weiteren Flächenverbrauchs; andererseits Forderung nach Ausbau der fremdenverkehrsnahen Infrastruktur zur Verlängerung der Saison; außerdem Weiterleitung eines Teils des Wochenend- und Ausflugsverkehrs vom westlichen Bodensee (Nähe des Endes der A 81) nach Osten; Behebung der unerträglichen Verkehrsverhältnisse in den Ortsdurchfahrten der B 31; Freihaltung des Uferbereichs vom Fernverkehr, Bau einer leistungsfähigen Straße im Hinterland.

Wohnbevölkerung. Wunsch nach Errichtung weiterer Wohngebäude im Uferbereich steht im Gegensatz zu den raumordnerischen Gesichtspunkten, die keine weitere Siedlungsverdichtung im Uferbereich vorsehen, sondern die Ausweisung von Bauflächen im uferferneren Raum; Forderung nach Entlastung der Wohnviertel vom Fern- und Regionalverkehr, damit nach Neubau einer uferfernen Trasse; die Forderung, „der Bodensee muß in erster Linie für seine Bewohner da sein", wird besonders engagiert von den vielen zugezogenen Ruheständlern vertreten (z. B. im Raum Überlingen).

4.4.3 Der Streit um den Bau der Autobahn A 98

Pläne zum Ausbau des Fernstraßennetzes sahen auf der deutschen Bodenseeseite seit den 50er Jahren den Bau einer Autobahn Basel/Freiburg – Bodensee – München vor. Zu ihrer Begründung stand neben der besseren Verkehrsanbindung in den 60er und 70er Jahren vor allem das Wirtschaftswachstum durch die Verbesserung der Standortqualitäten im Vordergrund. Das daraus entwickelte Konzept sah neben dem Bau der Autobahn auch den Ausbau der B 31 an ihren neuralgischen Punkten vor.

Seit ungefähr 1970 wandten sich in steigendem Maß Bürgerinitiativen und Vertreter verschiedener Gruppen gegen dieses Planungskonzept, wobei zwar in der Regel die Notwendigkeit eines Ausbaus des Straßennetzes nicht bestritten wurde, meist aber vor allem der parallele Ausbau von B 31 und Neubau der A 98 attakkiert wurden. Besonders aktiv waren die Gruppen im Raum Überlingen, wo bereits seit Mitte der 60er Jahre eine teils vierspurige Umgehungsstraße besteht. Die Alternativen der Gegner der staatlichen Planung sahen u. a. einen Ausbau der B 31 vor, teilweise auch den Bau einer seefernen Autobahn (10–20 km vom Ufer), der allerdings nie Realisierungschancen gegeben wurden.

Argumente der Befürworter der Autobahn A 98 und ihrer Trasse	*Argumente der Gegner der A 98 und ihrer Trasse*
– die B 31 ist überlastet, der Verkehr nimmt weiter zu, ebenso die Unfallhäufigkeit – in manchen Ufergemeinden hat der Durchgangsverkehr einen Anteil von über 80%, wegen der Überlastung der B 31 werden von ihm auch zunehmend Nebenstraßen betroffen – Lärm und Abgasbelastung der B 31 bedrohen den Fremdenverkehr – zur Sicherung der Arbeitsplätze im Bodenseeraum ist eine bessere überregionale Verkehrsanbindung notwendig, vor allem, da die Bundesbahn nur eine wenig leistungsfähige einspurige Strecke zwischen Lindau und Singen betreibt – die neue Trasse kann einer weiteren Verdichtung der Siedlungen und Arbeitsplätze im Uferbereich entgegenwirken und eine Verlagerung ins Hinterland und dessen Entwicklung fördern – nur eine Trasse in nicht zu großem Abstand vom See kann die ufernahen Straßen entlasten	– zusätzliche Flächen werden dem Verkehr geopfert, obwohl das Straßennetz im Bodenseeraum bereits überdurchschnittlich dicht ist und die unzerschnittenen Flächen klein sind – wertvolle Landschaftsschutzgebiete, Waldflächen und Feuchtgebiete werden zerschnitten – die Trasse liegt zu nahe am See, die Erholungslandschaft des Bodenseehinterlands wird zerstört – die Autobahn dient vorrangig der Wirtschaftsförderung im Bodenseeraum – sie schafft möglicherweise neue Industrieansiedlungen und einen verstärkten Fremdenverkehr und somit weitere Umweltbelastung – der Neubau einer Fernverkehrsstraße verteilt Lärm- und Umweltbelastungen auf eine größere Fläche

Abb. 3: Überregionale Verkehrsstraßen im Bodenseeraum

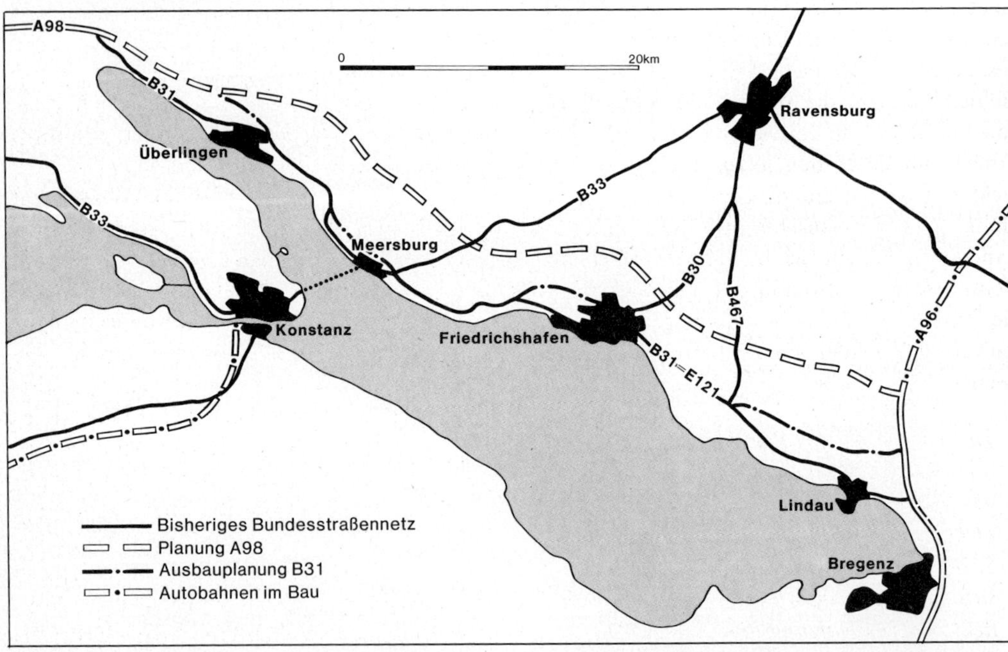

Ende der 70er Jahre kam es zu einer Trendwende im Fernstraßenbau. Im Zusammenhang mit der Energiekrise, dem gestiegenen Umweltbewußtsein und den schmaler gewordenen öffentlichen Kassen ging man von der überzogenen Autobahnplanung der 60er und frühen 70er Jahre ab. Diese Tendenzwende zeigte sich in verstärkten Aktivitäten der Autobahngegner, aber auch in einer veränderten Einstellung der Politiker.

Der Regionalverband Bodensee-Oberschwaben strebte in dieser Situation eine Kompromißlösung an, die neben dem Bau der A 98 (u. U. nur als zweispurige Bundesstraße) mit Ausnahme der Umgehungen von Friedrichshafen und Meersburg nicht nur keinen weiteren Ausbau der B 31 vorsah, sondern auch die Rückstufung und teilweise Aufhebung der Uferstraße, um damit die Bedenken der Autobahngegner zu berücksichtigen.
Doch die Initiative wurde aufgrund der Abstimmungsverhältnisse im Verkehrsausschuß des Bundestages nicht mehr wirksam. 1980 verschwand die A 98 aus der mittelfristigen Planung des Bundes und wurde lediglich zur Überprüfung in einen Anhang verwiesen. Für die B 31 sind Umgehungen von Ludwigshafen/Sipplingen, Meersburg, Friedrichshafen vorgesehen, zwischen Kressbronn und Lindau wird eine neue Trasse gebaut (für 300 Mio. DM).
Der ufernahe Verkehr bleibt also auf weiten Strecken bestehen, westlich von Überlingen dient eine vierspurige Straße künftig nur untergeordnetem örtlichem Verkehr, eine Entlastung des ufernahen Bereichs erfolgt nur auf einer kleinen Strecke, die notwendige Verlagerung von Gewerbe und Industrie in eine uferferne Zone kann durch den jetzigen Planungsstand nicht gefördert werden. Und die Möglichkeit bleibt, daß der Ausbau der B 31 ähnlichen Landverbrauch mit sich bringt, wie er bei einer Neutrassierung notwendig gewesen wäre. Denn die B 31 muß mit 25–28 kreuzungsfreien Knoten versehen werden, eine neue Trasse hätte nur neun gefordert.

6. *Diskutieren Sie das Für und Wider einer Begrenzung der Zahl der Motorboote bzw. ihres generellen Verbots.*

7. *Ordnen Sie Abb. 1 dem Flächennutzungsplan S. 288 zu, machen Sie Aussagen zur Siedlungsstruktur, zur Landwirtschaft, zum Verkehrsnetz und zur Nutzung des Uferbereichs.*

8. *Die Verkehrsplanung am Bodensee wurde in der Öffentlichkeit besonders engagiert und kontrovers diskutiert. Erläutern Sie die damit zusammenhängenden Probleme, und diskutieren Sie die Argumente pro und contra Autobahn A 98.*

Planungskonzepte

1. Der Landesentwicklungsplan Baden-Württemberg (1968) nennt generelle Ziele, z. B. den Ausgleich für die schwächere Wirtschaftskraft im seeferneren Teil, die Schaffung von Arbeitsplätzen im sekundären und tertiären Sektor, den Ausbau der Entwicklungsachsen und die Erhaltung des Uferbereichs als Erholungsgebiet.
2. Das „Gesamtkonzept für den Bodenseeraum" der Landesregierung (1975) enthält eine detailliertere Darstellung der Verhältnisse und neben dem Leitbild für die Gesamtentwicklung folgende Schwerpunkte: Erhaltung der Freiräume, Ausgleich des Strukturgefälles, Siedlungsentwicklung quer zum Ufer, Ausbau von Schwerpunkträumen und zentralen Orten.
3. Das „Internationale Leitbild für das Bodenseegebiet" der gemeinsamen Raumordnungskommission der Anrainerländer (1982) bringt keine konkrete Festlegung, sondern allgemeine Ziele (u. a. für den Erhalt der Naturlandschaft).
4. Der Regionalplan Bodensee-Oberschwaben (1981 mit Genehmigung des Innenministeriums für verbindlich erklärt) bildet u. a. den Rahmen für die Flächennutzungsplanung. Er legt für Landkreise und Kommunen verbindlich Ziele der Raumordnung fest. Er stellt auf der Basis einer umfangreichen Bestandsaufnahme ein umfassendes, konkretes und detailliertes Planungskonzept dar, das einen Ausgleich zwischen den verschiedenen Interessen sucht und die Vorsorge für die Kulturlandschaft betont. Er neigt keiner der beiden grundsätzlichen Positionen (vgl. S. 279) zu, sondern zielt auf eine dritte Alternative ab: „Eine tragfähige wirtschaftliche Eigenentwicklung für die Bodenseeregion – eingeschränkt durch die ökologischen Grenzen der Kulturlandschaft" (Verbandsdirektor H. Vogler). Für die Verkehrsplanung wird eine Verlagerung des Durchgangsverkehrs auf eine leistungsfähige Route außerhalb des Uferbereichs angestrebt, wodurch viele ufernahe Straßen entlastet und zum Teil zurückgestuft (nur für den örtlichen/landwirtschaftlichen Verkehr freigegeben) werden sollen (Abb. 5).
5. Der Uferplan (Teilregionalplan) betont ökologische Zielsetzungen und nimmt sich der besonders empfindlichen Flachwasserzone und des unmittelbaren Uferbereichs an.

Abb. 4: Ausschnitt aus dem Flächennutzungsplan der Verwaltungsgemeinschaft Friedrichshafen–Immenstaad

Maßstab 1:20 000

Wiedergabe mit Genehmigung des Stadtplanungsamtes Friedrichshafen

PLANZEICHENERKLÄRUNG

VORH. GEPL.
BAUFLÄCHEN

- WOHNBAUFLÄCHE (W)
- GEMISCHTE BAUFLÄCHE (M)
- KERNGEBIET (MK)
- GEWERBEGEBIET (GE)
- EINGESCHRÄNKTES GEWERBEGEBIET (GE e)
- INDUSTRIEGEBIET (GI)
- SONDERGEBIET (SO)
- WOCHENENDHAUSGEBIET (SW)
- WOHNUMFELDVERBESSERUNG

SONSTIGE FLÄCHEN

- LANDWIRTSCHAFT
- FORSTWIRTSCHAFT
- WEINANBAUFLÄCHE
- WASSERFLÄCHE

GEMEINBEDARFSEINRICHTUNGEN

- FLÄCHE F. D. GEMEINBEDARF
- VERWALTUNG
- KINDERGARTEN
- KINDERHEIM - TAGESSTÄTTE (K)
- JUGENDHAUS - HERBERGE (J)
- FREIZEITHAUS (F)
- GEMEINDEHAUS - ZENTRUM (G)
- ALTERSHEIM (A)
- SCHULE
- KIRCHE
- HALLENBAD
- SPORTHALLE (S)
- REITHALLE (R)
- GEMEINDE- MEHRZWECKHALLE
- KRANKENHAUS
- BUNDESPOST
- FEUERWEHR (F)

GRÜN - U. ERHOLUNGSFLÄCHEN

- GRÜN - U. ERHOLUNGSFLÄCHE
- PARKANLAGE
- SONDERGEBIET CAMPINGPLATZ
- BADEPLATZ
- SONST. FREIZEITEINRICHTUNGEN (FR) MIT NUR UNWESENTL. BAUL. ANLAGEN ODER UNTERGEORDNETEN GEBÄUDEN
- SPORTPLATZ
- TENNISPLATZ
- DAUERKLEINGÄRTEN
- FRIEDHOF

EINRICHTUNGEN F. BES. PRIV.-WIRTSCHL. ZWECKE

- NEBENZENTRUM (NZ)
- VERBRAUCHERMARKT (VM)

DARSTELLUNGEN, DIE AUF ANTRAG D. VERWALTUNGSGEMEINSCHAFT VON D. GENEHMIGUNG AUSGENOMMEN SIND

VORH. GEPL.
VERKEHRSANLAGEN

- VIERSPURIGE STRASSE
- HAUPTSTRASSE *WIDERSPRUCH DURCH STRASSENBAUVERWALTUNG
- PARKPLATZ (P)
- GRENZE D. ORTSDURCHFAHRT
- BAHNANLAGEN
- BAHNHOF (BF)
- BUSBAHNHOF (BBF)
- FLUGHAFEN
- HUBSCHRAUBERLANDEPLATZ
- BOOTSHAFEN *VORSCHLAG
- SCHIFFS.-U. FÄHRHAFEN

SONSTIGE DARSTELLUNGEN

- NATURSCHUTZGEBIET (N)
- LANDSCHAFTSSCHUTZGEBIET (L)
- GESCHÜTZTER GRÜNBESTAND (GG)
- WASSERSCHUTZGEBIET (W)
- BAUDENKMAL (D)
- NATURDENKMAL (N)
- BODENDENKMAL (B)
- BEGRENZUNG DER FLUGSCHNEISE
- FLÄCHEN FÜR AUFSCHÜTTUNGEN
- FLÄCHEN FÜR ABGRABUNGEN
- ÜBERSCHWEMMUNGSGEBIET (ü)
- ABGRENZUNG DES VERFAHRENSGEBIETES
- III — HÖCHSTZULÄSSIGE ANZAHL DER VOLLGESCHOSSE
- 1,4 — HÖCHSTZULÄSSIGE GESCHOSSFLÄCHENZAHL
- 6,0 — HÖCHSTZULÄSSIGE BAUMASSENZAHL IN INDUSTRIEGEBIETEN
- (131) — NR. DES RECHTSKRÄFTIGEN BEBAUUNGSPLANES

VERSORGUNGS.- U. ENTSORGUNGSANLAGEN

- VER.- U. ENTSORGUNGSFLÄCHE
- WASSERWERK
- PUMPWERK
- WASSERBEHÄLTER
- UMSPANNWERK
- 110 KV — HOCHSPANNUNGSFREILEITUNG
- ÜBERGABESTATION F. FERNGAS
- KLÄRANLAGE
- REGENRÜCKHALTEBECKEN (R)
- MÜLLDEPONIE

Zeichenerklärung

Grenzen

Gemeinde – Region

Geltungsbereich des Bodenseeuferplans

Ziele des Bodenseeuferplans

Schutzzone I

Schutzzone II

Renaturalisierungsbereich

Vorrangbereich für Natur- und Landschaftsschutz

Schützenswerter Schilfbestand

Bereich für Bojenfeld

Bereich zur Verbesserung des freien Zugangs zum Bodensee

X X X Straße mit Beschränkungen für den allgemeinen Kraftfahrzeugverkehr

Ortsrandparkplatz

Nachrichtliche Übernahmen

Bestand | Planung

Natur- und Landschaftsschutzgebiet
(Planungen nach Einleitung des Verfahrens durch die Naturschutzbehörde, Stand 1982)

Freihalteflächen
(nach dem Regionalplan 1981)

Wasserschutzgebiet
(Planungen nach Vorschlag der Wasserwirtschaftsverwaltung, Stand 1982)

Wasserschongebiet Argendelta
(nach dem Regionalplan 1981)

Wohnbauflächen, gemischte Bauflächen und Sonderbauflächen
(nach den genehmigten bzw. vor der Genehmigung stehenden Flächennutzungsplänen, Stand 1982)

Bestand | Planung

Gewerbliche Bauflächen
(nach den genehmigten bzw. vor der Genehmigung stehenden Flächennutzungsplänen, Stand 1982)

Sondergebiet Bund

Großflächiger Kiesabbau
(bestehende und genehmigte Abbaugebiete ab 10 ha, Stand 1982)

Überregionaler, regionaler oder ergänzender Bundes-, Landes- oder Kreisstraßenzug
(nach dem Regionalplan 1981 und nach Unterlagen der Straßenbauverwaltung 1982)

Sonstige Landes- oder Kreisstraße
(nach Unterlagen der Straßenbauverwaltung 1982)

Prähistorische Ufersiedlung
(nach Unterlagen des Landesdenkmalamtes 1982)

Sonstige Darstellungen

Bestand

Strandbad

Campingplatz

Hafen für die Sport- und Vergnügungsschiffahrt

Schiffslandestelle

46 Seezeichen

Trinkwasserentnahmeleitung

Einleitung aus Sammelkläranlage oder Regenüberlaufbecken

Sammelkläranlage

Abb. 5: Ausschnitt aus dem Bodenseeuferplan
Wiedergabe mit Genehmigung des Regionalverbandes Bodensee-Oberschwaben

Maßstab 1:50 000

9. *Der Uferplan läßt die unterschiedlichen Ansprüche an den kostbaren Seeuferbereich besonders deutlich werden. Erläutern Sie dies im dargestellten Kartenausschnitt. Wie versucht der Plan, den verschiedenen Ansprüchen gerecht zu werden?*

10. *Vergleichen Sie die Zielvorstellungen des Regionalplans mit der eingangs dargestellten kontrastierenden Alternative für die künftige Raumentwicklung.*

4.5 Stadtentwicklung und Raumordnung in der Bundesrepublik Deutschland und der DDR – ein Vergleich

4.5.1 Bremen

Lage und Entwicklung

Entlang des Unterlaufs der Weser verläuft auf der östlichen Seite ein 40 km langer und bis zu 1 km breiter Dünenzug. Genau dort, wo er besonders nahe an den Fluß herantritt und sich dieser in zwei Arme teilt, entstand im Jahre 780 Bremen als Sitz eines Missionssprengels, der schon sieben Jahre später Bistum wurde.
Der Platz für die Siedlung war gut gewählt, denn hier waren die Bedingungen für einen Fährübergang günstig, so daß mehrere alte Fernstraßen an dieser Stelle die Weser kreuzten. Eine weitere Straße führte entlang des Dünenzuges in den Raum Braunschweig. Und bis genau hierher, ca. 60 km vom Meer, reichen die Gezeiten. Die Schiffe konnten also mit der Flutwelle flußauf bis Bremen fahren.
Im Jahre 845 verlagerten die Erzbischöfe ihren Hauptsitz von Hamburg nach Bremen, das 965 das Marktrecht und 1186 das Stadtrecht erhielt. Die Stadt wurde ein Umschlagplatz für den Seehandel, der gegenüber dem Küsten-, Fluß- und Binnenhandel immer größere Bedeutung gewann. Als Mitglied der Hanse erlangte die Stadt weiteren Reichtum und Einfluß. Die Hanse beherrschte den Handel mit Skandinavien und Rußland und hatte wichtigen Anteil an den Handelsbeziehungen mit England. Seit dem 13. Jahrhundert umgab eine schützende Mauer die Stadt; im 17. Jahrhundert kamen weitere Befestigungsanlagen dazu. Die langgestreckte Form des Stadtkörpers ist durch den Verlauf der Düne vorgeprägt (vgl. Abb. 1). Bis zum Zweiten Weltkrieg beschränkte sich die Bebauung fast ausschließlich auf die Düne. Heute aber liegen nur noch 15% der Marschenstadt Bremen hochwassersicher auf der Düne.
Die Flußmarsch der Weser ist ein Gebiet vieler ehemaliger Flußarme. Der dort vorkommende Auelehm ist ein Zeichen für die fortwährende Aufschüttung im Unterlauf der Weser, denn er entstand aus dem Schwemmlöß, den der Fluß vom Mittelgebirgsrand hergebracht hatte. Wegen der zunehmenden Versandung des Weserunterlaufs konnten um 1800 nur noch wenige Schiffe bis zur Stadt gelangen; die meisten fuhren flußauf nur noch bis Vegesack. Rang und Ruf des Hafens Bremen waren in Gefahr, da technische Mittel zur Ausbaggerung der Weser noch nicht zur Verfügung standen. Daher wurde knapp 70 km nördlich der Stadt der neue Hafen – Bremerhaven – angelegt und 1830 erstmals genutzt.
Gegen Ende des Jahrhunderts machten umfangreiche Flußregulierungen (Verkürzungen) auch wieder die Nutzung der Bremer Häfen möglich; nach und nach erfolgte auch der Ausbau des Europahafens nördlich der Stadt.
Besonders für den Personenverkehr war Bremerhaven in der zweiten Hälfte des 19. Jahrhunderts das „Tor zur Welt“ und der wichtigste europäische Amerikahafen. Allein 1853 waren es 58000 Auswanderer auf 280 Schiffen! Als Rückfracht kamen vor allem Tabak, Baumwolle, Zucker und Kaffee. Ein weiterer Entwicklungsschub setzte mit der Gründung des Norddeutschen Lloyd (1856) ein, der schon 1881 die viertgrößte Schiffahrtslinie der Welt war.
Bis 1900, als Cuxhaven ausgebaut wurde, hielt sich Bremen als wichtigster Seehafen gegenüber Hamburg. Danach aber zwang die Konkurrenz Hamburgs und später der Rheinhäfen, die wirtschaftlichen Grundlagen der Stadt durch die Ansiedlung von Industrie zu ergänzen.

Tab. 1: Einwohnerzahlen Bremens

1800	32 000	1950	441 000
1855	60 100	1960	557 000
1875	102 500	1975	670 000 (Bundesland Bremen)
1900	180 900		
1910	244 900	1982	692 000 (Bundesland Bremen, Stadt: 553 000)
1922	282 700		
1938	345 000		

Abb. 1: Die Siedlungsentwicklung Bremens

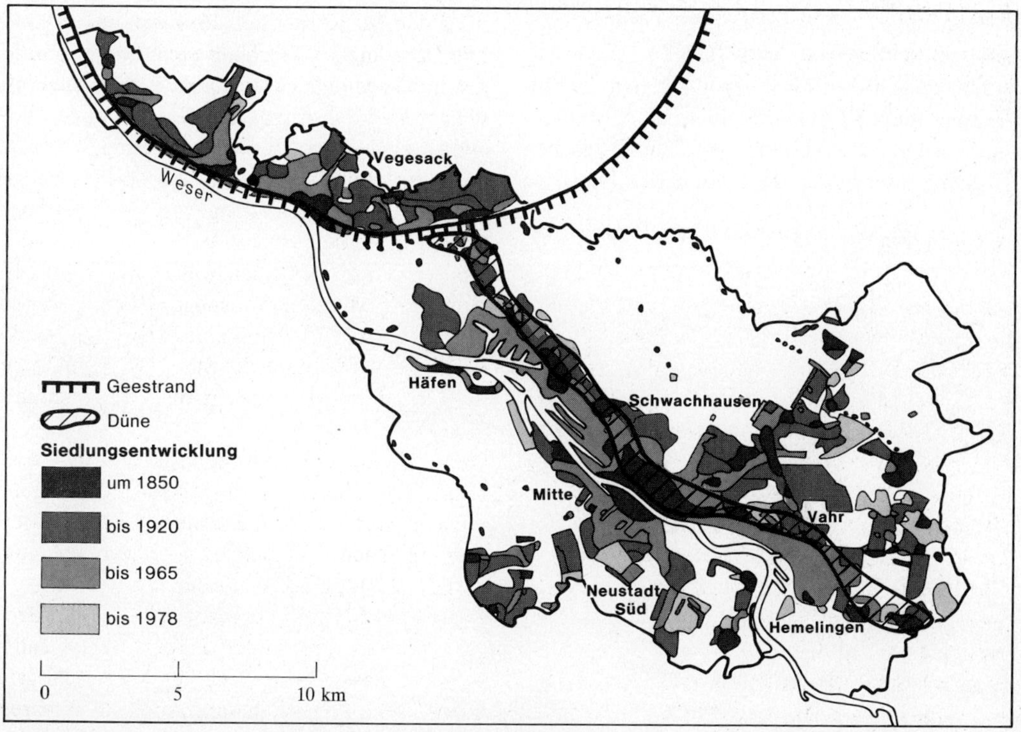

1. *Beschreiben und begründen Sie die Hafenverlagerungen und -ausweitungen im Raum Bremen.*
2. *Nennen Sie Vor- und Nachteile Bremens als Handelsstadt im Laufe der Stadtentwicklung.*
3. *Vergleichen Sie Lage- und Standortgunst Bremens und Rotterdams (vgl. Atlas).*

Innere Gliederung der Altstadt

Die östliche Altstadt ist die historische, politische und wirtschaftliche Mitte der Stadt. Ihre Lage ist unverkennbar durch den Verlauf der Befestigung aus dem 17. Jahrhundert markiert. Von da an bis zum Beginn des 19. Jahrhunderts, als die Befestigungsanlagen geschleift wurden, blieb die überbaute Fläche der Stadt Bremen nahezu konstant. 1770 lebten rund 30000 Menschen im Gebiet der heutigen Altstadt, die in sozialer und funktionaler Hinsicht eine deutliche Gliederung zeigte: Die Kleriker wohnten im Dombereich, die Fernhandelskaufleute im Martiniviertel, die Ratsfamilien in der Obernstraße und schließlich die kleinen Handwerker und Händler in den Randgebieten, z. B. in der Steffenstadt. Gewohnt und gearbeitet wurde meist unter demselben Dach.

1978 lebten nur noch 3700 Menschen zwischen Wall und Weser; 41000 Personen hatten jedoch in diesem Bereich ihre Arbeitsplätze, 94% davon gehörten dem tertiären Sektor an. Die Altstadt hat gründlich Gesicht und Aufgaben gewandelt. Sie ist zum überragenden Standort (ober)zentraler Dienste, sie ist zur City geworden. Dominierend sind Nutzungen wie Kaufhäuser, Banken, Büros und spezialisierte Einzelhandelsgeschäfte. Der Stadtkern bietet gute Erreichbarkeit, Fühlungsvorteile und historisch überkommene Standortqualitäten. Dagegen haben sich die Bedingungen für das Wohnen aufgrund der gestiegenen Boden- und Mietpreise sowie des gesunkenen Wohnstandards laufend verschlechtert – die abnehmenden Einwohnerzahlen (1850: 25000, 1939: 13500) in der Altstadt belegen das. Die Cityfunktionen sind allerdings nicht gleichmäßig über das Altstadtgebiet verteilt. Die Abbildungen 2 und 3 machen Nutzungsintensitäten deutlich, geben Hinweise auf die innere Gliederung der City, und Abb. 2 belegt schließlich auch, daß die City Ausläufer über den Mauerring hinaus entsendet.

Der Wandel zur City, aber auch die Zerstörungen im Zweiten Weltkrieg haben deutliche Spuren im Bild der Altstadt hinterlassen. Von der alten Bausubstanz ist nur noch wenig erhalten.

Abb. 2: Die Nutzungsstruktur der Bremer City

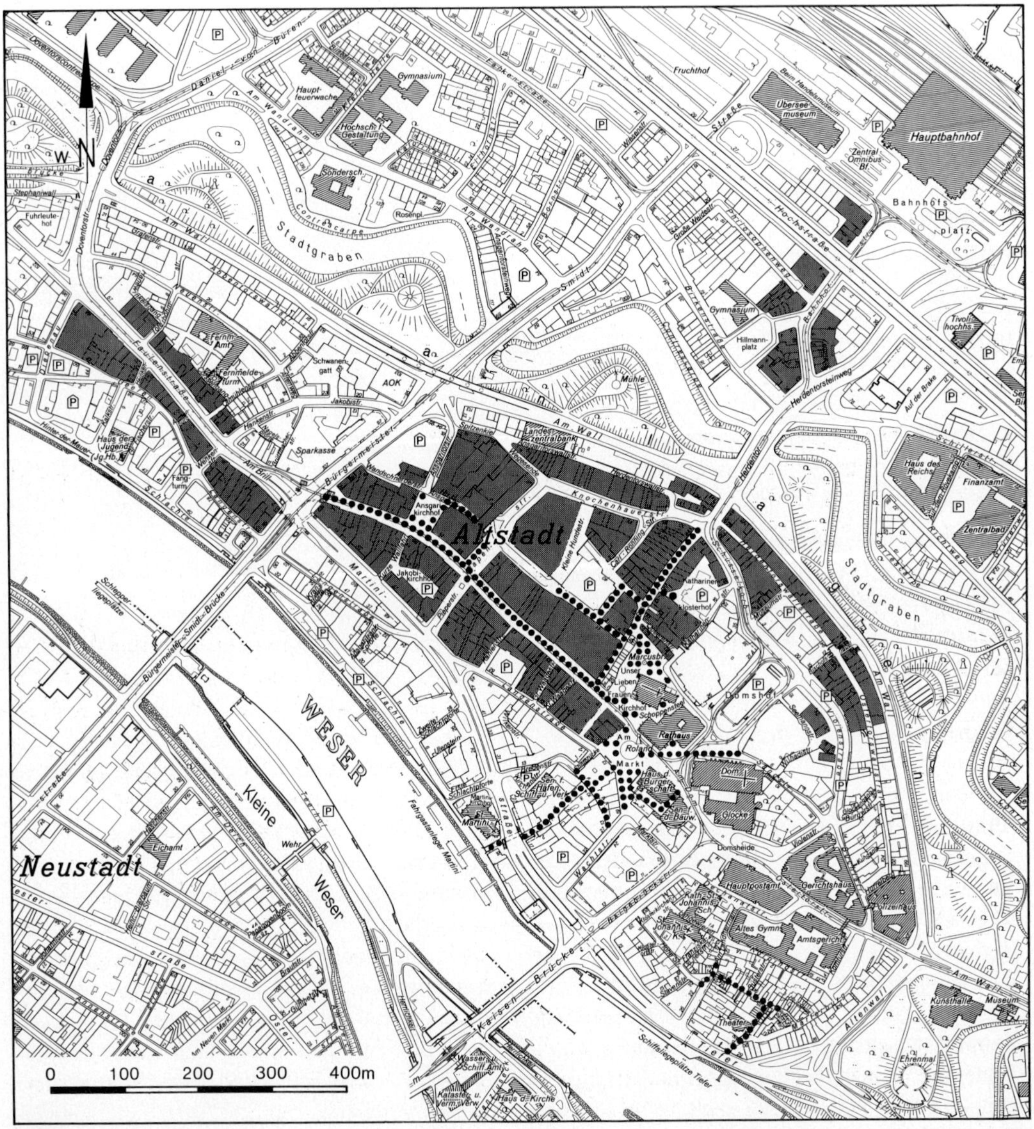

Öffentliche Einrichtungen
Haupteinkaufsbereich
Fußgängerbereich

Ⓟ Parkfläche
Ⓟ Parkhaus

„Kartengrundlage: Topographische Sonderkarte 1:10000, hrsg. v. d. Kataster- und Vermessungsverwaltung Bremen. Vervielfältigung mit Genehmigung des Herausgebers – 4/84"

Abb. 3a: Gebäudenutzung in der Obernstraße

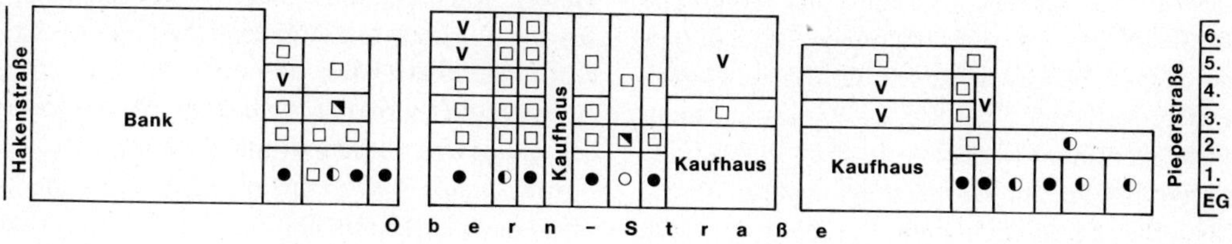

Abb. 3b: Gebäudenutzung in der Faulenstraße

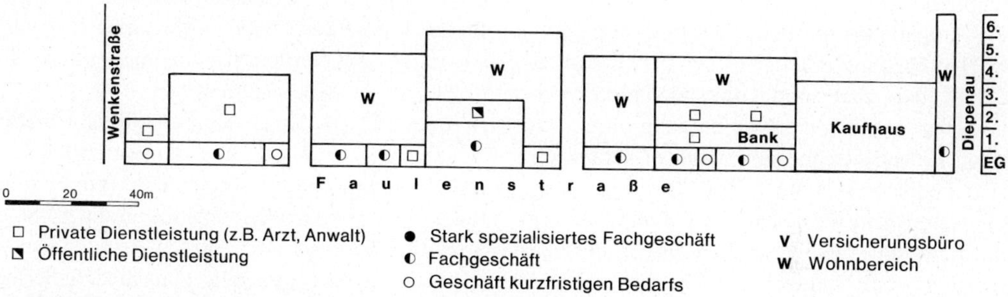

Nach Kartierung von Eugen Hoh, 1982

4. *Beschreiben Sie den Grundriß der Bremer Altstadt (Abb. 2).*
5. *Definieren Sie den Begriff „City“; und nennen Sie unter Heranziehung der Abb. 2, 3a und 3b wichtige physiognomische und funktionale Merkmale einer City.*
6. *Gliedern Sie die City Bremens. Wo greift die City über die Altstadt hinaus?*

Planungen und Sanierungsmaßnahmen in der Altstadt

Vordringlichste Aufgabe nach den Zerstörungen im Zweiten Weltkrieg war die Schaffung von Wohnraum. Ein zuweilen überstürzter Wiederaufbau setzte ein. In der Folgezeit waren Sanierungsmaßnahmen aller Art notwendig, um einerseits städtebauliche Mißstände und Baumängel zu beseitigen, andererseits die wachsenden Verkehrsprobleme in der City zu lösen. Drei Beispiele dieser Maßnahmen:

Schnoorviertel: Das zu den touristischen Hauptattraktionen Bremens zählende Schnoorviertel hatte unversehrt den Bombenkrieg überstanden. In der Nachkriegszeit drohten viele der kleinen, spitzgiebeligen Wohnhäuser zu verfallen, weil die Eigentümer nicht in der Lage oder gewillt waren, sie zu erhalten. Daher wurde in den 60er Jahren eine Sanierung mit staatlichen Zuschüssen unter der Leitung der Denkmalbehörde durchgeführt. Die gelungene Maßnahme löste einen Wandel aus: Viele Künstler und Kunsthandwerker begannen, Läden und Werkstätten einzurichten; Antiquitätengeschäfte, Restaurants und kleine Galerien kamen hinzu. Zunächst begrüßte man die Aufwertung des Gebiets. Als aber die Haus- und Grundstückspreise anzogen und Störungen durch den wachsenden Tourismus nicht ausblieben, zogen viele Bewohner aus. Mit einer 1979 verfügten Veränderungssperre, die es ermöglicht, die Ansiedlung von Gaststätten zu verhindern, versucht die Stadtverwaltung, der ungünstigen Entwicklung entgegenzusteuern.

Verkehrsberuhigung der City. In den 50er und 60er Jahren wuchs der Individualverkehr (1950 kam auf jeden 31. Bremer ein Auto, 1978 entfiel ein Auto auf 2,6 Bremer) in der Altstadt rasch an; das aus dem Mittelalter überkommene Straßennetz zeigte sich den neuen Anforderungen nicht mehr gewachsen: Zum Beispiel konnte dem steigenden Bedarf an Parkraum kaum nachgekommen werden, die Einkaufsgebiete mit ihren schmalen Bürgersteigen waren für die Passanten kaum noch zumutbar. Es hieß: „Um Bremens schönen Marktplatz in Ruhe ansehen zu können, muß man schon spätabends kommen."

Die Aufgabe für die Planer bestand nun darin, den Durchgangsverkehr aus der City herauszuhalten, den Ziel- und Einkaufsverkehr aber möglichst nahe an die City heranzuführen, um deren zentrale Bedeutung nicht zu gefährden. Man bediente sich der „Zellenlösung", d. h., man unterband die Durchfahrt durch die City und teilte diese in vier Zellen auf, in die man jeweils an einer Stelle ein- und an einer anderen ausfahren darf. Dadurch wurde der Zielverkehr geordnet, weil die Zellen nicht miteinander direkt verbunden waren. Der Durchgangsverkehr wurde auf die Cityrandstraßen verschoben. Dieses inzwischen von vielen Städten übernommene Konzept erlaubte es, zahlreiche Straßen in voller Breite als Fußgängerzonen auszuweisen, was wiederum der Attraktivität der Handels- und Dienstleistungsbetriebe zugute kam.

Wohnungsbau in der City am Beispiel Faulenviertel. Soll man die City weiter wachsen lassen, bis die Altstadt letztlich reines Einkaufs- und Bürogebiet wird? Vor dieser Frage standen die Bremer zu Beginn der 70er Jahre, als die Kehrseiten der Citybildung – unter anderem Abwanderung vieler Bewohner, Verödung der Stadtmitte nach Geschäftsschluß – allmählich spürbar wurden. Die Aufgabe bestand darin, das Wohnen im Kern attraktiver zu machen und damit die City wieder zu beleben. Am Beispiel eines Projekts im Faulenviertel (nördliche Altstadt) soll dargestellt werden, wie man dieses gesteckte Ziel zu verwirklichen sucht.

In dem bis zu den Kriegszerstörungen dicht besiedelten Handwerkerquartier waren im Jahre 1976 knapp 7500 Personen in 244 Arbeitsstätten beschäftigt. Großhandelsfirmen, Lager- und Speditionsgesellschaften, Geschäfte und Dienstleistungsbetriebe hatten sich nach dem Krieg hier niedergelassen (vgl. Abb. 4). Der Wohnungsbau soll hier gefördert werden, erstens, weil die Stadt in diesem Bereich im Laufe der Zeit einige Flächen des einst kleinteilig zersplitterten Grundbesitzes erworben hatte; zweitens wegen der vorhandenen Freiflächen (z. T. kriegsbedingt, Spekulationsflächen) und schließlich drittens, weil ein bereits bestehendes kleines Wohngebiet ergänzt und erweitert werden konnte.

Tab. 2: Bevölkerungsstruktur im nördlichen Teil des Faulenviertels

Einwohner 1976: 943; davon Erwerbstätige: 540

Erwerbsstruktur 1970:	Angestellte und Beamte		73,4%	
	Selbständige		10,3%	(Stadt: 7,65%)
	Arbeiter		15,6%	(Stadt: 39,00%)
Einpersonenhaushalte			54,3%	(Stadt: 26,7%)
Altersstruktur:	bis 6 Jahre:	3,0%	Stadt: 9,1%	
	6–15 Jahre:	8,7%	Stadt: 12,3%	
	15–21 Jahre:	7,1%	Stadt: 6,5%	
	21–45 Jahre:	50,0%	Stadt: 32,8%	
	45–65 Jahre:	19,3%	Stadt: 25,0%	
	älter als 65:	11,9%	Stadt: 14,3%	

Mobilität: sehr hoch; Angaben nur für die gesamte Altstadt vorhanden, in der 1971 bis 1975 bei einer Wohnbevölkerung von knapp 4000 Einwohnern 2522 Fort- und 2330 Zuzüge registriert wurden.

Mietniveau im sozialen Wohnungsbau 1978: 4–5 DM/m^2
Mietniveau im frei finanzierten Wohnungsbau 1978: 6–7 DM/m^2
Durchschnittlicher Wert je m^2 Grundstücksfläche 1978: 500–1000 DM (im Citykern: 1000–10000 DM)

Wohnen in der Innenstadt. Beiträge zur Stadtentwicklung. Hrsg. vom Senator für das Bauwesen. H. 5, 1979

Abb. 4: Geplante Maßnahmen zur Steigerung der Wohnfunktion im Faulenviertel

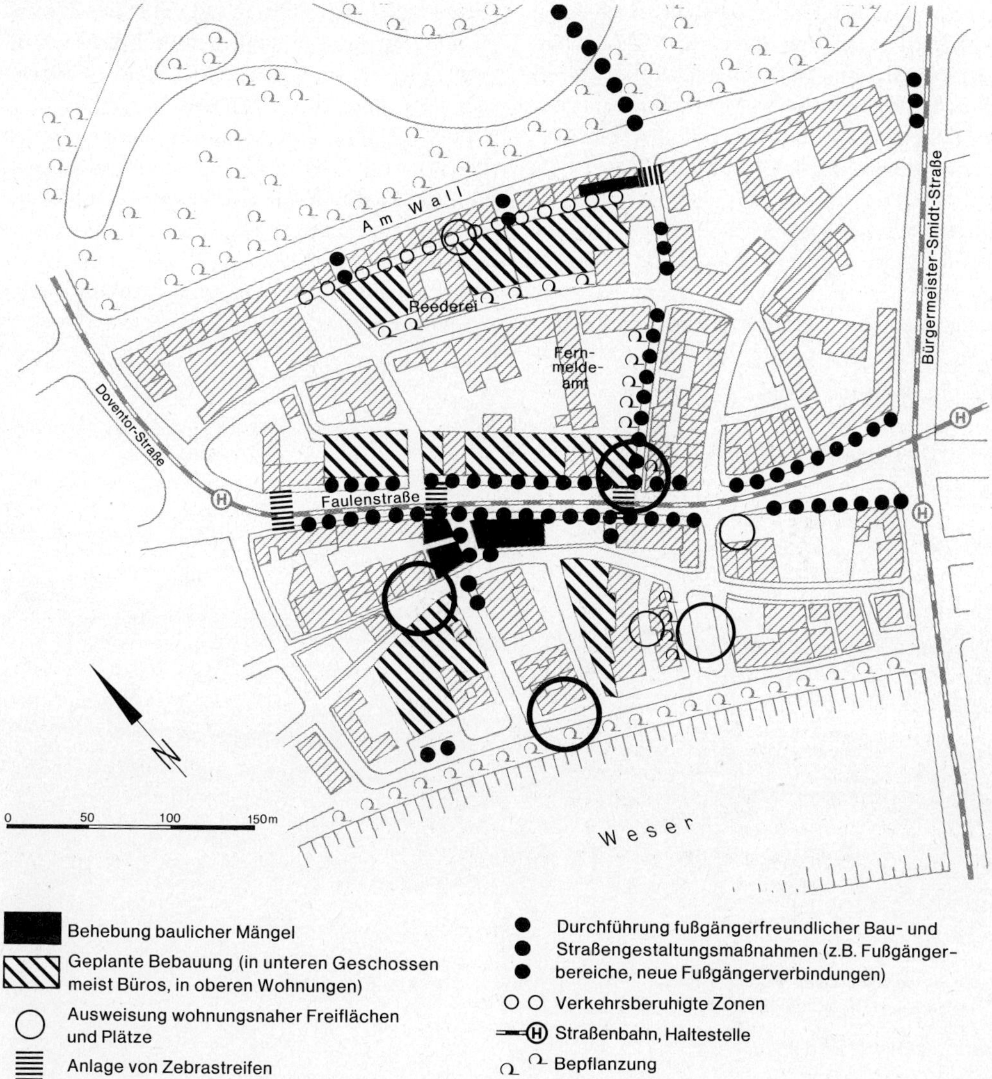

Nach Bremen: Beiträge zur Stadtentwicklung. Der Senator für das Bauwesen Abteilung 3 und Stadtplanungsamt. H. 5, 1979, Karten 11–14, verändert

Die Vorstädte

Ein Fremder, der unvorbereitet die an die Altstadt anschließenden Stadtviertel betritt, wird überrascht sein, daß er keine der in Großstädten sonst üblichen 4- bis 5geschossigen Mietshäuser aus der Gründerzeit sieht, sondern vielmehr Tausende von traufständigen Einfamilienhäusern eines bestimmten, nach 1850 entstandenen Haustyps. Man bezeichnet diesen als das „Bremer Haus". Das Vorherrschen der „Bremer Häuser" beim Fehlen von gründerzeitlichen Mietskasernen ist mit ein Grund dafür, daß Bremen im Vergleich zu anderen deutschen Großstädten eine besonders gute Wohninfrastruktur besitzt. Sanierungs- und Planungsmaßnahmen in den gründerzeitlichen Vierteln kommt nicht die Bedeutung zu wie anderswo.

Siedlungen nach dem Zweiten Weltkrieg. Die Abb. 1 zeigt den Flächenzuwachs Bremens in den letzten drei Jahrzehnten. Ab 1955 entstanden große Siedlungen, manche davon als Großwohnanlagen konzipiert. Mit ihrem Bau sollte die Wohnungsnot der 50er und 60er Jahre behoben werden. Eine Großwohnanlage ist die 1957 bis 1962 erbaute, für die damalige Zeit richtungweisende Wohnsiedlung Neue Vahr. Ihre räumliche Gliederung basiert auf dem von soziologischer Seite entwickelten Nachbarschaftsgedanken, dessen Ziel es ist, überschaubare, abgegrenzte Wohnquartiere zu schaffen. Ihre bauliche Gestaltung soll ein hohes Maß an Kommunikation ermöglichen und dazu beitragen, die zwischenmenschlichen Beziehungen der Bewohner zu verstärken.

In der Anfangsphase der neuen Siedlung zogen überwiegend ältere Personen mit Kleinhaushalten und Familien mit Kindern im schulpflichtigen Alter zu. Inzwischen ist eine relative Überalterung der Bevölkerung eingetreten. Aber: Wie kann man die Bevölkerungsstruktur wieder ausgewogener machen?

Abb. 5: Die Neue Vahr

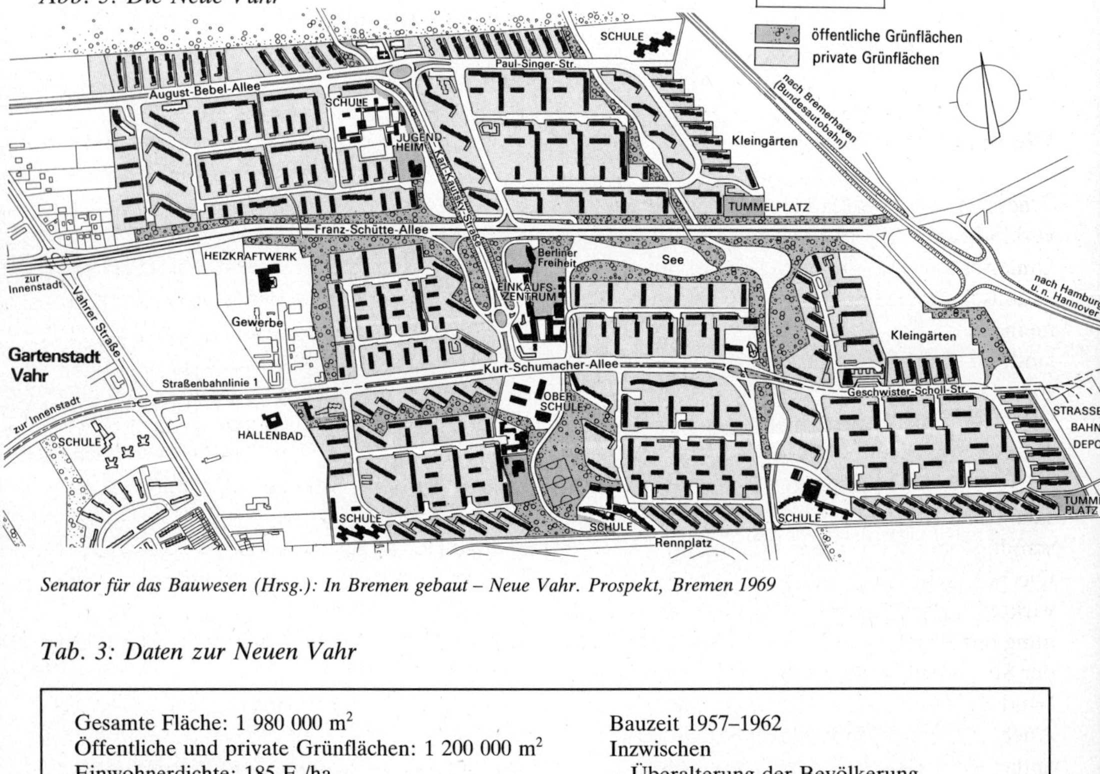

Senator für das Bauwesen (Hrsg.): In Bremen gebaut – Neue Vahr. Prospekt, Bremen 1969

Tab. 3: Daten zur Neuen Vahr

Gesamte Fläche: 1 980 000 m²
Öffentliche und private Grünflächen: 1 200 000 m²
Einwohnerdichte: 185 E./ha
Gliederung (auf der Basis von Volksschulbezirken) in fünf Nachbarschaften zu je 2000 Wohneinheiten (ca. 5000 Bewohner)
Mietwohnungen: etwa 9200
Einfamilienhäuser: etwa 800
Wohnungsgrößen
1- und 1½-Raum-Wohnungen: 7,6%
2-Raum-Wohnungen: 25,8%
2½- und 3½-Raum-Wohnungen: 62,3%
4-Raum-Wohnungen: 4,3%
Viele Sozialwohnungen

Bauzeit 1957–1962
Inzwischen
- Überalterung der Bevölkerung
- überdurchschnittliche Bevölkerungsabnahme
  (Fortzug v. a. von jüngeren Familien mit Kindern und höherem Einkommen)
- überdurchschnittlich hoher Anteil sozial schwacher Schichten
- über 95% aller Erwerbstätigen müssen außerhalb der Siedlung arbeiten

7. *Fassen Sie die wichtigsten Maßnahmen zur Verbesserung der Verkehrsverhältnisse in der Innenstadt zusammen. Nennen Sie Vor- und Nachteile von Fußgängerzonen.*
8. *Beschreiben Sie Abb. 4, und begründen Sie einzelne Planungsmaßnahmen.*
9. *Prüfen Sie nach, ob die Bevölkerungszusammensetzung im Faulenviertel typisch für eine City ist.*
10. *Erklären Sie den Grundriß und die Verkehrsführung in der Neuen Vahr im Hinblick auf die Gesamtkonzeption. Vergleichen Sie mit anderen Großwohnsiedlungen (Atlaskarten). Sprechen Sie die Probleme der Neuen Vahr an, und versuchen Sie Lösungsvorschläge zu unterbreiten.*

Die Stadtregion Bremen

Traditionell bestanden nur wenige Wirtschaftsverbindungen zwischen Bremen und seinem Umland, das zu Hannover, Oldenburg und Braunschweig gehörte. Bis 1888 waren die Gemeinden in der Nachbarschaft sogar Zollausland, da Bremen erst dann dem Zollverein beitrat. Die frühe Industrialisierung begann deshalb auch auf oldenburgischem und preußischem Gebiet (so in Blumenthal und Hemelingen), während in Bremen, dessen Wirtschaft sich bis dahin einseitig dem Seehandel zugewandt hatte, nur Werften bestanden.
Die politische Gliederung im Unterweserraum wirkte sich noch im Jahre 1949 bei der Neuordnung des Bundesgebiets in Länder aus, bei der der Stadtstaat Bremen das mit 404 km^2 kleinste Land der Bundesrepublik Deutschland wurde. Auch die neuen Industriestandorte verlaufen entlang der Leitlinie der Weser, sie spiegeln noch die einstige politische Gliederung und die frühere Zollgrenze wider. Denn auch sie haben ihre Schwerpunkte um Vegesack, Blumenthal und Hemelingen (Eingemeindung 1939) und um die Industrie- und Handelshäfen. Auch die nach dem Zweiten Weltkrieg entstandenen Großbetriebe (z. B. „Nasse Hütte" von Klöckner nördlich der Häfen und Daimler-Benz in Sebaldsbrück bei Hemelingen) machen keine Ausnahme.

Die sich unmittelbar an das Stadtgebiet anschließende Landesgrenze Niedersachsens und die Aufspaltung des Stadtstaates in zwei voneinander getrennte Teilgebiete mußten wirtschaftliche Reibungsverluste und Interessenskonflikte hervorrufen, die sich durch die Bevölkerungswanderungen noch verstärkten. Denn während die Stadt durch Zustrom aus der großräumigen Binnenwanderung in der Bundesrepublik noch bis 1972 wuchs, hatte sie bereits 1966 mehr Einwohner an das Umland verloren als von dort gewonnen. Seit 1970 ziehen jährlich 8000–10000 Bürger in das Umland, aus dem andererseits nur ca. 4000–5000 zuziehen. Darüber hinaus kam es zu einer Verlagerung von Unternehmen des sekundären und tertiären Sektors in das Umland und damit zu einem Abfluß von Wirtschaftskraft und Steuermitteln aus der Stadt, deren Versorgungsbereich aber weit über das Gebiet des Stadtstaates hinausreicht.
Entwicklungsplanung war deshalb nur sinnvoll, wenn sie länderübergreifend betrieben wurde. Nachdem Bremen zu Beginn der 60er Jahre seine Häfen auf das Gebiet links der Weser ausweiten wollte, war dies der Anlaß für eine Übereinkunft der Landesregierungen Bremens und Niedersachsens, im Unterweserraum gemeinsame grenzübergreifende Landesplanung zu betreiben. In den dafür erarbeiteten Richtlinien wurde eine Rangfolge für die Förderungsmaßnahmen vorgegeben:

a) Förderung der in den Raumordnungsprogrammen vorgesehenen Siedlungsentwicklung,
b) Förderung überörtlicher infrastruktureller Maßnahmen,
c) Sicherung und Entwicklung der Erholungsgebiete,
d) Förderung von Grund- und Nebenzentren hinsichtlich ihrer Aufgaben innerhalb der Entwicklungsprogramme.

Schwierigkeiten bei Konzeptionen für die Raumordnung ergeben sich bei der Abgrenzung der für eine gemeinsame Planung vorgesehenen Gebiete, der „Ordnungsräume". Die Ministerkonferenz für Raumordnung 1977 einigte sich auf Gesamtkonzeptionen für die Verdichtungsräume und ihre Randzonen. Im Fall Bre-

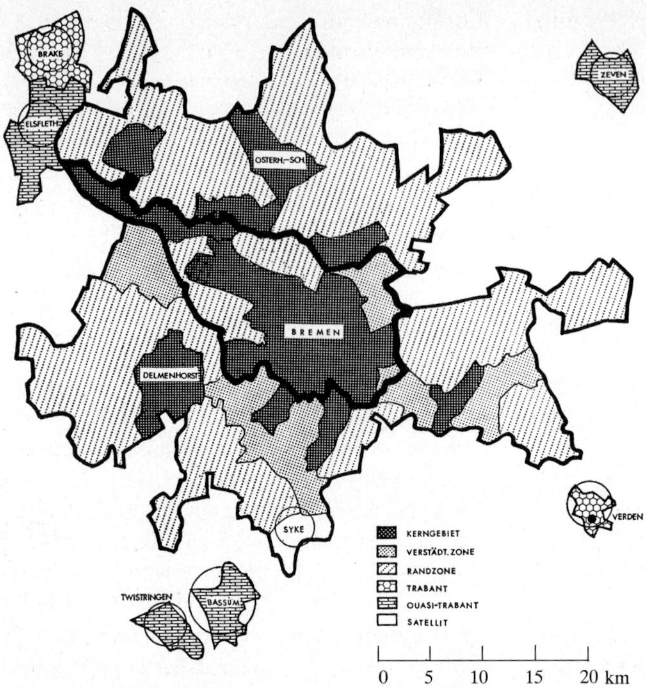

Abb. 6: Stadtregion Bremen–Delmenhorst, Abgrenzung 1970

Heinz Hollmann: Die Neuabgrenzung der Stadtregion Bremen-Delmenhorst. In: Zur Stadtregion. Veröffentl. d. Akademie f. Raumforschung u. Landesplanung, Sitzungsberichte 59. Hannover: Schroedel 1970, S. 75

men entspricht dieser Ordnungsraum im wesentlichen der Stadtregion Bremen–Delmenhorst, wie sie als Region einer gemeinsamen Landesplanung zwischen Bremen und Niedersachsen 1973 festgelegt wurde (vgl. Abb. 6).

Die Konzeption bedient sich also der Instrumentarien der Raumordnung in der Bundesrepublik Deutschland: Entwicklungsachsen (mit öffentlichem Nahverkehr), zentrale Orte, Freiräume zwischen den Achsen.

Die Abgrenzung der Teilgebiete der Stadtregion erfolgt nach statistischen Schwellenwerten (vgl. S. 232, Kap. 4.0), bei denen die Arbeitsplatzdichte und die Pendlerquote in das Kerngebiet berücksichtigt werden. Deshalb läßt sich mit dem Begriff der Stadtregion die Verflechtung des Umlandes mit dem Kerngebiet darstellen. Bremen kann beispielsweise seinen Bedarf an Arbeitskräften nur über Pendler aus Niedersachsen decken.

Die Bindungen zwischen Umland und Stadt mußten zu einem erheblichen Verkehrsaufkommen führen, wobei die Verkehrseinrichtungen gleichermaßen als Reaktion auf den Bedarf als auch als Ursache verstärkter Stadt-Land-Beziehungen zu sehen sind. Der gestiegene Stadt-Umland-Verkehr steht dabei im Zusammenhang mit der seit Ende der 60er Jahre stark gestiegenen Randwanderung. Sie ist ein Resultat der veränderten Wohnvorstellungen, neuer Flächenbedürfnisse der Industrie und der allgemein gewachsenen Mobilität.

Im Raum Bremen ergab sich daraus eine Tendenz zu ringförmiger Verdichtung in den Randgebieten mit der Gefahr großflächiger Zersiedlung des Umlandes. Diesem allseitigen Wuchern des Kerngebiets wurde im Entwurf des Landesraumordnungsprogramms von 1979 eine Planungskonzeption entgegengestellt mit folgendem Entwicklungsschwerpunkt:

„Aus bremischer Sicht wird davon ausgegangen, daß (bei der gemeinsamen Landesplanung mit Niedersachsen) die Aufstellung und Verwirklichung von Achsenkonzeptionen angestrebt wird, um die Siedlungsentwicklung von den Kernen der Verdichtungsräume Bremen und Bremerhaven ausgehend strahlenförmig in die Tiefe des Raumes zu lenken und um eine ungeordnete flächenhafte Ausbreitung der Verdichtungsräume (hier: Kerngebiete der Stadtregionen) mit den negativen Zersiedlungswirkungen zu verhindern."

Damit wurde eine Konzeption betont, wie sie bereits 1975 entworfen wurde (vgl. Abb. 7).

Zu den strahlenförmigen Entwicklungsachsen sollten auch in weiterer Entfernung von Bremen Entwicklungsschwerpunkte als Kristallisationskerne für das weitere wirtschaftliche Wachstum treten. Dazu zählen neben Delmenhorst (75000 E.), Osterholz-Scharmbeck (25000 E.), Achims (25000 E.) und Syke (20000 E.). Seit einigen Jahren wachsen diese Städte schneller als erwartet, während Bremen Einwohner an sie verliert. Damit werden die angestrebten Entlastungsfunktionen gut erfüllt und die Verbindungen zum Umland gestärkt, andererseits aber belasten der erhebliche Bevölkerungsverlust und die weitere Abwanderung wirtschaftli-

Abb. 7: Planungsregion Unterweserraum (1975)

Wolfgang Taubmann: Bremen – Entwicklung und Struktur der Stadtregion. In: Geographische Rundschau 1980, H. 5, S. 216

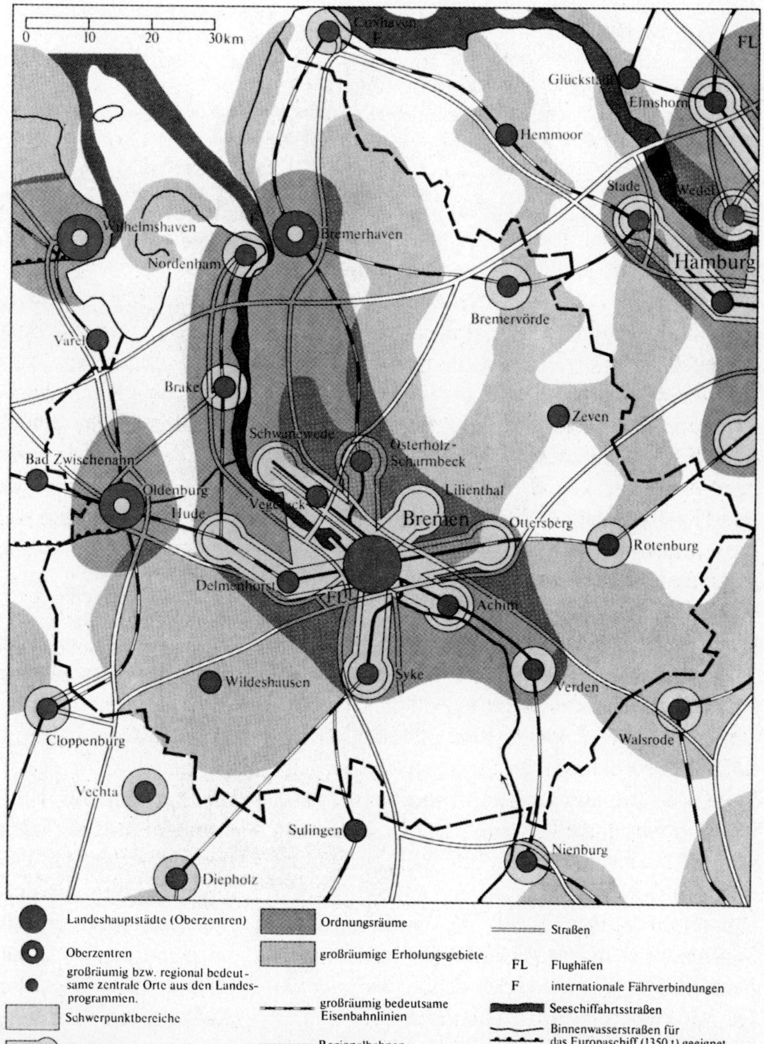

cher Unternehmen die Kernstadt. Die steuerlichen Einnahmen gehen zurück, manche Infrastruktureinrichtung der Kernstadt ist nicht mehr ausgelastet, und die Verkehrswege sind überbeansprucht.
Abb. 7 zeigt, wie das punktaxiale System der Entwicklungsplanung an der Unterweser in die übergreifende Raumordnungskonzeption der norddeutschen Länder eingebettet ist. Die Siedlungsentwicklung soll sich vorrangig entlang der Achsen ausrichten, bei denen sich eine dichte Folge von Siedlungen entlang eines leistungsfähigen öffentlichen Nahverkehrs entwickelt. Zwischen diesen strahlenförmigen Entwicklungsachsen sollen Freiräume erhalten bleiben.

Vergleicht man die Planungskonzeption für den Unterweserraum mit den eingetretenen Entwicklungen der letzten Jahrzehnte, so zeigt sich, daß die Leitlinie der Planung genauso wie die Leitlinie der „gewachsenen" Entwicklung die Weser ist. Die einzelnen Achsen und Nebenachsen folgen meist den vorhandenen Verkehrslinien und der bereits entlang dieser Linien erfolgten Siedlungsverdichtung. Die Leitvorstellungen der Raumordnung haben sich demnach überwiegend an den vorhandenen Entwicklungslinien ausgerichtet. Neue, die gewachsene Entwicklung revidierende Planungen sind kaum zu erkennen, allenfalls im Konzept der Freiräume.
Damit zeigen sich im Unterweserraum ähnliche Verhältnisse wie bei der Landesplanung überall im Bundesgebiet: Entwicklungsachsen folgen in der Regel den bereits vorhandenen Entwicklungstendenzen. Und auch dies gilt für fast alle Regionen der Bundesrepublik Deutschland: Nur jene Entwicklungsachsen, die den vorhandenen Tendenzen folgen, sind planerisch wirksam. Konzeptionen, die am Schreibtisch des Planers oder einschlägiger Institutionen entstehen und vorhandene Entwicklungen unberücksichtigt lassen, haben in der Bundesrepublik Deutschland kaum Chancen auf Verwirklichung. Unser staatliches und wirtschaftliches System weist der Raumordnung und Landesplanung nur beschränkte Aufgaben zu und bietet nur beschränkte Instrumentarien zu ihrer Durchsetzung.

11. *Erklären Sie die Standorte der Industrie im Raum Bremen.*

12. *Begründen Sie die Notwendigkeit einer gemeinsamen Landesplanung im Unterweserraum.*

13. *Versuchen Sie, Gründe für die Form der Stadtregion und die Ausdehnung ihrer einzelnen Zonen zu finden (Atlas benutzen).*

14. *Begründen Sie, mit Hilfe des Atlas, die strahlenförmige Anordnung der Entwicklungsachsen (Abb. 7).*

15. *Nennen Sie Gründe für die beschränkten Möglichkeiten der Verwirklichung raumordnerischer Konzeptionen in der Bundesrepublik Deutschland.*

4.5.2 Rostock

Lage und Entwicklung

Rostock liegt 13 km vom offenen Meer an der Unterwarnow. Die Stadt wurde 1218 von Kaufleuten gegründet und verfügte von Anfang an über einen Hafen am Südufer des Flusses. Schon 1265 war die Stadtmauer fertiggestellt. Vom 13. bis 15. Jahrhundert erlebte die Stadt eine frühe Blüte. Als Mitglied der Hanse, deren Handel seine Schwerpunkte im Güteraustausch mit Rußland und den skandinavischen Ländern hatte, wies die Stadt besondere Lagegunst auf. Ein weiteres Zeichen für Wohlstand und Ansehen der Stadt war die Gründung der Universität im Jahre 1419, der ersten im Norden des deutschen Sprachraums.
Aber bereits im 16. und 17. Jahrhundert blieb die Entwicklung der Stadt hinter der Hamburgs und Bremens zurück, denn der Osthandel hatte an Bedeutung verloren und war weit hinter den Handel mit England, den Niederlanden, Frankreich und Spanien und später mit Amerika zurückgefallen. Lediglich im 18. und in den ersten Jahrzehnten des 19. Jahrhunderts erlebte der Hafen Rostock nochmals einen bescheidenen Aufschwung wegen der Getreidelieferungen aus dem Hinterland, die nach England gingen.

Ansonsten aber wirkten sich die Lagenachteile immer stärker aus: Es fehlte ein leistungsfähiger Anschluß ans Binnenland zu Wasser und zu Land. Stettin wurde zum wichtigeren Ostseehafen, und beim Westhandel war Rostock ohnehin nicht konkurrenzfähig mit Hamburg oder Bremen.
Mit dem Rückgang des Hafenhandels stagnierte auch die Entwicklung der Stadt. Bis 1850 überschritt die bauliche Entwicklung die Mauer von 1265 nicht. Selbst der Anschluß an das Eisenbahnnetz (1850) brachte nur einen kleinen Entwicklungsschub, der keinen Vergleich mit der stürmischen Entwicklung Hamburgs, auch nicht mit der schwächeren Bremens, erlaubt. Der Hafenhandel ging weiter zurück, nachdem Schutzzölle den Getreideexport nach England behinderten. Hinzu kommt, daß der Hafen ständig versandete. Die Ausfahrt bei Warnemünde mußte schon seit dem 15. Jahrhundert immer wieder freigemacht werden.
Plötzlich, wenige Jahre vor dem Zweiten Weltkrieg, erlebte die Stadt einen unerwarteten Aufschwung: In kurzer Zeit entstanden 20000 neue Arbeitsplätze – Rostock wurde eines der Rüstungszentren des Dritten Reiches, weil die Stadt außerhalb der Reichweite britischer Flugzeuge lag. Vor allem die Flugzeugindustrie (Heinkel) wurde an diesen strategischen Standort verlagert, zumal die Oberflächenbeschaffenheit und die ruhige See für Land- und Wasserflugzeuge geeignet waren.
Im Hafen aber ergaben sich kaum Veränderungen. Die Zahl der Beschäftigten in der Hafen- und Werftindustrie stagnierte bei 5000 und nahm gegenüber der Rüstungsindustrie weiter ab. Rostocks Hafen schien endgültig bedeutungslos geworden zu sein.

Der Aufschwung des Hafens kam mit der Teilung Deutschlands in der Folge des Zweiten Weltkriegs. Der DDR fehlte ein Überseehafen, nachdem Stettin an Polen gefallen und Hamburg durch die Zonengrenze abgetrennt worden war. Als Standort für einen Großhafen kam nur die Unterwarnow in Frage. Zugleich fielen Rostock aber noch weitere Aufgaben zu: Die Stadt wurde das Zentrum der Nordbezirke der DDR, und im Rahmen der territorialen Aufgabenteilung (siehe Kap. 2.2) erhielt der Bezirk Rostock den Schwerpunkt Schiffsbau zugewiesen.
1957 begann der Neubau des Überseehafens in Rostock-Petersdorf am Ostufer der Unterwarnow und am Südufer des Breitling. 1960 konnten die ersten Einrichtungen in Betrieb genommen werden. Die Verbindung zur Ostsee stellte ein 6 km langer Seekanal her. Damit wurde auch der Zugang zum alten Hafen Rostock verbessert, der wegen der Versandung bis 1960 auf Schiffseinheiten unter 6000 t beschränkt war.
Heute leistet Rostock mehr als 80% des Seehafenumschlags der DDR und ist darüber hinaus wichtiger Gelenkpunkt für den Transithandel der ČSSR und Endpunkt des Eisenbahnfährverkehrs mit Skandinavien (Gedser – Warnemünde). Rostock ist auch das Zentrum der DDR-Hochseefischerei und der Fischindustrie.

Tab. 4: Einwohnerzahlen Rostocks

1850	25 000	1950	133 000
1900	58 000	1960	158 000
1935	102 000	1971	201 000
1939	125 000	1980	230 000
1945	110 000		

Tab. 5: Güterumschlag im Hafen Rostock

1939	0,3 Mio. t
1960	1,4 Mio. t
1965	5,9 Mio. t
1970	10,1 Mio. t
1975	12,3 Mio. t

Rostock: Städtebauliche Entwicklung, innere Gliederung

Die Altstadt ist um 1262 durch Vereinigung bis dahin eigenständiger Siedlungskerne entstanden: der Altstadt um den Alten Markt, der Mittelstadt um die Marienkirche und der Neustadt westlich davon. Die zum Teil noch erhaltenen Stadttore und die jeweils an die großen

Marktplätze anschließenden gotischen Kirchen bilden die städtebaulichen Dominanten. Charakteristisch sind die hohen Renaissance- und Barockgiebel der Bürgerhäuser und die für den Ostseeraum so typischen Backsteinklinker.

Die Grundrißgestalt des 13. Jahrhunderts erfuhr im Mittelalter und in der beginnenden Neuzeit keine wesentlichen Änderungen. Erst um die Mitte des 19. Jahrhunderts setzte eine zögernde Ausweitung ein, Abb. 8 zeigt Ausmaß und Richtung der Grundrißentwicklung bis 1940.

Abb. 8: Entwicklung der städtischen Siedlungsfläche

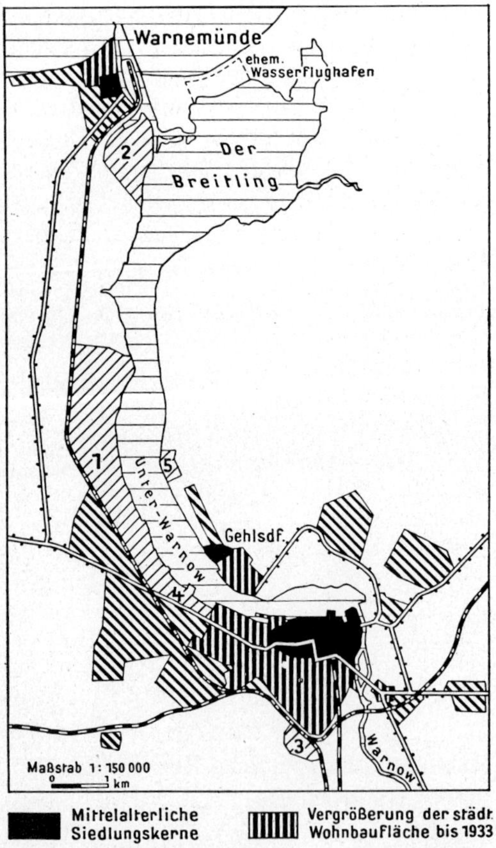

1 Heinkel-Flugzeugwerke 3 Reichsbahnausbesserungswerk
2 Arado-Flugzeugwerke 4 Neptun-, 5 Logger-Werft

Klaus Schroeder: Rostock, Großstadt im Wandel. In: Geographische Rundschau, 1952, H. 10, S. 423

Die Entwicklung nach 1945

Am Ende des Zweiten Weltkrieges lag ein gutes Drittel der Stadt in Trümmern, fast 15000 Wohnungen waren zerstört oder beschädigt, die Industriebetriebe vernichtet oder später demontiert. Wie verlief der Wiederaufbau, wie die weitere bauliche Entwicklung? Wie drücken sich die fortan veränderten gesellschaftspolitischen Bedingungen und Zielsetzungen im Bild der Stadt aus? Worin bestehen die Unterschiede zu den Verhältnissen in der Bundesrepublik Deutschland?

Altstadt. In der Altstadt war 1945 die Hälfte aller Gebäude zerstört, darunter befanden sich viele historische Bauten.

Das Abräumen der Trümmer dauerte länger als ein Jahrzehnt; noch heute ist der Anteil an Freiflächen relativ hoch. Bald ging man auch daran, die wichtigsten der zerstörten Baudenkmäler wieder instand zu setzen und einer aktiven Nutzung zuzuführen. Grundsätzlich werden in Rostock wertvolle Bauten als nationales Kulturerbe gepflegt.

Der Krieg und die Wiederaufbauphase brachten allerdings auch schwere Eingriffe in die Bausubstanz der Altstadt. Viele der alten oder (teil)zerstörten Gebäude sind in den 50er und 60er Jahren abgerissen und durch nüchterne, oft schlecht dimensionierte Sachbauten ersetzt worden. Auch weiterhin sollen überalterte Stadtviertel, z. B. zwischen Warnow und Lange Straße sowie am östlichen Altstadtrand, abgerissen und umgestaltet werden. Der stärkste Eingriff in die Struktur der Altstadt erfolgte im Bereich der Langen Straße. Das Bild der neuen, zwischen 1953 und 1958 gebauten Straße steht in auffälligem Kontrast zu den übrigen Altstadtquartieren. Sie ist als „Magistrale" projektiert worden, d. h. als eine weiträumige, mit wichtigen Verkehrs-, Wohn- und Geschäftsfunktionen ausgestattete zentrale Achse. Die ursprüngliche Idee der Magistrale, die auch in anderen Städten der DDR zu finden ist und sich sowjetischen Vorbildern anlehnt, war politisch:

„Als breit dimensionierte Zentralachse für Aufmärsche, Demonstrationen und Volksfeste sollte sie die städtebaulich herausgehobene und mit Architekturdominanten versehene Repräsentationsstraße einer neuen Gesellschaft sein."

Peter Schöller: Paradigma Berlin. In: Geographischer Rundschau 1974, H. 11, S. 427. Braunschweig: Westermann

Die Lange Straße mündet in den Ernst-Thälmann-Platz (früher: der Neue Markt). Dieser, in der Wiederaufbauphase erweitert, bildet den „Zentralen Platz" der Bezirkshauptstadt Rostock, der genügend Raum für politische Massenveranstaltungen bietet.

„Magistrale und Zentraler Platz sind in ihrer betont großzügigen und repräsentativen Gestaltung das Kernstück des sozialistischen Stadtzentrums."

Werner Wallert: Sozialistischer Städtebau in der DDR. In: Geographische Rundschau 1974, H. 5, S. 178. Braunschweig: Westermann

Die entscheidende Voraussetzung für solch einschneidende städtebauliche Umgestaltungen bildet das veränderte Bodenrecht (Aufbaugesetz 1950, Grundstücksverkehrsordnung 1963). Aufgrund des neuen Rechts konnte in den zu Aufbaugebieten erklärten Zentrumsbereichen der großen Städte wie z. B. Leipzig, Dresden, Magdeburg und Rostock Baugelände für volkseigene Bauvorhaben in Anspruch genommen werden. In der Regel wurden die dabei benötigten Grundstücke enteignet.

Haupteinkaufsgebiet Rostocks ist die Kröpeliner Straße. 1961 wurde die Straßenbahn umgeleitet und eine der ersten Fußgängerzonen der DDR eingerichtet. Die Nutzungsintensität als Geschäftsstraße ist jedoch lange nicht so groß wie in vergleichbaren Straßen der Bundesrepublik Deutschland. Nur selten greifen die Geschäfte über das Erdgeschoß in die Obergeschosse über. Auch ist die Ausstattung mit spezialisierten Einzelhandelsgeschäften, privaten Dienstleistungen und Büros für westliche Verhältnisse relativ bescheiden. Banken und Versicherungen, im Westen citytypisch, sind schwach vertreten.

Abb. 9: Die Altstadt von Rostock (Blickrichtung Osten)

1 Kröpeliner Tor
2 Kröpeliner Straße
3 Universität
4 Ernst-Thälmann-Platz
5 Marienkirche
6 Lange Straße
7 Haus der Gewerkschaften

Abb. 10:
Die Kröpeliner Straße

Andererseits ermöglicht die Vergesellschaftung des Grund und Bodens auch (unrentable) Funktionen im Stadtzentrum, wie beispielsweise Wohnungen und zahlreiche kulturelle Einrichtungen.

Im Unterschied zu gegenläufigen Tendenzen der Entleerung und Verödung der Citys in westlichen Großstädten – bedingt durch eine übermäßige Konzentration von Geschäfts- und Büronutzungen (vgl. Faulenviertel in Bremen) – kommt hier dem Wohnen im Zentrum ein hoher Stellenwert zu. Der Bodenpreis als Instrument von Standortentscheidungen und als Verdichtungsfaktor spielt eine ganz geringe Rolle. Der Wohnwert kann allerdings, vor allem außerhalb der Einkaufsbereiche, durch einen schlechten Zustand und eine unzureichende Ausstattung der Altbauwohnungen vermindert werden. Der vernachlässigte, heruntergekommene Zustand vieler Fassaden dokumentiert dies deutlich. Wie überall in der DDR, so ist auch hier die Modernisierung und Instandsetzung lange Zeit zu kurz gekommen. Ein Umdenken erfolgt erst seit dem VII. Parteitag 1971.

Instandsetzungsmaßnahmen in der Altstadt und in den gründerzeitlichen Vorstädten kommen allerdings wegen finanzieller Engpässe und der für Sanierungen ungünstigen industriellen Baumethoden wenig voran. In der Kröpeliner Vorstadt, einem typischen Arbeiterwohngebiet um die Jahrhundertwende, läuft derzeit ein Modell-Sanierungsprojekt eines Baublocks (Hansastraße / Elisabethstraße), bei dem man sich der Erfahrungen in Berlin und Halle bedient. Wichtigste Ziele dabei sind die Verbesserung der sanitären Ausstattung (45,7% der Wohneinheiten haben weder WC noch Bad in der Wohnung), die Schaffung besserer Wohnungszuschnitte und größerer Wohnflächen durch Ausbau von Dachgeschossen und Anbauten sowie die Entkernung des Baublocks, um damit mehr Frei- und Grünflächen zu gewinnen.

Über Belastungen des Wohnens in der Innenstadt durch den Verkehr lassen sich keine verläßlichen Aussagen machen, denn über das Verkehrsaufkommen liegen quantifizierte Angaben nicht vor; verkehrsregelnde Maßnahmen (Ampeln, Parkuhren etc.) fallen im Straßenbild jedoch weniger ins Auge als in vergleichbaren Städten im Westen. Vor allem die Investitionen für den ruhenden Verkehr haben einen geringen Stellenwert.

Abb. 11: Flächennutzung in Rostock 1980

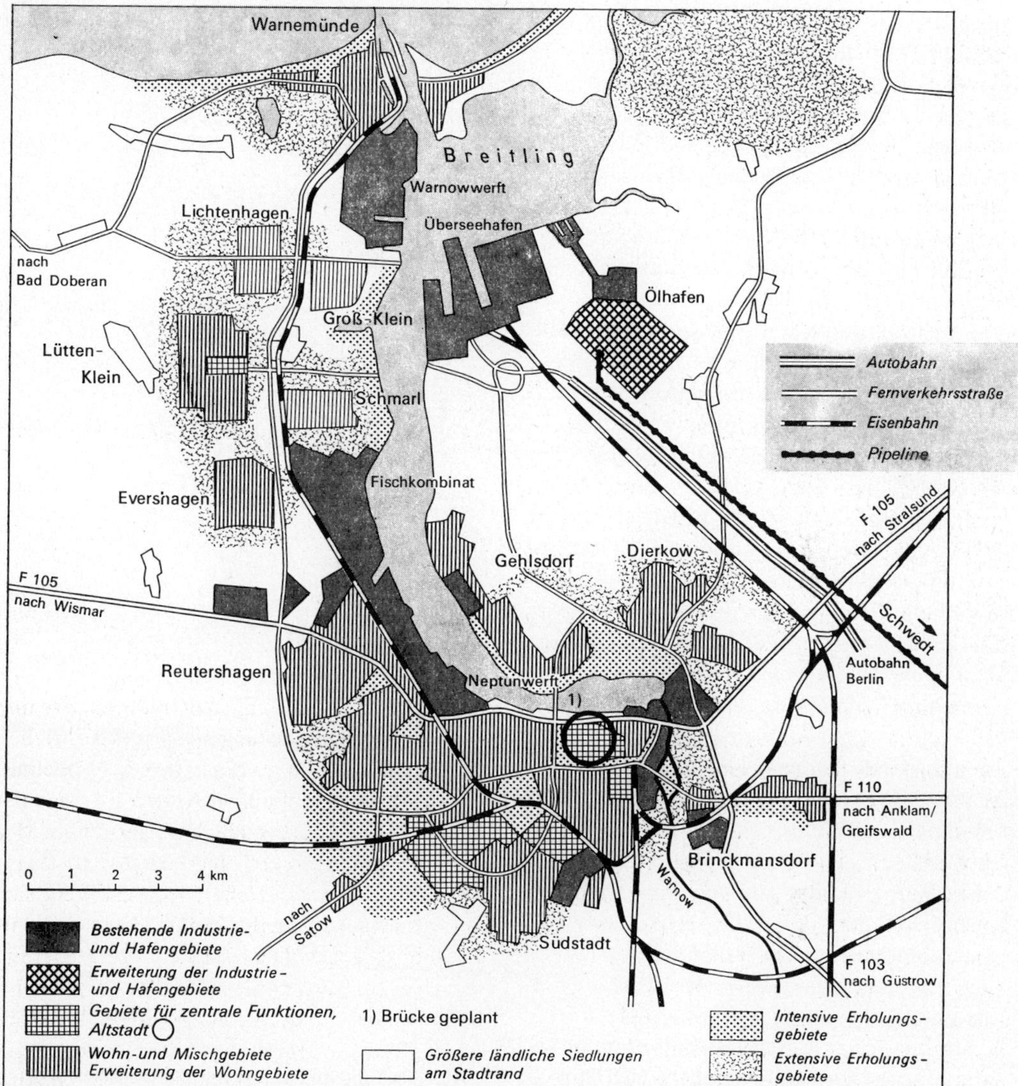

Autorenkollektiv: Die Bezirke der Deutschen Demokratischen Republik. Ökonomische Geographie. Gotha: Haack 1976, S. 45, ergänzt

16. *Fassen Sie die Entwicklungsphasen der Stadt Rostock zusammen, und erklären Sie die Grundrißentwicklung vor dem wirtschaftsgeschichtlichen Hintergrund.*

17. *Vergleichen Sie die Hafenstandorte Bremen und Rostock, und nennen Sie ihre Vor- und Nachteile im Zuge der historischen Entwicklung.*

18. *Untersuchen Sie die Lagegunst des heutigen Überseehafens am Breitling, und begründen Sie die Standortwahl.*

19. *Vergleichen Sie die Lange Straße mit der Kröpeliner Straße.*

20. *Der Bochumer Geograph Schöller bezeichnete die Magistrale einmal als „Handicap" der sozialistischen Städte. Versuchen Sie, das am Beispiel der Langen Straße zu begründen.*

21. *Das Bodenrecht der DDR erleichterte die umfassende Neugestaltung vieler Altstadtquartiere. Erklären Sie.*

Neue Stadtteile. Die wirtschaftliche Aufwärtsentwicklung Rostocks zog ein starkes Einwohner- und Flächenwachstum nach sich. Abb. 11 zeigt Ausmaß und Richtung der Erweiterungen. Große Aufmerksamkeit mußte dem Wohnungsbau zukommen: Zwischen 1953 und 1980 konnten rund 50000 Neubauwohnungen bezogen werden, so daß der Bestand an Neubauwohnungen für DDR-Verhältnisse überdurchschnittlich hoch ist (60% des Gesamtwohnungsbestandes). Hervorstechendes Merkmal der nach 1960 entstandenen großen Wohngebiete ist die Anwendung industrieller Baumethoden, wie die Großplattenbauweise und die Verarbeitung vormontierter, genormter Teile. Begonnen wurde mit einfachen, wenig flexiblen Serien (z. B. Lütten Klein). Heute versucht man durch die Verwendung verschiedener Typen und Größen, durch Abwechslung in der Außengestaltung (Farbe, Materialwechsel) und durch Begrünung die oft beklagte (innere und äußere) Monotonie der neuen Wohngebiete zu mildern. Allen neuen Wohngebieten gemeinsam ist

- eine hohe Wohndichte (260–280 Ew./ha), die u. a. auch wegen der vielen kleinen Wohnungen zustande kommt; es dominiert die 2½-Zimmer-Wohnung; Größe und Grundriß der Wohnungen richten sich nur nach der Familiengröße;
- das Vorherrschen großvolumiger Bauten, meist sind dies vier- bis sechsgeschossige, außerordentlich lange Wohnblocks;
- die Bedeutungslosigkeit des Einfamilienhauses.

„Als baulicher Ausdruck betonter Individualität entspricht es nicht einer Gesellschaftsordnung, die in zunehmendem Maße kollektive Lebensformen anstrebt. Wenn dennoch seit 1971 der Eigenheimbau in der DDR eine staatliche Förderung erfährt, so geschieht dies aus pragmatischen Erwägungen. Durch Eigeninitiative und Nachbarschaftshilfe soll neuer Wohnraum geschaffen werden, wo staatliche Mittel nicht ausreichen."

Werner Wallert: Sozialistischer Städtebau in der DDR. In: Geographische Rundschau, 1974, H. 5, S. 179

Abb. 12: Neue Wohngebiete im Nordwesten Rostocks

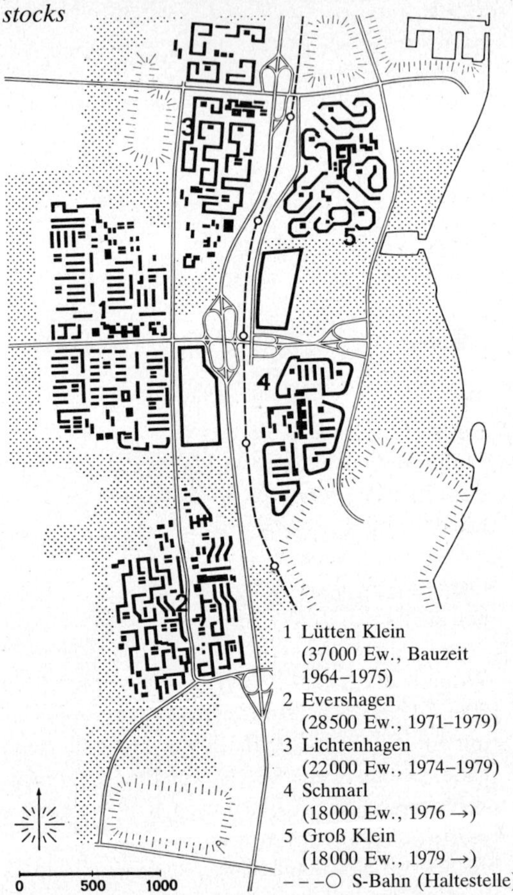

Autorenkollektiv Ule Lammert: Städtebau. Grundsätze, Methoden, Beispiele, Richtwerte. Berlin: VEB Verlag für Bauwesen 1979, S. 160

- die Erschließung durch ein gestuftes Verkehrsnetz,
- die Ausrichtung auf Siedlungszentren, in denen Versorgungsmöglichkeiten aller Art und „gesellschaftliche Bauten" bestehen bzw. geplant sind,
- die starke Durchgrünung und die Anlagerung von Naherholungszonen,
- der anfangs extreme Altersaufbau ihrer Bevölkerung mit hohen Anteilen junger Ehepaare und Kleinkindern sowie außergewöhnlich hohem Prozentsatz an berufstätigen Frauen. Um vor allem den Frauen günstige Arbeitsmöglichkeiten zu bieten, sind in der Nähe der Wohngebiete nichtstörende Arbeitsstätten geplant.

Abb. 13: Entwicklung des Wohnungsbaus in der DDR und des Anteils der Neubauwohnungen nach Eigentumsformen

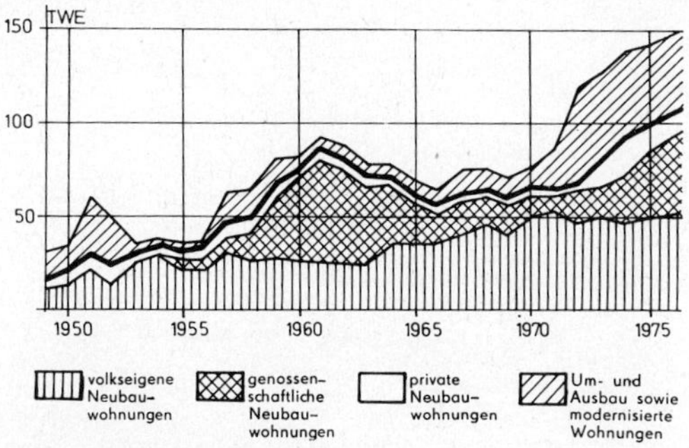

Autorenkollektiv a.a.O. S. 280

Der sozialistische Wohnkomplex. In den neuen Wohngebieten und den neuen Städten der DDR stellt der sozialistische Wohnkomplex, ähnlich wie der Mikrorayon der Sowjetunion (vgl. Kap. 6.4), ein städtebauliches Ordnungsraster dar. Die Größenordnungen der Wohnkomplexe haben sich im Laufe der Zeit erheblich verändert. Statt kleiner, um die Schulen ausgerichteter Wohnkomplexe für 5000 Einwohner, wie in den 50er Jahren üblich, sind heute größere Einheiten mit oft mehr als 15000 Einwohnern gang und gäbe. Man orientiert sich dabei an Wahlbezirken oder an der Auslastung von Versorgungseinrichtungen (z. B. von Großkaufhallen).

Jedem Wohnkomplex sind Versorgungseinrichtungen zugeordnet. Meist sind sie im Wohnkomplexzentrum konzentriert, das sich in Rostock fast immer durch eine individuellere Gestaltung verrät. Hier soll sich nach Auffassung der Theoretiker und Planer der angestrebte Wandel in den Lebensgewohnheiten der Bewohner des sozialistischen Wohnkomplexes vollziehen.

„Durch eine zunehmend stärkere Verlagerung der Daseinsgrundfunktionen Wohnen, Sich-Bilden und Sich-Erholen in den kollektiven Bereich soll sich die neue sozialistische Lebensweise herausbilden, beim Fortbildungsstudium in der Bücherei des Wohnkomplexes oder bei politischen Veranstaltungen in den Klubräumen, bei Hausfrauenzirkeln oder beim Laienspiel."

Werner Wallert: Sozialistischer Städtebau in der DDR. In: Geographische Rundschau, H. 5, 1974, S. 179. Braunschweig: Westermann

Aber: Die Diskrepanz zwischen Plan und Praxis ist groß. Viele der in Rostock vorgesehenen Einrichtungen des kulturellen-politischen Gemeinschaftslebens sind noch nicht verwirklicht worden. Selbst in den zuerst gebauten Wohngebieten Reutershagen und Südstadt fehlen noch manche der geplanten Läden und Kommunikationseinrichtungen.

22. *Ziehen Sie Vergleiche zwischen den neuen Großwohngebieten Rostocks und der Neuen Vahr in Bremen (Physiognomie, Lage, Verkehr, Funktion, Probleme).*

23. *Diskutieren Sie die Frage, ob mit städtebaulichen Mitteln politisch-gesellschaftliche Ziele erreicht werden können, wie das beim Wohnkomplex beabsichtigt ist.*

24. *Der Wissenschaftler Rugg (1972) unterscheidet vier Grundprinzipien sozialistischer Stadtplanung: die Vereinheitlichung durch bauliche und soziale Gleichartigkeit und Uniformität, die planerische Bestimmung der Stadtgröße, die primär politische und nichtkommerzielle Bedeutung des Stadtzentrums und das Nachbarschaftsprinzip.*
Der Geograph Dieter Richter (1974) spricht von vier Hauptmerkmalen sozialistischer Umgestaltung in der DDR: 1. Kahlschlag und Neubau von Wohnquartieren. 2. Neugestaltung der Altstadtkerne und der alten Wohnquartiere. 3. Mischung der Funktionen in den Stadtzentren. 4. Das Zentrum als Stadtraum für gesellschaftliche Zwecke.
Versuchen Sie darzustellen, inwieweit diese Prinzipien bzw. Merkmale für Rostock zutreffen.

25. *Fassen Sie die wesentlichen Unterschiede der sozialistischen Stadtentwicklung Rostocks im Vergleich mit Bremen zusammen.*

Stadt, Stadtumland und Bezirk in der Territorialplanung

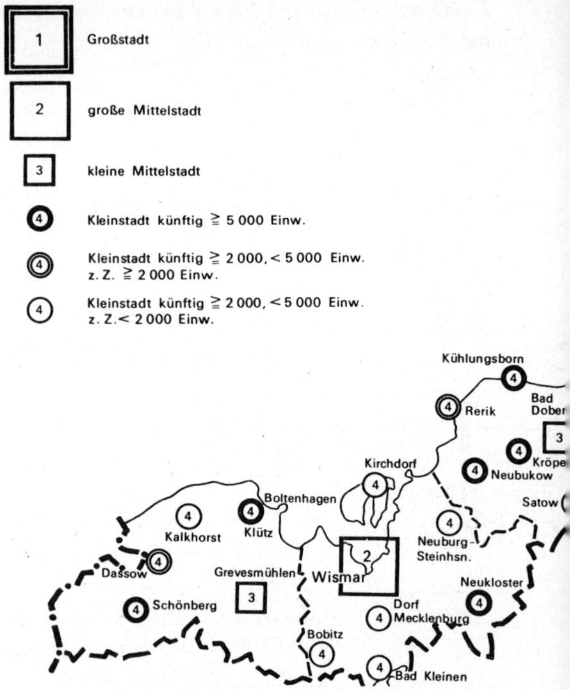

Bis zum 20. Jahrhundert hatte die Stadt wegen ihrer stagnierenden Entwicklung keinen bestimmenden Einfluß auf ihre Region. Eine verstärkte Ausrichtung des Umlandes auf die Stadt ist allenfalls ab 1937 zu erkennen.

Ganz anders die Entwicklung in der Nachkriegszeit: Obwohl der Bezirk nur schwach zunimmt, wächst Rostock rasch, und dies bei ausgeglichener überbezirklicher Wanderungsbilanz. Wie Rostock wachsen auch die anderen größeren Städte des Bezirks (Wismar, Greifswald, Stralsund) bis zur Gegenwart; auch einige Mittelstädte wie Saßnitz und Wolgast nehmen zu, die Kleinstädte aber ab.

Ist dies eine Umverteilung der Bevölkerung, die mit der Binnenwanderung in der Bundesrepublik Deutschland vergleichbar ist? Hier hilft ein Blick auf den Bezirk Cottbus (vgl. Kap. 2.2) weiter, wo ebenfalls erhebliche Bevölkerungswanderungen innerhalb des Bezirks festzustellen sind. Dort folgte die neue Siedlungsstruktur den Veränderungen der Wirtschaftsstruktur im Zuge der territorialen Aufgabenteilung! Ähnliche Prozesse spielten sich überall in der DDR ab: Die staatliche Wirtschaftsplanung, insbesondere die Festlegung neuer Industriestandorte, war verantwortlich für eine ihr gemäße Siedlungsplanung. So kam es, insbesondere bis 1956, zu einer starken Binnenwanderung, die anfangs auch durch Umsiedler und Flüchtlinge verstärkt wurde. Dabei waren neben den Großstädten die neuen Wirtschaftsschwerpunkte eindeutige Zielorte. Auch verloren einige der südlichen Bezirke Einwohner an die schwächer strukturierten Nordbezirke, was den Absichten einer gleichmäßigeren Entwicklung aller Bezirke der DDR entspricht.

Für die Entwicklung innerhalb des Bezirks Rostock heißt es:

„Der objektive Prozeß der Konzentration der Produktion und der Bevölkerung in den großen Städten über 50000 Ew. wird im langfristigen Zeitraum planmäßig und zielgerichtet gefördert. Dabei geht es besonders um die weitere Entwicklung der Seeverkehrs- und Hafenwirtschaft und den Ausbau einer hafengebundenen Wirtschaft in der Stadt Rostock, den Aufbau des Kernkraftwerkes und den Ausbau der Elektronik in Greifswald bei einem weiteren kontinuierlicherem Wachstum beider Städte."

Horst Kunkel: Allgemeine Grundsätze zur Gestaltung des Siedlungsnetzes im Bezirk Rostock. In: Entwicklung der Siedlungsstruktur im Norden der DDR. Wiss. Abhandlungen d. Geographische Gesellschaft der DDR. Gotha: Haack 1975, S. 131

Dementsprechend nahm auch die Dichte der Siedlungen im Bezirk von 1955 bis 1973 um 28,6% ab, Ergebnis der Auflösung vieler kleiner, bisher selbständiger Gemeinden.

Das Städtewachstum ist also in einem erheblichen Maß Ergebnis der staatlichen Strukturplanung. Dabei sind die Prioritäten eindeutig festgelegt, denn die materielle Produktion liefert die Voraussetzung für die Entwicklung der einzelnen Siedlungen und der gesamten Siedlungsstruktur. Zwar werden auch Wechselbeziehungen zwischen Produktions- und Siedlungsstruktur eingeräumt, die vorrangige Bedeutung der Produktion, und damit der Industriearbeitsplätze, wird aber nachdrücklich betont.

Abb. 14: Verteilung der Orte der Siedlungskategorien 1 bis 4 im Bezirk Rostock

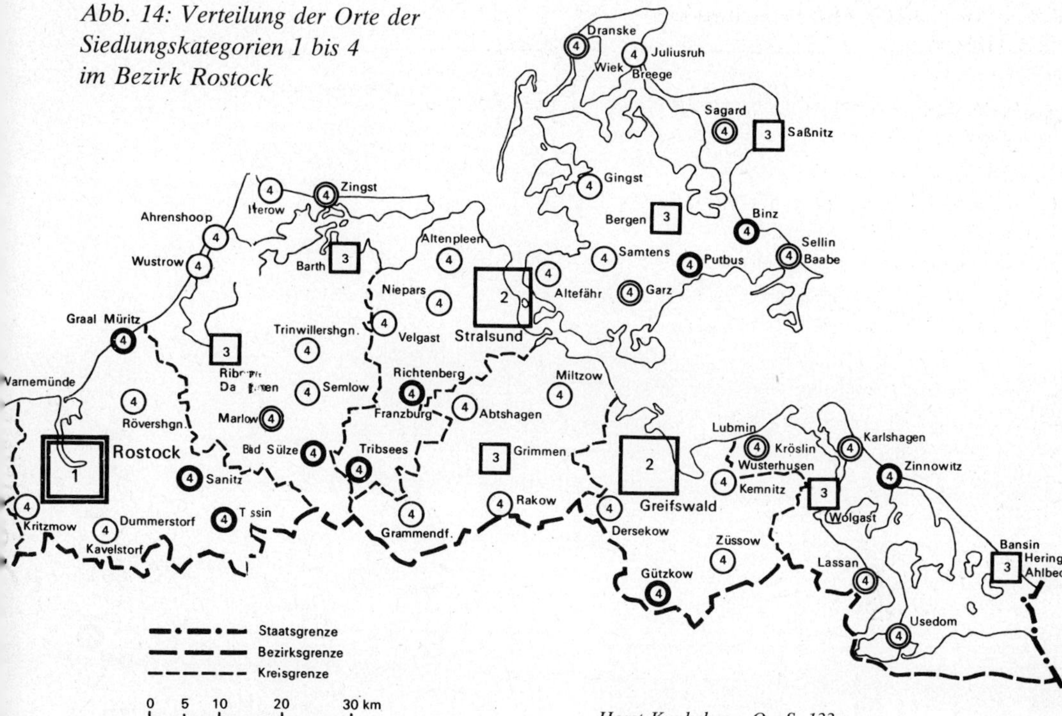

Horst Kunkel: a.a.O., S. 133

Abb. 15: Industrielles Standortgrundnetz im Bezirk Rostock

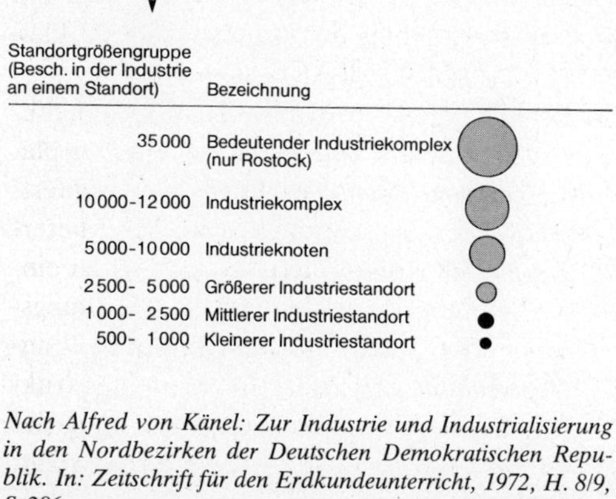

Nach Alfred von Känel: Zur Industrie und Industrialisierung in den Nordbezirken der Deutschen Demokratischen Republik. In: Zeitschrift für den Erdkundeunterricht, 1972, H. 8/9, S. 286

Die Planungsvorgaben für den Bezirk Rostock sind eindeutig:

„Durch eine gezielte Binnenwanderung sind in Übereinstimmung mit der Standortverteilung der Arbeitsplätze und des Wohnungsbaues die Einwohnerzahlen insbesondere von Rostock und Greifswald und in geringem Umfang von Stralsund, Wismar, Ribnitz-Damgarten, Bergen und Wolgast zu erhöhen."

Horst Kunkel: a.a.O., S. 135

Die plangemäße Entwicklung der industriellen Produktionsschwerpunkte führte zu einem steten Anwachsen des Pendlereinzugsbereichs. In der Ausdehnung des Bereichs (er ist bei gleich vielen Einpendlern etwa viermal größer als der Zwickaus) zeigt sich die Raumstruktur des relativ dünn besiedelten Bezirks Rostock mit dem Fehlen konkurrierender Städte innerhalb des Bezirks. Dabei sollte auch die noch wenig entwickelte Verkehrsinfrastruktur des Nordens der DDR bedacht werden.

Abb. 16: Pendlereinzugsbereich Rostocks

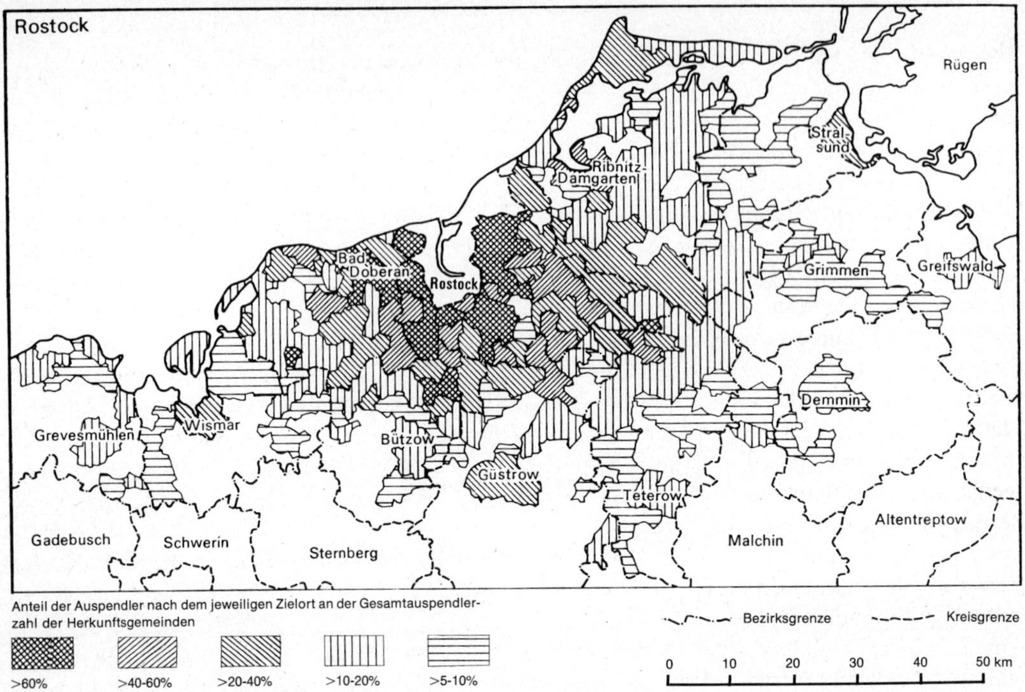

H. Lüdemanns (Hrsg.): Stadt und Umland in der Deutschen Demokratischen Republik. Gotha: Haack 1979, S. 24

Die Territorialplanung in der DDR kann sich also eines fast unbegrenzten Instrumentariums bedienen, indem sie die Investitionsmittel für die „materielle Produktion" mit denen für Wohnungsbau und Infrastruktur koordinieren und dementsprechend die Bevölkerungswanderung lenken kann, während in der Bundesrepublik Deutschland Freizügigkeit herrscht.

Die staatliche Industrie- und Wirtschaftsplanung der DDR ist ein direktes Instrument der Raumordnung und führt zu einer ihr entsprechenden, nachgeordneten Siedlungs- und Infrastrukturplanung. Die umfassende Planungshoheit des Staates kann die Bau-, Orts- und Bezirksplanung auf allen Ebenen bestimmen: von der Größe und Einteilung der Wohnung über die Viertels- und Infrastruktur bis zur großräumigen Bevölkerungsverteilung. Dabei sind alle Planungen in das ideologische Konzept eingebettet.

In einer wissenschaftlichen Veröffentlichung der DDR heißt es:

„Die Siedlungsstruktur im Sozialismus ist nach der marxistisch-leninistischen Siedlungstheorie Resultat und Faktor der Gesamtentwicklung der sozialistischen Gesellschaft. Die Siedlungsstruktur widerspiegelt und formt insbesondere die Arbeits- und Lebensbedingungen in ihrer territorialen Differenziertheit."

W. Ostwald und K. Scherf: Die Siedlungsstruktur der DDR. In Petermanns Geographische Mitteilungen 1974, H. 4, S. 253

26. *Interpretieren Sie die Zitate S. 310 u. S. 311.*

27. *Vergleichen Sie Abb. 14 und Abb. 15.*

28. *Nennen Sie die Prinzipien der Siedlungsplanung im Bezirk Rostock, und erläutern Sie die geplante Bevölkerungswanderung in der DDR.*

29. *Werten Sie Abb. 16 aus.*

30. *Fassen Sie vergleichend die Planungsinstrumente des Staates in der Bundesrepublik Deutschland und der DDR zusammen, und begründen Sie die Unterschiede aus den politischen und wirtschaftlichen Systemen der beiden Staaten.*

Raumanalyse

Zielsetzung. Mit Hilfe der Raumanalyse sollen die Natur- und Humanfaktoren eines Raumes in ihrer Verflechtung und Dynamik erfaßt werden. Sie untersucht die im Raum ablaufenden raumgestaltenden Vorgänge nach Ursachen und Folgen, erforscht die Gesetzmäßigkeiten, Wirkzusammenhänge und Regelkreise und stellt den Raum in seiner Individualität dar.
Indem die Raumanalyse das Beziehungsgefüge der Geofaktoren zu einer Synthese zusammenfaßt, ist sie mehr als eine Raumbeschreibung; indem sie die raumverändernden Wirkungen des wirtschaftenden Menschen sowie die Grenzen und Steuerungsmöglichkeiten seines Tuns aufzeigt, schließt sie auch Aspekte der Umwelterhaltung und Raumordnung mit ein; indem sie die Vielzahl der Raumelemente in ihrer Anordnung zueinander überschauen will, ist sie in besonderem Maße geeignet, den komplexen Aufbau und das breite Spektrum der inhaltlichen Fragestellungen des Faches Erdkunde bewußtzumachen. Wissenschaftspropädeutisch liefert sie so Einsicht in die verschiedenen Methoden der Geographie und macht mit den vielfältigen Arbeitsmitteln vertraut.
Methode. Die Wahl des Untersuchungsgebietes für die Raumanalyse hängt nicht von seiner Größe ab, wenn auch ein kleines überschaubares Gebiet den methodischen Zugang erleichtert. Besonders geeignet ist der Nahraum, der durch Eigenbeobachtungen, Kartierungen, Befragungen oder Betriebserkundungen erforscht wird.
Die Abgrenzung kann nach naturräumlichen, wirtschaftlichen oder politischen Kriterien (z. B. Verwaltungseinheiten) erfolgen. Entscheidend ist in der Regel, welche Geofaktoren dominieren und somit raumprägend sind.
Aus zeitlichen und methodischen Gründen können in der Schule meist nur „thematische Raumausschnitte" untersucht werden, d. h., die Raumanalyse erfolgt unter spezifischen Fragestellungen, z. B. naturgeographische und landschaftsökologische, Fragen der Inwertsetzung und des Wertwandels, räumliche Auswirkungen wirtschaftlicher und gesellschaftlicher Prozesse.
Eine einführende Exkursion sowie Informationen z. B. aus Karten und Massenmedien liefern einen ersten Einblick in die dominanten Raumstrukturen. Daraus werden eine Arbeitshypothese über das Untersuchungsgebiet und ein Plan für die Durchführung der Einzelanalysen aufgestellt.
Zunächst werden nur einzelne Faktoren für sich untersucht, z. B. Relief, Klima, Siedlungen, Industrie. Dann werden die Wechselwirkungen zweier oder weniger Faktoren aufgezeigt, z. B. Relief – Gewässer, Relief – Verkehrswege, Relief – Verkehrswege – Siedlungen, Klima – Boden – Vegetation, Bodenschätze – Industrie. Die Reihenfolge der Einzelanalysen richtet sich in der Regel nach der eingangs aufgestellten Arbeitshypothese. Als mögliches Gliederungsprinzip, besonders bei Gesamtanalysen, bietet sich auch das länderkundliche Schema an: Die einzelnen Geofaktoren werden nacheinander untersucht, ausgehend von den Naturfaktoren Lage, Relief, Klima, Boden, Vegetation etc. bis zu den Humanfaktoren Siedlungen, Wirtschaft, Verkehr etc. Am Schluß steht die Zusammenschau.
Bei der Analyse ist grundsätzlich darauf zu achten, daß der Zusammenhang zwischen den einzelnen Faktoren und ihre Stellung im Gesamtgefüge des Raumes aufgezeigt wird, etwa in Form von Regelkreisen, Ursachengeflechten oder Wirkungsgefügen; linear verlaufende Kausalketten werden der Realität meist nicht gerecht.
Eine abschließende Synthese faßt das vielschichtige Beziehungsgefüge der Geofaktoren zusammen und charakterisiert so den Raum in seiner Individualität. Das Ergebnis wird mit der eingangs aufgestellten Hypothese verglichen, und falls möglich, werden Folgerungen für die regionale Planung gezogen.

Fragenkatalog zur Raumanalyse

Zur Vorbereitung
- Welches Untersuchungsgebiet soll genommen werden?
- Wie läßt sich das Untersuchungsgebiet abgrenzen?
- Was ist das Typische/Raumprägende des Untersuchungsgebietes? (Arbeitshypothese)
- Welche Informationen werden benötigt? Woher können sie bezogen werden?

Zur Durchführung
- Welches sind die dominanten Faktoren des Untersuchungsgebietes?
- Welche Raumprozesse sind festzustellen? (z. B. Flurbereinigung, wasserwirtschaftliche Maßnahmen, Siedlungs- und Industrieausbau)
- Unter welcher Fragestellung soll der Raum analysiert werden?
- Mit welchen Methoden sind die Einzeluntersuchungen vorzunehmen? (z. B. Exkursion und Feldarbeit, Kartenarbeit)
- Welche Beziehungen bestehen zwischen den untersuchten Faktoren? (z. B. Wirkungsgefüge zwischen den Naturfaktoren, Störungen des Naturhaushalts, landschaftsökologische Prozesse, wechselseitige Beeinflussung von Natur- und Sozialfaktoren, Standortbedingungen der Industrie, Veränderungen von Raumstrukturen durch politische und demographische Prozesse)
- Welche Bedeutung kommt den Einzelfaktoren im Gesamtgefüge zu?
- Wie lassen sich die Ergebnisse der Einzeluntersuchungen zu einer Synthese zusammenfassen?
- Wie läßt sich das Untersuchungsgebiet abschließend charakterisieren?
- Stimmt das Ergebnis der Analyse mit der eingangs aufgestellten Arbeitshypothese überein?

Zur Nachbereitung
- War die Abgrenzung richtig vorgenommen? Ggf. Korrektur.
- Waren die verwendeten Methoden effizient, der Fragestellung und dem Raum angepaßt?
- Wurden die Arbeitsmaterialien richtig ausgesucht?
- Liefert die Synthese eine Hilfe für Planungsmaßnahmen?
- Inwieweit sind die Ergebnisse auf andere Räume übertragbar?
- Welche Forderungen sind für künftige Untersuchungen zu ziehen?

Raumanalyse – Beispiel: Landkreis Lüchow-Dannenberg (vgl. Kap. 4.3)

Arbeitsphase	Arbeitsthemen / Inhalte	Methoden / Arbeitsmittel
Überblick	Wahrnehmung und Beschreibung der raumprägenden Faktoren, erste räumliche Vorstellung über das Untersuchungsgebiet, Einordnung in die Gebietskategorien des Bundesraumordnungsprogramms	einführende Exkursion, topographische Karten, Atlas, Karte „Gebietseinheiten des Bundesraumordnungsberichts“ (S. 234) Presseartikel
Arbeitshypothese	Lüchow-Dannenberg, ein ländlich geprägter Raum im Zonenrandgebiet mit ungünstiger Struktur Aufstellen eines Arbeitsplans: Wie lassen sich die Strukturschwächen messen und erklären?	
Analyse	Einzeluntersuchung der Geofaktoren, Darstellung einfacher Wechselwirkungen **Naturfaktoren:** Geologie, Relief, Klima, Böden (Art, Güte), Wasserhaushalt in Abhängigkeit von Klima, Relief, Boden	Exkursion, Feldarbeit, Befragung, Kartierung und/oder: Geologische Karte und Profil, Karte „Naturräumliche Einheiten“ (S. 269), Klimadaten, Karte „Natürliche Ertragsfähigkeit der Böden“ (S. 268)

Analyse	**Land- und Forstwirtschaft:** Verteilung von Wald, Kulturland, Moor, Heide, Ödland – Erklärung aus den natürlichen Gegebenheiten?	Bodennutzungskarte, Atlas
	Nutzung der landwirtschaftlichen Fläche in Abhängigkeit von Naturfaktoren und Vermarktungsmöglichkeiten, Produktionsstruktur, Betriebsgrößenentwicklung, Erwerbsstruktur, Betriebssysteme, Mechanisierungsgrad, Arbeitskräftebesatz, Maßnahmen zur Strukturverbesserung: Flurbereinigung, Aussiedlung, Dorferneuerung Bedeutung der Forstwirtschaft, Besitzverhältnisse am Waldbestand	Tab. „Landwirtschaftliche Betriebsstruktur" (S. 269), Atlas, Flurpläne, Luftbilder, landwirtschaftliche Statistiken
	Industrie und Gewerbe: Zahl und räumliche Verteilung der Industriebetriebe, Betriebsgrößen, Branchenstruktur, Standortbedingungen der Industrie, Anteil der Industrie am BSP, Standortveränderungen und Strukturwandel	Karte „Industriestandorte" (S. 270), Tab. „Industrie" (S. 269, 270), Tab. „Handwerk" (S. 271), Atlas: Wirtschaftskarte, Bodenschätze, Energieversorgung
	Tertiärer Sektor und Fremdenverkehr: Öffentliche und private Dienstleistungsbetriebe, Groß- und Einzelhandel Freizeiteinrichtungen, Einrichtungen des Natur- und Landschaftsschutzes, Entwicklung des Fremdenverkehrs, Auslastung der Beherbergungskapazität	Atlas: Zentrale Orte, Fremdenverkehr, Erholungsgebiete, Tab. „Entwicklung des Fremdenverkehrs" (S. 271) Fremdenverkehrsprospekte
	Verkehr: Lage im überregionalen Verkehrsnetz, Verkehrslage einzelner Orte und Industriebetriebe, Verkehrserschließung, vorherrschende Verkehrsmittel, Lage zu den großen Wirtschaftszentren in der Bundesrepublik Deutschland, Auswirkungen auf Pendlerwesen und Vermarktungsmöglichkeiten	Atlas: Verkehrswege, Verkehrsaufkommen, Pendlerstatistiken
	Siedlungen: Ländliche Siedlungen – Dorfformen (historische Erklärung), vorherrschende Wirtschaftsstruktur Städtische Siedlungen – Größe, Zentralität, vorherrschende Funktion, Veränderung der Einzugsbereiche durch politische Maßnahmen, Siedlungsdichte	„Topographische Karte" (S. 264), Flurkarten, Luftbilder Stadtpläne
	Bevölkerungsverhältnisse: Bevölkerungsdichte im gesamten Untersuchungsgebiet und in Teilgebieten, Bevölkerungsentwicklung, inter- und intraregionale Bevölkerungsbewegungen, Zu- und Abwanderungsgebiete, Pendler Bevölkerungsstruktur: Altersstruktur, Gastarbeiteranteil, Erwerbsstruktur, Arbeitslosigkeit, Einkommensverhältnisse Versuch einer Kennzeichnung der Sozialstruktur	Tab. „Bevölkerungsdichte, Bevölkerungsentwicklung" (S. 266), „Wanderungsbewegungen" (S. 266), „Wanderungssaldo nach Altersgruppen" (S. 266), „Altersstruktur" (S. 267), „Erwerbstätigkeit" (S. 267), „Arbeitslosigkeit" (S. 267), „Bruttoinlandsprodukt" (S. 268), Atlas
Synthese	Integrierende Beschreibung der Raumstruktur, Zusammenfassung des vielschichten Beziehungsgefüges der Geofaktoren, Darstellung der Ergebnisse der Einzelanalysen in Text, Diagramm, Karte, Kausalprofil, Aufbautransparent, Strukturschema Überprüfung der Arbeitshypothese und Korrektur	thematische und topographische Karten, Aufbautransparente, Kausalprofil Kreisbeschreibung
Anwendung	Maßnahmen im Rahmen der Raumordnung und Landesplanung zur Behebung der Strukturschwächen Abschätzen der künftigen Entwicklungsmöglichkeiten Zwischen- und Endlager Gorleben, geplante Wiederaufbereitungsanlage in Dragahn (Zielkonflikte)	Bundesraumordnungsprogramme, „Landesraumordnungsprogramm NS" (S. 274, 275), Karte „Landesraumordnungsprogramm NS" (S. 273), Fremdenverkehrsförderungsprogramm GA zur Förderung der regionalen Wirtschaftsstruktur, GA zur Verbesserung der Agrarstruktur und des Küstenschutzes, Tab. 15, S. 274 und Tab. 14, S. 272
Kritische Nachbereitung	Kritik zur Wahl und Abgrenzung des Untersuchungsgebietes, zu den verwendeten Methoden und Quellen Kritik an Umfang und Aussagekraft der Ergebnisse	

Anhang

Literaturhinweise für den Schüler

Literatur zum Kapitel: Entwicklungsprobleme in der Dritten Welt

Zu Kapitel 1.0

Brandt, Willy (Hrsg.): Das Überleben sichern. Köln: Kiepenheuer & Witsch 1980

Informationen zur politischen Bildung 196. Der Nord-Süd-Konflikt. Bonn: Bundeszentrale für politische Bildung 1982

Nohlen, Dieter und *Franz Nuscheler* (Hrsg.): Handbuch der Dritten Welt, Bd. 1. Unterentwicklung und Entwicklung: Theorien – Strategien – Indikatoren. Hamburg: Hoffmann und Campe 1982

Zu Kapitel 1.1

Biehl, Max: Die Landwirtschaft in China und Indien. Frankfurt: Diesterweg 1979

Blenck, Jürgen u. a.: Südasien. Fischer Länderkunde, Frankfurt: Fischer Taschenbuch Verlag 1977

Bohle, Hans-Georg: Die Grüne Revolution in Indien – Sieg im Kampf gegen den Hunger? Paderborn: Schöningh 1981

Weischet, Wolfgang: Die Grüne Revolution. Paderborn: Schöningh 1978

Zu Kapitel 1.2

China im Geographieunterricht. Praxis Geographie, 1980, H. 4, Braunschweig: Westermann

Hilgemann, Werner, Günter Kettermann: dtv-Perthes-Weltatlas. Großräume in Vergangenheit und Gegenwart. Bd. 4, China. Darmstadt/München: Perthes/dtv 1975

Die Volksrepublik China. Informationen zur politischen Bildung, 198. Bundeszentrale für politische Bildung (Hrsg.), Bonn 1983

Schwalm, Eberhardt: Indien und China. Zwei Länder der Dritten Welt. Politische Weltkunde II. Stuttgart: Klett, 1973

Weggel, Oskar: Zwischen Revolution und Etikette. Beck'sche Schwarze Reihe, München: C. H. Beck'sche Verlagsbuchhandlung 1981

Zu Kapitel 1.3

Scholz, Fred: Sultanat Oman. Ein Entwicklungsland im Südosten der Arabischen Halbinsel. In: Die Erde, 1977, S. 37ff., Berlin: Gesellschaft für Erdkunde

Zu Kapitel 1.4

Esser, Klaus: Lateinamerika. Industrialisierungsstrategien und Entwicklung. Frankfurt: Suhrkamp 1979

Müller, Jürg: Brasilien. Länderprofile. Stuttgart: Klett 1984

Sandner, Gerhard und *Hanns-Albert Steger:* Lateinamerika. Fischer Länderkunde, Frankfurt: Fischer Taschenbuch Verlag 1973

Zu Kapitel 1.5

Fröbel, Folker, Jürgen Heinrichs, Otto Kreye: Die neue internationale Arbeitsteilung. Reinbek: Rowohlt 1977

Zu Kapitel 1.6

Sandner, Gerhard und *Hanns-Albert Steger* (Hrsg.): Lateinamerika. Fischer Länderkunde, Bd. 7. Frankfurt: Fischer Taschenbuch Verlag 1973, Kapitel: Der Verstädterungsprozeß, S. 62–80

Tanner, Hans: Südamerika, Bd. 1: Andenstaaten. Braunschweig: Westermann 1978, Kapitel: Venezuela

Literatur zum Kapitel: Landwirtschaft und Industrie in der Bundesrepublik Deutschland und in der DDR

Zu Kapitel 2.1

Agrarberichte. Hrsg. vom Bundesministerium für Ernährung, Landwirtschaft und Forsten, Bonn

Auf dem Lande leben. Hrsg. von der Landeszentrale für politische Bildung Baden-Württemberg. Kohlhammer Taschenbücher Bürger im Staat. Stuttgart: Kohlhammer 1983

Bichler, Hans: Landwirtschaft in der DDR. Berlin: Verlag Gebr. Holzapfel 1981

Brunnöhler, Eugen: Landwirtschaft, S. II Arbeitsmaterialien Geographie. Stuttgart: Klett 1978

DDR – Agrarpolitik. Schriftenreihe des Bundesministers für Ernährung, Landwirtschaft und Forsten, Reihe A: Landwirtschaft – Angewandte Wissenschaft, H. 240. Münster-Hiltrup: Landwirtschaftsverlag 1980

Dwars, Friedrich W.: Die DDR. Geographische Zeitfragen. Frankfurt: Hirschgraben 1980

Eckart, Karl: Landwirtschaftliche Probleme europäischer Länder. Materialien zur Geographie Sekun-

darstufe II. Frankfurt/Aarau: Diesterweg/Sauerländer 1981
Geographische Rundschau, 1982, H. 3. Braunschweig: Westermann
IMA: Agrimente 1982. Hannover 1982
Zur Reform der EG – Agrarpolitik. Schriftenreihe des Bundesministers für Ernährung, Landwirtschaft und Forsten, Reihe A: Landwirtschaft – Angewandte Wissenschaft, H. 248. Münster-Hiltrup: Landwirtschaftsverlag 1981

Zu Kapitel 2.2

Flecke, Bernd u. a.: Jülicher Börde und Braunkohlentagebau. Strukturanalyse eines Raumes im Umbruch. Berlin: Geographische Verlagsgesellschaft Velhagen & Klasing und Hermann Schroedel 1981
Geologisches Landesamt NW (Hrsg.): Tagebau Hambach und Umwelt. Auswirkungen eines geplanten Tagebaues im Rheinischen Braunkohlenrevier. Krefeld: Selbstverlag 1977
Gohl, Dieter: Wirtschaftsräume der DDR. Veränderungen 1964–74. In: Geographische Rundschau 1977, H. 8, S. 262–269, Braunschweig: Westermann
Kohl, H., Marcinek, J., Nitz, B.: Geographie der DDR. Gotha: Haack 1981
Topel, Theo: Der Bezirk Cottbus – Energiezentrum der DDR. In: Geographische Rundschau 1977, H. 8, S. 270–274

Zu Kapitel 2.3

Bochum und das mittlere Ruhrgebiet. Festschrift zum 35. Deutschen Geographentag in Bochum. Bochumer Geographische Arbeiten Bd. 1. Paderborn: Schöningh 1965.
Dege, Wilhelm und *Wilfried Dege:* Das Ruhrgebiet. Kiel: Hirt 1980
Schrettenbrunner, Helmut: Die Umbewertung von Naturfaktoren: das Ruhrgebiet. In: *Benicke, Wolf* (Hrsg.): Geographie. Fischer Kolleg. Das Abiturwissen. Frankfurt: Fischer Taschenbuch Verlag 1983

Literatur zum Kapitel: Außereuropäische Industrieräume

Zu Kapitel 3.1

Biehl, Max: Dynamisches Japan. Studienbücher Geographie. Frankfurt/Aarau: Diesterweg/Sauerländer 1982
Japan-Sonderheft. Geographische Rundschau 1984, H. 3. Braunschweig: Westermann
Japan: Merian 1980, H. 11. Hamburg: Hoffmann und Campe
Jope, Alfred: Der Aufstieg Japans zur 3. Weltwirtschaftsmacht. Geographische Zeitfragen. Frankfurt: Hirschgraben 1974
Schöller, Peter: Umweltschutz und Stadterhaltung in Japan. Fragenkreise. Paderborn/München: Schöningh/Blutenburg 1980
Schöller, Peter u. a. (Hrsg.): Ostasien. Fischer Länderkunde, Frankfurt: Fischer Taschenbuch Verlag 1978

Zu Kapitel 3.2

Friese, Heinz W. und *Burkhard Hofmeister:* Die USA, wirtschafts- und sozialgeographische Grundzüge und Probleme. Studienbücher Geographie. Frankfurt/Aarau: Diesterweg/Sauerländer 1980
Hofmeister, Burkhard: Nordamerika. Fischer Länderkunde. Frankfurt: Fischer Taschenbuch Verlag 1980

Zu Kapitel 3.3

Karger, Adolf (Hrsg.): Sowjetunion. Fischer Länderkunde. Frankfurt: Fischer Taschenbuch Verlag 1978
Raupach, Hans: Wo liegen die Probleme der Sowjetwirtschaft? In: Der Bürger im Staat, 1981, H. 2 S. 131–135. Landeszentrale für politische Bildung Baden Württemberg (Hrsg.), Stuttgart: Kohlhammer
Stadelbauer, Jörg: Die Baikal-Amur-Magistrale (BAM). In: Praxis Geographie, 1981, H. 4, S. 145–149. Braunschweig: Westermann
Wein, Norbert: Die wirtschaftliche Erschließung Sowjetasiens. Paderborn: Schöningh 1981

Literatur zum Kapitel: Raumordnung und Stadtentwicklung in der Bundesrepublik Deutschland

Zu Kapitel 4.1

Knorr-Anders, Esther und *Jürgen Schmitt:* Nürnberg: verfolgt von der Geschichte. In: GEO 1981, H. 5, S. 94–115. Hamburg: Gruner und Jahr
Wehling, Hans-Werner: Probleme der Raumordnung am Beispiel des Verstädterungsprozesses ländlicher Gemeinden. Frankfurt: Hirschgraben o. J.

Zu Kapitel 4.2

Borcherdt, Christoph (Hrsg.): Geographische Landeskunde von Baden-Württemberg. Schriften zur politischen Landeskunde von Baden-Württemberg. Band 8. Stuttgart: Kohlhammer 1983

Zu Kapitel 4.3

Akca, Ellen; Fettköter, Wolfgang; Meyer, Karin: Probleme strukturschwacher Räume. Der Erdkundeunterricht 1981, H. 40. Stuttgart: Klett
Börsch, Dieter (Hrsg.): Grenzen und Grenzräume. In: Geographie und Schule 1983, H. 24. Köln: Aulis Verlag

Zu Kapitel 4.4
Bülow von, Burghard: Bodensee 2000. In: natur, 1981, H. 11, S. 38–45
Hannss, Christian: Umweltbelastungen am Bodensee. In: Beiheft Geographische Rundschau 1975, H. 11, S. 22–33. Braunschweig: Westermann
Harpprecht, Klaus und *Andrej Reiser:* Umwelt: Schwabenstreiche am Bodensee. In: GEO 1981, H. 4, S. 10–30. Hamburg: Gruner und Jahr
Vogler, Hermann: Die Zukunft einer Kulturlandschaft. In: Der Bürger im Staat, 1981, H. 3, S. 221–224

Zu Kapitel 4.5
Bremen. Merian 1965, H. 7. Hamburg: Hoffmann und Campe
Müller, Helmut: Die sozialistische Stadt an Beispielen aus der DDR. In: Praxis Geographie 1980. H. 9, S. 395–404. Braunschweig: Westermann
Taubmann, Wolfgang: Bremen – Entwicklung und Struktur der Stadtregion. In Geographische Rundschau 1980, H. 5, S. 206–218. Braunschweig: Westermann
Voll, Dieter: Rostock – das Tor der DDR zur Welt. In: Praxis Geographie 1983, H. 6, S. 22–29. Braunschweig: Westermann

Register

Bildnachweis

S. 32, 34, 167 Norbert von der Ruhren, Aachen
S. 57, 59, 62 Fred Scholz, Berlin
S. 90 Essen-Presse und Informationsdienst der Stadt Essen, Ausgabe 1977/1978
S. 99 H. Pachner, Stuttgart
S. 127 VEB Verlag für Bauwesen, Berlin
S. 136 Jürgens, Köln
S. 152, 153 Rheinbraun, Köln
S. 179 Luftbild Elsäßer. Freigegeben d. Reg.-Präs. Stuttgart 9/57 106
S. 192 Winfried Flüchter, Bochum
S. 284 Fremdenverkehrsamt Friedrichshafen. Freigegeben durch das Reg.-Präsidium Stuttgart, 49648, Luftbild Elsäßer
S. 305 Lothar Willmann, Berlin (Ost)
S. 306 Riemann, Berlin (Ost)

Die Tabellen und Abbildungen ohne Quellennachweis wurden von den Autoren aus mehreren Veröffentlichungen neu zusammengestellt bzw. selbst entworfen.